여해 강원용 목사 평전

여해 강원용 목사 평전

박근원 지음

한길사

The Rev. Dr. Kang Won Yong: His Life and Ministry

by Park Keunwon

Published by Hangilsa Publishinng Co., Ltd., Korea, 2017

"교회는 모든 것이 깨지고 부서지고 비인격화되는 이 인간관계를
회복시키고, 나와 너의 진정한 만남을 이루어주는 장소로서 역할을 해야
되지 않습니까? 우리는 '나의 백성을 위로하여라' 하는 이 말을 이 사막과
광야 속에 살고 있는 사람들에게 전할 수 있어야 하지 않습니까?"

· 강원용

여해 강원용 평전을 발간하면서

2017년은 종교개혁 500주년이 되는 해다. 아울러 올해는 강원용 목사님의 탄신 100주년이 되는 해이기도 하다. 강원용 목사님은 일제강점기부터 생명이 다하는 날까지, 한국 사회와 교회 상황을 특유의 날카로운 혜안으로 진단하고 전망해온 열정적인 지성인이었다.

한국 사회의 인간화와 평화를 위해 사이·너머의 철학으로 또 대화의 방법으로, 화해와 평화의 중재자 역할, 세계와 한국을 잇는 가교 역할을 한 강원용 목사님의 평전을 간행하는 일은 매우 뜻깊은 작업이라 하겠다. 이 평전의 출간을 계기로 강원용 목사님이 걸어온 인간화의 길, 평화의 길이 한국 사회 곳곳에 실천으로 사랑으로 남아 있음을 확인할 수 있었으면 한다. 또 강원용 목사님의 메시지가 오늘의 젊은이들에게도 확장되었으면 한다.

2017년 6월
여해 강원용 평전 간행위원회
이홍구, 이어령, 남재희, 신인령, 박종화

여해 강원용 목사 평전

평전을 시작하며

· 머리말

이 평전은 강원용 목사(1917~2006)의 탄신 100주년을 기념하면서 기획하고 출간한 것이다. 그가 탄생한 때는 한일합병 7년 후이고, 3·1독립만세운동이 있기 2년 전이었다. 세계사적으로는 소비에트 공산혁명(1917년 10월)이 일어나기 3개월 전이었다. 이런 인연 때문일까? 강원용 목사는 이 공산주의와 평생 씨름하며 살게 된다.

실로 강원용 목사는 한국 현대사의 격동기 한복판을 살았다. 제2차 세계대전, 8·15민족해방(1945)의 혼란, 6·25한국동란(1950)의 참상, 정부수립과 4·19의거와 5·16쿠데타의 혼돈을 겪었다. 그뿐만이 아니다. 제1공화국부터 제6공화국까지를 다 겪었다. 이런 한 세기를 살면서 그는 목사로서, 신학자로서, 한국사회와 세계교회에 큰 영향을 미친 위대한 지도자였다.

강원용 목사가 이 사회에 미친 영향과 남긴 업적은 실로 방대하다. 강원용 목사 자신이 이 사회의 여러 영역에 대한 글을 남겼을뿐더러, 여러 영역에서 강원용 목사를 기리며 평가하는 자료들이 많이 있다. 이 때문인지 정작 목사로서의 강원용에 대한 평가는 거의 찾아볼 수가 없다. 청년학생운동가, 정치가, 방송개혁가, 사회교육자, 여성노동운동가 이전에 강원용은 강원용 목사다. 목사로서 강원용은 누구이며, 목사로서 강원용은 어떻게 활동했나? 이 목사로서의 강원용을 알지 못하면 강원용 목사의 다른 모든 활동도 그 핵심을 이해할 수 없게 된다.

강원용 목사는 격동의 시대를 '복음 증언'의 선두 주자로 살았다. 그의 교회 사랑은 물론 정치적 활동도, 수많은 사회적 활동도 '복음의 증언'이었다. 바로 이런 관점으로 그의 생애와 업적을 서술하려고 한다.

이 평전을 시작하며 먼저 어려움을 밝혀두고 싶다. 강원용 목사의 자료가 너무 많고 겹친다는 것이다. 자서전도 두 벌이 된다. 먼저 출간된 『빈들에서』(전 3권)를, 『역사의 언덕에서』(전 5권)로 수정 보충하여 다시 출간했는데 대부분 같은 내용이다.

이 자서전은 『강원용 전집』(전 16권)에 다시 수록되어 있다. 『강원용 전집』에는 설교와 강연 그리고 자서전을 포함한 모든 강원용 목사의 글이 시기별로 모여 있다. 강원용 목사의 단행본 책들도 다시 중복되어 이 전집에 모두 실려 있다. 이 때문에 강원용 목사의 글을 인용할 때 어느 자료의 것을 사용할지 애를 먹었다. 서로 중복된 자료들을 대조하는 번거로움이 있었다. 좀더 비평적으로 자료들을 분석해보면 출간한 책의 제목은 다르지만 내용들은 비슷하거나 지난 글들을 손질하여 다시 책으로 묶어낸 경우가 많아서 정작 그 많은 양의 자료에도 불구하고 사용할 수 있는 자료는 많지 않았다. 강원용 목사 자신의 자료뿐만 아니라 강원용 목사에 관한 자료의 경우도 마찬가지이다.

또 하나는 용어 문제다. 예를 들어 필자는 '그리스도교'로 통일해서 사용하지만 강원용 목사는 '그리스도교'란 말도 쓰고 '기독교'란 말도 같이 썼다. 성 프란체스코(Francesco)도 프란시스와 혼용해서 쓰고 있다. 처음에는 다 통일시키려고 했지만, 그만두었다. 이 평전의 본질의 문제도 아닐뿐더러, 인용문을 굳이 고치고 싶지 않아서다.

무엇보다 강원용 목사를 조명하는 자료들은 칭송 일색이다. 강원용 목사는 경배의 대상으로까지 높여졌다. 이 때문에 강원용 목사는 정작 우리의 일상생활로부터는 소외된 인물이 되고 말았다. 필자는 이 평전을 통해서 목사 강원용, 인간 강원용을 우리의 일상자리에 다시 초대하고 싶었다. 그래서 누구나 함께 그의 인격과 삶을 친밀하게 만나고 나누었으면 하는 바람이다. 그러나 이 평전은 어디까지나 학술적인 신학서적이다. 목사로서의 그의 삶만이 아니라 활동들과 신학사상들도 학문적으로 그리고 비평적으로 조명하려고 했다. 이 평전이 앞으로 강원용 목사를 더 깊이 연구하는 데 작은 도움이 되기를 바란다.

2017년 6월
박근원

제1부

암울한 역사의 장막

1 화전민의 아들

빼앗긴 나라의 가난한 화전민의 아들로 태어난 고난의 삶. 그러나 강원용은 태어나기를 영민하게 태어나서, 큰 세계에 눈 뜨고, 예수를 영접하고, 그리스도교 세례를 받는다. 소년 강원용은 이렇게 살 수는 없다면서 고향을 탈출하여 북간도 용정으로 향한다. 용정의 은진중학교에서 공부하며 강원용은 민족과 그리스도교 신앙을 함께 만나고, 선각자 스승과 학우들을 만나며 웅대한 꿈을 키우게 된다. 강원용의 이야기. 이것은 고난의 삶을 산 한 인간의 이야기다.

민족과 복음에 눈뜬 한 그리스도인의 이야기이며, 해방공간의 풍랑 속에서 신학을 공부하고 목사가 된 한 사람의 이야기다. 또한 식민시대에서부터 6·25제국주의 대리전쟁, 4·19의거, 5·16쿠데타, 군사독재유신 시절을 거쳐 오늘에 이르기까지 그 역사를 끌어안고 씨름하며 부단히 아름다운 세상을 만들려고 애쓴 모든 이, 곧 우리 겨레 현대사의 이야기다. 바로 이것이 강원용 이야기의 핵심이다.

아리랑 산하

인간 강원용의 이야기는 아무래도 '아리랑'에 대한 긴 이야기부터 시작해야겠다. 이 겨레의 독립과 해방을 위해 투쟁하고 떠돌다가 비참하게 죽은 젊은이 김산의 아리랑 이야기로 시작하려고 한다.

조선에는 민요가 하나 있다. 그것은 고통받는 민중들의 뜨거운 가슴에서 우러나온 아름다운 옛 노래다. 조선이 오랫동안 비극적이었듯이 이 노래도 비극적이다. 아름답고 비극적이기 때문에 이 노래는 300년 동안이나 모든 조선 사람에게 애창되어왔다.[1]

아리랑은 이 나라의 비극의 상징이 되었다. ……이 노래는 죽음의 노래이지 삶의 노래가 아니다. 그러나 죽음은 패배가 아니다. 수많은 죽음 가운데서 승리가 태어날 수도 있다. 이 오래된 아리랑에 새로운 가사를 붙이려는 사람도 있다. 그러나 마지막 한 구절은 아직 만들어지지 않았다.[2]

김산이 회고한 아리랑에서 다음과 같은 아리랑의 성격을 찾아보게 된다. 아리랑은 고난받는 민중의 노래다. 아리랑은 민요로서 오래전부터 조선 사람들이 즐겨 불러왔다. 아리랑은 죽음의 노래이자 승리의 노래다. 아리랑은 새 노랫말을 붙이며 부르는 노래이며, 앞으로도 붙여야 할 새 노랫말이 있는 내일의 노래다.

그렇다. 아리랑의 기원은 오래되었고, 향토마다 다양하게 있었다.

---

1) 웨일즈(Nym Wales), 김산·송영인 옮김, 『아리랑』(*Song of Ariran*), 동녘, 2005, 60쪽.
2) 같은 책, 66쪽.

그런데 이 아리랑이 근대를 거치며 겨레의 대표 노래가 되었다.

민족의 노래로서 아리랑의 성격이 형성된 기반은 18세기 이래 농민이 겪은 사회적인 체험의 질적인 변화에 있다. 평민 의식이 자라고 퍼지면서 그리고 이어지는 19세기 후반부터 고조된 민중의식의 성장이 아리랑의 기반이 된 것이다.[3] 지배계급의 수탈에 항거하면서, 홍경래의 난(1811)과 갑오농민전쟁(1894)을 거치며 싹튼 민중공동체운동을 바탕으로, 민중이라면 누구나 부를 수 있는 노래가 필요했다. 이 때문에 아리랑은 풍자, 저항, 한의 내용을 담고 있고, 근대 생활의 모든 것을 담은 민중 노래가 되었다. 민중이 다양한 자신들의 삶을 표현하는 만화경이 된 것이다.[4]

이렇게 근대 민중 의식에서 자란 아리랑은 일제강점기를 거치며 민족의 정서를 하나로 묶는 민족의 노래가 된다. 그 결정적 계기는 나운규가 영화 「아리랑」을 만들면서부터다. 나운규가 영화 「아리랑」의 주제곡으로 만든 본조 아리랑[5]이 오늘 우리와 세계인이 부르는 아리랑이다.

본조 아리랑이 만들어진 시대는 1920년대 중반이다. 바로 강원용이 나라 잃은 설움과 가난 속에서 태어난 그때다. 이때 조선에서는 민중들이 대거 땅에서 내몰리는 사태를 맞았다. 북간도로 이주하는 조선인들이 매년 30만 명이 넘었다고 한다. 나운규의 「아리랑」은 이 같은 대대적인 이산, 이주, 유랑, 내몰림의 상황을 반영하고 있다. 이 비극

---

3) 김시업, 「근대 아리랑의 성격 형성」, 『근대 노래와 아리랑』, 소명출판사, 2009, 341쪽.

4) 같은 책, 342~346쪽.

5) 이 본조 아리랑은 1926년 10월 영화 「아리랑」의 주제가로 모아진 아리랑인데, 서울 단성사에서 불리게 되었다는 의미로 서울 경기 아리랑 또는 이때부터 생겼다고 해서 신 아리랑으로 불렸고, 오늘날에는 본조 아리랑으로 불리게 되었다. 김태준·김연갑·김한순, 『한국의 아리랑 문화』, 도서출판박이정, 2011, 262쪽.

적인 이별을 담은 가사가 "나를 버리고 가시는 님은 / 십 리도 못 가서 발병난다"이다.[6]

영화 「아리랑」에서 "나를 버리고 가시는 님"은 순사에게 붙잡혀가는 영진이고, 이 영화 「아리랑」의 폭풍을 이어간 연극 「아리랑 고개」에서는 북간도로 가는 식구들이다. 연극 「아리랑 고개」에서 봉례는 "나를 버리고 가시는 님아, 십 리도 못 가서 발병난다. 오 길남아, 정말 갈 터이냐?" 하고 부르짖는다. 이처럼 아리랑은 기생이 붙잡기 위해 부르는 여흥이나 남녀의 이별 노래가 아니다. 근대와 함께 이 땅 전역에서 일어난 생이별의 현실과 떠나온 고향에 대한 그리움 등의 시대적 비극을 담아내며, 영화 「아리랑」에서 불린 본조 아리랑은 고난을 공유하는 민족의 이미지가 쌓여서 이 겨레 민중 노래가 된 것이다.[7]

이 시기의 한 통계가 있다. 1925년의 한 통계에 따르면, 이농인구가 전국적으로 15만 명이라고 한다. 그중 노동이나 고용인으로 나간 사람이 46.4퍼센트, 일본·만주·시베리아로 옮겨간 사람이 19.7퍼센트, 상업으로 전업한 경우가 15.8퍼센트, 공업이나 잡업으로 나간 경우가 11.2퍼센트에 이르렀다고 한다.[8]

강원용은 회고한다.

우리가 살던 마을의 형편은 매우 비참했다. 우리 마을만 그랬던 것이 아니라 식민 치하에 신음하던 우리 농촌 전체가 비슷한 상황이었다. 토지조사 사업으로 소작농이 급증하자 소작면적이 줄어들고 소작료가 올라가는 등, 뼈 빠지게 일해도 입에 풀칠하기 어려운

---

6) 그러나 이 노랫말은 그 이전에도 있었다고 한다. 강등학, 「형성기의 대중가요의 전개와 아리랑의 존재양상」, 『근대의 노래와 아리랑』, 소명출판사, 2009, 472~473쪽.

7) 같은 책, 474쪽.

8) 강만길, 『일제시대 빈민 생활사 연구』, 창비, 1984, 254~291쪽.

상황이었으며 그나마 소작권을 언제 뺏길지 몰라 전전긍긍해야 했다. 소작권을 잃은 농민이 택할 수 있는 길이라곤 산속에 들어가 화전민이 되거나 토목 공사장의 막일꾼이 되거나 나라 밖으로 일자리를 찾아 나서는 길밖에는 없었다.

우리 집은 말하자면 화전민이 되는 쪽을 택한 경우였다. 우리 집 뿐 아니라 우리 동네 사람들 대부분이 평지 농민보다 어려운 생활을 하고 있어 당시 총독부가 규정했던 세궁민(細窮民, 매우 가난한 주민)의 범주에 들어 있었다.[9]

이런 상황에서 강원용의 아버지는 돈벌이를 찾아 만주로 눈을 돌린다. 아버지는 트럭을 한 대 사서 목단강과 도문을 왕래하며 화물 수송을 했다. 그러다가 마적단에게 짐이 털리고 사고를 당하며 빈털터리가 되고는 집과 연락마저 끊었다. 아버지 대신 작은아버지가 집을 이끌고 있다가 작은아버지마저 일자리를 찾아 만주로 떠났다. 작은아버지는 만주 도문 역에서 기차 승무원으로 취직을 한 뒤로는 집에 돌아오지 않았다.

이처럼 이산과 유랑의 가슴 아픈 이별 노래 아리랑은 바로 강원용의 노래였다. 농토를 잃어 집안은 화전민이 되었고, 돈 벌러 아버지도, 작은아버지도 만주로 떠났다. 그리고 훗날 강원용도 끝내 지긋지긋한 가난의 동네를 벗어나, 큰 뜻을 이루기 위해 책임질 가족과 어머니를 뒤로하고 용정을 향해 떠난다. 아리랑이 아니고 무엇이랴!

화전민의 아들

강원용은 일제의 무단통치가 극악했던 1917년 7월 3일(음력 5월 15일)

---

9) 강원용, 『역사의 언덕에서』 1, 한길사, 2003, 52~53쪽.

함경남도 이원군 남동면 원평리에서 태어났다. 그 당시 시골 마을 전경은 어떠했을까? 아마도 위성사진으로 보면 100년 전 마을이니 완전히 변해 있겠지만, 그 지형이나 지세는 남아 있지 않을까? 오늘날은 대부분의 사람이 현대화되고 개발이 된 비슷비슷한 곳에서 나고 자라서 태어난 곳이 큰 의미를 주지 못한다. 그러나 옛적에는 태어나고 자란 마을 자체가 한 사람의 인격 형성과 성장에 아주 큰 영향을 미쳤다. 먼저 강원용이 태어나서 소년 시절을 보낸 마을 전경을 보자.

강원용이 태어난 남동면에는 18개의 리가 있었는데, 이 가운데 원평리를 포함한 다섯 마을을 '다보(多寶)골'이라고 불렀다고 한다. 함경남도는 산이 많기 때문인지 전국에서 화전민이 가장 많았다. 화전민들은 시비도 할 수 없는 비탈진 산간 지대에 불을 질러 밭을 일군 후 조, 감자, 콩, 옥수수 등을 심어 겨우 연명했다. 그러다 지력이 떨어지면 다른 곳으로 옮겨가 새 농토를 개간해야 했다. 이렇게 벼농사도 지을 수 없는 가난한 화전촌을 왜 다보골이라고 불렀는지 알 수 없었지만 강원용은 아마 보배로운 것이 너무 없는 각박한 현실을 위로하기 위해서 그처럼 아이러니한 속칭이 생겨난 것 같다고 했다.[10] 일제의 극악한 무단통치와 농토가 없어서 화전촌을 이루게 된 남동면 원평리는 강원용에게 다보골이라는 별명처럼 아름답고 풍성한 곳이 아니었다. 극심한 가난으로 위로가 필요한 고달프고 슬픈 곳이었다.

그러나 강원용과 함께 그곳에서 태어나 어린 시절을 보낸 동생 강형용의 눈에 비친 '다봇골'의 전경은 마냥 아름답기만 했다. 대한민국은 모든 곳이 개발로 절단 났는데, 저 북쪽 강원용의 고향에는 여전히 그 정겨운 모습이 남아 있을까? 강형용은 1990년 봄에 간도 연변대학교의 유 박사라는 사람과 점심을 같이하게 되었다. 이 사람은 자기가 김일성대학교에서 공부할 때 북한의 명승고적을 다 다녀보았는

---

10) 같은 책, 33쪽.

데 이원(利原)이라는 고장의 해변이 그럴 수 없는 절경이라고 말하는 것이었다. 강형용은 "제 고향이 바로 그 이원인데요" 하면서 자신도 세계의 해변을 꽤나 다녀보았지만 자기 고향의 해변만큼 아름다운 곳은 보지 못했으며, 유명한 원산의 명사십리도 자기 고향에 비하면 어림없다고 회상한다.

내 고향 마을은 이름도 정겨운 '다봇골'이다. 게딱지를 엎어놓은 것 같은 50여 채의 집들이 옹기종기 이마를 맞대고 정을 나누었던, 정말 한 폭의 그림 같은 마을이었다. 아침저녁 집집마다 굴뚝에서 하얀 연기가 안개처럼 솟아오르는 그 평화스러움이 가난쯤은 덮고도 남을 만했다. 양지바른 뒷산에는 온갖 꽃들이 철을 따라 흐드러졌고, 머루, 다래, 개암, 딸기, 호두, 오디 같은 온갖 열매들이 골짜기마다 풍성했다.

마을 앞에는 맑은 물이 크고 작은 바위와 돌을 씻으며 흘러내리고, 물이 고인 웅덩이에는 여러 가지 고기들이 꼬리를 흔들며 한가로웠다. 큼지막한 돌을 뒤엎으면 가재나 게가 마치 부끄러운 짓을 하다가 들킨 듯 황급히 도망치는 꼴이 어린 마음에도 우습고 재미있었다.

여름밤 마당에 모닥불을 피워놓고 어머님의 무릎을 베고 누우면 밤하늘엔 별이 가득했다. 부드러운 손길로 내 머리를 어루만지며 전설 같은 옛이야기를 들려주셨다. 이윽고 모닥불이 사그라들 무렵이면 나는 어느 사이엔가 꿈길 따라 쌕쌕 잠에 빠지는 것이다.

지금도 고향을 생각하면, 베고 잠들던 어머니의 무릎이 뺨에 느껴지고, 그 무명치마 폭에서 풍겨나던 어머니의 냄새가 코끝에 아직도 향긋하다.[11]

---

11) 강형용, 『유당 강형용 고희문집』, 강형용내과, 1991, 316쪽.

실제로 한 인간의 인격형성과 성장에 가장 큰 영향을 주는 것은 가족이다. 그럼에도 강원용의 고향을 먼저 이야기한 까닭은 강원용이 처한 그 시대 현실을, 아리랑으로 불렸던 그 당시 이 겨레 사람들의 일반적인 상황을 말하기 위해서다.

강원용의 삶에 직접 영향을 준 가족들의 이야기를 하려고 한다. 비록 나라를 잃은 땅에서, 더구나 가난한 화전민의 아들로 태어났지만 강원용의 출생은 집안의 큰 기쁨이었다. 무엇보다 시집온 지 10년이 되도록 아들을 낳지 못해 죄인처럼 숨죽이며 살던 어머니에게 강원용의 출생은 구원과도 같은 것이었다.

강원용은 가족 중에서 어머니 이야기를 가장 먼저 들려준다. '샛별' 이라는 예쁜 이름으로 불렸던 어머니는 농민의 딸로 태어나서, 열일곱 살 나이에 진주 강씨 집안의 장손인 아버지와 혼인했다. 이때 아버지는 철부지였고, 어머니는 맏며느리로서 시집살이의 고달픔과 고초 속에서 살았다. 그도 그럴 것이 어머니는 4대가 함께 사는 전형적인 대가족으로 시집와서 증조부, 조부모, 부모, 숙모 등 열 명도 넘는 식구들의 시중을 들며 살아야 했기 때문이다. 이런 어머니에게 가장 고통스러운 것은 맏며느리로서 대를 이을 아들을 낳아야 하는데 그렇지 못한 것이었다. 마침내 집안의 기대와 관심 속에 아들을 낳았을 때, 고추를 달고 나온 것을 확인했을 때, 어머니의 기쁨은 말할 수 없는 것이었다. 강원용의 어머니는 "널 낳고서야 비로소 사람대접을 받아보았지" 하는 말과 함께, 어린 강원용이 얼마나 별나고 사나웠던지 "네 밑으로 사내애를 둘이나 더 낳아 키웠지만 난 너 하나밖에 기르지 않은 것 같다"는 말로 그를 회고하고 있다.[12]

강원용은 어머니가 자신을 얼마나 사랑했는지에 대한 일화를 들려준다. 몸이 약했던 강원용은 두 살 때 홍역에 걸려 죽게 되었다. 식구

12) 『역사의 언덕에서』 1, 35쪽.

들이 살리려고 무진 애를 썼음에도 의사마저 죽은 것으로 진단하고 홑이불을 덮어 씌웠다. 이때 어머니는 실성한 사람처럼 웃어른들의 제지도 뿌리치고 강원용을 등에 업고 뛰쳐나가 30리 길을 달려 유명한 한의사를 찾아갔고, 그 의사의 치료로 강원용은 기적적으로 살아났다. 강원용은 그것은 그 의사의 의술보다는 어머니의 간절한 집념 덕분이었을 것이라고 말한다.[13] 훗날 어머니는 강원용이 북간도로 갈 수 있도록 몰래 소를 팔아 돈을 쥐어준다.

강원용의 아버지 이야기를 하기 전에 증조할아버지 이야기를 해야겠다. 강원용의 교육과 장래를 두고서 두 사람의 갈등이 컸을뿐더러, 엄격한 증조할아버지를 거스르면서까지 아버지가 강원용에게 새 길을 열어주었기 때문이다. 할아버지는 엄한 증조할아버지 아래서 숨죽이고 살았는지 증조할아버지가 돌아가신 이듬해, 자신이 열세 살 때 돌아가셨다는 한마디만을 강원용은 전해주고 있다.[14]

강원용은 네 살이 되고부터 증조할아버지에게 한문을 배우기 시작했고, 이때부터 자신의 어린 시절 기억을 가지고 있다. 강원용은 온종일 글을 읽고 저녁이면 글을 써서 바쳐야 했는데, 한 자라도 틀리면 어김없이 회초리 세례를 받았다. 심지어는 대통으로 머리를 얻어맞으면서까지 『천자문』을 마치고, 『동몽선습』을 거쳐 『논어』까지 뗐다. 다섯 살부터는 서당에 다니기 시작했는데, 가기 싫어서 도망을 가면 집안 어른들에게 붙잡혀 서당으로 끌려가야 했다. 증조할아버지에 대한 강원용의 기억은 썩 좋지 않다. 그리고 강원용의 아버지도 자기 할아버지에 대해서 감정이 좋지는 않았다. 증조할아버지와 할아버지가 돌아가시고 나서야 아버지도 자유로워져서, 만주로 장사하러 갈 수 있

---

13) 같은 책, 36쪽.
14) 같은 책, 51쪽.

었다.[15]

아버지에 대한 강원용의 감정은 이중적이었다. 한편으로는 차갑고, 한편으로는 따스했기 때문이다. 아버지는 유학을 공부한 탓인지 성격이 매우 엄해서, 강원용을 안아보기는 고사하고 무릎에 앉힌 적도 없다고 한다. 이런 아버지는 다른 한편으로는 매우 진취적이어서, 일제치하에 산골마을에서 살아보았자 소망이 없음을 깨닫고, 해외로 눈을 돌려 소련의 블라디보스토크에 다녀오기도 했다. 한 날은 느닷없이 상투를 잘라서 증조할아버지에게 쫓겨나면서도, 결코 잘못이 없다고 주장했다고 한다. 이런 깨인 아버지였기에, 아버지는 강원용이 만 여덟 살이 되던 해, 신식교육을 하는 20리쯤 떨어진 염분학교에 입학시켰고, 그 후 차호읍에 좋은 학교라고 평판이 난 차호보통학교가 생기자 그리로 전학시켰다. 이 때문에 아버지는 집안 어른들의 분노를 사서 오랫동안 불화를 겪어야 했다. 강원용은 이 일을 아버지가 자식을 사랑하는 방식이었다고 회상한다. 말은 없지만, 등굣길을 동행해준 따뜻한 아버지의 사랑의 기억을 강원용은 간직하고 있다.

어린 내게 새벽 산길을 혼자 다니는 것은 무서웠다. 아직 어둑한 새벽길을 걷노라면 산짐승보다도 할머니에게 이야기 들었던 귀신이나 도깨비가 나타날까봐 머리털을 곤두세우곤 했다. 이따금 차호읍에 볼일이 있는 아버지가 일부러 새벽시간을 택해 동행해주시곤 했는데, 두 시간 걷는 동안 아버지는 한마디 말씀이 없으셨다. 그러나 굳이 새벽길을 택해 학교 가는 길에 동행해주신 당신의 깊고 묵묵한 애정을 나는 지금도 느낄 수 있다.[16]

---

15) 같은 책, 51쪽.
16) 같은 책, 41쪽.

증조할아버지와 할아버지가 돌아가시자 자유로워진 아버지는 두메 산골에 자식들을 둘 수 없다고 생각해서 돈 벌러 만주로 떠났다. 그러나 뜻대로 되지 않아 연락이 끊긴 때가 있었다. 훗날 강원용이 그리스도인이 되고 자기의 뜻을 펼치기 위해 일본으로 유학을 가려고 하자 아버지는 불같이 화를 냈는데, 김재준 목사님이 어떻게 썼는지, 김재준 목사의 편지 한 통을 받고는 선뜻 허락해주었다고 한다.[17]

어린 시절의 형제들 이야기는 별로 없다. 강원용은 자기보다 네 살 위인 누님의 이야기를 전한다. 결혼하고 싶지 않은 누이를 할아버지와 아버지가 강제로 약혼시켰다. 강원용도, 어머니도 이 약혼을 반대했다. 누님이 시집을 가지 않겠다고 버티자, 할아버지는 결혼을 반대하는 강원용과 어머니를 쫓아내려고 했고, 마지못해 누님도 억지로 결혼했다. 강원용도 하염없이 울면서 가마를 타고 시집가던 누이를 잊지 못한다고 했다.[18]

어머니의 고달픈 시집살이와 계집아이라서 차별대우 받으며 자라 강제로 결혼한 누님의 처참한 삶을 목격했기에 강원용은 훗날 여권 신장과 여성의 지도력 개발에 그 누구보다 앞장서지 않았나 싶다.

고단한 어린 시절

열여덟 살에 원평리를 탈출하여 북간도로 가기까지의 어린 시절과 소년 시절의 강원용을 표현하자면 못된 망아지와 고달픈 소년 가장이라고 할 수 있다.

그 앞에서야 감히 아무도 그렇게 말할 수 없었지만, 강원용은 그 누구에게나 '강핏대'라고 불렸다. 하루아침에 그렇게 된 것이 아니라 아

---

17) 같은 책, 105쪽.
18) 같은 책, 45~46쪽.

주 어려서부터 그렇게 까다롭고, 사납고, 고집이 셌다. 앞서 이야기했지만, 오죽 까다로우면 어머니가 "네 밑으로 사내애를 둘이나 더 낳아 키웠지만 난 너 하나밖에 기르지 않은 것 같다" 하고 말했을까. 강원용은 스스로를 성격이 사납고 불량했다고 솔직하게 회고한다. 학교를 결석하는 날은 있어도 싸움을 안 하는 날은 없었다고 하면서 한 예를 들려준다.

나는 싸움만 잘한 게 아니라 술과 담배에도 일찌감치 맛을 들인 문제아였다. 우리 집에는 증조할아버지가 계셔서 동네 어른들의 발길이 끊이지 않았는데, 그분들이 즐기던 술과 대통담배가 어린 내 눈에 그렇게 맛있고 좋아 보일 수가 없었다. 어른들이 술을 들이킨 다음 "커!" 하고 입맛을 다실 때마다 얼마나 맛이 있으면 저럴까 하고 호기심을 품어오다가 마침내 어느 날 어른들 몰래 술을 퍼마셔서 어머니를 놀라게 해드린 적도 있다. 그때가 일곱 살이었다.[19]

그러나 이것은 결코 불량배의 기질과는 다른 것이었다. 거친 야생성이라고 할까. 이 야생성은 천성적인 활동성으로 일찍부터 강원용에게 나타난다. 강원용이 열 살 되던 해, 동네에 소년단이 생겼다. 이 소년단은 어린이교육과 예술운동을 하며 어린이날에는 갖가지 행사를 벌였다. 이 소년단의 입단 나이가 열두 살 이상이었기 때문에 강원용은 들어갈 수가 없었다. 낙심할 강원용이 아니었다. 그는 아홉 살부터 열두 살에 이르는 또래들을 모아 어린이단을 만들고는 스스로 단장이되어 가지가지 활동을 했다. 무엇보다 소년단이 하는 연극이 하고 싶었던 강원용은 「장화홍련전」「심청전」「흥부전」이 실려 있는 책을 구해서 제멋대로 각색해서 연습하고 공연했다. 구경거리가 워낙 없는

19) 같은 책, 42쪽.

시골인지라, 명절 공연에는 이 어린이들을 보러 성황을 이루었다고 한다. 당시에는 웅변대회도 열렸는데, 남 앞에서 말하기를 좋아하는 그는 산에 올라가 소나무 앞에서 웅변 연습을 하곤 했다. 한 날 웅변대회 구경을 갔다가 우연히 기회가 주어져 어른들 틈에 끼여 즉흥 연설을 했는데 칭찬을 들었다고 한다.[20] 이 타고난 말재주는 훗날 뛰어난 연설가요 설교가로서 그 놀라운 재능을 발휘한다.

강원용의 소년 시절은 고달픈 가장으로서 좌절과 방황으로 가득했다. 보통학교를 졸업할 때가 되었다. 불량기는 있었지만 공부를 잘했던 강원용은 3년제인 북청의 농업학교에 진학해서, 졸업하면 농촌지도자로 일할 수 있는 함흥의 4년제 학교로 갈 생각이었다. 그러나 집 형편으로서는 도무지 뒷바라지를 할 수 없어서, 보통학교를 졸업하고 그대로 집에 있을 수밖에 없었다. 아버지는 돈 번다고 만주로 떠나가서 연락이 끊기고, 아버지 대신 집을 돌보던 작은아버지마저 만주로 가서 취직한 다음에는 집으로 돌아오지 않았다. 집에는 할머니와 어머니, 어린 두 동생과 사촌동생만이 남게 되었고, 이 식구들의 생계를 꾸려가는 일은 열다섯 살 소년 강원용의 몫이 되었다. 하루아침에 소년 가장이 된 그는 이후 4년 동안 화전을 일구며 가족을 먹여 살려야 했다.

나는 산비탈에 불을 질러 밭을 개간한 후 조나 콩 등의 곡식을 심었다. 그리고 김을 매고 나서 추수 때까지는 산에 올라가 나무를 했다. 추수가 끝나면 소달구지에 나무를 스무 단씩 싣고 차호읍에 내다 팔았는데 쉬운 일이 아니었다. ……하루도 쉴 수 없는 힘겨운 노동과 계속되는 가난은 어린 나를 지치게 했다. 그러나 육체적인 고통보다 더 나를 괴롭힌 것은 좌절감이었다. 열다섯 살의 겨울은 좌

---

20) 같은 책, 42~44쪽.

절과 고통으로 내겐 어느 해 겨울보다 추웠다. 그리고 그 추위를 이기지 못해 나는 방탕해지고 말았다. 나무를 다 팔면 술을 마시고 만취해 소달구지에 쓰러진 채로 돌아오곤 했다.[21]

사납고 고약하며, 고달픈 소년 가장이 된 강원용이 그리스도교를 만난다. 그 의미가 무엇일까? 훗날 강원용이 이 겨레와 세계에 엄청난 영향을 미친 그 계기가 아닌가? 강원용에게 그리스도를 받아들일 수 있도록, 나아가 원대한 꿈을 간직하도록 씨앗을 뿌린 사람은 그의 작은외삼촌 염쾌석이다. 염쾌석은 함흥고보를 졸업한 다음 보통학교에서 교사로 일하고 있었다. 그의 성격은 쾌활하고 목소리도 크고 개성이 강했다고 한다.

염쾌석은 그 당시 산골마을에서는 듣지도 못했던 성경 이야기를 들려주었을 뿐 아니라 톨스토이, 심지어는 일본의 프란시스라 불리는 빈민전도가 가가와 도요히코(賀川豊彦)에 대해서도 알게 해주었다.

훗날 강원용은 일본 유학 시절에 소년 때에 작은외삼촌에게서 들은 가가와를 찾아가 만난다. 강원용은 그에게서 다시금 그리스도교와 가난한 사람들을 위한 사회운동에 대한 깊은 사명을 자각을 하게 된다.[22]

1907년에 이원군에 기독교가 들어왔고, 그 후 교회가 서고 목사와 전도사가 부임해왔다. 그 당시 강원용이 살던 마을에는 기독교 신자가 한 명도 없었다. 강원용은 외삼촌을 통해서 기독교라는 것을 알게 되었지만 당시는 사회주의 사상에 더 관심이 많았는데, 그것은 일본의 빈민전도가 가가와와 가난한 사람들을 사랑한 톨스토이의 영향 때문이었다. 더구나 철저한 유교가정의 장손으로 자랐기 때문에 강원용

---

21) 같은 책, 53~54쪽.
22) 같은 책, 59, 119~123쪽.

이 기독교인이 되는 것은 상상도 할 수 없는 일이었다.

　온 가족이 기독교인으로서, 일제의 동양척식 주식회사의 산림간수인 박성엽 씨가 그 동네로 부임해왔다. 박성엽 씨와 그 가족은 강원용의 아버지와도 친하게 지내게 되었고, 서로 집을 놀러 다니는 사이가 되었다. 강원용의 집에서는 누나가 제일 먼저 박성엽 씨 집에서 열리는 예배 모임에 나가기 시작했다. 물론 이 일을 제일 반대한 사람은 강원용 자신이어서, 예배 시간이면 밖에서 소란을 피우기도 했다. 그러나 박성엽 씨가 자신을 귀여워해주고, 또 바깥세상 소식은 박성엽 씨 집에서나 들을 수 있었기 때문에, 강원용은 할머니와 집안의 극심한 반대에도 오랜 고민 끝에 드디어 박성엽 씨 집에서 주일 낮과 밤 그리고 수요일 저녁에 열리는 예배에 참석하게 되었다. 강원용은 말한다.

　　설교를 듣고 성경을 공부하고 예배드리고 기도하는 가운데 나는 그때까지 믿어온 귀신과 도깨비에서 해방되어 기독교의 하나님을 믿기로 확실하게 결정을 내렸다.[23]

　1932년 11월 중순, 열여섯 살 때, 그 마을에 순회 온 서기현 목사에게 강원용은 드디어 세례를 받고, 그날로 집사 직분도 받는다. 세례를 받고 난 뒤의 강원용은 그야말로 개벽하듯 변했고 술 담배와 도박을 끊은 것은 물론, 동네까지 정화했다. 강원용은 극단적인 기질이 있는지는 모르지만, 한번 예수를 믿자 광신적이고 율법적이 되었으며, 천당 지옥의 두려운 신앙에 사로잡혔다. 그는 스스로 한 승천 주일의 설교에서 자신의 옛 신앙을 회고한다.

　나는 소년 시절에 교회 나가서 예수님을 믿기 시작했는데, 그때

---

23) 같은 책, 60쪽.

는 무엇이든 한 점 의심 없이 그렇게 믿었습니다. 오늘 예수님이 하늘에 올라갔다가 다시 오신다는 이야기를 그대로 믿었습니다. 그래서 기도를 하는 때는 하늘을 쳐다보며, 하늘 어디 저편에, 별들 사이에 예수님이 계시다고 생각하고 기도를 했습니다.

농사를 지을 때도, 하늘이 갑자기 어둑어둑해지고, 구름이 가득하고 천둥·번개가 치면, 지금 예수님이 내려오지 않는가 생각되어 무릎 꿇고 기도했습니다. 내가 혹시나 심판받을 짓은 하지 않았는가, 무서워서도 기도했지만, 무엇보다도 우리 아버지나 어머니 때문에 기도했습니다. '우리 아버지 어머니는 예수를 안 믿는데, 이 양반들이 예수 믿을 때까지만 오지 마십시오' 하고 기도했습니다.[24]

훗날 신학을 공부하며 이런 신앙은 깨어졌지만, 강원용이 예수를 믿고 기독교인이 된 것은 강원용이 목사가 되고 세계를 향해 발돋움하는 결정적인 계기가 되었다.

여기서 특별히 한국교회의 선교 역사와 관련해서 언급해야 하는 것이 있다. 그것은 '함경도에서 그리스도교인이 된다'는 것의 교회사적 의미이다.

초기의 캐나다 장로교 선교사로서 한국에 와서 선교한 덩컨 맥레이 (Duncan MacRae, 마구례馬求禮, 1868~1949) 목사의 삶을 담은 책에서, 맥레이 목사가 함경남도 함흥을 방문했을 때 관찰한 것을 전하고 있다. 함경남도는 바로 강원용이 태어난 곳이다. 맥레이 목사는 함흥 사람들이 독특하다는 것을 깨닫고 이렇게 술회한다.

---

24) 강원용,『돌들이 소리치리라』, 강원용 목사 10주기 추모 설교선집, 대한기독교 서회, 2016, 291쪽.

수 세기 동안 이 도시는 유배당한 정치적 반항아들의 수용소였다. 정부를 공개적으로 혹은 은밀하게 비판한 사람들은 서울 안의 정부 권력 집단으로부터 단절되어 정치적 수감자들이 되었다. 많은 사람이 반도의 먼 북동쪽 고립된 지역으로 유배당했고 이들 자유로운 사상가들의 혼이 담긴 강건한 독립심은 이곳의 주민들에게 스며들어 있었다. 그러므로 꼿꼿하고 지조 있는 문화와 행동 방식들(어쩌면 거칠고 직접적이기도 한)이 남쪽과 서쪽의 도시와 지역보다 함흥 도시와 함경 지역에서 발달했다. ……성품과 인격의 특징은 이들 북동쪽의 조선인들을 그리스도교 신앙에 대한 훌륭한 후보로 만들었으나, 동시에 그들 사이에서 선교사로서 사역하기에는 어려움이 있었다. 그들을 그리스도에게로 이끄는 것은 쉬운 일이 아닐 것이다.[25]

맥레이 목사의 이 같은 보고는 그대로 강원용의 성격과도 통하는 점이 있다. 더 중요한 것은 함경도를 배경으로 하는 그리스도인은 훗날 한국사회에서 진보적이고 사회참여적인 역할을 하게 된다는 점이다. 이와는 대조적으로 서북지역을 배경으로 하는 그리스도인들은 해방과 분단 후 우리 사회에서 보수적인 신앙과 극우적인 정치성향을 띠게 된다. 이것을 뒤에 더 자세히 분석하겠지만, 김재준이나 강원용(함경도)과 한경직(평안남도)에게서 단적으로 확인된다.

---

25) 헬렌 맥레이(Helen MacRae), 연규홍 옮김, 『팔룡산 호랑이』(*A Tiger on Dragon Mountain*), 한신대학교출판부, 2010, 130~131쪽.

2 북간도에서 눈뜬 세계

소년 가장으로서의 고단한 삶. 그것만이 강원용을 괴롭힌 것은 아니었다. 강원용은 단순히 산골 화전민을 벗어나 넉넉히 먹고사는 그것으로 만족할 사람이 아니었다. 신식학교를 보낸 아버지, 작은외삼촌에게 듣고 배운 이야기는 강원용을 자극했다. 강원용의 내면에서는 강렬한 열망이 싹텄다. 그리스도교를 배척하던 강원용은 넓은 바깥세상에 대한 동경 때문에 그리스도교 신앙을 받아들이고 세례를 받는다. 그러고 나서는 평생 농사짓는 삶이 아니라 고생을 하며 사는 농민들을 위해 헌신하는 삶을 살아야 한다는 원대한 꿈을 갖게 되었다. 이 꿈을 이루기 위해서는 집을 탈출해서 넓은 배움의 세계로 가는 것뿐이었다. 강원용은 모든 것을 버려두고 훌쩍 용정을 향해 떠나고, 이 용정에서 더 넓고 큰 신앙과 세계에 눈을 뜨게 된다.

악동과 프란시스

좀 앞뒤가 맞지 않는 강원용과 성 프란체스코 이야기를 하려고 한다. 강원용은 고향을 떠나 용정으로 갈 생각을 했던 때를 이렇게 회상한다.

나 자신이 농사꾼의 자식으로 태어나 농민들이 얼마나 고생하며 사는지 체험했으니 농민들이 잘사는 사회를 만들기 위해 일생을 바쳐야 한다는 결론에 도달했다. 그것이 바로 하나님께서 나를 세상에 내신 뜻이라고 믿었다. 그 뜻을 이루기 위해 공부를 더 하고, 성 프란체스코처럼 결혼하지 않고 헌신하리라 마음먹었다.[1]

그가 용정으로 떠나기로 결심한 큰 동기 가운데 하나가 "프란체스코처럼"이다. 그가 프란체스코처럼 살았는지는 말할 수 없지만, 적어도 프란체스코를 흠모하고, 프란체스코가 그의 삶의 내적 동기가 된 것은 틀림없는 것 같다.

그럼에도 여기서는 이 문제를 비평적으로 살펴보고자 한다. 강원용은 1993년에 『빈들에서』라는 제목으로 자서전을 낸 바 있다.[2] 그런데 2003년에 다시 자서전을 낸다. 큰 틀에서 별로 다르거나 새로울 것이 없는 내용을 다시 보충해서 책으로 내는 이유를 강원용은 이렇게 밝힌다.

후배 몇 명과 함께 나의 기록을 『빈들에서』라는 세 권의 책으로 펴냈는데, 이 책의 반응이 기대 이상으로 좋았다. 그러나 그로부터

---

1) 『역사의 언덕에서』 1, 69쪽.
2) 강원용, 『빈들에서』 전 3권, 열린문화, 1993.

10년이 지나 그 책을 보니 '악의 영들이 사는 빈들'이라고 너무 부정적으로 역사를 그렸던 점과 미래 지향적이지 못한 점이 눈에 띄었다. 그래서 ……불필요한 오해를 일으킨 점들을 고려해 그 내용을 보충하고 수정하고 싶은 마음이 들었다.

이 뜻을 평소 믿고 아껴온 한길사의 김언호 사장에게 의논했더니 아예 새로 다섯 권을 써보라고 제안했고, ……이렇게 해서『빈들에서』세 권의 내용을 수정하고 새로 두 권 이상의 원고를 써서 이 책을 내게 되었다.[3]

그 달라진 것 가운데 중요한 하나가 강원용이 프란체스코를 삶의 모범으로 삼은 것이다.『빈들에서』제1권에 따르면,『역사의 언덕에서』제1권에 나오는 강원용이 고향을 떠나려고 결단하는 장면에서, 프란체스코의 이야기는 전혀 나오고 있지 않다.『빈들에서』제1권에서는 강원용이 용정에 가서, 프란체스코를 나의 보호성인이라고 할 만큼[4] 프란시스를 본받고 산 김재준 목사의 삶에 감화를 받고, 이 때문에 자신도 프란체스코를 흠모하게 되었다고 한다.[5] 그러나『역사의 언덕에서』제1권은 용정으로 가기 전 기독교에 귀의하고, 큰 뜻을 품으며 프란체스코처럼 살겠다고 다짐하는 것으로 되어 있다.[6]

이 시기가 엇갈리는 회상은 무엇을 뜻하는가? 두 가지를 추측할 수 있다. 하나는 강원용이 프란체스코를 흠모하게 된 계기는 김재준을 통해서였다는 것이다. 그러나 김재준을 통해서 알게 된 프란체스코에 대한 감동이 크고, 그 후 가난한 사람들에 대한 관심과 무엇보다 일본의 빈민 활동가요 사회주의자인 가가와를 만나고는 프란체스코를 자

---

3)『역사의 언덕에서』1, 24쪽.

4)『빈들에서』1, 217쪽.

5)『역사의 언덕에서』1, 63~64쪽.

6) 같은 책, 60쪽.

신의 삶의 지표와 일치시킨 것 같다. 이 때문에 강원용은 『역사의 언덕』제1권에서는 이미 고향에서 프란체스코를 흠모한 것으로 소급해서 적고 있는지 모른다.

다른 하나는 강원용은 자기 작은외삼촌 염쾌석을 통해서 이미 프란체스코의 이야기를 듣고, 소년 시절에 감화를 받았을 수 있다는 것이다. 앞에서 이미 이야기했지만 작은외삼촌은 강원용에게 성경 이야기만이 아니라 톨스토이와 가가와 이야기를 들려주었고, 강원용은 작은외삼촌에게 큰 영향을 받았다. 그런데 이때는 강원용이 기독교인이 되기 이전, 술 먹고, 담배 피우고, 노름하던 악동 시절이었다. 악동과 프란체스코! 아마도 대극성의 통일이거나 상보관계일 것이다. 작은외삼촌을 통해 악동의 심령 속에 고귀한 프란체스코가 작동했을 것이다. 어느 경우든 강원용에게서 프란체스코의 영향은 아주 큰 것이었다.

강원용과 프란체스코를 이야기하면서, 한국교회사에서 아주 독특한 현상을 밝혀두어야겠다.[7] 함경도에서 태어났으며, 북간도 용정에서 서로 만나 영향을 주고받은 인물들이 한결같이 프란체스코를 그 삶의 모범으로 삼고 있다는 것이고, 이들이 동시에 한국기독교장로회 새 역사 출발의 주역들이었다는 것이다.[8]

김재준을 불러내서 신학으로 이끈 송창근 목사는 프란시스를 본받아 평생 성빈(聖貧)을 실천하며 살았다. 송창근은 일본어로 된 『프란시스의 생애』에 대한 책을 김재준에게 주었고, 김재준은 이 책을 옮기며 큰 감명을 받고는 프란시스를 흠모하면서, 프란시스는 자신의 "보호성자"라고 고백한다. 그리고 자신의 구상으로 경동교회에서 '선린

---

7) 함경도, 용정, 한국기독교장로회 출발로 이어지는 역사에서 프란시스 영성은 그 토대를 이룬다. 이에 대한 글은 다음을 보라. 홍순원, 「영성으로 본 기장의 출발과 현재 그리고 과제」, 기장영성수련원 영성학교 심포지엄, 2015. 6. 29.

8) 『역사의 언덕에서』1, 59~60, 69, 86~87, 94, 121~123쪽.

형제단'이 결성되었을 때, 이것은 동지들과 함께 프란시스의 사상을 실천하는 것이었다고 감격한다. 강원용은 프란시스의 영향으로 한때 독신으로 살면서 평생 농촌운동을 할 마음을 먹었고, 일본 유학 시절에 가가와[9])를 만나 기독교 사회주의와 프란시스에 눈 뜨고는 '선린형제단'의 이상을 실천했다.

이외에도 함경도 출신으로 용정에 머문 안희국, 안병무가 있다. 안희국은 훗날 한국신학대학에서 가르쳤는데, 주변에서는 안희국을 한국의 프란시스라고 불렀다. 안병무는 훗날, 저 무등산 자락에서 '맨발의 성자'라고 불리는 이현필을 만나서 오랫동안 대화를 나눈다. 안병무 자신이 프란시스의 감화를 받았는지는 모르지만, 이 이현필[10])과의 만남을 계기로 안병무는 한국의 프로테스탄트 수도 공동체인 '디아코니아 자매회'[11])를 설립하게 된다. 같은 함경도 태생이며 강원용과 함께 한국신학대학 제7회 졸업생인 전학석은 역시 김재준을 통해 프란시스에 깊은 감명을 받고는 평생 청빈하게 살면서 민주화 투쟁에 헌신한다.[12]) 이 함경도와 북간도의 프란시스의 제자들에게는 주체적이고 자주적인 신앙과 함께 프란시스의 영향을 통해 '벌거벗은 영혼' 또는 '맨발'이라고 하는 '하나님 앞에 서는 영성'과 가난한 생명을 섬기는 '사회적 실천'이 처음부터 함께 얽혀 있는 것이다.

더 놀랍고 신비한 하나님의 은총의 역사는 이 주체적이고 자주적인 신앙의 함경도, 북간도의 프란시스와 역시 자생적으로 생긴 저 남도의 주체적이고 자주적인 프란시스가 합류하면서 한국교회에서 놀라

---

9) 가가와 목사에 대해서는 http://blog.daum.net/dfgiyo/6097706을 볼 것.

10) 이현필에 대해서는 다음을 볼 것. 엄두섭, 『맨발의 성자』, 은성출판사, 1986.

11) 안병무와 디아코니아 자매회에 대해서는 다음을 볼 것. 한국디아코니아자매회, 『역사와 섬김의 삶』, 한국신학연구소, 2005, 40~41, 313~329쪽.

12) 홍순원, 「전학석, 김재준, 프란시스: 하나님 나라가 임하소서」, 『천호동교회 창립 59주년 문집』, 2013, 35~51쪽.

운 복음의 생명을 드러냈다는 것이다.

지역을 달리하여 남도 쪽에도 프란시스들이 있다. '무등산 영맥'이라고 총칭하는 이들이다. 송창근, 김재준, 안희국, 강원용, 전학석 같은 프란시스가 위쪽인 함경도와 북간도의 프란시스 영맥이라면, 저 아래쪽의 최흥종, 강순명, 이현필, 이준묵 등으로 대표되는 '남도' 또는 '무등산 프란시스 영맥'이 있다. 이 무등산 영맥은 자생적인 토착 영성으로, 거슬러 올라가면 유영모, 이세종, 이현필에 이르고 흘러내려오면 강순명, 백영흠, 조아라, 여성숙, 이준묵 등에 이르는 경건과 실천 목회 그리고 프로테스탄트 수도 공동체인 디아코니아 공동체로 이어진다. 엄두섭 목사에 따르면 최흥종 목사가 이 영맥의 위에 있고, 강순명 목사가 그 영향을 받는다. 강순명 목사가 광주 'YMCA'에서 '독신 전도단'을 조직하고 청년들을 지도할 때 이준묵과 차남진, 윤남하, 고영노, 박철웅 그리고 후에 이현필이 가담했다. 이들은 5년 동안 전도와 노동, 공부와 수도를 하며 공동체 생활을 했다.[13]

또 놀라운 것은 이 무등산 프란시스 영맥에서 한국기독교장로회에 큰 역할을 했던 인물들을 만난다는 것이다. 백영흠, 여성숙, 이준묵, 윤남하가 그들이다. 이들은 남녘에서 스스로 프란시스의 영성을 체득하며, 기도와 사회적 실천에 헌신한다. 이 주체적이고 자주적인 신앙과 프란시스 영성이 북쪽과 남쪽에서 각기 형성되어 만나 한국기독교장로회의 초기 역사를 형성한다. 이것은 한국기독교장로회만이 아니라 선교사 일변도, 부흥회 영성 일변도의 한국 프로테스탄트 교회에도 뜻하는 바가 몹시 크다.

프란시스를 흠모하며 평생 사회적 실천을 했던 강원용의 삶! 그것

---

13) 이덕주, 『광주선교와 남도 영성이야기』, 진흥, 2008, 147, 165~167쪽. 최흥준과 강신명, 이현필의 관계에 대해서는 http://blog.daum.net/js00001/7076624를 볼 것.

은 강원용 개인만의 것이 아니었다. '주체적이고 자주적인 신앙'과 '프란시스의 청빈과 섬김'은 바로 하나님께서 이 겨레의 구원을 위해 선물하신 것이고, 그것을 강원용도 선물로 받은 것이다. 그러므로 강원용의 꿈과 삶과 실천을 비평적으로 서술해갈 때 한국 프로테스탄트의 미래와 이 겨레의 평화통일과 생명의 길이 있다고 확신하는 것이다.

탈출

하나님께서 나를 이 세상에 나게 하신 것이 과연 우리 할아버지처럼 농사짓고 살다가 애 낳고 또 농사짓다가 죽으면 뒷산에 묻히라고 하신 걸까? 내가 이 세상에서 꼭 해야 할 일이 있기 때문에 태어나게 하신 것이 아닐까? 내가 이런 생활을 평생 계속하라는 뜻은 아닐 것이다.[14]

그렇다. 사람이 먹고사는 것이야 어찌하든 간에 다 되는 수가 있을 것이다. 우선 그 나라와 의를 구하기 위해 탈출해야 한다.[15]

강원용의 용정행은 도망이 아니라 탈출이다. 강원용은 지긋지긋한 가난과 어린 나이에 가족을 부양해야 하는 부담과 고달픈 그 이유 때문에만 집을 떠난 것은 아니었다. 단순히 먹고사는 문제 너머, 「마태복음」의 말씀대로 '그의 나라와 의'를 구하기 위한 큰 뜻이 내면에서 불타올라서 더 넓은 배움의 세계로 탈출한 것이다.

집을 떠나려는 이유와 결심을 어머니에게 털어놓자, 평생 농사꾼으

---

14) 『역사의 언덕에서』 1, 60쪽.
15) 같은 책, 71쪽.

로만 지낼 아들의 처지를 걱정한 어머니는 식구들 몰래 소를 팔아 강원용에게 건네주었다. 강원용을 떠나보낸 어머니는 혹시나 아들이 고생하다가 돌아오지는 않는가 싶어서 10리 밖이나 떨어져 있는 기차역에 매일 나가보기도 하고, 누가 만주에 갔다 왔다고 하면, 만주 어디서 왔는지도 모르는 그 사람에게 자기 아들을 만나보았느냐고 물어보곤 했다고 한다. 강원용은 특히 맏아들인 자기에게 정성과 사랑을 쏟아부은 어머니 생각만 하면, 늙은 나이에도 눈물이 고인다고 했다.[16]

강원용의 마을만이 아니라 비슷비슷한 농촌에서 강원용과 똑같이 가난과 고달픔 속에 살고 있는 수많은 소년과 청년이 있었다. 그들은 그 삶을 숙명으로 받아들이고 마지못해 살든지, 인내하며 살았다. 이들과 달리 강원용 안에서 이 탈출의 욕구를 일으킨 것은 무엇이었으며, 또 구체적으로 강원용은 무엇을 위해 탈출했을까?

강원용의 내면에 큰 세계에 대한 불을 붙인 요소들을 말해보고자 한다. 먼저 아버지가 있다. 강원용의 아버지는 엄격한 증조할아버지에게 온갖 험한 소리를 들으면서도 아들을 신식학교로 보낸다. 그뿐만 아니라 아버지는 의식이 있어서 어린 강원용에게 이승만 등의 해외독립운동 지도자들의 이야기를 들려주었을 뿐 아니라, 당신 자신이 일제 경찰에 불려 다닌 이야기를 해줌으로써, 강원용에게 민족 현실에 대한 자각을 절로 깨닫게 해주었다.[17]

강원용의 작은외삼촌 염쾌석이 준 큰 영향은 이미 이야기했다. 그리스도교, 프란시스, 사회주의 이 모든 넓고 큰 세계는 작은외삼촌에게서 듣고 감화받은 것이다. 강원용은 작은외삼촌이 평범한 생활인이기보다는 이상과 꿈을 가진 독특한 사람이었기 때문에 자신에게 큰 영향을 줄 수 있었다고 한다. 강원용의 유창한 언변과 왕성한 활동력

---

16) 같은 책, 73쪽.
17) 같은 책, 42쪽.

도 작은외삼촌 염쾌석의 영향은 아닐까?

　탁월한 설득력과 감화력을 갖고 있던 그는 웅변을 할 때면 사람
들을 자유자재로 웃기고 울렸으며……외삼촌은 수항리의 청년들을
모아 조기단(早起團)을 만들고 아침마다 체조와 청소를 하는가 하
면 여러 가지 문화운동과 독서운동, 야학활동을 벌이기도 했다. 계
몽운동도 벌였는데, 예를 들자면 더러움을 잘 타는 흰옷에 염색을
하자는 등 매우 실용적인 내용이었다.[18]

　이것은 그대로 강원용의 기질이고 삶이 아니었던가!
　1907년 그리스도교가 이원군에 들어오면서 다보골에 나타난 강봉
호 장로라는 사람을 통해서 결국 강원용은 그리스도교 신앙을 받아들
이게 된다. 엄격한 유교 집안의 장손으로서 그 당시 그리스도교인이
된다는 것은 상상할 수도 없는 일이었지만, 강봉호 장로를 통해 바깥
세상의 이야기를 들으면서 강원용은 교회를 다니게 되었고,[19] '그의
나라와 의'를 구하는 삶을 꿈꾸게 되었다. 아버지의 신식교육으로 이
끈 결단, 외삼촌의 자극, 강 장로를 통한 그리스도교 신앙입문, 이것이
그의 내면에 탈출의 불을 지피고 일으킨 것이다.
　강원용은 용정으로 가서 구체적으로 무엇을 하려고 했나? 강원용
은 김병태와 나눈 '농촌'에 대한 대담에서 자세히 밝히고 있다. 강원
용은 자신이 태어난 이원군 다보골 화전민촌의 비참한 농민들의 생활
의 고단함을 눈으로 보고 직접 체험하며, 그 시절에 앞으로 농촌을 위
해서 무슨 일을 할 수 있을까를 생각했다.
　이 농촌을 살리겠다는 생각에 그는 북청에 있는 3년제 농업학교에

18) 같은 책, 58쪽.
19) 같은 책, 59~60쪽.

입학원서를 냈으나 도저히 집안 형편상 갈 수가 없었다. 강원용은 만 18세가 되던 해 식구들한테는 차마 할 수 없는 짓이었지만 이렇게 살아서는 안 되겠다 싶어서 용정으로 갔다. 그 이유는 당시 용정에는 농촌에서 농촌사업을 할 사람들을 단기 양성하는 2년제 학교가 있었기 때문이다. 그런데 소 판 돈 70원을 가지고 용정으로 갔을 때 그 학교가 없어져서 강원용은 할 수 없이 은진중학교에 들어간다. 은진중학교는 농업을 가르치는 학교는 아니었지만, 그 후로도 강원용은 끊임없이 농촌운동에 관심을 가졌다. 강원용은 해방 후에 서울에 와서도 농촌운동을 하려고 했지만, 그 당시 서울의 정치경제 사정이 말이 아니어서 청년·학생을 중심으로 한 정치운동에 뛰어들게 된다.[20]

용정

기차를 타고 용정역에 도착하자 강원용은 그만 기막힌 현실을 만난다. 입학하려고 했던 농촌지도자를 양성하는 2년제 학교가 없어진 것이다. 이왕 탈출한 몸, 강원용은 낙심을 뒤로하고 고민 끝에 은진중학교에 입학한다. 만 열여덟 살의 늦은 나이에 그가 은진중학교에 들어간 이유는 그 학교가 기독교학교였기 때문이다.

고구려 때부터 우리 민족의 본향인 만주와 간도, 무엇보다 간도의 중심인 용정에서 강원용의 새 삶은 시작되었다.

북간도와 용정의 역사를 알아야만 강원용만이 아니라 이곳 출신의 그리스도교인들의 사상과 삶을 이해할 수 있다. 이곳은 바로 '민족혼'과 '그리스도교 신앙'이 함께 용틀임하는 위대한 곳이었다.

일제 치하의 민족운동과 관련해서 먼저 간도의 개척자 김약연과 명동촌을 말하지 않을 수 없다. 김약연(1868~1942)은 함경북도 회령

---

20) 고범서, 『강원용과의 대화』, 평민사, 1987, 184~185쪽.

에서 태어나 한학을 공부하며 자랐다. 그러나 그는 개항 이후, 외세의 침략과 수탈로 피폐해가는 나라의 운명을 깊이 생각하다가 드디어 1899년에 집안 식구들과 인근 10여 가구를 이끌고 두만강을 건넌다. 그는 북간도 화룡현에 명동촌이란 한인촌을 개척하면서 5만 평의 토지를 매입하여 교육기관을 만든다. 1907년 이상설이 세운 서전서숙이 일제의 탄압과 운영난으로 폐교되자, 김약연은 서전서숙의 민족교육 전통을 계승하며 명동서숙을 설립하고, 1909년에는 명동학교로 확대 발전시킨다. 김약연은 '간도교민회'를 비밀리에 조직하여 동포들의 생활안정을 꾀하면서 교육을 통한 계몽과 민족의식을 고취시켰다. 그 후 그는 독립운동을 하다가 옥고를 치른다. 1928년에는 평양장로회신학교에서 1년간 목사수업을 받고 이듬해부터 명동교회 위임목사로 봉직한다.[21] 이처럼 민족사랑과 그리스도교 신앙은 간도 개척자들의 모태였다.

명동촌을 이야기할 때 김약연과 함께 이주한 4대 가문(김약연, 문병규, 남위언, 김하규 가문) 가운데 문병규를 빼놓을 수 없다. 문병규의 손자가 문익환과 문동환 형제의 아버지인 문재린 목사이기 때문이다. 이 문씨 가문은 민족혼과 그리스도교 신앙이 만나 겨레의 해방과 민주와 통일을 선도한 대표적인 사례다. 명동촌에서 김약연이 1인자라면 후배인 문재린은 2인자였다고 한다. 그만큼 문재린은 김약연 밑에서 공부했고, 그 뜻을 이어서 독립운동과 함께 목사가 되어 교회를 섬겼다.[22]

명동학교를 이야기할 때 정재면 역시 빼놓을 수 없다. 1909년에 김약연은 안창호의 '신민회'에서 활동하던 스물다섯 살의 정재면을 명

---

21) 김약연의 자세한 생애와 업적에 대해서는 http://blog.naver.com/ghqls3231/220406920500을 볼 것. 이처럼 민족사상과 그리스도교 신앙은 간도개척자들의 모태였다.

22) 주성화 외,『독립운동의 성지 간도를 가다』, 산과글, 2014, 65~72쪽.

동학교 교사로 초빙한다. 정재면을 통해서 명동촌은 아주 딴 세상이 된다. 명동은 1909년까지는 순수한 유학 전통의 마을이었다. 그러나 정재면이 교사로 부임하면서, 정재면의 요구에 따라서 김약연 등 명동의 유지들이 모두 그리스도교 신앙을 받아들이며 명동교회를 세우고 예배를 드리게 되었다. 정재면을 중심으로 '간민회'가 조직되어 교민들의 활발한 의식화와 생활 개혁이 이루어진다. 훗날 정재면은 명동학교를 떠나 본격적인 독립운동에 나서며 상해 임시정부에 참여한다. 정재면은 1928년에 평양신학교에서 1년간의 신학수업을 마치고 해방 후에는 서울에서 저술과 목회활동을 하며 생을 마쳤다.[23] 정재면과 같은 교사들이 가르친 명동학교에서 윤동주, 문익환, 나운규 등의 민족 인물이 배출된 것은 결코 우연이 아니다. 문동환은, 정재면과 명동학교는 청년학생들에게 큰 영향을 주었다고 하면서 그 감동을 전한다.

명동의 젊은이들은 이처럼 민족애와 기독교정신을 호흡하면서 자랐다. 명동학교와 명동교회의 영향은 동만주 일대는 물론 북으로 연해주, 남으로는 함흥에까지 미쳤다. 원근 각지에서 학생들이 모여들어서 그리스도교를 바탕으로 한 민족주의를 익혔고, 그들이 가는 곳마다 명동의 본을 받아 교회와 학교를 세우고 민족을 세우는 일을 했기 때문이다.[24]

이제 강원용이 발을 내디딘 용정의 은진중학교로 가보자. 정재면이 오면서 명동은 전체가 그리스도교인이 되어서 교회를 세우고 교회의 힘으로 활동하게 되었다. 한편 캐나다 장로교는 구례선 선교사를 파

23) 같은 책, 73~78쪽.
24) 문동환, 『문동환 자서전』, 도서출판삼인, 2009, 127쪽.

견하여 1909년에 간도의 중심인 용정에 용정교회를 설립했다. 아울러 이동휘는 전도사로서 구례선 선교사와 함께 북간도에서 교회활동과 함께 민족교육의 기초를 다지기 시작했다.

1912년, 김약연, 이동휘, 정재면 등은 북간도 대표 명의로 캐나다 장로교 선교부에 의료시설과 중등과정의 교육시설, 교회 증설과 전도 사업을 위한 청원서를 냈다. 이 청원서를 받고 캐나다 선교부는 용정에 제창병원을 설립하고, 동산교회를 세우고 명신초등학교와 은진중학교를 세우게 되었다. 은진이란 학교 이름은 「요한복음」 1장 14절의 "우리가 그 영광을 보니 아버지의 독생자의 영광이요 은혜와 진리가 충만하더라"는 말씀에서 은혜의 '은'(恩)과 진리의 '진'(眞)을 따온 것이다.

1920년대 은진중학교는 스팀장치가 되어 있었고, 야구를 즐겼으며, 밴드부활동도 했다. 영어는 원어민이 강의했고, 공부는 일본어 교재로 했지만, 강의는 조선어로 했다. 교과목은 서구식 중등과목 그대로 였으며 다양한 클럽활동은 물론, 졸업반은 겨레의 혼을 만날 수 있는 장소로 수학여행도 갔다. 이 은진중학교는 훗날 한국의 교육, 종교, 문화, 언론에서 활약한 중요한 지도자들을 배출하여 우리 현대사를 찬란히 밝힌 곳이다.[25]

앞에서 짤막하게 함경도의 기질과 그곳 출신의 그리스도인들이 훗날 한국사회에서 진보적이고 사회참여적인 역할을 하게 된다는 것을 말했다. 함경도와 더불어 이 북간도의 특성도 같이 말해야 한다. 이 북간도로 온 그리스도인들 가운데는 함경도 출신들이 특별히 많았다. 그리고 함경도와 만주는 그 당시 한국에 온 네 개의 장로교 선교부 가운데 가장 진보적이고, 우리 겨레의 고난에 동참하며 독립을 지원한 캐나다 장로교의 선교지였다.

---

25) 『독립운동의 성지 간도를 가다』, 115~122쪽.

주체적이고 진보적이며 사회참여적인 그리스도교 신앙은 이 캐나다 선교부의 기질과 함경도와 북간도의 기질이 만난 은총의 결과다. 이와 대조적인 서북지역의 그리스도교는 훗날 정반대의 성격을 형성하게 된다. 함경도와 북간도와는 달리 서북지역을 중심으로 그리스도교를 수용한 계층은 상공업에 종사한 사람들이 많았다. 이들은 생존권 차원에서 항일운동에도 적극적이었고, 사회적·경제적으로는 사회를 변혁하는 주도적 역량을 가지고 있었다. 그러나 남북이 분단되고 북한에서 공산주의 정권이 수립된 뒤부터는 공산정권과 대척점을 이루게 된다. 그 이유는 그리스도교의 친미적인 성향도 있고, 또 사회계층적으로 이들은 반혁명적 계층으로 일부 지주, 유산자로서의 상공업자, 엘리트 지식인이 다수 포함되어 북한 공산주의 정권과 갈등을 빚을 수밖에 없었다. 이들은 공산주의 정권에서 수난을 당하거나 대거 월남하여 남한에서 극우 반공주의 그리스도교를 형성하게 된다.[26)]

결국 이런 지역적 특성의 그리스도교 수용으로 한국장로교회의 분열과 서로 성격이 다른 신학을 형성하게 된다. 조선신학교를 중심으로 진보신학을 형성한 인물들은 함경도를 그 출생지로 하고 있다는 특징이 있다. 이 조선신학교 주도 세력과 가장 큰 갈등을 빚은 세력은 평안도 지역을 중심으로 하는 서북 장로교 세력인데, 서북의 평안도, 황해도는 진보적인 캐나다 장로교가 아니라 상대적으로 보수적인 미국 장로교의 선교지였다. 게다가 기독교를 받아들인 계층은 중산층 엘리트 계층이었다.[27)]

서북지역 출신 대표적인 목사가 한경직이다. 한경직은 1902년 평안남도에서 태어나 일찍부터 마펫 선교사에 의해 뿌려진 복음으로 기독

---

26) 서정민, 「한국 장로교와 계층 정체성: 민중의 역사와 관련 문제」, 『기독교사상』, 2013년 11월호, 204~207쪽.

27) 서정민, 「지역 분열의 선구자 한국 장로교회: 장로교 분열과 지역성의 상관성 회고」, 『기독교사상』, 2012년 6월호, 178쪽.

교적 분위기에서 성장했으며, 민족의식의 영향을 받았다.

그는 1929년 평양 숭실대학교를 졸업하고 프린스턴 신학교로 유학을 떠난다. 귀국 후에 그는 교편도 잡고 목회도 한다. 한경직은 민족의식으로 가득한 오산학교 출신이면서 미국 유학생이었기 때문에 늘 일본 경찰의 감시와 견제를 받았다. 그는 교회를 떠나 고아들을 돌보는 '보린원' 생활을 하던 중에 해방을 맞았는데, 이때부터 평안북도의 치안담당을 맡으며 해방 후의 정치공간에서 활동을 시작한다. 한경직은 1945년 9월에 윤하영과 '기독교사회민주당'을 창당했다. 이 당은 민주주의 정부 수립과 기독교 정신에 의한 사회개량을 그 목표로 삼았는데, 근본적으로는 공산당의 급속한 조직화에 대항하기 위해 만든 것이다. 결국 한경직은 공산주의 세력과의 대결을 버티지 못하고 윤하영과 함께 월남한다. 월남한 한경직은 1945년 12월에 서울에서 영락교회를 세워, 월남한 기독교인들의 구심으로 삼고, 영락교회 청년들을 중심으로 한 서북청년단을 조직한다. 서북청년단은 미군정 하에서 군대와 경찰과 함께 민중들의 투쟁을 폭력으로 억압하는 데 앞장섰으며, 남한에서 철저한 반공, 보수, 우익 정치 세력을 비호하는 기독교를 형성하게 된다.[28]

함경도와 북간도 그리고 서북지역의 이야기를 길게 한 이유가 있다. 하나는 강원용의 신앙과 신학 그리고 삶의 형성에 척박한 땅이었지만, 캐나다 장로교 선교지로서 진보적이고 애국적인 기독교 신앙을 띠게 된 지리적 특성이 큰 역할을 했기 때문이다.

민경배의 평가로 함경도와 간도 그리고 서북지역의 그리스도교의 특성을 맺으려 한다.

---

28) 연규홍, 『해방공간에서 하나님 나라를 꿈꾼 5인 5색』, 생명의씨앗, 2007, 78~101쪽.

간도의 기독교는 식민지 시대 조선을 장악하고 있던 서북계 보수주의 기독교와 큰 차별성을 보인다. 즉 평양을 중심으로 한 서북 지역에는 유난히 중산층 기독교인이 많았고, 이들은 미국 동부 출신의 중산층 선교사들이 맡아 선교했다. 이 선교사들은 보수적이고 단일 근본주의 신학과 엄격한 청교도적 윤리관을 배경으로 하고 있어서 신학생의 외국 유학 금지는 물론, 인문지식이나 세속 학문의 소개도 부정적으로 여겨 교역자의 후진성이라는 비극적 상황을 한국교회에 뿌리게 했다.[29]

강원용 목사의 경우, 그의 성장기부터 내재화된 주체적이고 내면적인 신앙은 본인이 밝힌 대로 보수를 넘어 율법적이다. 그러나 그의 신학, 특히 그의 두드러진 업적인 에큐메니컬 신학은 개방적이고, 진보적이며, 심지어는 포스트모더니즘이 말하는 다원적인 특성마저 가지고 있다.[30] 이 두 지역의 특징을 이야기하는 또 하나의 이유는 김재준, 강원용의 경동교회와 '선린형제단'을 한경직의 영락교회와 '서북청년단'과 비교하기 위해서다. 둘 다 월남한 주민들을 위해 설립한 교회이고 청년단체다. 둘 다 공산정권에서 살 수 없어서 월남한 반공주의자들이라는 공통점이 있다. 그러나 영락교회의 서북청년단은 보수·반공·우익활동으로 치달은 반면 경동교회와 선린형제단은 진보적이고 사회참여적인 삶을 이루어갔다.

가난한 화전민의 아들로 태어나서 이렇게 평생을 살 수는 없다면서 고향을 떠나 강원용이 온 곳이 바로 북간도 용정이다. 용정은 민족혼과 그리스도교 신앙이 용틀임을 하는 위대한 땅이었다.

---

29) 민경배, 『한국의 기독교회사』, 대한기독교서회, 1978, 84쪽.
30) 김경재, 「강원용 목사와 에큐메니컬 운동」, 『기독교사상』, 2013년 11월호, 225~245쪽. 분명 그가 태어나고 공부한 함경도와 북간도의 영향 때문이다.

3 길을 찾아

강원용은 이미 고향에서 그리스도교 신앙을 받아들였다. 그러나 용정의
은진중학교에서 그는 더 큰 신앙과 세계에 눈을 뜬다. 그는 무엇보다 김
재준 목사를 만나서 율법주의 신앙을 벗어나게 되었고, 김재준 목사의
지도 아래 활발한 종교부활동을 하며, 신앙운동과 계몽운동을 벌였다.
이 용정에서 그는 훗날 이 겨레를 이끄는 영웅들을 만난다. 강원용은 학
교를 마치고 김재준 목사의 권유로 신학을 공부하기 위해 일본으로 유
학을 떠난다.

그는 신학을 공부하기 전에 먼저 명치대학교의 영문과에서 공부해야 했
고, 졸업을 미처 하지 못하고 귀국하는 처지가 되었지만, 이 일본 유학
시절에 강원용은 문학과 사상전집을 섭렵하고 일본의 프란시스 가가와
를 만나며 더 큰 미래를 향해 나갈 기반을 다지게 된다.

열정적인 선교활동

강원용은 무턱대고 은진중학교에 입학했다. 그러나 가난한 그는 학비를 마련할 수가 없어서 고학을 해야 했는데, 그 고학의 길조차 열리지 않았다. 아는 사람이라고는 자기보다 먼저 용정에 와서 은진중학교에 다니고 있던 이종사촌형밖에 없었는데, 그도 가난한 고학생이었다. 강원용은 비슷한 처지의 동료들을 모아 자취를 하며 죽을 쑤어먹는 생활을 한다. 방과 후에는 학교 청소가 끝나고 나오는 쓰레기를 모아 땔감으로 썼다. 이런 비참한 생활을 견디다 못해 함께 고학하던 친구들은 모두 폐결핵에 걸려 학교를 그만두었다. 강원용의 이종사촌형도 끝내는 결핵을 이겨내지 못하고 죽고 말았다. 강원용은 그때를 이렇게 회상한다.

나 역시 건강상태가 말이 아니었다. 교실에서 수업을 듣고 있노라면 첫 시간은 그래도 견딜 만했으나, 둘째 시간부터는 눈앞이 노랗게 변하면서 핑핑 도는 듯 현기증에 시달렸다. 체육 시간이면 선생님이 내가 병든 줄 알고 수업을 면제시켜줄 정도로 내 건강은 악화되고 있었다. 심할 땐 혓바닥에 백태가 끼어 손가락을 대면 피가 묻어날 정도였다. 그런데도 아무 병에 걸리지 않은 것을 보면 나는 건강에 관한 한 복을 타고난 사람 같다.

이 시절 나는 굶주림이 무엇인지 뼈저리게 느꼈으며, 동시에 음식의 맛이라는 게 무엇인지도 알게 되었다. 한번은 아는 선배가 나를 데리고 나가 냉면을 한 그릇 사준 적이 있다. 내가 평생 먹은 음식 가운데 맛난 것을 꼽으라고 하면 바로 그날 용정에서 먹었던 냉면이라고 대답할 것이다. 그 냉면 한 올 한 올의 맛이란![1]

---

1) 『역사의 언덕에서』 1, 81~82쪽.

아들이 고생한다는 소문을 듣고 하루는 사업에 실패하고 홀로 북만주에 살고 있던 아버지가 찾아왔다. 다짜고짜 아버지는 강원용을 집으로 데려가려고 했다. 강원용은 천성이 거칠고 용감했다. 경찰에 말해서라도 끌고 가겠다는 아버지에게 그러면 차라리 투신자살하겠다면서 강원용은 뜻을 굽히지 않았다. 희망이 생겼다. 1학년 말이 되었을 때, 강원용의 평균 성적은 97점으로 우수하여 2학년부터는 장학금을 받게 되었다. 극심한 굶주림에서 벗어나게 된 것이다.

강원용이 은진중학교를 선택한 것은 이 학교가 그리스도교 학교이기 때문이었다. 강원용이 그리스도교 신앙을 받아들인 이후로, 신앙은 강원용의 모든 삶의 제1의 관심이었다. 훗날 그가 활발한 정치활동을 하고, 또 정치권에서 굵직한 제안을 받았음에도 목사로 남은 것은 그리스도교 신앙 때문이었다. 정치, 그것은 복음을 실현하는 도구이지, 강원용이 추구하는 삶의 목표가 결코 아니었다. 그러나 강원용이 만나고 갖게 된 신앙은 율법주의다. 아마도 이 율법주의 신앙은 고약한 성질에다 술 먹고 노름하던 강원용을 회심시킨 도덕적인 요소로 작용했을 것이다. 이 율법주의 신앙이 용정의 은진중학교에서 깨어지며 강원용은 더 크고 본질적인 그리스도교 신앙을 만나게 된다.

강원용이 보수적이고 정통주의적인 신앙을 깨뜨린 계기는 2학년 때 김재준 선생이 부임해오고부터다. 그때 김재준 선생은 30대 중반이었고, 어찌나 수줍음이 많은지 학생들 얼굴도 안 쳐다보고 천장과 노트만 보면서 강의를 했다고 한다. 그래서 얻은 별명이 '천지'(天地)인데, 하늘과 땅만 번갈아 본다고 해서 붙인 별명이라고 한다.

강원용에게 감화를 준 것은 무엇보다 김재준 선생의 인격이었다. 당시 학교에서 시험을 볼 때 훔쳐보기가 심했는데, 그것을 알면서도 김재준 선생은 신문을 일부러 들고 들어와 읽는 척하며 모른 척해서, 도리어 그 시간에는 훔쳐보기를 못 했다고 한다.

강원용이 김재준 선생으로부터 눈뜬 두 가지는 '해방의 복음'과 '성빈의 프란체스코'다. 먼저 해방의 복음을 보자. 강원용은 새롭게 눈뜬 신앙의 충격을 다음과 같이 전해준다.

그는 성경을 가르치면서 당시에 나로서는 상상도 못 한 얘기를 불쑥불쑥 던지곤 했다. 예를 들어 짐승의 피를 먹으면 안 된다는 성경 구절을 해석하면서, 선교사들이 자기들은 소시지를 먹으면서 한국 사람에게 순대를 금하는 것은 난센스라는 것이었다.

"선교사들은 율법주의 교리로 한국 사람들을 훈련시켜온 것입니다."

나는 충격을 받아 김 선생님에게 질문했다.

"그러면 목매달아 죽인 짐승의 고기로 만든 보신탕이나 제사 음식을 먹어도 죄가 되지 않는다는 말씀입니까?"

그는 나를 물끄러미 쳐다보고는 이렇게 대답했다.

"사람의 밖에서 몸으로 들어간 것이 더러운 것이 아니라 속에서 나오는 것이 더럽다는 성경말씀이 있지 않습니까?"

그 말을 들은 순간 나는 꼭 벼락이라도 맞은 기분이었다.[2]

율법주의 신앙을 단번에 깨뜨린 한순간의 해방의 복음 체득인 것이다.

'악동과 프란시스'에서 강원용이 프란시스를 삶의 모범으로 삼게된 계기를 이야기했다. 분명한 것은 김재준 선생의 삶을 통해서 강원용은 해방하는 복음과 함께 프란시스를 흠모하게 되었다는 것이다. 그것은 그만큼 김재준 선생을 좋아하고 온통 신뢰했기 때문이다. 김재준이 좋아하기 때문에 강원용도 좋아했다고 할까!

---

2) 같은 책, 85~86쪽.

김재준 선생님이 제일 존경하고 좋아한 사람은 아씨시의 성자 프란시스였다. 프란시스가 "나는 이 세상에서 가장 아름다운 처녀인 가난과 결혼했다"고 한 것처럼 그도 성빈을 몸소 실천하고 있었으므로 나는 그에게 깊이 감화되었고, 성 프란시스를 덩달아 좋아하게 되어 그에 관한 책이라면 잡히는 대로 모두 읽었다.[3]

강원용의 그리스도교 신앙은 단순하지 않다. 단지 처음에는 율법적으로 그리스도교를 받아들였다가, 용정에서 자유로운 복음에 눈뜬 그 이상의 차원이 있다. 강원용은 그리스도인이 되고 난 다음의 갈등을 이렇게 말한다.

내가 기독교를 믿으면서 겪은 초창기의 도전은 세 가지였습니다. 그것은 내 생애에 있어서 기존의 종교, 문화 및 이데올로기와의 갈등, 투쟁이었다고 볼 수 있습니다. 첫 번째의 도전은 애니미즘, 즉 자연신교적인 전통이었습니다. 내가 생활하던 곳이 농촌이었으니까 더욱 심했지요. 내가 어렸을 때 유일하게 재미있었던 시간이었다고 하면 무당이 굿하는 것을 보는 것이었습니다. 당시에는 샤머니즘적인 문화가 거의 모든 가정에 생활화되어 있었습니다. 이 샤머니즘적인 문화전통이 내가 그리스도교인이 되고 나서 부딪힌 하나의 문제였고, 그다음의 하나의 문제 역시 유교 전통이었습니다.[4]

강원용의 이 진술에 대해서 고범서는 강원용이 그리스도교로 개종하고 나서 자연신교적인 샤머니즘과 유교 전통과의 갈등에 들어가는 것을 말하고 있지만, 그것은 그가 곧 샤머니즘과 유교 속에서 태어나

---

3) 같은 책, 89쪽.
4) 『강원용과의 대화』, 227쪽.

고 성장했다는 것을 의미한다고 평가한다. 나아가 샤머니즘과 유교만이 아니라 우리 고유의 민속명절과 축제가 그에게 깊은 영향을 주었으며, 이런 요소들이 그의 유년과 소년 시절에 영향을 주지 않았더라면 그는 이토록 폭이 넓고 다양성을 가진 감정과 생각을 품은 인물이 되지 못했을 것이라고 한다.[5] 그리고 이런 고범서의 평가에 대해서 강원용은 "나에 대해 나 자신도 몰랐던 깊은 곳을 매우 예리하게 통찰했다는 사실에 놀랐다"고 하면서 문화적 혼재 속에서 엄격한 유교 가정의 장손으로 태어나 열심히 무당굿을 보면서 보수적인 그리스도인이 된 자신을 실토한다.[6]

타고나길 강원용은 활동가였다. 이미 고향에 있을 때부터 그는 그리스도교인이 되고는 낮에는 농사일을 하고, 밤에는 주민들에게 한글을 가르치고, 교회에서 봉사하는 생활을 했다. 강원용은 어디서나 가만히 있는 그런 성격의 인물이 처음부터 결코 아니었다.

가난하고 배고픈 용정 은진중학교 생활이었지만, 조용히 학교에서 공부만 할 그가 아니었다. 은진중학교 2학년이 되고, 공부도 잘해서 장학금을 받아 한숨 돌리게 되자 그는 학생회장직과 종교부부장직을 함께 맡는다. 그러면서 야학을 조직하고, 용강동, 합성리, 중흥리 등 다섯 마을에서 지역사회 계몽운동을 전개한다. 야학을 시작한 지 얼마 되지 않아서 곧 주일학교를 열고 예배를 보기 시작했고, 야학에서도 기도와 성경공부를 시작했다.

이 시절의 강원용의 활동 중에서 두드러진 것 두 가지가 있다. 그 하나는 연극활동이다. 강원용은 어릴 때부터 연극을 좋아했다. 그는 열 살 때 이미 아홉 살부터 열두 살 사이의 또래들을 모아 '어린이단'을 만들고는, 명절이면 직접 자신이 「장화홍련전」「심청전」「흥부전」

---

5) 고범서, 『강원용의 삶과 사상』, 종로서적, 1995, 11쪽.
6) 같은 책, 240쪽.

을 각색하고 연출하여, 명절에 동네에서 큰 즐거움을 선사했다. 강원용은 이렇게 어린 나이에 연극과 인연을 맺고는 평생 연극을 사랑하게 되었고, "만약 목사가 되지 않았더라면, 연극배우가 되었을지도 모른다"고 했다.[7]

용정에서도 강원용의 연극 사랑과 활동은 계속되었다. 그 당시 캐나다 선교사 베이콘(Bakon) 여사의 도움을 받아 연희전문학교 학생들이 공연했던 「초막의 웃음」이라는 대본을 구해 무대에 올리는가 하면, 크리스마스에는 모세의 이야기를 다룬 「이스라엘의 태양」이라는 작품을 공연하기도 했다. 때로는 직접 대본을 만들기도 했으며, 북 치고 장구 치는 격으로 주연도 본인이 맡고는 했다.

다른 하나의 활동은 공산주의에 대항하는 것이었다. 이 또한 고향에서부터 해온 일이다. 강원용이 살던 동네에서도 공산주의는 인기가 높았다. 그런데 동네의 공산주의자들은 그리스도교를 철저히 박멸해야 된다고 생각해서 몽둥이를 들고 와 예배 보는 사람들을 두들겨 패곤 했다. 이런 행패를 겪기도 했지만 철저한 성경 신봉자로서 강원용은 공산주의와 그리스도교는 결코 양립할 수 없다는 생각을 일찍부터 갖게 되었다.

당시 용정에 있던 교사와 학생들은 항일에는 뜻을 같이하고 있었지만, 사상 면에서는 공산주의와 민족주의의 대립이 심했다. 용정에는 공산주의적인 색채가 짙은 동흥중학교가 있었고, 은진중학교에도 공산주의자들이 많이 있었다. 강원용이 2학년이 되자 공산주의자들은 은진중학교를 비그리스도화하려는 투쟁을 본격적으로 벌이며, 조회시간에 교단에 올라가서 브루스 교장을 끌어내리는 행패를 부렸다. 가만두고 볼 강원용이 아니다. 다른 학생들은 이들을 겁내 피했지만, 그는 그리스도교 학생들을 모아 그들과의 투쟁을 주도했고, 끝내는

---

7) 『역사의 언덕에서』 1, 44쪽.

학교에서 공산주의자들을 몰아내는 데 성공했다.[8]

강원용의 반공에 대한 태도는 하루 이틀에 형성된 것이 아니다. 그가 그리스도교인이 되고부터 신앙에 위배되는 모든 것과 더불어 공산주의는 그가 배척할 대상이었다.

은진의 영웅들

이미 이야기했다. 간도의 개척자들에 대한 이야기였다. 김약연을 비롯한 네 가문이 명동골을 일구었다. 그리고 명동학교와 정재면의 이야기를 했다. 마을 이름이 그 큰 뜻을 밝혀준다. 김약연을 비롯한 네 가문이 이주해 정착하고는 원래 부길자재(비둘기 바위)라는 그곳의 이름을 '명동'으로 개칭했다. '동쪽을 밝힌다'는 뜻이다.

명동의 인물들을 언급했다. 얼마나 민족을 위한 뜻과 삶이 갸륵한가. 이 명동의 정신이 용정의 은진중학교를 통해 계속된다. 용정은 용두레 촌, 즉 용우물이라는 동네 이름에서 유래했다. 전설에 따르면 원래 용정은 메마른 지역이라 마실 물도 없어서 물 한 동이를 구하러 7~8리 길이나 되는 해란 강까지 가야 했다고 한다. 사람들은 샘물을 찾게 해달라고 천지신명께 빌었다. 한날 이 마을에 피리를 잘 부는 어느 총각이 잠이 들었는데, 꿈에 한 처녀가 나타나 샘물 자리를 일러주었다고 한다. 그 샘물이 바로 용정이며, 그 후 고장 이름도 용정이 되었다고 한다.[9]

용정, 용의 우물이다. 당장에라도 용이 솟구쳐 승천할 이름이다. 용틀임이다. 명동에서 시작된 동쪽(우리 땅)을 밝히려는 민족혼과 그리스도교 신앙! 이것이 용정에서 용틀임하는 것이다. 강원용은 용정의

---

8) 같은 책, 83~84쪽.
9) 같은 책, 76~77쪽.

은진중학교에서 잊지 못할 사귐을 갖는다. 용정의 은진중학교에서는 셀 수도 없이 많은 민족적인 인물이 배출된다. 그러나 여기서는 강원용이 언급하는 그리고 강원용에 대해 회상하는 몇 사람을 강원용의 삶과 연관하여 이야기를 하려고 한다. 흥미로운 것은 이들이 훗날 조선신학교에 입학하고, 역사의 무대에서 서로 방식은 다르지만 크게 활약한 동지들이란 사실이다.

강원용은 그의 자서전『역사의 언덕에서』에서 문익환·문동환 형제와 윤동주를 언급한다. 그리고 이들 모두의 스승인 김재준을 회상하고, 은진중학교의 교장인 브루스를 언급한다. 그리고 안병무도 강원용과 함께 종교부활동을 활발히 했다. 이들은 모두 해방 이후 남한 사회를 민주와 통일로 이끈 영웅들이었다. 여기서는 이들과 강원용의 추억만으로 한정하여 이야기를 하려고 한다.

먼저 문동환과 문익환 이야기를 해야겠다. 문익환이 형이니 형 이름을 앞세워야 하는데 바뀌었다. 그 이유는 강원용이 은진중학교 시절에 문동환은 한 학년 아래로 함께 공부했지만, 강원용보다 한 살 아래인 문익환은 이미 명동학교를 졸업하고 평양에 가 있어서 방학 때나 오는 사람이었다. 그의 용정 시절 회상에서는 문익환의 이야기가 없다. 그리고 훗날 두 사람 사이가 좋았다는 이야기도 없으며, 문익환은 저항가로, 강원용은 체제 순응가로 각인된 부분이 있다. 그러나 문익환에 대한 강원용의 솔직한 회상이 있다. 1994년 1월 18일 문익환 목사가 세상을 떠난 뒤에 강원용은 문익환을 생각하며 이 같은 말을 남겼다.

내가 간도 용정의 은진중학교에 다닐 때 문익환은 나보다 한 살 아래였지만 학교로는 선배였고, 차남 동환이는 나와 몇 살 차이가 났다. 우리는 한 가족처럼 지냈다. 익환이 형제는 음악을 좋아했고, 문학작품을 애독했다. 특히 익환이는 시에 소질이 있었고, 윤동주와도 가까운 사이였다. ……그와 나는 사상적인 면이나 행동 실천 방법에는 다소 거리가 있었지만, 우리 둘은 이런 점을 뛰어넘어 변함없는 우정을 나누었다. 그는 목숨을 걸고 법적 장애를 뛰어넘어 평양까지 갔고, 계속 옥살이를 하면서도 끄덕하지 않는 강한 의지와 용기의 소유자였다. 그러면서도 운동권 지도자들에게 흔히 보이는 배타성이나 독선적인 면을 찾아볼 수 없는, 참 인간미가 넘치는 사람이었다.[10]

이것으로 미루어 볼 때 민주화 과정에서 방법을 달리했을 뿐 문익환과 강원용이 세간의 입방아처럼 큰 앙금을 가졌다고는 생각하지 않는다.

문동환의 이야기를 해보자. 강원용의 자서전에는 문동환 이야기가 없지만, 문동환의 자서전에는 강원용에 대한 기억을 들려주고 있다. 문동환이 은진중학교에 다닐 때, 네 살 위인 강원용도 함께 다녔다.

문동환의 회상에 따르면 강원용은 매우 활동적이어서 김재준 목사님 지도하에 종교부활동을 크게 발전시켰다고 한다. 한번은 수학 선생님이 기하학 문제를 내놓고는 제대로 풀지 못해서 쩔쩔매고 있었는데, 문동환이 나가서 이 문제를 풀었다고 한다. 이 모습을 복도 창문 너머로 강원용이 보고는 "문 목사가 똑똑한 아들을 두었군" 하고 큰 소리를 쳐서 모두를 웃겼다고 한다.[11]

문동환의 회상과 함께 안병무의 이야기를 하겠다. 안병무는 강원용보다 나이는 한두 살 어렸지만, 함께 은진중학교에 다니며 종교부활동을 같이했다. 같이 활동했음에도 강원용의 자서전에서는 이 시기의 안병무에 대한 언급이 전혀 없다. 둘이 서로 노선을 달리해서 배척해

---

10) 『역사의 언덕에서』 5, 49~50쪽.
11) 『문동환 자서전』, 140쪽.

서일까? 그런 점도 있지만, 강원용, 안병무 이 두 사람의 성격 문제가 대립의 요인이었던 것 같다. 이 둘의 관계를 짤막하지만 핵심을 꼬집어서 문동환이 전해준다.

안병무는 문동환보다 한 살 아래였고 종교부에서 강원용과 함께 활동했는데, 강원용과 안병무는 모두 자기주장이 강한 성격이어서 서로 조화하지 않았다.[12]

강원용의 자서전과는 대조적으로 『안병무 평전』에서는 강원용의 이름이 나온다. 은진중학교에는 종교부가 있었는데, 강원용이 종교부장을 맡았고 안병무도 거기서 주로 활동했다. 함께 일요일마다 다섯 동네를 선정해서 문맹퇴치 등 계몽운동을 벌였다고 평전은 밝힌다. 그리고 은진에서 안병무는 문동환, 강원용 등을 만나는데, 일찍이 미국 프린스턴 신학교로 유학까지 다녀온 장공 김재준은 그들 모두의 스승이었고, 문익환과 윤동주, 송몽규는 이미 학교를 떠난 선배들이었다고 전하고 있다.[13]

흥미로운 것은 문익환의 평전에서는 강원용의 이름이 언급되지 않는다는 것이다. 강원용의 자서전에서도 문익환은 용정 시절에 큰 교분을 나눈 것으로는 서술되어 있지 않다. 그러나 문익환과 마찬가지로 강원용은 민족시인 윤동주에 대해서는 자신과의 돈독한 우정을 전해준다.

강원용이 용정 은진중학교에 있던 시절에는 웅변이 대유행이었다. 용정에서도 학생 웅변대회가 자주 열려서 여러 학교가 참여했지만, 일등은 거의 언제나 은진중학교의 자기 차지였다고 한다. 강원용의

---

12) 같은 책, 141쪽.
13) 김남일, 『안병무 평전』, 사계절, 2007, 54~57쪽.

웅변은 타고난 듯하다. 훗날 위기의 순간에도 이 웅변 능력은 자신을 구해냈으며, 설교가로서도 이 웅변 능력은 큰 위력을 발휘했다고 생각한다.

이 웅변대회에 윤동주도 참가했는데 3등을 했다고 한다. 윤동주는 강원용보다 3년 앞서서 은진중학교에 입학했다가 그해에 평양 숭실중학교로 편입했는데, 그 학교가 폐교되는 바람에 다시 용정으로 돌아와 광명중학교에 다녔다. 이 윤동주에 대한 강원용의 회상이다.

> 동주와 나는 같은 점이 많다. 같은 해에 태어난 동갑이고, 젊은 시절 간도 용정에서 공부도 같이했고, 기독교 신자인 점도 같다. 그러나 동주는 내가 못 쓰는 시를 잘 썼고, 나는 말을 잘해서 웅변대회를 휩쓸었다. 동주는 민족 시인으로 젊은 나이에 옥사했고, 겁 많고 조심성이 많은 나는 그보다 50년 넘게 더 살고 있다.[14]

이 회상을 통해서, 그의 삶을 돌아볼 때, 그의 두 면을 함께 이해하게 된다. 강원용은 천성이 활달하고 행동적이고 모험적이다. 그러나 조심성이 많고 신중해서 앞서가는 활동은 하되, 늘 안전지대에서 있었던 것은 아닌가? 또한 윤동주와 더불어 빠뜨릴 수 없는 인물이 윤동주와 한솥밥을 먹고 자란 송몽규다. 송몽규는 윤동주에 가려 크게 알려져 있지 않지만, 실제로는 윤동주보다 문학적으로도, 독립운동으로서도 앞서갔으며, 윤동주보다 한발 앞서, 1945년 4월 18일에 후쿠오카 형무소에서 죽음을 맞이했다.[15] 윤동주보다 뛰어난 송몽규가 은진중학교에 있었는데, 강원용의 자서전에는 그 중요한 인물에 대한 언급은 없다.

---

14) 『역사의 언덕에서』 1, 99쪽.
15) 『독립운동의 성지 간도를 찾다』, 104~111쪽.

강원용은 은진중학교에서 평생, 결정적으로 영향을 받은 김재준 목사를 만나게 되었다. 강원용 자서전『역사의 언덕에서』곳곳에서 김재준 목사에 대한 단편적인 회상이 있다. 이 단편적인 회상들은『강원용 전집』에 "믿음으로 산 자유인"이란 제목으로 김재준 목사가 돌아가신 때를 기점으로 자세히 모아져 있다.[16]

1936년 은진중학교에서 김재준을 처음 만났을 때, 강원용은 그 학교의 학생회장으로 종교부장을 맡고 있었다. 은진중학교는 캐나다 선교부가 운영하는 그리스도교 학교임에도 교사와 학생 가운데는 불신자, 공산주의자, 자유주의적인 신자가 많았다. 이 중에서 강원용은 철저한 보수신앙을 가졌으며, 반공주의자였고, 민족주의 사상에 깊은 영향을 받았다. 적어도 반공주의는 아니지만 율법적인 신앙은 김재준 목사를 통해서 깨지게 되었다. 강원용의 그 계기는 이미 이야기했다. 김재준 선생이 선교사들의 그릇된 신앙을 말할 때 당시 강원용의 성질과 율법주의 신앙은 당장에라도 따지고 대들었겠지만 김재준 선생을 워낙 마음으로 존경하고 좋아해서 그럴 수가 없었다고 한다. 이때부터 보수적인 신앙은 하나씩 깨어져 나갔으며 해방된 기분에서 친구를 불러내 보신탕집에도 가게 되었다고 한다.

강원용은 김재준 선생의 생활도 소개한다. 선생은 한 달에 월급으로 70원을 받았는데, 그중에서 20원만 집안 살림을 하는 데 쓰고, 50원은 아무도 모르게 어려운 학생을 돕거나 좋은 사업을 돕는 일에 썼다. 이런 김재준의 삶을 성자였던 프란시스의 '성빈'(聖貧)의 생활을 받아들였기 때문이라고 한다. 김재준의 인격과 삶으로부터 강원용은 프란시스도 함께 받아들인 것이다.

훗날, "서로 노선이 달라 김재준과 강원용은 사이가 좋지 않았다"고 하는 말들이 있다. 그러나 이것은 사실이 아니다. 1985년 1월 1일

---

16) 강원용,『강원용 전집』11, 경동교회/삼성출판사, 1995, 306~315쪽.

에 강원용이 아내와 함께 김 목사님 댁에 세배를 드리러 갔다. 여든다섯 고령의 김재준 목사는 꼿꼿한 자세로 강원용을 맞이하며 강 목사도 이제 나이가 적지 않으니 호가 하나 있어야지 하면서 '여해'(如海)라는 호를 지어준다. 강원용이 "수영은 못하면서도 어려서부터 바다를 좋아했습니다"라고 해서, 그 말을 듣고 내려준 호라고 한다.[17)]

큰 뜻을 품고 북간도로 탈출한 강원용! 그는 크게 될 수밖에 없었고, 목사가 될 수밖에 없었다. 바로 위대한 땅에서 큰 기개를 갖게 되었기 때문이다. 이미 명동촌 영웅들을 이야기했다. '명동'(明東)은 동쪽을 밝히자는 이름이다. 뜨거운 민족애를 가지고 기독교 신앙을 받아들인 희망의 땅이다. 이 명동은 용정으로 이어진다. 용정은 용우물이란 뜻이다. 용틀임하는 곳이다. 이곳에서 민족애와 그리스도교 신앙이 만나 힘차게 솟구치고 있다. 나라 사랑과 그리스도 신앙, 이것을 먹고 마시고 자란 강원용이 민족을 위한 목사가 된 것은 너무도 당연한 일일 것이다.

일본 유학

결국 강원용을 학문과 신학의 길로 이끈 이도 김재준이었다. 강원용이 은진중학교를 졸업하게 되었을 때 김재준 선생은 일본에 가서 청산학원 신학부에 입학하여 신학을 공부하라고 권한다. 그러나 그럴 처지가 아니었다. 그 당시 가족들이 북만주 영고탑이라고 하는 중국의 제일 비참한 빈민촌에서 거지와 같은 생활을 하며 강원용이 졸업할 날만을 기다리고 있었기 때문이다. 그러나 여기서 멈출 수는 없었다. 강원용은 고심과 갈등 끝에 결심을 하고 아버지에게 편지를 보낸다.

---

17) 『역사의 언덕에서』 4, 283~284쪽.

일본으로 가겠다는 아들의 편지를 받은 아버지의 회답은 격노 그것이었다. 강원용이 이 편지를 김재준 선생에게 보여드리자, 김재준 선생이 한문으로 붓글씨를 써서 아버지에게 편지를 보냈다. 그 한문 편지를 읽고 나서 아버지는 다시 강원용에게 편지를 보냈다. 우리 가족 때문에 너를 희생시킬 수 없으니, 학비는 대주지 못하지만, 길이 있으면 유학을 가라는 허락의 내용이었다.[18)]

아버지는 강원용에게 "너는 큰일을 할 사주를 타고났으니 절대 그것을 잊으면 안 된다"고 입버릇처럼 이야기했는데, 아마 그 말은 정치적으로 성공할 사주라는 뜻이었고 그 때문에 아버지는 아들이 법학을 공부하기를 바랐다. 그런데 엉뚱하게 신학이라니. 강원용은 아버지와의 갈등의 원인을 잘 알고 있었다.

둘 다 성격이 강했던 아버지와 나는 애증이 교차하는 관계였다. 아버지가 나에 대하여 가졌던 갈등은, 당신의 아들을 큰 인물로 만들었으면 하는 바람과 그것을 뒷받침해줄 힘이 없는 현실이 주는 좌절에서 비롯한 것이었다.[19)]

강원용은 어렵게 여비를 구해 간도를 떠나 일본으로 간다. 감사하게도 은진중학교 교장인 브루스의 도움으로 입학금을 내게 되었다. 그리고 다른 유학생들과 집을 얻어 자취를 할 수 있게 되었다.

이 일본 유학에서 강원용은 평생에 꼭 필요한 공부와 잊을 수 없는 만남을 갖게 된다. 강원용은 김재준 선생이 다닌 청산학원 신학부에 입학하려고 했는데, 그만 학제가 그동안 바뀌어서 예과가 없어지고 그 대신 전문학교(대학)에서 영문학을 공부해야 신학부에 입학할 수

18) 『강원용 전집』 11, 310~311쪽.
19) 『강원용 전집』 1, 106쪽.

있게 되었다.

어쩔 수 없이 강원용은 명치학원 영문과에 입학하게 된다. 계획이 빗나간 셈이다. 강원용이 이 명치학원을 선택한 이유는 그가 어려서부터 존경해온 가가와 졸업은 못 했어도 이 학교를 다녔기 때문이다.

강원용은 영문학이 좋아서가 아니라 신학을 공부하기 위해 마지못해 영문학을 선택했다. 수업 첫날부터 원문으로 셰익스피어를 공부하는 수준이라 겨우 영어 기초만 아는 정도인 그로서는 따라가기도 벅찼다. 수업은 재미없고, 숙제는 하기 싫었다. 다행히 교재가 거의 다 일본어로 번역되어 있어서 영문학 작품들을 일어 번역과 대조하면서 공부하여 시험은 치를 수 있었다.

영문학 공부는 시원치 않았지만 이 시기에 강원용은 세계문학전집과 사상전집을 늘 옆구리에 끼고 다니며 열심히 읽었다. 이 독서가 강원용의 교양과 사상의 세계를 활짝 열어주었다. 강원용의 글들이나 설교를 읽어보면 아주 심도 있게 문학 작품을 인용하고, 인문학 사회학의 거장들의 사상을 자유롭게 소개한다. 이것은 그가 아카데미 하우스에서 각 분야의 전문가들과 석학들을 모아 행한 수많은 대화와 교육 강좌에서 섭취한 것만은 아니다. 영문학을 공부하던 시절의 그 엄청난 독서의 힘에서 나온 것이다.

이 시기에 강원용의 삶에 결정적인 영향을 준 것은 그토록 흠모하던 가가와 선생을 만난 것이다. 소년 시절에 이미 작은외삼촌 염쾌석을 통해서 강원용은 가가와 선생을 알았으며, 이분에 대해 알고 싶어서 이분이 쓴 모든 책을 사서 읽었다. 강원용은 그리스도교에 대한 관심은 작은외삼촌의 영향을 받은 것이지만, 가가와 선생의 신앙과 삶이 결정적으로 자신의 마음의 문을 열어주었다고 한다.

동경에 자리를 잡자마자 강원용은 가가와 선생을 만나고 싶은 열망에 주소를 알아내어 뵙고 싶다는 편지를 낸다. 가가와 선생은 동경에서 기차로 한 시간 너머 걸리는 가미키타자와에 살고 있었다. 가가와와의 첫 만남은 모든 것이 감동이었다. 가가와는 기다렸다가 같이 식사를 하는 것은 물론 생김새와는 달리 유머도 즐기는 사람이었다. 강원용이 성이 '강'이라고 하자, '강'은 일본 말로 '쿄오'인데, '쿄오'는 '오늘'이란 뜻을 갖고 있어서 가가와 선생은 "아, 쿄오야! 자네는 어제도 쿄오고 오늘도 쿄오로군"하고 농담을 했다고 한다.

가가와 선생의 아내 하루코(春子) 이야기도 강원용에게 감동을 주었다. 하루코는 가가와가 전도하던 공장의 여직공으로 글자도 모르는 여자였다. 가가와는 결혼할 당시 조그만 다다미방에서 의지할 곳 없는 할머니 세 명과 함께 지냈는데, 하루코는 결혼 초 이래로 그 방에서 할머니들과 함께 보냈다. 그리고 결혼 다음 날부터 가가와 선생은 신부에게 글을 가르쳤다.

그날 이후부터 강원용은 자주 가가와 선생의 집을 찾아가서 대화를 나누었다. 그는 가난한 노동자들을 위해 여러 가지 활동을 했으며, 일본 곳곳을 다니며 비판적인 시국강연을 해서 극우파들의 비난을 사기도 했다. 강원용은 가가와 선생의 강연이 있는 곳이면 빠짐없이 가서 들었다. 이 일본의 프란시스 가가와를 통해 강원용이 깊이 눈뜬 것은 전도운동과 하나님나라운동은 사회개혁과 끊을 수 없는 관계에 있다는 것이다. 강원용은 이 가가와 선생을 만난 것과 그에게 받은 감화를 아주 길고도 자세히 적고 있다. 그만큼 그의 영향은 큰 것이었다.[20] 강원용은 김재준 선생에게서처럼 또다시 가가와로부터 프란시스를 깊이 만나게 된다.

애석하게도 강원용은 일본에서 학업을 마치지 못한다. 강원용은 1940년 겨울 방학에 용정으로 돌아와서 김명주와 결혼한다. 그리고 다시 아내와 함께 공부를 마치려고 일본에 왔다가 아내가 아픈 바람

---

20)『역사의 언덕에서』1, 114~123쪽.

에 용정으로 돌아온다. 그는 아내를 서울에 맡기고 일본에 가서 학업을 계속하려고 했는데, 그만 태평양전쟁이 터지는 바람에 다시는 일본으로 돌아갈 수 없게 되고 만다.

제2부

해방 공간의 풍랑 속에서

1 혼란

우리 겨레의 건국 신화에 호랑이와 곰이 등장한다. 결국 마늘과 쑥을 먹으며 굴속에서 참고 버틴 곰이 사람 되어 생명을 낳았다. 호랑이와 곰에 빗대어보자면 강원용은 호랑이다. 어려서부터 그의 성격은 불같았다는 점에서 호랑이를 닮았다. 해방 후에 서울에 와서 활동했던 그의 삶을 돌아볼 때도, 그는 곰이라기보다는 정열을 쏟아내는 호랑이 같았다. 이 호랑이 같은 그가 자기의 성정과는 맞지 않게 한 극단으로 치닫지 않고 중도와 중용을 지키면서, 새로운 역사를 건설해 간 그 힘은 어디에서 나왔을까?

호랑이 강원용은 곰의 시기를 거쳤다. 곧 그에게도 고난과 시련이라는 광야의 시간이 있었고 그 시간이 그를 훈련시킨 것이다. 일본 유학을 마치지 못하고 돌아와서 겪은 생활고, 도망, 숨음, 이런 시간들을 통해서 그는 세례자 요한처럼, 우리 예수님처럼 황량한 사막에서 40일의 시련을 견디며 자기를 다스리는 힘을 얻었던 것이다.

숨어서 맞은 해방

신학을 공부하기 위해 명치학원에서 영문학을 공부하던 중에 강원용은 잠시 결혼하러 귀국했다가 아내와 함께 일본으로 돌아간다. 그러나 아내 김명주가 건강이 몹시 좋지 않은 상태에서 임신을 한 탓에 어쩔 수 없이 용정으로 돌아온다. 다시 일본으로 돌아가려고 했으나, 태평양전쟁이 터지는 바람에 그의 일본 유학은 거기서 끝이 나고 만다. 그 뒤의 사정은 그의 회고록에 자세히 나와 있다.[1]

용정에 돌아온 강원용은 그곳 중앙교회에서 전도사일을 맡아 부녀자를 위한 야학과 중학생과 어린이들을 위한 주일학교를 하며 교육과 계몽을 통한 전도활동을 한다. 여기서 강원용의 전도에 대한 태도를 알게 된다. 강원용에게 복음을 전하는 방식은 "예수 천당, 불신 지옥"과 같은 것이 아니라 교육과 계몽 같은 사회문화적인 접근을 통해서 복음을 만나게 하는 것이다. 이렇게 활발하게 활동하던 중에 이곳의 제창병원에서 강원용은 그토록 염려했던 첫 딸을 안게 된다.

강원용은 용정으로 돌아와서 교회 일도 맡고 딸도 얻었으나 전쟁 중에 학도병이나 노무 징용으로 징집되어야 하는 가장 큰 문제에 부딪혔다. 자존심이 강한 강원용은 일제에 빌붙어 정부기관 어디에서 자리를 하나 얻어 징용을 피할 마음도 없었고, 학도병으로 끌려가 개죽음을 당할 마음도 없었다. 그래서 택한 방법이 어떻게든 피하는 길이었다. 그 수단으로 강원용은 계속 이사를 다닌다. 이사 후에 날라온 징용장은 무효였기 때문이다. 그러다 보니 그의 식구는 한 해에 서른여섯 번이나 이사를 했다. 그 고생은 말로 설명할 수도 없지만, 용케도 징용을 면한 기적 같은 상황을 아내 김명주가 자녀들에게 들려준다.

---

1) 『역사의 언덕에서』 1, 52~53쪽.

1년 반 동안 시부모님과 살았으나 경찰의 주목이 심했고, 남자는 징용장이 나오면 징용으로 전쟁에 나가야 하는데 기류계를 동사무소에 떼고 나면 징용장이 무효가 되므로 우리는 시댁을 떠나 혜자(첫 딸 이름)가 세 살될 때까지 수십 차례 이사를 다녔단다. 지금 생각하면 강 목사는 하나님께서 특별히 도우셨다고 생각한다. 이사하려고 기류계를 떼면 징용장이 나오는 것이었다. 그때만 해도 이삿짐이라야 리어카 하나면 됐다. 그러다 보니 이사를 서른 번을 더했다. 이사를 다녔으나 징용에는 걸리지 않았다. 또 기차여행을 하면 형사가 꼭 기차에 올라 조사를 하는데 이상하게 너희 아버지는 꼭 걸린단다. 형사가 기차 칸에 들어오면 내가 얼른 옆을 비켜주면 너희 아버지는 화장실로 간다. 그 형사가 다음 칸으로 가면 내가 화장실에 가서 노크하면 나오곤 했단다.[2]

이런 과정에서 간도의 한 친일단체가 어차피 이 세상이 일본 판이 되었으니 강원용에게 협조해서 같이 일하자는 제안을 한다. 이 제안을 받아들이면 징용문제며 생활문제 모두가 해결되지만, 결코 그럴 수 없는 강원용은 "나는 교회 일로 매우 바쁩니다. 그리고 곧 다시 일본으로 공부하러 가야 하므로 그런 일을 할 만한 형편이 못 될 것 같군요" 하면서 거절한다. 이 제의를 거절하자 저들은 협박을 한다. 고민 끝에 강원용은 용정을 떠나기로 마음을 먹는다. 때마침 아내의 친구 남편이 함경북도 회령에서 고아원을 경영하고 있었는데, 아이들을 맡아달라는 제안을 해온 것이다. 이 고아원의 이름은 '함북보육원'으로 잠시 그의 가족은 이곳에서 생활하게 된다.

이 함북보육원의 생활도 안정된 것이 아니었다. 생활고에 시달려야 했고, 징용의 위험은 여전히 끔찍하게 남아 있었다. 이렇게 힘들 때

---

2) 김명주, 『엄마의 편지, 사랑하는 나의 아이들에게』, 53쪽.

강원용의 눈을 열어준 작은외삼촌 염쾌석이 북만주의 마창툰으로 오라는 연락을 한다. "여기는 위험하지 않으니 여기로 와 함께 일하면서 살자"는 것이다. 염쾌석은 마창툰에서 초등학교 교사로 교육과 전도에 힘쓰고 있었다. 강원용은 북만주 깊은 곳에 들어가 농사나 짓고 살자며 자포자기하는 심정으로 아내와 딸을 데리고 마창툰으로 들어가고, 용정에서부터 따라온 두 여자와 동생도 함께 들어간다.[3]

이 마창툰에서 강원용은 일제의 간교함과 함께 우리 민족에 대한 크나큰 자긍심을 깨닫는다. 일제는 중국 대륙에 진출하며 징검다리 정책을 쓴다. 그것은 자기들이 직접 중국인을 몰아내지 않고 한국인을 징검다리로 써먹는 것이다. 그래서 중국인과의 마찰을 줄이고 누명은 한국인에게 씌우는 것이다. 한국인을 보내서 중국인을 쫓아내면, 한국인은 한 3년 고생고생해서 그 땅을 일군다. 그러면 이제 일본 놈들이 한국인을 몰아내고 잘 가꾸어진 땅을 차지하는 것이다. 이것을 보면서 강원용은 제국주의의 간악함은 물론 중국인의 기질과 일본인의 기질을 이해하고 우리 겨레의 장점을 알게 된다. 중국인은 속이 깊고 의리가 있으나 대륙 기질 탓인지 모든 면에서 늘어지고 개척 정신이 없다. 그에 비해 일본인은 빠릿빠릿하지만 어려운 일은 잘 못 하고 지구력이 약하다. 그래서 한국인이 잘 가꾼 마을에 들어와서도 견디지는 못하고 물러가고 만다. 강원용은 마창툰을 보면서 뿌듯했다.

한국 사람들은 질기고 억척같아서 아무 데나 내놔도 마을 하나쯤은 쉽게 세웠다. 한 3년이면 악조건 속에서도 집을 짓고 농토를 일궈 넉넉히 자족할 수 있는 마을이 생겨났다. 나는 마창툰을 보고 문화권 내에서도 일본인이나 중국인보다 한 수 위인 한국인의 우수성과 저력을 확인하고 민족적 긍지와 함께 우리 민족의 장래에 대한

---

3) 『역사의 언덕에서』 1, 152쪽.

믿음을 갖게 되었다.

내가 마창툰에 들어갔을 때 주민들은 이미 집집마다 소를 한 마리씩 가지고 있을 정도로 기반이 잡혀 있었다.[4]

이 인용문은 중요하다. 강원용은 그 당시 나약한 지식인들이나 선교사들이 전해준 서구 우월주의 사고가 없었다. 그는 해방공간에서 새 시대를 꿈꾸며 활동할 때, 우리 겨레가 인류 세계의 빛이 될 수 있다는 주체적인 신념을 갖고 있었다. 그리고 이 신념은 한국기독교장로회 출범의 자주와 주체 정신으로 이어진다.

빈손으로 마창툰에 도착한 강원용은 외진 미개간지를 찾아 땅을 일구고 농사를 지어야 했다. 고맙게도 작은 교회가 있었다. 목사가 없었기 때문에 작은외삼촌을 도와 주일학교도 하고, 야학도 하고, 청년활동이나 계몽활동을 할 수 있었다. 강원용에게 교회활동은 처음부터 사회활동과 뗄 수 없다.

그가 고향에서 처음 그리스도교에 입문했을 때부터 교회활동은 그의 삶의 중심이었다. 결론과도 같은 말이다. 강원용은 교회활동과 사회정치활동을 늘 같이했다. 그러나 그 둘은 서로 다른 영역의 일이 아니었다. 그는 교회의 전도활동을 야학이나 계몽운동 같은 사회개혁운동으로 했으며, 사회운동은 성서와 복음의 진리를 실현하는 수단이었다.

이 마창툰에서 얼마간 자리를 잡고 평화가 왔지만 징용의 그림자가 다시 드리웠다. 용정과 회령에 있을 때 늘 학생이나 청년활동을 해온 탓에, 이들은 용케도 마창툰에 강원용이 있다는 것을 알고 자주 편지를 보내오기 시작하여 경찰의 검열이 시작되었기 때문이다. 엎친 데 덮쳐서 원래 몸이 약한 아내가 힘든 생활을 견디지 못하고 복막염에

---

4) 『강원용 전집』 1, 155쪽.

걸린다. 의학을 공부하며 함께 마창툰에 있던 동생 강형룡이 약도 구해오고 주사도 놓았지만 회복의 기미가 없었다. 경찰의 눈도 피할 겸, 아내도 살릴 겸 강원용은 다시 마창툰을 떠나 회령의 함북보육원으로 돌아간다. 일단 밥을 먹으며 아내를 치료해야 하기 때문이다. 아내가 회복되면 다시 마창툰으로 돌아갈 생각이었다. 그러나 막상 병원에서 아내는 장기치료를 해야 된다고 해서 결국 동생들과 살림살이를 마창툰에 둔 채 회령에 남게 되었고, 다시 보육원의 고아들을 돌보며 살게 되었다.

결국 올 것이 왔다. 운 좋게 피해 다녔던 일본 경찰의 손길이 미친 것이다. 1944년 겨울, 형사 세 명이 보육원에 와서 강원용을 끌고 간다. 혐의는 강원용이 임시정부에 가담하려고 했다는 것이다. 강원용은 유치장 제4감방에 영문도 모른 채 갇히고 지옥 같은 경험을 하게 된다. 운 좋게 한 달 만에 가석방으로 풀려나기는 했지만 이 한 달은 강원용에게는 죽음이 드리운 그런 고통의 시간이었다. 그러나 불안한 가석방이었다. 아내를 치료해준 삼성산부인과 병원장이 강원용이 심각한 폐병이라고 말한 덕에 풀려났는데, 병이 나으면 다시 끌려가야 하는 것이다. 그래서 강원용은 늘 환자처럼 보이려고 영양실조 상태로 지내야 했다.

이렇게 회령에서 불안한 나날을 보내다 또 떠날 수 있는 기회가 주어졌다. 강원용은 이것을 하나님의 도움이었다고 말한다. 그러나 이렇게 도망가고 떠나고 하는 이 유랑의 삶, 그것은 강원용이 고향을 떠날 때 그 아리랑의 삶의 연속이었다. 강원용은 가족을 이끌고 회령을 떠나 동생의 도움으로 개산툰으로 옮긴다. 개산툰은 두만강 건너 만주의 국경도시로 펄프공장으로 유명했는데, 주민 대부분이 한국 사람이었다. 동생이 이미 이 개산툰의 큰 일본 펄프공장의 부속병원에서 일하고 있던 덕분이었다. 이 개산툰에서도 경찰의 감시 때문에 강원용은 교회 일은 할 수 없었고, 작은 토목회사에서 십장 노릇을 하며 하루하루를 지내게 되었다.

1945년 8월 9일경, 갑자기 하늘에 비행기가 까맣게 뜨고 경보가 울리며 온통 시가지가 혼돈에 빠졌다. 소련군이 전쟁에 참가한 것이다. 이런 때 동생이 건강을 돌봐주어서 강원용에게 호의를 가진 개산툰의 경찰 서장이 몰래 와서 "가석방된 사상범들은 내일 모두 재수감하니 오늘 밤에 도망치도록 하시오" 하고 귀띔해준다.

강원용은 그 즉시 식구들을 이끌고 꼬박 하루 넘게 걸어서 개산툰을 벗어나 산속 깊은 곳으로 도망친다. 그렇게 비상식량으로 산속에서 한 열흘쯤 지났을 때, 아랫동네에서 애국가가 들려왔다. 그리고 소학교 아이들이 태극기를 흔들며 뛰어다니는 것이었다.

> 나는 꿈을 꾸고 있는 것 같았다. 눈앞에 벌어지고 있는 현실이 도저히 믿어지지가 않아 우리는 어안이 벙벙한 채로 서로를 바라보기만 했다. 어찌 되었든 해방이 되었다면 우리는 힘든 산속 생활을 하지 않아도 되므로 우리에겐 해방이 정말 실감 나는 '해방'인 셈이다.[5]

호랑이를 다스리는 깨달음

일본 유학을 마치지 못하고 용정에 돌아와서 개산툰의 산속에서 숨어 지내기까지의 시간들! 그것은 굴속에서 곰이 마늘과 쑥을 먹고 견뎌낸 시간이었다. 이 시간에 강원용의 인격과 사상에 깊은 영향을 주었을 몇 가지 깨달음을 언급해야겠다. 그것은 절대 선이나 절대 악 그리고 극단적인 이분법은 없다는 것을 그가 심층 깊숙이 체득한 것이라고 짐작된다.

---

[5] 『역사의 언덕에서』 1, 180쪽.

마창툰에서 불안한 나날을 보내던 때에 목격한 일이다. 강원용은 이 목격을 끔찍하다고 회고한다.

그러던 어느 날이었다. 밭에서 일을 하고 있는데 좀 떨어진 길 위에서 한 무리의 사람들이 무언가를 둘러싸고 웅성웅성 소란스러웠다. 무슨 일인가 하고 가보니 놀랍게도 소달구지 위에 사람 하나가 온몸이 꽁꽁 묶인 채 실려 있었다. 쑥덕거리는 소리를 들으니 독립운동을 하다가 산속에서 붙잡힌 사람이라는 것이었다. 그런데 더 기가 막히게도 그 독립운동가를 짐승처럼 묶어 끌고 오는 경찰관이 바로 우리 교회 신자였다. 게다가 그 사람의 형은 서울에서 성결교 신학교를 졸업한 목사였다.

나는 그 사람과 형제처럼 지내고 있었고 그의 부모도 나를 좋아했다. 나는 그 어처구니없는 광경을 목격하고 난처함과 함께 충격을 받지 않을 수가 없었다. 아무리 가까운 사이고 동포라고 해도 그 사람이 얼마든지 일제의 앞잡이로 날카로운 발톱을 내게 들이댈 수 있다는 끔찍한 현실에 새삼 몸서리를 쳤다.[6]

한 달간의 회령 경찰서 감방 생활은 강원용에게는 말할 수 없는 고통이었다. 함경북도의 어느 여자 중학교 교장을 지낸 사람이 감옥에 들어왔는데, 음식을 제대로 공급받지 못해서 굶주림을 견디다 못해 자기 몸에 기어 다니는 이를 잡아 깨물어 먹었다. 더 끔찍한 광경은 중병에 걸린 사람이 죽어 나간 것이다. 이 병자는 탈진해서 한 방울의 물이라도 마시게 해달라고 애걸했다. 그때 간수는 큰 주전자에 물을 가득 담아 오더니 병자를 주는 것이 아니라 복도에 다 쏟아부으며 이런 말을 내뱉는다. "야, 너 죽으면 목도 마르지 않아. 그러니 죽으면

---

6) 같은 책, 158쪽.

되는 거야." 결국 그는 곧 죽었고 가족들이 그 시신을 찾아갔다. 이 광경을 목격한 강원용은 '아, 이게 어떻게 사람이 사는 세상이라고 할 수 있는가?' 하는 절망과 회의에 빠졌다.

이런 것들을 목격한 강원용에게는 어떤 그럴듯한 이념이나 정치가 일차 관심이 아니었다. 어느 경우든 '사람이 사람답게 사는 세상'이 강원용의 관심이었다. 이것이 훗날 '인간화'에 대한 관심과 활동으로 이어졌을 것이다.

이 감방의 고통 속에서 그는 세 가지의 중요한 경험을 한다. 하나는 종교적 실존에 관한 것이다. 엘리 위젤의 『흑야』에서 교수형을 당하는 사람을 보고 "하나님이 어디에 있느냐"고 물었던 것처럼 그는 "이곳에도 신은 있을까?"를 묻는다.

나는 괴롭기는 해도 그럭저럭 시간을 보냈는데, 주위에서 심하게 고문받아 죽어가는 사람들이 수두룩했다. 지옥의 한가운데 있는 것 같은 감방 생활을 하면서 나는 정신적으로 깊은 갈등에 빠졌으니, 그때까지 광신이라 할 만큼 철석같았던 내 신앙이 동요하기 시작한 것이다.

나는 감방과 고문실의 비인간적 참상과 사람이 짐승만도 못하게 죽어나가는 기막힌 현실을 보면서 '과연 정의의 하나님이 존재하는가' 하는 회의를 하게 되었다. 거기서 본 일본 경찰은 사람의 얼굴을 가진 악마였고 사람을 사람 이하의 존재로 만드는 야비한 기술자들이었다. 감방에 있는 우리는 모두 짐승에 불과했다. '인간성이 상실되고 인간이 없는 이곳에 신은 있는가?' 잠도 잘 수 없는 깊은 밤, 사람들 틈에 끼여 감방에 쭈그리고 앉은 나는 간절한 기도로 하나님을 찾았으나, 그 깊은 절망 속에서 하나님은 어디에 계신지 내겐 보이지 않았다.[7]

강원용은 사회정치적인 문제에만 몰두하지 않았다. 무엇보다 그의 강단에서는 '하나님이 계시는가?' 하는 인간 실존의 문제는 큰 관심 이었을뿐더러 모든 설교의 밑바닥에 깔려 있는 근본 주제였다. 「쓸데 없는 의사」라고 하는 해방 직후부터 1960년대의 역사의 소용돌이 속 에서 행한 설교가 있다. 설교 본문은 「욥기」 13장 1절부터 9절까지다. 강원용은 외부적인 요소가 아니라 현대에 도사린 인간의 실존문제를 제기하며 하나님의 부재를 묻는다.

우리가 사는 이 현대는 과거 어느 때보다 더 깊은 병에 걸려 있 다고 할 수 있습니다. ……오늘의 병든 문명이 만든 병든 사회기구 와 병든 문화가, 병든 인간을 다량으로 만들어내고 있습니다. 과거 에는 고난이 대부분 외부적인 것으로 신체의 병이나 물질적인 궁핍 같은 것이었지만, 이제는 그것이 내면화되어버렸기 때문에 훨씬 더 심각한 문제가 되고 말았습니다. 고독이나 무의미, 허무, 절망, 불 안이나 부조리 등의 현대어가 바로 그 내면의 궁핍 상황을 의미합 니다.

……

이런 처참한 우리의 모습을 살피면서, 나는 성경에 나오는 욥의 이야기를 다시 한번 생각해보았습니다.

……

하나님이 정말로 계신다면, 그 하나님이 의로운 하나님이라면, 도대체 왜 자기를 이렇게 굳게 믿고 그 말씀에 순종해서 의롭게 사 는 사람들에게 이 엄청난 고난을 주시는 것일까요? 하나님이 안 계 신 것은 아닌가요? 계시다 해도 의로운 하나님은 아니지 않을까 요?[8]

7) 같은 책, 169쪽.

강원용은 이 같은 현대인의 실존적인 병은 그 어느 것으로도 고칠 수 없다고 하면서 오직 인간 안에 도사린 죄를 분석하고, 그리스도를 통한 이 죄의 해결만이 하나님의 부재처럼 여겨지는 현대인의 상황을 치료하는 유일한 길이라고 선언한다.

다음으로 회령 경찰서의 감방에서 잠시지만 강원용은 공산주의에 대한 이해를 달리하는 시간을 갖는다. 감방 안에는 공산주의자들도 많이 있었다. 강원용이 공산주의를 싫어하는 것은 아주 단순한 이유에서 시작되었다. 공산주의자들이 그리스도교를 박해하고 부정했기 때문이다. 그러나 그는 여기서 만난 공산주의자들을 통해서 공산주의에 대해서도 다른 생각을 하게 되었다.

강원용은 그리스도교를 부정하는 것 말고는 다른 부분에서는 공산주의를 반대할 이유가 없었다. 예를 들어 일본 제국주의에 저항하고, 가난한 무산자들을 지주와 자본가의 착취로부터 해방시킨다는 것은 가난한 화전민으로 살았던 강원용으로서는 오히려 환영할 만한 일이었다. 이 감방의 공산주의자들에게 강원용이 자기 생각을 말하자 저들은 그것은 옛날 공산주의의 정책이었지 지금의 소련 헌법에서는 종교와 신앙의 자유를 허용한다고 대답했다. 이들과의 대화를 통해서 강원용은 그리스도교만 배척하지 않는다면 공산주의를 배척할 이유가 없다고 생각하게 되었고, 감방의 공산주의자들을 '선량한 공산주의자'라고 생각했다. 그러나 이 우호적인 생각도 오래가지 않았다. 개산툰에서 해방을 맞이해서 일본인이 물러가고 소련군이 들어왔다. 이 소련군이 일본인을 함부로 쏘아 죽이고, 부녀자를 강간하고 약탈을 하며, 강원용을 인민재판으로 회부했을 때, 강원용은 선한 이념으로서의 공산주의가 아니라 무서운 현실의 공산주의를 목격한 것이다.[9]

8) 『돌들이 소리치리라』, 96~107쪽.
9) 『역사의 언덕에서』1, 181~187쪽.

하나 더, 이 회령의 감방생활에서 강원용은 인간의 역설과 모순을 알게 된다. 회령 경찰서 감방에서 가석방된 강원용은 개산툰으로 떠나기로 한다. 그러나 가석방된 처지이기 때문에 떠날 수가 없는 신세였다. 이때 개산툰의 경찰 서장인 유아사라는 사람이 강원용을 도와준다. 개산툰에 가 있던 동생이 이 사람의 가족의 건강을 도와준 것이 인연이 되었다. 유아사는 강원용의 동생 부탁을 받고 회령 경찰서에 자신이 책임을 지고 관리할 테니 넘겨달라고 해서 강원용은 회령을 떠날 수 있게 되었다. 그리고 뒷날 유아사는 은밀히 가석방된 사상범들을 모두 재수감한다는 귀띔을 해주어서 강원용은 그 밤에 더 깊은 안전한 산속으로 피신하고, 무사히 해방을 맞게 되었다. 이 일본인 경찰 서장의 도움으로 무사하게 된 강원용은 회고한다.

그는 일본인이었지만 내 생명의 은인이었다. 일본인에 의해 죽을 뻔했던 내가 역시 같은 일본인에 의해 목숨을 구했던 사실은 후에 일본을 대하는 내 태도에 영향을 주었다. 일본이 저지른 온갖 만행을 만주와 일본에서 목격했지만 가가와 선생이나 유아사 같은 이들은 나를 도와준 일본 사람이었다. 나는 일본이든 미국이든 모든 일본인, 모든 미국인을 일반화하여 평가하지 않는다. 어느 국가의 역사적인 과오와 정책을 비판할 수는 있지만 개개인의 양심과 도덕성은 제각기 다른 법이다.[10]

마창툰에서는 친구처럼 지내던 선량한 그리스도교인은 독립운동가를 잡아서 짐승처럼 끌고 가지 않았는가! 그리고 간악한 일본의 경찰 서장은 도움을 주지 않았는가! 이 깨달음이 그를 선악의 이분법을 넘어서 세계와 삶을 바라보도록 만든 것은 아니었을까?

---

10) 같은 책, 181쪽.

호랑이 성정의 강원용은 바로 이 고난의 시절을 통해서 자칫 불같이 한쪽으로 폭발할 수 있는 자신을 다스리고 균형 잡힌 깊은 자질을 갖게 된 것이다.

자유와 소명

강원용은 개산툰의 깊은 산속에서 해방을 맞이하고 감격스럽게 개산툰으로 내려온다. 그러나 눈으로 목격하는 것은 축제가 아니라 무서운 공산주의의 만행이었다. 아직 개산툰의 일본군이 무장해제된 것도 아니고 소련군이 정식으로 주둔하지도 않은 치안 공백 상태에서, 소련군이 일본인을 '야쁜스키'라고 부르며 마구 쏘아 죽였다. 소련군은 눈에 띄는 대로 여자들을 강간하고 값나가는 물건들을 강탈해 갔다.

이런 불안한 상황에서 한국 사람들은 스스로를 보호하기 위해서 자위대 성격의 '치안유지위원회'를 조직하고 강원용에게 그 위원회의 부위원장 겸 선전부장을 맡긴다. 회령 경찰서의 감방에서 만난 선량한 공산주의자들의 영향으로 어느 정도 공산주의에 대해서 호감을 느꼈지만, 곧바로 강원용은 공산주의에 대한 태도가 다시 바뀌게 된다. 정치색이 없었던 치안유지위원회가 어느 틈에 소련의 길잡이 노릇을 하는 공산주의자들이 장악한 것이다. 이들은 해방을 맞은 노동자들을 위해서가 아니라 공산정권을 세우는 것만이 목적이었고, 강원용도 결국 인민재판에 걸리게 되었다. 강원용은 공산주의자들의 선동에 넘어간 노동자들을 향해 특유의 웅변을 통해 위기를 벗어나고는 공산주의 치하에서는 결코 살 수 없음을 알게 된다.

강원용은 1945년 9월 가족들을 데리고 개산툰을 빠져나와 배를 타고 두만강을 건너 다시 회령으로 들어간다. 회령에 도착한 강원용은 한 빈집에 임시거처를 정하고 삼성산부인과의 정길환 원장과 원주희 그리고 일본에서 의사를 했던 유희원 등 몇 사람과 장래를 의논한다. 그때 모두의 심정이었다.

> 우리 모두가 그랬지만 특히 나는 인민재판의 경험과 소련군의 횡포 등으로 공산주의 세계에 환멸을 느끼고 있었으므로 공산 치하의 이북에서는 더 이상 살고 싶은 마음이 없었다.[11]

강원용은 단지 공산주의가 그리스도교를 반대해서 싫어하는 것이 아니다. 공산주의의 만행과 악의 실체를 눈으로 목격하고 몸으로 체험했기 때문에 절로 그렇게 되었다. 훗날 강원용은 그 열린 사고에도 불구하고 공산 세계가 무너질 때까지는 철저한 반공주의자가 된다.

강원용은 정길환 원장과 먼저 서울에 가서 자리를 잡은 다음에 모두를 데려가기로 마음먹고는 기차를 타고 회령을 떠난다. 서울로 가는 길에 고향 이원군에 계신 부모님을 찾아뵙고 서울행 결심을 말씀드린다. 그리고 이것이 부모님과의 마지막 만남이었다. 이 마지막 만남은 강원용의 가슴에 큰 아픔으로 남았다. 부모님은 해방 전에 잠시 남쪽의 강원도 횡성으로 이주해서 살다가 다시 강원용의 권유로 이원군으로 돌아와서 채 자리도 잡기 전이었다. 아버지는 시대의 사태를 직감했기 때문에 아들의 서울행을 격려했지만, 어머니는 울기만 했다. 후에 아버지는 서울에서 한 번 더 얼굴을 볼 기회가 있었지만, 어머니와는 이 인사가 마지막이 되고 말았다. 이것은 생각해보지도 않은 일이었는데, 강원용 일행은 38선이 벌써 만들어진 줄도 몰랐던 것이다.

그토록 정을 쏟으며 키웠던 큰아들에게 효도 한 번 받아보지 못

---

11) 같은 책, 188쪽.

한 채 그렇게 어이없는 마지막 상봉을 해야 했던 어머니.[12]

강원용의 가족들이 서울로 온 것은 그 뒤의 일이다. 먼저 자리 잡겠다고 떠난 남편을 기다리며 불안한 나날을 보낸 아내 김명주는 이렇게 회고한다.

> 너희 아버지가 1945년 9월에 남한으로 갔다가 식구들을 데리러 온다고 떠나고, 나는 혜자와 혜원이를 데리고 회령 삼성병원 방 한 칸을 빌려 살았단다. 혜원이는 건강이 나빠 늘 불안했는데 아버지 떠나시고 생활이 너무 어려웠다.
> ……
> 또 그때 이북에는 소련군이 남편 보는 앞에서도 여자를 겁탈하던 때이므로 외출도 자유롭게 할 수 없었고, 내 나이 스물일곱이니 늘 불안할 수밖에 없었단다. 대낮에도 꼭 문을 잠그고 있어야만 했지.
> ……
> 남쪽 소식은 들을 길도 없고, 하루가 한 달 같고 한 달이 십 년 같은 기분으로, 늘 외롭고 답답할 때 기도를 드리며 하나님께서 주실 기적만을 기다릴 뿐이었다.[13]

드디어 1946년 2월 26일 김명주는 열이 펄펄 끓는 큰딸과 작은딸을 업고 모진 추위 속에서 사선을 넘어 남쪽으로 오게 된다.

강원용의 서울행! 단순히 공산주의가 싫어서인가? 강원용은 신앙의 자유와 삶의 자유를 위해 그의 어린 시절과 청년 시절의 열정으로 결코 떠날 수도, 잊을 수도 없는 고향과 용정을 떠난다. 그러나 그것

---

12) 같은 책, 189쪽.
13) 『엄마의 편지, 사랑하는 나의 아이들에게』, 60~61쪽.

만이 아니다. 강원용은 회령 경찰서 감방의 극심한 고통 속에서 신앙으로 깨닫고 결심한 것이 있다.

'세상에서 일어나는 일은, 내가 세상에 태어난 것부터 시작해 모든 것이 다 하나님의 섭리에 의한 것이다. 그렇다면 내가 이런 곳에 들어오게 된 것도 이 시련을 통해 드러내고자 하는 하나님의 뜻이 있기 때문일 것이다.'
　나는 그런 생각과 믿음으로 내가 처한 상황을 정리하면서 '모든 것을 하나님 뜻에 맡기고 만약 이곳에서 살아 나갈 수 있다면 이후부터는 죽는 날까지 하나님만을 위해 살겠다'고 다짐하곤 했다.[14)]

이렇게 강원용은 죽는 날까지 하나님만을 위해 살겠다는 소명을 가지고 한 번도 발 디뎌본 적이 없는 서울로 온 것이다. 살면서 강원용은 수많은 일을 했다. 그러나 하나님만을 위해 살겠다는 그의 서원과 소명을 통해서만 목사로서 강원용을 이해하게 된다.

---

14) 『역사의 언덕에서』 1, 171쪽.

2 사회개혁의 꿈

먼저 서울에 도착한 강원용은 김재준 목사의 사위이며 하얼빈에서 의학을 공부하고 서울에서 병원을 개업한 신영희의 집에 머문다. 서울에 올 수 있었던 것은 김재준 목사님이 조선신학교를 운영하면서 전농동에 사셨기 때문이다. 혈혈단신 월남한 강원용은 처음엔 어리둥절하고 낯설었다고 했지만, 곧바로 그는 열혈청년이 되어 활동을 시작한다.

고향 이원군에서도, 그 뒤로 용정에서도, 강원용의 활동에서 교회활동과 사회활동은 분리할 수가 없다. 강원용은 교회를 돌보는 동시에 야학을 하고 계몽활동 등을 했다. 만일 강원용의 삶에서 이 둘을 구분하는 순간, 강원용의 진면목을 파악할 수 없게 된다. 서울에 와서 강원용은 한편으로는 경동교회를 중심으로 김재준 목사님을 도와 선린회와 신인회를 조직하는 한편, 기독청년으로 해방공간에서 정치활동에 뛰어든다. 강원용에게서 교회활동과 사회활동은 분리할 수 없다고 했지만, 여기서는 강원용의 정치활동을 중심으로 이야기하려 한다. 그리고 그 정치활동이 목표로 하는 사회개혁의 신앙적인 동기를 밝혀보려고 한다.

열혈 기독청년

강원용은 공산주의가 싫어서 서울로 왔건만 서울의 풍경은 당황스럽기만 했다. 서울의 한복판에 붉은 깃발들이 나부끼고 붉은 대자보가 곳곳에 붙어 있는 것이다. 이미 서울에는 조선공산당이 재건되고 인민공화국이 수립되는 등 좌익이 판을 치고 있었다. 더욱이 그 당시의 노동자, 농민 조직은 물론 학생, 예술인을 비롯해서 모든 조직은 거의 좌익이었다.

또 하나의 충격이 있었다. 이북에서는 일본인을 모조리 잡아다가 총살하거나 죄를 추궁했는데, 이남에서는 일본인이 버젓이 활개를 치고 다닐 뿐 아니라 친일 인사들이 여전히 행세를 하는 것이었다.

서울에 도착한 지 얼마 안 돼서 강원용은 '기독청년연합회' 정치부장으로 활동하며 본격적으로 정치에 뛰어든다. 그러면서 자연스럽게 이승만, 김구, 김규식, 여운형 같은 거물들을 만날 기회를 얻게 된다. 그러나 강원용이 정치 무대에서 단숨에 두각을 나타낸 것은 역시 그의 사람을 사로잡는 웅변이 큰 몫을 했다. 1945년 12월 31일, 강원용이 서울운동장에서 열린 신탁통치 반대 서울시민 궐기대회에서 청년 대표로 연설을 하고 났을 때 단번에 정치인들의 눈길을 끌었다. 뜨거운 반탁 열기를 타고 동대문운동장 뒷산까지 시민, 청년, 학생들이 구름 떼처럼 모였다. 이 자리에서 강원용도 청년 대표로 반탁 강연을 했다. 그 자세한 강연 내용은 강원용 자신도 잘 기억하지 못하지만 그날의 폭발적인 반응은 생생히 기억하고 있다.

내가 청년 대표로 나가 반탁 강연을 했는데 사람들의 반응은 가히 폭발적이었다. ……내 개인적으로는 이날 강연이 내 생애에 커다란 계기가 되었다. 이후 내 이름은 적지 않게 알려졌고, 그 덕분에 내로라하는 정치인들도 내가 만나고자 하면 만나주게 되었다.[1]

강원용이 활발하게 했던 일 중의 하나가 북한 공산당을 배척하는 반공 강연이었다. 이 반공 강연은 심지어 생명의 위협을 받으면서까지 한 것이다. 한번은 '경북의 모스크바'라고 말해지던 좌익 세력이 가장 강했던 안동에 가서 반공 강연을 하다가 도망쳐야 했다. 또 한번은 역시 공산 세력이 유난히 강했던 경상북도의 청양에서 여러 사람의 만류에도 불구하고 반공 강연을 했다. 강원용은 민주주의와 공산주의 세상을 설명하고 자신이 개산툰과 이북에서 겪은 공산주의를 이야기하며 반공을 해야 하는 이유를 말했다. 여기저기서 야유가 쏟아졌고, 결국은 경찰들의 도움으로 그곳을 빠져나올 수 있었다. 아마 이런 반공활동을 한 것은 강원용 그룹이 처음이었다.

이처럼 공산당 세력의 위협은 심각한 지경이었는데 생명의 위험을 무릅쓰고 지방을 다니며 강연활동을 한 사람들은 우리 그룹밖에 없었다. (이 그룹에는 조향록도 포함된다.) 우리가 그런 활동을 한 것은 '반탁학생연맹'이나 '서북청년회' 같은 우익단체가 조직되기 전이었다. 또 우리는 폭력배제, 극우를 피한 반공이라는 원칙 아래서 행동했기 때문에 그런 단체들과는 입장이 근본적으로 틀렸으며 적잖은 지지도 얻어낼 수 있었다.[2]

여기서 기독청년연합회와 강원용이 하려고 했던 정치활동의 성격을 엿볼 수 있다. 그것은 "민족정신을 깨우치고 공산주의도 자본주의도 아닌, 모든 국민이 자유롭게 함께 사는 민족국가를 만들 수 있는 제3국의 이념을 찾자"[3]는 것이었다. 바로 양극단을 피한다는 점에

---

1) 『역사의 언덕에서』1, 238~239쪽.
2) 같은 책, 227쪽.
3) 같은 책, 224쪽.

서 강원용은 공산주의만이 아니라 자본주의도 경계했고, 그것을 넘어서는 대안을 늘 모색했다. 이런 태도는 강원용의 대화신학의 원리 '사이, 그 너머'에서 나온 것이다.

'사이, 그 너머'란 말이 나온 김에 미리 정확하게 개념을 정리해두겠다. 강원용 1주기를 기념해서 그의 제자들이 강원용의 글들을 묶어서 문집을 하나 출간했다. 그 문집의 제목은 『중간 그리고, 그것을 넘어서』(현암사, 2007)이다. 그러나 이 제목은 문제가 있다. 중간은 양쪽을 절충한 가운데 위치를 말하는 것이다. 그러나 강원용은 그런 중간을 추구하지 않았다. 그는 양극단의 사이에서 대화를 통해, 서로를 이해하고, 둘을 뛰어넘는 제3의 해결을 추구했다. '사이, 그 너머'는 대화와 이해와 포용을 통한 해결인 반면, '중간 그리고, 그 너머'는 타협과 절충을 통한 해결이다. '사이, 그 너머'는 늘 건설적이고 미래적인 대안을 창출한다. 그것이 제3의 눈, 제3의 길 등이다. 강원용은 이 안목을 에큐메니컬 운동을 하기 이전에 이미 청년 시절부터 몸에 익힌 것이다.[4]

처음부터 강원용의 정치활동은 정치가들의 정치활동과는 다른 것이었다. 좌우를 넘어서 민족을 위한 제3의 길을 위한 것이었다. 그리고 어디까지나 그리스도교 청년활동으로서의 정치목표였다. 이런 점에서 청년기 강원용의 정치는 현실적이기보다는 상당히 이상적인 것이었고, 종교적인 것이었다. 결국 이런 강원용의 정치목표와 활동은 기성의 정치와 거리를 두게 되는 원인이 된다. 열혈 기독청년으로 민족재건의 꿈을 소명으로 안고 정치에 뛰어들었지만 현실의 정치와 상황은 강원용에게 결국 좌절을 안겨주었다.

---

4) '사이, 그 너머'의 제3의 전망을 강원용은 제3지대의 신학, 제3의 자유, 제3의 삶, 제3의 힘, 제3의 인간이라는 총체적 영역에서 제시하고 있다. 강원용, 『제3 지대의 증언』, 문맥, 1978, 특히 제3장, 107~138쪽 참조.

친일파와 민족 반역자를 몰아내고 공산당이나 극우 독재 세력은 배제하고 통일된 민족국가를 세우기 원했던 나의 꿈이 수포로 돌아가고, 조국은 반으로 나뉘어 한쪽은 공산국가, 또 한쪽은 극우 독재 세력이 차지하고 말았으니 나는 심한 정치적 허무주의, 아니 거의 정신적 공황 상태가 되고 말았다. 게다가 친일파는 건재하고 민족 반역자들이 오히려 공권력을 휘두르는 위치에 앉아 있는 세상을 살아가야 한다고 생각하니 일제강점기 못지않은 암담함과 절망감을 주체하기 어려웠다.[5]

기독청년과 정치가들

징용을 피해 다니며 가난과 씨름하던 강원용은 자포자기하고 평생 농사나 짓겠다며 마창툰으로 들어갔다. 그러나 그것은 고단한 삶에서 온 잠시의 마음이었다. 남하하여 서울에 온 그의 삶은 열정 그 자체였다. 강원용은 '조선기독교청년동맹'이 아니라 '조선기독교청년회 전국연합회'(약칭 기독청년연합회)에서 활동을 시작한다. '조선기독교청년동맹'은 강원용이 서울에 도착하기 얼마 전에 새문안교회에서 조직된 청년단체다. 이 단체는 정치적 참여보다는 해방 후 연합군을 환영하는 각종 행사를 주관하거나 월남민이나 귀환민을 위한 구호사업을 주로 했다. 이와는 달리 '기독청년연합회'는 강원용이 서울에 온 후에 조직되었으며 사회참여적인 성격을 띠었는데, 강원용은 이 단체의 정치부장을 맡게 된 것이다.

'기독청년연합회'의 정치부장을 맡은 덕에 강원용은 해방 공간의 격랑기에서 위대한 영웅들을 만날 수 있었다. 무엇보다 서울운동장에서 열린 서울시민 반탁 궐기대회에서 행한 강원용의 연설은 일약 강

---

5) 『역사의 언덕에서』 1, 369쪽.

원용을 유명인사로 만들어서 강원용이 요청하면 거물급 정치인들도 만나주는 위치에 있게 되었다. 이런 까닭으로 강원용은 김구, 이승만, 김규식, 여운형은 물론 그 당시의 모든 지도자와 만나서 의견을 나누고 뜻을 같이할 수도 있었다.

그러나 강원용의 이 정치적인 만남은 여느 정치 입문생처럼 정치가가 되려는 목적은 아니었다. 강원용의 정치에 대한 관심과 열정은 소박하게 시작되었다.

거창하게 들릴지는 모르지만 정치활동을 본격적으로 하는 것은 아니고, 다만 기독청년의 입장에서 주어진 정치 상황에 대한 의견을 개진하고 참여하는 정도였다.

내가 정치부장직을 수락한 이유는 무엇보다도 당시 극성을 부리던 공산주의 세력 때문이었다. 연합회에 가입한 것도 공산주의자들이 이렇게 맹위를 떨치도록 두어서는 안 된다는 생각과 좌익은 모두가 똘똘 뭉쳐 일을 체계적으로 하고 있는데 우익은 조직 면에서 형편없다는 자각에서였다.[6]

강원용과 그가 속한 '기독청년연합회'는 소박하고 순진한 목적을 가지고 있었다. 그리고 이들은 중국에 망명해 있던 임시정부 요인들(이승만, 김구, 김규식, 조소앙, 최동오, 엄창섭 등)이 돌아올 때 귀국환영회를 주최했다. 이 환영회에서 환영사는 물론 강원용이 했고, 귀국한 임정 인사들은 한마디씩 인사말과 더불어 국가 운영에 대한 포부를 밝혔다. 이때 김구 선생은 "경찰서를 열 개 짓는 것보다 교회를 한 개 짓는 것이 나라의 안정에 유익하다"는 말을 했고, 김규식 박사는 "우리나라의 건설은 김 주석이 아니라 김 주석의 할아범의 힘으로도 할 수

---

6) 같은 책, 210쪽.

가 없고 반드시 하나님의 허락이 있어야 한다. 이 대업을 인간의 힘으로 성취하려는 것은 잘못된 일이다. 그러므로 여러분과 우리는 함께 뭉쳐 한 손으로는 하나님을 붙잡고 다른 한 손으로는 민중을 붙잡아 굳세게 나가야 한다"는 뜻의 인사말을 했다는 것이다. 이런 국가의 미래에 대한 포부를 듣고서 일어난 반응이다.

우리 순진한 기독청년들은 그들의 말을 들으며 우리나라가 '기독교국가'가 되어간다고 열광을 했고, 우리가 주축이 되어 공산주의를 반대하고 이 박사와 임정 인사들을 더욱 지지해야 한다고 거듭 결의를 다졌다.[7]

그렇다. 강원용의 정치에 대한 열정은 우리나라가 '기독교국가가 되어서, 공산주의가 아닌 민족의 미래가 열리는 것'이었다. 기독교국가에 대한 꿈은 분명 장로교의 국교주의 성향일 것이다. 아무튼 강원용의 정치 열정에서 기독교적 관점과 신앙의 동기를 알지 못하면 강원용을 한낱 정치에 야망을 품은 종교인으로만 오해하게 된다. '기독교적 관점을 가지고 복음을 전하고 사회를 개혁하려고 평생을 몸부림친 목사 강원용의 정치'라는 관점을 가질 때만 강원용의 의도와 삶을 바로 이해할 수 있다.

강원용은 그리스도교 청년의 자리에서 정치에 관심을 가지고 영웅들을 깊이 만났다. 이들 가운데 강원용이 자세히 언급한 이승만과 김규식 그리고 여운형의 이야기를 들어보며 그리스도교 관점에서 그리고 공산주의와 양극단을 싫어하는 강원용의 관점에서 이 만남들을 평가해본다.

이승만 박사를 만난 감동은 엄청난 것이었다. 강원용을 비롯한 기

7) 같은 책, 215쪽.

독청년들은 임정요인들의 환영식이 끝나자 차렷 자세로 이 박사를 만나려고 기다렸다. 그런데 불쑥 나타난 이 박사는 마치 오래전부터 잘 알아온 사이처럼 다정하게 그들을 자기 방으로 맞이하고는 침실로 데려갔다. 그러고는 서랍에서 깨엿을 꺼내 먹으라고 내주었다. 차마 황송해서 선뜻 받아먹을 수 없었던 강원용 일행에게 "아냐, 아니 왔으니까 뭘 먹어야지. 내 아들이라고 해도 좋고 손자라고 해도 좋은 사람들인데. 기독청년들이라면 내가 기독교인이니 내 아들이고 손자들 아닌가?" 하면서 엿을 권했다. 그러고는 대화 도중에 이 박사는 자기 손끝을 후후 불며 얼굴을 찌푸리곤 했다. 그래서 강원용은 "아니 박사님, 엿을 꺼내다가 손을 다치신 것 아닙니까?" 하고 물었더니, 이 박사는 "아냐, 내가 왜놈들한테 붙들려 갔을 때 고문당한 손이 지금도 종종 아파서 그래" 하고 대답했다. 이 말을 듣는 순간 강원용 일행은 뜨거운 눈물을 흘리며 이런 애국자를 위해서라면 기꺼이 목숨을 바치리라 다짐했다. 이 첫 대면 이후 강원용은 이 박사를 더욱 존경하게 되었고, 이 박사도 강원용을 각별하게 대해주어서, 강원용은 이 박사의 숙소에 연락만 하면 언제든 찾아가 만날 수 있는 사이가 되었다.[8]

이승만에 대한 강원용의 존경과 믿음은 대단했다. 나중에 일본 경찰에 끌려가서 고문을 받다 손을 떤다고 했던 이승만이 만민공동회 사건으로 구속되어 옥고를 치른 일은 있으나 실제로 일본 경찰에 잡혀 고문당한 일이 없다는 증언이 나왔을 때도 강원용은 이런 말들을 모략으로만 생각했다. 그러나 시간이 지나며 강원용은 이 박사가 정치욕망에 의해 사는 교활한 인물임을 알게 된다. 김규식에게 좌우합작을 권했던 이승만은 합작운동이 전개되기 시작하던 1946년 6월 3일에 전라도 정읍에서 남한만의 단독정부 수립을 공식적으로 발표한다. 강원용은 어떻게 김구가 이승만과 손을 잡고 함께 좌우합작의 3인

8) 같은 책, 211~212쪽.

방이었던 김규식을 배척했는지 이해가 되지 않았다. 강원용은 도저히 참을 수가 없어서 이 일을 이 박사에게 항의했다. 그러자 이 박사는 기가 막히게도 저 청년이 누구냐고 하면서 모르는 척했다. 그리고 강원용은 재갈이 물리고 양손이 뒤틀린 채 끌려나갔다. 강원용은 이승만이 능수능란한 거짓말로 똘똘 뭉친 정치가라는 것을 알게 되었고, 끌려나가면서 "이 박사님, 이게 이 땅에서 이 박사님을 마지막으로 뵙는 것입니다. 앞으로는 절대로 나타나지 않을 겁니다" 하고 소리쳤고, 실제로 이 사건을 계기로 강원용은 한 번도 이 박사를 만나지 않았다.[9]

좌우를 넘어서 하나 된 민족공동체를 기독교국가로 만들고 싶은 강원용에게 이승만의 행태는 말할 수 없는 배신과 실망이었다.

김규식 박사와의 만남은 강원용의 마음에 안타까움을 남겼다. 일본은 패망 직전에 모든 교파를 강제로 통합해서 '일본기독교 조선교단'을 발족시켰다. 1945년 7월 19일의 일이다. 곧 해방이 되자 이 일이 일제의 강제로 이루어진 만큼 통합 이전으로 돌아가자는 움직임이 거세게 일었다. '기독청년연합회'는 비록 일제 총독부의 강압에 의해 되어졌지만 교파통합은 마땅하기 때문에 명칭은 바꾸되 교파를 초월한 단합은 계속해야 한다는 입장이었다. 이 문제를 논의하기 위해 1945년 초겨울에 전 교단 대표들이 새문안교회에 모였다. 이 모임에서 강원용의 바람과는 달리 하나의 교단은 해체되고 잠정적인 교파별 연합 형식의 '기독교 남부대회'가 발족되었다. 이 남부대회는 1946년 9월에 '조선기독교연합회'로 개편되고, 그동안의 기독청년연합회도 '조선기독교청년회전국연합회'(약칭 '교회청년연합회')로 재편된다. 이 연합회의 회장을 맡은 사람이 바로 교계와 정계를 두루 대표하는 김규식 박사였고, 강원용은 총무를 맡게 되었다. 이것을 계기로 강원용은

---

9) 같은 책, 277쪽.

삼청동의 김규식 저택에 자주 드나들며 그 식구들과 함께 기도하는 등 아주 가깝게 지내게 되었다.

임정요인들의 귀국 환영식을 마치고 나서의 일이다. 강원용 일행은 임정요인들에게 면회를 신청해서 경교장을 방문해 김구, 김규식, 조소앙 등을 만나게 된다. 이런 쟁쟁한 독립투사들을 눈앞에서 만나 이야기를 나누다니, 얼마나 감격스러운가! 흥분한 일행 중 하나가 임정요인들 앞에서 손가락을 깨물어 흰 천에다 혈서를 쓰고는 그것으로 머리를 동여매 충성심을 보이려고 했다. 이것을 본 김규식 박사는 얼굴을 찌푸리며 "일본 놈한테 배웠구먼. 그거 왜놈한테 배운 버릇을…… 이보게 청년들, 그런 짓은 하지 말게" 하고 꾸짖었다. 이 꾸짖음에 강원용 일행은 무안해졌다.[10] 이승만을 만난 감격과는 또 다른 감격이었던 것이다.

결국 미국의 정책 변화로 좌우합작은 이루어지지 못했지만 김구, 여운형, 김규식을 중심으로 좌우합작위원회가 구성되었고 강원용도 이 위원회의 선전부에서 일하게 되었다. 김구와 김규식은 남한만의 단독정부를 반대해서 월북하여 김일성과 회담까지 하고 돌아왔지만, 그해 1948년 5월 10일에 남한만의 총선거가 시행되었고 이승만이 초대 대통령으로 선출되었다. 김규식 박사에게 좌우합작을 권유한 바로 이승만 자신이 김규식을 밀쳐내고, 겨레의 염원을 등지고, 단독정부 수립에 앞장선 것이다.

미군정은 처음에는 한국인을 군정에 참여시켜 민정 이양을 할 계획으로 '과도입법의원' 수립을 추진했다. 이에 따라 전국적인 간접선거로 입법의원이 개원하고 김규식이 의장으로 선출되었다. 1946년 12월 이승만이 단독정부 수립을 협상하기 위해 미국에 갔을 때도 미 국무부는 이승만을 대통령 욕심이 있는 인물로 여겼을 뿐 김규식을 대

---

10) 같은 책, 215~219쪽.

통령감으로 생각했다. 그러나 김규식의 집에서 자주 함께 기도하며 김규식을 지켜본 강원용의 평가로는 김규식 박사도 대통령직에 맞는 사람은 아니었다. 건강도 그렇거니와 마음도 약한 사람이었다.[11]

김규식 박사와의 관계는 정치와 상관없이 계속된다. 강원용이 경동 교회 장로가 되는 날 김규식 박사가 와서 식순에 없는 축사를 하게 되었다. 이 축사는 김규식 자신의 심경이 드러난 것이었을 뿐 아니라 강원용에게도 큰 충격이었다.

"해외에서 독립운동을 하다가 돌아와서 정치를 하고 있는데 요즘 내 솔직한 심정으론 해외에서 돌아왔건 국내에서 활동했건 기성 정치인들로는 나라를 잘 운영할 것 같지 않아요. 이제 우리는 물러가고 젊은 새로운 사람들을 키워 물려줘야 하는데, 강원용과 같은 젊은이들이 눈에 띄었습니다. 그런데 듣자니 이 사람이 정치할 생각은 없고 목사가 될 것이라고 하니 나로서는 놀랍고 실망스러운 일이 아닐 수 없어요."

대략 이런 말을 하더니 잠시 말을 끊고 가만히 있는 것이었다. 그러더니 갑자기 두 주먹으로 책상을 꽝 치면서 소리를 질렀다. "잘했어. 잘했어! 정치를 하지 않기로 한 것은 정말 잘한 일이야. 더군다나 한국에서 정치는 사람이 할 일이 못 돼. 아주 잘했어!"[12]

강원용이 그 후로도 정치를 하지 않은 것은 아니다. 그러나 강원용은 정치가들이 하는 정치를 추구하지 않았다. 목사 강원용으로서 겨레와 국민을 위한 증언으로서의 정치를 한 것이다. 곧 강원용의 '겨레 목회'라고 할 것이다.

---

11) 같은 책, 341쪽.
12) 같은 책, 350쪽.

기독청년이요 반공주의자인 강원용은 몽양 여운형을 착잡한 심정으로 만난다. 그러나 가장 위대하게 강원용의 마음에 남아 있는 인물은 여운형이다. 강원용이 여운형을 처음 찾은 것은 좌우합작이 시작되기 직전인 1946년 5월 즈음이었다. 강원용은 용정에 있었을 때 이미 거기서 그를 보고 흠모의 마음을 가진 적이 있었다. 그러나 강원용이 막상 서울에서 처음 여운형을 대면했을 때, 그는 좌익의 거물로 활동하고 있었다. 이런 이유로 강원용은 그를 직접 만나기 전까지는 그를 비판하고 공격하는 강연을 하고 다녔다. 여운형은 김구나 이승만, 김규식과는 달리 기독교인도 아니고, 더구나 공산주의자가 아닌가! 그럼에도 무엇 때문인지 첫 만남에서부터 강원용은 몽양에게 너무 매혹되었다. 강원용은 여운형을 배척하기보다는 그가 무슨 생각을 하는지 결판을 내고 싶어서 다시 만나려고 무진 애를 쓰게 된다. 늘 테러의 위협에 시달렸던 그이기에 경호원이 배석하는 가운데 그를 만났고, 강원용은 '기독청년연합회'라는 소속을 밝히고 대화를 청했다. 그렇게 시작된 이야기는 꼬박 밤을 새우고, 이튿날 새벽까지 계속되었는데도 강원용은 몽양을 떠나고 싶지 않았고, 몽양도 강원용을 떠나보내고 싶지 않았다. 가까워진 강원용은 스스럼없이 몽양에게 묻고 답을 듣는다.

"사실 저는 서울에 올 때 선생님 생각을 많이 했습니다. 선생님을 뵙고 애국자이면서도 멋있는 분이라고 생각했고 게다가 기독교 신학을 공부하셨다는 말을 듣고 더 좋아했는데, 어떻게 지금은 유물론자가 되어 공산당과 함께 활동하고 계십니까?"

"좋아, 좋아. 젊은 사람이 그렇게 대담하게 얘기해야지. 내 앞에서는 듣기 좋은 말만 하는 사람들이 많거든. 하지만 나도 강군에게 하나 물어볼 게 있는데, 그처럼 예수를 믿고 하나님의 사랑을 전하는 사람들이 어떻게 정동교회 안에서 '여운형이를 죽여라' 하는 사형선고를 내릴 수가 있지?"[13]

이런 말과 함께 그날 밤 몽양은 정치에서 도망가고 싶다는 심정도 알려주고, 이승만과 김구에 대한 이야기를 들려주었는데, 이승만 이야기에서는 큰 충격을 받았다. 강원용은 그만큼 이승만을 존경하고 한 점 의심 없이 믿고 있었기 때문이다.

몽양의 노선을 강원용은 따를 수 없었지만 인간적으로는 그를 너무 좋아했다. 몽양은 로맨틱했을뿐더러 외모 또한 출중했다. 아무리 살펴보아도 흠잡을 수 없는 수려한 인물이었다. 더 존경스러운 것은 그의 삶의 행적이었다. 1940년 조카 여경규와 함께 일본에 건너가서 여운형은 일왕을 만난다. 거기서도 목숨을 내놓고 당당하게 조선의 독립을 역설했고 일왕은 그가 일본 사람이 아니라 조선 사람임을 아쉬워했다. 강원용의 착잡하면서도 솔직한 표현이다.

해방 이후 내가 만난 정치가 중에서 내게 가장 깊은 인상을 준 사람도 몽양 여운형이었고, 인간적 입장과 정치적 입장을 달리한 데서 오는 갈등 때문에 착잡한 심정을 느끼게 했던 인물도 역시 여운형이었다. 이 같은 여운형과의 관계 때문에 나는 그의 추도식 집행위원장직을 맡기도 했고, 추모사를 바치기도 했다. 그 일은 지금까지도 계속하고 있다.[14]

강원용은 여운형이 그 당시의 편협한 공산주의자인 박헌영 무리와는 전혀 다르다는 것을 알았다. 여운형은 민족주의적 사회주의자이다. 그는 집안의 모든 것을 물려받자, 곧바로 노비문서를 불태우고 노

---

13) 같은 책, 263쪽.
14) 같은 책, 338쪽.

비들을 해방시켰다. 강원용은 이것을 단순히 공산주의 이념 때문이 아니라 비인간적인 제도와 관습에 대한 반대 때문이라고 생각했다. 여운형은 독립을 위해서라면 공산주의도 이용할 수 있다는 생각을 품었기 때문에 한 행동이었다고 한다. 그렇기 때문에 여운형은 공산주의를 절대적으로 신봉하지도 않았고, 우파와 연합하는 것도 서슴지 않았다. 반면 박헌영은 머리끝부터 발끝까지 철저한 공산주의자였다.

강원용은 몽양이 좌익임에는 틀림없으나 중도 좌익이고 경직된 좌익은 아니라고 한다. 몽양은 민족문제라면 우익과도, 미국과도 함께할 수 있었다. 몽양을 규정하자면 그는 중도 좌파로서 민족주의, 유럽식으로 표현하자면 사회민주주의 사고를 하는 사람이었다. 몽양에게서 강원용이 크게 배운 것은 열린 삶이었다. 기독교인도 아니었고 사상도 달랐지만 강원용은 여운형을 자신의 가장 이상적인 인물로 평가한다.

서로 다른 입장에서 화합을 모색하려면 다른 점도 다르게 보면서도 대화를 나눌 수 있는 열린 눈과 넓은 마음이 필요하다. 여운형은 그런 인물이었던 것 같다. 그래서 외눈박이 소인배들이 어지럽게 설쳐대는 그 시대에서는 지도자가 될 수 없었다. 좌익 외눈박이들도 그를 껄끄러워했고, 우익 외눈박이들도 불편해했으니까. 하지만 앞으로 우리나라가 남북통일을 하고 세계 속의 한국이 될 경우 과거 인물 속에서 지도자 모델을 굳이 찾으려고 한다면 나는 단연코 여운형이 그 모델감이라고 말할 것이다.[15]

강원용은 해방공간에서 '기독청년'으로서 많은 영웅 가운데 생애에

---

15) 같은 책, 343쪽.

서 잊을 수 없는 이승만, 김규식, 여운형을 만난다. 그중 이승만과 김규식은 기독교인으로, 해방된 겨레를 기독교국가로 만든다는 점에서 그리고 공산주의를 배격하면서 통일된 나라를 건설한다는 점에서 강원용은 그들을 흠모했다. 그러나 이승만은 정치 야욕과 술수로 가득한 인물이었고, 김규식은 이 겨레를 감당하기에는 심신이 나약했다. 기독교인도 아니고 사상적으로는 좌익이었지만, 몽양은 열린 사람이어서 좌우를 넘어 대화하고 우리 겨레의 미래를 위한 통일된 제3의 모델을 추구했다. 이런 점에서 그리고 훌륭한 인품에서, 몽양은 평생 강원용의 삶에 생생한 감동을 주었다. 그러나 밝히고 넘어갈 것이 있다. 지금 이 내용은 1993년에 나온 강원용 자신의 회고록『빈들에서』를 다시 다듬어 2003년에 펴낸『역사의 언덕』에서 따온 것이다. 그런데 1987년, 평민사에서 출간한『강원용과의 대화』의 제1부 한국사회 '정치' 편에서 나눈 이홍구와의 대화에서는 강원용이 해방공간의 정치적 상황과 자신을 전하면서도 그토록 존경하고 모범이 되었던 몽양 여운형의 이야기는 하나도 없다.[16] 왜일까? 반공주의로 활동해야 했던 시절이 지났기 때문에 몽양을 내세웠을까? 모를 일이지만 궁금증은 밝혀두려고 한다.

정치 너머의 세계와 겨레

강원용은 세속의 정치나 그 이념을 추구할 수가 없었다. 강원용이 열혈청년으로 정치에 뛰어든 것도 무슨 자리를 위한 것이 아니었다. 그리고 단순히 공산주의를 배척하고 극우도 배척하면서 통일된 민족을 만드는 것 그 이상이었다. 이미 강원용은 세속의 정치 너머에서 이 겨레의 몰락을 큰 눈으로, 신앙의 눈으로 분석하고 있었던 것이다. 해

---

16)『강원용과의 대화』, 25~47쪽.

방 후에 한 그의 설교 두 편에서 이 민족이 결국 식민지가 되고, 해방이 되고도 폐허가 된 현실의 원인을 살펴보자.

강원용이 해방 후 조국을 재건하면서 기독학생들을 위해 행한 강연을 묶은, 그가 처음으로 지은 책자가 『새 시대 건설자』이다. 그중에서 "현대 문명은 어디로"와 "이상에 대한 현실의 반역"이라는 글이 있다.[17]

강원용은 단지 해방공간의 현실만을 바라본 정치가가 아니었다. 그는 20세기의 비극과 제2차 세계대전이 끝나고 나서 새롭게 패권주의 질서가 재편되면서 전 세계가 위기 속에 있게 된 원인을 「요한계시록」에서 바빌론제국이 무너지는 환상에서부터 출발한다. 그리고 계시록의 배경을 이루는 로마제국의 몰락을 설명하며, 그 몰락을 현대 문명과 세계에서 보고 있다고 한다.

저 강대한 로마제국의 운명은 어떠했습니까? 지금 밧모 섬에 죄수의 몸으로 유배되어 있는 사도 요한은 철저히 무너져 내릴 로마제국의 미래를 예고하고 있습니다. 예고하고 있을뿐더러 통렬하게 화를 선고하고 있습니다. 이때는 로마 제국주의 전성기인데, 바로 이때 그 문명 자체가 내부적으로 무너져 가는 것을 사도 요한은 보고 있는 것입니다. 로마가 몰락한 지 1,500년의 세월이 이미 흘러간 오늘 다시 되돌아보아도, 로마는 실로 놀랍기만 합니다. 방대하면서도 탄탄한 조직과 제도로 짜이고, 강력한 군대가 있는 대(大) 로마였습니다. 그때 거기 사는 사람들에게 이 로마는 결코 사라질 수

---

17) 각각 『강원용 전집』 1, 19~23, 47~53쪽에 수록되어 있다. 이것은 강연이지만, 성경본문이 있는 것으로 보아 설교의 성격을 띠었다. 이 때문에 강원용 설교 선집인 『돌들이 소리치리라』에서는 각각 「현대문명아! 어디로 가고 있는가?」와 「이상의 반역자」로 제목을 고쳐서 설교로 재구성했다. 『돌들이 소리치리라』, 14~31쪽.

없는 영원한 제국으로 여겨졌습니다. 그러나 그 로마가 어찌 되었던가? 사도 요한은 직접적으로 말할 수 없어서 로마를 대 바빌론에 빗대어 말했는데, 그 로마가 처참하게 무너지지 않았습니까?

인류 역사 이래 처음인데, 오늘 우리는 현대 문명이 빚어놓은 놀라운 세계에서 살고 있습니다. 이 놀라운 세계는 더 발전하고 영원할 것인가? 오늘 우리는 끝내 무너진 로마를 생각하게 됩니다. 아무리 놀랍다 해도 현대를 깊이 들여다보면 옛날 로마의 붕괴와 같은 운명 앞에 놓여 있음을 보게 됩니다. 곧 오래지 않아 전면적으로 몰락하고야 말 역사의 문 앞에 서 있는 것입니다.

무너졌도다,
무너졌도다.
큰 성 바벨론이여,
귀신의 처소와 각종 더러운 영이 모이는 곳과
각종 더럽고 가증한 새들이 모이는 곳이 되었도다.

사도 요한의 이 예고를, 나는 현대 문명과 세계에서 듣고 있는 것입니다.

『서구의 몰락』(*Der Untergang des Abendlands*)을 쓴 슈펭글러(Oswald Spengler)는 문명도 하나의 생물학적 운명을 가진 유기체라고 보았습니다. 그는 한 문명이 거대해졌을 때, 자체 안에서 문제가 생기며 몰락한다는 것을 밝히고, 현대 문명이 몰락 과정에 있다고 진단했습니다. 현대 문명의 각 분야를 샅샅이 공부한 대 천재 슈바이처(Albert Schweitzer)도 현대 문명은 이미 생명 없는 해골이라고 일찍이 간파했습니다.[18]

---

18) 『돌들이 소리치리라』, 14~16쪽.

그 전성기에 내부로부터 무너지는 이 몰락의 성서적인 교훈과 역사의 실증을 가지고 강원용은 해방 후 전개되는 세계사를 분석하며 낙관주의자들의 견해를 네 가지로 분류하여 비판한다. 첫째는 미국이 승리하는 경우이고, 둘째는 소련이 승리하는 경우이고, 셋째는 미국과 소련이 다 망하고 제3세력이 등장하는 경우이고, 넷째는 모든 전쟁을 피하자는 견해다.

냉전의 이 위기와 난국을 타개할 방도를 여전히 전쟁에서 찾으려는 어리석은 망상가들이 많이 있습니다. 만일에 제3차 세계대전이 일어난다면 그 결과는 어찌 될까요? 낙관주의자들은 다음 세 가지 경우 중 하나를 택할 것입니다.

첫 번째는 미국이 승리하는 경우입니다. 이것은 풍부한 물자를 가지고서, 더욱이 원자탄과 같은 무기를 가지고서, 남·북 미주와 태평양의 섬들과 서유럽의 원조를 받으며, 고도의 과학전으로 일거에 소련을 박멸하리라고 믿는 견해입니다. 이것은 가장 비과학적이고 주관적인 희망의 소산이 아닐까요? 만일 한 걸음 양보하여 미국이 무력전에서 승리한다고 가정해보지요. 전후의 민심을 오늘의 미국식 자본주의 이념으로 수습할 길이 있겠습니까? 그 보장된 자유로 증오와 분쟁의 혼란을 방지할 수 있을까요? 결국 그대로 방임한다면 오늘의 남쪽 그리스에서 보는 것과 같이 파쇼화한 기형적인 민주주의가 나타나지 않겠습니까? 그렇다고 파괴된 모든 잿더미에서 민생을 도탄에서 구출할 수 있는 새 마셜 플랜(Marshall Plan)이 나올 역량이 지금 미국에 있습니까? 이렇게 무력은 제2차 세계대전에서 체험한 것 이상의 대혼란을 가져올 것입니다.

두 번째는 소련이 승리하는 경우입니다. 이것은 전 세계 방방곡곡에 이미 조직되어 있는 프롤레타리아의 결사적인 협력을 얻어 멋진 세계를 건설할 수 있다는 낙관주의 견해입니다. 그러나 반문하고 싶습니다. 유럽과 아시아 두 대륙을 육군의 힘으로 정복한다고 가정하더라도, 과연 소련이 태평양과 대서양의 제해권과 제공권을 장악하고, 미국과 영국을 정복할 해군과 공군이 준비되어 있을까요? 미국, 영국, 그 밖의 여러 나라를 내부적인 혁명으로나 외부적인 전쟁으로나 하나의 세계로 만들 수는 없는 것이고, 그럴 가능성도 없습니다. 일보 양보하여 소련이 승전한다고 가정해봅시다. '저놈 때려라' 식으로 진군하는 혁명 세력을 어느 방향에다 돌리겠으며, 그 방법으로 전 세계에서 수백 년간 '자유를 달라, 그렇지 않으면 죽음을 달라!'하는 신념으로 살아온 유럽인과 미국인 그리고 7억 그리스도교 신도의 마음을 수습할 길이 있을 수 있겠습니까?

세 번째는 미국과 소련이 다 망하고 제3세력이 전후의 세계를 수습한다는 견해입니다. 제1의 낙관주의자가 우익에 많고, 제2의 낙관주의자가 좌익에 많다면, 제3의 낙관주의자는 이른바 중간에 많을 것입니다. 미·소가 다 전쟁에서 기진한 때에, 영국과 프랑스 그리고 기타 북구에 있는 사회민주주의 노선을 지향하는 제3세력이 대두하여, 약소민족군의 협력으로 새 사회를 형성하면, 그렇게 되는 때, 진정 항구적인 평화가 온다는 견해입니다. 그러나 이 견해는 신뢰할 만한 아무 과학적 근거도 가지고 있지 않습니다. 이른바 서구식 자유주의 노선이 얼마나 무력한 것이고 오합지졸인가는 이번 전후에 이미 체험하지 않았습니까? 현재 그들이 하는 행동을 보아서도 알 수 있는 사항입니다. 또한 현대 사조를 계승한 약소민족들이 우열을 다투지 않고 평화 기구를 유지할 수 있으리라는 것은 망상일 뿐입니다.

이런 낙관주의 견해와 달리, 전쟁을 피하면 세계 평화를 건설할 수 있다고 생각하는 사람들도 많을 것입니다. 아무튼 현대 사조가 이대로 현대 문명을 이끌어가면, 지금 같은 냉전으로 세계가 양분되어 신음하든지, 자체의 혼란과 파괴와 도덕적 부패로 자연 붕괴

되든지 할 것이 분명합니다. 이처럼 현대 문명 자체는 이미 자살 상태에 놓여 있습니다.[19)]

세계대전 후의 상황을 이렇게 분석하고는 강원용은 거대한 제국이 무너지듯, 현대와 현재의 제국들이 무너지리라고 경고한다. 그러나 이 경고는 신앙인 강원용에게는 역설적으로 어서 돌이키고 살라는 사랑의 말씀으로 들렸다. 강원용은 여기서 한 가지 과제를 제시한다. 이 것은 이 시대 우리 겨레의 과제일뿐더러 강원용 자신의 과제이기도 하다. "오늘 우리는 사도 요한의 경고를 들으며, 이 문명의 병을 정확히 진단하고 이에 필요한 처방을 찾아야 할 것입니다."[20)]

강원용은 정치가가 아니라 성서에 토대해서, 인류의 문명을 통찰하며 오늘 우리의 구체적 삶의 현실을 진단하고 전망하는 '그리스도교 사상가'다. 강원용은 이런 '성서의 전망'과 '문명의 병'을 가지고 위대한 우리 겨레가 몰락해서 식민지가 되고 폐허가 된 원인들을 밝힌다.

강원용은 「이사야」 5장 1~4절의 포도원의 노래를 본문으로 하나님의 자랑스러운 은총을 받는 이상적인 백성인 이스라엘이 정반대가 된 것을 설명한다. 이어서 바로 그 하나님의 이상에 대한 반역이 바로 우리 겨레의 현실이라고 한다. 그리스도교 사상가 강원용에게 성서의 현실은 곧 역사의 현실이요, 우리 자신의 현실이다.

"지금 내 조국은 어떠합니까? 예루살렘에는 찬란한 하나님의 성전이 있고, 생명의 계명을 선물로 받았으며, 민족 가운데서 선택받은 겨레인 내 조국은 어떠합니까? 모든 민족을 하나님께로 인도하는 웅대하고 영광스러운 사명을 가진 내 조국의 현실은 어떠합

---

19) 같은 책, 16~20쪽.
20) 같은 책, 21쪽.

니까?"

이 질문들은 읽어드린 포도밭의 노래에서, 오늘 이사야가 묻고 있는 내용입니다. 이사야는 조국을 사랑했습니다. 그는 조국의 이상을 남보다 더 깊이 볼 수 있었으며, 동시에 그렇지 못한 조국의 현실도 똑바로 볼 수 있었습니다. 이사야는 자신의 조국에서 이상에 대한 반역의 현실을 보고 있는 것입니다.

이사야가 보고 있는 이상에 대한 반역의 현실! 나는 이것을 오늘 우리 조국에서도 똑같이 보게 됩니다. 우리는 우리의 조국을 사랑합니다. 조국을 위해 십자가를 지는 일도 두려워하지 않습니다. 이사야처럼 우리는 우리 조국이 세계사에 공헌한 영광스러운 자취를 생각하면 가슴이 뛰는 것을 느낍니다. 그러나 오늘 우리가 이 사랑하는 조국 그리고 이 조국에 살고 있는 우리의 현실을 똑바로 볼 때, 이상에 대한 반역자의 모습을 보게 됩니다. 환멸의 조국입니다. 이런 조국을 보노라니 슬프기만 합니다. 정말로 님은 좋은 밭을 일구었는데 우리는 들포도를 낸 것입니다.[21]

강원용은 우리 겨레가 폐허가 된 어쩔 수 없는 외부적인 원인을 분석한다.

외부적인 원인을 보지요. 일제 36년의 야만적인 폭압은 우리나라의 전통 미풍양속 전부를 유린했습니다. 여기에서 받은 상처가 아직도 우리나라의 혈맥 속에서 흐르고 있습니다. 그리고 얄타 비밀협정으로, 이 열강의 이기주의적 협상으로, 우리는 희생물이 되었습니다. 국토가 양분된 것입니다. 단일민족이 본의 아니게 두 나라가 되어서, 각각 다른 이념으로 분열하고 대립하게 되었습니다. 이

---

21) 같은 책, 22~23쪽.

제 이 민족은 정치적으로나 도덕적으로 반신불수가 되었습니다. 이것이 가져온 해독이 결코 작지 않습니다. 아무리 우리가 우수한 민족성을 가졌다 해도 이러한 역사적 환경에서는 건전한 역사적 발전을 기대하기가 어렵습니다.[22]

그러나 외부 탓만은 아니다. 강원용은 이사야가 느낀 '이상에 대한 반역의 현실'이란 눈으로 우리 역사를 종교와 연결시켜 고찰한다. 강원용에게 역사의 현실과 종교는 뗄 수 없는 관계다. 강원용이 설명하는 불교·유교·기독교가 짝 지어온 우리 역사의 이상과 그 반역의 현실의 내용은 이러하다.

신라와 고려에 전래된 불교는 인도인의 초현실적 명상에서부터 발생했다. 이 불교가 전래된 그때부터 우리 민족을 지도하는 정신이 되었다. 왕은 법력으로 국가를 수호하고 나라를 평안히 다스리는 도로 삼았고, 민중은 불심을 고통을 피하고 복을 받는 도로 삼았다. 이 때문에 승려는 귀족과 같은 우대를 받았으며, 대승들은 왕사로 국사에 참여했다. 불교가 철학적이고 사색적인 면으로 민족의 마음을 이끌어서, 경박한 삶에 깊이를 주고 세계에 자랑할 찬란한 문화를 형성한 점에서는 그 공로가 적지 않다. 좋은 포도원과도 같다고 할 수 있다.

그러나 승려의 국정참여와 사찰경제의 특별대우가 끼친 해독은 막대했다. 그뿐만 아니라 우리 민족에게 염세사상과 어두컴컴한 숙명사상을 깊이 심었다. 이것이 또한 우리의 고질병적인 한 민족성을 형성하고 말았다. 아름다운 포도원에서 들포도가 열리고 만 것이다.

---

22) 같은 책, 25쪽.

고려 말과 조선 시대에 이르러서는 불교를 배척하고 유교를 부흥시켰다. 이제 유교가 불교의 지위를 계승했다. 더욱이 당시 조선에 명성이 높은 주자학이 전래되자, 조직적 형식을 구비한 체계적인 주자학을 유일 절대사상으로 받아들이게 되었다. 주자학이 조선 400여 년간 지위를 독점하게 되었다. 유교는 삼강오륜의 인륜도의를 가르쳤다. '인·의·예·지·신'과 '충·효·정'을 도덕의 표준으로 삼아 희생적이고 몰아적인 정신을 길러주었다. 이로써 동방예의지국을 형성했다. 좋은 포도원인 셈이다.

그러나 이것이 가져온 피해란 실로 열거하기 어려울 만큼 치명적이다. 주자학 이외의 학설은 사문난적(斯文亂賊)으로 몰았다. 신흥 서구 문화를 배척하고, 고루한 옛것에 매달려서, 쇄국정치의 암흑시대를 가져왔다. 그뿐만 아니라 한문은 진서라고 하고, 글은 속어요 언문이라 천시하여 사대사상을 조성했다. 유교 윤리는 봉건사회를 합리화시켰고, 삼강오륜은 인간관계를 차별시켜 계급의식을 고취했다. 이런 봉건계급사상은 당파심을 조장시켰다. 조선 500년간 사색당파를 짓고, 문벌싸움을 예사로이 했다. 관존민비 사상으로 매관, 매직이 성행했고, 조정에는 간신이 범람하여 민생은 도탄에 허덕였다. 좋은 포도밭에서 들포도가 열린 것이다.

이제 우리 차례다. 조선 말기부터 일제강점기에 그리스도교가 전래되었다. 그러자 봉건사상을 타파하고, 서구문화를 받아들이고, 민족문화를 앙양하고, 신문화를 건설하고, 민족해방에 앞장서는 등 놀랄 만한 역사적 역할을 했다. 누구도 이것을 부인하지 못할 것이다. 좋은 포도원이다.

그러나 현재의 그리스도교는 우리의 암담한 사회에 아무런 빛을 비추어주지 못하고 있다. 민족적 고질이 어느 틈에 그리스도교 내부에서 그대로 활동하고 있다는 사실을 무엇으로 변명할 수 있을까? 이미 앞에서도 이야기했지만, 사대사상, 숙명사상, 형식주의, 부화뇌동, 계급의식, 당파의식이 거룩한 성회 안에서 위력을 떨치고 있다. 이것은 나사렛 예수와는 거리가 먼 속화된 기독교다. 하나님이 조성한 좋은 포도밭에서 들포도가 열리고 만 것이다.[23]

강원용이 뛰어든 현실정치는 극좌도 극우도 아닌 민족의 재건이었지만, 강원용은 현실 정치 너머의 것을 꿈꾸고 실천하려고 했다. 그것은 이 겨레 안에서 새 르네상스가 일어나는 것이다. 이것은 인간혁명이고, 이 인간혁명을 통해서만 새 조국도 건설할 수 있다. 그런데 강원용에게 이 일은 정치가 아니라 하나님께 돌아가는 신앙의 일이요, 하나님의 혁명이다. 이 신앙의 일과 혁명의 길을 강원용은 오직 예수 신앙의 실천으로만 가능하다고 말하고, 이사야가 말한 좋은 포도원을 언급하며 다음과 같이 제시한다.

이 인간혁명을 일으키려면, 오직 인간을 초월한 절대자요, 윤리적이고 인격적이신, 살아계신 하나님께로 돌아와야만 한다. 하늘사랑을 땅에 실천하기 위해 십자가를 지심으로써, 인간을 영원히 그 죄악성에서 해방한 그리스도에게로 돌아와야만 한다. 이것만이 하나님이 조성하신 아름다운 포도원에서 좋은 열매를 내는 길이다.

우리 주 예수님은, 그동안의 우리의 민족적인 고질병인 모든 바리새주의로부터, 모든 의존사상과 차별계급의식으로부터 우리를 벗어나게 하실 수 있다. 예수님은 여성과 어린이를 노예의 지위에서 해방하고, 어부와 창기를 제자로 삼으신 분이시다. 예수님은 만인의 발을 씻기시고 섬기는 자가 하늘에서 높은 자임을 보여주신 분이다. 예수님은 천하를 주고도 바꿀 수 없는 각 개인의 인격의 가치를 가르쳐주셨다.

23) 같은 책, 26~28쪽.

예수님의 이 정신과 삶이 살아 움직이는 신앙 안에서만 진정한 인간혁명, 인격혁명을 완수할 수 있다. 이 인간혁명, 인격혁명은 정치경제나 철학이념만으로 일으킬 수 없다. 단순히 인간의 행복이나 국가사회의 안녕만을 기원하는 인간중심적인 종교로도 이 혁명을 결코 할 수 없다. 또한 단순히 예수님의 교훈을 아는 것만으로도 되지 않는다. 오직 예수님의 가르침과 삶이, 우리의 마음속에, 신앙으로 살아나서 흐를 때만이 가능하다.

이사야는 하나님이 좋은 포도밭으로 조성하신 자기 조국이 들포도를 맺은 것을 가슴 아파하며, 좋은 포도를 맺는 날을 고대했을 것이다. 이상에 대한 반역자가 된 유다가 다시 영화롭고 위대한 사명을 감당하는 겨레가 되기를 고대했다. 오늘 우리 상황은 마치 중세기의 낡은 시대에서 새 시대로 옮겨가는 때와도 비슷하다. 바야흐로 새로운 혁명을, 우리의 민족성과 우리의 인간성의 혁명을 일으켜야 할 때다. 이 혁명을 일으킬 때 우리 민족은 위대하고 영광스러운 민족이 되고, 우리도 새 세계 건설의 사명을 다할 수 있게 될 것이다.[24]

---

24) 같은 책, 28~29쪽.

3 신학 공부

해방 공간의 풍랑 속에서 강원용은 열정적으로 활동한다. 한편으로는 경동교회를 중심으로 선린회를 조직하며 기독교활동을 했고, 동시에 '기독청년연합회'의 정치부장으로 반탁운동을 벌이며 본격 정치활동에 뛰어든다. 그러나 그것만으로는 강원용은 더 큰 인물이 될 수 없었다. 김재준 목사는 강원용에게 신학을 공부할 것을 권했고, 그의 말을 거역할 수 없는 강원용은 드디어 조선신학교의 문으로 들어온다. 조선신학교에서 강원용은 우리나라 근대사의 최고 지성들과 함께 공부하며 학문적인 신학의 기초를 쌓는다. 이 신학을 통해서 강원용은 결국 목사의 길을 가게 되었고, 단순한 정치가가 아니라 그리스도교 사상가요 신학자로서 사회와 겨레를 개혁하는 목회로서의 정치를 할 수 있었다.

교회 일과 정치활동 그리고 신학을 공부하는 그 바쁜 틈에도 강원용은 새 시대를 건설할 기독교적인 인물을 키우기 위해 '신인회'를 조직하는 등, 활발하게 기독학생운동을 벌인다. 바로 이들이 지금까지도 우리 사회의 모든 영역에서 개혁적이고 진보적인 역량을 발휘하고 있다.

하나님의 섭리

2015년에 『주간동아』에서 눈에 띄는 특별기획 기사를 낸 적이 있다. 그 기획의 제목은 「대한민국 설계자들」이다. 해방 이후 민주화 시대가 열리기까지 이 나라를 건설한 주역들이 누구였는지와 그들의 역할을 소개하는 것이었다. 이 기획기사의 열다섯 번째는 「김재준과 '한신'그룹의 탄생」이고, 열여섯 번째는 「통합의 중재자 지향한 강원용」이었다. 그만큼 김재준을 정점으로 하는 한신인들이 우리나라의 근대사에 얼마나 지성사적으로 그리고 행동으로 영향을 미쳤는지를 보여주는 역사적인 증거다. 그리고 그중에서 단독으로 강원용을 대한민국의 설계자로 꼽아 자세한 설명을 하고 있다. 강원용은 그 어떤 정치가나 인물보다 우리의 오늘을 만드는 데 가장 큰 기여를 했음을 뜻한다. 「통합의 중재자 지향한 강원용」이라는 특별기획 기사의 내용을 요약하여 소개한다. 강원용의 생애와 삶을 간략하지만 잘 드러내주고 있다.[1]

대중적으로 널리 알려진 문익환을 제외하면, 한신(韓神) 그룹에서 주목해야 할 첫 번째 인물은 강원용이다. 김재준은 물론이고 문익환, 안병무 등이 모두 학교(한신대학교)에 적을 두었다면, 김재준이 키운 또 한 명의 걸출한 제자인 강원용은 학교 바깥에서 일선 목회자이자 탁월한 조직가, 활동가로 활약했다.

강원용이 운영하던 서울 수유리 아카데미 하우스가 1970년대 정권의 탄압 아래서 민주진영 인사들의 피신처가 됐음은 잘 알려져 있다. 한국 현대지성사에서 한신의 위치를 이야기하려면 한신과 기

---

1) 「통합의 중재자 지향한 강원용 목사」, 『주간동아』, 제1018호, 2015. 12. 23, 64~67쪽.

장(기독교장로회)이 지닌 '조직'으로서의 영향력 문제를 피해가기 어려운데, 강원용이 그 영향력의 핵심을 이루고 있다.

강원용이 사회 주요 인사들과 교분을 맺으면서 다양한 가치들 사이를 중재하고 통합을 매개하는 삶을 산 것은 일찍이 20대 젊은 시절부터 시작됐다. 1946년 3월 교회청년연합회(회장 김규식) 총무를 맡았으며 같은 해 봄, 여운형 휘하의 김용기(후일 가나안농군학교 설립)와 기독교정치동맹을 결성해 위원장을 맡기도 했다. 1947년 6월에는 김규식의 추천으로 좌우합작위원회 정식 위원(청년대표)으로 활동했다. 요컨대 남북 분단을 막고자 했던 정치노선의 핵심에 있었던 것이다.

해방기 강원용은 패기만만한 젊은 세대로서 새 국가 건설에 어떤 형태로든 기여하고 싶어 했다. 여운형의 암살과 좌우합작위원회의 좌초 이후 정치활동을 접은 강원용이 힘을 집중한 영역은 기독학생운동으로, 국가 건설을 위한 '새 세대 육성'이었다. 그는 전국 고등학생과 대학생을 대상으로 강연을 다녔고, 강연록을 모아 1949년 하반기 이희호(훗날 김대중 전 대통령의 부인)의 도움으로 『새 시대의 건설자』라는 책을 출간했다. 발간 6개월 만에 6쇄가 나갔다고 한다.

일반적으로 강원용이라 하면 흔히 따라붙는 수식어가 '한국이 낳은 세계적인 기독교 지도자' '기독교 사회운동의 선구자' 등이다. 사실 강원용은 한국보다 세계에 더 많이 알려진 기독교 지도자다. 이렇게 된 데는 강원용의 세계교회협의회(World Council of Churches, WCC) 활동이 있었다. WCC와의 인연은 강원용이 뉴욕 유니언 신학교에 입학한 1954년 미국 에번스턴에서 열린 WCC 제2차 총회에 참석하면서 시작됐다. 동서와 남북으로 쪼개진 국제사회의 분열을 치유하고 교파와 교리를 넘어 교회일치운동을 주창하며 시작된 WCC는, 1948년 네덜란드 암스테르담 창립총회 선언문에 다음과 같은 문장을 포함하고 있었다. "기독교회는 공산주의와 자본주의 양자의 이데올로기를 거부해야 하며, 또 양극단 중 하나를 택하는 것이 유일한 대안이라는 잘못된 가정으로부터 사람들을 벗어나게 해야 한다."

이런 WCC의 중도 통합 노선이 1950년대 후반 한국 교계에서 월남 보수우익 기독교 세력에 의해 '용공주의'로 비난받게 되고, 급기야 WCC 가입 문제로 예수교장로회(예장) 내부에서 '통합'(가입파)과 '합동'(비가입파)으로 교단이 분열하는 결과를 낳게 했다.

강원용은 1961년 인도 뉴델리 WCC 제3차 총회에서 '교회와 사회위원회' 위원으로 선임돼 국제적인 활동을 시작했다. 이 뉴델리 제3차 총회는 한국 기독교 진보진영의 지식운동사에서 상당히 중요한 의미를 가진다. 제3세계 국가들에서 일어난 탈식민운동이 WCC에도 본격적으로 상륙했기 때문이다. 처음으로 아시아에서 열린 이 대회에는 아시아와 아프리카의 신생 독립국 교회 지도자들이 대거 참여하는데, 세계교회의 흐름에 민감하고자 했던 강원용 등 한신과 기장 인사들이 한국교회의 방향을 설정하는 데 이 대회의 영향을 받았다.

강원용은 1958년부터 기독교사회문제연구를 결성하여 활동하던 중 독일교회의 지원으로 재단법인 크리스챤아카데미(정식 발족 1965년, 2015년에 재단법인 '여해와 함께'로 변경)를 설립했다. 아시아기독교협의회(CCA) 회장이 된 이듬해인 1974년 강원용은 민주회복국민회의 대표위원으로 이름을 올리면서 크리스챤아카데미의 교육원(경기도 수원 '내일을 위한 집')에서 '중간집단교육'을 시작했다. 크리스챤아카데미의 중간집단교육은 일종의 '사회운동가 양성' 교육이었다. 이 교육이 한국 사회운동사에서 가지는 의미는 대단하다. 김세균, 신인령, 김근태, 천영세, 이우재, 한명숙, 윤후정, 정의숙, 고범서, 정원식, 강대인, 이광택, 장필화, 이영희, 이문영, 황한식 등 1970년대 이후 민주화운동의 '지도급' 인사들은 거의 다 이 중간집단교육 프로그램의 교육담당자이거나 교육생 출신이었다.

이 특집기사의 내용을 통해서 두 가지를 새롭게 생각하게 된다. 하나는 강원용이 우리 사회에 미친 영향은 실로 엄청나다는 것이다. 정계, 학계, 종교계, 예술계, 방송계 등에서 활약한 진보적인 지도자들은 한결같이 강원용의 영향을 받았다. 또 하나는 강원용이 이처럼 대한민국의 건설자와 설계자로 인정받는 것은 그가 목사와 신학자였기 때문이지 단순히 정치적인 활동을 해서가 아니라는 점이다.

강원용이 신학의 길로 들어선 것은 스스로 결단하고 결정했다기보다는 자의 반 타의 반이었다. 강원용이 일본으로 신학을 공부하기 위해서 간 것도 김재준 목사의 권유 때문이었다. 강원용이 서울로 남하해서 활발하게 정치활동을 할 때 신학에는 흥미가 없었던 그를 신학교에 입학하도록 권유한 사람도 김재준 목사였다.

강원용의 신학 공부, 이것은 억지로 한 것인가 아니면 하나님의 어떤 깊은 예정의 손길의 작용이었나? 강원용은 목사로 불리기를 꺼렸다. '애기 집사'로 시작한 교회생활에서 장로가 되었을 때, 장로라는 호칭이 자신에게 어울리지 않아서 거북했고, 목사가 되고 나서도 목사라는 울타리가 싫었다. 사람들이 자신을 차라리 교수나 박사로 불러주기를 바랐다. 그러나 언제나 자신이 있는 자리는 설교단이었고, 언제나 사람들은 그를 '목사님'으로 불렀다. 결국 강원용은 하나님의 섭리를 고백한다.

그러고 보면 나는 어차피 목사가 될 팔자였다는 생각도 든다. 내가 목사 되기를 싫어했든 좋아했든 그리고 어떤 연유로 목사가 되었든, 그것은 하나님이 내게 마련해주신 길이었다는 것을 이해하게 된다. 내가 좋아하고 싫어하고는 하등 중요하지 않다. 우리는 모두 그분의 뜻대로 살아가도록 되어 있을 뿐이니.[2]

조선신학교와 영웅들

「김재준과 '한신'그룹」이라는 『주간동아』의 광복 70주년 특별기획 기사 내용은 이런 것이다. 해방 후 한국 지성사를 이야기할 때 빼놓을 수 없는 또 하나의 그룹이 있다. 흔히 '한신(韓神) 계열'로 지칭하는 한 무리의 기독교인이다. '한신'의 형성은 공식적으로는 1940년 김 재준이 한국신학대(현 한신대학교)의 전신인 조선신학교를 설립하면서 시작됐다. 그렇지만 이미 1930년대 초·중반부터 김재준은 한경직, 송창근 등과 함께 한신(아직 학교는 없었다)의 신학적 시각을 조금씩 드러냄으로써 교계에 파문을 일으키고 있었다.

일반적으로 한신계라 하면, 좁게는 한신대학교 신학과 교수이던 김 재준(학장)과 문익환, 문동환, 안병무, 이우정 등을 기본으로 하고 김 재준과 직접적으로 인연을 맺으면서 큰 영향을 받았던 인물들, 예컨 대 강원용 등을 두루 포괄한다. 말하자면 '김재준과 그 제자들'을 가 리키는 용어다. 이들을 빼놓고 오늘날 한국사회를 말하기는 어렵다.

한신의 핵심 인물들도 해방 후 월남한 기독교인에 속한다. 흔히 월 남 기독교인들의 성향을 하나로 묶어 '친미, 반공, 보수'로 규정하는 경향이 있지만, 이런 생각은 말 그대로 '대략적인 사고'일 뿐이다. 그 차이를 이해하기 위해 배경을 좀 살필 필요가 있다. 1885년 미국 장로 교 언더우드와 감리교 아펜젤러로 시작된 한국의 개신교 선교에서 외 국 교회들의 '선교지역 분할협정'이 있었다. 이에 따라 평안도와 황해 도의 서북지역(관서지역)은 미국 북장로교가, 함경도와 간도의 관북지 역은 캐나다 장로회가 맡는 방식으로 선교지역을 분할했다. 함경도와 북간도 출신의 월남 기독교인들은 미국 북장로교 선교지역인 평안도 와 황해도 출신에 비해 상대적으로 진보적이고 자유로운 배경 하에서

---

2) 『역사의 언덕에서』 2, 315쪽.

성장했다.

훗날 한신 그룹의 중심이 된 인물들이 모두 김재준의 중학교 교사 시절 제자였다는 점은 흥미롭다. 김재준이 일제강점기 북간도 은진중학교 성경 교사로 근무하던 1936년에서 1939년 사이, 한신의 인물 기반이 형성됐다. 김재준이 캐나다 장로회 계열의 은진중학교에 부임한 1936년 여름, 강원용은 학생회장이고 안병무는 2학년생이었다. 문익환은 윤동주와 함께 학교를 떠난 직후였지만 방학 때마다 용정에 있었고, 동생 문동환이 아직 은진중학교에 다니던 인연으로 이후 김재준 집에 살면서 조선신학교에 편입해 정식 제자가 됐다.[3]

『주간동아』는 기장과 한신의 탄생은 미국 장로교와 캐나다 연합교회의 노선차이로도 이해할 수 있다는 선교적인 배경도 짚어가면서 김재준을 중심으로 한 한신의 인물들이 한국 현대사를 이끌어왔음을 밝힌다. 조선신학교와 그 학교의 인물들! 단순히 한 신학교와 거기서 배출한 목사나 신학자의 이야기가 아니다. 해방 이후 민주와 통일을 향해서 현대사를 추동해온 아름다운 텃밭과 거기서 배출한 영웅들의 이야기다.

강원용이 조선신학교에 입학한 때는 동자동 시절이었다. 해방 전, 정동의 덕수교회 지하에서 운영되던 조선신학교는 해방 후 동자동의 일본 천리교 본부를 인수해 그곳에서 신학교육을 하게 되었다. 이때는 3년제 신학교육을 했고, 어수선한 시국과 학교 사정으로 1948년 5월에는 졸업장 없이 졸업을 하기도 했다.

강원용이 발을 디딘 동자동의 조선신학교에 대한 동급생들의 기억이 있다. 박봉랑이 한국신학대학을 택했을 때 한국신학대학은 근본주의 신학과 보수 교단들에 의해서 불명예스러운 이단이 되어버렸다. 이들은 소수의 무리였다. 이 때문에 박봉랑은 이 학교를 선택하는

---

3) 『주간동아』, 제1017호, 2015. 12. 16, 68~71쪽.

데 큰 용기가 필요했다. 그러나 박봉랑의 신학적 생애에서 한신을 택한 것은 결정적인 것이었다. 박봉랑은 그것을 한신에서 '사상의 자유'를 누릴 수 있었기 때문이라고 술회한다. 신학의 자유는 비판적 정신이 살아 있기 때문에 가능하다. 그리고 이 신학의 자유가 있어야만 말씀의 자유가 있을 수 있다. 박봉랑에게 조선신학교는 사상의 자유, 신학의 자유, 신앙의 자유, 말씀의 자유와 같은 '자유의 공간'이었다.[4]

도올 김용옥은 문익환 목사에게 감명을 받아서 1967년에 한국신학대학에 입학했다고 하면서 그 시절의 전경을 묘사한다. 물론 이때는 수유리 시절이다.

그때 한국신학대학은 유일무이한 도미터리 스쿨이었고 학생과 교수가 한 울타리 안에서 아기자기하게 살았다. 금잔디 동산 위의 채플에선 찬송가를 할 때마다 자연스럽게 합창이 터져 나오고, 새 지저귀는 소리가 들리는 식당에서 모두 같이 저녁을 먹고 나올 때도 쌍쌍이 줄줄이 떼 짓고 걸어 나오는 학생들 주변엔 아름다운 성가가 울려 퍼졌다. 그때 그 시절의 아름다운 추억들을 내가 지금 여기에서 일일이 다 소개할 수 없다. 하여튼 난 조선의 묘한 기맥을 너무도 다양하게 맛본 놈인 것만은 틀림이 없는 것 같다.[5]

그러나 김용옥의 위의 이야기는 한신을 공격하기 위한 대조수법이다. 그는 자신을 무시한 문익환, 문동환 목사에게 험한 표현을 늘어놓으며 목가적인 학교 분위기와는 반대로 한신의 신학자들을 정치도 사회 현실도 모르는 사람들로 매도한다.

---

4) 박봉랑 교수님을 추모하는 모임, 『목회자의 마지막 증언』, 대한기독교서회, 2016, 50~51쪽.
5) 김용옥, 『불교란 무엇인가』, 통나무, 1989, 286쪽.

60년대의 이들은 정치의 지읒자도 모르고 현실의 히읗자도 모르고 투쟁의 티읕자도 모르는 사람들이었다. 오로지 하나님의 구원만을 생각했으며, 하나님 나라의 실현만을 생각했으며, 알고 있는 거라고는 신구약성경(그리고 거기서 파생된 온갖 외계지식)밖엔 없었으며, 정치적 현실이나 사회철학과는 완벽하게 격절된 에덴의 동산에서 아름다운 나날을 보내던 사람들이었다.[6]

이 평가는 진실이 아니다. 이우정이 가슴 밑바닥에서 향학열과 진리에 대한 갈망이 끓어올라 조선신학교에 편입했을 때 이우정은 그곳의 성격과 그 영향을 이렇게 회고한다.

양식·편집·역사 비평의 개척은 기독교 신학사에 일대 혁명을 불러왔다. 이들 성서 비평은 성서를 쓴 당대 정황과 역사적 사실을 찾아내 성서 해석의 사회정치적 지평을 열었고, 억압당하는 이들의 해방에 대한 메시지를 드러냈다. 그러나 이런 성서 해석은 권위적이고 교조적이며 개인 기복적인 신앙일변도였던 한국 기독교계에선 환영받지 못했다. 성서비평론을 수용해 가르친 곳은 조선신학교뿐이었다. 이 학교에서 해방적 관점에서 성서를 공부하면서 사회참여 영성에 접속한 신학자와 목회자들은 독재정권 아래서 교회 벽을 넘어 억압적이고 불의한 권력과 싸우며 사회를 변혁하는 데 앞장섰고, 투쟁의 현장에서 한국 특유의 민중신학을 발전시켰다.[7]

강원용도 말한 바이지만, 문동환은 조선신학교의 세 교수를 자랑한다. 김재준 목사는 조직신학을, 송창근 박사는 목회학을, 한경직 목사

---

6) 같은 책, 287쪽.
7) 『이우정 평전』, 67쪽.

는 교회사를 강의했다. 그때는 학교가 초기 단계여서 강의 내용이 충실하지는 않았지만, 나머지 시간에 각자가 나름대로 보충공부를 했다고 한다. 당시 학장이던 송창근 박사는 김재준, 한경직 목사와 더불어 삼총사를 이루어 프린스턴 신학교의 느티나무 아래서 한국교회를 세계 수준으로 끌어올리기 위한 인물 양성을 함께하자고 약속했다. 이들은 그 꿈을 조선신학교를 통해 펼친 것이다.[8]

문동환, 박봉랑, 강원용 모두가 송창근과 김재준의 인격과 그들에게 받은 감화를 자세히 전한다. 또 이때 함께 교수를 했던 최윤관 목사에 대한 한마디도 전한다. 박봉랑은 최윤관 목사의 단순하고 솔직하며 겸손한, 높은 인격과 사심 없는 '목회'는 사명의 성실을 가르쳐 주었다고 한다.[9] 강원용은, 누군가 들은 바에 따르면, 강원용이 미국으로 공부하러 떠날 때 최윤관 목사가 "너 성격이나 고치고 돌아오라"고 했다고 한다.

강원용은 자신의 자서전에서 그리고 곳곳에서 김재준의 감화를 회고한다. 그러나 강원용은 자신에게 이 조선신학교의 졸업장을 주려고 하지 않은 송창근 목사에게서도 감화를 받고 그를 존경했다. 강원용이 회고하는 송창근 이야기로 이 조선신학교와 영웅들 이야기를 마무리하려고 한다. 마지못해 다닌 신학교와 자의 반 타의 반으로 한 신학 공부만은 결코 아니었다. 강원용은 자신과는 또 다른 걸출한 인물들을 조선신학교에서 만났다. 강원용은 이들과 만나며 현대사를 같이 만들어간 한 그룹의 일원인 것이다.

송창근 목사가 강원용에게 신학교 졸업장 주기를 거절한 이유는 강원용이 정치에만 관심이 있고 목회에는 관심이 전혀 없어 보였기 때문이다. 그러나 강원용은 이미 용정의 은진중학교에서 김재준 선생을

---

8) 『문동환 자서전』, 168~169쪽.
9) 『목회자의 마지막 증언』, 51쪽.

통해 송창근 목사의 이야기를 들었을 뿐 아니라 그의 글도 읽었다. 강원용은 해방을 맞아 서울에 도착하자마자 말로만 듣던 송창근 목사를 만났다. 그 자리에서 그는 윤동주, 송몽규와의 친분 그리고 그들이 후쿠오카 형무소에서 옥사했고, 용정 동산교회에서 장례식을 치른 이야기들을 송창근 목사에게 들려주었다. 송창근 목사는 마치 구면인 듯 강원용의 이야기를 들었다. 그런데 갑자기 "그놈들 꼴도 보기 싫다"고 소리치더니, 신문지를 펴놓고 붓글씨를 썼다. 신문지에는 "오호(嗚呼)! 동주야! 몽규야!"라는 글씨가 쓰여 있고, 그 글씨 위로 눈물방울이 떨어져 글씨가 번지고 있었다. 그렇게나 송창근은 후배들을 사랑한 것이다.[10]

송창근 목사가 정치 기피증을 갖게 된 것은 일제강점기 때 이런저런 사건에 연루되어 감옥에 끌려가서 모진 고초를 당한 탓도 있고, 해방 전에 어쩔 수 없이 소극적인 친일을 했는데 이것에 양심의 부담을 안고 살게 되었기 때문이다. 이런 정치 기피증으로 송창근 목사는 정치에 관심을 보이는 강원용을 못마땅하게 여긴 것이다. 강원용이 정동교회에서 열린 기독청년 전국대회장에서 교회청년연합회 총무가 되어 3영수를 떠받들고 있을 때였다. 송창근 목사는 여러 차례 정치에서 손 떼라고 당부했지만, 강원용은 자신은 정치에 관여하는 것이 아니라 기독교 신앙을 바탕으로 애국운동을 하는 것이라고 반박했다. 한날 기독교청년대회에 강사로 송창근 목사가 초청받았다. 이 강연의 사회를 강원용이 보았다. 송 목사는 그날 강연에서 반은 기독교운동하고 반은 정치운동하는 전형적인 반(半)기독교주의자가 있는데 그 사람이 바로 강원용 같은 사람이라고 말했다. 이때부터 강원용과 송 목사는 갈등을 빚게 되었다. 그러나 강원용은 송창근 목사는 자신을 사랑했기 때문에 정치에 개입하는 자기를 미워했다고 하면서 송창근

---

10) 『역사의 언덕에서』 1, 322쪽.

의 독특한 사랑을 회상한다.[11]

한번은 강원용이 없는 사이에 송 목사가 보따리를 하나 들고 왔다. 송 목사는 대뜸 강원용의 아내에게 "네가 원용이 아내냐?" 하고 묻고는 냉수 한 그릇을 청해 마시고 보따리를 집어 던졌다. 그러면서 "그놈 보고 옷이나 제대로 입고 돌아다니면서 떠들라고 해!" 하고 말했는데, 송 목사가 던져준 것은 줄무늬가 있는 양복이었다. 언젠가 송목사가 미국에 갔다가 병에 걸려 돌아왔다. 강원용은 바쁜 강연 일정 때문에 문병을 선뜻 갈 수가 없었다. 벼르고 벼르다 문병을 갔는데, 송 목사를 따르던 어느 여자분이 나와서 목사님이 잠이 드셨으니 후에 다시 와달라고 했다. 속으로 잘되었다 생각하고 "그럼 나중에 일어나시면 제가 왔다가 돌아갔다고 말씀드려주십시오" 하고 떠나려고 했다. 그 순간 방안에서 "거기 원용이 아니냐? 들어와라" 하는 큰 소리가 들렸다. 죄스러운 마음에 조심스레 그의 방에 들어갔더니 송 목사는 강원용의 손을 꼭 움켜쥐고 눈물을 뚝뚝 흘렸다. 강원용을 그만큼 사랑했기 때문에 문병을 오지 않은 것이 섭섭해서 흘린 눈물이었던 것이다.

기독학생운동

정치활동을 하고 교회 일을 하는 바쁜 틈에도 강원용이 가장 열정을 쏟은 일은 기독청년, 기독학생운동이다. 강원용의 지도하에 전개된 이 기독학생운동을 통해서, 오늘까지 한국 기독교와 기독교 사회운동, 민주운동, 통일운동의 주역들은 물론 각 분야에서 우리 사회를 이끈 지도자가 배출되었다.

강원용이 한 활동의 성격을 밝히고 평가할 때 빠뜨려서는 안 되는

---

11) 같은 책, 323~325쪽.

요소가 있다. 바로 '성서와 기독교적 바탕'이다. 강원용이 자의 반 타의 반으로 신학을 공부하고 목사가 되었다 할지라도, 그가 기독교인이 된 이후부터 그의 모든 사고와 활동은 철저히 기독교 신앙을 그 바탕으로 하고 있다. 그러므로 목사와 신학자 강원용이라는 각도에서만이 강원용의 활동들, 특별히 학생운동을 이해할 수 있다. 강원용이 벌인 학생운동은 '기독학생운동'이다. 강원용의 기독학생운동을 살펴보기 위해서는 강원용 자신의 회고와 그 운동 출신인 오재식과 강문규의 이야기를 들어보는 것이 도움이 된다.

강원용이 일으킨 기독학생운동은 경동교회의 초창기와 밀접한 관계가 있다. 그 당시 경동교회 교인의 대다수는 고등학생과 대학생들이었다. 강원용은 이들을 위해 주일 오후에 성경강좌를 열었고, 학생들이 몰려와 초만원을 이루었다. 이런 이유로 경동교회가 자연스럽게 기독학생운동의 모태가 되었고 활성화시키는 근거지가 되었다. 강원용은 각지의 학교를 돌며 강연했다. 이때 맺은 학생들과의 유대를 바탕으로 1946년 말쯤 흩어져 있던 기독학생 모임을 하나로 묶어 '신인회'(新人會)라는 조직을 만든다. 그 이름이 뜻하듯이 강원용은 기존 인물들이 아니라 새로운 시대를 준비할 새로운 사람들, 한국 문제만 가지고 아옹다옹하는 것이 아니라 세계사의 문명 전환에 대비할 수 있는 사람을 기르고 싶었던 것이다. 신인회는 고등학생 신인회와 대학생 신인회로 나뉘어 있었고, 학교마다 기독학생 중 5인 이내의 핵심 멤버들로 조직되었다. 이 신인회 멤버들을 소개하는 것도 의미가 있다. 대학생 신인회 1세대 가운데는 연희전문학교의 남병헌, 국회의원을 지낸 이화여자대학교의 김현자, 정무장관을 지낸 김영정, 김대중 대통령의 부인 이희호 등이 있었고, 고등학생 회원으로는 외무장관이었던 박정수와 그의 부인이자 정치학 교수인 이범준 등이 있었다.[12]

---

12) 『강원용 전집』 14, 222쪽; 『역사의 언덕에서』 1, 310~311쪽.

강원용에 따르면 1947년 말에 기독학생운동과 관련해서 특기할 만한 일이 있었다. 그것은 '한국기독학생총연맹'(Korean Student Christian Federation, KSCF)의 결성이었다. 그런데 이 연맹도 실질적으로는 경동교회의 신인회 멤버들을 주축으로 시작된 것이 얼마 지나지 않아 전국적인 조직망을 갖추게 되었다고 한다.[13]

부산 피란 시절에 오재식은 강원용의 강의를 들으면서 감화를 받고 본격적으로 학생운동에 뛰어든다. 이것이 계기가 되어 오재식은 한국교회를 대표하는 에큐메니컬 운동의 지도자가 되고 한국교회의 통일운동에 결정적인 기여를 하는 인물이 된다. 그만큼 오재식은 강원용에게 결정적인 삶의 영향을 받았고 깊은 인간적 관계를 맺었다. 강원용은 『새 시대의 건설자』라는 책자를 직접 만들어 나눠주면서 이렇게 선동했다. 이 선동이 전쟁 통에 심약해져 있는 자신의 가슴을 뛰게 했고, 나아가 강 목사의 끼를 본받고 싶도록 했다고 한다.

전쟁이 났지만 이건 끝이 아니다. 너희들에겐 새로운 시작이다. 너희들은 건설자이다. 한국의 역사는 끝난 것이 아니라 지금부터 시작이다. 너희들은 건설자가 되는 것이다.[14]

오재식은 신인회와 함께 그 위의 '선린회'도 소개해준다. '선린회'는 김재준 목사가 주도해서 만든 것으로 강원용은 여기에 참석했다. 선린회의 3인방은 조향록, 강원용, 이상철로, 이상철 목사는 김재준 목사의 맏사위이다. 이 선린회와 긴밀한 관계를 맺으며 그 아래 신인회 회원들은 정신적으로 운동적으로 성장한 것이다.[15]

13) 『강원용 전집』 14, 223쪽.
14) 오재식, 『나에게 꽃으로 다가오는 현장』, 대한기독교서회, 2012, 67쪽.
15) 같은 책, 68쪽.

오재식은 강원용의 강의를 들으면서 입시를 준비하여 서울대학교에 들어갔고, 서울대학교 문리과 기독학생회의 회장이 되었다. 오재식은 이 서울대학교 기독학생회를 중심으로 기독학생운동을 들려준다. 서울대학교 기독학생회의 선배로는 안병무, 한철하, 박순경, 장하구, 조요한 등이 강원용과는 상관없이 독자적으로 기독학생운동을 펼쳤고, 그 밑으로는 강원용이 조직한 신인회 회원들인 양우석, 이상설, 조동빈, 박세웅, 이규상 같은 이들이 있었다. 당시 학교 안에는 강원용 목사 중심의 진보파 기독학생회와 나중에 국회 부의장을 지낸 황성수 중심의 보수파 기독학생이 있어서 갈등을 빚었다.

이런 갈등 아래서 1954년 기장이 갈라진 것이 계기가 되어 기독학생운동도 '기독면려회'(The Society of Christian Endeavor, CE)와 '한국기독학생총연맹'으로 각각 보수운동과 진보운동으로 갈라지기 시작했다. 그리고 기독청년면려회 지도자인 황성수는 기독학생회 전국연합회까지 장악하려고 시도했다. 이런 상황에서 강원용은 캐나다로 떠나게 되었다. 이 강원용의 빈자리를 양우석 선생이 지켜주었고, 한국신학대학을 졸업하고 해군 군목으로 있었던 신성국 목사가 많이 도와주었다고 한다.[16]

오재식과 함께 신인회에 들어가서, 훗날 오재식과 비슷한 길을 걸어간 인물이 강문규다. 강문규는 대한 YMCA연맹 학생부 간사로 일하다가 스위스 제네바에 본부를 둔 세계기독학생총연맹(World Student Christian Federation, WSCF)으로 가게 되었다. 강문규의 눈에 비친 강원용은 "목사가 어떻게 이럴 수 있을까?"라고 할 정도로 진취적이고 파격적이었다.[17]

『강원용과의 대화』에서 강문규는 기독학생운동의 흐름을 정리한

---

16) 같은 책, 69~74쪽.
17) 강문규, 『나의 에큐메니컬 운동 반세기』, 대한기독교서회, 2010, 62~63쪽.

다. 해방 당시의 기독학생운동은 대체로 두 그룹이었다. 한 그룹은 해방 직후의 정치적인 비전과 결합하여 나타난 기독학생운동으로 미션학교보다는 대학교와 고등학교가 중심이 된 일반학교에서 발생한 기독학생운동이다. 강원용은 이 그룹에서 큰 역할을 했다. 또 한 그룹은 조금 뒤늦게 등장한 YMCA를 중심으로 하는 기독학생운동이다. 이 YMCA 그룹은 해방 직전에 탄압도 받고 타협도 하면서 지도력에 공백이 생겨서 자연발생적인 그룹보다 늦게 나타났는데, 주로 YMCA와 미션학교를 중심으로 점차 학생운동이 확대되어 나갔다.[18]

이 두 그룹의 학생운동이 6·25전쟁이 터지고 나서 크게 세 그룹으로 나뉘게 된다. 하나는 YMCA와 YWCA를 중심으로 하는 그룹이다. 강문규의 말대로 이 그룹은 김천배의 영향이 컸고, 함석헌 같은 무교회주의자의 영향도 받았다. 그다음은 강원용의 리더십을 정점으로 하는 대단히 민족적이고 신학적으로는 진보적인 기독학생운동 그룹이다. 세 번째로는 세계적인 유대관계는 없었지만 신사훈 씨를 중심으로 하는 보수적인 학생운동 그룹이다. 이때부터 이 세 그룹의 기독학생운동은 신학적인 대결 양상으로 나타났다.[19]

강문규는 해방 이후부터 부산 피란 시절까지 기독학생운동의 양상을 정리해준다. 해방 전의 기독학생운동은 장래를 위한 지도자의 양성, 연락망을 통한 조직활동, 반식민·반봉건운동의 성격을 띠었는데, 다 깨지고 말았다. 그러다가 단절되었던 기독학생운동이 다시 일어났는데, 그 중심에 강원용이 있었다. 다음은 강문규의 설명이다.

이처럼 기독학생운동이 단절되었을 때 기독학생운동이 자연발생적으로 폭풍처럼 일어나는 데 목사님께서 결정적인 역할을 해주셨

---

18) 『강원용과의 대화』, 303쪽.
19) 같은 책, 305쪽.

다고 할 수 있습니다. 그리고 나는 가령 가독학생운동의 지도자를 양성하기 위해 미국으로 보내고 또 문화 교양, 균형 잡힌 인격을 강조하는 등 문화운동적인 차원이 강했는데 목사님께서 지도했던 기독학생운동은 대단히 민족적이었다고 할 수 있습니다.[20]

이상이 해방공간에서 벌어진 기독학생운동의 양상이었고, 민족적이고 진보적이며 자연발생적인 기독학생운동의 중심에는 강원용이 있었다. 역사의 교훈을 위해 여기서 간단히 언급해야만 하는 교회 중심의 청년학생활동이 있다. 경동교회를 중심으로 한 신인회 이야기는 했다. 같은 시기에 서북청년, 서북청년단으로 불리는 '서북청년회'(서청)가 활동했다. 이것은 위의 세 그룹과는 전혀 성격을 달리한다. '서청'은 해방 뒤 1946년 말 서울 종로에서 결성되었다. '서청'은 사회주의 소련 군정이 들어선 북한에서 반동분자로 찍혀서 탄압받거나 살기가 어렵게 돼서 월남한 서북지역 출신들로 이루어졌다. 이들은 이후로 남한에서 극우 반공주의 기독교를 형성하며 무력활동도 서슴지 않았다. 그 대표적인 예가 1946년 10월의 대구봉기 진압을 주도한 것이다. 이것은 좌우합작이 깨지는 구실을 제공했다. 또 하나의 예가 1948~54년 제주 4·3항쟁의 진압이다. 이 서청은 이승만 정권 때 정치적으로 한때 배제되었으나 5·16쿠데타와 함께 화려하게 부활한다. 선린회와 신인회가 김재준과 강원용을 중심으로 하는 경동교회를 모체로 했듯이 서청은 한경직을 중심으로 하는 영락교회를 모체로 한다. 한경직 목사 자신도 80년대 초 한 인터뷰에서 이렇게 말했다.

그때 서북청년회라고 우리 영락교회 청년들이 중심이 되어 조직을 했시오. 그 청년들이 제주도 민란 사건을 평정하기도 하고 그랬

20) 같은 책, 306쪽.

시오.[21]

송창근, 김재준, 한경직은 프린스턴 신학교 동지로 함께 한국교회를 세운 벗이다. 강원용도 평생 한경직을 좋아했다. 그럼에도 현실에서는 다른 양상의 교회와 기독청년운동을 해간 것이다.

왜 그냥 청년운동, 학생운동이 아니고 '기독학생운동'이어야 하는가? 기독학생운동에 대한 강문규와 강원용 목사의 대담에서 강문규는 해방 후 6·25전쟁 어간의 기독학생운동은 세계적인 차원의 교류는 갖지 못했지만 세계기독학생총연맹을 중심으로 한 세계적인 흐름과 일치했다고 한다. 바르트(Karl Barth)의 신학을 바탕으로 성경공부를 하는 것이 당시의 기독학생운동의 전통이었고, 이것이 대회를 통해 공동체의식과 연대의식이 고취되어 하나의 운동이념으로까지 나아갔는데, 이미 이때 기독교 학생운동은 그 핵과 틀이 잡혔다고 평가한다. 그러나 세계적으로도 그렇고, 우리나라에서도 그렇고, 기독학생그룹이 아니라 사회그룹으로서의 학생운동이 결정적인 사회적 역할을 하게 된다. 사실 학생들에 의해 정권이 무너진 4·19의거도 기독학생들이 중요한 역할을 해서 일반 학생운동들의 대접을 받았다. 그러나 그들이 너희 기독학생들이 지닌 사회적 역할이 뭐냐는 질문을 받았을 때 기독학생운동은 충분한 답변을 하지 못했다. 그러면서 기독학생운동은 지성적인 복음만으로는 안 되고 어떤 사회적 역할이 있어야 한다는 자각을 하게 되었다. 기독학생회의 정체성은 "수직적인 복음의 선"과 대학을 포함한 "수평적인 사회 상황의 선"이 교차하는 위치에 있어야 한다는 생각을 하게 되었다.[22] 이것이 기독학생운동의

---

21) 이에 대한 종합적인 연구는 다음을 보라. 윤정란, 『한국전쟁과 기독교』, 한울, 2015. 그리고 이 책을 소개하고 평가한 기사는 다음을 참조하라. http://www.hani.co.kr/arti/culture/book/719303.html
22) 『강원용과의 대화』, 308~309쪽.

정체성이다.

강원용은 60년대 서구를 몰아친 Student Power가 한국에 들어오면서 기독학생운동이 수직적인 차원은 소멸되고 수평적인 차원으로 치닫게 되었음을 지적한다. 기독학생운동의 정체성과 에너지원은 성서에서 오는 것인데, 이 성서적인 안목을 길러주지 못한 채 기독학생운동이 수평적인 차원으로만 나가게 되면, 기독학생운동이 설 자리는 잃게 된다고 지적한다.[23]

이 대화를 하는 시점은 1987년이다. 1987년의 자리에서 강원용은 새롭게 기독학생운동의 방향을 제시한다. 세 가지를 제시했는데 먼저 두 번째와 세 번째를 보자. 강원용은 이제는 기독학생운동이 공산주의 이데올로기에 의한 대립에서는 벗어나야 한다고 충고한다. 마르크스(Karl Marx)를 문제 해결의 유일한 방법으로 생각하는 사람이나 그것을 반대하는 사람이나 모두 진부하다. 지금은 이데올로기 이후의 시대라는 것이다. 이런 면에서 강원용은 반공주의를 극복하고 있다. 또한 강원용만의 독특한 "사이, 그 너머"를 보여주고 있다. 세 번째는 기독학생운동이 서구나 일본의 학생운동을 받아들일 때 독단주의와 과격화로 흘러서는 안 된다고 충고한다. 그리고 정부도 학생들의 사회운동의 이념적인 편향을 무조건 탄압만 하지 말고 좀더 높은 차원에서 풀어갈 것을 권고한다. 무엇보다 첫 번째로 강원용이 꼽는 기독학생운동의 토대는 '크리스천이란 정체성'이다. 기독학생운동은 기독교에 바탕을 둘 때 그 생명력을 갖는다고 충고한다.[24]

신인회를 조직할 때의 강원용의 꿈이었다. 그것은 기성세대와는 다른 새로운 시대를 준비할 사람들, 한국의 당면한 문제만이 아니라 세계문명 전환에 대비할 수 있는 사람을 길러낸다는 꿈이었다. 그러나

---

23) 같은 책, 311쪽.
24) 같은 책, 313~314쪽.

이것의 토대는 '성서와 기독교 위에서'다. 기독학생운동을 벌이는 데 교과서처럼 쓰인 것이 『새 시대의 건설자』다. 이 책은 학생들에게 한 강연이 큰 호응을 얻으면서 책으로 내달라는 주문 때문에 쓰게 되었다. 바쁜 틈이지만 1949년 하반기에 만사를 제치고 집필 작업을 했고, 김대중 대통령의 부인인 신인회 출신의 이희호가 정리해서 책을 냈다. 이 책과 이 책의 배경이 된 강연들은 강원용의 열정적인 독서의 산물이다.[25]

강원용은 신인회를 통해 학생들과 사상연구를 했다. 이를 위해 강원용은 현대사상의 조류를 파악하고 다가올 세계를 전망하기 위해 일본에서 모아온 책들을 샅샅이 읽고 탐구했다. 토인비(Arnold Toynbee)의 『역사의 연구』(A Study of History), 트루블러드(Elton Trueblood)의 『현대인의 위기』(The Predicament of Modern Man), 프라이(Nothrop Frye)의 『동양문화와 서양문화』, 그 외 소로킨(Pitirim Sorokin)의 글들을 읽고 나누었다. 그리고 일본에 있을 때부터 니버(Reinhold Niebuhr, 1892~1971)의 사상에 심취했다. 다음은 이 당시 강원용이 학생들과 공부한 사상의 내용이기도 하고, 『새 시대의 건설자』의 핵심 주장이기도 하다.

나는 학생들에게 '현대 문명은 몰락해간다. 따라서 우리는 새로운 문명을 맞을 준비를 해야 하는데 새로운 문명은 이제 아시아를 중심으로 생긴다. 이제 우리는 새 문명의 창조자로서 우리 민족의 우수성을 확인하는 한편 그동안의 잘못된 의식구조와 태도도 개혁해야 한다. 다가올 새 시대는 여러분과 같이 선택받은 창조적 소수자가 주도하게 되는데, 이를 위해 여러분에게 요구되는 것은 새 르네상스, 새 종교개혁, 새 인간혁명이다'라고 주장했다.[26]

---

25) 이 책의 내용은 『강원용 전집』 1, 19~74쪽에 수록되어 있다.

강원용의 이 진술에 하나의 진술을 더 인용하고 싶다. 바로 이 시대의 이 혁명은 중국이나 일본이나 인도가 아니라 바로 우리나라요, 그것도 기독교 복음을 통해서다. 우리 민족은 동양의 퓨리턴(Puritan)이고 그리고 이 사명이 바로 기독청년, 기독학생에게 있다는 말이다. 여전히 새겨야 할 울림이 있는 말이다.

우리는 세력으로는 약소민족이다. 그러나 우리는, 무너지는 세력 대신에 진리를 찾아내고 진리의 샘이 황폐한 아시아의 방방곡곡에 넘쳐흐르게 할 복음의 사명을 가지고 있다. 중국은 유교와 도교의 민족 종교가 있고, 인도는 불교와 회교국이요, 일본은 800만 잡신을 섬기는 신도가 있으나 우리는 전통적인 종교가 없다. 그러나 그러면서도 우리는 종교성이 풍부한 민족이다. 대원군의 폭압 때 들어온 그리스도교는 일제의 탄압 하에서도 놀랄 만한 발전을 했다. 그러나 그 내용이 저속하고 부패하여 권위를 잃었음은 변명할 여지가 없다. 그것은 그리스도교 자체의 결함에 기인한 것이 아니다. 우리는 이에 새로운 복음의 순화와 함께 그 위에 통일 문화를 건설하여 그것을 세계에 줄 수 있는 민족이며, 바로 그것이 현대에 태어난 우리의 사명임을 생각할 때 이 영광스러운 소명감에 가슴이 뛰지 않을 수 없다. 결코 우리는 세력에 아부하여 세력과 함께 죽을 수는 없다. 영원히 산 생명을 주어야 한다. 우리 민족은 동양의 퓨리턴이고 개척자다.[27]

---

26) 『강원용 전집』 14, 247쪽.
27) 『강원용 전집』 1, 46쪽.

제3부

경동교회의 탄생

1 교회의 시작

한국 프로테스탄트의 역사에서 놀라운 성령의 역사를 꼽자면 그 첫 번째는 소래교회의 탄생이다. 소래교회는 선교사들이 세운 교회가 아니라 한국인 스스로가 복음을 받아들이고 세운 주체적인 자생 교회다. 만주로 갔던 스코틀랜드 장로교 선교사에게 세례를 받은 사람들 가운데 하나인 서상륜이 돌아와 세운 교회다.

이에 버금가는 성령의 역사가 있다. 바로 경동교회의 탄생이다. 그러나 이것은 경동교회 단독의 역사가 아니다. 경동교회의 역사는 영락교회와 성남교회 그리고 조선신학교의 역사와 함께 출발한다. 마치 '도원의 결의'처럼 송창근, 김재준, 한경직은 프린스턴 신학교에서 함께 한국교회에서 세계적인 신학교육을 하기로 약속한다. 그러고는 귀국하여 함께 조선신학교를 통해 자주적이고 세계 수준의 신학교육을 시작한다. 이와 함께 동시에 한국교회를 대표하는 교회를 세우게 된다. 그 신앙과 정신사의 맥은 소래교회와 맞닿아 있는 것이다.

세 교회 이야기

경동교회의 배경이 되는 역사가 있다. 이 전(前)역사를 말할 때는 반드시 지금의 영락교회, 성남교회, 경동교회 그리고 조선신학교를 함께 다루어야 한다. 그리고 송창근, 김재준, 한경직을 함께 언급해야 한다. 이 셋은 프린스턴 신학교 동지이며, 그 당시 근본주의 신학 일색인 한국교회에 진보적인 신학을 소개하고, 한국인이 주체가 되어 세계적인 신학교육을 하고 수준 높은 교육자를 양성하는 꿈을 꾸고 실천했기 때문이다.

해방 전에 조선신학교의 임시교사는 당시 정동에 있는 덕수교회 지하에 있었다. 해방이 되자 조선신학교는 미군정 당시에 서울시장으로 있던 윌슨 중령을 찾아간다. 적산 가옥 중에 천리교 재단이 있는 것을 알고 그것을 접수하려고 교섭하기 위해서다. 조선신학교는 교섭에 성공하여 서울 시내에 있던 천리교 재단의 재산을 접수하게 된다.

이제 인수한 천리교 건물들과 그 쓰임새를 보자. 천리교 본부 자리였던 동자동은 조선신학교로서 남자 신학교 역할을 하게 되었다. 이 남자 신학교 안에 교회를 세우고 '성 바울 전도교회'라고 이름을 지었는데, 그 까닭은 남자 전도사를 양성하는 신학교이기 때문이다. 이것이 성남교회의 모체다. 영락교회가 세워진 자리는 천리교 경궁(京宮) 지부로 '경성대교회'가 있던 곳이다. 이곳은 여자 신학교로 쓰였고, 영락교회의 모체가 되었다. 접수한 재산은 장충동에도 있었는데, 이 자리는 경동교회의 모체가 되었다. 동자동 남자 신학교에는 송창근 목사가 바울 교회를, 저동의 여자 신학교에는 한경직 목사가 베다니 교회를, 장충동에는 김재준 목사가 야고보 교회를 시작하며 세 교회가 탄생한 것이다.

경동교회와 함께 태동한 영락교회와 성남교회의 출발을 간단히 보자. 영락교회는 한경직 목사 혼자 시작한 것은 아니었다. 1945년 11월

25일 주일 아침에 한경직 목사가 임시로 거처하던 방에서 백경분 장로와 그의 가족이 함께 예배를 드렸다. 그날 저녁예배는 이영근 집사가 운영하는 장안여관에서 드렸다. 이 예배에는 신의주 제1교회에서 시작한 윤하영 목사를 비롯하여 7명이 모였다. 예배가 끝나자마자 이들은 교회를 설립하자는 논의를 했고, 결국 한경직 목사가 교수로 있던 조선신학교 여자부 건물, 즉 천리교 경성본부 교회당에서 예배를 보기로 합의를 보았다. 그해 12월 2일 주일을 맞아 27명이 모여서 첫 예배를 드리게 되었다.

이 당시는 교회의 양적인 성장은 생각할 수 없는 때였다. 그런데도 영락교회는 하룻밤만 자고 나도 새 교인들이 늘 정도로 급성장을 한다. 이들은 공산당을 피해 단신으로 남하해서 마땅히 거처할 안식처도 없는 처지의 사람들이 대부분이었다. 영락교회는 이렇게 생사도 보장할 수 없는 탈출을 한 사람들이 와서 안도의 숨을 쉴 수 있는 피란처가 되었다. 이곳에서 피란민들은 평안히 음식을 먹고 단잠을 잤으며, 내일에 대한 설계도 할 수 있었다. 주일과 수요일의 밤 예배에서 그들의 형편을 잘 알고 있는 한경직 목사의 설교는 위로와 희망이 되었다. 이 말씀에 힘입어서 이들은 다시 남대문 시장이나 동대문 시장으로 일하러 나가게 되었다.[1] 김재준은 이렇게 회상한다.

한경직은 이름난 설교가다. 이북 피란민이 구름처럼 모여든다. 그리고 거기서 안식처를 찾는다. 고향을 떠났지만, 거기서 '고향'을 느낀다. 피란 보따리와 함께 고향도 같이 온 셈이다. 고향을 '떠난' 게 아니라 고향을 '옮겨' 온 것이다. 몇 달 안 되서 서울에서 제일 큰 교회가 됐다.[2]

---

1) 김수진, 『아름다운 빈손 한경직』, 홍성사, 2000, 59~62쪽.
2) 김재준목사기념사업회, 『김재준 전집』 13, 한신대학교출판부, 1991, 338쪽.

성남교회는 적산 건물인 동자동의 천리교 본부를 인수해 조선신학교 교사로 쓰면서 신학교 교장인 송창근 목사가 신학교 안에 있는 신학교 교회로 시작했다. 감격스러운 해방을 맞이한 1945년 12월 2일, 동자동 조선신학교 2층 교실에서 송창근 목사의 주도로 7인 설립위원과 그 가솔 등 18명이 참석한 가운데 창립예배를 드리며, '성 바울 전도교회'라는 이름으로 출발했다. 성 바울 전도교회는 창립과 동시에 전도대를 조직해서 매 주일 저녁예배가 끝나면 서울역 광장에 나가서 노방전도를 했다. 이런 열심으로 출석교인이 늘었다. 성 바울 전도교회는 1946년 5월에 정식으로 제직회를 갖추고 송창근 담임목사와 남녀 두 전도사를 모시게 되었고, 교회설립 절차를 밟게 되었다.

'성 바울 전도교회'의 설립 위원은 송창근 목사를 중심으로 모두 일곱 사람이었다. 이 7인을 선정할 때 송창근은 그들의 신앙경력과 출신 지역을 함께 고려했다. 전국적으로 지방색을 탈피할 목적이었다. 또한 여성 2인을 참여시켜서 그 당시로는 파격적으로 남녀평등을 고려했다. 1945년 12월 2일 18명이 첫 예배를 드린 뒤에도 이 겨자씨 무리가 성장을 거듭하며 '서울성남교회'라는 한국기독교장로회의 상징적인 교회가 되었다.[3]

김재준 목사는 영락교회, 성남교회, 경동교회는 1945년 12월 첫 주에 같이 교회를 시작했지만 설교 내용과 목회 방법도 같지 않았다고 하면서 송창근의 목회와 설교를 회고한다.

송창근은 다정하고 재치 있고 설교도 능숙하고 정치성도 있었다. 새 교인이 찾아오면 정답게 인사하고 이름을 묻는다. 꼬마 두셋을 올망졸망 데리고 온 부부에게는 그 아이들 이름까지 묻는다. 다음 주일에 또 온다. 송 목사는 그 아이들 이름까지 부르며 쓰다듬어 준

---

3) 『서울성남교회 50년사』, 28~29쪽.

다. 그 숱한 새 교인들의 이름을 단번에 기억해버린다. 외로운 인간들이 위로받고 마음 붙인 것은 사실이다.[4)]

야고보 교회

세 교회 이야기를 했다. 한국교회의 역사에서 서로 뗄 수 없는 한 몸체 교회였다. 프린스턴 신학교의 동문이요, 조선신학교의 교수이며, 적산 가옥을 인수해 함께 신학교육을 하며 교회를 시작했다. 송창근, 김재준, 한경직! 그 당시로서는 파격적인 인물들이었다. 이들은 근본주의와 율법주의 그리고 성서 무오설에 갇혀 있지 않았다. 그리고 한국의 교역자를 세계 수준으로, 스스로 길러 낼 수 있다고 목표를 정하고 실행했다. 그러니만큼 세 교회의 시작도 독특하다. 처음부터 교회가 아니라 전도관으로 시작한 것이다.

한경직 목사는 여자 신학교 자리에서 '베다니 전도교회'로 교회를 시작했다. 송창근 목사는 남자 신학교에서 '성 바울 전도교회'로 교회를 시작했다. 김재준 목사는 장충동 자리에서 '선린형제단 전도관'으로 교회를 시작했다. 왜 굳이 전도관을 고집했을까? 강원용에 따르면 경동교회가 처음에 '교회'라는 말 대신 '전도관'이라는 이름을 쓴 것은 제도화된 교회에 염증을 느낀 데다가 선린형제단의 행동강령 1호가 '그리스도의 복음의 전도'였기 때문이라고 한다. 또 당시 대학생들이나 고등학생들은 기성 교회에 불만이 많아 무교회주의에 대한 매력을 느끼고 있어서, 이런 학생들을 전도할 목적으로 교회라는 이름을 쓰지 않았다고 한다.[5)] 경동교회만이 아니라 그 뜻을 같이한 세 교회가 같은 이유로 전도관이란 이름을 붙인 것이다.

---

4) 『김재준 전집』 13, 338쪽.
5) 『역사의 언덕에서』 1, 205쪽.

이 선린형제단 전도관은 1946년 봄 어간에 '성 야고보 전도교회'라는 이름을 걸게 된다. 그것은 송창근 목사가 지어서 간판을 만들어 보내왔기 때문이다. 이것을 계기로 전도관에서 교회로 발전하기 시작했다. 처음에 김재준 목사나 강원용은 일반적으로 제도화된 교회는 운영할 생각이 전혀 없었다. 새 시대를 기독교 신앙으로 건설할 학생들이 모이는 독특한 성격을 가진 비제도적인 교회를 염두에 두고 있었다. 그러나 기성 교단의 현실은 그렇지 않았다. 기성 교단의 간섭으로 할 수 없이 경동교회는 '선린형제단 전도관' 옆에 '성 야고보 전도교회'라고 하는 간판도 같이 걸게 되었다. 이 교회 이름은 송창근 목사가 맞아 떨어지게 지어준 이름이다. 야고보는 사랑을 실천한 성경의 인물이고 또 김재준은 젊은 세대와 지역 층을 상대로 전도하는 교회를 만들려고 했기 때문이다.[6]

한경직 목사와 송창근 목사를 평가하면서 김재준 목사는 스스로를 이렇게 평가한다.

김재준은 '인텔렉추얼'을 상대로 복음을 증거한다. 그 설교는 설교라기보다는 '강연'이었다. '인텔렉추얼'은 비판적이다. 자기 '이성'에 납득이 가지 않는 한, 그는 움직이지 않는다. 그들은 '생활'을 본다. "그 열매를 보고 그 나무를 안다"는 예수의 말씀을 그들은 옳게 여긴다. 신약성경 가운데서 이 점을 강조한 것이 「야고보서」였다. 생활로 나타내지 못하는 '믿음'은 '죽은 믿음'이다. "혀만 놀리면 뭣하느냐? 오히려 혀에 재갈을 물려라" "어떤 형제가 그날의 일용할 양식도 없는데 '평안히 가서 몸을 따뜻하게 하고 배불리 먹어라' 하고 아무것도 주지 않으면 그 말이 무슨 유익이 있겠느냐?" (「야고보서」 2장 14~17절) 그리고 「야고보서」 5장 1~6절에 있는 부자

---

6) 『서울성남교회 50년사』, 31쪽.

에 대한 경고 같은 것은 몸서리칠 만큼 신랄하다.

말하자면 '신앙생활'이 아니라, '생활신앙'이다. 그런 것은 처음부터 '장공' 자신의 주장이었기에 교회 이름도 '야고보 교회'로 결정한 것이다.[7]

중요한 대목이다. 이 인용문에서 두 가지를 확인하게 된다. 첫째는 야고보 교회라는 이름이다. '성 야고보 전도교회'라는 이름을 송창근 목사가 지어준 것에 대한 반박인지는 알 수 없다. 그리고 송창근과 김재준은 서로 반박하는 사이도 아니다. 분명한 것은 '야고보 교회'는 김재준 목사 자신의 신념에서 나왔다는 것이다. 다음으로 중요한 것은 '생활신앙'이다. 이 생활신앙은 김재준 목사의 전체 신앙과 신학의 중추를 이룬다. 나중에 살펴보겠지만, 강원용 목사의 신앙과 신학도 한마디로 요약하면 '생활신앙'이다. 이 생활신앙의 토대에서부터 복음을 삶에서 실천하는 민주운동도 가능했다고 볼 수 있다.

영락교회, 성남교회, 경동교회가 같은 날 첫 예배를 드린다. 경동교회도 1945년 12월 2일에 아직은 선린형제단 전도관이란 이름으로 첫 예배를 드린다. 이 경동의 첫 예배도 영락과 성남과는 다르다. 강원용답다고 할까? 코흘리개 어린이들을 홀려 모아놓고 드린 예배였기 때문이다. 강원용 목사의 회고에 따르면, 그날 선린형제단 단원들과 학생들이 을지로 6가부터 북을 치며 어린이 30명을 모아 첫 예배를 드렸다. 일본 천리교도들이 버리고 간 폐품과 쓰레기로 불을 피운 고물 난로가 연기를 뿜어내는 가운데 모여든 꼬마들은 이 첫 예배에서 북장단에 맞추어 신나게 찬송을 불렀다고 한다.[8]

누구의 발상이었을까? 북을 치며 아이들을 끌어모은 장본인은 권

---

7) 『김재준 전집』 13, 338~339쪽.
8) 『역사의 언덕에서』 1, 206쪽.

경철이라고 하는 청년이었지만, 어린 시절부터 단원을 모아 연극을 해왔던 강원용의 발상이었을 것이라고 짐작된다. 이 감격스러운 첫 예배에 대한 자세한 기억이 있다.[9]

둥둥둥, 한 청년이 사거리 한복판에서 북을 치고 있다. 이곳은 황금정 6정목으로 지금의 을지로 6가다. 여기서부터 동대문과 장충단 고갯길을 거치며 연신 학생복을 입은 청년이 북을 치며 간다. 그러더니 노래를 부른다. "예수 사랑하심은 거룩하신 말일세!" 이른 아침부터 전문학생처럼 보이는 청년이 주일학교 어린이 찬송을 목이 터져라 부르며 행진했는데, 그 당시로서는 보기 드문 풍경이었다. 이 북소리와 노랫소리를 따라 아이들이 하나둘씩 모여 따라온다. 이 청년의 등에는 마분지에다 큼직하게 "모여라! 하나님의 집으로!"라고 쓰인 광고판이 붙어 있다. 제법 어린이들이 호기심에 이끌려 따라와 회랑 앞에 오자 기다리고 있다는 듯이 여러 명의 청년이 아이들을 강당에 맞아들이고 그 북을 반주 삼아 찬송가를 부르며 첫 예배를 드린다.

이날 어린이들을 맞이하며 첫 예배를 드린 청년들은 단장 격인 강원용을 비롯해서 조향록, 김영규, 신영희, 탁연택, 신양섭, 남병헌, 노명식 등이었고 박덕혜, 오길화, 차봉덕 등의 여성들도 있었다. 이렇게 교회의 첫 예배를 어린이를 위한 예배로 드린 것은 매우 이채로운 일이다. 이 때문에 이 첫 예배의 이름을 '전도집회 겸 기독교교육을 위한 집회'라고 짓게 되었다.[10] 아무튼 새 시대의 미래 세대를 위한 교육은 경동교회의 강원용 목사의 삶의 중요한 목표이기도 하다.

이렇게 아이들과 함께 첫 예배를 드리고 나서, 아이들을 보내고 청년들이 한자리에 모여 예배를 또 드리게 된다. 강원용 목사는 이때 참석한 청년들이 20명 남짓이라고 말하고 있지만[11] 이 첫 예배 때부터

---

9) 경동교회, 『경동교회 50년사』, 1995, 2~5쪽.
10) 『경동교회 창립 20주년 주보』 중 경동교회 약사, 1965. 12. 5.

함께 참여해온 박덕혜 장로에 따르면 10명도 못 되는 청년들이었다고 한다.[12]

첫 예배의 사회는 강원용이 보았다. 이날 부른 찬송이다. "시온의 영광이 빛나는 아침 / 어둡던 이 땅이 밝아오네 / 슬픔과 애통이 기쁨이 되니 / 시온의 영광이 밝아오네." 모인 청년은 적었지만, 식민지 압제를 벗어나서, 그 폐허 위에서 새 역사를 건설하려는 이들에게 이 찬송은 불사조의 날갯짓처럼 신선한 감동을 주었다. 이날 설교는 조향록이 했다. 모인 청년 중에 유일하게 신학교를 졸업하고 안수받은 목사였기 때문이다.

조향록 목사도 그날을 회고한다. 첫 주일 아이들을 보내고 11명이 첫 예배를 드렸는데, 그것이 경동교회의 첫 예배가 될 줄은 알지 못했다고 한다. 예배는 강원용이 인도했고 자기가 설교를 했는데 무슨 설교를 했는지는 기억이 나지 않는다고 한다. 그러나 아마도 선한 사마리아 사람에 대한 설교가 아니었는가 짐작이 된다고 한다.[13] 그 짐작이 맞을 것이다. 선린형제단 구성원들의 예배이니만큼 선한 사마리아 사람의 이야기를 당연히 했을 것이다. 그러고 보면 경동교회의 출발은 김재준과 강원용만의 시도로 된 것은 아니다. 선린형제단과 더불어 된 것이다. 조향록 목사도 못지않은 역할을 했다.

조향록 목사는 1945년 12월 첫 주일 예배를 드리고 나서도 그때까지도 그곳에 어떤 교회를 세운다는 생각은 없었다고 한다. 그렇기 때문에 교회 이름은 생각해본 일은 더욱 없었으며, 단지 선린형제단의 전도관으로 학생운동의 거점이 되어보겠다는 생각뿐이었다고 한다. 그런데 한두 주일 지나서 송창근 목사가 성 야고보 전도교회라는 교

---

11) 『역사의 언덕에서』 1, 206쪽.

12) 『경동교회 50년사』, 4쪽.

13) 조향록, 『팔십자술』, 신지성사, 2000, 147쪽.

회 이름을 지어 보냈는데, 송 목사님의 생각은 우리에게 신앙의 실천을 기대한다는 뜻이었던 것 같다고 회고한다.[14] 조향록 목사는 '우리'를 경동교회의 출발의 주역으로 내세운다. 그러면서 그 우리를 자신을 비롯해서 강원용, 노명식, 탁연택, 남병헌, 한인숙, 박덕혜 등이라고 밝힌다. 나중에 조향록 목사는 초동교회에서 목회했지만, 조향록 목사의 뿌리도 김재준, 강원용과 더불어 경동교회에 깊숙이 얽혀 있다. 이런 이유로 훗날 선린회의 이상과 활동이 조향록 목사에게로 그 중심이 이동되어 '세계선린회' 활동으로 이어지게 되는 것이다.

'선린형제단 전도관'에서 '성 야고보 전도교회'가 되었다가 결국 '경동교회'로 이름을 바꾸게 된다. 야고보 교회가 어느 정도 조직교회로서 구조를 갖추게 되었다. 창설 당시에는 '당회'니 '제직회'니 그런 구별이 없었고, 모두가 한 '위원회'로 되어 있었다. 이런 점에서 경동교회는 또한 영락교회와 성남교회가 출발할 때와는 다르다. 이 두 교회는 처음부터 조직적인 교회의 틀을 갖추고 시작한 반면, 경동교회는 교회적인 성격보다는 사회와 학생운동 성격으로 시작했기 때문이다. 그러나 장로 장립이며 목사 청빙의 절차가 필요한 시점이 왔고, 이 때문에 노회 가입 문제가 논의되고, 결국 노회에 가입신청을 하게 되었다.

노회에서 교회 이름이 문젯거리가 되었다. 한경직, 송창근, 김재준의 베다니 교회, 바울 교회, 야고보 교회가 똑같이 문제가 되었다. 지금까지 한국교회는 대부분 그 지역의 이름을 따 썼는데, '바울'이니 '야고보'이니 '베다니'이니 하는 이름은 너무 파격적이라는 이유 때문이다. 결국 경기노회에서 이름을 고치라는 권고가 내려졌다. 그래서 바울 교회는 '성'의 남쪽에 있다 하여 '성남교회'로, '야고보 교회'는 서울의 동쪽에 있다고 하여 '경동교회'가 되었다. 그리고 베다니 교회

---

14) 같은 책, 148쪽.

는 당시 '영락정'이던 지명을 따라 '영락교회'로 이름을 바꾸었다. 세 교회 모두 교회 설립 다음 해인 1946년 11월에 노회에 가입신청을 내면서 된 일이었다.[15] 이렇게 경동교회는 탄생했다.

성 야고보 전도교회가 경동교회가 된 데에는 외부의 거센 압력 탓이기도 하다. 교계와 신학교에서는 김재준 목사를 자유주의 신학자로 몰아붙이며 몰아내려는 배척운동이 있었다. 게다가 처음부터 경동교회가 교단에 소속하는 것을 원하지도 않았다. 이런 때 교회를 맡은 김재준 목사로서는 난감할 수밖에 없었다. "노회에 가입하라!" "당회를 구성하고 장로교단의 헌법을 준수하라!" "이름을 당장 고쳐라!" 하는 이 요구는 사실은 경동교회보다는 김재준을 곤경에 몰아넣는 압력이기도 했다. 이에 대해 김재준 목사는 경동교회 때문에 처한 자신의 곤궁에 대해 한마디도 하지 않았을뿐더러, 교회에 교단의 요구를 들어달라는 말도 하지 않았다. 그럼에도 교회 이름을 바꾸는 것에 공감을 하는 교인들이 있어서 경동교회라고 했는데, 강원용이 노회에서 하도 시끄럽게 하니까 홧김에 "그냥 서울의 동쪽에 있으니까 평범하게 경동이라고 하지 뭘!" 했다고 한다.[16] 이렇게 볼 때 성 야고보 전도교회는 김재준 목사가 지키고 싶었던 이름이었고, 경동교회란 이름은 강원용이 주역을 해서 만든 이름이라고 할 수 있다.

이런 결론을 맺을 수 있다. '선린형제단 전도관'으로 시작된 경동교회의 주역은 김재준과 강원용이 주축이 된 '우리' 곧 '선린형제단'이었다. 그리고 그 신학과 신앙은 '선린'으로 성 프란시스 정신과 삶이다. 성 야고보 전도교회는 이 교회의 뿌리가 김재준에 있음을 뜻하며, 경동교회는 김재준 목사를 이어 강원용 목사가 이 교회의 중심이 된 것을 뜻한다.

---

15) 『김재준 전집』 13, 339~340쪽; 『아름다운 빈손 한경직』, 60쪽.
16) 『경동교회 50년사』, 39~40쪽.

강원용 목사

1947년 초여름에 당회 구성을 위한 장로를 피택하게 되었다. 장로교 헌법에 따라 이미 다른 교회에서 장로가 된 사람은 세례교인의 3분의 1의 득표를 받아 취임하고, 새로 장로가 되는 사람은 3분의 2 이상의 찬성 득표를 받고, 노회의 시취를 거친 후 안수를 받고 장로가 된다.

두 사람이 장로로 선출된다. 김능근과 강원용이다. 김능근은 한학과 동양철학에 조예가 깊은 인격자로서 일찍이 함경남도 함흥에서 장로가 된 사람이다. 김능근은 숭실대학교 교수와 이화여자대학교 교수로 있다가 정무장관을 지낸 김영정의 부친이기도 하다. 그리고 강원용이 3분의 2 이상의 득표를 얻어 장로로 피택이 된다. 강원용은 막 30세가 되었다. 강원용은 그해 1학기에 조선신학교 2학년에 편입한 학생이었지만 정치활동과 청년활동을 하느라 너무 바빠서 교회 일을 할 수 없노라고 한사코 사양했다. 그런데도 교인들은 그를 장로로 선출했다. 이외에도 김영규, 김석목이 장로로 피택되었다.[17]

강원용을 장로로 세우는 날 뜻밖에도 정치계의 거물 김규식이 와서 축사를 했다. 이 사건은 앞서 말한 바 있다. 이날의 기억을 김재준 목사도 술회한다. 강단 바로 아래쪽 구석에 김규식이 앉아 있었고, 성남교회의 송창근 목사도 순서를 맡아 그 자리에 있었다. 송창근 목사는 조금 늦게 도착했는데 김규식 박사가 앉아 있는 것을 보았다. 송 목사는 그 자리에서 화를 내며 자리를 박차고 나가면서 "김규식이 교회와 무슨 상관이냐! 교회는 정치무대가 아니다. 덜된 녀석!" 하고 강원용에게 했는지, 김규식에게 했는지 한마디 했다. 김재준 목사는 그러지 말고 들어오라고 했지만 끝내 송 목사는 자리를 떠났다고 한다.[18] 이

---

17) 같은 책, 42쪽.
18) 『김재준 전집』 13, 340쪽.

날 김규식은 축사에서 강원용 같은 전망 있는 사람이 신학교를 가고 장로가 되어 정치를 그만둔다는 것에 실망했다고 말하고 나서, 소리를 지르며 "정치를 하지 않기로 한 것은 정말 잘한 일이다. 한국에서 정치는 사람이 할 일이 못 된다"고 했을 때 강원용은 큰 충격을 받았다.[19] 이렇게 장로가 된 것이 강원용은 몹시 불편했다. 그 심정을 이렇게 밝힌다.

장로가 된 내 기분은 참 착잡했다. 나는 '어른과 노인'이라는 뜻의 '장로'라는 말 자체가 싫었다. 만 서른 한창나이에 신학교 학생 신분으로 학생운동을 한다고 분주하게 뛰어다니는 나에게 장로는 어울리지 않는 것 같았다. 누가 "강원용 장로님"이라고 부르면 그렇게 멋쩍을 수가 없었다. 한번은 사람들과 극장에 갔는데, 누군가 "장로님, 여기 자리 있습니다"라고 하는 말을 들었을 때의 기분이란, 내게 맞지 않은 옷을 입은 것처럼 낯설고, 어색하고 부끄러운 것이었다.[20]

장로 강원용이 드디어 목사 강원용이 된다. 강원용이 서울로 온 것도, 신학교를 간 것도, 장로가 된 것도 거부할 수 없는 김재준 목사의 권유 때문이다. 강원용이 목사가 된 것도 김재준 목사의 작품이다. 강원용은 1948년 7월에 신학교 3학년 과정을 마치기로 되어 있었지만 무기정학 처분을 받고, 그해 10월에 송창근 교장이 거부한 졸업장을 김재준 목사가 주어서 졸업을 시킨다. 강원용은 어려서부터 농촌을 위한 사회운동에 뜻을 두어서 목사가 될 꿈도 없었을뿐더러, 해방 후 서울에 와서는 정치활동에 뛰어들었다. 본인의 말로는 정치에 환멸을

---

19) 『역사의 언덕에서』 1, 350~351쪽.
20) 같은 책, 348~349쪽.

느꼈다고는 하지만 정치에 대한 미련 때문에 강원용은 목사가 되는 것을 거부했다. 김재준 목사는 그런 강원용을 그저 지켜만 보았다.

김재준 목사는 강원용이 해방 직후에 진짜 정치에 나서려고 했다고 하면서 강원용이 이승만의 돈암장에 들락거린 이야기, 그러다가 이승만의 독재 스타일에 실망하고 김규식에 간 이야기, 안재홍과도 가깝게 지낸 이야기를 전한다. 그리고 조향록과 이명하가 강원용과 한패였다는 것도 전한다. 한날 강원용이 자신에게 찾아와서 나갈 길을 상담했을 때, 김재준 목사는 이렇게 조언했다고 한다.

지금 한국의 정치란 것은 물 위에 뜬 거품 같아서 변동이 심하고 수명이 짧을 것이다. 지금 어느 정치인에게 모든 것을 걸었다가 그가 실각하는 때 너도 그와 운명을 같이할 것을 생각해봐라. 앞길이 창창한데, 첫 '데뷔'에서 '패잔병'이 된다면 계산이 안 맞는다. …… 그보다 '조선신학교'에 들어와 신학을 공부하고 세계교회 무대에 나서는 것이 바른 길일 것이다.[21]

김재준 목사는 "결국 강원용은 그렇게 했고, 그렇게 됐으며, 경동교회에서 시작해서 경동교회에서 늙었다"고 회고한다.

신학교를 졸업한 그해 10월에 김재준 목사가 강원용을 부른다. 김재준 목사는 느닷없이 서류뭉치를 던져주며 "노회에 안수 청원해놨다. 시험 준비나 해둬" 하는 것이었다. 그 서류뭉치는 목사 시험에 필요한 자료집과 교인들의 연명으로 노회에 제출할 서류였다. 목사가 되기를 꺼리는 강원용이 그런 서류를 만들 리 없으므로 그 바쁜 와중에 김재준 목사가 직접 준비해놓은 것이었다. 이렇게 어찌 보면 반강제로 강원용은 11월에 승동교회에서 결국 목사 안수를 받는다. 이때

21) 『김재준 전집』 13, 340쪽.

안수를 받으며 강원용은 속으로 '이제 더 이상 정치판에 미련을 걸거나 곁눈질을 하지 않고, 오직 그리스도의 복음을 전파하고 교회를 섬기는 일에 몸과 마음을 바치겠다'고 서원한다.[22]

목사가 되기 위해 시취를 하고 안수를 받는 것도 강원용답다. 시취를 하기 위해 노회에 갔더니 위원들이 죽 둘러앉아 있었다. 위원 중 하나인 우동철이라는 목사가 다짜고짜 강원용의 사상문제를 걸고 시비했다. 강원용 목사가 은진중학교의 선생으로 있던 최문식을 한동안 자기 집에 숨겨준 일이 있다. 최문식 목사는 사회주의운동을 하며 대구 폭동과도 연관이 있는 인물이었다. 이런 인물 때문에 기독교가 오해를 받고 있으니, 강원용도 분명하게 이런 공산주의자와 접촉한 것을 반성하라고 요구하면서 강원용의 사상을 의심하는 것이다. 강원용이 누구인가? 강원용은 목사 시험을 보는 자리이지만 버럭 소리를 지르고 나와버렸다. 그래서 목사 되기는 틀렸거니 하고 포기했는데, 뜻밖에도 며칠 후 안수받으러 오라는 통보를 받은 것이다. 승동교회에서 안수받는 날, 마땅히 갈아입을 옷이 없어서였지만, 강원용은 뒤가 터진 바지를 입고 갔다. 사람들은 "찢어진 바지를 입고 안수를 받는 사람도 있다"고 수군거렸다.[23] 그때를 강원용은 열다섯 살에 기독교에 입교한 후 우여곡절 끝에 서른두 살의 나이로 목사가 되는 순간이었다고 회상한다.

강원용은 자의 반 타의 반으로 목사가 되었다. 그러나 훗날 이것은 하나님의 섭리임을 고백하게 되었다. 강원용은 하나님께서 점찍은 사람이었지만, 김재준 목사가 일찍이 점찍고, 집요하게 그의 인생을 목사로 세계적인 신학자로 이끌어냈다. 김재준 목사가 강원용을 점찍은 것은 일찍이 용정 은진중학교에서였다.

---

22) 『경동교회 50년사』, 57쪽.
23) 『역사의 언덕에서』 2, 47~49쪽.

학생회 총회가 열렸다. 그때 강원용 군이 2학년생이었고 김영규, 전은진 등이 3학년에 있었다. 그런데 2학년의 강원용이 전체 학생회를 영도하고 있었다. 종교부장도 그가 겸임했다. 각 학교 웅변대회에 나가면 언제나 일등상을 타는 것이었다. 나는 그가 지도력이 있다고 점찍었다. 머리도 비상해서 시험에는 최우등이었다.[24]

경동교회의 목회는 처음부터 누가 주도했는가? 조향록은 경동교회의 시작을 '우리'가 했다고 하지만, 김재준 목사가 주역을 하고 강원용 목사가 적극적으로 함께했다. 김재준과 강원용, 둘 중 누가 주역이냐? 중요한 문제는 아닐지라도 흥미 있는 관심사다.

이에 대해서 『경동교회 40년사』에서는 다음과 같이 말한다. 경동교회는 목회보다는 강단을 통한 말씀 선포가 우선이었는데, 실질상 이 교회를 처음부터 설립하고 꾸며오며 교회로 발전시켜 온 것은 강원용이고, 그러나 강단을 통해 신앙과 신학의 방향을 정립해준 것은 장공이었다고 한다.[25] 그리고 『경동교회 50년사』에서도 "다른 두 교회는 처음부터 제도화된 교회를 지향했기 때문에 송창근, 한경직은 각각 교회의 당회장이 되고 설립자가 되었다. 그러나 우리 교회는 애당초 제도 교회를 부정하며 새로운 형태를 지향했기에, 상당 기간 당회장 없이 지냈다. 그런 맥락에서 볼 때 경동교회 설립자는 김재준이다 하는 통설은 옳다고 할 수 없다"고 한다.[26] 그러면서 이 대목은 대단히 민감한 문제이기 때문에 김재준 자신의 언급을 찾아보게 되었다고 한다.

장공 자신이 이 문제를 밝혀준다. 강원용이 월남하여 학생운동을

---

24) 『김재준 전집』 13, 156쪽.
25) 경동교회, 『경동교회 40년사』, 1985, 51쪽.
26) 『경동교회 50년사』, 25쪽.

계속하겠다며 '선린형제단'을 만들고 거기서 합숙하며 주일학교를 시작했다. 학생들이 천리교에서 두고 간 북과 비파 등의 악기를 울리면서 플래카드를 등에 걸고 행진했고, 아이들이 모여들어 주일학교가 되었고, 어른들도 모여 저절로 교회가 되었다. 그러나 아직 학생티를 벗지 못한 강원용으로서는 어른 예배를 감당할 수가 없었다. 여기저기서 피란민 목사들을 청했지만 설교가 그 교회의 특징에 맞지 않았다. 김재준 목사 자신이 신학교육 개혁운동에 바빠서 틈을 낼 수 없음에도 주일 강단만은 맡아줘야지 하고 교회를 맡게 되었다고 한다.[27]

세상에서 둘도 없이 바쁜 김재준 목사와 강원용이 교회를 제대로 돌보았을 리는 없다. 기록에 의하면 초대 부목사로 한준석이 부임했다가 2년을 못 채우고 1947년 2월에 사임했다. 한동안 부목사 없이 신학교 재학생이던 강원용과 이상철, 신양섭 등이 교회 일을 도왔다고 여겨진다.[28] 이보다 더 중요한 사실이 있다. 강원용은 이북에서 가족들을 데리고 와서 경동교회에서 처음부터 기거하게 된다. 뒤에 상세히 이야기하겠지만 이때부터 사모인 김명주가 경동교회를 이끌고 돌보는 아주 중요한 역할을 한다. 또한 조향록의 부인 김선희를 비롯한 여자들이 전적으로 헌신했다. 김명주는 그 당시 숭덕교회를 섬기던 이현숙 전도사를 간곡히 설득하여 경동교회로 오게 한다. 젊은 학생들로 구성되어서 심방이 어려운데도 이현숙 전도사가 열성으로 교우들을 돌보았다고 한다.[29]

함께 첫 예배를 드린 조향록도 김재준 목사가 설립자라고는 말하지 않았다. 경동교회는 강원용, 조향록, 이상철을 중심으로 하는 선린형제단에 의해 생겼으며, 이미 생긴 교회에 김재준 목사가 담임으로 설

---

27) 『김재준 전집』 13, 339쪽.
28) 『경동교회 50년사』, 57쪽.
29) 경동교회, 『경동교회 30년사』, 1975, 63~64쪽.

교를 하게 되었다. 그리고 강원용은 처음부터 이 교회의 핵심 역할을 했다. 그러므로 김재준 목사의 지도와 영향하에 강원용 목사가 주도하여 교회를 세우고 일구었다고 하는 것이 옳다고 본다.

2 새 시대를 위한 교회

김재준 목사도 강원용 목사도 특별히 제도권의 교회를 세울 생각은 아
니었다. 김재준 목사는 온통 신학교육의 개혁에 열정을 바쳤고, 강원용
목사는 사회운동과 기독학생운동에 정열을 쏟았다. 교회의 건설보다는
복음과 신앙으로 훈련받은 일꾼들을 통해서 하나님 나라를 건설해야 한
다는 신념 때문이었다. 이런 신념 때문에 함께 출발한 영락교회와 성남
교회와는 달리 교회의 구성원도, 활동도, 지향하는 목표도 처음부터 달
랐다.

경동교회가 처음부터 추구한 것은 무엇이고, 그 목표가 어떤 삶으로 나
타났는가? 한마디로 경동교회는 새 시대를 준비하고 훈련하기 위한 교
회였다. 이 때문에 목회보다는 성서연구와 지성적인 설교, 강연이 중요
했고, 사회적인 봉사가 중요했다. 또한 신우회를 통한 기독학생들의 모
임과 운동을 중심으로 교회가 성장해갔다. 강원용 목사가 교회를 통해
꿈꾼 새 시대와 이를 위한 과제는 무엇인가? 이것은 경동교회가 70년이
지난 시점에서도 가장 중요한 경동교회 스스로의 정체성에 대한 물음
이다.

가난한 시작

강원용 목사는 경동교회 창립 13주년 설교에서 창립 당시를 이렇게
말한다.

1945년, 해방되던 해였습니다. 선린형제단 단원들은 전도와 교육
으로 해방된 조국에 이바지하고자 모인 고학생들이었습니다. 이들
은 12월의 첫 주일날, 아이들을 모아놓고 북을 치며 크리스마스 행
사를 했습니다. 모두 고학생인 우리의 전도에는 어떤 외부의 원조
도 없었습니다. 그 후 이 고학생들에 의해 시작된 교회가 김재준 목
사님을 모시고 차츰 당회를 구성하게 되었습니다. 가난한 살림살이
였습니다. 우리는 아주 보잘것없고 약하고 적은 무리였습니다. 그
러나 우리는 한국교회의 새로운 샘터임을 자부합니다. 특히 우리의
강단, 우리의 청년운동, 우리의 어린이 교회학교, 우리의 사회봉사
등에서는 더욱 그러합니다. 그리고 이것은 창립될 당시 어느 정도
성공적이었습니다.[1]

이 설교에서 비평적으로 알 수 있는 것도 있고, 처음부터 간직하고
있는 경동교회의 지향점도 알 수 있다. 경동교회의 시작은 홀로 만든
작품이 아니다. 선린형제단의 작품이다. 이 고학생들이 교회를 시작
하고 스승인 김재준 목사를 모시고 점차 당회를 구성하게 되었다. 다
음으로 자신들의 살림은 가난했고, 자신들은 아주 보잘것없고 약한
작은 무리였다고 한다. 그러나 이 시절은 친일로 넉넉하게 된 사람들
을 제외하면 누구나 가난했다. 더구나 단신으로 월남한 사람들 아닌
가? 그러나 경동을 탄생시킨 구성원들은 한국 최고의 지성인들이었

---

1) 『돌들이 소리치리라』, 53쪽.

고, 시간이 지나 경제적으로도 중산층 이상이 되었다. 1986년 6월 1일에 행한 「성숙해가는 신앙」이라는 설교에서 강원용 목사는 경동교회는 처음 시작부터 오늘까지 지성인들의 교회라고 자타가 불러왔으며 그것은 좋은 일이라고 한다. 그리고 우리 교회는 박사학위 가진 사람들이 많고 전문 분야의 지식인들이 많다고 한다. 물론 이것은 그럼에도 교회의 훈련에 적극적이지 않은 태도를 꼬집기 위해 꺼낸 말이다.[2] 이처럼 처음부터 경동교회는 쟁쟁한 사람들이 그 구성원이었던 것이다.

무엇보다 이 설교에서 확인하는 것은 경동교회의 지향점이라고 할 수 있는 그 정체성이다. 김재준 목사는 경동교회는 지성인들과 학생들을 위한 특수교회를 지향했고, 경동교회에서 자기는 '인텔렉츄얼'을 상대로 복음을 증거했기에 설교라기보다는 강연을 했다고 한다. 이 지성적인 설교 때문에 선린형제단이 교회를 설립하고 김재준을 목사로 모시게 된 것이다.

경동교회는 선린형제단을 주축으로 탄생했고, 곧이어 강원용 목사가 주도적으로 만든 신인회가 교회의 주요 구성원이 되었다. 지성인과 학생들이 구성원인 까닭에 경동교회의 삶은 학생운동과 뗄 수 없는 것이었다. 또 하나는 사랑의 실천과 사회적 봉사를 그 정신으로 하고 있다. '선린'은 성 프란시스의 정신에서 온 것이고 선한 사마리아 사람을 그 모범으로 삼고 있다. 송창근 목사가 선린형제단 전도관에 '성 야고보 전도교회'라고 쓴 간판을 보내왔을 때 이 교회의 이름은 사랑의 실천을 강조한 자신들의 의도와 맞는 것이었다.[3]

『경동교회 40년사』는 경동교회의 시작에는 또 다른 하나님의 감추어진 계획이 있었다고 전한다. 해방 후 한국교회는 시대적인 혼란 속

---

2) 『김재준 전집』 12, 291쪽.
3) 『역사의 언덕에서』 1, 307쪽.

에서 신앙의 좌표를 잃은 청년들을 이끌어갈 새로운 형태의 교회상이 요청되고 있었다. 바로 그 과제를 경동교회가 맡았다는 것이다. 당시 한국의 기성교회는 해방된 조국에서 꿈꾸는 청년들의 비전과 아픈 현실을 수용하고 승화시킬 능력이 없었다. 이 때문에 기독 학생들은 무교회 운동과 같은 모임에 흥미를 갖게 되었다. 이런 상황에서 선린형제단의 동지들은 교회에 대한 새로운 이해와 역사적인 소명의식으로 교회를 중심으로 하는 청년운동을 전개한다. 학생 운동에 깊은 관심을 가져온 강원용 목사는 기독교 운동이 교회 밖에서는 건전하게 발전할 수 없다고 확신하고, 교회를 통해 기독교 신앙을 가지고 새 시대를 건설할 학생운동을 조직한다. 이로써 경동교회를 중심으로 신인회가 결성이 되고, 한국기독학생총연맹으로 발전한다.[4]

이 기독청년들을 위한 교재가 여러 차례 언급된 『새 시대의 건설자』다. 그렇다. 경동교회는 어쩔 수 없이 제도 교회로 편입되었지만, 그 이상은 '새 시대의 건설자'를 교회에서 훈련해서 이 겨레와 사회를 섬기는 것이었다. 성 프란시스의 이상을 구현하려는 지성인들의 선린형제단, 그리스도교 신앙으로 새 시대를 건설하려는 젊은 학생들의 이상과 실천이 바로 경동교회의 정체이고 지향점이다. 이런 이상 때문에 처음부터 지성적인 기독학생운동과 사랑의 실천과 봉사가 경동교회활동의 주축이 된 것이다.

『경동교회 30년사』는 그 초기의 경동교회활동을 전해준다.

경동교회는 그 초창기가 교회 밖에 대한 활동과 봉사로 윤택한 기록들을 가지고 있었다. 학생운동이나 반공의 사상적 지도력 개발 이외에도 교회는 온정적인 농촌봉사나 의료봉사에 힘쓴 바 있었다. 이 교회의 대학생들 가운데는 의과 대학생들이 많았기 때문에 자연

---

4) 『경동교회 40년사』, 43~44쪽.

봉사의 방향은 무의촌에서의 의료봉사로 잡히게 되었던 것이다.[5]

농촌봉사와 의료봉사만이 아니었다. 바쁜 강원용은 하지 않았겠지만 강원용의 동지요, 아내요, 실제로 교회에 살면서 교회를 돌보고 지킨 김명주는 당시 서울에 와서 남의집살이와 막노동을 하는 젊은이들을 위해 교회에서 야학을 시작했다. 이 일을 위해 한신대학교 학생들이 도와주었다. 그뿐만 아니라 답십리 빈민촌에서 탁아소를 운영하고 어려운 사람들을 돕는 선교를 여신도회와 활발히 벌였다.[6]

2015년 2월에 발간한 『경동교회 회보』 제100호에는 아주 간략하게 70년 경동의 발자취와 경동교회가 가진 보물이란 표현으로 지금껏 계속되어왔으며 앞으로도 살려가야 하는 경동교회의 지향점을 제시하고 있다.[7]

「경동 70주년, 그 뿌리와 내일의 비전」이란 특집 중에서 편집자는 먼저 경동교회 역사를 간단하게 요약한다. ① 경동교회는 미국 유학 시절의 3총사가 각각 귀국하여, 교회를 세우고 복음으로 민족을 살리자는 약속의 실천으로 세워졌다. ② 송창근 목사는 바울 교회를, 한경직 목사는 베다니 교회를, 김재준 목사는 야고보 교회를 설립했다. ③ 야고보 교회는 노회에 가입하며 경동교회라 하고 장로를 선출하며 조직교회가 되었다. ④ 강원용 목사가 목사를 안수를 받고(1949), 유학을 마치고 정식 취임하기 전까지(1957), 그 강단은 김재준 목사가 맡았다. ⑤ 경동교회는 지성인들과 청년들을 상대로 진보적 복음을 선포했고, '생활신앙'을 강조했다. ⑥ 경동교회는 강원용 목사가 중심이

---

5) 『경동교회 30년사』, 77쪽.

6) 경동교회, 『신앙의 어머니』, 2015, 17쪽;『엄마의 편지, 사랑하는 나의 아이들에게』, 110~111쪽.

7) 김경재, 「경동 70주년, 그 뿌리와 내일의 비전」, 『경동교회 회보』, 제100호, 2015. 2, 14~17쪽.

되어 조직한 선린형제단이 그 창립 때부터 주역을 맡았고, 강원용 목사가 담임목사를 맡은 후 은퇴하여 명예목사가 될 때까지(1958~86) 명실공히 30년 동안 경동교회의 산 역사가 되었다. 이 같은 역사 요약을 "이상이 경동교회 초기 역사에 관한 장공과 여해 두 분 목사의 증언이다"라는 말로 맺는다.

같은 편집자는 경동교회의 원 샘터에서 뚜렷이 감지되는, 경동교회의 자기정체성을 구성하는 핵심적인 영적 DNA를 세 가지 특징으로 규정한다. 그리고 이것들을 경동교회의 보물이라고 한다. 바로 이 보물들이 김재준 목사가 정신의 기초를 놓고 강원용 목사가 일구고 구현해간 경동교회의 특징이자 이상이다.

첫 번째 경동교회의 보물은 '야고보적 영성과 청년성'이다. 경동교회는 처음부터 야고보적 영성을 지향했다. 야고보적 영성의 특성은 말이나 머리로 믿는 관념적 신앙생활이 아닌 몸과 손발로 실천하는 생활신앙이요, 청빈의 영성이요, 가난하고 소외된 자들과 연대하는 책임의식이다. 이것이 사라지고 자본주의 중산계층의식에 머물면서 그리스도교 신앙을 '종교 교양' 정도로 즐기는 타성에 빠질 때 경동교회는 죽은 교회가 되는데, 점점 그런 분위기가 나타난다고 한다. 경동교회는 첫 번째 보물인 야고보적 영성과 청년성을 회복하고 유지하는 과제가 있다.[8]

경동교회의 두 번째 보물은 '진보적 신앙의 모험정신'이다. 경동교회의 황금기는 멋진 교회당과 최정상급 성가대가 조직되기 이전이다. '새로운 복음 해설'에 대한 영적 갈증을 사람들이 경동교회에 와서 해갈하던 때다. 김재준 목사는 명설교가는 아니었지만 사람들은 그의 말씀에서 인간을 자유롭게 하고 사랑하게 하고 생동하게 하는 복음의 능력과 생명력을 만났다. 강원용 목사는 명설교가였지만 그의 화려한

---

8) 같은 자료, 15~16쪽.

설교기술 때문이 아니라 대다수 보수정통파 교회에서는 듣지 못하는 새로운 복음의 해석에 지성인들과 젊은이들이 매료되었기 때문이다. 무엇보다 경동교회는 이 진보적 신앙의 모험정신을 회복하고 추구해야 한다. 21세기는 70년 전의 해방공간과도, 70년대와 80년대의 산업화 시대와도 다르다. 문명 전체가 온통 새로운 패러다임을 마주하고 있다. 여기에 상응해서 경동교회는 한국 그리스도교만이 아니라 일반 시민들에게도 증언해줄 책임과 특권이 있다.[9]

경동교회의 세 번째 보물은 '복음 진리의 사회윤리적 증언과 실천'이다. 이 땅에는 여러 전통 교파들이 있지만 경동교회는 프로테스탄트 교회로서 장로교회에 속한다. 이 개혁교회는 그 두드러진 특징이 교회의 윤리적 증언과 참여의식에 있다. 경동교회는 창립 때부터 '선린형제단'이라는 신앙동지들의 역할이 매우 컸고, 이들의 정신과 삶이 경동교회의 자기정체성을 구성하는 중요한 요소가 되었다. 예수 그리스도의 복음진리는 개인의 구원만이 아니라 하나님의 창조세계 전체, 특히 사회공동체 안에 누룩처럼 퍼져 들어가서 변혁시켜야 한다. 그런데 현대사회는 막강한 경제권력, 정치권력, 문화권력 그리고 요즘에는 노동단체나 시민단체 운동에 압도당해서 교회의 힘이 약화되고 세속 물결에 휩쓸리게 되었는데, 경동교회는 그 황금기의 복음진리의 사회윤리적 증언과 실천을 회복해야 한다.

편집자는 경동교회의 이 세 가지 자기정체성이 오늘날 위기에 처해 있음을 지적하며 결론을 맺는다.

복음, 십자가, 예수를 믿고 따른다는 것은 말랑말랑한 떡과 같은 것이 아니다. 진지하게 예수의 인격과 십자가 부활 앞에 서는 것은 언제나 우리를 그 밑바탕에서 흔들고 변화시키는 혁명적 능력이며

---

9) 같은 자료, 16~17쪽.

생명운동이다. ……경동교회가 언제부터인가 잃어버린 우리의 보화를 다시 찾으라는 하늘 메시지처럼 들린다. 경동교회는 늙기엔 아직 젊은 교회다. 푸른 생명처럼 자라야 한다.[10]

선린형제단

강원용 목사와 경동교회를 말할 때는 반드시 '선린형제단' 또는 '선린회'를 언급하지 않으면 안 된다. 경동교회를 세운 첫 구성원은 대부분 월남한 홀홀 단신의 무리였다. 이들은 주로 간도에서 온 사람들이었다. 간도에서 피란 온 젊은 학생들이거나 그 비슷한 무리가 경동교회의 첫 구성원들이었다. 이 중에서 평안도 출신임에도 경동교회에 남게 된 노명식은 이들은 남다른 인품과 신앙을 가지고 있었다고 증언했다. 우선 민족주의적 정열이 남달랐고, 억센 개척자적인 정신이 강했으며, 지역적인 탓인지는 몰라도 좌경의 위험에 빠지지 않고서도 냉철한 반공정신을 가지고 있었으며, 철저하게 그리스도교적 건국이념에 불타고 있었다고 한다.[11]

이들이 바로 선린형제단 단원들이다. 선린형제단의 기원은 강원용 목사가 용정에서 공부하던 은진중학교 시절로 거슬러 올라간다. 강원용은 18세의 늦은 나이에 은진중학교에 입학한다. 그때 한 학년 위로는 김영규(그때 나이 19세였다)와 전은진이 있었고, 같은 학년에 신영희, 김기주, 남병헌, 원주희가 있었다. 이들은 모두 강원용처럼 철저하게 보수적이고 율법적인 신앙을 가지고 있었는데, 이들을 바꾸어놓은 일대 사건이 생겼다. 김재준 목사가 교목 겸 성경교사로 부임해온 것이다.

---

10) 같은 자료, 17쪽.
11) 「노명식 박사와의 대담」, 1975. 12. 21.

미국의 명문 신학교에 유학까지 하고 온 분이라 기대를 크게 가진 학생들은 시골 농사꾼 같고 허름한 옷차림으로 다니며, 수업할 때는 학생들 눈조차 보지 못하고 부끄러워하는 그에게 실망을 했다. 그런데도 그의 인품과 위엄에 곧 그를 존경하며 큰 감화를 받게 된다. 은진에서 김재준 목사의 삶과 인품에 대해서는 이미 언급했다. 이 김재준 목사를 통해서 강원용을 비롯하여 학생들은 율법주의의 껍질을 벗게 된다.

은진중학교 종교부에서는 강원용, 김영규, 전은진 셋이 한 몸처럼 활동했는데, 연장자인 김영규가 어른 구실을 하고, 강원용은 행동대장 노릇을 했다. 강원용과 함께한 이들이 훗날 선린형제단의 주축이 되는데, 강원용 목사는 이때를 1939년으로 기억한다.[12]

이제 같이 선교와 봉사활동을 하며 지내던 형제들이 학교를 졸업하며 뿔뿔이 흩어지게 되자, 그래서는 안 된다면서 평생을 함께하는 단체를 만들기로 한다. 이 단체는 졸업생과 재학생만이 아니라 농촌선교를 함께해온 전체 기독학생들을 다 포함했고, 다른 학교 학생들과 여학생도 가입시켰다. 이 중에는 강원용 목사의 아내가 된 김명주도 있다. 총 50명 정도가 이 단체에 가입했다.[13]

이 모임이 내세운 취지는 "착한 사마리아 사람으로 고난받는 겨레를 위해 함께 살자"는 것이었다. 일평생 형제애와 동지애를 가지고 살면서, 공동의 사명을 위해 재산도 공유하고 미래의 전공도 분담하자는 규칙도 정했다. 심지어는 회원들은 결혼도 전체 동지들의 동의를 얻어야 한다고 정했다. 이 때문에 강원용 목사도 김명주와 결혼할 때 (1940. 12. 27.) 동지들의 동의를 받았다.

이들은 이런 사업 목표를 정했다. 첫째, 그리스도교 신앙에 바탕을

---

12) 『경동교회 50년사』, 9쪽.
13) 『역사의 언덕에서』 1, 100~101쪽.

둔 민족성 개조와 선교사업을 한다. 둘째, 병들어 고생하는 사람들을 위한 의료복지사업과 계몽육성사업을 한다. 셋째, 농촌복지와 도시지역 사회사업을 한다.[14)]

이 같은 규칙에 따라, 원주희와 신영희는 의사의 길을 택했고, 강원용은 선교의 길을 택했고, 김영규는 사회사업의 길을 택했다. 훗날 신영희는 김재준 목사의 사위가 되어 해방 후 강원용이 월남하여 몸을 의탁하고 도움을 받았다. 강원용은 농촌선교와 운동에 꿈을 두었지만, 김재준 목사의 권유로 신학을 공부하고 목사가 된다.

용정에서 결성된 이 단체는 이름도 없었으나, 이 모임이 바로 선린형제단의 모체다. 중학교를 졸업하고 강원용은 일본으로 건너가서 영문학을 공부하던 중 결혼하러 귀국했다가, 학업을 마치지 못하고 징용을 피해 여러 곳을 떠도는 생활을 한다. 해방을 맞았으나 공산주의가 들어선 북녘땅에서는 살 수 없어서 강원용은 고향에는 부모를, 회령에는 가족들을 남겨둔 채 월남한다.

월남해서 강원용이 맨 먼저 한 일은 용정에서 함께한 동지들을 서울에서 모아 '선린형제단'을 만드는 일이었다. 이 모임은 김재준 목사를 모시고 신영희와 강원용 그리고 조향록이 주도적으로 만들었다. 이 선린형제단은 미처 월남하지 못한 동지들과 강원용의 아내와 동생을 비롯해서 22명이다. 1945년 10월의 일이었다. 물론 단장은 강원용이 맡았다. 첫 구성원들의 명단이다.[15)]

강원용, 남병헌, 강형용, 권경철, 김명주, 김선희, 김영규, 김종수, 김정숙, 김청자, 노명식, 박기순, 박억섭, 신영희, 신양섭, 유희원, 이상철, 이재석, 정금숙, 조향록, 차봉덕, 탁연택.

---

14) 같은 책, 101쪽.
15) 같은 책, 196쪽.

이 뒤로도 추가된 멤버들이 있다. 1차로 추가된 사람들부터 4·19의 거 후에 참여한 사람들도 있다.[16] 바로 이 '선린형제단'의 구성원들이 경동교회의 주축이 되었을 뿐만 아니라 한국사회의 지도자들이 되었다.

선린형제단을 만든 주역은 강원용이다. 그러나 그 정신적인 것은 김재준 목사에게서 나왔다. 선린형제단은 김재준 목사를 고문으로 모셨고, 그 밖에도 송창근 목사와 한경직 목사 그리고 당시 군정청의 요직에 있던 이용설 박사도 고문으로 초대받았다고 한다. 강원용에 따르면 선린형제단의 대강령은 김재준 선생이 중심이 되어 만들었고, 그 목적은 하나님의 영광과 우리 민족의 진정한 행복을 위해 생활의 온갖 방면에 그리스도의 심정이 구현되도록 하는 것이었다. 이에 따라 다음과 같은 다섯 가지 강령을 만들었다.[17]

첫째, 우리는 자연과 역사에서 하나님이 절대 주권자임을 믿으므로 그리스도의 복음을 전포(傳布)하며, 심령의 중생(重生)을 재래(齎來)함으로써 새로운 조국 건설의 기초를 세운다.

둘째, 우리나라의 민주주의 건설에 가장 긴중(緊重)한 것은 민도 향상이므로 교육과 계몽운동을 급속도로 전개해 나간다.

셋째, 대중의 경제생활 안정, 문화 향상과 건설을 위해 기독애를 동기로 한 온갖 사회사업을 영위한다.

넷째, 의식주와 기타 실생활 부문에서 과학적인 개량과 건설을 위해 부단히 연구·지도·실천하기로 한다.

다섯째, 이 모든 것은 시종여일 자발적인 봉사에 의하여 실현할 것이요, 폭력 등 여하한 수단으로 양심의 자유를 억압하는 것은 절

---

16) 같은 책, 196~198쪽.
17) 『역사의 언덕에서』 1, 198~199쪽.

대 용허하지 않는다.

이 같은 강령을 실천하기 위해서 단원들의 생활규범도 만들었는데 ① 신자의 일원으로서 주님의 교회에 충성할 것 ② 순결, 신의, 복종, 무사(無私)로서 단체생활을 공고히 할 것 ③ 사업을 위해 소유의 최대한을 주의 제단에 봉헌할 것 등 세 가지였다.[18]

선린형제단 결성과 함께 신우회에 대한 이야기도 기억해두어야 한다. 선린형제단의 중요한 활동 중 하나는 38선 이북에 고향을 둔 가난한 서울 유학생들을 돕는 것이었다. 38선 때문에 인편 외에는 고향에서 보내주는 학비나 생활비를 받을 길이 끊겼고, 혼란기에 마땅한 일자리가 있는 것도 아니어서, 이들은 빈털터리로 혹독한 겨울을 맞이할 수밖에 없었다.[19]

생각 끝에 강원용은 한경직 목사의 통역 도움을 받으며 미군 시장 월슨을 만난다. 시장에게 추운 겨울이 오기 전에 이북 출신의 학생들을 위한 기숙사를 꼭 만들어야 한다고 호소하며, 기숙사로 쓸 건물을 달라고 부탁했다. 강원용의 호소와 부탁을 듣고 시장은 "나를 찾아오는 사람들은 주로 일본 사람들이 두고 간 업체를 어떻게 해달라느니 하며 모두 자기 재산 만들기에 혈안이 되어 있는데 당신은 어려운 학생들을 위해 일을 하겠다니 특별하군요" 하면서, 강원용을 자기 차에 태워 시내의 여러 건물을 직접 보여주며, 맘에 드는 것을 골라서 쓰라고 했다.

강원용이 고른 건물은 기숙사로 쓰기에 좋은 건물이었는데, 청운동에 있는 삼정물산의 사원용 기숙사였다. 선린형제단은 그 건물에 '신우료'(信友寮)라는 간판을 걸고 서울의 각 교회에 연락해서 학생들

---

18) 같은 책, 199쪽.
19) 이 이야기는 같은 책, 195~204쪽을 보라.

을 모았다. 기숙사 수용 인원이 60명에 불과했기 때문에 입사자격은 기독교인으로 제한하고 이북에서 온 학생 중 의지할 곳이 없는 우수한 학생들을 추천받았다. 이 신우료에 들어온 학생들 역시 여러 분야에서 뛰어난 지도자들이 되었고 신영희의 집에서 기거하던 강원용도 신우료로 거처를 옮겼다. 그러나 결국 사정이 여의치 않게 되어서 있던 곳을 떠나게 되고 나중에는 아무런 의지처도 없는 30명만 남게 되었다.

중요한 것은 선린형제단과 신우회의 관계이다. 용정에서 시작한 모임이 서울에서 선린형제단으로 재결성될 때, 김재준 목사가 마련한 목적, 강령, 생활규범에 찬동한 사람만 가입시켰다. 이 때문에 비록 신우회에서 같이 생활했던 학생이라도 선린형제단에는 들지 않고 교회만 출석한 경우도 있다.[20]

「누가복음」에 선한 사마리아 사람의 이야기가 있다(「누가복음」 10장 25~37절). 예수님은 자신을 떠보려고 무슨 일을 해야 영생을 얻을 수 있느냐고 묻는 한 율법교사에게 유대인들이 멸시하는 어떤 사마리아 사람이 강도 만난 사람을 보살핀 이야기를 하며, 영생을 얻는 방법으로 강도 만난 사람의 이웃이 되어줄 선한 사람의 삶을 요구하셨다. 이것이 '선린형제단' 이름의 기원이다. 그런데 더 거슬러 올라가면, 선린형제단의 정신은 성 프란시스에 있다. 선린형제단을 구상한 김재준 목사는 송창근 형을 통해 프란시스를 흠모하게 된 경우를 말하며 이렇게 회고한다.

나는 오랜 후일에 선린형제단이란 것을 구상하여 동지 그룹을 갖게 되었습니다. 그 동기도 성 프란시스의 감화였습니다. 조금 기준을 낮춰서 "우리는 자기와 자기 직계 가족의 생활비 이외에는 소유

---

20) 『경동교회 50년사』, 14쪽.

를 갖지 않는다. 남는 것은 모두 이웃 사랑을 위해 바친다" 하는 생활 강령의 하나도 프란시스적이라 하겠습니다.[21]

그러나 강원용 목사 자신을 비롯해서 선린형제단의 구성원들이 마지막까지 프란시스의 정신과 삶을 지켰는지는 교훈삼아 물어보아야 한다. 가난한 시절에 탄생한 모임이지만, 모두 한국사회에서 엘리트 중산층 이상의 사람들이 되었기 때문이다.

선린형제단은 그 후 학생부가 형제회, 경건회 등으로 개칭되었다가 선린회로 이름을 굳혀서 지속되고 있다.[22] 선린형제단의 정신은 경동교회에만 국한되지 않았다. 한국기독교장로회 안에 여러 개의 선린교회가 있다.

세계선린회

선린형제단이 이름을 바꾸어 '선린회'가 되었다. 경동교회에서 선린회가 봉사단체로 끝까지 역할을 한 것은 아니다. 선린형제단을 결성할 때 주역을 한 사람 가운데 빼놓을 수 없는 인물이 조향록 목사다. 어떤 과정으로 그렇게 되었는지는 모르지만, 이 선린회는 경동교회에서 강원용 목사의 목회를 지원하는 그룹처럼 되었고, 선린회의 봉사 정신과 삶은 조향록 목사가 떠맡아 '세계선린회'가 된다. 조향록 목사도 처음부터 선린형제단과 경동교회와 깊은 관련이 있었기 때문에 자연히 그렇게 되었을 것이다. 그리고 강원용 목사도 한동안 세계선린회의 고문을 맡았다.

현재 세계 선린회는 국내에서의 봉사는 물론 세계의 외진 곳에서

---

21) 『김재준 전집』 18, 217쪽.
22) 『역사의 언덕에서』 1, 198쪽.

활발하게 봉사활동을 펼치고 있다.

이 세계선린회를 후원하는 교회와 개인들을 보면 대부분 기장교회, 그것도 경동교회와 초동교회가 그 중심이다. 물론 신앙을 떠나서 후원하는 이들도 많다.[23]

이런 결론을 맺을 수 있겠다. 세계선린회의 기원은 경동교회의 형제선린단이다. 이 정신과 실천이 함께 형제단을 창설한 조향록 목사에게로 넘어가서 오늘에 이르게 되었다. 아무튼 기독교 신앙의 정신으로 봉사한다는 이 생각이 세계선린회를 통해서 교회의 울타리를 넘어서 실현된 것이다.

---

23) 후원자 명단은 『세계선린회 소식지』, 2016년 10월호를 볼 것.

3 더 큰 세계를 향해서

강원용 목사는 작은 세계에 머물 사람이 아니었다. 또한 강원용을 아끼는 김재준 목사를 비롯한 주위 사람들도 강원용이 더 큰 세계에 눈뜨고 세계교회 무대에서 활동하기를 원했다. 부산 피란 시절에 강원용의 장래를 걱정한 사모 김명주와 김재준 목사가 유학을 권고한다. 이 유학 역시 자의 반 타의 반으로 이루어진 것인데, 마침 캐나다 기독학생회의 초청으로 길이 열리게 된다. 강원용 목사는 캐나다 매니토바 대학교에서 1년간 신학을 공부하고 석사과정(B.D.)을 마친 후 미국 유니언 신학교에서 신학석사학위(S.T.M.) 과정을 공부한다. 그리고 뉴욕의 '사회문제연구대학원 대학교'(New School for Social Research)에서 사회학을 전공으로 박사과정을 시작하지만 김 목사의 권유로 귀국한다. 그사이에 에번스턴에서 열린 WCC 총회에 참가하는 기회를 얻기도 하고 교회 목회도 하면서 신학적인 지평을 넓힌다.

신학을 공부하고 사회학을 공부한 것은 강원용 목사가 그리스도교 신앙을 바탕으로 사회적인 운동을 하는 데 큰 안목을 열어주었다. 이렇게 되기까지, 사랑하는 그의 가족과 학업 이야기 그리고 경험들을 나누어보기로 한다.

사랑하는 가족들

강원용 목사가 세계적인 인물이 된 것은 자신의 역량 때문만은 아니었다. 무엇보다 그를 위해 헌신하고, 인내하고, 힘을 준 가족들이 있었다. 이런 가족이 있었기에 강원용 목사는 마음껏 자기 세계를 추구할 수 있었다.

강원용 목사의 어린 시절 이야기를 하면서 할아버지며 아버지, 어머니, 누나 이야기를 간단히 했다. 누이는 하기 싫은 혼인을 억지로 해야 했고, 어머니는 가난한 집안의 대가족 살림을 하며 고생했다. 의지할 데라고는 강원용 목사밖에 없게 된 때, 어머니는 강원용이 큰 세계로 탈출할 수 있도록 몰래 소를 팔아 여비를 마련해주었다. 해방이 되고 강원용이 월남을 하며 고향에 들러 인사한 것이 끝내 어머니와 마지막이 되었다.

아버지는 강원용의 진로에 반대도 했지만, 완고한 한학자인 할아버지의 고집을 꺾고 강원용을 신식학교에 보냈다. 강원용이 월남한 뒤에 아버지도 이북을 떠나려고 형편을 살피기 위해 38선을 넘어 강원용을 찾아왔다. 그리고 다시 돌아간 후에는 이북에서 어머니와 누이와 함께 만날 수 없는 사람이 되었다. 아버지는 1947년 말과 48년 초 겨울 사이에 잠시 서울에 오셨는데, 강원용은 아버지를 냉대했다. 교회 단칸방에 식구들이 오글거리며 사는 처지였고, 아버지는 늘 술 담배를 하셨는데, 교회에는 교인들과 학생들의 발걸음이 끊이질 않았기 때문이다. 이때 아버지를 냉대한 일로 강 목사는 가슴 아파하며 "만약 지금 다시 그런 상황에 처한다면 나는 어떤 일이 있어도, 또 아무리 없는 살림이라도 아버지가 즐기시는 대로 술을 드시게 하고 친구분도 초청해서 기분 좋게 대접을 해드릴 것이다. ……하지만 이 모두가 부질없는 희망이 되었다"고 후회한다.[1)]

강원용 목사에게는 여동생 하나와 남동생 둘이 더 있다. 남동생 둘은 다 월남했다. 막냇동생은 강이룡이다. 강이룡은 서울에 와서 신학교를 다니며 도농교회를 섬기고 있었다. 전쟁이 터져서 강원용 목사의 가족들도 동생과 김재준 목사가 있는 도농으로 피신했고, 강원용 목사는 늘 숨고 도망다녀야 했다. 강이룡은 친구와 함께 부산으로 피란할 수도 있었지만, 형님네를 두고 갈 수 없다면서 끝까지 교회를 지키겠다고 남았다. 9월 15일 인천상륙작전이 개시되고 나서 인민군의 저항이 더욱 심해진다. 도농리에서도 엄청난 전투가 벌어지면서 폭격이 이루어지는데, 이때 강이룡은 방공호에도 들어가지 않고 교회를 지키다가 폭탄을 맞고 죽고 말았다. 순교한 것이다. 그는 신학을 공부하고 목사가 될 예정이었다.[2] 김명주는 "이룡이 삼촌은 참 나를 많이 생각해준 분이었다. 형수님이 고생이 많다고 조금만 더 고생하라고 자기가 도와준다고 늘 위로해주었던 착한 삼촌"이라고 들려준다.[3]

강원용 목사의 바로 아래 동생은 강형용으로 같이 가난한 중에도 중국인 사범학교도 다니고 나중에는 순전히 고학으로 의과대학을 졸업하고 서울에서 병원을 개업하게 되었다. 강형용은 형수 김명주가 몸이 아플 때마다 약이며 주사를 구해 돌보아주었고, 경동교회를 섬기는 장로가 되었다. 강원용 목사는 「나의 동생의 고희에 즈음하여」라는 글에서 동생은 마지못해 장로가 되어 모든 교회의 대소사를 성의를 다하여 봉사하면서도 형이 목사라는 이유로 항상 전면에 나서지 않고 숨어 일했고, 자신 때문에 제대로 빛을 발하지 못하고 살아온 사람이라고 서술한다.[4]

강원용은 가족들을 회령에 남겨둔 채 먼저 이남으로 내려왔고 가족들은 강원용의 소식도 모른 채 불안한 나날을 보내고 있었다. 강원용

---

1) 『역사의 언덕에서』 1, 315쪽.
2) 『김재준 전집』 13, 41쪽; 『역사의 언덕에서』 2, 91~96쪽.
3) 『엄마의 편지, 사랑하는 나의 아이들에게』, 74쪽.
4) 『유랑 강형용 고희문집』, 52~53쪽.

은 직접 다시 북으로 가서 가족들을 데리고 나올 계획이었으나 최성도라고 하는 학생이 대신 북으로 올라가 아내와 두 딸을 데리고 내려왔다. 이때 은진중학교 때부터 절친한 친구인 김영규와 그의 아내(김명주의 조카) 그리고 이상철과 의사인 유희원도 함께 내려왔다. 그때는 1946년 3월이었고, 강원용 가족은 경동교회 사택에서 살게 되었다.[5]

강원용 가족이 서울로 오는 숨 막히는 과정은 함께 내려온 이상철이 생생하게 회고하고 있다. 이상철에 따르면, 그는 2월 25일경 강 선생 가족들을 데리고 화물차에 올라 서울로 향한다. 사람은 짐짝 같았고, 김명주는 두 어린 딸을 품에 안고 등에 업었는데, 터널 안에서 기차가 멈추고 연기는 자욱해서 아이들이 죽을지도 모른다고 눈물로 호소했다. 동행한 최씨는 "이 살인마들아!" 하고 고함쳤다. 아픈 아이 때문에 더 이상 여행이 불가능해서, 모두 내려 여관에서 하루 쉬고 다음 날 떠나려고 자고 있는 한밤중에 군화소리가 나더니 검문이 시작되었다. "동무, 어디서 오오? 어디로 가오?" 그래서 일본군대에 끌려갔다가 북만주에서 죽지 않고 살아남아 고향 철원으로 간다고 했더니, 그들은 일본 군대에 끌려갔다 왔다며 반가워하면서 선뜻 보내주었다. 그 뒤로도 아픈 아이들 때문에 명천·북청·함흥에서 내려 하룻밤을 머물면서 철원에 이르렀다. 철원에서 소련군 보초에게 돈을 주고 도강증을 얻어, 한탄강 철도를 건너, 드디어 서울에 오게 되었다.[6] 실로 생사를 넘나든 서울행이었다.

김명주가 안고 온 두 딸은 혜자와 혜원이다. 혜자는 피아노를 전공하고 학교를 졸업한 후 독일로 유학을 갔다가 일본에 머무른 후 돌아와 결혼했다. 혜원이는 한국에서 대학을 마치고 일본에 가서 고학을 하면서 디자인 공부를 하고, 미국에 건너가서 거기서 결혼했다. 김명

---

5) 『역사의 언덕에서』 1, 250쪽.
6) 이상철, 『열린 세계를 가진 나그네』, 한국기독교장로회, 2010, 68~71쪽.

주는 혜자는 결혼 때 가난해서 아무런 혼수를 못 해준 것에 그리고 혜원이가 미국에서 결혼할 때는 사정상 가보지도 못하고 신랑 시곗줄 하나만 예물로 바꿔준 것에, 엄마로서 무능하고 염치없다고 적고 있다.[7]

가족들이 서울에 와서 살면서 두 아들이 태어난다. 첫째 강대인은 평생 아버지 때문에 손해를 보았고, 가난해서 유학도 제대로 가지 못했지만, 아버지의 뜻을 이어 지금은 '대화아카데미'를 지켜가고 있다.

둘째 강대영은 부산 피란 가서 낳은 아들이다. 그러나 안타깝게도 그는 초등학교 2학년 초에 병이 나서 그해 11월 4일에 죽고 만다. 강원용 목사는 그를 살리기 위해 정말로 모든 노력을 다했다. 심지어는 신념을 어기고 안수기도까지 받게 했다. 대영이의 죽음은 강원용 목사에게는 말할 수 없는 고통과 절망이었다.

나는 세상이 완전히 뒤집혀버린 듯 정신이 까마득해졌다. 대영이가 죽은 세상은 갑자기 해가 서쪽에서 떴고, 노란색이 검은색으로 변해버렸으며 모든 것이 거꾸로 된 기가 막힌 세상이었다.[8]

엄마 김명주는 자식을 잃은 죄책감에 남이 인사하는 것마저 부끄러웠고 자신도 대영이를 따라갔으면 하고 바랐다고 전하고 있다.[9] 이렇게 강원용과 결혼해서 네 자녀를 낳아 기르고, 남편을 지키고, 교회를 섬기며 사모로 살아온 여인이 김명주다.

일본에 유학하던 중에 강원용은 김명주와 결혼하기 위해 용정으로 돌아온다. 강원용 목사와 아내 김명주를 이해하기 위해서는 미리 알

---

7) 『엄마의 편지, 사랑하는 나의 아이들에게』, 105~107쪽.

8) 『역사의 언덕에서』 2, 361쪽.

9) 『엄마의 편지, 사랑하는 나의 아이들에게』, 95~97쪽.

아두어야 할 것이 있다. 이 둘은 결혼하기 전, 강원용이 용정에서 선린형제단의 전신 모임을 만들었을 때, 이미 동지 사이였다는 점을 알아야 한다. 이 둘은 한 남녀부부 사이만이 아니라 함께 전도하고 봉사하는 동지로서 평생을 함께했다는 것이다.

김명주의 오빠 김명혁은 은진중학교에서 영어를 가르쳐서 강원용의 은사이기도 했다. 그러나 폐결핵을 앓고 몸이 허약해서 김명주가 결혼하기 바로 전에 죽고 만다. 처음에 강원용과 둘 사이는 동지 같은 사이였다. 그러나 강원용이 반려자로서 결혼을 생각할 때면 늘 김명주가 마음속에 떠올랐다.[10] 김명주 또한 강원용을 선생님이라고 불렀지만 단순히 동지들끼리의 약속 이상으로 강원용과의 삶을 생각했다.

> 너희 아버지와 나는 심훈의 『상록수』에 감명을 받고, 농촌사업을 하기로 약속했단다. 그렇게 해서 나는 학교를 퇴직하고 간호 공부를 하러 서울 세브란스 간호학교로 갔고, 아버지는 중학교를 졸업하고 일본에 건너가 신학을 공부하기로 해, 먼저 동경 명치학원 영문과로 가셨지. 서로 떠나기 전에 용정 일성여관에서 아버지와 나는 아버지가 존경하시던 외삼촌 염쾌석 교장선생님 인도로 기도로 서로 약조하고는 나는 서울로, 아버지는 일본으로 가셨지.[11]

조촐한 혼인식을 하고 김명주는 강원용의 공부를 위해 일본으로 건너갔다. 그러나 건강도 몹시 나빠진 데다 아기도 갖게 되어서 다시 돌아오게 되었고, 곧 태평양전쟁이 터져서 다시는 일본에 갈 수 없게 되었다. 이때부터 김명주는 징용을 피해 도망 다니는 남편과 함께 떠돌며 고단한 삶을 살다가, 해방을 맞고, 죽을 고비를 넘기며 서울에 와

---

10) 『역사의 언덕에서』 1, 132~133쪽.
11) 『엄마의 편지, 사랑하는 나의 아이들에게』, 54쪽.

서 남편과 재회하고, 경동교회 사택에서 단칸방 살림을 시작한다.

김명주는 남편만 내조한 평범한 아내가 아니었다. 정치바람에 얼굴도 보기 힘든 남편 대신 아이들을 돌보고 교회를 지켰다. 선린동지로서 가난하고 바쁜 중에도 활발한 봉사활동을 했다.

경동교회에서 살기 시작하자마자 김명주는 쪽방촌 선교는 물론 어려운 청년들을 위한 야학과 여성들을 위한 탁아소를 운영하고 윤락여성들을 위한 숙녀학교를 설립한다. 이런 봉사 활동 외에도 한국기독교장로회와 초교파 여성운동의 터를 닦는 일을 했다. 딸 강혜자는 어머니 김명주가 경동교회에서 어떤 엄청난 봉사활동을 했고 평생 어떤 업적을 남겼는지를, 그 고단한 삶과 함께 소개하고 있다.[12]

딸 강혜자의 회고에 따르면 어머니 김명주는 강원용을 너무도 사랑하고 존경했을 뿐 아니라, 항상 한 발 뒤에서 조용히 기도하며 큰 힘이 되어주신 분이라고 한다. 그러나 강원용의 김명주에 대한 사랑 역시 못지않게 깊고 마지막까지 순수한 것이었다. 2006년 여름, 강원용 목사가 세상을 떠날 때의 이야기다. 작은아버지의 충고대로 큰딸 강혜자가 아버지를 병원에 며칠 쉬도록 하려고 부축해서 갈 때의 장면이다.

그때 어머니도 편찮으셨다. 그 앞을 지나시던 아버지는 어머니 앞에서 숙였던 고개를 반짝 드시고 어머니와 눈을 마주치시며 정말 활짝 환하게 웃으셨다. "당신 과부 될까봐 걱정돼?" 어머니는 아버지의 손을 두 손으로 꼭 잡고 소녀처럼 수줍게 웃으면서 말씀하셨다. "기도할게요." 이것이 두 분이 세상에서 나누신 마지막 대화이고 작별 장면이다. 아버지가 세상을 떠나신 후에도 어머니는 나만 보면 자주 물으셨다. "혜자야! 그날 아버지가 나를 보며 환하게 웃

---

12) 『신앙의 어머니』, 12~21쪽.

던 그 얼굴 기억하니?" 이 질문을 하실 때면 어머니는 늘 행복한 얼굴이셨다. 지금도 그날 두 분이 주고받았던 해맑은 소년소녀의 미소가 생각나면 나는 행복하면서도 슬픈 마음이다.[13]

군용기를 타고 캐나다로

전쟁이 끝나고 휴전 분위기가 무르익어서 부산의 피란생활도 끝나갈 때쯤이다. 강원용 목사는 매클라우드(John Mcloud)라고 하는 캐나다 성공회의 젊은 목사를 알게 된다. 매클라우드는 캐나다에서 기독학생운동을 하던 사람으로 전쟁 중의 한국의 기독학생운동을 지원하기 위해 부산에 왔다. 한날 그가 강 목사를 찾아와 선뜻 제안한다. 캐나다 기독학생회가 초대할 테니 캐나다로 유학 갈 생각이 없느냐는 것이다. 이 갑작스러운 제의에 강 목사는 시간을 달라고 했고 한참이나 고민하게 되었다. 얼마 전 막내 대영이까지 태어나서 4남매를 둔 가장인 데다 벌여놓은 여러 일을 팽개칠 형편도 못되었기 때문이다. 그러나 제대로 학생운동을 하기 위해서는 이런 좋은 기회를 놓칠 수도 없었다. 고민과 갈등 끝에 강 목사는 아내와 상의했다. 언제나 그랬듯이 아내는 반대나 불편한 마음을 드러내지 않고 "이번 기회를 놓치면 언제 또 기회가 올지 모르니 우리 걱정은 하지 말고 가서 마음껏 공부하고 오세요" 하고 격려해주었다.[14]

언뜻 보면, 매클라우드의 제안으로 강 목사가 결단하여 이 유학이 가능한 것처럼 보인다. 그러나 그 계기를 만든 것은 아내 김명주였다. 김명주 사모는 남편의 앞날을 걱정했다. 아마도 정치 같은 것에 삶을 빼앗기지 않고 신학을 제대로 공부해서 전도와 봉사의 약속을 지켰으

---

13) 같은 책, 22~23쪽.
14) 『역사의 언덕에서』 2, 163쪽.

면 하는 마음에서였을 것이다. 그래서 식구들이 고생하더라도 남편이 외국유학을 갈 필요가 있다고 생각해서 캐나다 선교사 스콧(W. Scott)을 찾아가 부탁을 했고, 이 때문에 캐나다에 갈 수 있게 되었다.[15] 그리고 그 당시 막후에서 정대위 목사가 실제적인 도움을 주었다. 정대위 목사는 이미 명동촌 이야기를 하며 소개했던 정재면 목사의 아들로 강원용 목사의 친구인데, 강원용을 계속 지원했다.

이 유학 결정이 옳은 일인가? 출국을 앞두고 송별회다 뭐다로 바쁜 어느 날이었다. 강원용이 평소 누나처럼 여기는 김말봉이 만나자고 해서 부산 광복동의 한 다방에서 보게 되었다. 그녀는 강원용 목사를 보자마자 소리를 질렀다.

강 목사, 당신이 진짜 목사요? 일반인도 휴머니스트라면 자기 가족을 산꼭대기 피란민촌에 팽개치고는 차마 발길이 안 떨어져서 가지 못할 텐데 목사라는 사람이 어떻게 그런 몰인정한 짓을 할 수 있소? 공부는 해서 뭘 하겠다는 거요? 공부도 사람이 있고 나서 하는 것 아니요?[16]

김말봉의 이 한마디가 강원용 목사의 가슴에 못을 박았다고 한다. 과연 강원용 목사의 결정은 인간적인가? 가족들을 위해 유학을 포기하는 것도 인간적이지만, 가족에 대한 막중한 책임을 알면서도 더 큰 세계에 대한 열망 때문에 떠나는 것도 인간적인 것은 아닐까? 강원용 목사의 이런 고백에서 이 또한 인간적인 결정임을 알 수 있다.

그러나 나는 말하고 싶다. 주위의 비난과 말들을 귀담아듣기는

---

15) 『엄마의 편지, 사랑하는 나의 아이들에게』, 85쪽.
16) 『역사의 언덕에서』 2, 164쪽.

하되, 가는 길은 멈추지 말라고. 내 가슴에 울리는 비난 역시 안 들으려야 안 들을 수 없지만, 그래도 계속 걸어가라고. 스스로 쏟아내는 자기 비난은 불안의 다른 모습에 불과하므로, 불안이 우리의 영혼과 운명을 갉아먹도록 내버려두어서는 아니 된다고.[17]

캐나다 기독학생회에서 우선 여비로 500달러를 보내왔다. 그 돈으로 일본까지 비행기를 타고 오면, 캐나다까지는 자기들이 국방부에 미리 섭외해 둔 캐나다 군용기를 탈 수 있다고 전해왔다. 캐나다까지 갈 수 있다면 무엇을 타든 어떠하랴. 강 목사는 100달러로 일본 가는 비행기 표를 사고 남은 돈은 환전하여 아내가 생활비로 보태도록 주었다. 그동안 모았던 책들도 다 팔아 돈을 만들었다. 3년 동안의 전쟁이 끝난 바로 직후인 1953년 8월 3일, 학생들과 동료들과 가족들의 전송을 받으며, 호기심과 불안, 기대와 걱정 속에 비행기를 탔다.

일본 하네다 공항에 도착해서 알아보니 강원용 목사가 탈 비행기는 군인들을 나르는 비행기가 아니라 군수물자를 나르는 수송기로서 승객은 하나 없고 짐짝들만 가득 있었다. 조종사들은 강원용을 짐짝 사이에 남겨 둔 채 조종실로 건너갔다. 말도 통하지 않고 심지어는 알래스카 산악지대를 날다가 추락하게 되는 아슬아슬한 순간을 겪으며 20여 일이나 걸려 캐나다에 도착했다. 이 힘겨운 비행으로 몸이 비쩍 여윈 데다 코피까지 흘려서 입국신체검사를 통과하는 것이 어려울지도 모르는 상황이었다. 이 순간 "강원용 목사!"하고 부르며 마침 용정의 제창병원에서 일했던 선교사 닥터 블랙(Dr. Black)이 강원용 목사를 맞으러 나왔다. 구세주를 만난 느낌이었다. 그와 함께 온 여자 선교사도 기쁘게 맞아주었다. 이들 일행 덕분에 강 목사는 신체검사도 받지 않고 공항을 나와 여자 선교사의 집에 짐을 푼다. 강원용 목사는 너무나

---

17) 같은 책, 165쪽.

고단한 여정에 그만 쓰러지고 만다.[18]

밴쿠버에 도착해서 공부하기로 되어 있는 위니펙의 매니토바 대학교에 가기까지, 강원용은 태어나서 처음으로 가장 평화롭고 아름다운 시간을 잠시 갖게 된다. 여선교사의 안내로 시내 구경을 하고는 에드먼턴으로 향한다. 그곳에 용정중학교 교장으로 있으면서 강원용을 무척 아껴주었던 브루스가 살고 있는데, 거기서 잠시 머물기로 했기 때문이다.

강원용이 오자마자 브루스를 비롯해서 강원용을 초청한 매클라우드 가족 등의 따뜻한 돌봄을 받는다. 그리고 20여 일이 지났을 때쯤 강원용은 브루스의 아들 로버트로부터 자신의 친구들과 여행을 같이 떠나자는 제안을 받는다. 그들과 함께 강 목사는 광활한 캐나다를 차를 몰고 유랑한다. 곳곳의 국립공원에서 텐트를 치고 다니는 여행이었다. 웅장하고 아름다운 대자연, 깨끗한 환경, 철저한 동물보호, 티없이 맑은 호수, 빙하, 한밤중 홀로 텐트 안에서 마주친 곰, 자연스레 어울려 즐겁게 춤추고 대화하는 젊은이들.[19]

황홀한 시간이 끝나고 강 목사는 비행기를 타고 위니펙으로 간다. 위니펙에서도 여러 목사가 나와 따뜻이 맞아준다. 고맙고도 부담스럽게 학장인 프리먼 박사(Dr. Freeman)가 당분간이라도 자기 집에 묵으라며 맞이한다. 강원용은 자기를 기다리며 맞이한 목사들과 학생지도자들이 모두 시가를 피우는 것을 보고 놀라기도 했지만, 너무도 따뜻하게 대해주고 배려해주는 학장 가족들 때문에 편안함과 안정감을 느끼게 된다. 더 놀라운 것은 학장 프리먼의 배려와 제안이었다. 강 목사는 학위와 관계없이 1년 동안 자유롭게 공부할 수 있는 학생자격(free student)으로 갔다. 그런데 프리먼 학장이 이왕 공부하러 왔으니,

---

18) 같은 책, 167~174쪽.
19) 같은 책, 174~184쪽.

학위를 딸 수 있는 공부를 하면 좋겠다고 권유한다. 캐나다 학제는 미국과는 달리 영국과 같아서 대학과정 4년을 마쳐야 신학교에 입학할 수 있고, 신학교 과정 3년을 마쳐도 졸업장만 줄 뿐 목회학 석사학위에 해당하는 학위(B.D.)를 받으려면 1년짜리 학위과정을 더 밟아야 한다. 프리먼 학장은 한국에서 신학교를 졸업한 것을 인정해줄 테니, B.D. 과정을 밟으라는 것이다. 강 목사는 부끄러운 고백을 학장에게 한다. 영어도 못하고 공부도 충실히 하지 못해서 학위를 따기는 어렵다고 솔직히 말했다. 그럼에도 학장은 "당신 말을 잘 이해해요. 그러나 한번 노력해볼 필요가 있지 않을까요?" 하면서 물러서지 않고 끈질기게 강원용을 설득한다.

한번 노력해보자는데 더 이상 못 한다는 말을 할 수도 없고, 결국 죽이 되든 밥이 되든 일단 학위과정을 시작하지 않을 수 없게 되었다. 날벼락이 떨어진 기분이었으나 학위를 얻기 위해서는 죽자고 공부하는 길 외에는 다른 선택의 여지가 없었다.[20]

위니펙에서의 생활은 문화적 충격으로 당황스럽기도 하고, 재미있기도 하고 신기했다. 강원용은 위니펙에 살게 된 첫 번째 한국인으로 저들에게 호기심의 대상이었다. 심지어는 신기해서 인터뷰 요청을 해와 서툰 영어로 응하기도 했다. 저들의 감정표현은 과해서 감사의 표시로 고국의 여학생들이 마련해준 손수건을 선물로 주면 어찌나 요란스럽게 감격하는지 어안이 벙벙했다. 한번은 커피를 마시러 가자고 해서 갔더니, 불러놓고도 커피값을 내지 않고 각자 자기 것만 내는 것이었다. 문화적 충격이다. 충격 너머 불쾌한 것이 바로 호칭이다. 막 스무 살밖에 안 된 애들이 강원용을 "강 목사님"(Rev. Kang) 이나 "강

20) 같은 책, 189쪽.

선생님"(Mr. Kang)이 아니라 "하이 강!"이나 "하이! 원용" 하고 부르는 것이다. '저 예의도 모르는 싸가지들!' 기독학생회 캠프인데도 교수의 야외 강의를 들으며 누워 있는 것들도 있고, 심지어는 남학생 여학생이 끌어안은 채 강의를 듣는다.

즐거운 일도 있다. 학장 집을 나와 매니토바 대학교 교수인 테일러 (George Tayler)의 집으로 거처를 옮겼다. 도무지 음식이 맞지 않아 직접 밥을 해서 그 참에 그 집 식구들을 대접했다. 그 집 식구들은 맛있다고 했다. 그러나 그 뒤로도 여전히 맛없는 밥이 나왔다. 남자가 설거지해야 하는 생활방식 때문에 남편이 설거지할 때 소파에 드러누워 뒹굴뒹굴 신문을 읽는 아내를 보는 것도 재미있었다. 향수병에 걸려 외로운 가운데 위니펙의 목사가 없는 일본인 교회에서 강원용을 청해 설교를 부탁한 것은 큰 위안이었다. 그중에서도 하사가와라는 젊은 여성은 같은 동양인으로서 좋은 친구처럼 지내게 되었다.[21]

매니토바의 공부에서 두 가지를 언급해야겠다. 하나는 평생 친구요 에큐메니컬 동역자가 된 로이(Roy)를 알게 된 것이다. 그녀는 학장인 프리먼 박사 부부의 외동딸이고, 그녀의 남편은 강원용을 초청한 매니토바 대학교 기독학생회의 총무 일을 맡아 하던 윌슨(Wilson)이었다. 이 부부와도 강 목사는 평생 가깝게 지내게 되는데, 훗날 로이는 여자로서는 처음으로 캐나다 연합교회 총회장을 지내고, WCC 회장도 맡아 봉사했다. 강 목사는 "그녀와 나는 지금도 오누이 같은 관계를 지속하고 있다"고 전한다.[22]

다음으로는 우여곡절 끝에 통과한 그의 학위논문에 대해서다. 1954년에 접어들어 강원용 목사는 무엇을 주제로 논문을 쓸까 고민을 한다. 그는 6·25전쟁을 생각하며 고난의 문제를 소재로 삼아 십자가에 연

---

21) 같은 책, 185~201쪽.
22) 같은 책, 187~188쪽.

결시키고 싶었다. 고민 끝에 '십자가 신학'이라는 제목을 잡고 논문을 구상한다. 그러나 캐나다 온 지 반년도 안 되어 영어로 논문을 쓰는 것도 어려운 일이거니와 '십자가 신학'의 동기가 된 일본 신학자 기타모리 가조의 저술들을 영문으로 읽는 것도 힘들어서 논문 쓰는 것은 불가능했다. 논문 제출 마감시간이 다 되었다. 이 기한을 맞추려고 온 힘을 다했지만 마감 시간을 맞추기는 틀려버렸다. 강 목사는 프리먼 학장을 찾아가 최선을 다했으나 능력이 달려서 기한 안에 논문을 제출할 수 없어 죄송하다고 솔직하게 고백했다.

아무런 말도 없이 그날 듣고만 있던 학장이 다음 날 강원용을 불러 교수회의에서 당신의 논문 마감일을 특별히 한 달 연장하기로 결정했다고 말해준다. 이 얼마나 감격스러운지. 논문 수준이야 어찌 되었든 강원용은 일단 논문을 제출할 수 있게 되었고, 그 노력이 가상해서인지 통과가 되었다. 매니토바! 더 넓은 세계를 향한 첫걸음을 뗀 것이다.[23]

학문 열망

할 수만 있다면 공부를 더 하고 싶었다. 그때까지 한 공부라는 것이 내용도 미진할 뿐 아니라 그 주제도 하나님의 존재나 죄의 문제 또는 죽음의 문제, 구원의 문제 등 매우 관념적이고 형이상학적인 것이었다. 그런데 논문을 쓰기 위해 고민했던 이런 문제만으로는 뭔가 부족한 느낌을 떨칠 수가 없었다. 내가 정말로 배우고자 했던 신학은……생동하는 역사 현실과 관련된 살아 있는 신학이었다. 이 정도로 공부를 끝내고 돌아간다면 고국에 돌아가서 과연 무슨 일을 할 수 있을까 하는 회의가 심각하게 다가왔다.[24]

---

23) 같은 책, 201~201쪽.

논문이 통과된 기쁨도 잠시였다. 원래는 1년만 채우고 돌아갈 생각이었으나 더 공부하고 싶은 열망이 생겼다. 지금까지 공부한 한 개인의 실존과 씨름하는 관념적인 신학이 아니라 사회를 개조하고 변혁하는 운동의 신학을 제대로 공부하고 싶었다. 이런 신학은 강원용 목사가 지금껏 해온 기독교적 사회운동과 통하는 것이고, 또 그것을 더 구체적으로 하고 싶은 욕망의 소산이었다. 여기서 돌아갈 수 없다. 강 목사는 미국 유니언 신학교에 가고 싶었다. 이 신학교는 특정 교파를 초월한 신학교일 뿐 아니라 강원용이 그토록 흠모한 니버와 틸리히(Paul Tillich)가 교수로 있었기 때문이다.

강원용 목사는 용정에서 김재준 목사를 만나며 보수·정통 신학에서 벗어난 신정통주의 신학을 만나고 충격을 받았다. 그 후에 니버를 통해서는 사회윤리면에서 새로운 눈을 뜨게 되었고, 틸리히를 통해서는 인간 실존에 대한 기존의 해석과는 다른 깊이와 넓이를 가진 자유로운 생각을 하게 되었다. 이제 강원용 목사는 이 둘을 결합하고 싶었다. "사회적 실천으로서 신학을 바라보는 사회윤리적 접근법뿐만이 아니라 근원적인 인간 실존의 문제 역시 진지하게 접근해보고 싶었다." 그러자니 니버와 틸리히가 함께 있고, 그들 외에도 정치, 사회 문제에 관심이 깊었던 베넷(John C. Bennet) 등이 있는 유니언 신학교는 강 목사에게 결코 포기할 수 없는 욕심이었다.[25]

이 일을 강원용은 기독학생회 총무 월슨과 상의하고는 유니언 신학교에 편지를 보냈다. 뜻밖에 놀랍고 고맙게도 "석사학위과정을 밟는 조건으로 1년간 1,400달러의 장학금을 지급할 테니 오라"는 답신이 왔다. 나중에 알고 보니 미국기독교교회협의회(The National Council of Churches, NCC)의 아시아 담당자로 일하던 사람의 도움으로 일이 쉽

---

24) 같은 책, 204쪽.
25) 같은 책, 205쪽.

게 되었다. 이 사람은 강원용이 NCC 청년학생부 간사로 일할 때 여러 번 한국에 방문해서 만난 일이 있었다. 그러나 가족은 또 어찌하면 좋은가? 아내와 김재준 목사에게 편지를 했더니, 둘 다 '기왕 간 김에 공부를 더 하고 오라'는 답신이 왔다. 결심이 굳어졌다. 1954년 5월 하순의 어느 날, 그동안 정들었던 캐나다와 거기서 돌보아 준 따뜻한 사람들의 전송을 받으며 강 목사는 새로운 학문의 장과 스승을 찾아 미국으로 떠난다.[26]

강 목사는 먼저 시카고에 도착해서 일리노이 주립대학교에서 개설한 두 달간의 외국인을 위한 영어강좌에 등록한다. 한국 학생들도 여럿 있고, 한인교회까지 하나 있어서 종종 설교를 부탁하는 바람에 외롭지도 않고 즐거웠다. 강 목사는 뉴욕에 가기 전 그해 8월에 에반스턴에서 열리는 WCC 제2차 총회에 참석하게 된다. 강 목사는 당시 WCC 청년부 위원이었기 때문에 '대한기독교장로회'를 대표하는 총대로서 참가 신청을 했으나 뜻밖에도 거절당하고 만다. 그런데 마침 이 대회의 총 책임자였던 후프트(Visser't Hooft)와 부녀지간처럼 지내는 당시 WCC 청년부 총무였던 다케다 기오코(武田淸子)의 도움으로, 정식 총대는 아니지만 협동 총대의 자격으로 참가허락을 받는다. 그녀는 해방 후 강원용이 일본에 갔을 때 만난 사람이었다.[27]

이 대회에 캐나다에서 신학 공부를 마치고 신문기자 자격으로 김정준 박사가 왔고, 박봉랑 목사도 왔다. 에반스턴 총회의 주제는 "예수 그리스도는 세상의 소망"이었다. 이때는 냉전체제가 굳어지고 미국에서도 극단적인 반공주의가 득세하고 있었다. 이런 상황에서 WCC는 양 진영의 극단적인 대립을 지양하고, 공존의 길을 찾자고 주장하고 있었다. 드디어 공존 문제가 의제로 다루어지자마자 한국대표단은

---

26) 같은 책, 205~211쪽.
27) 같은 책, 214쪽.

논의 내용도 제대로 듣지 않은 채 발언 신청을 하고는 연설부터 했다. 그런데 영어도 서툴러서 사회자는 무슨 말인지 모르니 잘 이야기하라고 한마디 했고, 참가자들은 웃는 촌극이 벌어졌다. 한국 대표단의 논지는 "WCC는 용공이고, 기독교인으로서 해서는 안 되는 술 담배를 한다"는 것이었다. 부끄러운 발언이었다. 이 총회가 폐막된 다음 강 목사는 일리노이 주 몬머스 대학교에서 열린 세계기독학생총연맹 이사회에 참석하게 되었다. 이 이사회의 프로그램에서는 한국문제도 다루었는데, 여기에는 한국의 기독학생운동에 관한 보고도 있었다. 한국에서 학생운동을 담당하던 셜던이라는 미국 선교사가 보고를 했다. 황성수의 보수파 학생운동을 이끌던 그는 「요한복음」 10장의 거짓 목자를 빗대며, 놀랍게도 실명을 거론하면서 "강원용은 한국기독학생총연맹을 만들어 양을 도둑질하고 있다"고 비난하지 않는가![28]

또 한번은 시카고에 머무는 동안 '한국인의 밤'이라는 행사에도 가보았다. 그 행사에서는 한국의 실정을 보여주겠다며 한국에서 찍은 슬라이드를 상영하고 있었다. 그런데 한국의 보통 상황이 아니라 일부러 극단적인 비참한 모습만 보여주는 것 아닌가! 강원용 목사는 "한국에 가서 저 슬라이드를 찍어 오신 분이 미국교회에서도 상당한 위치에 있는 지도자이므로 그분이 없는 사실을 허위로 만들었다고는 생각하지 않습니다. 하지만 나는 한국에 살면서 저런 비참한 모습은 본 적이 없습니다" 하고 말했고, 이 말에 주최 측은 당황해했다. 그러나 아무리 호의라고는 하지만 불쾌감이란 말로 할 수 없는 것이었다.[29]

뉴욕 브로드웨이 122번가, 허드슨 강이 흐르는 경치 좋은 곳, 해스팅 홀이라고 부르는 남자 기숙사 7층 22호실. 강 목사는 유니언 신학

---

28) 같은 책, 217쪽.
29) 같은 책, 218~219쪽.

교에 등록한다. 그는 공부에 대한 의지가 샘솟았다. 드디어 책을 통해서만 만났던 그 거물들을 직접 대면하고 육성으로 강의를 듣게 된 것이다. 힘든 공부, 새로운 생활, 물리칠 수 없는 연극과 영화 관람, 독일인 여성 유학생 에바와의 우정, 약을 잘못 먹고 병원에 실려 간 일 등.[30]

이 유니언에서 니버와 틸리히에게서 배우고 받은 감화와 학문적 사상은 나중에 강원용 목사의 신학사상에서 자세히 나누기로 하겠다. 여기서는 잊지 못할, 틸리히가 준 선물 이야기로 유니언 신학교의 아름다운 경험을 마무리하려고 한다. 강 목사는 틸리히 교수를 특별히 존경해서 서울에다 부탁해서 자개 명패를 만들어 선물로 준비해놓았다. 괄괄한 강 목사였지만 부끄러워서 그것을 건네지 못했다가, 틸리히 교수가 학교를 떠나기 직전에야 그의 우편함에 그 선물을 슬쩍 집어넣었다. 틸리히 교수에게서 만나자는 연락이 왔고, 강 목사는 그의 연구실을 찾아갔다. 그는 "당신이 준 선물 참 고맙게 받았습니다. 내 아내가 미술을 하는 사람인데 참 좋아해요. 나도 당신에게 선물을 주고 싶군요" 하면서 자기가 쓴 책 두 권에 친필 서명을 해서 건네주었다. 바로 캐나다에서 읽고 큰 감명을 받았던 『흔들리는 터전』(*Shaking of the Foundations*)과 『새로운 존재』(*New Being*)였다. 더구나 "내가 당신에게 이 책들을 번역할 권리를 줄 테니까 한국에 돌아가서 필요하면 번역을 해도 좋습니다" 하는 것이 아닌가![31]

유학을 떠난 지 2년 9개월 만인 1956년 5월 드디어 「한국가족제도에 대한 기독교적 접근」이라는 논문이 통과되어 강 목사는 신학석사 학위를 받게 된다. 경사가 겹친다. 학위를 받은 것만으로도 날아갈 듯 기쁜데 워싱턴의 한인 침례교로부터 주일마다 설교를 해주면 350달

---

30) 같은 책, 221~238쪽.
31) 같은 책, 249~250쪽.

러를 줄 테니 목사일을 맡아 달라는 요청을 받은 것이다. 신학석사학위를 받는 동시에 "이제 가족들 문제도 있고 하니 귀국해야 하나, 아니면 공부를 더 해야 하나"하는 고민 문제가 말끔히 해결되었다. 그리고 더 공부해야 할 이유도 분명해졌다. 강 목사가 유니언 신학교에서 공부한 것은 미국사회이지, 상황이 전혀 다른 한국사회는 아니었다. 호모섹스가 논쟁의 초점으로 등장하고 핵가족 문제가 뜨거운 논제가 되고 있는 미국사회와 한국사회는 다르다. 한국사회가 정치, 경제, 사회 문제 모든 영역에서 미국보다 까마득히 뒤떨어지기도 했지만 그 상황도 전혀 달랐다. 이런 진지한 생각 끝에 내린 결론은 사회학을 공부해야 한다는 것이었다.[32]

강 목사는 사회학을 공부하기 위해 뉴욕 14번가에 있는 사회문제연구대학원 대학교에 입학한다. 워싱턴 한인 침례교의 청빙을 수락하여 경제가 안정된 데다, 목사로 일하게 되어서 영주권도 나왔다. 이 행복한 사태에도 불구하고 강 목사는 여전히 갈등한다. 가족은 어떻게 할까? 그대로 한국에 두고 생활비만 보내주며 혼자서 계속 공부할까? 아니면 가족을 불러 미국에 눌러살까? 또 아니면 가족과 미국에서 함께 살면서 공부를 마치고 귀국할까? 이 모든 것이 가능하게 되지 않았는가? 그런데 이 갈등과 고민은 무엇인가? 강 목사는 공부는 계속하되 가족은 데려오지 않기로 결정을 내린다. 가족을 서울에 두어야 다시 돌아가 하나님께 한 약속을 지킬 것이기 때문이다.

어린 나이에 소 판 돈을 가지고 만주로 뛰쳐나갔을 때 이미 나는 내 한 몸 편해지기 위해 그랬던 것이 아니었다. 만약 그랬더라면 그렇게 가족들을 곤경 속에 내버려두면서까지 나서지 못했을 것이다. 경찰서에서 또 전쟁 중 죽음의 고비를 맞을 때마다 나는 하나님 앞

---

32) 같은 책, 279~281쪽.

에서 내 목숨을 살려주시면 나머지 인생은 하나님의 뜻을 받들며 살겠다고 약속하지 않았던가. 그런데 이제 와서 내 일신의 안정만을 취한다면, 나는 그전까지 살아온 내 인생을 송두리째 배반하는 것이 아닌가?[33]

그러던 차에 서울의 김재준 목사에게서 편지가 날아왔다. 이제 그만 한국으로 돌아오라는 것이다. 김재준 목사는 당시 한국신학대학 학장이었고 캐나다에서 후원을 얻어 수유리에 건물을 짓고 신학교를 옮겼다는 것이다. 이참에 '적용신학'(Applied Theology)이라는 학과를 신설하려고 하니 돌아오라는 것이다. 1957년 10월 초, 강원용 목사는 영주권을 불태우고 4년 만의 유학생활을 접고 그리운 가족의 품과 고국으로 돌아온다.[34]

33) 같은 책, 283쪽.
34) 같은 책, 283~292쪽.

제4부

경동교회의 목회 실천

1 교회의 모임과 목양

강원용 목사는 어떤 목회를 했는가? 다른 많은 교회와 경동교회의 목회
는 어떤 차이가 있으며 어떤 독특한 면이 있는가? 경동교회는 그 출발부
터가 어떤 제도적인 교회를 추구하지 않았다. 그 구성원도 선린회와 신
우회 같은 지식인과 청년들이 중추를 이루었다. 그 이상도 그리스도교
신앙을 가지고 사회를 개혁한다는 것이었다. 그럼에도 대형 교회들과
같은 성장은 아니지만, 교회는 꾸준히 성장하고 늘면서 한국을 대표하
는 교회 가운데 하나가 되었다. 이 과정을 살펴보려고 한다. 이를 위해서
바르트의 교회론을 경동교회의 목회를 분석하는 틀로 삼았다.

바르트는 그의 『교회교의학』(*Die Kirchliche Dogmatik*) 제4권(화해에 관한 교
의)에서 구체적인 역사 속에서 존재하는 '교회의 3중의 존재양식'을 설명
하고 있다. '교회의 모임' '교회의 세움' '교회의 보냄'이다. 간단히 정리
하면 '교회는 하나님의 부름을 받아 모이고, 모인 공동체는 말씀과 성만
찬으로 세움 받고, 세움을 받은 교회는 세상을 향해 보냄을 받는다'는 것
이다. 그리고 이 교회의 3중의 존재양식은 화해의 사역을 위한 것이다.

이 장에서는 경동교회의 구체적인 교역 실천을 알아보기 위해 '교회의
모임'을 경동교회에 모인 회중의 영혼을 돌보는 '목양'의 차원에서 살펴
볼 것이다. '교회의 세움'은 전체 회중을 아우르는 '목회'를 통해 살펴볼
것이다. '교회의 보냄'은 보냄을 위한 훈련과 선교의 내용을 통해 살펴
볼 것이다.

경동교회를 담임하다

강원용 목사는 미국에서 보장된 안정적인 삶을 버리고 돌아온다. 그의 신학의 길과 유학의 길이 자의 반 타의 반이었듯이, 경동교회도 자의 반 타의 반으로 담임목사가 된다.

강원용 목사는 귀국한 그 주일에 경동교회에서 설교를 하게 된다. 미국에서 왔다고 사람들이 몰려와서 허름한 예배당을 가득 채웠다. 설교제목은 「로마서」12장 2절에서 따서 "이 세상에 적응하지 말라"로 정했다. 설교 본문은 「누가복음」15장의 '돌아온 탕자' 이야기였다. 첫 귀국 설교 자체가 역설을 사용한 도발적인 내용이었다.

나는 그 얘기를 언급하면서 환경에 잘 순응해 사는 맏아들보다 순응을 거부하고 집을 뛰쳐나간 둘째 아들, 즉 탕자를 옹호하며 "먼저 순응을 거부하는 생활부터 하자"고 역설했다. 그리고 탕자를 받아들인 아버지 얘기를 하면서 율법의 하나님이 아닌 '사랑의 하나님'에 대해 얘기했다.[1]

그러나 설교단에 선 강 목사의 눈에는 교회가 너무도 초라하고 한심했다. 예배 순서 쪽지에 성가대 순서는 있는데 성가대원은 없고, 풍금이라고 있는 것은 치면 악기 음이 나는 것이 아니라 삐걱 소리만 났다.

강원용 목사가 귀국했을 때 담임목사는 김재준이었다. 원래는 김재준 목사가 교수 자리를 약속해서 선뜻 귀국하지 않았던가! 약속한 교수 임용 문제가 이루어지지 않게 되자 김재준 목사는 경동교회를 맡아 달라고 한다. 장로들은 김 목사 사임은 절대로 안 된다고 하면서

---

1) 『역사의 언덕에서』 2, 316쪽.

강원용 목사에게 부목사를 맡으라고 했다. 그러나 부목사 봉급으로는 도무지 자녀들이 넷이나 있는 가족을 부양할 수 없었다. 아내 김명주도 강 목사가 돌아오며 전도사 일을 그만두어서 과외 수입도 없는 형편이었다. 후회막급이지만 어쩌랴!

교회 재정은 전기요금, 수도요금을 주일헌금으로 간신히 내는 형편이었다. 교회 건물은 언제 무너질지 드나들기가 무서울 정도여서, 하루라도 빨리 지어야 하는 상황이다. 강 목사는 이 시급한 교회당 건축 문제를 위해 제직회를 소집했다. 교인들에게도 교회 건축 참여를 독려했다. 처음에는 교인들의 호응이 없었다. 그러나 나중에는 고맙게도 가난한 처지의 교인들이 선뜻 나서는 것이다. 후에 알고 보니 강 목사가 미국에서 돌아오며, 교회를 지을 돈도 지원받아 온 줄 알고 그랬다는 것이다. 아무튼 이럴 수도 저럴 수도 없고, 김 목사님에게 고충을 솔직하게 털어놓을 수도 없어서 강 목사는 혼자 속앓이만 하게 되었다.

바로 이런 때 강원용 목사는 기독교장로회 가운데 제법 큰 성남교회에서 청빙을 받는다. 성남교회는 경동교회와 같이 출발한 바울 교회다. 이 사실을 안 김재준 목사가 먼저 장로들과 집사들을 모두 모아 놓고 양자택일을 하라고 통고했다. 그 내용은 강 목사를 담임으로 하고 자기를 이선으로 물러나게 하면 자신도 계속 교회와 관계를 갖겠지만, 그렇지 않고 강 목사가 성남교회로 가면 자신도 더 이상 경동을 책임지지 않겠다는 것이었다. 결국 교회도 어쩔 수 없이 강 목사를 책임자로 앉히기로 결정했다. 자의 반 타의 반이다. 강 목사는 "사정이 그렇게 되자 나 역시 경동교회를 두고 다른 데로 갈 수가 없어서 그냥 계속 맡기로 마음을 바꾸었다"고 한다.[2]

이렇게 강원용 목사는 경동교회의 담임목사가 되었다. 1958년 12월

---

2) 같은 책, 319쪽.

7일에 담임목사 취임식을 했다. 여기서 놓치지 말아야 할 사항이 있다. 함께 시작한 성남교회는 큰 교회가 되었는데, 경동교회는 왜 이렇게 가난하고 초라한 채로 있는가 하는 점이다.

강원용 목사는 이제 본격으로 경동교회의 목회를 하게 된다. 물론 야고보 선린전도단 때부터 강 목사는 기독학생운동과 정치운동만큼이나 교회 일에 적극적으로 관여했다. 목사가 되고 부산 피란 시절에도 김재준 목사님을 도와 교회 일을 했지만, 거기서도 학생운동이다 강연이다 해서 교회 일을 제대로 하지는 않았다. 강원용 목사가 담임목사가 되기까지 예배며 설교며 목회는 김재준 목사가 했다. 김재준 목사 스스로가 이렇게 자기 목회를 회고한다.

나는 교인 '수'에는 별로 괘념(掛念)하지 않았다. 소수라도 '바탕'이 문제라고 보았다. 가정심방도 거의 못 한다. 부흥회도 안 한다. 그 대신에 연속강연 또는 신앙강좌를 이삼 일 계속한 일은 몇 번 있다. 불만한 교인들은 딴 교회로 간다. 가도 채근하지 않는다. "갈 사람은 가고 있을 사람은 있어라"다. 십일조 낸 사람, 특별 연보 낸 사람을 회중 앞에 공개하지도 않는다. 하나님이 아시면 그것으로 족하다고 가르친다. 그 대신 나는 창설부터 10년 동안 거마비정도 받았다. 교인들도 내게 대해서는 그런 것을 고려할 의무를 느끼지 못할 정도로 가까운 거리(距離)에 있는 것 같았다.[3]

이제 강원용 목사가 뒤를 이어받는다. 김재준 목사와 그 목회방식이 달라졌는가? 김재준 목사가 목회하던 1949년의 풍경이다. 교회는 차고 넘쳤다. 매 주일 교인은 증가하여 콩나물시루같이 앉고, 앉을 자리가 없어서 현관에 차고 넘치고, 6·25전쟁 주일에는 사무실까지 교

---

3) 『김재준 전집』 13, 342쪽.

인이 증가하여 차고 넘쳤다.[4] 강원용 목사가 담임하고도 교인의 수는 주일마다 늘어났다. 한번 드리는 예배에 다 참석할 수 없으리만큼 폭증했다고 한다.[5]

강원용 목사와 함께했던 교우들의 기억에 따르면 70년대에는 등록 교인이 매주 100명씩이나 되었다고 하는데, 교인으로 남는 사람은 별로 없었다고 한다. 그래서 한번은 수원 아카데미에서 매주 등록하는 사람은 많은데 교인으로 남는 사람이 없는 문제에 대해서 자체 분석을 하는 모임도 열었다고 한다. 매주 100명이 등록해서 10퍼센트만 남았어도, 경동교회는 대형교회가 되었을 것이다.

경동교회 창립 25주년을 맞는 날의 교세는 "장년부의 경우만 986명이었는데, 남자가 513명, 여자가 473명이었으며, 당회원 8명에, 남집사 49명, 여집사 80명의 틀 잡힌 교회로서의 위치에 있게 되었다"[6]고 보고하고 있다. 여기에 스스로의 자부가 들어 있다. "장년부의 경우만"과 "틀 잡힌 교회로서의 위치"란 표현이다. 100명씩이나 등록했지만 남는 사람이 없다는 말과는 약간 대조적이다.

아무튼 강원용 목사 자신이 자신의 설교를 들으러 사람들이 모여들었다 해도 그들이 교회에 남는 것은 별로 원하지 않았고, 매주 100명씩 한 달에 400명씩 등록해서 큰 교회로 키우는 것도 원치 않았다고 한다. 그러나 이것도 어느 정도 모순이 있다. 1965년 8월 초 『경동교회 회보』 3쪽의 보고다. 교인의 수는 주일마다 늘어났다. 한 번에 드리는 예배에 다 참석할 수가 없으리만큼 폭증했다. 예배를 2부제로 보지 않을 수 없게 되었다. 오전 10시와 11시 30분 두 번을 드리게 되었다. 경동교회는 이것은 영락교회에 이어서 두 번째로 이루어진 일이

---

4) 『경동교회 30년사』, 64쪽.
5) 같은 책, 121쪽.
6) 『경동교회 40년사』, 140쪽.

라고 긍지를 가졌다고 적고 있다. 그러나 강원용 목사는 이렇게 말했다. "서울 안에는 700~800명 이상 모일 수 있는 교회가 얼마든지 있다. 우리가 그 정도라도 우리 교회를 건축해낼 성의만 있다면 2부제는 할 필요가 없기 때문이다." 강 목사의 이 말은 2부제를 드릴 만큼 사람들이 많이 온 것을 싫어한 것이 아니다. 700~800명 정도는 거뜬히 수용할 예배당을 마련해야 한다는 뜻이었다.[7]

이렇게 역동적인 교회 성장에도 불구하고 경동교회가 갖는 약한 면이 있다. 선린형제단을 주축으로 야고보 교회가 시작되었을 때, 얼마나 열정적이었던가?『경동교회 40년사』는 회고한다.

삶을 강조한 경동교회, 참여의 성육신을 그 첫날부터의 불기둥으로 삼아 걸어온 교회, 그래서 '야고보'의 교회라고까지 불렀던 교회가 이제는 변모했다는 말인가?[8]

경동교회 창립 40주년을 맞으며 스스로 반성하는 말이다. 경동교회는 강원용 목사의 설교를 들으러 온 대졸자가 55.7퍼센트로 가장 많으며, 강원용 목사의 카리스마 때문에 나와서, 강원용 목사의 설교가 없는 주일 밤에는 거의 출석을 하지 않고, 심방 받기를 꺼리며, 서로 친밀한 대화나 친교가 없고, 교회훈련에 열심과 성의가 없다는 것이다.[9]

경동교회는 아름다운 이상과 함께 처음부터 그림자를 가지고 있었다. 이미 밝힌 바 있다. 강 목사는 경동교회의 구성원들이 모두 가난한 고학생이었다고 했지만, 이들은 대한민국 최고의 지성들이었고,

---

7) 같은 책, 122쪽.
8) 같은 책, 136쪽.
9) 같은 책, 134~136쪽.

전쟁 후에는 모두 여러 영역에서 지도자가 되었으며 중산층 이상의 생활을 하는 사람들이었다. 이런 사회계층 구성원이 그 후로 경동교회의 주축을 이루고 있는데, 경동교회 스스로가 자기들을 이렇게 규정하고 있다. 이것은 1969년의 자체 보고서이지만, 오늘까지도 그 특성은 계속된다.『경동교회 40년사』에서도, 소외감, 친교부족이라는 지성인 교회로서의 문제점을 아쉬움으로 지적하고 있는 것이다.[10]

① 젊은 층이 많은 교회다.

② 지식층이 많은 교회다.

③ 대학생과 화이트칼라 위주의 교회다.

④ 남녀 구성이 비슷한 교회다.

⑤ 한 집단으로서의 구성원이 과잉 비대하여 통제력이 약화되어 있으며 내적으로 조직화되어 있지 못하며, 확고성과 집성력(集成力)이 약한 편이다. 집성력의 비율은 45.7퍼센트다.

⑥ 교회 구역이 서울시 전역으로 매우 넓다.

⑦ 목사님의 리더십이 매우 크다.

⑧ 교인들 대부분은 타 교회 다니던 사람으로 타 교회에서 만족감을 느끼지 못한 사람이 나오는 것으로 보인다.

⑨ 1965년 이전은 학생들이 많은 비율을 차지하여 불안정한 상태였으나 1966년 이후는 가족 단위 출석의 증가로 안정기에 들어섰다.

⑩ 교인들은 현대인의 특징인 무관심, 비소속감, 소외감을 상당히 많이 나타내 보이나 세대 간의 뚜렷한 사상적 차이는 엿보이지 않는다.[11]

---

10) 같은 책, 182쪽.
11) 신우회 좌담회가 내놓은 「보고서」, 1969. 7. 13, 64~65쪽.

이 요소들은 경동교회가 가진 장점이자 문제점이다. 1958년 12월 7일의 창립기념주일 설교에서 강원용 목사는 1945년 해방과 함께 시작된 교회의 자랑스러운 역사를 회고한다. 그때는 아주 작고 보잘것없는 무리였으나 경동은 한국교회의 새로운 샘터교회였고, 경동의 강단, 청년운동, 학생운동, 교회학교, 교회봉사는 더욱 그러해서 창립 당시에는 성공적이었다고 한다. 그러나 그때와 비교해서 지금은 어떠한가? 교회교육은 어떤가? 교회의 모임은 친교인가? 신앙공동체 모임인가? 대학생들 모임은 종교 특강으로 떨어진 것은 아닌가? 밤 예배는 왜 출석을 하지 않으며, 기도에 열심을 내지 않으며, 나눔의 생활을 실천하지 않는가? 하고 묻고 있다.[12] 즉 몸이 없는 관념 신앙에 대한 반성인 것이다.

그럼에도 불구하고 강원용 목사는 이런 친교문제 때문에 구역을 조직한다든지, 조직을 만든다든지, 심방을 한다든지 하는 일을 달갑게 여기지는 않았다. 와서 설교 듣고 말씀에 은혜 받아 양으로 남든지, 떠나든지 하는 식이었다. 강원용 목사는 무척 바쁜 사람이었다. 교회와 교인들 한 사람 한 사람을 세심하게 보살필 수가 없었다. 훗날 강 목사는 자신의 목회생활을 되돌아보며 이렇게 아쉬움을 표현한다.

만일 세상에 다시 태어나 다시 목회를 한다면 지금까지 해온 일 중 계속하고 싶은 것이 몇 가지 있다. 목회자는 언제라도 자기의 목회원칙을 실천할 수 없는 경우를 위해 물러나야 할 때는 용감하게 물러날 마음의 준비를 항상 하고 있어야 한다는 것과 교회의 목회는 부단히 새로워지는 갱신이 있어야 한다는 것과 신도, 즉 주님이 맡겨준 양들을 돌보는 일이 교회라는 조직이나 기구보다 우선적이어야 한다는 점 등이다. 그러나 지금까지 해오던 목회에서 대폭 고

---

12) 『돌들이 소리치리라』, 53~54쪽.

쳐야 할 점들 역시 많이 있다. 목회자는, 전체 교회와 사회와의 관계를 맺더라도 그것은 자기 삶의 극히 일부이어야 하고 많은 시간을 목회자 자신의 기도, 명상, 사색, 독서에 힘쓰면서 교우 한 사람 한 사람과의 심층적 만남이 이루어져서 그들의 실존 깊은 곳에서의 이해를 통해 올바른 이해를 토대로 그것이 설교에, 기도에, 교회교육에, 목회에 반영되어야 한다고 생각한다. 씨를 뿌리기만 하고 해충과 잡초를 제거해주고 그것이 잘 자라 거두는 일을 게을리한 농부같이 목회를 해온 것 같다.[13]

그러나 강원용 목사가 바빠서만도 아니고 교인들을 사랑하지 않아서만도 아니다. 소모임이나 구역을 조직하고, 심방해서 상담하는 목회는 개혁교회의 목회 방식이 아니었기 때문이다. 강 목사의 사상과 신학의 근본 토대는 '신정통주의'다. 그는 용정에서 김재준을 만나 율법주의, 근본주의를 깨고, 신정통주의 신앙에 충격을 받았다고 했다. 강원용의 사상과 신학 그리고 목회의 뿌리는 바로 개혁교회의 말씀 목회인 것이다.

말씀을 통한 목회

김재준 목사와 강원용 목사는 목회를 하지 않은 것이 아니다. 개혁교회 전통의 목회를 고집한 것이다. 바르트의 교회의 '모임'과 모인 교인들에 대한 경동교회의 '목양'을 나누어보자.

"두세 사람이 모이는 자리에는, 내가 그들과 함께 있겠다"(「마가복음」 18장 20절). "어떤 사람들과 같이, 모이는 일을 그만두지 말고, 서로 격려하여, 그날이 가까이 오는 것을 볼수록 더욱 힘써 모입시다"(「히

---

13) 『강원용 전집』 11, 285쪽.

브리서」 10장 25절). 이처럼 모이는 곳이 교회다. 바르트는 모임공동체의 교회를 정의하며 '그리스도의 몸'을 이야기한다. 이 그리스도의 몸 개념은 본회퍼(Dietrich Bonhoeffer)의 영향이기도 하다. 그리스도가 이 땅에서 하나님의 현존이듯이, 교회는 그리스도의 현존이다. 그리고 그리스도의 교회는 구체적인 시공간의 역사 안에 존재하며, 이 몸은 성도들의 친교이며 성령의 역사를 통해 자신을 드러낸다.[14]

이 교회의 모임에서는 그 신학적 정의보다는 구체적인 교회 현장의 교역실천을 찾아보는 의미에서 '목양'을 살펴보려고 한다. 전통적으로 '목양'이라면 교회에 모인 한 사람 한 사람의 영혼을 돌보는 일이다. 어떤 면에서 경동교회는 이 목양에 소홀한 점이 있고, 그것을 25주년과 40주년 때 스스로의 반성거리로 지목하고 있다. 그러나 개혁교회 전통의 독특한 영혼 돌봄의 목회가 있는데, 교파적인 차이가 없는 한국교회에서 그것을 잘 이해하지 못하기 때문에 생긴 오해도 있다.

이기춘은 와이즈(Carroll Wise)의 『목회적 돌봄의 의미』(The Meaning of Pastoral Care)를 『목회학개론』이라는 이름으로 번역하면서 이렇게 안내하고 있다.

와이즈의 이 책은 1960년대의 저작이다. 아울러 책의 이름도 '패스토랄 캐어의 의미'라고 되어 있다. 그러나 편의상 그 내용을 살려 '목회학개론'이라고 이름을 고쳐 보았다. 이 책은 이제 고전이 되었다. 그러나 아직도 패스토랄 케어를 신학적으로 규명하는 데 있어서 이 책을 능가할 만한 저작이 아직 나오지 않고 있다. 그러므로 설교와 예배를 효과적으로 수행하는 것이 바로 목회학이라고 생각하는 오해에 대하여 인간의 영혼을 돌보는 것이 바로 목회학이라는

---

14) 교회의 모임에 대해서는 바르트의 『교회교의학』 제4권 제3장을 볼 것.

것을 명쾌하게 알리는 데 있어서 이 책은 더할 나위 없는 최상의 것이기에 우리말로 옮겨보았다.[15]

역자의 이 말을 옮긴 이유는 강원용 목사의 목회, 나아가 개혁교회의 목회를 이해하는 중요한 진술이 있기 때문이다. 이기춘은 "설교와 예배를 효과적으로 수행하는 것이 바로 목회학이라고 하는 오해"라고 했는데, 바로 이것이 개혁교회의 '말씀 목회'의 핵심이기 때문이다.
바르트의 친구이며 동료인 트루나이젠(Eduard Thurneysen)은 개혁교회의 목회론을 집대성한 신학자이다. 그는 '신정통주의 목회론'을 정립했다. 목회는 독일어로 'Seelsorge'이다. 곧 '영혼의 돌봄'으로, '목양'에 해당된다. 그러므로 '목회'라는 단어를 '목양'으로 고쳐서 트루나이젠의 글을 읽어도 무방하다고 본다. 목양이란 교회 대중에 선포된 메시지를 개개인에게 전달하는 것이다. 설교, 곧 선포행위는 영혼을 돌보는 목양의 핵심이다.

목회는 교회 안에서 하나님의 말씀을 개개인에게 전달하는 데에 그 본질이 있다. 교회의 모든 정통 기능과 마찬가지로 목회도 교회에 주어진 살아 움직이는 하나님의 말씀에 바탕을 두고 있다. 그러므로 이 말씀이 여러 가지 모양으로 전달되어야 한다.[16]

예배와 설교를 토대로 하지 않는 다른 프로테스탄트 교파 전통의 인간 영혼의 돌봄은 심방을 통한 신앙상담이나 목회상담으로 발전한다. 이것이 갖는 장점도 있다. 그러나 모인 전체 회중에게 예배와 선

---

15) 와이즈, 이기춘 옮김, 『목회학개론』, 대한기독교서회, 1984, 5쪽.
16) 트루나이젠, 『목회학원론』(*Die Lehre von der Seelsorge*), 한국신학연구소, 1975, 7쪽.

포를 강조하는 개혁교회의 말씀 목회는 개개인의 영혼을 돌보는 목회의 문제를 지적한다. 목회가 너무나 개인적인 영혼구원이나 마음의 치료로 치우치는 '개인적 경건의 돌봄'으로 떨어질 수 있다는 것이다. 목회가 하나님의 주권과 도우심이 아니라 한 인간의 상황에 초점이 맞추어질 수 있다는 것이다.[17] 현대교회 목회가 이처럼 개인적인 경건과 욕구를 충족하려고 할 때, 개인 안에 도사린 죄와 회개의 요청 그리고 회개와 용서를 통한 기쁨보다는 개인의 욕구를 충족시키는 역할을 하게 된다는 것이다.[18] 아울러 개인 경건을 위한 목회는 오고 있는 하나님 나라의 종말론적인 기대가 약하다. 옛사람과 새 사람의 단절이 없는 것이다. 또한 목회상담과 같은 돌봄의 방법은 인간적인 방법이지 성령의 역사라고 할 수는 없다. 말씀을 통한 성령의 역사가 사람을 치유하고 변화시킨다.[19]

상담목회에서 중요한 과정은 '대화'다. 말씀 목회에서도 대화는 가장 중요한 수단이다. 목회상담의 대화와 비교할 때 말씀 목회의 대화는 '복음적인 대화 목회'라고 할 수 있다. 신자들의 상처나 신앙의 문제들을 들어주고, 심리치료를 응용한 목회상담의 대화와는 달리 목회 대화는 죄로 병든 인간을 향해 하나님의 말씀을 전달하는 것이다.

목회대화를 통해 우리가 기대하는 바는 바로 말씀을 듣는 자로 하여금 회개를 하게 하며, 회개를 통해 그 말씀이 구체적인 삶 속에서 뿌리박게 함으로써 전에는 방황했으나 이제는 정착하며, 전에는 매여 있었으나 이제는 해방을 받고, 전에는 불안 속을 헤맸으나 이제는 위로를 받는 삶이 되게 하는 것이다. 이러한 삶의 변화는 항상

---

17) 같은 책 참조.
18) 트루나이젠, 『목회학실천론』(Seelsorge in Vollzug), 한국신학연구소, 1978, 51, 53~55쪽.
19) 같은 책, 57~61쪽.

계명과 교훈의 형태로, 즉 율법의 형태로 이루어지는 것이다.

......

그러므로 율법이 선포되는 곳에는 반드시 복음이 선포되어야 하며 율법도 복음을 완전한 내용으로 갖춘 율법으로 선포되는 것이고 성화로서의 의인, 의인의 실천으로서 성화가 선포되고 이루어져야 하는 것이다.[20]

이런 목회 대화에서 목표로 하는 것은 '회개'와 '용서' 그리고 '새 사람'이다. 그러므로 목회 대화의 형태는 철저하게 그 출발도 하나님의 말씀이요, 그 귀결도 하나님의 말씀이다. 말씀의 능력이 인간의 능력보다 강력한 것이다.

말씀 목회에서도 개개인의 삶의 상황과 욕구는 가장 중요하다. 주일 예배의 모임에서 선포된 말씀은 다양한 상황 속에 있는 개개인에게 전달되어야 한다. 그러나 이것은 무슨 구역모임이나 소그룹 친교 그리고 심방과는 다르다. 찾아가서 목회 대화를 실천하는 데 그 목적이 있다. 이런 의미에서 심방이나 소그룹 모임을 '개인들을 향한 목회 대화'라고 부를 수 있다. 트루나이젠은 개인들을 향한 목회 대화를 실천할 때 명심해야 할 두 가지를 제시한다. 첫째, 대화의 상대자가 펼치는 인간적인 삶의 상황을 파악하고 그 상황을 하나님의 말씀에 의거하여 전달하는 것이다. 둘째, 상황을 받아들이는 행위는 하나님의 말씀에 비추어 주어진 인간상황을 구체적으로 관심한다는 뜻이다. 이 때문에 상황에 주어지는 말씀과 함께 상황을 받아들이는 행위는 목회 대화에 있어서도 아주 중요한 요소다.[21]

목회 대화의 방법과 내용의 핵심은 '말씀과 개인 상황' 또는 '개인

---

20) 같은 책, 221~222쪽.
21) 『목회학원론』, 107~108쪽.

상황과 말씀'이다. 이런 목회 대화의 원리에 따라 한국기독교장로회는 『예배서』를 펴내면서 '목회예식'을 공동체나 개개인의 삶의 상황에 따라 분류하여 말씀을 선포하고, 그 말씀을 확증하는 의례를 마련해서 안내했다. 이 목회예식은 다양한 목회의 상황에 따라 '믿음예식' '희망예식' '사랑예식' '축복예식' '목양예식' 등 다섯 가지로 분류하여 말씀과 예식을 마련했다. 이 '목회예식' 안에 심방, 상담, 교육 등의 기능들을 통합했다.[22] 전체 회중을 향한 것이 되었든, 개개인의 상황을 위한 것이 되었든 예배와 말씀 선포의 강조는 개혁교회 전통에서 온 것이다.

루터도 칼빈도 참 교회를 "말씀이 바르게 선포되고, 성례가 적합하게 거행되는 곳"이라고 정의했다. 여기에다 개혁교회에는 제3의 교회의 표지가 있다. 그것은 교회의 '훈련'(discipline)이다. 이 훈련이란 의미를 한국교회는 '권징'이니 '치리'니 하는 부정적이고 징벌하는 내용으로 이해하고 있다. 그러나 말씀, 성례, 교회의 훈련은 모두 목양을 위한 복음적인 수단이다. 요한 칼빈은 권징을 말할 때도 가부장적인 엄격한 것으로 전하지 않았다. 그가 "어머니로서의 가시적 교회"를 말한 대로, 권징 또한 어머니 같은 행위이다. 권징은 벌을 주기 위해서가 아니라 부끄러움을 느껴서 회개할 수 있게 하기 위해 사용해야 한다. 온유한 심령으로 해야 하며, 엄한 벌을 주어서는 안 되고 사랑으로 해야 한다.[23]

말씀 목회의 토대 위에서 교회의 '훈련'을 목양으로 처음 정리한 개혁자는 부처(Martin Bucer)다. 부처에 따르면 주님은 성령을 통해 회개와 죄의 용서를 위한 말씀을 선포하기 위해 목회자를 세우셨다. 그리

---

22) 한국기독교장로회 총회, 『희년예배서』, 한국장로교 100주년기념, 2015; 『목회예식서』, 2013.
23) 칼빈, 『기독교강요』(*Institutio Christianae Religionis*), 제4권 제12장 5, 8, 9항.

고 그 말씀으로 영혼을 돌보는 그 모든 방법은 훈련으로 이루어졌다. 다음과 같은 문장에 공동체와 개인생활에서 말씀선포와 훈련의 의미가 집약되어 있다.

바로 이 때문에 그리스도의 교리와 훈계를 회중과 설교단에만 제한시킬 수 없다. 공적인 모임에서 배운 것과 훈계는 그저 보편적인 적용으로만 간주하고 자기 자신보다는 남에게 적용시키려는 사람이 너무 많기 때문이다. 따라서 반드시 자기 집에서도 개별적으로, 그리스도 안에서 가르침과 인도를 받아야 한다. 바로 그런 이유 때문에 교회가 주 그리스도 안에 있는 사람들 저마다에게 회개와 신앙을 가르치는 개별적인 접근을 유지함으로써 지혜롭게 행동했던 것이다.[24]

강원용 목사의 목회는 사실상 교회 안보다는 교회 밖 세상을 향해 있다. 강 목사는 모인 청중들이 자신의 설교를 듣고 변화되어서 세상을 개조하는 그리스도인의 역할을 하기 원했다. 그래서 강 목사의 모든 설교는 개개인의 영혼을 위한 설교일지라도, 반드시 그 개인은 그리스도를 통해 변화되어 세상을 위한 사명을 다해야 한다고 강조한다.

교회에서 사람들은 정말 마음의 방향을 찾을 수 있어야 합니다. 가치를 찾을 수 있어야 합니다. 자기 자신이 살아갈 삶의 터전을 찾을 수 있어야 합니다. 이런 참된 마음의 양식을 교회는 오늘 전력을 다해서 제공해주어야 하지 않겠습니까? 오늘의 교회는 모든 것

---

24) 부처, 신현복 옮김, 『영혼을 돌보는 참된 목회자』(*Von der Waren Seelsorge*), 아침영성지도연구원, 2013, 258쪽.

이 깨져가고 부서져가고 비인격화가 되어버리는 이 인간관계를 회복시키고, 정말 나와 너와의 진정한 만남을 이루어주는 장소로서의 역할을 해야 되지 않습니까? 오늘 우리는 "나의 백성을 위로하여라" 하는 이 말을 이 사막과 광야 속에 살고 있는 사람들에게 전할 수 있어야 하지 않습니까?[25]

강원용 목사에게는 개인의 영혼도 중요하지만 말씀이 선포되는 교회의 역할이 중요했다. 개인의 죄를 회개시키는 말씀의 장소는 '말씀과 악령추방'이라고 하는 세상의 문제로 직결된다. 개개인이 죄의 속박에 매인 이면에는 눈에 보이지 않는 악령의 세계와 악령의 세력이 들어차 있음을 성서는 증언한다. 그러나 이런 보이지 않는 세계 속에서도 하나님은 예수 그리스도를 통해서 지배권을 행사하시기 때문에 사죄가 있는 곳에는 사탄의 세력도 종말을 고한다. 그러면 사탄은 더 이상 인간을 파멸로 이끌지 못한다. 이 사탄을 파멸에 이르게 하는 것은 말씀이다.[26]

보이지 않는 이 악령의 활동 무대는 바로 이 세계다. 이 악한 세계의 질서가 개개인의 영혼도 파멸시킨다. 이 때문에 개개인을 향한 목회 대화는 우리가 사는 세계의 사회, 정치, 경제 문제를 회피해서는 안 된다. 그리스도와 그 말씀이 악마를 추방하고 승리하는 영역은 개인 생활만이 아니라 전 세계까지 확대되어야 한다. 이에 따라 목회는 세상까지도 위로하고 권면하는 말씀을 선포해야 한다.[27] 강원용 목사는 바로 이 세계를 향한 말씀 목회를 경동의 강단에서 한 것이다.

이 같은 개혁교회의 말씀 목회는 점점 개인화되고, 인간의 욕구를

---

25) 『돌들이 소리치리라』, 90쪽.
26) 『목회학원론』, 275쪽.
27) 같은 책, 282~286쪽.

충족시키는 현대문화와 현대문화에 너무 쉽게 동화된 현대교회의 목회가 새롭게 새겨보아야 할 것이다. 이와 함께 이 말씀 목회에 대해 한 가지 비평을 하자면, 말씀 목회는 개개인의 내면과 심층을 돌보는 일도 마음을 열고 수용해야 한다는 것이다.

오늘날에 와서는 '말씀 목회'와 '상담 목회'는 통합되어 가고 있다. 상담 목회를 집대성한 클라인벨(Howard Clinebell)은 개개인의 삶의 위기와 발달의 장애 그리고 영적인 혼란 등의 상황을 목회상담적으로 접근한다. 그러나 결코 개인주의적인 접근이 아니다. 그는 '해방-성장 모델'을 가지고 영혼을 돌보는 목회상담을 전개한다. ① 인간의 마음을 북돋워주는 일 ② 몸의 생기를 회복시키는 일 ③ 다른 사람과의 관계를 친밀하게 갱신하는 일 ④ 자연과 생물권과의 관계를 심화시키는 일 ⑤ 조직사회와의 관계 속에서 개인 생활이 성장하는 일 ⑥ 하나님과의 관계를 깊게 하는 일. 이 여섯 분야는 서로 얽혀 있어서 통전적인 차원에서 개인의 영혼을 돌보아야 한다는 것이다.[28]

경동의 목양자들

친교가 없느니, 열심이 없느니, 구역 조직이 없느니 하는 푸념이 있지만, 누군가 세심히 돌보지 않았다면 지금의 경동교회가 있을 리가 없다. 김재준 목사도 지성적인 설교만 했지 교회를 세심히 돌보지는 않았다. 강원용 목사도 강연이다 학생운동이다 바빠서 담임목사가 되기 전까지는 교인들을 세심히 돌본 적이 없다. 물론 강원용 목사는 담임목사가 되고서도 교인들을 심방하며 위로하고 격려하는 그런 일은 별로 없었다.

---

28) 클라인벨, 박근원 옮김, 『목회상담신론』(*Basic Types of Pastoral Care and Counseling*), 대한예수교장로회출판국, 1987, 46~76쪽.

경동교회의 초창기에 세심하게 교인들을 돌본 목사가 바로 이상철이다. 전쟁이 끝나고 부산에서 서울로 교회가 환도할 때, 김재준 목사를 모시고 교회를 맡았던 강원용 목사가 캐나다로 유학을 떠났다. 그러자 경동교회는 이상철 목사에게 부교역자가 되어줄 것을 요청했다. 이상철 목사는 김재준 목사의 사위다. 그래서인지 부교역자라기보다는 교회의 크고 작은 일들을 돌보는 심부름꾼 같았다고 한다. 이상철이 맡은 것은 주일과 수요일 저녁예배 그리고 교우들의 가정 심방과 학생지도 등이었다. 이상철은 학생들을 돌보는 일과 가정심방을 하는 일에 주력했고, 특별히 환자들 심방에 정성을 다했다. 얼마나 정성으로 돌보았는지 임종을 맞은 한 노인 교우는 이상철 목사의 손을 꼭 잡고 자기가 죽으면 목사님이 모든 것을 돌봐주어야 한다고 부탁했다. 그리고 이상철 목사는 손수 염을 하고 수의를 입히고 장례를 치러 주었다. 이상철 목사는 교회가 안정되어가고 화목한 공동체로 자리 잡혀갔다고 회고한다.[29]

강원용 목사의 가족이 서울로 와서 경동교회 사택에 살던 그때부터 헌신을 다해 교회를 지키고 돌본 사람은 강원용 목사의 사모 김명주이다. 이상철 목사는 여교역자가 꼭 필요했기 때문에 강원용 목사 사모를 전도사로 임명했다. 김명주 사모가 경동교회를 어떻게 섬겼는지는 이미 이야기했다.

교회가 서자 교회 일에 전념할 전도사가 필요했다. 1946년부터 유정화가 전도사로 봉사한다. 유정화 전도사는 동경신학대학교를 졸업한 수재다. 그러나 교회를 위해서는 온 삶을 바쳤다. 그 당시는 고학생들이 모인 가난한 교회였기에 봉급을 제대로 받지 못했다. 이 형편 때문에 유 전도사는 이현종 장로 댁에 가서 하루에 옥수수죽 두 그릇씩만 먹고 2년 동안 교회 일을 했다. 유 전도사는 병에 시달리다 결국

---

29) 이상철, 『열린 세계를 가진 나그네』, 한국기독교장로회, 2010, 123~128쪽.

은 병사했다. 그야말로 어려운 때 한 알의 밀알처럼 땅에 묻힌 것이다.[30)

『경동교회 30년사』에는 한준석 목사가 1946년 5월에 부목사로 왔다고 기록하고 있다. 한준석 목사는 교회 안에서만 강원용 목사와 긴밀한 관계를 맺은 것이 아니다. 기독청년연합회 총무 일을 하면서도 강 목사와 뜻을 모았다. 그때 김재준 목사는 신학교 문제로 너무 바빠서 교회일은 강원용목사가 맡아서 심방 같은 일을 했는데, 한준석이 부목사로 오고 나서는 이 일들을 도맡았다고 한다. 한준석 목사는 신도 상호 간의 코이노니아와 교회의 행정과 조직에 특별히 강조점을 두었다고 한다. 1년이 지난 얼마 후 한준석 목사는 다른 교회로 갔다.[31)

유정화 전도사를 대신해서 이현숙 전도사가 왔다. 다른 교회에 있던 이를 김명주 사모가 간곡히 부탁해서 오게 되었다. 특별히 이현숙 전도사가 꼭 필요한 이유가 있었다. 경동교회가 지나치게 엘리트 의식을 가진 젊은이들이 많았기 때문에 나이든 일반 신도들, 무엇보다 여성 신도들이 소외감을 느껴서 이들을 푸근히 붙들어줄 교역자가 절실했기 때문이다.

이현숙 전도사는 오자마자 학생층이나 청년지식층은 손댈 여유가 없다고 판단하고, 심방에 전념하게 되었다. 일반 신도와 여성 신도들을 다독이고 돌보기 위해서다. 이현숙 전도사는 그때의 일을 "일반신자 구출에 열성을 다하여"라는 말로 표현했다.[32)

『경동교회 30년사』에서 강원용 목사가 하던 심방을 한준석 목사가 와서 다 했다고 했는데, 강 목사가 열심히 심방했을 리는 없다. 강 목

---

30)『경동교회 30년사』, 58~59쪽.
31) 같은 책, 59~60쪽.
32)『경동교회 50년사』, 47쪽.

사는 담임목사가 되고도 그러지는 않았다. 그럼에도 부목사들이 있어서 많은 교인의 애경사를 돌봤고, 교회행정을 맡았고, 교육을 했다. 여기서는 연대별로 그들의 이름만이라도 밝혀둔다.[33]

부목사

한준석 (1946. 5~1917. 12)

이상철 (1953. 8~1957. 2)

김호식 (1961. 2~1963. 9/전도사)

　　　　(1963. 10~1969. 1/부목사)

이창식 (1969. 2~1973. 1)

박영배 (1973. 7~1976. 12)

이영일 (1976. 1~1978. 9)

박동화 (1977. 3~1985. 8)

이동준 (1982. 12~1991)

전도사

유정화 (1946~1948)

이현숙 (1948~1956. 6)

이영숙 (1958. 1~1959. 6)

윤경애 (1959. 6~1964. 6)

박명필 (1963. 3~1969. 7)

홍화숙 (1969. 12~1975. 12)

한송죽 (1976. 1~2000)

---

33) 『경동교회 40년사』, 197쪽.

교육담당

위성숙 (1969. 7~1975. 9)

한영숙 (1975. 9~1977. 9)

조생구 (1977. 10~1982. 12)

하영호 (1979. 1~1982. 12)

경동교회의 기억에 남아 있는 목사 가운데 김호식 목사는 교육목회에 뛰어난 자질이 있어서 교회학교의 틀을 잡았다. 강원용 목사는 힘찬 웅변조의 화려한 설교를 한 반면에 김호식 목사는 그와는 반대로 고요하게 설득시키는 심리적이고 내면적인 설교를 해서 강 목사와 대조를 이루기도 했고 조화를 이루기도 했다.[34)]

박영배 목사는 선린회에서 자랐다. 그는 경동교회의 부목사가 되어서도 선린회를 육성하고 유지하는 데 기여했다. 박영배 목사는 '건전한 보수성'을 표방하면서 목회했고, 그런 성향 때문인지 지적훈련과 함께 교회 안에서 신앙훈련의 엄격성을 강조했다. 이것은 교회훈련이라는 개혁교회의 말씀 목회였고, 개혁교회 목회를 한 강원용 목사의 목회를 강조한 것이었다.[35)]

이영일 목사는 차분한 성격으로 논리 정연한 사고를 통해 교육목회 차원에서 교회를 섬겼다. 박동화 목사는 오랜 군목경험을 발휘하여 조직력과 행정체계를 강화했다.[36)] 이렇게 경동교회는 강원용 목사가 미처 하지 못한 세심한 돌봄을 여러 교역자와 그 외의 이름 없는 신도들이 함께 목양을 해왔다.

---

34) 같은 책, 100~101쪽.

35) 같은 책, 120~121쪽.

36) 같은 책, 122쪽.

2 교회의 세움과 목회

바르트는 교회의 두 번째 교회의 존재양식을 '세움'(upbuilding)으로 정의했다. 사도 바울은 "오직 사랑 안에서 참된 것을 하여 범사에 그에게 까지 자랄지라. 그는 머리니 곧 그리스도시라. 그에게서 온몸이 각 마디를 통해 도움을 받음으로 연결되고 결합되어 각 지체의 분량대로 역사하여 그 몸을 자라게 하며 사랑 안에서 스스로 세우느니라"(「에베소서」 4장 15~16절)고 했다. 이것은 교회의 '세움'에 대한 말씀이다. 부름 받아 교회로 모이는 이유는 교회를 세우기 위해서다. 이 교회의 세움은 교회를 가꾸고 일구는 '목회'의 핵이다. 이 세움의 목적은 그리스도께 이르는 것이고, 그리스도의 몸으로서 성도의 교제를 이루는 일이다. 이 교회의 세움의 방법은 '말씀'과 '성만찬'이다. 곧 예배를 통해서 교회는 세워진다.

경동교회의 예배는 어떠하며, 예배를 드리는 공간인 예배당의 특징은 무엇인가? 그리고 목회란 목양과는 달리 전체 회중을 향한 것이고 전체 회중이 함께하는 것인데, 교회를 세우기 위해 경동교회 교인들은 어떻게 참여했는지를 살펴보고자 한다.

목회와 교역실천

한국교회에서는 목사가 하는 모든 교회 일을 '목회'라고 하는데, 구분할 필요가 있다. 모인 교인들 한 사람 한 사람을 돌보는 것은 '목양'에 해당한다. 목회는 회중 전체를 세워가는 일이다. 목양과 목회에 그 뜻을 맞추어보면 선교를 위한 보냄은 '목민'이라고 할 수 있다. '목민'은 백성들과 세상을 섬기는 일의 우리식 표현이다. 그러므로 'ministry'를 목회라고 하기보다는 '교역'이라는 포괄적인 말로 옮기는 것이 좋을 듯하다. 교회의 사역, 혹은 교회의 역할이라는 의미에서다. 교회로 모여서(목양), 교회를 세우고(목회), 세상을 향해 보내는(선교) 이 모든 일을 행하는 것이 교역실천이다.

교회의 모임과 목양에서 개혁교회의 특성을 나누었다. 교역실천 역시 개혁교회만의 독특하고 힘찬 강조점이 있다. 김명용은 이것을 바르트의 신학에서 제시하고 있다. 그는 바르트의 교역실천의 '고음'(高音)의 음악이 있다고 한다. 이 '고음'을 강조점 또는 특색이라고 할 수 있다. 그 고음은 크게 다섯 가지다. 곧 '하나님의 말씀' '하나님의 주권' '하나님의 은총' '하나님의 현존' '하나님의 나라'다.[1]

첫째, 바르트의 교역실천론에는 '하나님의 말씀'이 강조되고 있다. 바르트는 19세기 자유주의 신학의 문제를 지적하며 철저히 말씀 중심, 그리스도 중심, 믿음 중심의 신학을 새로이 세운 『로마서강해』(Der Römerbrief)를 썼다. 이로써 자유주의 신학이 역사책이나 문학책, 종교서적으로 떨어뜨린 성서의 권위를 다시 회복시켰다. 성서 중심의 말씀의 신학은 성서문자주의를 배격한다. 성서의 권위는 하나님의 계시 자체이고 예수 그리스도에 근거한다.[2]

---

1) 김명용, 『칼 바르트의 신학』, 이레서원, 2007.
2) 같은 책, 40쪽.

둘째, 바르트의 교역실천은 '하나님의 주권'을 강조한다. "예수는 승리자시다!" 하는 확신이 바로 『로마서강해』에 흐르는 핵심내용이다. 세상을 사로잡고 있는 죄와 죽음의 권세는 예수 그리스도의 부활로 깨졌다. 인간과 세상은 자유주의 신학자들이 낙관하듯이 스스로의 힘으로는 이 죄와 죽음의 권세를 꺾을 수 없다. 승리하시고 부활하신 예수 그리스도께서 살아 계셔서 지금도 세상을 변화시킨다. 그러므로 오직 승리자이신 예수와 함께할 때만이 승리할 수 있다.[3]

셋째, '하나님의 은총'이 바르트의 교역실천에서 강조되고 있다. 바르트는 부활 신학을 "예수는 승리자시다"라는 말로 표현했다. 이와 함께 바르트의 십자가 신학은 인간을 향한 하나님의 무한한 긍정과 은총이란 말로 요약할 수 있다. 예수 그리스도의 부활 안에 세상을 구원하시는 하나님의 주권과 권능이 나타나 있다면, 예수 그리스도의 십자가 안에는 세상을 구원하시는 하나님의 한없는 자비와 사랑이 계시되어 있다. 이 하나님의 은총과 자비는 일곱 번씩 일흔 번도 용서하시는 은총과 자비이며, 오직 인간을 살리고 사랑하시는 은총과 자비다.[4]

넷째, 바르트의 교역실천에서 강조되고 있는 것은 '하나님의 현존'이다. 하나님께서는 저 높은 곳에 머물러 계신 분이 아니다. 지금 우리의 세계와 삶 속에서 활동하신다. 이것은 부활하신 그리스도께서 우리와 함께 그 승리의 능력으로 함께하신다는 말이기도 하다. 그러므로 우리는 언제나 오늘 우리에게 말씀하시는 하나님을 향해 귀를 열어야 한다. 이 때문에 개혁교회 전통에서는 하나님의 말씀과 그것을 선포하는 설교가 새삼 중요해진다. 살아 계신 하나님의 음성을 들을 때는, 바르트가 "한 손에는 성서를, 또 한 손에는 신문을" 하고 말

---

3) 같은 책, 41~42쪽.
4) 같은 책, 44~46쪽.

한 것처럼, 한편으로는 예수 그리스도의 계시와 성서적 증언을 존중해야 하고, 또 한편으로는 삶의 현장을 깊이 고려해야 한다.[5]

다섯째로, 바르트는 교역실천에서 '하나님의 나라'를 강조한다. 바르트는 인간의 영혼 구원만을 강조하지 않는다. 영육전체 인간의 구원과 세상을 허무는 죽음의 세력을 종식시키는 하나님의 통치를 강조한다. 예수 그리스도께서는 이 하나님의 나라를 건설하기 위해서 지금도 투쟁하신다. 성령은 한 인간의 해방만이 아니라 이 세계가 하나님의 영광의 무대가 되는 나라로 이끄시는 영이다. 하나님 나라는 예수 그리스도의 부활을 통해서 성취되었고, 성령을 통해 확대되어 간다.[6]

이 다섯 가지 고음, 곧 교역실천의 강조점은 '오직 성서, 오직 은총, 오직 믿음' 위에 토대한 종교개혁의 사상을 실천하는 것이다. 이런 강조점 때문에 개혁교회의 목회는 그 독특하고 힘 있는 실천방법을 형성해왔다.

요즘 한국교회에서 목사들이 추구하고 행하는 목회방법들을 보자. 성서와 복음 선포와는 상당히 거리가 있는 것들이다. 성장을 이루는 수단들을 배우고 그것들을 활용하는 것이 목회실천이 되었다. 예수 그리스도의 교회를 세우고, 하나님 나라를 증언하기 위해 보내는 방법이 아니라 대부분 교회 자체를 세속적으로 성장시키는 전도세미나, 조직이론, 소그룹이론 등이 교역의 신학과 방법이 되었다. 이런 방법들을 토대로 해서 신앙교육을 하고, 성경공부를 하고 설교를 한다. 비록 이런 세속적인 방법은 거부한다 해도 성서문자주의, 근본주의, 배타주의를 강화하는 것을 목회실천으로 여기는 경우도 많다.

칼빈의 『기독교강요』 제4권은 "그리스도의 공동체 안으로 우리를 인도하고 머물게 하는 외적인 은혜의 수단"을 다루고 있다. 이 전체

---

5) 같은 책, 48~49쪽.
6) 같은 책, 51~52쪽.

가 교회의 교역신학이고 실천방법이다. 칼빈은 어떤 새로운 것을 마련하려고 하지 않았다. 성서와 고대교회에 있던 목회의 모든 것 곧 말씀, 성례전, 직제, 훈련 등을 로마교회가 왜곡시켰는데, 그것을 바로잡고 본래성을 살리려고 했다. 그러나 이 본래성의 회복은 단순히 그대로의 복원이 아니다. 시대에 맞게 적응시켜서 새롭게 되살리는 것이었다. 이미 그리스도교 전통 속에 있는 것을 오늘 시대에 맞게 적응시키는 것이 칼빈의 신학이고 목회실천 방법이다.[7] 경동교회는 칼빈의 이 같은 목회실천을 계승한 신정통주의에 굳건히 토대를 둔 목회실천을 한 것이다.

보렌(Rudolf Bohren)에 따르면 교회사역의 실천을 다루는 신학이 '실천신학'이다. 그런데 실천신학은 하나님이 만드시고, 교회를 통해 구원의 역사를 이루시는 세계와 밀접한 관계를 맺고 있다. 성령과 말씀이 세상에서 역사도 창조하시고 세계를 새롭게 움직여가시기 때문이다. 성령과 말씀은 교회 안에서만이 아니라 교회 밖에서도 역사하시기 때문이다. 보렌도 실천신학의 과제를 이렇게 정리해준다.

실천신학이 교회라는 울타리를 넘어선 이상, 관심에 두어야 할 대상은 교회뿐만이 아니라 세계도 포함되어 있다. 실천신학은 복음을 기대하는 세계를 변화하며, 피조물이 갈망하는 바를 대변한다. 그러므로 실천신학은 신학과 교회로 하여금 세계를 섬기는 역할을 하도록 노력해야 한다.[8]

바르트의 교역실천의 고음은 '하나님 나라'였고, 그 나라를 섬기도

---

7) 홍순원, 『문명의 전환과 그리스도교 신앙』, 예따람, 2013, 169~170쪽.

8) 보렌 편, 김정준 외 옮김, 『신학연구총론』(*Einführung in das Studium der Evangelischen Theologie*), 한국신학연구소, 1981, 17쪽.

록 신학과 교회가 있다. 이런 점에서 강원용 목사는 세상을 향한 교회가 되기를 원했고, 교회를 그런 장으로 활용했다. 경동교회의 모임이나 활동은 늘 사회적 성격과 맥을 같이하고 있으며, 강원용 목사의 설교는 세상을 위한 그리스도인과 교회를 지향했다. 이런 개혁교회의 교역실천을 그 바탕으로 하고 있기 때문에 경동교회는 한국의 교회만이 아니라 한국의 사회에서도 중요한 위치에 있게 된 것이다.

바르트는 교회의 두 번째 존재양식으로 교회의 세움을 말했다.[9] 교회를 세우는 것은 궁극에는 세상을 향해 보내는 선교를 위해서다. 세상을 위한 교회로 든든히 교회를 세우는 방법은 무엇인가? 바르트는 다섯 가지가 세움의 교역실천에서 표현되어야 한다고 했다.[10]

첫째, '신앙고백'이 표현되어야 한다. 교회 공동체는 신앙고백을 통한 사귐이기 때문이다. 사도신조나 니케아 신조를 고백할 때 오늘의 우리는 역사를 넘어서 믿음의 선조들과도 사귐을 갖게 된다. 이 신앙고백이 예배 안에서 이루어지는 것이다.

둘째, '성서'가 표현되어야 한다. 성서는 공동체를 위협으로부터 보호하고 유지한다. 성서는 신구약성서 안에 문자로만 그리고 그리스도인의 삶 안에만 갇혀 있지 않다. 성서는 살아 있는 하나님의 음성이다. 이 예언자적이고 사도적인 말씀을 의지할 때만이 공동체가 유지된다.

셋째, 교회의 세움에는 '질서'가 표현되어야 한다. 이것은 교회 공동체만이 갖는 특정한 형식 곧 율법과 법률을 말하는 것이다. 이것도 주님께 순종하는 가운데 발견되는 것이고, 교회를 세우는 과정 속에서 조정되는 것이다. 영혼의 치유를 위해 세워진 교회의 법은 세상의 법과는 다른 것이다.

---

9) 바르트,『교회교의학』, 제4권 제2장을 볼 것.
10) 신현복,『칼 바르트의 신학과 실천』, 아침영성지도연구원, 2011, 149~152쪽.

넷째, '세례'가 표현되어야 한다. 세례는 그리스도 안에서 과거의 모든 죄를 씻음 받고 다시 새 존재로 태어난다는 의미와 함께 교회 공동체의 일원이 된다는 뜻이다. 이 때문에 세례는 교회 공동체의 성례여야 하고, 정기적으로 반드시 예배 안에서, 말씀의 순서에 이어서 베풀어야 한다.

다섯째, '성만찬'이 표현되어야 한다. 온전한 예배는 반드시 말씀과 성만찬이 함께 있어야 한다. 성만찬 또한 하나님의 말씀이다. 그러나 이것은 귀로 듣는 말씀이 아니라 몸과 삶으로 받는 말씀이다.

이 다섯 가지 세움의 교역실천의 표현의 공통점은 '예배 안에서' 이루어진다는 것이다. 그러므로 '말씀'과 '성만찬'은 교회를 세우는 토대이다. 경동교회야말로 한국교회에서는 최초로 그리고 세계적인 수준으로 예배를 개혁했다. 예전적으로 말씀을 선포하고 성만찬을 베푼다. 경동교회의 예배에서 행해진 강원용 목사의 설교는 다음 장에서 자세히 다룰 것이기 때문에 여기서는 경동교회의 예배와 성만찬 그리고 예배를 드리는 공간인 예배당 이야기를 하려고 한다.

경동교회의 구원의 축제

경동교회의 예배는 예전적이고 에큐메니컬해서 해마다 성공회 대성당과 예배와 강단을 교류하고 있다. 그러나 더 중요한 경동교회의 예배 특징은 그 '축제성'에 있다. 이것은 사실 오늘의 경동교회 예배 안에 얼마나 축제적 성격이 있는가 하는 문제와는 다르다. 예배의 축제성은 어떤 '연출' 같은 것이 아니기 때문이다. 아무튼 강원용 목사는 일찍이 축제적인 예배를 도입했고, 또 우리 문화의 토대 위에서 예배를 개혁했다.

예배가 축제라는 것을 재발견하게 된 것은 20세기에 들어선 에큐메니컬 운동의 열매이다. 특별히 우리 개혁교회 측에서는 WCC의 '신앙과 직제' 부서의 연구원 이었던 뇌샤텔 대학교의 알멘(J. J. von Allmen) 의 '예배신학'이 그 촉매가 되었다.[11] 그리고 축제로서 예배의 회복은 1960년대를 전후해서 가톨릭과 프로테스탄트 전체를 아우르는 세계 교회 '예배연구'의 결실이다.

이 예배 연구와 관련해서 갱신운동을 살펴보자. 종교개혁자들, 특히 칼빈과 같은 개혁자는 로마 미사를 개혁했다. 5세기 서로마가 야만족의 침략으로 무너지면서 미사가 어둡고 우울한 장례식처럼 되었다. 예배가 왜곡되고 만 것이다. 중세기의 가톨릭 미사는 설교가 빠지고 성만찬 중심이 되었다. 희생 제사가 강조되었고, 사제 중심의 권위적, 형식적 미사가 되었다. 성자들과 죽은 이들을 위한 미사, 신비화되고 주술화된 미사가 되었다.

이런 중세기 미사에 반대해서 종교개혁자들이 예배를 개혁했지만, 곧바로 정반대의 예배의 왜곡을 가져오게 되었다. 성만찬이 없는 설교 중심의 예배, 죄와 회개를 강조하는 예배, 지성과 말에 의지한 건조한 예배가 되고 말았다. 또한 도덕과 교훈을 설교하는 예배이거나 그 반대로 열광적이고 비예전적인 예배가 되고 말았다.

오늘날 가톨릭과 프로테스탄트 모두 자신의 왜곡된 예배를 갱신하고 공동의 예배 이해를 갖게 되었다. 공동으로 회복된 예배의 내용은 이러하다.[12]

· 빠스카의 잔치로(가톨릭), 구원의 잔치로(프로테스탄트)
· 말씀과 성만찬이 함께 있는 예배로

---

11) 알멘, 정용섭 옮김, 『예배학원론』(Worship: Its Theology and Practice), 대한기독교서회, 1979; 박근원 옮김, 『구원의 축제』(Celebrer le Salut), 진흥, 1993. 당시 세계교회 예배와 예전 연구의 결실을 집약한 이 저서들보다는 뒤에 설명하는 그 파급 현상이 더 중요하다.
12) 홍순원, 『문명의 전환과 그리스도교 신앙』, 예따람, 2013, 47~48쪽.

· 주일 아침 예배로

· 온 회중이 참여하는 예배로

· 예전적인 예배, 상징의 가치를 활용하는 예배로

이 세계적이고 동시적인 예배 갱신은 갑작스러운 것이 아니었다. 20세기 들어와서 성서학과 초기 교부들의 문헌이 활발히 연구되면서 그 원형을 복원하게 되었기 때문이다. 특히 '히폴리투스(Hippdytus) 전승' 복원은 예배만이 아니라 초기 교회의 생활, 직제 등 많은 것을 알게 해주었다.[13] 이 연구들이 축적되고 열매를 맺으며 20세기 중반에 초대교회 예배의 축제 성격을 깨닫고 축제로서의 예배를 회복하게 된 것이다. 가톨릭은 '제2차 바티칸 공의회'를 통해서 교회를 전면 쇄신하며 예배는 '빠스카 축제'임을 천명하게 되었다.[14]

앞에서도 언급했지만 프로테스탄트 쪽에서는 비슷한 시기에 알멘이 WCC의 '신앙과 직제 위원회'에서 예배를 정리하며 "예배는 축제이다! 구원의 잔치다!" 하는 것을 밝혔다. 알멘은 예배 신학을 스위스 뇌샤텔 대학교에서 강의하기 시작했는데, 그 소문이 퍼지면서 영·미의 예배 신학자들이 모여와서 듣고는 그의 강의 내용을 영문으로 번역하여 소개했다(1960년대 초). 바로 그 내용이 세계 장로교 계통, 특히 연합교회에 큰 호응을 얻어서 예배 개혁의 불씨가 되었다.

바로 이 세계교회 예배의 흐름을 강원용 목사는 경동교회의 예배에 받아들인 것이다. 경동교회는 1970년대부터 이 축제로서의 예배를 받아들이고 주체적으로 실천하기 시작했다. 그러나 그 처음은 예배 자

---

13) 히폴리투스, 이형우 옮김, 『사도 전승』, 분도출판사, 1992.

14) 개혁된 예배 신학과 그 지침은 다음을 볼 것. 제2차 바티칸 공의회, 「거룩한 전례에 관한 헌장」, 『공의회 문헌-헌장-교령선언문』, 한국천주교중앙협의회, 1969. 빠스카의 잔치로서의 미사를 학술적으로 해설한 책은 다음을 볼 것. 이홍기, 『미사전례』, 분도출판사, 1997.

체의 축제이기보다는 교회의 축제였다. 음악회나 연극 공연으로 해마다 축제 행사 붐을 일으켰는데, 특히 공연예술은 박수길, 이강백, 김문환, 이정희 등이, 음악 쪽은 조상현, 나영수 등이 활발히 활동했다. 그러면서 점차 신앙을 내용으로 한 문화 축제가 되었다. 무엇보다 우리의 추석을 감사절로 공식화한 것은 교계 안팎에 충격을 주기도 했다.[15)

강원용 목사 자신의 진술에 따르면 1970년대는 독재정권과 급진 세력 사이에서 자신만이 할 수 있는 일을 찾았는데, 그것은 교회 갱신운동과 아카데미의 주력 사업으로 중간 집단을 양성하는 일이었다고 한다.

이 둘 중에 교회 갱신운동의 하나로 시작한 것이 기독교를 한국 문화 속에 토착화시키고 예배를 축제와 결합하는 예배 갱신이다. 강 목사는 본디 축제를 동반했던 예배가 교회에서 사라지게 된 이유를 역사적으로 두 가지 측면에서 찾는다. 하나는 물질과 육체를 죄악시하고 정신과 영혼만 중시한 영지주의 영향 때문이다. 또 하나는 '바보제'처럼 교회 축제를 통해 민중들이 지배 계급의 허위와 비리를 고발하자 교회와 정치 권력자들이 축제를 억압했기 때문이다. 그런데 이 같은 전통이 개신교로도 이어졌다. 특히 청교도와 경건주의 운동에서 축제가 거의 무시되고, 예배는 설교와 교리 해석의 말씀 중심으로 굳어졌다고 한다.[16)

강원용 목사는 교회와 예배에서 축제가 사라지면 무엇보다도 비인간화 현상이 나타난다고 한다. 그것은 인간은 '도구를 사용하는 존재'(*homo faber*)이면서 동시에 '축제를 벌이는 인간'(*homo festivus*)인데, 한쪽 면이 무시되면 인간성이 황폐해지기 때문에 비인간화 현상이 나타

---

15) 『경동교회 40년사』, 제4장, 역대 축제 목록 참조.
16) 『역사의 언덕에서』 3, 170쪽.

난다고 한다. 강 목사는 축제를 회복함으로써 얻을 수 있는 것들을 말한다.

> 우선 하나님에 대한 감사와 찬양을 통해 하나님을 만날 수 있다. 예배는 교인을 죄의식의 동굴에 몰아넣는 것이 아니라 그리스도를 통해 하나님께 사죄를 받는 것이며 해방된 자의 기쁨을 누릴 수 있게 한다.
> 또한 축제는 인간성을 새롭게 회복시켜 준다. 특히 감수성과 통찰력을 밝혀주어 하나님이 창조한 세계에 가득 차 있는 신비와 아름다움과 리듬을 온몸으로 느끼게 해준다.
> 마지막으로 축제는 공동체를 형성시킨다. 축제를 통한 진정한 사회의식과 역사의식, 참여의식이 형성될 수 있는 바탕이 마련되는 것이다.[17]

이런 축제 예배의 첫 시도로 1969년 12월에 '성탄축하 무용과 연극의 밤'을 마련했다. 그 후로 성탄 때 연극도 공연하고, 성탄자정 예배 때는 포크 댄스도 했다. 1972년에는 중고등학교 신우회 주관으로 '복음가요 페스티벌'도 했다. 이 행사에 그 당시 청소년들에게 큰 인기를 끌던 가수 조영남과 윤형주 등이 출연해서 노래했다. 이들의 인기가 워낙 높아서 다른 교회 중고등학생만이 아니라 성인들도 몰려와서 대성공을 거두었다. 그러나 이 일로 보수교단의 거센 비난과 공격을 받기도 했다.[18]

강원용 목사는 예배와 축제를 결합하는 시도와 함께 예배문화의 토착화에 심혈을 기울였다. 그 시도 가운데 가장 대표적인 것이 추수감

---

17) 같은 책, 371~372쪽.
18) 같은 책, 372~373쪽.

사절을 우리의 추석으로 바꾼 것이다. 이것은 교계에 큰 충격과 반발을 부른 교회사의 사건이었다. 1974년의 추석날 9월 29일에 거행된 추수감사절 예배 광경이다.

낮에는 떡 잔치와 함께 추수감사예배를 올렸고, 저녁에는 탈춤 축제가 무대에 올랐다. 강강술래 합창으로 막을 연 탈춤 무대는 "그 도도하고 노린내 나는 교회에서 오늘은 어쩌자고 이런 판을 벌였소?" 하는 질문을 시작으로 추석에 감사절을 지키게 된 이유가 해학 섞인 응답으로 신명 나게 이어졌다.[19]

이같이 예배와 축제를 결합하고, 추석을 추수감사절로 토착화시키며 탈춤 공연을 하는 일은 강원용 목사이기에 가능했다. 그러나 '축제로서의 예배'라는 관점에서 이런 축제들을 비평할 점도 있다. 예배에 연극이나 노래 같은 것을 결합했다고 해서 그것이 축제예배는 아니라는 것이다. 예배의 축제성은 예배는 그 처음부터 부활의 축했다는 것에 있다. 노래로, 연극으로 예배하는 것 이전에 예배 자체가 구원의 잔치, 부활의 축제가 되어야 하는데, 그런 면은 약한 것이다.

경동교회의 예배 개혁은 그 예전에도 선구자적이었다. 그것은 김재준 목사 때부터였다. 처음부터 경동교회는 사회자가 일일이 사회를 보는 예배를 드리지 않았다. 성만찬 때 장갑을 끼고 진행하지도 않았다. 사회를 보며 예배를 드리고 흰 장갑을 끼고 성만찬을 집례하는 것은 일본의 식순문화에서 온 것이다. 이런 점에서 경동교회의 예배는 그 초기부터 주체적이었다고 할 수 있다.

김재준 목사는 우리 교단의 첫 번째 예식서를 초안했다. 이때에 한국교회에서는 생소한 '견신례'를 안내했고, 우리 문화의 조상제례를

---

19) 같은 책, 377쪽.

'추모예식'으로 안내했다. 이 추모예식의 기도는 다른 장로교단에도 큰 영향을 주었다.[20] 강원용 목사 역시 김재준 목사의 영향과 동시에 세계교회의 에큐메니컬 운동에 깊이 관여하며 주체적이고 예전적인 예배에 눈을 뜬 것이다.

교회 세움의 토대는 '말씀과 성만찬'이라고 했다. 경동교회의 예배 갱신의 핵심은 역시 성만찬이다. 강원용 목사는 『40주년 기념 전 신도 교육교재』의 "선교 2세기를 향한 한국교회의 일치와 갱신을 위해"라고 하는 글에서 성례전, 특히 성만찬을 강조한다. 성만찬은 교회가 그 시작 때부터 변함없이 지켜왔고 주님께서 친히 제정하신 것이다. 종교개혁자들이 성례전을 개혁할 때에도 세례와 성만찬만은 존중했다. 설교에서 선포된 예수 그리스도가 성만찬을 통해 우리의 몸으로 화하고 우리의 몸이 그의 몸으로 화하는 거룩한 공동체가 이루어진다. 그러므로 성만찬으로 이어지지 않는 설교는, 설교 없이 이루어지는 성만찬과 똑같이 잘못된 것이라고 한다.[21]

이에 따라 경동교회의 예배는 교회력에 따라 성서일과 세 본문으로 설교하는 것과 함께 매달 한 번씩 성만찬을 함으로써 말씀과 성만찬이 함께하는 예전적인 예배를 드리게 되었다. 경동교회의 예배는 그 순서를 요약하면 '모임·말씀·성만찬·보냄'이라는 네 마당으로 구성되었다. 이것은 세계교회, 특히 개혁교회의 에큐메니컬 예배 순서를 따른 것이다. 다음 표와 같이 정리할 수 있다.[22]

이 예배 개혁과 함께 진행된 것이 바로 예배를 드릴 예배당의 건축이다. 이 예배당 또한 경동의 자부심이며 한국의 건축사에도 의미가 있다. 그리고 김수근 씨가 그 설계를 맡은 것 때문에도 더욱 유명하

---

20) 한국기독교장로회, 『예식서』, 1964.
21) 경동교회, 『경동교회 40년과 한국교회 100년』, 1985, 19쪽.
22) 이 표는 바르트의 교회론을 가지고 정리한 것을 보완한 것이다. 박근원, 「동아시아의 근대화와 종교의례」, 『말씀과 교회』, 제40호, 2006, 113쪽 참조.

바르트의 교회론	교회의 모임	교회의 세움	교회의 보냄
예배의 구조	모임	세움	보냄
의례의 과정	분리	전이	재통합
예배의 요소	모임찬송, 「시편」 교독, 고백과 용서	말씀찬송, 성경봉독, 설교, 성만찬	보냄찬송, 축복

다. 건축과정이 쉽지는 않았으나 1981년 12월 6일에 마침내 기쁨과 감사로 헌당예배를 드리게 되었다.

강원용 목사 자신이 새 교회당의 신학적인 의미를 설명한다. 초월적 존재와의 관계는 언어 매체만으로는 부족하다. 근원적인 진리는 상징(symbol)과 은유(metaphor)로 표현된다. 이 때문에 스테인드글라스, 벽화, 이콘, 미술, 음악 등이 교회에서 성장했다. 우선 경동교회 예배당은 그 외형과 내부에 다양성 속의 일치를 나타내는 에큐메니컬 정신을 강조했다. 메인 타워는 끝없이 치솟은 고딕식도 아니고, 종탑과 십자가만 치솟은 개혁파식도 아니다. 하나님 나라가 역사 속에 임해오는 것을 기원하는 형상을 했다. 교회당 내부는 교회가 지니는 다양한 측면을 조화시켰다. 예배당과 교회당의 조화, 수직적 차원과 수평적 차원의 조화를 꾀했다. 이외에도 경동교회의 제단, 설교대, 제단 뒷면 모두 삼위일체 하나님과 신앙을 상징으로 표현하고 있을뿐더러, 심지어는 모이는 교회와 흩어지는 교회의 조화까지도 표현되고 있다.[23]

그러나 개혁교회의 예배 건축의 눈으로 볼 때, 예배당에 그 모든 것

---

23) 경동교회 교회당의 신학적 의미와 그 상징에 관해서는 강원용 목사 자신의 이야기와 그 뒤에 이어지는 김수근의 글 「하늘도 열리다」를 볼 것. 『경동교회 40년사』, 190~192쪽.

을 담아내고, 최고의 건축을 추구하는 것이 바람직한 것인지는 생각해볼 문제다. 알멘은 예배장소를 건축하고 봉헌하여 교회답게 드러나게 하려면, 단순하고 잠정적이며 검소해야 한다고 권고한다. 예배 장소가 주님을 만나는 실제 장소가 되려면 상징체계로 가득해야 하지만, 현대인들은 상징을 이해하지 못한다. 그래서 상징들이 늘어나거나 복잡해지는 것을 싫어하기 때문에 단순한 상징이 요구된다. 또한 지상의 교회는 사람이 세운 것으로 야영지 같은 것이다. 그러므로 언제든 고치고 줄이고 늘일 수 있어야지 터무니없는 돈을 투자해서 지어서는 안 된다. 그리고 예배 장소는 검소해야 한다. 이것은 가난을 말하는 것이 아니다. 검소 또는 겸손을 기뻐하며, 거기에서 아름다움을 찾고, 가난 속에서 하나님의 임재를 알아차리는 것을 뜻한다.[24] 알멘의 관점으로 보았을 때 경동교회당은 온갖 다양한 열정을 추구한 강원용 목사만큼이나 너무 많은 것을 담았다고 할 수 있다.

교회당 건축과 예배의 개혁이 오늘에 와서는 경동의 자랑이 되었지만, 그 당시에는 교회의 위기가 되었고, 강원용 목사도 목회의 큰 위기를 맞게 된다. 1982년 새해 제직회 때부터 거센 불만의 목소리가 터져 나온 것이다. 이 때문에 강원용 목사와 당회원들이 사표를 쓰고, 당회장의 사표는 반려하고 하는 과정에서 친구를 포함한 장로 5명이 교회를 떠나는 아픔을 겪기도 한다.[25]

장로들의 저항은 사실은 교회 건축을 강 목사가 마음대로 한 것 때문만은 아니었다. 예전을 개혁하자, 목사가 무슨 천주교 사제처럼 행세하느냐는 항의였다. 모든 문제는 사전에 강 목사가 대화하고 설득하고 이해시키는 과정을 밟지 않았기 때문에 생긴 문제였다. 그러나 『경동교회 40년사』는 이 진통을 '변화를 위한 진통'이었다고 적고 있

---

24) 『구원의 축제』, 319~323쪽.
25) 『경동교회 40년사』, 163~164쪽.

다. 이 위기 속에서 경동교회는 언제까지나 그 상처를 붙들고 있을 수 없어서, 치유를 위해 그리고 긴급한 선교를 위해 새로이 장로를 선출했을뿐더러, 교회는 죄인들의 모임임을 깨닫고 회개하는 자세를 갖게 되었다는 것이다.

전체 교회의 참여

개혁교회의 목회는 목사 혼자서 모든 것을 하는 것이 아니다. 목사의 역할은 전체 회중이 교회로 모이고, 세우고, 선교하도록 계기를 마련해주고 엮는 것이다. 사도 바울의 말대로 은사는 각각 다르지만 이것들이 협력하여 공동의 선을 이루게 하는 것이 목회다. 이런 면에서 경동의 교인들은 어떤 조직으로, 어떤 역할로 이 목회에 동참했는지도 관심이 가는 문제다.

물론 개인적으로 꽃꽂이나 교회 기물을 봉헌하는 것도 해당이 된다. 그러나 공동체 전체가 교회의 삶 전체를 효율적으로 분담하기 위해서는 그에 맞는 기능과 역할을 조직해야 한다. 경동교회는 결코 예배시간에 설교만 듣고 흩어지는 교회가 아니었다. 그 어느 교회보다 탄탄하고 전문적인 목회를 위한 교인들의 위원회와 조직이 있었다. 『경동교회 30년사』는 1975년 당시의 경동교회 조직표를 수록하고 있다. 당회와 제직회를 제외하고 실제로 교회를 섬기는 여러 위원회를 보자. 총 기관의 대표는 강원용 목사이고, 부위원장은 박영배 목사다. 위원회로는 '행사위원회' '예배위원회' '친교위원회' '교육위원회' '봉사위원회' '재정위원회' '교회학교' '음악위원회' 그리고 연령별, 계층별 자치활동과 이를 위한 상담자들이 있어서 교역실천의 전 분야를 망라하고 있다. 교회 전체의 목회라고 할 수 있다.[26]

---

26) 『경동교회 30년사』, 237~240쪽.

『경동교회 40년사』에는 1985년 교회조직이 수록되어 있다. 특기할 것은 당회에 김재준 목사를 고문으로 둔 것이다. 당회와 제직회 명단을 제외한 위원회들은 다음과 같다. '예배위원회' '선교위원회' '교회학교위원회' '행정위원회' '재정위원회' '건축·영선위원회' '40주년기념사업위원회' '친교위원회' '봉사위원회' '경조위원회' '행사위원회' '편집위원회' '장학위원회' 그리고 이 위원회와는 별도로 '교회학교' '성가대' '신도회'가 있다. 이 신도회에는 중·고등부 신우회, 대학생회, 청년회, 남신도회와 여신도회가 있고, 남신도회와 여신도회는 연령대에 따라 다시 여럿으로 구성되어 있다.[27]

자칫 경동교회 하면 강원용 목사만을 떠올리는 경우가 있다. 그러나 경동은 그 출발부터가 모두가 함께 참여한 교회였다. 선린형제단이 함께 설립했고, 교회를 일구었다. 강원용 목사가 담임목사가 되었을 때 부교역자와 전도사 그리고 교회 안의 조직들이 경동교회를 든든히 세워갔다. 교회의 조직은 단지 조직이 아니다. 성령의 능력 안에서 교회에 필요한 기능들과 은사들을 체계적으로 엮어서 참여시키는 것이 교회조직이다. 이런 활성화된 조직이 구체적으로 살아 일하는 그리스도의 몸을 세우는 것이다.

---

27) 『경동교회 40년사』, 219~222쪽.

3 교회의 보냄과 선교

모인 양떼를 돌보고, 말씀과 성만찬으로 교회를 세우는 목적은 하나님이 위임하신 화해의 사명을 실천하도록 교인들을 세상에 보내기 위해서다. 이것이 선교다. 바르트는 이 땅에 존재하는 교회의 '제3의 존재양식'으로 '교회의 보냄'을 말했다. 바르트는 그리스도교 공동체를 세상을 위한 공동체로 존재하게 하는 근거는 선교에 있기 때문에 선교는 모든 교역실천의 바탕이 되어야 한다고 했다. 교회의 모임을 위한 목양도, 교회의 세움을 위한 예배도 선교를 지향점으로 삼고 실천되어야 하는 것이다.

경동교회는 그 출발부터가 선교를 위한 교회였다. "그리스도교적 신앙으로 사회를 개조한다"는 정신이 교회의 출발이었기 때문에 경동교회가 제도적인 교회의 면모를 갖춘 교회가 된 이후에도 그 성격은 늘 선교를 지향하는 교회가 되었다. 따라서 경동교회의 모든 활동과 영역은 교회 일과 사회 일을 도식적으로 구분하기 힘들다. 때로 이것이 교회의 정체성 문제를 야기하기도 한다.

여기서는 개혁교회 전통의 교회의 보냄을 위한 교역실천의 구조를 정리하고자 한다. 그리고 그 토대 위에서 경동교회 선교신학을 형성하고 있는 강원용 목사의 생각은 무엇이며, 실제로 경동교회는 어떤 특색 있는 선교를 했는지를 살펴보려고 한다.

보냄을 위한 교역

보렌 외에 6명의 독일신학자가 편집한 전체 신학의 영역과 그 과제를 안내한 『신학연구총론』이라는 책이 있다. 이 책은 먼저 '실천신학'을 안내하고 나서 차례로 다른 분야의 신학(선교학과 에큐메닉스, 구약성서신학, 신약성서신학, 조직신학, 교회사학, 철학)을 안내하고 있다. 이 순서에는 의미가 있다. 신앙의 실천이 모든 신학의 근본이고 이를 위해서는 성서가 다음의 토대이고 그리고 조직신학과 같은 분야는 그다음 순이라는 것이다.

보렌은 실천신학을 이렇게 정의한다. 실천신학은 바르트가 말한 교회의 보냄을 위한 학문이다.

> 실천신학은 선교학이나 에큐메닉스와 마찬가지로 교회의 실제적인 '모임'과 '보냄 받음'을 다루는 학문이다. 그러므로 교회를 향한 그리고 교회를 통한 성령과 말씀의 역사를 그 대상으로 삼는다. 성령과 말씀은 교회를 불러 모아 세계로 내어 보낸다. 그러므로 실천신학은 '하나님의 선교'에 대한 교회의 참여를 다루는 학문이다.[1]

신학은 그 자체가 목적이 아니고, 교회를 통한 선교에 있다. 이 때문에 실천신학은 다른 모든 신학과 관련이 있음에도 그 우위를 차지한다. 다른 신학들이 도리어 실천신학을 보증하는 전제가 된다. 동시에 실천신학은 다른 신학의 분야를 비판하는 기능을 갖는다.[2]

이와 같은 개혁교회 전통의 선교를 위한 교회가 되기 위해서는 교회의 활동 전체가 선교적인 교역 구조를 갖추어야 한다. 슐라이어마

---

1) 『신학연구총론』, 7쪽.
2) 같은 책, 11~12쪽.

허(Friedrich Schleiermacher)는 '실천신학'이란 용어를 제일 먼저 사용했고 『실천신학개요』(Praktishe Theologie)라고 하는 대작도 썼다. 이 책에서 그는 전체 신학을 셋으로 나누었다. 이것을 나무로 표현하면 땅에 묻힌 뿌리 부분은 '철학적 신학'이다. 땅 위에 나온 나무줄기는 '역사적 신학'에 해당한다. 역사적 신학에 '주석학' '교회사학' '교의학'을 포함했는데, 언급되지 않은 '성서적 신학'도 여기에 포함되어 있다고 볼 수 있다. 그리고 그 나무의 잎과 열매에 해당하는 것이 '실천적 신학'이다. '신앙생활론' '교역론' '예배론'과 '설교론'과 '목회론' '교회공동체론' '교육론'과 '선교론'과 '복지론'이 실천적 신학 안에 있다. 이렇게 실천적 신학은 그 뿌리에서부터 연결되어 올라와 꽃을 피우는 것으로 보렌의 말처럼 모든 신학의 지향인 것이다.[3]

슐라이어마허와 보렌의 근본 의도는 전체 신학은 선교를 위한 것이고, 교역 실천으로 구조화되어야 한다는 것이다. 그러나 이것은 독일 신학의 견해다. 필자인 나로서는 오랫동안 미국과 독일의 목회를 교역의 측면에서 연구하면서 교회의 모임과 세움과 보냄을 위한 나름의 통전적인 교역실천 체계를 마련했다. 이것은 동시에 교역실천을 우리 한국교회 상황에 맞게 주체화하려는 의도이기도 했다. 필자가 마련한 교역실천은 다음과 같다.

미국을 대표하는 교역실천은 힐트너(S. Hiltner)의 체계인데, 이 체계는 '인간의 목양' '복음의 전달' '친교의 조직'으로 구성되어 있다. 독일을 대표하는 교역실천은 우사델(W. Uhsadel)의 체계다. 우사델은 '복음적 목회' '예배적 설교' '교회적 교육'를 말했다. 둘을 나란히 놓고 보면, 비슷한 내용임을 알 수 있다. 힐트너의 '인간의 목양'은 우사델의 '복음적 목회'와 비슷하다. '복음의 전달'은 '예배적 설교'와 비슷

---

3) 슐라이어마허의 실천신학은 다음 자료에 번역되어 있다. 슐라이어마허, 「실천신학개요」, 『신학연구』, 제17집, 한신대학교 한신신학연구소, 1976, 139~168쪽.

하다. '친교의 조직'은 '교회적 교육'과 통하는 면이 있다. 그러나 필자는 힐트너의 구조와 우사델의 구조를 우리 한국 상황에 맞게 각각 '목회와 상담' '예배와 설교' '교회와 선교'로 체계를 재구성했다.

'목회와 상담'은 교회의 '모임'에, '예배와 설교'는 교회의 '세움'에, '교회와 선교'는 교회의 '보냄'에 해당하는 실천영역이다. 그러나 이 세 영역은 각기 다른 분과 영역으로 분리되지 않고 통전적으로 얽혀 있어야 한다.[4]

이 교역실천의 구조를 실제적인 보냄으로 연결 짓기 위해 필자는 '키버네틱스'(Kybernetiks)를 이용한 교역 신학과 실천의 구조를 만들어보았다.

모임 차원에서는 '신앙, 영성, 목양'으로 교회에 모이게 한다(input). 교회공동체를 만드는 과정으로 '예배, 설교, 목회'를 통해서 교인들의 에너지를 충력(transform)해서 교회공동체를 세운다. 또한 보냄 차원에서는 이렇게 일궈진 교회를 세상을 위한 '교육, 선교, 복지'로 출력(output)해서 세상으로 보낸다. 일반 과학에서 설명하고 있는 키버네틱스에 대한 그림에 의하면 출력된 것이 다시 입력되는 순환의 과정으로 표현되어 있다. 우리가 선교를 하고 복지를 위해 일하는 것이 모두 다시 입력으로 연결되는 것이다. 필자의 교역신학 구조는 슐라이어마허의 나무의 비유처럼 수직적인 것이 아닌 수평적인 사고구조와 상관관계적인 기능구조로 개편한 것이다. 이러한 틀로 나의 교역신학 구조를 개편해보았다. 흥미로운 것은 강원용 목사의 훈련 방식이 바로 이 키버네틱스를 활용했다는 것이다. 크게는 경동교회의 교역실천도 이와 유사한 구조를 띠고 있다고 볼 수 있다.

교역실천의 목적이요 교회가 존재하는 궁극목적은 '화해'에 있다. 이 때문에 바르트는 그의 『교회교의학』 제4권 제1~3장에서 '하나님

---

4) 박근원, 『오이쿠메네 신학실천』, 대한기독교서회, 2014, 203~206쪽.

의 화해의 사역으로서 성령과 교회'를 다루는 것이다. 바르트는 화해론의 빛 안에서 교회론을 전개하려고 시도한다. 그는 교회를 화해의 수직운동과 수평운동의 종합으로 이해한다. 수직운동이란 예수 그리스도 안에서 일어난 하나님의 화해 행위를 나타내고, 수평운동은 화해의 대상인 인간들과 인류를 의미한다. 그리고 수직운동은 화해의 객관적인 측면으로서 하나님의 은총의 행위를 뜻하고, 수평운동은 화해의 주관적인 측면으로서 화해를 위한 인간의 능동적인 참여를 의미한다. 교회에서는 이 두 운동의 만남 사건, 곧 하나님에 의해 성취된 객관적인 화해가 개개인에게 주관적으로 적용되는 사건이 일어난다.[5]

화해는 하나님과 인간 사이에 맺어진 '계약'의 성취이기도 하다. 바르트의 정의에 따르면 계약은 하나님과 인간 사이에 처음부터 존재하다가 교란되고 위협받게 되었다. 계약의 의도는 예수 그리스도 안에서, 화해의 역사를 성취하려는 것이다. 계약은 하나님의 모든 활동과 말씀의 전제이며, 하나님의 모든 의지의 사건은 계약 의지의 사건이다. 심지어 바르트는 '창조'까지도 하나님의 계명의 표명인 계시와 실행으로 이해한다. 계약은 창조의 목적이고 창조는 계약에 이르는 길이다. 창조는 계약의 외적인 근거이고 계약은 창조의 내적인 근거다.[6]

바르트는 화해와 계약을 교회와 연관 짓는다. 그 근거는 계약은 화해의 전제조건이고 화해는 하나님이 인간과 맺은 계약을 스스로 주장하시고 관철하시고 성취하신 것에 있다. 그런데 이 화해의 증거는 어떤 개념이나 이념이 아니다. 바로 예수 그리스도가 화해의 증거다. 그리고 교회는 자연발생적으로 생긴 것이 아니고, 예수 그리스도께서

---

5) 이신건, 『칼 바르트의 교회론』, 한들출판사, 2000, 193쪽.
6) 같은 책, 194~195쪽.

부르셔서 자신과 결합한 사실에서 생겼다. 이리하여 '예수 그리스도 안에서 객관적으로 일어난 주관적인 묘사인 교회'가 세워진 것이다. 그러므로 교회의 사명은 그리스도 자신이 성취한 사명인 화해 바로 그것이다.[7]

예수 그리스도의 교회의 설립과 그 삶은 성령의 역사(役事)다. 예수 그리스도가 자신의 교회를 창조하시고 계속적으로 갱신하시는 능력은 바로 성령이다. 성령은 특별한 은총과 은사를 수여하시는 하나님, 인간으로 하여금 자신의 화해 행위에 능동적으로 참여하는 행위로 거듭나게 하는 능력을 각성시키시는 하나님이다. 성령은 세상의 영이나 교회의 영이나 그리스도인의 영이 아닌 하나님 자신의 영으로 인간을 위해, 인간에게 행동하시는 하나님이다. 인간에게 오셔서 화해의 하나님을 계시하고, 인간의 편을 들어 인간이 스스로를 긍정하고 동시에 하나님을 긍정하도록 하는 하나님이다. 이와 함께 성령은 교회의 전제조건으로서 '예수 그리스도' 안에서 행동하시는 하나님의 영과 다르지 않다. 이런 의미에서 성령은 예수 그리스도의 영이다. 그러므로 성령은 그리스도인의 공동체와 관계를 맺는 예수 그리스도의 능력이다. 교회가 존재하는 것은 예수 그리스도가 성령을 통해 교회를 세우고 활동하게 했기 때문이다.[8] 이 때문에 바르트는 화해를 위한 지상의 교회의 3중의 존재양식을 성령과 관련지어 '성령과 교회의 모임' '성령과 교회의 세움' '성령과 교회의 보냄'이라고 하면서 성령의 교역을 강조하고 있는 것이다.

개혁교회 선교에서 또 하나의 중요한 차원이 있다. 그것은 말씀 증언으로서의 선교의 차원이다. 그동안 한국교회에서는 전도와 선교가 그 개념과 방법을 두고 크게 갈등을 빚어왔다. 심지어는 이 둘을 통합

---

7) 같은 책, 196~199쪽.
8) 같은 책, 199~200쪽.

하는 방법으로 전도를 통해서는 교회를 성장시키고 선교를 통해서는 통일, 생태, 복지 운동을 전개한다고 주장한다. 그러나 개혁교회의 신앙을 통해 전도와 선교에 대한 바른 이해를 얻게 된다.

개혁교회 전통에서는 복음주의 전도자들이 열정적으로 신자들을 얻어 교회를 성장시키는 것과 같은 전도와 선교 개념은 없다. 이것은 하나님께서 그리스도의 은총 안에서 구원받을 사람을 미리 택했다는 예정교리 때문이다. 또한 칼빈 당시의 그릇된 신앙 안에 있는 사람들인 부패한 가톨릭과 극단적인 분리주의자들이 바른 복음 안으로 돌아오게 하는 것이 그 일차적 목표였기 때문이다. 그러나 깊은 차원에서 개혁교회 전통은 전도와 선교에 대한 새로운 이해와 방법을 제시하고 있다.

로마 가톨릭교회는 사도 베드로의 지배권한이 교황에게만 계승되고 교황이 사제들에게 그 일부 권한을 주는 것으로 되어 있다. 이와는 달리 칼빈은 사도의 직무(권한이 아니라)를 전체 교회에 부여된 것으로 이해했다.[9] 그러므로 교회는 그 전체가 세상에서 사도직분을 수행한다. 교회가 수행하는 중요 임무는 역시 '말씀 선포'와 '성례'다. 이 때문에 개혁교회 전통에서 전도와 선교는 '선포와 증언'의 개념을 갖는다. 이 점에서 개혁교회의 선교 개념은 하나님의 선교개념인 '흩어지는 교회'와 더불어 정교회의 '예배 이후의 예배'와도 그 성격이 통한다. 이것은 예배의 다른 형태로서 세상에 나아가 하는 증언이다.[10]

우리는 세상 구석구석에 교회를 세워야 한다. 그 까닭은 오로지 말씀의 성례가 모든 곳에서 이루어지도록 하기 위해서다. 모든 곳에서 회개와 희망의 복음을 선포하는 것이 세상을 향한 교회의 임무인데, 이것이 전도인 동시에 선교다. 그리고 이것은 교회가 이 세상에서 그

---

9) 『기독교강요』, 제4권 제8장 11항.
10) 김은수 편, 『예배 이후의 예배』, 전주대학교출판부, 2006, 52쪽.

리스도의 몸을 형성하는 것이다.[11]

다만 이 선포와 증언을 농촌은 농촌지역에, 도시는 도시지역에, 장소와 때에 맞게 적응시켜 하는 것이 필요하다. 이것을 '특수선교'라고 표현을 하는데, 특수선교라기보다는 상황과 여건에 맞게 말씀을 적응시켜서 선포하는 것이다. 이처럼 말씀을 선포할 대상과 지역에 맞게 적응시키는 것이 '방법론'이다.

굳이 전도와 선교를 구분해서 정리하자면 전도는 말로 선포하는 복음이고 선교는 그 선포를 직업을 통해, 손과 발로 하는 사랑의 봉사를 통해 말로 전한 복음을 인치는 성례와 같다고 할 수 있다. 곧 행동하는 신앙과 사랑과 희망으로 삼위일체 하나님을 '선포하고 증언하는 것'이다.[12]

강원용 목사 자신도 이 두 관계를 다음과 같이 정리한다.

세상 안에서 반란을 일으키는 반도들로부터, 즉 이리떼들로부터 그 양들을 보호하고 양들로 하여금 생명을 얻고 또 더 풍성하게 얻게 하는 목자의 일을 하는 것이 교회의 선교다.

이렇게 이해한다면 전도를 강조하는 교회 목회자들이나 이 오이쿠메네 안에 정치·경제·사회·교육·문화 등 모든 영역에서 이리떼들과 싸우는 교회 일꾼들은 서로 교회가 해야 할 일의 한편을 담당하는 것이므로 서로 대립하거나 양자택일을 할 것이 아니라 서로 보완해서 하나를 이루는 것이 돼야 한다.

울타리 안에 있는 양들을 돌보는 목회자들이나, 울타리 밖에 있는 양들을 돌보는 교회의 일꾼이나 같은 선교의 과제의 한 면을 담

---

11) 앤더슨, 강성모 옮김, 『새 천 년을 위한 영성 사역』(*Soul of Ministry*), 나눔사, 1999, 157~164쪽.
12) 뉴비긴(Lesslie Newbegin), 최성일 옮김, 『선교신학개요』(*The Open Secret*), 한국신학연구소, 1995, 43~88쪽.

당하는 것이다. 상처받은 육체를 치유하는 일이나 병든 영적 세계에 삶의 질을 불어넣어주는 사람들의 일이나 다 마찬가지의 선교과 제인 것이다.

한마디로, 하나님이 십자가에서 이제 승리를 거둔 오이쿠메네 안에서 모든 피조물과 함께 그의 승리를 찬양하는 축제가 우리의 예배요, 이 승리의 사건을 세상에 알리는 것이 전도요, 그리스도를 통해 하나님이 승리하시는 것이다.[13]

겨레와 세상을 위한 교회

경동교회의 특징과 개성을 여러 면에서 말할 수 있을 것이다. 축제 예배, 상징적인 교회당, 지성적인 강단 등 이런 모든 것이 다 경동교회의 특징을 드러내준다. 그러나 경동교회의 특징 중 가장 으뜸 되고 본질된 것 하나를 꼽으라면, 경동교회는 처음부터 세상을 위한 공동체로 모였다는 것이다.『경동교회 40년사』는 "경동교회는 초창기부터 사회사업과 봉사적인 일에 참여하는 신앙 유형을 교회의 체질로 굳혀 온 것이 사실이다. 역사의 뒤안길에서 소외되고 병들고 방황하는 자들의 가깝고 좋은 친구로서의 교회가 되겠다는 생각은 경동교회의 혁신기에도 변함없는 주제였고 시간이 지남에 따라 오히려 더 관심사와 참여권을 광범위하게 넓혀갔던 것이다"[14] 하면서 전후 1954년부터 창립 40주년을 맞을 때까지의 활동들을 소개한다. 그 자세한 내용들은『경동교회 40년사』에 소개되어 있다. 여기에서 보면 야학활동, 근로청소년 지원활동, 상담과 의료활동 등 다양한 봉사가 시기마다 계속되고 있다.

---

13)『강원용 전집』10, 184~185쪽.
14)『경동교회 40년사』, 172쪽.

그러나 문제도 발생해서 교회가 하는 대외 선교의 한계도 논의하게 되었다. 1976년 4월부터 경동교회는 가까운 청계천 동화시장을 봉사지역으로 정한다. 한창 공부해야 하는 나이에 장시간 일하면서 저임금과 멸시에 시달리는 청소년들에게 배움의 길을 제공하기로 한다. 이 일로 봉사위원회에서 '동화모임'을 결성하고 4월부터 교육 프로그램을 시작했다. 이 교육 프로그램에 40명의 청소년 근로자들이 모여들었다. 이들을 위해서 교과과정과 과목을 만들고 경동교회의 대학생들과 청년들이 교사로 수고했다.

그런데 1977년 이 '동화모임'이 교회와 마찰을 빚게 되었다. 이들이 교회의 교육 봉사 프로그램 외에 당시 청계노조의 운동에 휘말려서 교회 안에서 하는 그들의 활동이 교회의 방침과 대립되었기 때문이다. 이들은 교회를 노조활동의 거점으로 삼으려고 했다. 이에 교회는 대외 선교의 한계선을 분명히 설정했다. 교회의 봉사와 선교가 노조운동의 무대로 허용되어서는 안 된다는 것이다.[15] 이것은 강원용 목사의 선교에 대한 태도이기도 하다. 봉사와 선교는 이 땅에서 가난한 사람들과 함께하며 돌보는 것이지만 그것은 정치이념이나 투쟁과는 선을 그어야 한다는 것이다.

경동교회 설립의 주역들은 선린형제단이다. 이 선린회가 시간이 지나며 그 역할이 대사회적 봉사보다는 목사의 목회를 돕는 쪽으로 기울기는 했으나 경동교회의 선린회는 세계선린회로 이어져 그 이상을 구현했다. 여전히 선린회의 처음 이상은 지금도 경동교회의 존재 이유로 살아 있다. 곧 선린회의 이상은 경동교회의 지향성이며, 이것은 강원용 목사가 추구한 선교의 노선과 실천이었다.

강원용 목사가 용정에서부터 가지고 있던 열정은 그리스도교 정신과 신앙으로 사회를 개혁하는 것이었다. 신앙으로 이 사회를 사람답

---

15) 같은 책, 173~174쪽.

게 사는 사회로 만드는 것이다. 이것은 바로 교회의 '보냄'이다. 강원용 목사는 어떤 선교관을 가지고 있었나? 강원용 목사는 「빈들에 세워진 교회」라고 하는 설교에서 "교회는 사탄의 기구화된 세상을 오직 하나님의 은총의 기구로 물리치는 일을 해야 한다"고 하면서 험악한 빈들의 사회와 그것을 극복할 수 있는 길을 제시한다.

정치기구(政治機構) 속에 탐욕과 무제한적인 이윤 추구, 종교 기구 속에 광신과 기적을 통한 인기주의와 하나님을 이용하려는 작태, 그래서 인간과 인간 사이에 대립, 분열, 자연과의 관계에서 공해를 만들어내는 바로 그 현장이 오늘 우리가 사는 한반도다. 권력 기구의 악마화가 북쪽에서는 너무 뚜렷하게 나타나고, 남쪽에서는 파렴치한 몇몇 대기업주들의 무제한한 독점욕, 광신과 기적으로 하나님을 이용하는 종교의 범람, 인간과 인간관계의 끝없는 불신, 보복심, 비인간화로 나타나고 있다. 심지어 브라운관을 통해서 '백조부인' '겨울 해바라기' 등 우리의 의식을 마비시키는 프로그램들을 전 국민에게 보내주는 한심스러운 세상 속에서 우리가 사순절을 맞이한다. 교회는 이 엄청난 '광야의 사태'를 정확히 보라. "사탄아, 물러가라. 주 너의 하나님을 예배하고 그분만을 섬기라." 교회의 무기는 오직 '하나님의 말씀'이다.

교회는 이 세상 정치단체와 같은 것이 되거나 예루살렘 성전의 계승자가 되는 것이 아니다. 빈들에 세워진 교회여야 한다. 성령의 인도를 받은 교회는 빈들에 세워진 교회다. 이 빈들에 세워진 교회 안에서 유혹에 빠져들어가지 않게 이 사순절 동안 예수님을 닮아 열심히 기도하고, 우리 마음속 심연에 아담과의 동질성인 자기중심으로 사는 죄를 발견하며 회개함으로써 그리스도의 은총을 받아들여 그리스도 안에서 하나님의 말씀에 순종하며 사는 삶이 되도록

하자.[16)

이것을 인용한 것은 강원용 목사의 선교관을 엿볼 수 있기 때문이다. 이 인용문은 우리가 사는 남북의 황량한 빈들 같은 온갖 사태와 상황을 나열한다. 교회는 이것들을 물리치는 일을 해야 한다. 이럴 때 교회는 두 개의 유혹을 뿌리치고 제3의 길을 선택해야 한다. 하나는 선교의 정치화에 대한 유혹이다. 교회가 세상 정치단체처럼 되어서 이 사회의 모순을 해결해서는 안 된다. 또 하나는 선교의 교회주의화 유혹이다. 교회가 자체의 영광만을 추구하여 세상이 악하다고 해서 악한 세상과 단절해서는 안 된다. 교회의 선교는 늘 제3의 방식의 자기 이해를 해야 한다. 그것은 빈들에 세워진 교회라는 것이다. 악한 세상과 하나 되지 않으면서도 엄연히 악한 세상 안에 교회가 있는 것이다. 이 빈들에 있는 교회는 악한 세상과 싸우되 그 무기는 오로지 하나님을 섬기는 '예배'와 '하나님의 말씀'이다.

강원용 목사는 고희를 맞아 내심 즐거운 행사를 맞이했다. 고범서 교수가 위원장이 되어, 몇 사람과 출판위원회를 구성하고는, 강 목사가 반대할 겨를도 없이 추진해서, 『강원용과의 대화』라는 책을 출간하게 되었다. 강 목사는 "이 책은 내 생애와 한국 현대사의 흐름을 각 분야에 걸쳐 대조해가며 내 삶을 전체적으로 조감한 것이었다"고 한다. 강 목사는 출판 기념회도 자신의 생애를 창으로 만들어 박동진 명창이 불러주었고, 기획도 실행도 성공적이었다며 만족해했다.[17)

강원용 목사의 전체 생을 잘 조감한 이 책의 내용은 2부로 구성되어 있다. 제1부는 한국사회에 대한 대담으로 정치, 경제, 노사, 여성, 종교, 언론, 교육, 문화, 예술, 농촌의 분야가 실려 있다. 제2부는 한국 교회에 대한 대담으로 한국 기독교신학, 한국 기독교문화, 한국교회,

---

16) 강원용, 『자유케 하는 진리』, 서문당, 1985, 153~154쪽.
17) 『역사의 언덕에서』 4, 300~302쪽.

에큐메니컬 운동, 가톨릭과 개신교, 기독교 학생운동, 기독교 사회운동의 분야가 실려 있다.

여기서 새삼 알게 되는 것은 한 개인이지만 강원용 목사는 한국사회와 한국교회의 이 많은 분야와 깊이 관련되어 있고, 실제로 열정적으로 이 모든 분야에 참여했다는 것이다. 또 하나 눈여겨볼 대목은 그리스도교 신앙으로 개혁하고 바르게 해야 하는 선교영역은 우리 삶의 전 분야라는 것이다. 제1부의 한국사회의 모든 분야는 선교의 영역이요, 제2부는 이 선교를 감당해야 하는 교회의 신앙과 운동에 대한 것이다. 이렇게 정리할 수 있다. ① 이 사회의 모든 삶의 영역이 선교의 대상이다. ② 사회를 개선하는 선교는 교회의 신앙과 분리할 수 없다.

앞에서 개혁교회 선교의 강조점들을 나누어보았다. 교회의 '보냄'의 목적은 화해이고, 이 화해는 수직적인 것과 수평적인 것의 동시적 차원을 갖는다고 했다. 강원용 목사는 평생에 걸쳐서 이 화해의 교역을 교회 안팎에서 실현했다. 그의 '대화의 신학'이 바로 '화해'를 만들어내는 방법론이다. 강원용 목사에게서도 이 화해의 수직차원과 수평차원은 동시적이다. 강 목사는 경동교회에서도, 교회 밖의 영역에서도, 두 가지를 늘 경계했다. 수평적 화해만을 추구하는 정치와 수직적 화해만을 추구하는 실존구원이 그것이다. 이 둘은 서로 뗄 수 없다. 그러나 강원용 목사에게는 '수직적 차원의 화해'가 그 출발이요 토대가 된다. 이것을 '해방의 제1원리'라는 설교에서 쉽게 만나보게 된다. 강 목사는 해방 26주년을 맞는 해방절 주일의 설교에서, 남북 사이에 전격 대화분위기가 조성된 것을 환영하면서도 우려를 표시한다. 그것은 과연 해방을 맞아서 그것을 잘 간직하고 통일을 할 수 있는 능력이 있는가 하는 것이다. 해방 그리고 남북 대화와 통일은 수평적 해방이다. 그러나 수평적 해방만 추구했기 때문에 해방이 왔어도 우리나라는 분단이 왔고, 남북이 서로 비인간화된 채로 있다. 그것은 '해방의 제1원리'를 알지 못하고 찾지 못하기 때문이다. 이 해방의 제1원리는 바로 '수직적 해방' 곧 '수직적 화해'이다.

문제의 핵심은 "우리가 해방의 제1원리 위에 서 있느냐"입니다. 자기를 노예화하는 모든 쇠사슬이 내게서 끊어졌느냐, 그것을 끊어 내는 일에 내가 얼마나 관심을 가지고 기도하고 노력하고 있느냐 하는 것입니다. 그것을 끊어버리고 투쟁하는 해방을 통해서 우리는 자신을 만나주시고 계시해주시는 하나님을 만날 수 있습니다. 말구유에서 태어나시고 골고다에서 죽으신 해방자인 예수 그리스도를 만날 수 있습니다. 이 땅에서 모든 눌린 자를 자유롭게 하시는 성령의 역사를 만날 수 있습니다. 해방의 제1원리에서 시작하는 길이어야 합니다.[18]

강원용 목사는 빈들 같은 이 세상을 물리치는 유일한 무기는 '예배'와 '하나님 말씀'이라고 했다. 강원용 목사의 선교관도 또한 '선포, 증언'으로서의 선교이다. 『40주년 기념 전 신도 교육교재』에서 강원용 목사는 개인을 구원하는 '전도'와 '사회를 구원하는 선교'는 서로 대립관계나 양자택일의 사항이 아님을 설명하며, 「갈라디아서」에서 '전도를 위주로 한 선교'가 행해진 것을 예로 든다. 전도에 주력하는 바울은 예루살렘의 가난한 사람을 돕는 봉사를 하면서 '유대인과 헬라인' '주인과 종' '남자와 여자'의 장벽과 차별을 허물 것을 선포했다. 그러나 전도자의 이 선포는 그 즉시 반민족, 반국가, 반사회적인 행위가 되고 말았다. 참된 선포와 신앙고백이 이루어지는 곳이 선교의 현장이고, 이 평화의 복음을 전하는 증언이 선교라고 한다.[19] 강원용 목사의 선교론의 특징은 '전선교'(total mission)라는 개념으

---

18) 『돌들이 소리치리라』, 166쪽.
19) 경동교회, 『40주년 기념 전 신도 교육교재』, 1985, 27~28쪽.

로 설명할 수 있다. 복음의 선포, 친교와 목회적인 배려, 교육 그리고 봉사, 어려운 이웃을 도와주는 사회봉사, 사회 안의 불의를 예언자적 전통에서 고발하고 억압당한 이웃을 해방하기 위한 사회참여, 이 모두가 다 선교다. 예수님도 그 당시 억압자들 편에 확실하게 서서 국가 전복자로 고발당해 사형까지 받기도 했다. 그러나 예수님은 빌라도 앞에서 내 나라는 이 세상에 속한 나라가 아니라고 했다. 예수님은 기존체제를 전복하고 신정정치를 수립하는 것이 하나님의 선교라고 생각한 젤롯당파에 속하지 않아서 많은 진보파에게 실망을 주었다. 예수께서 잃은 양을 찾는 목자로서 한 사람의 영혼과 몸의 질병을 고치고 영생의 삶을 준 것은 사실이지만, 예수님은 이 세계의 해방을 무시하고 이원론적으로 영혼구원만을 베풀지 않았다. 예수님의 구원과 선교는 전 인간, 전 인류, 전 피조물의 구원이요, 새 하늘과 새 땅의 실현이었다. 여기에서부터 강원용 목사는 전선교에 대한 개념을 설명하고 있다. 실제로 강원용 목사의 생애가 전선교를 위한 것이었고 동시에 전선교를 위해 교육하고 훈련하는 삶이었다.

그러기에 성서가 말하는 선교는 이 모든 것이 포함된 전선교다. 우리의 기독교단체를 포함한 교회는 각각 그들이 처한 상황과 능력의 한계, 은사(카리스마)에 따라 이 중의 어느 한 가지가 보다 더 강조될 수도 있으나 그것은 교회의 전선교의 상호보완의 관계이지 배타적인 유일의 선교라고 주장하게 할 때 그것은 그리스도의 몸인 교회의 선교가 아니고 하나의 파벌(sect)이 되어버리고 마는 것이다.

오늘의 우리 한국교회는 당면한 시점에서 특히 몇 가지 점에 유의해야 한다고 생각한다. 위에 나열한 선교의 과제 중 어느 한 가지에 치중하는 그룹, 즉 구조악에 도전하여 사회참여를 하는 종교에 종사하는 사람들을 비복음적인 세속화 기독교로 비판, 배척하는 전도주의(傳道主義)나, 전도 운동을 시대를 통한 반선교적인 것으로

몰아버리는 태도나, 교회를 파벌화하는 과오를 범하기 쉽다.[20]

흩어지는 경동교회

흩어지는 교회는 예배공동체의 보냄인 선교를 뜻하는 말이다. 경동교회는 그 태생이 흩어지기 위해 설립되었다. 그러나 야학이니, 빈민구제니 하는 봉사는 경동교회만이 아니라 많은 교회가 한다. 이런 봉사와 선교는 어쩌면 다른 보수적인 교회가 더 열심히 하기도 한다. 그러므로 어떤 선교를 했느냐 하는 그 항목보다는 흩어지는 경동교회만의 독특한 점을 찾아보려고 한다. 이 또한 강원용 목사의 선교적 관심과 무관하지 않다.

봉사활동으로 표현된 것은 '의료선교'다. 이 의료선교는 서울에서 선린형제단이 창설되기 전 이미 용정에서 동지들이 모임을 만들면서 시작되었다. 이 중 어떤 이들은 평생 의료로서 주의 일을 하겠다고 결단했는데, 그 결단이 그 후로도 경동의 중요한 봉사내용이 된 것이다. 강원용 목사도 의료선교에 늘 관심을 가졌는데, 이것을 '치유선교'라고도 할 수 있다.

「변하는 사회 속에서의 의료선교」라고 하는 설교에서 강원용 목사는 우스갯소리로 "나는 하루속히 모든 정신과 의사들이 정부의 복지연금 같은 것으로 연명되기를 바라는 사람이다"하면서 이야기를 시작한다. 아마도 의사들을 대상으로 한 설교인 것 같다. 이 땅에서 병으로 고생하는 사람이 없어서 의사가 실직하는 때 목사도 실직할 것이다. 그러나 그런 날은 오지 않을 것이라고 한다. 인간의 역사가 계속되는 한 육체적으로든 신체적으로든 병든 사람은 늘 있어서 의사도 목사도 실직할 일이 없을 것이기 때문이다.

강 목사는 의사들에게 선교를 설명해준다. 선교하면 목사의 일이지 의사의 일이 아니라고 생각한다. 의사는 육체를 고치고, 목사는 영혼을 고치는데, 의사는 일시적인 몸의 아픔을 고치지만 목사는 영원한 영혼의 아픔을 고친다. 이 때문에 목사가 더 위대하다고 생각하는데 그것은 오해라는 것이다. 한국 초기에 선교하러 온 사람들은 목사가 아니라 의사였다.

의사들 뒤를 이어 목사가 들어와 교회도 짓고 병원도 지었다. 그런데 병원을 지은 목적은 육체의 병을 고쳐주는 것만이 아니라 그 환자들에게 전도를 하여 크리스천이 되게 하는데 더 비중을 두었다. 강 목사는 육체의 병을 고치는 의사의 일은 영혼의 병을 고치는 목사의 일을 돕기 위한 수단이 되었다고 하면서 이런 생각 속에 들어 있는 이원론적 사고를 비판한다. 이것은 육체의 병과 영혼의 병을 따로 보았기 때문에 의사의 일이 목사 일을 돕는 수단으로 여겨지게 되었다는 것이다.

강 목사는 영육이 분리될 수 없는 전인으로서의 인간을 성서에서 안내한다. 그리고 사랑 때문에 몸을 입고 오신 하나님과 그러기에 몸을 고쳐주는 일은 곧 예수께서 부탁하신 사랑의 사명을 감당하는 일임을 강조한다. 이 작은 자를 돌보고 치료하는 사랑에서 한 걸음 더 나아가 강 목사는 이 의료선교는 성서의 차원에서 치유의 선교(healing ministry)가 되어야 한다고 역설한다.

나아가서 진정한 치유의 선교는 소극적으로 병이 걸린 후에 치료하는 것에 그칠 것이 아니라 병의 원인을 제거하는 일로 발전되어야 한다. 인간의 병은 생리적인 원인과 함께 정신적인 원인, 예컨대 죄의식이라든가 그가 속해 있는 가정·사회·자연 환경과의 잘못된 관계로 해서 생긴다. 그러기에 인간의 병은 넓게 보아 정치·종교·경제·문화·기술 등의 구조와 관계가 있다. 오늘 우리가 살고 있는

과학기술의 사회, 다원화된 사회에서는 더욱 그렇다.[21]

흩어지는 경동교회의 두 번째 특징은 '문화선교'다. 이 때문인지 『경동교회 40년사』는 다른 많은 것을 제쳐놓고 제4장에 역대 축제 행사 목록을 전부 기록해 두고 있다. 1968년부터 『경동교회 40년사』를 펴낼 때까지 42개의 문화공연과 축제의 제목들과 담당자들이 소개되어 있다. 음악회, 연극, 탈춤 등 예술의 모든 분야를 망라하고 있다.

이렇게 교회를 문화축제의 장으로 만든 것은 축제적인 예배를 개혁하면서 본격으로 시작되었다. 그리고 이 문화공연과 축제는 선교의 중요한 수단이 되었다. 그 내용 안에 그리스도교적 복음을 담았기 때문이다. 그리고 경동의 교인들만이 아니라 밖의 사람들도 함께 와서 참관하고 나누는 문화잔치였다. 경동교회에서 이런 음악이니 연극이니 하는 예술무대가 펼쳐지게 된 것은 소년 시절부터 연극광이요, 예술을 좋아하는 강 목사의 기질과도 맞는 것이었다.

예배와 축제 이야기에서 이미 언급했기 때문에 여기서는 강 목사가 전하는 이 예술행사의 신학적인 이유만 들어본다. 강 목사는 이 세상 안에는 모든 것을 파괴하고 더럽게 만드는 파괴적인 마력이 있기 때문에 군인처럼 싸워야 하지만, 그 싸움은 하나님이 창조한 코스모스의 아름다움을 찬양하는 데서 시작된다고 한다. 그러므로 크리스천의 삶은 이 코스모스의 아름다움을 찬양하고 그 아름다움을 창조해가는 삶이다. 이 코스모스의 아름다움을 드러내는 것이 크리스천의 삶의

전체를 지배해야 한다.[22)

　마지막으로 흩어지는 경동교회의 특징은 '연합선교'다. 적당한 말이 없어서 연합선교라고 했는데, 그 뜻은 교회의 선교와 사회적 활동이 겹치기도 하고 함께하기도 하며, 경동교회 자체가 사회교육이나 활동의 장이 되기도 했다는 뜻이다. 이것은 긴 설명을 필요로 하지 않는다. 이미 신인회를 통해서 경동교회를 중심으로 기독학생운동이 형성되고 전개되었다. 4·19의거 때 기독교계는 참여하지 않았다고 한다. 결코 그렇지 않다. 경동의 신인회원들이 4·19의거의 주역들이었으며 그 후로도 민주·통일 운동의 주역으로 활동했다. 아카데미 운동은 단순한 교회운동도 사회운동도 아닌 이 둘이 겹치는 부분이다. 이 아카데미 운동에서는 종교분야만이 아니라 우리 사회의 전 분야를 가지고 대화 모임을 열었다. 이런 기독교 사회운동은 경동교회와 긴밀한 관계를 맺으며 전개되었다고 할 수 있다. "기독교 신앙으로 사회를 개혁한다"는 강원용 목사의 바로 이 신념은 언제나 교회와 사회를 신학적으로나 공간적으로 묶으며 교회의 선교를 전개하게 했다.

---

21) 『강원용 전집』 7, 134~135쪽.
22) 『제3지대의 증언』, 202~203쪽.

제5부

경동교회의 강단 설교

1 한국교회 강단과 강원용 목사의 설교

경동교회가 한국교회에서만이 아니라 세계적인 교회가 된 데에는 강원용 목사의 설교가 큰 자리를 차지하고 있다. 그의 설교 때문에 감화받은 지성인들이 경동교회의 교인이 되었을 뿐 아니라, 한국교회와 사회 전반에 걸쳐서 중요한 지도자가 되었고, 지금까지도 그 영향력을 발휘하고 있다. 강원용 목사의 설교는 한국교회와 우리 근대사 속에서 '빈들의 소리'였을 뿐 아니라, 강원용 목사는 한국교회의 명설교가로서 길이 남게 되었다. 강원용 목사의 설교는 그 힘찬 웅변적인 요소 때문에 힘이 있는 것이 아니다. 설교론적으로 세계교회사적인 지평의 내용을 담고 있기 때문에 힘이 있고, 깊은 감동을 준 것이다.

여기서 우리는 강원용 목사의 설교를 새삼 주목하며, 그 설교 자료를 분석하고 평가할 설교론적인 기준을 정리해보고자 한다. 그리고 이 설교론에 적합한 그 설교를 더욱 생동감 있게 전한 그의 독특한 수사법을 살펴보고자 한다.

강원용 목사의 설교 위상

최근 한국교회가 정체되어 있는 실정이지만, 가톨릭을 포함해서 그리스도교가 이 땅에 전래되어 급성장을 이룬 것은 2,000년 그리스도교 역사에서 드문 일이다. 이 놀라운 급성장에는 여러 문화적·정치적·사회적 요인이 있을 것이다. 그러나 한국교회의 성장에는 이 겨레 사람들의 심금을 울리고 감동을 준 걸출한 목사들의 설교가 큰 역할을 했다. 목사의 설교 때문에 사람들이 교회를 선택하고, 그 설교 덕에 세계적인 대형교회가 된 곳도 많이 있다.

그러나 교회를 성장시키고 대형교회를 이룬 목사들의 설교가 설교론적인 관점에서 성서적이고 신학적으로 건강한 설교인가? 10년 전에 대형교회를 이룬 목사들의 명설교를 분석 비평하여 그 실체를 드러내는 작업이 정용섭에 의해 이루어졌다. 그는 『기독교사상』에 설교 비평을 연재하며 사람들을 감동하게 하고 끌어모은 설교들이 얼마나 문제투성이이고, 위험하기까지 한지 조목조목 해부했다.[1] 정용섭이 비평한 대형교회 목회자들의 설교와 강원용 목사의 설교를 비교해서 보면 학문적 비평 없이도 한눈에 그 차이를 알게 된다.

정용섭은 수준 있는 신학자와 목회자인 박종화, 김기석, 민영진의 설교만을 긍정적으로 평가한다. 그리고 그 나머지 대중을 사로잡아 엄청난 성장을 이룬 그 설교들 안에는 '비성서적, 비복음적, 비지성적, 배타적, 공격적이고 폭력적, 성서 문자주의, 도덕주의, 기복주의' 등이 들어 있음을 분석한다. 이것들이 성장한 오늘 한국교회의 배후에 숨어 있는 부정적인 요소임을 밝혔다. 이 설교들이 이제는 도리어 한국

---

1) 정용섭이 『기독교사상』에 연재한 이 설교 비평을 대한기독교서회는 세 권의 책으로 묶어냈다. 『속빈 설교 꽉찬 설교』, 2006; 『설교와 선동 사이에서』, 2007; 『설교의 절망과 희망』, 2008.

교회를 세속주의에 떨어뜨리고 신앙을 왜곡시키는 주범이 된 것이다. 한국교회의 강단은 철저히 무너진 것이다.

강원용 목사의 설교와 비교해보면 좋은 또 하나의 설교가 있다. 그 것은 한경직 목사의 설교다. 영락교회 역시 한국을 대표하는 교회이고, 경동교회와 같은 시기에 함께 시대를 호흡하며 세워졌다. 이 영락의 강단에서 선포된 한경직 목사의 설교는, 그가 프린스턴 신학교에 유학까지 다녀왔음에도 전형적인 주제설교였다. 주제를 정하고 그것을 뒷받침하는 성구를 찾고, 그것을 "첫째로…… 둘째로……"하면서 나열해 가는 방식이다.[2] 이런 설교적 구성과 전개는 그 옛날 곽안련의 설교론인데, 한경직 목사의 설교만이 아니라 오늘날 대부분의 한국교회 강단이 이 수준에 머물러 있다.

이런 때 강원용 목사의 설교는 무너진 한국교회 강단을 다시 세우는 하나의 길잡이가 될 수 있다. 그의 설교에 감화받은 지성인들이 경동교회 교인이 되었을 뿐 아니라 교회와 사회 전반에 걸쳐서 건강한 지도 역할을 했고, 지금도 그 영향력을 발휘하고 있다. 강원용 목사가 행한 그 선포의 힘은 과연 무엇인가? 그리고 강원용 목사의 설교는 정용섭이 비평한 설교들과 그리고 주제 나열 차원의 설교들과 무엇이 다른가? 이것을 밝히는 것은 강원용 목사의 목회의 핵인 설교를 알게 되는 일일뿐더러 한국교회의 강단에 새로운 빛을 던져주는 일이기도 하다.

그러면 강원용 목사의 설교의 어떤 점이 경동교회를 세계적인 교회로 든든히 서게 했으며, 강원용 목사 설교의 어떤 점이 한국교회 강단을 새롭게 세우는가? 그 기준은 무엇인가?

강원용 목사의 설교를 한국교회의 다른 설교들과 비교할 수 없는 안타까움이 있다. 그것은 서로 다른 설교들을 비교할 수 있는 설교론

---

2) 한국문서선교회 편, 『한국의 명설교』上, 명문출판사, 1981, 13~56쪽.

이 제대로 마련되어 있지 않기 때문이다. 정용섭은 "무슨 기준으로 자신의 설교를 그렇게 비평했느냐"는 항의에 대해서 자신의 설교에 대한 생각을 말한다. 그러나 그는 설교에 대한 신학과 원론만을 말할 뿐 좋은 설교의 구체적인 기준이나, 좋은 설교를 식별할 수 있는 설교론은 제시하지 못하고 있다.[3] 따라서 여기서는 먼저 강원용 목사의 설교를 판단할 수 있는 설교론이자 한국 강단에서 행해지는 설교들의 건강한 기준을 제시할 수 있는 설교론을 제시하려고 한다.

세계교회사적인 지평의 설교론

좋은 설교를 판단할 수 있는 설교론의 기준을 제시해보겠다. 이를 위해서 먼저 종교개혁 신학 위에서 방대한 설교학 책을 저술한 보렌의 설교론[4]의 골자를 살펴보려고 한다. 다음으로는 2000년 그리스도교 설교의 역사를 압축해서 소개하며 설교의 모범을 밝힌 폴 윌슨(Paul Wilson)의 『그리스도교 설교의 역사』(Concise History of Preaching)[5]를 안내하고자 한다. 이 안내를 통해서 그리스도교 역사와 세계교회사적인 차원에서 권위 있는 설교의 특징을 제시해보려는 것이다. 이두 사람의 설교론을 같이 살펴보는 이유는 보렌이 제시하는 설교론이 윌슨의 설교의 역사적 연구와 사례들 안에 나타나 있기 때문이다. 또한 이들의 설교론은 강원용 목사의 설교만이 아니라 모든 진실하고 힘 있는 그리스도교 선포의 특징들과 기준들을 마련해주고 있기 때문이다.

---

3) 정용섭, 『설교란 무엇인가』, 대한기독교서회, 2011.
4) 보렌의 설교론(Predigtlehre)은 다음의 두 책으로 나뉘어 번역이 되어 있다. 보렌, 박근원 옮김, 『설교학 원론』, 대한기독교출판사, 1979; 박근원 옮김, 『설교학 실천론』, 대한기독교출판사, 1980.
5) 윌슨, 김윤규 옮김, 『그리스도교 설교의 역사』, 대한기독교서회, 2015.

보렌의 설교론

보렌은 방대하고 다채로우면서도 풍부한 인문사회과학의 토대 위에서 자신의 설교론을 전개하고 있다. 그러나 그 출발은 철저히 종교개혁 신학의 전통 위에서 '성령론적·성서적' '성서적·신학적' '신학적·미학적'이라는 세 축을 중심으로 전개하고 있다. 이 세 쌍의 축은 서로 삼위일체처럼 뗄 수 없는 동시에 상호 고리를 이루고 있다. 그럼에도 그의 설교론의 출발은 성령이다.

보렌에 따르면, 설교는 성령의 사역이다. 설교에서 발생하는 근본 문제는 언어의 단절 문제다. 이것은 설명할 수 없는 하나님을 설명할 때 일어나는 문제다. 동시에 설명할 수 없는 하나님을 선포할 때, 그 선포를 받아들이는 세상의 언어와 단절될 때 생기는 문제다.[6] 이럴 때 성령은 그리스도의 화육을 근거로 다양한 삶과 문화의 정황에 따라 풍요롭게 표현하는 자유를 준다. 이리하여 설교는 무수히 다양하게 펼쳐지는 시대적 정황 속에서 그때마다 능력 있는 선포가 될 수 있다.[7]

보렌은 이와 관련하여 성령의 설교사역은 그 다양한 증언 속에서도 오직 단 하나의 공통점이 있다고 한다. 그것은 한 하나님의 이름을 선포하는 것이다. 이 단 하나의 이름을 선포하는 것이 설교이지만, 이 선포는 획일적인 것이 아니다. 역시 성령을 통해 다양한 시대와 역사적 상황 속에서 각각 다르게 선포되면서도 변함없이 영원하신 한 이름을 선포하는 것이다. 이것이 같은 것을 증언하는 설교가 시대마다, 상황마다 다양하게 선포되는 이유다.[8]

선포에 있어서 성령의 사역과 성서는 뗄 수가 없다. 성서는 하나

---

6) 『설교학 원론』, 29~54쪽.
7) 같은 책, 79~110쪽.
8) 같은 책, 11~139쪽.

님의 이름에 대한 원전이며, 성서는 성령의 기록이고, 성령이 증언하기 때문이다. 성서는 말씀이 주어지는 때 영이 활동하는 수단인 동시에 영을 검증하는 기준이기도 하다. 보렌에 따르면, 성서는 하나님과 함께, 하나님 안에서 사용될 때만 진리의 기준이 된다. 그리고 성서를 선포할 때는 그 한 부분이 아니라 성서 전체의 맥락에서 해석되고 선포되어야 한다. 곧 전체성 안에서 특수성을 이해하는 것이다.

성령을 통해서 성서본문으로 설교할 때, 이름 부르는 분의 현존으로 말미암아, 그 선포는 본문에서부터 자유로운 설교가 된다. 기적을 일으키는 설교가 된다. 그리고 성령의 활동은 강력한 내적인 인격적 체험을 넘어서, 교회의 울타리를 넘어서, 선포를 밖으로 세상으로 향하게 한다. 하나님 나라의 지평을 이끌어간다. 이것이 설교의 수평적 차원이다. 이럴 때에만 다시 성령은 오직 한 이름을 선포하는 그 자리로 돌아올 수 있다.[9] 이로써 말씀과 영은 그 이름과 인격의 통일성처럼, 우리가 선포할 때 예수 안에서 온전히 통일을 이룬다.[10]

다음으로 성서 말씀을 선포하기 위해서는, 성서는 해석의 문제와 연결된다. 이 해석은 성서의 언어를 우리말로 옮기는 문제다. 본질상 하나님 말씀은 옮길 수가 없지만, 성령이 선포하려는 그 이름을 말하게 하신다. 선포는 오늘 이 시대의 특수한 상황 안에서 이루어지는 행위이기 때문에, 성서의 해석과 선포는 커뮤니케이션의 중요성을 받아들이고 연구한다. 그러나 커뮤니케이션은 부차적인 것이다. 커뮤니케이션은 다만 성서해석을 도와서 선포의 목적을 이루게 하는 데 있다.[11] 바로 이 같은 성서해석이라는 면에서 성서적 선포는 신학적이어야 한다. 곧 성서해석과 전달이 신학인 것이다. 따라서 설교를 비평

---

9) 같은 책, 140~165쪽.
10) 같은 책, 165~170쪽.
11) 같은 책, 185~193쪽.

하는 기준도 신학적인 것이다. 설교가 말하려는 교의학적 내용, 설교의 체계, 설교에 사용되는 여러 이미지와 호소 등이 적절한지를 판단하는 것은 신학적인 문제다.[12] 바르트에 따르면 성서적인 설교가 신학적인 설교인 이유는, 설교는 신앙고백에 근거해야 하며 우리가 믿는 바를 밝히는 것이기 때문이다.[13]

설교의 신학적 특성은 보렌에게서 미학적인 차원과 관계된다. 사실 이 미학의 차원은 보렌의 책 첫 부분을 이루고 있다. 이 미학적 차원은 먼저 설교가의 인간적인 열정과 관계된다. 설교를 준비하고 선포하는 일은 예술가의 창작활동이나 짜릿하게 스키를 타는 일처럼 즐거운 일이고 복된 일이다. 그러기에 이 기쁨과 열정으로서의 설교는 놀이와 축제의 성격을 띤다. 이런 설교는 아름다운 설교가 된다. 이런 설교에서 청중은 기쁨을 느끼고, 설교는 기적이 된다.[14] 또한 미학적 차원은 설교에서 시나 예술을 사용하는 것과도 관계된다.[15] 그러나 이 같은 설교의 미학은 설교 자체가 주는 것이다. 설교가 기적이고 아름다운 것은, 그 설교 안에 하나님께서 친히 들어오셔서 말씀하시고, 그 말씀이 사건이 되어 해방을 가져오기 때문이다.[16]

위에서 짤막하게 살펴본 대로, 보렌의 설교론은 종교개혁신앙의 전통 위에 굳건히 서 있다. 설교가가 설교를 준비하기 위한 작업들, 설교의 기법들, 전달 기술, 그 설교를 듣는 것 등, 이 모든 설교의 실천 문제들은 성령을 통한 성서의 말씀 아래서 적극적으로 연구되고 사용될 수 있다. 옮긴이의 '붙임 말'에 잘 정리되어 있듯이 '성령론적 사

---

12) 같은 책, 293쪽.

13) 바르트, 박근원 옮김, 『설교학 원강』(HOMLETIK: Wesen und Vorberitung der Predigt), 전망사, 1981, 65쪽.

14) 『설교학 원론』, 13~22쪽.

15) 같은 책, 33~47쪽.

16) 같은 책, 23~25쪽.

고'와 '신율적 상호작용'이 보렌의 설교론의 토대다.[17]

윌슨의 설교기준

윌슨은 신약성서 시대부터 현대에 이르기까지 설교의 역사를 세 시대로 구분하고, 그 시대를 대표하는 20명의 설교가의 설교를 소개하고 있다. 이들의 '설교론의 배경'과 '설교의 사례' 그리고 그 '설교론의 의미'를 통해 오늘의 설교가들에게 설교에 대한 통찰을 주고 있다.[18]

이 설교들을 선정한 기준은 단편적인 요소가 아니라 통합적인 관점이다. "설교학적·수사학적인 방법론, 설교의 형식과 내용, 해석학과 해석 이론의 역사, 선포 행위를 이해하고 선포의 내용을 작성할 때 기준이 되는 신학 그리고 목회적 돌봄과의 연관성 등등"[19]이다. 또한 한 시기를 대표하는 설교를 선택할 때 한 가지 기준은 '권위'다. 이것은 "무슨 권위로 설교하거나 가르칠 수 있으며, 어떻게 자신의 성서해석이 다른 사람의 성서해석보다 더 우월할 수 있는가?"[20] 하는 정당성 문제다. 이 설교의 권위라는 정당성의 면에서 윌슨의 설교론은 '성서 자신, 성령의 증언, 증언하는 그 이름 자신'이라고 하는 보렌의 설교론과 이어진다.

윌슨은 이 설교의 역사를 마무리하며 오늘의 설교가들에게 도움을 줄 것으로 여겨지는 세 분야를 언급한다. 그것은 '성서연구' '신학' 그리고 '언어와 예술' 분야다. 이 세 분야가 설교에 통합되어 있어야 한

---

17) 『설교학 실천론』, 302~303쪽.
18) 윌슨은 초대교회, 중세시대, 종교개혁시대부터 오늘날까지, 이렇게 세 시기로 설교의 역사를 구분하고 있으며, 각 시기마다 여성 설교가를 포함했고, 두 사람의 가톨릭 종파 설교가들의 설교도 다루었다. 종교개혁 이후 시대부터는 다양한 교파들의 특징을 가지고 있는 설교의 모범을 제시하고 있다.
19) 『그리스도교 설교의 역사』, 13쪽.
20) 같은 책, 15쪽.

다는 것이다.[21]

성서와 관련해서, 주제를 강화하려고 몇몇 성서본문을 끌어다 쓰는 방법은 피해야 한다. 그리고 설교가는 반드시 철저하게 역사적 상황과 연관해서, 그 본문이 당시의 역사적 상황에서 전하려고 했던 본질적인 의미를 선포해야 한다. 이럴 때 성서 본문은 본문 그 자체만이 아니라 성서 전체의 통전적인 맥락에서 다루어져야 한다.[22] 이를 위해서 윌슨은 오늘날 교회력에 따른 3년 주기의 성서일과 본문으로 설교하는 이점을 들고 있다. 성서일과에 따른 설교는 교회일치, 교회력의 회복, 말씀과 성만찬의 조화만이 아니라 주제설교와 교리 설교를 하는 폐단을 줄여주기 때문이다.[23]

윌슨은 성서연구와 관련해서 신학적 탐구를 말하고 있다. 모든 설교가는 앞 시대로부터 물려받은 교리들을 자기 시대의 특별한 상황 때문에 설교 안에 한 신학으로 담을 수밖에 없다. 또한 위대한 설교가들은 자신의 신학적 저술을 남기기도 했다. 그러나 특정한 시대나 교파 전통을 반영하는 이 설교가들의 신학은 성서적이다. 그리고 회중의 삶이라고 하는 상황에서 생겨난 것이다.[24]

앞의 두 분야와 결코 분리할 수 없는 세 번째 부분은 언어와 예술이다. 이 부분은 설교에 동원되는 언어나 예술 등으로, 수사학적인 요소라고 할 수 있다. 시대마다 선정한 설교가들은 한결같이 나름의 독특한 수사학으로 곧 예술 형식으로써 언어를 통해 설교했고, 그 설교의 권위를 담아냈다.[25]

윌슨의 설교론을 종합하면 이렇게 정리할 수 있다. "성서, 신학, 수

---

21) 같은 책, 203쪽.
22) 같은 책, 244~245쪽.
23) 같은 책, 249쪽.
24) 같은 책, 245쪽.
25) 같은 책, 246쪽.

사학의 요소가 서로 분리할 수 없이 한 설교에 통합되어 있을 때 그 시대를 움직이는 살아있는 선포가 이루어진다." 이 점에서 윌슨의 설교론은 보렌의 설교론과 맥을 같이한다.

세계교회사적인 강원용 설교의 위상

강원용 목사의 설교를 분석하기 전에, 보렌과 윌슨의 설교론에 부합하는 현대의 세계교회 지평의 설교가들을 찾아보겠다. 이것은 강원용 목사의 설교의 위상과 특성을 밝히기 위해서다. 강원용 목사의 설교는 불룸하르트(Christopher Blumhardt, 1842~1919), 스튜어트(James S. Stewart, 1896~1990), 틸리케(Helmut Thielicke, 1908~86)의 설교와 같은 지평에 있다고 생각된다.[26]

불룸하르트

불룸하르트는 아버지 요한 불룸하르트(Johann Blumhardt)처럼 하나님의 살아계심과 그리스도의 승리에 대한 강렬한 체험을 했다. 아들

---

26) 강원용 목사의 설교를 한국교회의 설교가들과 비교할 수 없는 안타까움이 있다. 정용섭은 김기석, 박종화, 민영진 등 극소수의 설교를 좋은 설교로 평가하고 있다. 그러나 이들에게서도 본문과 상황 사이의 괴리나 케리그마가 약한 문학적 구성, 듣기에 난해한 내용과 같은 본질적 문제가 있다. 김기석의 설교에 대해서는 정용섭, 「신앙과 문학이 만나는 자리」, 『기독교사상』, 2006년 1월호, 70~186쪽을 볼 것. 박종화의 설교에 대해서는 정용섭, 「설교의 두 기둥, 교회력과 해석학」, 『기독교사상』, 2006년 7월호, 146~162쪽을 볼 것. 민영진의 설교에 대해서는 정용섭, 「말씀의 숨과 결」, 『기독교사상』, 2006년 12월호, 134~150쪽을 볼 것. 더욱이 한국교회를 세계에 대표하는 강단은 영락교회였다. 여기서 선포된 한경직의 설교는 전형적인 주제설교였다. 주제에다 성구 하나를 찾고, 그것을 "첫째로…… 둘째로……" 하면서 나열해가는 방식이다. 『한국의 명설교』上, 13~56쪽. 이것은 그 옛날 곽안련의 설교론인데 대부분의 한국교회 강단은 이 수준에 매여 있다.

불룸하르트는 아버지가 돌보는 밧 볼(Bad Ball)의 치유사역을 잇는다. 그러나 그는 이 강렬한 개인의 하나님 체험에서부터 하나님 나라를 향한 지평으로 나아간다. 그는 인간의 곤경과 비참을 해결해주는 인간의 종으로서의 하나님이 아니라, 하나님 나라의 곤경과 비참에 눈뜬다. 하나님 나라에 헌신하는 신앙을 깨달은 그는 복음서 안에서 가난한 사람들과 함께 사신 무산자 예수를 발견한다. 불룸하르트는 이 예수에 자극받아 본격 노동자를 위한 운동에 가담한다.[27]

보렌의 평가에 따르면, 아버지 불룸하르트와 불룸하르트는 모두 강력하게 임재하여 작용하는 인격적이고 카리스마적인 성령을 말하고 있다. 그러나 불룸하르트는 협소한 성령이해를 극복하고 성령을 새로운 창조자로, 온 세계를 새롭게 하고 변혁하는 영으로 이해하고 있다. 이는 곧 아버지 불룸하르트의 토대 위에서 불룸하르트의 성령의 활동과 선포는 하나님의 세상을 향해 나아가야 하는 것을 뜻한다.[28] 불룸하르트의 독특한 수사법이 있다. "나는 마르크스가 프롤레타리아의 구원은 전 인류의 구원을 의미한다는 말을 기억하고 있는데, 그것은 예수가 한 말과 궤를 같이하고 있습니다"[29] 하는 한 강연에서 보듯이, 그는 확신과 전망과 설득의 강력하고도 논리적인 수사법을 구사하고 있다.

스튜어트

스튜어트는 장로교와 복음주의를 그 배경으로 하고 있는 신학자요 설교가다. 그의 설교의 목표는 "회중이 오늘 이 순간에 하나님을 만났느냐, 만나지 못했느냐?" 하는 것이다. 그리스도를 높이는 설교만이

---

27) 손규태 편, 『혁명적 신앙인들』, 한국신학연구소, 1981, 13~46쪽.
28) 『설교학 원론』, 82~83쪽.
29) 『혁명적 신앙인들』, 37쪽.

그에게는 참 설교였다. 스튜어트는 설교의 주제를 정하고 설교를 작성할 때 네 가지를 포함했다. 그것은 '그리스도의 죽음' '그리스도의 부활' '강력하게 개입해오시는 하나님 나라' 그리고 '개인의 삶만이 아니라 인간의 역사 가운데 활동하시는 하나님의 역사'다.[30]

이런 설교를 위해 그는 뛰어난 언어와 서술 기법을 동원하여, 감정이입의 심리학적인 면을 고려하여 설교를 작성했다.[31]

틸리케

틸리케의 설교론의 출발 또한 성서다. 그는 예수의 비유들을 가지고 행한 설교에서 이 비유들을 세계의 풍경을 묘사하는 '그림'이라는 은유로 설명한다. 이 그림은 그가 구사하는 독특한 수사법이기도 하다. 그러나 이 '그림들이 우리를 교과서(성서)로 인도하는 것이 아니라, 교과서가 우리를 위해 그 그림을 해석해준다'는 것을 기억해야 하며, 설교는 다양한 군중들 앞에서 '한 가지 필요한 사실'(성서적 진리)만을 전하되, 이 한 가지 사실은 여러 가지 다양한 방법으로 전달되어야 한다(수사법, 다양한 현장에 맞게)고 말한다.[32]

틸리케의 설교도 세상을 향한다. 틸리케는 설교가는 교회에 출석하는 청중들만을 상대하여 설교하는 악순환에 빠져서는 안 된다고 경고한다. 설교란 복음 그 자체가 대상으로 하고 있는 사람들 곧 모든 사람에게 선포하는 것이기 때문이며, 복음은 이 세상에 선포된 것이기 때문이다.[33]

---

30) 『그리스도교 설교의 역사』, 222쪽.

31) 같은 책, 228쪽.

32) 틸리케, 이계준 옮김, 『기다리는 아버지』(*Bildorbuch Gottes*), 컨콜디아사, 1991, 6~8쪽.

33) 틸리케, 심일섭 옮김, 『현대교회의 고민과 설교』(*Leiden an der Kirche ein Perseonliches Wort*), 대한기독교서회, 1982, 49~51쪽.

강원용 목사의 설교

이상에서 언급한 설교가들은, 보렌과 윌슨의 설교론이 제시한 기준을 충족하는, 오늘날의 대표적인 설교가들이다. 이들은 철저히 ① 성서와 성서적 신학에서 출발하면서 ② 그 설교는 세상과 하나님 나라를 향하고 있으며 ③ 나름의 독특한, 청중에게 호소하는 수사법을 구사하고 있다. 이런 점에서 강원용 목사의 설교는 이들과 같은 지평에서, 같은 기준을 가지고 평가해야 한다. 또한 이 세 요소는 특별히 설명하지 않아도 강원용 목사의 설교 전편에 녹아 있어서 쉽게 찾아볼 수 있다. 무엇보다 이 세 특징은 그의 설교 초기 때부터 형성된 것이기에 여기서는 초기 설교 몇 편을 그 실례로 들어보려고 한다. 강원용 목사의 설교의 독특한 수사법은 다음 항에서 자세히 다루고 있기 때문에 여기서는 그의 설교의 든든한 바탕이 된 성서와 성서적 신학과 세상과 하나님 나라 지향성을 살펴보려고 한다.

성서적 설교

강원용 목사의 모든 설교는 성서에서 출발한다. 성서를 해석하고 적용하는 원리도 성서에서 출발함으로써, 그의 설교는 성서적 신학에 토대를 두고 있다. 다음의 설교문은 이 특징을 잘 보여준다.

기독교는 한 권의 책을 가지고 있습니다. 곧 성경입니다. 성경은 우리 그리스도인들의 모든 문제를 판단하는 기준입니다. 그런데 문제는, 이 성경이 모든 것을 다 가르쳐주는 백과사전도 아니고, 모든 문제를 다 풀어주는 마술단지도 아니라는 점입니다. 성경이 자연과학이나 역사문제까지도 정확하게 가르쳐주는 줄로 아는 잘못된 기독교는 자연과학자 갈릴레이가 발견한 과학적 사실을 죽여버렸습니다. 성경에 어긋난다는 이유로 말입니다.

성경이 과학이나 역사 교과서가 아니듯이, 사회문제나 정치나 경제 질서를 가르쳐주는 책도 아닙니다. 따라서 성경은 오늘의 복잡한 문제들, 예를 들면 원자력 문제 등의 해답을 직접 가르쳐주지 않습니다. 그러기에 성경에서 여기저기 뽑아서 경제정책이나 외교정책을 짜본다든지, 새 사회를 형성할 계획을 세우는 것은 매우 어리석은 일입니다. 이런 이유로 땅 위에는 결코 기독교 정치라든지, 기독교 경제나 기독교 국가가 생겨날 수가 없지요.

그러면 성경은 우리 삶과 사회에 아무런 힘이 없는 것일까요? 결코 그렇지 않지요. 성경은 이 땅의 모든 삶과 문제를 해결할 하나의 가장 중요한 원리를 가지고 있습니다. 그것은 살아계신 하나님의 계명입니다.

우리는 성경을 통해 우리에게 계시된 하나님을 믿습니다. 하나님은 이 세계를 무에서 창조한 분이십니다. 하나님은 인간을 만들어 이 세상을 다스리도록 명하셨습니다. 하나님은 이 역사를 심판하시고 다스리시는 분입니다. 하나님이 결국 몸을 입으시고 세상에 오시어 사람을 불러 만나주시고, 그 몸으로 죽고 다시 살아나심으로 이 세상을 구제하셨습니다. 하나님은 이 땅 위에 교회를 두시어, 세상을 구원하는 일을 맡겨, 지금도 계속해서 일하고 계십니다. 그러면서 주님은 우리에게 오직 한 가지 계명만 주셨는데, 그것은 '사랑'입니다.[34]

성서 중심, 성서를 통한 계시와 믿음, 성서가 제시한 원리가 그의 신학과 설교의 토대다. 그러나 그는 보렌이 경고한 성서문자주의와 성서우상화[35]는 배격한다. 그에게 성서는 만능이 아니다. 그러나 성

---

34) 『돌들이 소리치리라』, 31~32쪽.
35) 『설교학 원론』, 142쪽.

서는 모든 삶의 문제를 풀어가는 제1의 원리로서, 그는 이 성서의 원리를 가지고 삶과 세계를 조명하고 세워가고 있다.

성서에 바탕을 둔 신학적 설교의 예를 들어보자. 분명히 강원용 목사는 그 누구보다도 상황에서부터 자신의 설교를 출발한다. 그럼에도 그 상황을 분석하고 해결하는 토대는 성서의 원리이다. 예를 들어 교회가 세상을 향해 선교를 하는 문제도, 그 당시의 선교신학의 이론을 내세우기보다는 직접 예수님의 말씀을 그 전략으로 삼는다. 「전진하는 교회」라는 설교의 일부이다.

제자들을 전선으로 보내는, 같은 내용의 이야기가 「마태복음」 10장 16절에도 있습니다. 여기서는 예수님이 제자들을 보내시며 "너희는 뱀같이 지혜롭고 비둘기같이 순결하라" 하고 말씀하셨습니다. 비둘기 같은 순결은 순수성과 성실성을 말하지요. 뱀과 같은 지혜는 합리적 계산과 효과성을 뜻합니다. 그런데 비둘기 요소와 뱀의 요소 두 가지는 전진하는 교회가 항상 함께 가져야 하는 기본적인 자세입니다.

비둘기의 순수한 순결만 강조하면 자칫 뱀과 같은 방법론이나 전략을 무시하게 됩니다. 전략이 없이 순수성만 지키려고 할 때, 교회는 세상에서 효과적인 선교를 할 수가 없습니다. 반대로 비둘기 같은 순결은 없고 뱀 같은 지혜만 가지면 어떻게 됩니까? 목적을 위해 수단과 방법을 가리지 않는 악한 것이 되고 맙니다. 우리가 세상 깊숙이 선교의 과제를 안고 보냄을 받은 전진하는 교회가 되기 위해서는 이 순수성과 효과성의 균형을 잘 유지해야 할 것입니다.[36]

---

36) 『돌들이 소리치리라』, 44~45쪽.

세상과 하나님 나라를 향한 선포

강원용 목사의 설교는 그 모든 것이 교회 밖의 세상을 향한다. 그렇다고 개인의 깊은 신앙적 차원을 무시하는 것은 아니다. 블룸하르트처럼 그 확신의 신앙은 세상을 섬기기 위한 것이다. 이것은 교회의 사명이고 설교의 목적이다. 아래 설교에서 이 점을 잘 확인하게 된다.

「누가복음」 말씀은 예수께서 일흔두 명의 제자들을 파송하시는 이야기입니다. 예수께서는 "가거라" 말씀하시며 저들을 곳곳으로 보내셨고, 일흔두 명의 제자들은 이 말씀 따라 떠났습니다. "가거라." 이것은 분명 전진 명령입니다. 이 명령은 지금까지 살아온 울타리 안에 머물러 있지 말라는 것입니다. 지금까지 해온 일을 되풀이하는 일을 더 이상 하지 말라는 것입니다.

어디로 가라는 말씀입니까? "내가 너희를 보내는 것이 어린 양을 이리 가운데로 보내는 것과 같다" 하셨습니다. 이것은 더 안전지대로 가라는 말씀이 아니죠? 양을 해치고 죽이고 잡아먹으려는 이리떼들이 있는 곳으로 보내는 말씀입니다. 다시 말하면 고난과 부정과 부조리로 가득 찬 이 세상 속으로 가라는 것입니다.

우리가 분명히 해야 할 일이 있습니다. 교회는 결코 그 자체가 목적이 될 수 없습니다. 교회의 영토를 확장시키고, 세상의 물결을 차단하려고만 해서는 안 됩니다. 이리떼들이 접근하지 못하도록 높은 담을 쌓고 자체보호를 하는 교회가 아니라, 세상 속으로 들어가는 교회가 되어야 합니다. 그러나 세상과 싸우고, 세상을 정복하기 위해서가 아닙니다. 세상을 위해서 들어가는 것입니다.

「요한복음」 3장 16절은 '하나님이 교회를 이처럼 사랑하셔서 외아들을 주셨다'고 되어 있지 않습니다. '하나님께서 세상을 이처럼 사랑하셔서'라고 적혀 있습니다. 세상이 사랑받을 만큼 선하거나 거룩해서가 아닙니다. 하나님을 배반하고 적대시하는 세상입니다. 그러나 하나님은 이 세상을 사랑하시어, 자신의 외아들을, 고난과 죽임에 내어주면서까지, 세상에 보내셨습니다. 그러므로 교회는, 세상이 자기를 적으로 삼더라도, 세상을 미워하거나 적대하지 않습니다. 다만 교회는 세상을 위해, 하나님이 보내신 외아들처럼, 스스로를 희생합니다.[37)]

강원용 목사는 세상을 선하다고 보지는 않는다. 세상을 '이리'라고 말하기도 한다. 그러나 그곳은 하나님의 말씀을 가지고 전투하러 가야 할 곳이요, 선교의 장이다. 그리스도인은 악한 세상을 정복하거나 승리하기 위해 가는 것이 아니다. 하나님의 사랑으로 자신을 내어주어 하나님의 구원을 이루기 위해 가는 것이다.

강원용 목사의 세상을 향한 설교 역시 철저히 성서와 성서 말씀에서 찾은 원리에서 온 것이고, 또한 그것으로 풀어간다. 그는 우리 근대사의 실패들을 수평적인 요소들, 곧 인간적이고, 세상의 정치 경제나 학문이 아닌 '해방의 제1원리'의 망각에서 찾는다. '해방의 제1원리'란 바로 모세가 사막에서 만난 야훼 하나님의 뜻이다.[38)] 수직적 차원의 성찰과 삶이 없는 까닭에 우리의 근대사의 가능성들은 다 실패로 돌아갔다.

나아가 강원용 목사는 설교를 성서의 원리로 신학화한다. 이 신학화는 그의 성서해석학이기도 하다. 성서와 신학은 그의 신학사상만이 아니라 설교에도 적용된다. 예를 들어 그의 신학사상인 '사랑과 정의의 변증법'은 그대로 「사랑의 계명과 새 사회」라는 설교에서 살아난다.

---

37) 같은 책, 42~43쪽.
38) 같은 책, 157~158쪽.

성경은 이 땅의 모든 삶과 문제를 해결할 하나의 가장 중요한 원리를 가지고 있습니다. 그것은 살아계신 하나님의 계명입니다. ……하나님은 이 땅 위에 교회를 두시어, 세상을 구원하는 일을 맡겨 지금도 계속해서 일하고 계십니다. 그러면서 주님은 우리에게 오직 한 가지 계명만 주셨는데, 그것은 '사랑'입니다. ……오늘 저는 이 성서의 사랑의 계명에 비추어서 우리의 새 사회를 형성하는 바른 철학들과 가치들을 나누어보려고 합니다. 그러려면 먼저 성서의 사랑을 제대로 알아야 합니다.[39]

이어서 그는 성서적인 사랑이 아닌 사랑들을 소개한다. 이 사랑들은 정의가 없는 사랑들이다. 성서의 사랑은 정의와 함께하여 이웃에 대한 책임윤리로 나아간다.

'지금' '여기에서' 구체적으로 현실화해가야 할 사랑은 반드시 이런 사회 문제와 대결해야만 합니다. 곧 사랑은 정의와 함께할 때만이 사랑입니다. 이제 이 참사랑을 이 사회에서 세우기 위해 정의를 말해야 합니다. ……도피의 삶과 허무주의를 극복하고 새 사회, 아름다운 사회를 이루고자 할 때 사랑과 정의와 떨어질 수 없는 것이 책임입니다. 1948년 암스테르담에서 열린 세계교회협의회에서 통과된 이래, 오늘까지 강력하게 부르짖고 있는 기독교 윤리는 책임사회윤리입니다. ……우리가 이 사랑의 계명을 제대로 알고 우리 삶에서, 이 사회에서 정치, 경제, 문화로 풀어낼 때, 우리는 이미 새 사회에 와 있는 것입니다.[40]

---

39) 같은 책, 31~33쪽.
40) 같은 책, 36~37쪽.

설교의 독특한 수사

강원용 목사의 설교를 들었던 사람들의 한결같은 증언에 따르면, 그의 설교가 강렬한 감동을 주었다는 것이다. 여기에는 그의 뛰어난 말재주도 있었겠지만, 강원용 목사만의 독특한 수사법도 큰 몫을 했다. 그가 구사한 수사법의 몇 가지 특징을 살펴보겠다. 여기에서 수사는 학문의 한 분야로서의 수사학은 아니다. 눈으로 읽고 머리로 생각하여 이해하고 감동을 하는 글과 말을 매개로 전하는 설교는 근본에서 다르다. 귀로 말을 들을 때, 그 말을 효과적으로 함으로써, 곧 설득의 기술로써 영향을 준다는 단순한 뜻에서 '수사'다. 이런 측면에서 수사는 무엇인가?

수사는 언어의 유희이자 그 이상이다. 사람을 설득하고 분발하게 하여 감동하게 한다. 용의자에게 유죄를 내렸다가 항소심에서 무죄를 주기도 한다. ……말을 통해 사람들을 분발시키기도 하지만 현혹시키기도 하고, 설득하기도 하지만 부추기기도 한다. 절반의 진실이기도 하고, 듣기 좋은 무의미한 말일 수도 있다.[41]

물론 강원용 목사의 설교에서 사용된 이 수사기술들은 청중들에게 강렬한 성서의 메시지를 주기 위한 도구다.

직설

강원용 목사의 설교가 강렬한 인상을 주는 것은 무엇보다 그가 직설적인 표현을 폭포처럼 토해내기 때문이다. 그는 점잖게 말하거나,

---

41) 리스(Sam Leith), 정미나 옮김, 『레토릭』(*You Talkin' to Me?: Rhetoric from Aristotle to Obam*), 청어람미디어, 2014, 9쪽.

둘러서 말하거나, 빗대서 말하지 않는다. 총회에서 행한 한 설교내용이다.

오늘날 유감스러운 점이 있습니다. 실업을 하거나 정치하는 신도 중에는 말할 것도 없고, 총회 같은 순수한 교회 모임에 가보아도, 비둘기 같은 순결은 볼 수가 없습니다. 뱀 같은 지혜와 책략 그리고 양의 가죽을 쓴 이리 같은 사람들을 보게 되는데, 참으로 유감스럽고 걱정스럽습니다.

총회의 모임을 보십시오. 우리는, 이리 무리 가운데 보냄을 받는 양의 집단으로서, 어떻게 전진할 것인가? 교회로서 효과적인 선교의 과제는 무엇인가? 하는 이런 것들에는 별 관심이 없습니다. 이런 문제보다는 임원선거와 선교자금에 관한 일에만 관심을 집중합니다. 이런 이해관계를 중심으로, 정략과 심지어 모략까지 해가며, 추잡한 경쟁을 벌입니다. 그러면서도 투표 전에 "오직 성령님의 인도를 따라" 하며 기도하는 모습을 보면 슬픔을 금할 수가 없습니다. 손은 에서의 손인데, 음성은 야곱의 음성인 이런 비극은 더 이상 일어나지 않아야 합니다.[42]

이런 직설을 자신의 교우들에게도 있는 그대로 말한다. 「우리 교회의 과제」라는 1958년 12월 7일 창립기념주일에 행한 설교이다.

초대교회의 모습을 통해 오늘날 우리 교회를 살펴봅시다. 첫째로, 우리 교회의 교육은 지금 어찌 되어가고 있습니까? 둘째로, 우리의 친교는 과연 신앙공동체가 되었습니까? 대학생을 위한 모임은 일종의 종교 특강하는 장소 같지는 않습니까? 셋째로, 밤 예배의

---

42) 『돌들이 소리치리라』, 45~46쪽.

출석은 특히 형편없는데 기도에 얼마나 힘쓰고 있습니까? 넷째로, 함께 나누어 가지는 생활은 잘 해나가고 있습니까?[43)

글로 표현하면 생생한 맛이 사라지지만, 카랑카랑한 목소리로 조목조목 사실을 드러내는 이 내용을 들으면 그 자리의 청중들은 큰 찔림을 받는 것이다.

성서적 명제의 반복

이것은 핵심적인 성서원리로 명제를 가지고, 그것을 기준으로 반복하여, 역사의 사건들을 조명하면서 성서의 원리를 극대화하는 것이다.「해방의 제1원리」라는 설교가 그러하다. 이 설교는 1971년 해방기념주일에 선포된 것이다. 때마침 정부는 북한과 전격 수교를 계획하고 이를 위해 서로 회담을 준비하는 움직임을 보이고 있었다. 이것을 상황으로 하는 이 설교는 해방 이후 반복되는 역사의 실패 원인을 성서의 해방의 제1원리를 무시하고, 되풀이해서 망각했기 때문이라고 강조한다. 모세가 사막에서 만난 야훼의 그 음성을 듣지 못해서 해방이 되었음에도 남북 분쟁이 생겼다. 그러고도 다시 이 원리를 망각해서 독재가 왔다. 4·19의거를 통해서 다시 민주주의 기회가 왔는데도 다시 망각해서 군사정부가 들어섰다고 하면서 성서명제의 반복을 통한 강조를 하고 있다.[44)

역설의 역설

이것은 상당히 선동적인 기법이다. 선동을 통한 역설을 이용하여 성서적 진실을 강조하는 것이다. 5·16쿠데타 직후에 행한 설교가 그

---

43) 같은 책, 53~54쪽.
44) 같은 책, 155~168쪽.

예다. 설교 서두에서 느닷없이 "혁명에 동참하라!"고 선동한다. 이것만 들으면 이 목사가 이 쿠데타를 지지하는가 하면서 자리를 박차고 나갈 만하다. 그러나 화를 누르고 듣다 보면 그가 선동하는 혁명은 이런 인간의 혁명이 아니라 하나님의 혁명이다. 도리어 인간의 이런 혁명은 하나님의 혁명 아래서는 심판의 대상이 된다.[45]

이 역설의 역설이 반복과 함께 사용되기도 한다. 「이사야」5장 1~4절을 본문으로 해서 오늘 이 나라의 현실을 돌아보는 설교가 있다. 이 본문에서 그는 이사야가 하나님이 주신 이상적인 자신들이 전혀 그 반대가 되어 심판 아래 놓인 것을 탄식하는 구절을 "이상에 대한 현실의 반역"이라고 묘사한다. 이 설교에서 강원용은 우리 역사를, 특히 종교 차원에서 회고하며, 그때마다 "이상에 대한 현실의 반역"을 언급한다. 그러면서 이제 다시 하나님이 우리에게 주신 이상적인 모습을 향해 혁명할 것을 역설하고 있다.[46]

일상의 경험을 통한 주제의 심화

강원용 목사의 설교는 아주 다양한 소재들이 설교를 열어가는 데 사용된다. 음악, 미술, 문학 등이 사용되는데, 이것이 그의 설교를 미학적으로 만들기도 한다. 그러나 이것들은 박식한 그의 역량을 드러내려는 것이 아니다. 아주 효과적으로 주제를 제시하고, 성서의 내용을 이해하는 안내자 역할을 한다. 여기서 말하려는 더 중요한 설교의 소재는 누구나 경험하는 일상생활을 사용하는 것이다. 사순절의 한 설교에서는 이 절기의 회개와 참회를, 1년에 한 번씩 병원에 가서 엑스레이를 찍고, 피를 검사하는 건강검진에 비유한다. 이 건강검진으로 자신의 신체 속에 잠재해 있는 병을 찾아 치료하듯이, 그리스도인

---

45) 같은 책, 89~95쪽.
46) 같은 책, 22~30쪽.

과 교회는 자신이 이 세상에서 얼마나 오염되었는지를 살펴야 한다는 내용으로 옮겨간다.[47] 한국교회를 진단하는 한 설교에서도, 강 목사는「요한계시록」의 사데 교회의 문제를 여러 신체의 질병과 연결지으면서 그 질병들을 가지고 한국교회의 병폐를 설명하고 있다. 이로써 더욱 쉽게 귀로 설교 내용을 들을 수 있게 된다.[48]

정점을 향한 점층적 서술

한국교회의 강단은, 여전히 거의 대부분, "첫째로…… 둘째로……" 하는 주제 설교에 머물러 있다. 이런 수준의 강단에서 강원용 목사는 완전히 새롭게 설교를 구성한다. 그것은 마치 등산과 같다. 점층적으로 오르며, 정상에서 그 절정을 만끽하는 것이다. 이 점층적으로 오르는 것도 기계적이 아니다. 지리산이나 설악산 같은 큰 산을 오르려면 여러 작은 봉우리를 거치며, 거기서 잠시 숨고르기를 하고, 점차 주봉을 향한다.

그의 설교「해방의 제1원리」가 그 좋은 예다. 이 설교에서 오를 백운대는 그때 전격 불고 있던 남북 화해 분위기다. 이대로 남북이 체제 모순을 극복하고 평화통일을 이룰 수 있을까? 강원용 목사는 먼저 이 분위기를 환영하며 잘되기를 기대한다고 말한다. 그러나 곧바로 예언자의 경고태도를 취한다. 그리고 우리 현대사를 분석하는 틀로서 '해방의 제1원리'를 제시하며, 그 첫 봉우리를 향한다. 해방이 선물로 주어졌음에도 분단으로 이어졌다. 다시 '해방의 제1원리'를 제시하며 또 하나의 가능성의 봉우리를 향한다. 그러나 하나님이 기회를 주실 때마다 내리막길로 이 역사는 치달았다. 이제 새로이 또 한 번의 기회가 주어졌다. 이번에는 정말 큰 것이다. 진실로 "이 겨레의 모든 모순을

---

47)『강원용 전집』12, 50쪽.
48)『돌들이 소리치리라』, 64~69쪽.

해결할 평화가 이루어지겠는가?" 하면서 그 정상에서 다시 '해방의 제1원리'를 묻는다.[49)]

반복을 통한 강조

강원용 목사의 설교에는 인위적인 강조가 없다. '아멘'을 유도하는 억지나, 분명한 결론을 제시하는 맺음이 없다. 그러나 설교의 중요한 부분에서 같은 성서의 메시지를 거의 달리 반복함으로써(주로 세 번) 절로 그 주일의 말씀의 핵심과 맞닥뜨리게 한다. 그리고 그 지점이 내용의 위치와 관계없이 설교의 절정을 이룬다. 「새 역사를 영접하라」는 대림절 설교에서 강원용 목사는 수태고지에 이어서 엘리사벳이 찾아온 마리아를 보고서 그 태중의 아기를 축복하는 이야기를 소개한다. 그러면서 이 처녀가 아기를 갖게 되고, 이 아기가 하나님이 보내주시는 메시아라는 이 소식을 어떻게 받아들일 것인지를 거듭 바꾸어 묻고 있다.

① 이 예수의 탄생에 관한 기사를 어떤 태도와 각도로 읽고 들었습니까? ② 이 이야기들이 쉽게 이해가 되고 납득이 되었습니까? ③ 그저 고대 중동 지역의 신화나 전설이나 민담 같은 것들로 이해하고 있었습니까? ④ 혹은 꾸며낸 이야기로 엮은 소설로 이해했습니까?[50)]

이 반복되는 물음으로 성서의 말씀을 실제 하나님의 말씀으로 받아들여야 한다는 것을 각인시키고는 또다시 성서 말씀을 받아들이는 태도를 반복해서 묻는다.

---

49) 같은 책, 331~332쪽.
50) 같은 책, 351~352쪽.

나는 매 주일 사람들이 설교를 듣고 은혜받았다고 말하는 것을 이상하게 생각합니다. ① 여러분은 성경의 이야기를 들을 때 아무 거리낌 없이, 그것이 정말로 일어난 사실이라고 쉽게 믿어지십니까? ② 만일 믿어진다면 어떻게 믿어지십니까? ③-1 여러분은 성경의 이야기들을 상상력으로 받아들였습니까? ③-2 감성으로 받아들였습니까? ③-3 아니면 이성으로 받아들였습니까?[51]

이렇게 설교의 초반부에 거듭 말씀을 믿음으로 받아들이는 태도를 반복되는 어투로 강조함으로써, 그 이후의 모든 내용을 '아멘'으로 수용하게 한다.

스스로도 자랑했듯이, 강원용 목사는 천부적인 웅변가로, 그 수사법도 절로 구사된 것이다. 이 천부적인 수사 능력이 그의 설교를 힘차고 능력 있게 만들었고, 청중들의 가슴에 불길을 일으켰다. 그러나 이 수사적인 능력 때문이 아니다. 설교론에서 이미 살펴본 대로 강원용 목사의 설교는 세계교회사적인 설교지평의 요소로서 1) 성서적·신학적 요소 2) 세상과 하나님 나라 지향 3) 그것을 담아낸 독특한 수사법을 같이 든든히 가지고 있었기 때문이다.

그러나 다음과 같은 강원용 목사의 설교의 한계도 한국교회 강단을 재건하는 데 새겨두어야 한다.[52]

강원용의 설교가 갖는 설교론의 토대와 그 지평에서 확인한 대로, 그의 설교는 두말할 것도 없이 세계 지평의 한국교회 설교의 모범이다. 그러나 그 설교가 갖는 한계도 말하지 않을 수 없다. 우선 그의 설교를 듣는 청중은 사회적으로 '중산층, 식자' 계층이다. 강원

---

51) 같은 책, 352쪽.
52) 같은 책, 494쪽.

용이 예술과 철학을 자유롭게 구사할 수 있는 이유는 그것을 들을 수 있는 청중이 있었기 때문이다.

그의 청중은 예수의 청중과는 다르다. 만일 예수의 청중에게— 오늘날의 가난하고 배움이 없는 청중에게—강원용이 설교한다면 어떤 반응이 일어날 것인가? 또한 청중의 문제는 선포의 성격과 내용을 결정하는데, 역시 강원용의 설교도 그런 문제가 있다.

강원용의 설교를 비평하는 이유는 한국교회의 무너진 강단을 재건하기 위해서다. 그럼에도 그의 설교는 일반적인 보통의 강단에서는 따라가기가 어렵다고 생각한다. 강원용처럼 해박한 지식, 세계적인 안목, 신학적 바탕, 타고난 언어전달 능력을 두루 갖춘 설교가가 되기란 쉽지 않기 때문이다.

또 하나는 카리스마적인 설교가 갖는 위험성이 있다. 강력한 설교가 주는 딜레마는 그 설교가 강원용의 설교이지, 보렌의 강조대로 '그 이름'의 설교가 아니게 되는 점이다. 곧 청중들이 손가락을 통해서 달을 보아야 하는데, 손가락이 달이 되는 것이다.[53]

---

53) 같은 책, 494쪽.

2 호랑이와 뱀 사이에서

강원용 목사의 설교가 세계교회사적인 지평을 갖는 이유는 그 설교가 성서적이고 신학적이며 동시에 세상과 하나님 나라를 향해 있기 때문이었다. 강원용 목사는 우리 현대사의 격동기 한복판을 살아왔다. 그 한복판에서 그는 여러 활동을 했지만 무엇보다 목사로서 예배의 강단에서 하나님의 말씀을 선포했다. 이 역사의 격동기를 그의 설교는 비껴가거나 피해가지 않았다. 많은 설교가 혼란한 역사를 뒤로하고 영혼과 삶의 위안을 말해주고, 복과 성공을 힘차게 약속할 때 그의 설교는 이 겨레의 어둠과 역사의 혼돈을 향해 성서 말씀을 선포했다.

그가 말씀을 선포한 현실은 어떤 현실인가? 해방 이후 한편으로는 북한 공산정권의 위협이, 또 한편으로 남한 군사독재정권의 폭압이 남북겨레 민중들을 억누르는 불의의 한복판에서 그는 설교했다. '호랑이와 뱀' 사이가 그가 설교한 역사의 무섭고 악한 현실을 잘 드러내준다. 이 어두운 역사의 위기 속에서 그는 자기의 설교 사명을 어떻게 이해했으며, 그의 설교 내용은 무엇이었을까?

빈들의 소리

당신은 정치가요?
아니요.
당신은 사회 운동가요?
아니요.
그러면 당신은 누구요?
나는 빈들에서 외치는 소리요.

이것은 강원용 목사 스스로의 자기 이해요, 자기 사명의 자각이다. 자기는 '빈들의 소리'라는 것이다. 절로 떠오르는 인물이 있다. 세례자 요한이다. 절로 떠오르는 장소도 있다. 광야다. 세례자 요한은 광야에서 낙타 털옷을 입고, 허리에 가죽 띠를 두르고 메뚜기와 들꿀을 먹으며 외롭게 살았다. 그리고 그 광야에서 "회개하고 세례를 받아라. 그러면 용서를 받을 것이다" 하고 선포했다. 이 빈들에서 외친 회개 세례 선포는 시간과 공간을 초월한 그 어떤 것이 아니었다. 위선과 악이 판치는 역사의 한복판에서 외친 것이었기에 정치적인 선포였고, 결국 그 선포로 세례자 요한은 목이 잘리는 죽음을 맞고 말았다.

강원용 목사의 설교는 이미 그의 설교론에서 살펴본 대로 철저히 텍스트에서 출발하는 성서적 설교인 동시에 사회와 세상을 향한 설교였다. 강원용 목사 자신의 설교에 대한 이해다.

성서 본문이 쓰인 시대의 상황과 선포된 하나님의 말씀이 그대로 화석화되지 않고 오늘의 구체적인 상황 속에서 재해석하여, 산 말씀으로 전달해야 하는 것이 설교가의 책임이다. 라틴어에서의 '호밀리아 세르마'(*homilia serma*)는 철저히 텍스트에 입각하는 것이고 '프라에디에아티오'(*praedieatio*)는 그리스도의 사건을 상황 속에서 증언하고 권면하는 것을 뜻한다. 구체적 상황에 이어지지 않고 텍스트에만 머물러버리는 때 그것은 죽은 언어가 되기 쉽고 상황 속에서 자기 의견에 유리하도록 본문을 이용하는 때 하나님도 내 의견에 동의한다는 식으로 하나님의 말씀을 도용하는 티타닉적인 존재로 전락하기 쉽다.[1]

강원용 목사가 말하는 상황이란 단지 영적이고, 정신적이고, 도덕적인 상황이 아니다. 이런 상황의 설교를 했더라면 강원용 목사의 설교는 빈들의 소리, 세례자 요한의 선포가 되지 못했다. 그는 구체적인 역사의 한복판에서, 구체적인 사건을 두고 선포했다. 그의 선포는 자신에게 아픔을 주었고, 사람들의 오해를 샀다. 그것도 강원용 목사가 추구한 삶에서 온 것이다. 양극단을 넘어서 제3의 현실을 이루려는 그의 삶과 설교는 양쪽에서 비난을 받는다.

독선적이고 폐쇄적으로 대립하는 역사 속에서 나는 양극을 넘어선 제3지대에 내가 설 자리를 마련하려고 애쓰며 살아왔다. '중간 그리고 그것을 넘어서'(Between and Beyond) 살고자 했던 나는 항상 양극 사이에서 좁고 험한 길을 걸어야 했고, 나를 잘못 이해하는 사람들에게 중간파, 때로는 회색분자 취급도 받았다. 그러나 어느 편은 절대 선이고 그 반대편은 절대 악이라는 사고방식은 옳지 않다고 보았기에 이를 해소하고자 1959년 크리스챤아카데미 운동을 시작하며 '대화'로 각 방면의 대립을 해소하고 화해의 길을 열기 위해 노력했다. ……이런 나의 생각 역시 절대 선이 아니면 절대 악으로 보는 이분법적인 사고를 하는 사람들에게는 받아들여지기 어렵다

1) 경동교회 40주년 기념사업회, 『경동교회 40년과 한국교회 100주년』, 1985, 18쪽.

는 것을 알고 있다. 그럼에도 역사 속에서 애국자로 존경받아온 사람들에게도 있게 마련인 어두운 면을 쓰지 않을 수 없으니, 그 부담이 감당하기 힘들 정도로 컸다. 이는 한 인간에 대해서뿐만 아니라 모든 분야에서, 정도의 차이는 있어도 마찬가지였다.[2]

이런 양면의 비난에도 불구하고 강원용 목사는 외칠 수밖에 없었다. 외치지 않으면, 돌들이 소리 지를 것이기 때문이다. 종려주일의 「돌들이 소리치리라」는 설교에서 그는 '벌거벗은 임금님'이라는 안데르센의 동화를 소재로 설교한다. 아무도 벌거벗은 임금님의 행차에서 진실을 말하지 않는다. 이때 군중 속에 있던 한 어린이가 외친다. "임금님 좀 봐! 벌거벗었네." 이 아이의 외침이 잠자던 사람들의 양심을 두드렸고, 임금님도 미몽에서 깨어나게 되었다고 하면서, 그는 십자가의 죽음으로 해방을 가져오는 진실의 행진을 위한 설교의 핍박과 과제를 말한다.

그러나 이 말은 단순히 물질이나 시간을, 교회를 위해서 그리고 사회정의를 위해서 바치자는 것이 아닙니다. 허위를 고발하는 어린 아이의 소리, 그 양심의 소리를 내면서 이 길고 긴 행진에 참여하자는 말입니다. 양심의 소리는 때로 모든 것을 이분법적으로 보는 풍조 속에서, 이 만연된 흑백논리 속에서, 양편의 반발과 비난을 당하게 됩니다. 진실한 소리는 고립되게 마련입니다. 그러나 이 상처를 부둥켜안고 이 거짓의 행렬을 뚫고 나아가는 길만이 우리에게 주어진 유일한 길입니다. 자신을 지지하는 무리와 반대하는 무리에게 똑같이 '아니오!'를 선고하면서, 예수님은 오늘도 우리 앞을 선행하고 있습니다. 이 행진을 막을 힘은 아무 데도 없습니다. 진실의 소

---

[2] 『역사의 언덕에서』 1, 24~25쪽.

리가 잠잠하게 되면 돌들이 소리 지를 것입니다.[3]

선포의 현실

강원용 목사는 그야말로 현대사의 격동기 한복판을 살면서 고뇌하고 설교했다. 무엇보다 해방 이후 그의 선포의 역사적 현실을 잘 표현해주는 말은 "호랑이와 뱀 사이에서"다. 이것은 북한 공산정권과 남한 군부독재정권 치하의 현실을 말해준다. 남북의 민중들을 폭력으로 옥죄는 두 악의 실체다.

강원용 목사는 그리스도를 믿고 철저한 성경 신봉자가 된 후로 일찍부터 공산당을 미워했다. 공산주의는 그리스도교 신앙과는 대치될 뿐 아니라, 예배를 방해하며 행패를 부리는 그들의 선량치 않은 행태를 일찍이 보았기 때문이다. 그러나 강원용이 거부한 것은 이북의 김일성 공산정권이지 사회주의 그 자체는 아니었다. 강원용 목사는 가가와를 통해 사회주의운동에 큰 감명을 받았으며 그것을 그리스도 선교와 연결 지어 생각할 수 있게 되었다.[4]

강원용 목사는 「사랑의 계명과 새 사회」라고 하는 설교에서 공산주의를 전체주의로, 이에 대비시켜서 그 반대 체제를 자본주의로 표현한다. 그러고 나서 그리스도교 신앙과 윤리의 관점에서 전체주의의 문제와 함께 자본주의의 모순도 함께 지적하며, 이 둘의 모순을 넘어서는 민주주의의 방향과 과제를 제시한다.[5]

이 원칙에 따라서 현대를 보면, 전체주의 국가의 집권자는 하나

---

3) 『돌들이 소리치리라』, 174쪽.
4) 『역사의 언덕에서』 1, 121~122쪽.
5) 『돌들이 소리치리라』, 37~39쪽.

님께 대한 책임이나 시민에 대한 책임을 똑같이 지지 않습니다. 그들은 집권자나 또는 집권당 자체를 절대화하고 우상화해서 하나님에 대한 책임을 거부합니다. 시민에게는 절대적인 복종을 강요하여 그 자유를 박탈하고, 인권을 말살시킵니다.

자본주의도 크게 다르지 않습니다. 자본주의는 하나님이 당신의 자녀인 인류를 위해 주신 모든 자원과 소유를 독점해버림으로써, 하나님에 대한 책임을 회피합니다. 다수의 시민을 노동력 착취로부터 보호해야 할 책임과 실업자에게 직장을 마련해주어야 할 책임을 감당하지 않았습니다. 이로써 역시 계급분열을 조장하고, 시민공동체를 형성하지 못하게 되었습니다.

......

민주주의는 항상 집권당의 횡포로부터 국민의 권리를 보호해야 합니다. 인간은 그 본성상 권력 욕심이 강하고, 그것을 무한대로 확장시켜 영구화하려는 경향이 있습니다. 이것이 집단 이기주의에 의해, 민주주의 제도 내에서 쉽게 집권당이 받는 유혹입니다. 또한 민주주의를 건전하게 육성하기 위해서는 윤리적인 부패에 떨어지지 않도록 계속 견제해야 합니다. 민주주의 사회에서는 자칫 권력을 가진 자가 자본력을 가지게 되고, 다시 그 자본력을 발판으로 권력을 강화하는 악순환이 생기기 쉽기 때문입니다. 이렇게 되는 때, 민주주의는 가장 타락하기 쉬운 것이 되고 맙니다. 우리는 늘 밖으로는, 이 민주주의를 파괴하려는 전체주의를 물리쳐야 하는 동시에, 안으로는 민주주의가 병들지 않도록 노력해야 할 것입니다.

강원용 목사는 위의 인용문에서 "민주주의는 항상 집권당의 횡포로부터 국민의 권리를 보호해야 합니다" 하면서 권력의 욕망과 그것을 절대화, 영구화하려는 위험을 지적하고 있다. 이것은 또 하나의 설교의 현실을 드러내준다. 곧 독재 상황이다. 힘으로 권력을 잡고 그것을 무한 확대하려는 것은 민주주의가 아니다.

박정희 대통령이 영구집권을 위해 삼선개헌을 하고 난 직후, 당시 공화당 대변인 김재순과 강원용 목사는 대담을 나눈다. 이 대담에서 강원용 목사는 민주주의에 대한 신념과 그 신념에 어긋나는 군사정권에 대해서 온건한 표현으로 말하고는 있지만, 그의 군사정권에 대한 분명한 태도를 볼 수 있다. 지속적 경제 발전과 근대화라는 지상 목표를 달성하기 위해서는 삼선개헌은 필요하지 않느냐는 김재순 질문에 대한 강원용 목사의 대답이다.

야당이나 3선 개헌 반대 투쟁위원회에 관여하지 않는 정치권 밖의 사람으로서 얘기하고자 하며 그런 뜻에서 박 대통령의 치적이나 공화당의 공과에 대해서는 얘기하지 않고 개헌 문제 자체에 국한해서만 말하겠다.

국가지상목표를 위해 개헌을 한다고 하는데 국가지상목표가 과연 경제발전이나 국방강화냐와 또 박 대통령이 아니면 안 되느냐 하는 것이 문제다.

우리의 국가지상목표는 민주주의를 토대로 한 남북통일, 민주주의 바탕이 흔들리지 않고 발전하는 것이다. 이를 위한 개헌이라면 찬성이다. 그러나 이번 개헌은 그런 것이 아닌 것 같다. 지속적 경제성장과 국방태세의 강화를 위해 박 대통령이 더 해야 한다고 주장하고 있으나 거기에는 두 가지 문제점이 있다. 첫째, 일반 국민의 '왜 개헌을 하느냐' 하는 물음에 대한 대답으로 박 대통령이 계속 집권하여야 더 잘살 수 있다고 하는 것은 정권을 연장하기 위해 개헌을 한다는 인상을 준다.

둘째, 여당은 그분이 아니면 안 된다 하고 야당은 그분이 되면 독재가 이루어진다 하니 양쪽 모두 납득이 안 된다. 경제발전이 됐다면 그것은 20년의 민주주의 경력을 가진 우리 국민의 자각과 노력,

국제여건 등을 정당이 모빌라이즈(동원)해온 것으로, 발전이 돼도 이런 요인들을 모빌라이즈해서 된 것이고 발전 안 해도 모빌라이즈 안 돼서 안 된 것이다. 대통령이 민주역량을 모빌라이즈하느냐 또는 그의 역량에 국가가 따라가느냐 하는 문제가 있는데 민주주의에 있어서는 전자여야 한다. 경제 발전은 공업화와 기술혁명을 요체로 하는데 이는 다원화된 사회 속에서 각계각층에 의해 이루어지는 것이지 한 개인의 역량에 의해 이루어지는 것은 아니다. 또 공화당 안에서라도 다른 사람이 나서서 계승하면 된다. 만일 그만한 후계자가 없다면 공화당은 정당 자격이 없다. 헌법은 이대로 두고 경제성장은 계속해 나갈 수 있다.[6]

4·19의거 직후의 설교에서 강원용 목사는 이 겨레와 민족의 현실을 이렇게 묘사하고 있다. 호랑이와 뱀 사이에 있는 겨레의 모습이다.

요즘 우리는 우리에게 가리어져 있던 모든 부정에 대한 심판을 보고 있다. 이 끔찍한 악의 계시 속에서 느껴지는 것은 우리 민족이야말로 여리고 가는 길에서 강도 만난 사람 같다는 것이다. 일제, 공산주의 그리고 자기 손으로 뽑아 세운 자유당 정부와 그들의 밀림 속에서 도사리고 있던 불한당들에 의해 모든 소유를 다 빼앗기고 생명의 위협까지 당한 민족의 모습이 보인다. 이 사경(死境)을 헤매는 백성에게 과연 선한 사마리아인은 나타날 것인가?[7]

사경을 헤매는 백성을 위한 사마리아인! 그 역할을 강원용 목사는 하고 싶었다. 그리고 빈들의 소리가 선포한 것이다.

---

6) 『강원용 전집』 6, 103~104쪽.
7) 『강원용 전집』 1, 267쪽.

뱀처럼 비둘기처럼

이제 역사의 위기 때마다 호랑이와 뱀 사이에서 선포한 그의 설교들을 보자. 강원용 목사의 설교 목록과 설교 선집을 보면 구체적인 역사의 위기와 관련한 설교는 주로 1960년대와 70년대에 이루어졌다. 1980년도 이후에는 역사의 위기와 관련된 설교는 별로 찾아볼 수가 없다. 그 이유는 1980년대부터는 교회력의 성서일과를 가지고 설교를 했기 때문이고, 은퇴 이후에는 하나님 나라 지평에서 인간, 역사, 자연, 모두를 통전하며 자유롭게 설교했기 때문인 듯하다. 물론 이 시기에 민주화가 되고 남북의 화해가 마련된 것도 그 한 원인일 것이다.[8]

해방 직후부터 1970년대까지의 역사적 사건을 살펴보며 그 위기 때의 선포를 들어보자.

해방 직후 행한 설교다. 이 설교는 우리 민족 차원보다는 더 큰 세계사적인 차원에서 제2차 세계대전이 끝난 뒤의 세계정세와 전망 그리고 패권주의에 대한 경고가 선포되고 있다. 설교 제목은 「현대 문명아! 어디로 가고 있는가?」(성서본문: 「요한계시록」 18장 1~24절)이다. 제2차 세계대전이 끝나고 세계는 미국과 소련으로 양분되어 냉전이 형성되었다. 이런 상황에서 강원용 목사는 미국이 승리하는 경우, 반대로 소련이 승리하는 경우 그리고 이 둘이 망하고 제3세력이 승리하는 경우의 문제를 정확히 분석하면서, 이 거대한 제국들이 가진 바빌론의 죄악과 그 심판을 예고한다.

냉전의 이 위기와 난국을 타개할 방도를 여전히 전쟁에서 찾으려는 어리석은 망상가들이 많이 있습니다. 만일에 제3차 세계대전이 일어난다면 그 결과는 어찌 될까요? 낙관주의자들은 다음 세 가지

---

8) 『돌들이 소리치리라』, 490쪽.

경우 중 하나를 택할 것입니다.

첫째는 미국이 승리하는 경우입니다. 이것은 풍부한 물자를 가지고서, 더욱이 원자탄과 같은 무기를 가지고서, 남·북 미주와 태평양의 섬들과 서유럽의 원조를 받으며, 고도의 과학전으로 일거에 소련을 박멸하리라고 믿는 견해입니다. 이것은 가장 비과학적이고 주관적인 희망의 소산이 아닐까요? 만일 한 걸음 양보하여 미국이 무력전에서 승리한다고 가정해보지요. 전후의 민심을 오늘의 미국식 자본주의 이념으로 수습할 길이 있겠습니까? 그 보장된 자유로 증오와 분쟁의 혼란을 방지할 수 있을까요? 결국 그대로 방임한다면 오늘의 남쪽 희랍에서 보는 것과 같이 파쇼화한 기형적인 민주주의가 나타나지 않겠습니까? 그렇다고 파괴된 모든 잿더미에서 민생을 도탄에서 구출할 수 있는 새 마셜 플랜이 나올 역량이 지금 미국에 있습니까? 이렇게 무력은 제2차 세계대전에서 체험한 것 이상의 대혼란을 가져올 것입니다.

둘째는 소련이 승리하는 경우입니다. 이것은 전 세계 방방곡곡에 이미 조직되어 있는 프롤레타리아의 결사적인 협력을 얻어 멋진 세계를 건설할 수 있다는 낙관주의의 견해입니다. 그러나 반문하고 싶습니다. 유럽과 아시아 두 대륙을 육군의 힘으로 정복한다고 가정하더라도, 과연 소련이 태평양과 대서양의 제해권과 제공권을 장악하고, 미국과 영국을 정복할 공해군의 준비가 되어 있을까요? 미국, 영국, 그 밖의 여러 나라를 내부적인 혁명으로나 외부적인 전쟁으로나 하나의 세계로 만들 수는 없는 것이고, 그럴 가능성도 없습니다. 일보 양보하여 소련이 승전한다고 가정해봅시다. '저놈 때려라' 식으로 진군하는 혁명 세력을 어느 방향에다 돌리겠으며, 그 방법으로 전 세계에서 수백 년간 '자유를 달라, 그렇지 않으면 죽음을 달라!' 하는 신념으로 살아온 유럽인과 미국인 그리고 7억 기독교 신도의 마음을 수습할 길이 있을 수 있겠습니까?

셋째는 미국과 소련이 다 망하고 제3세력이 전후의 세계를 수습한다는 견해입니다. 제1의 낙관주의자가 우익에 많고, 제2의 낙관주의자가 좌익에 많다면, 제3의 낙관주의자는 이른바 중간에 많을 것입니다. 미·소가 다 전쟁에서 기진한 때에, 영국, 프랑스 기타 북구에 있는 사회민주주의 노선을 지향하는 제3세력이 대두하여, 약소민족군의 협력으로 새 사회를 형성하면, 그렇게 되는 때, 진정 항구적인 평화가 온다는 견해입니다. 그러나 이 견해는 신뢰할 만한 아무 과학적 근거도 가지고 있지 않습니다. 이른바 구미식 자유주의 노선이 얼마나 무력한 것이고 오합지졸인가는 이번 전후에 이미 체험하지 않았습니까? 현재 그들이 하는 행동을 보아서도 알 수 있는 사항입니다. 또한 현대 사조를 계승한 약소민족들이 우열을 다투지 않고 평화 기구를 유지할 수 있으리라는 것은 망상일 뿐입니다.

이런 낙관주의의 견해와 달리, 전쟁을 피하면 세계 평화를 건설할 수 있다고 생각하는 사람들도 많을 것입니다. 아무튼 현대 사조가 이대로 현대 문명을 이끌어가면, 지금 같은 냉전으로 세계가 양분되어 신음하든지, 자체의 혼란과 파괴와 도덕적 부패로 자연 붕괴되든지 할 것이 분명합니다. 이처럼 현대 문명 자체는 이미 자살 상태에 놓여 있습니다.

오늘의 문명이 바로 대바빌론이 아니고 무엇입니까? 영원할 것 같은 로마가 아니고 무엇입니까? 이 위기에 직면한 현대 문명의 말로는 어찌 될 것입니까?

나는 오늘 다만 사도 요한의 경고를 들을 뿐입니다. 그 거대한 제국이 무너지고 잿더미가 되고 불이 꺼지리라는 예고를 들을 뿐입니다. 그러나 이 예고는 기회이기도 합니다. 하나님의 심판 예고는 역설적으로 어서 돌이키고 살라는 사랑의 말씀입니다. 오늘 우리는 사도 요한의 경고를 들으며, 이 문명의 병을 정확히 진단하고 이에

필요한 처방을 찾아야 할 것입니다.[9]

4·19의거 직후의 설교를 보자. 1960년 5월 8일 주일에 한「새것과 옛것」이라는 설교가 4·19의거 이후 첫 설교이지만, 그다음 주인 5월 15일에 한 설교가 직접 3·15부정선거와 4·19의거를 언급하고 있다. 설교 제목은「가서 너도 이와 같이 하라」이고, 성서본문은「누가복음」 10장 29~37절의 선한 사마리아 사람의 이야기이다.

강원용 목사는 사경을 헤매는 겨레를 위한 일을 선한 사마리아인 의 일로 표현한다. 이 사마리아인의 모습을 그는 4·19의거에서 보고 있다.

이번 4·19학생의거에서 우리는 이 사마리아인의 모습을 발견 했다. 대학생, 중고등학생 그리고 골목에서 구두 닦는 아이들, 그들 은 이 부정과 싸우지 않아도 좋은 그런 신분이었다. 아직 미성년이 고 그들의 책임은 미래에 있다. 그러나 그들은 도움을 청하는 사람 을 앞에 놓고 내가 이 사람을 도와줘야 할 법적 의무가 있는가를 먼 저 검토해보는 식의 인간은 아니었다. 내가 여기서 피를 흘리고 죽 으면 그다음엔 어떠한 일이 있게 될 것이라는 계산도 없었다. 다만 이 부정을 그대로 둘 수 없고 이 동족의 아픔을 그냥 못 본 척할 수 없다는 심정뿐이었다. 마침내 그들의 가슴에서 폭발한 불꽃과 함께 부정한 권력은 물러가고 이제는 뒷감당을 하는 단계에 이르렀다. 그러나 아직 불한당 만난 사람은 완치되지 않았다. 민족의 아픔도 사라지지 않았다. 다만 싸움이 시작되었을 뿐이다.
......
이제 학생의거의 정신을 받들어 여관까지 데려가는 선한 사마리

---

9) 같은 책, 18~19쪽.

아인이 되겠노라고 많은 정당·정치인이 나섰다. 그리하여 서로 자기가 해야 한다고 떠들기 시작했다. 다 좋은 일이다. 민주 국가는 반드시 그래야 한다. 문제의 초점은 그 지도자들의 가슴 속에 무엇이 들어 있어 그를 조종하느냐에 있다.

나는 요즈음 각 분야의 지도자들과 만나 이야기들을 나눌 기회를 자주 얻는다. 그들의 지성과 박력은 흠이 없다. 그러나 그들의 가슴 속에 자리 잡고 있는 것은 민족의 앞날이 어떻게 될 것인가에 대한 순수한 염려 대신 나와 나의 당파가 어떻게 될 것인가에 대한 이기적인 욕심이다. 이 영웅주의·이기주의들은 지성을 가장한 불한당이 되어 다시 이 민족을 괴롭힐 것이다.

......

이미 우리는 이번 개헌(改憲)이나 부산 데모에서, 이런 불한당들이 고개를 들고 나섰다가 민중의 감시를 받아 잠시 머리를 숙이는 현실을 볼 수 있었다. 그가 보수파든 혁신파든, 낡은 세대든 새 세대든 아무 상관이 없다. 자기 사랑, 에고이즘의 포로가 된 자들은 결국 불한당일 수밖에 없다.

교회와 그 안에 사는 사람들도 마찬가지다. 이 시점에서 "너도 가서 그 사마리아인과 같이 하라"는 예수의 말씀을 바르게 듣지 않는 한, 우리는 역시 새 권력에 편승하여 자신의 안전을 도모하고 불한당 만난 동포들을 보면서도 그들을 외면하면서 지나쳐야 하는 제사장, 레위인이 되고 말 것이다.

그 있는 자리에서 "너도 이와 같이 하라"는 그분의 말씀에 "예" 하고 나선다는 것은 쉬운 일이 아니다. 그것은 자신의 자기 사랑을 버리고 주어진 십자가를 지는 일이기 때문이다. 그것은 우선 무엇보다도 철저한 자기 회개가 전제돼야 하기 때문이다.[10]

---

10) 『강원용 전집』 1, 267~268쪽.

그러나 이런 선한 사마리아 사람의 일에 뒷북치고 나서는 이들이 있다. 이 중에는 보수파도 있고 혁신파도 있고, 종교도 있다. 강 목사는 이들은 민족에 대한 순수한 염려보다는 이기적인 욕심에서 행동하고 있는 불한당이라고 꼬집는다. 그리고 그 결론으로 교회와 신앙인이 말씀 앞으로 돌아갈 것과 회개를 요청하고 있다.

1964년 6월 3일에 계엄령이 선포되었다. 그 어간의 설교 가운데 7월 4일에 행한 「자유의 길」은 계엄령 하의 상황을 반영하고 있다. 강원용 목사는 이 어려운 시련은 겪어야만 하고 당연한 것으로 받아들여야 한다고 역설한다. 그것은 지금 우리 겨레가 자유를 향해 길을 걷고 있기 때문이라고 한다. 만일 우리가 지금 북한처럼 자유를 모르는 독재정권의 지배 아래 있거나 미국이나 영국처럼 자유가 보장되는 나라에 살고 있다면 이런 상황은 오지 않았을 것이라고 진단한다.

이 설교의 본문은 「출애굽기」 14장 15~16절이다. 강 목사는 이집트에서 탈출하는 백성들의 이야기를 하면서 오늘 이 민족이 겪고 있는 시련은 우리가 지금 자유를 향해 출발한 탈출공동체임을 증명하는 반가운 징조라고 한다.[11]

그러나 이것은 계엄령을 두둔하거나 지지하는 것이 아니다. 현실의 어둠과 고난을 바라보고 미래의 희망을 찾는 예언자의 신앙고백이다. 강 목사는 이스라엘의 위대한 지도자 모세를 설명하고는 기독교의 눈으로 계엄령을 만든 구체적인 지도자의 문제를 지적한다. 귀 있는 자만이 그가 누구이며, 어떤 존재인지를 파악할 수 있다.

기독교가 보는 가장 무서운 파괴력은 자신의 주장과 의(義)를 절대화하는 것이다. 자신이 최고의 심판자로 군림하는 자는 인간이 아니라 악마다. 우리가 공산주의를 반대하는 이유 가운데 하나도

---

11) 『강원용 전집』 5, 19쪽.

그들이 자기주장을 절대화시키기 때문이다. 자유에의 길을 걷는 오늘 이 민족이 가장 경계해야 할 것도 바로 이 자기 절대화다.[12]

지금 이 계엄사태도 공산주의와 다를 바 없다는 것이다. 절대 권력의 횡포는 자유로 가는 현상이 아니라 악마의 짓거리라는 것이다. 그러나 동시에 이 계엄 사태 속에서 강원용 목사가 두려워하는 것이 있다. 독선과 자기 절대화를 권력자에게서만이 아니라 그에 대항하는 편에서도 보고 있기 때문이다. 강원용 목사는 계엄에 항거하는 편에게도 이런 위험을 벗어날 것을 요구한다. 동시에 이런 위험성을 극복하면서도 투쟁은 계속돼야 함을 강조한다.

정치적으로 여당이 야당을 대하는 자세나 야당이 여당을 보는 자세에서, 경찰관과 데모하는 학생들이 서로 상대방을 보는 자세에서, 우리는 한 형제로서 같은 자유에의 길을 가고 있다는 따뜻한 동포애로, 네 주장과 내 주장이 서로 다르긴 하나 피차 잘못일 수 있으니 서로 고치고 보완해야겠다는 겸손과 자제력이 보이지 않는다는 것, 이것이 두려운 일이다.

우리는 항상 참된 절대자 앞에 섰을 때 자신의 의(義)와 선(善)이 오류투성이임을 깨닫고 그것을 꺾어 절대자의 의와 선에 복종시키고자 하는 마음을 잃지 말아야 한다.

그러나 이러한 원칙이 부정과 불의를 대항하는 우리의 투쟁을 위축시킬 수 있는 없다. 자유에의 험난한 길은 싸움으로써 개척되는 것이기 때문이다. 홍해(紅海)가 가로막고 추격 부대가 뒤를 다그쳐도 민족의 행진은 중단될 수 없다. 다만 스스로 우상이 되기를 거부하면서 우상과 싸우는 좁고 험한 길을 걸어갈 뿐이다.[13]

---

12) 같은 책, 22쪽.

그 후로도 월남파병이나 삼선개헌 등 역사의 위기 순간이 있었다. 강원용 목사는 이때마다 언론을 통해 또는 대담을 통해 자신의 의견을 밝혔다. 그러나 설교에서는 언급이 없다. 5·18민주화운동의 비극 때에도 신문에 낸 글은 있으나 이 사건에 대한 설교는 없다. 설교에 직접 언급된 두 사건만 더 예를 들어본다.

전태일의 분신사건은 민주운동에 불을 댕기는 도화선이 되었다. 이런 면에서 계엄선포보다 더 역사적으로 위대한 사건이다. 전태일의 분신을 두고서 강원용 목사는 「밀알 하나」라는 설교를 한다. 성경본문은 「요한복음」 12장 20~26절이다. 전태일의 죽음은 강 목사에게도 큰 충격이었고 슬픔이었고 죄책감을 불러일으켰다. 강 목사는 이런 엄청난 사건임에도 신문에서조차 보도하지 않은 사실에 분노한다. 또 자살했다는 이유로 장례예배를 거절한 교회에 대해서도 분노한다. 강 목사는 살인과도 같은 노동현실을 고발하며 이런 현실을 개선하려고 몸부림친 전태일의 삶을 소개한다. 전태일의 이 죽음은 강원용 목사의 눈에는 그 밀알 한 알로 비쳤다.

「요한복음」 10장에 보면 "나는 양들을 위해 내 목숨을 기쁘게 내어주리라" 했습니다. 그것은 자살이 아닌가요? 오늘 읽은 성경의 본문에는 "밀알 하나가 땅에 떨어져 죽으면 많은 열매를 맺으나 죽지 않으면 한 알 그대로 있다"고 적혀 있습니다. 23세라는 젊은 나이로 휘발유를 끼얹었고 불타 죽으며 '내 죽음을 헛되이 말라'던 전 군의 죽음은, 이른바 세상 살기에 실패해서 자살한 허무주의자의 감상적인 죽음도 아니요, 생활을 비관해서 죽은 것도 아니요, 정신 이상으로 죽은 것도 아니요, 실망으로 자살한 것도 아닌 것입니다.[14]

---

13) 같은 책, 22~23쪽.
14) 『돌들이 소리치리라』, 136~137쪽.

전태일의 죽음은 강원용 목사에게는 예수의 죽음과 같이 땅에 떨어져 죽은 밀알 한 알이다. 그러나 전태일과 이 땅의 노동자들을 죽음으로 내몬 그 죄를 강 목사는 자신과 교회 그리고 이 죽음에 항거하여 들고 일어난 사람들에게도 묻는다.

그러나 나는 전 군의 타버린 시체 앞에서 정부나 노총, 기업주들에게 화살을 던지기 전에 스스로의 가슴을 향해 즉 우리 교회 자체를 향해 화살을 던져야 한다고 봅니다. "자살은 죄다. 우리 교회의 교인이 아니다"라는 이유를 내세웠던 교회에만 화살을 돌릴 마음은 없습니다. 이웃 사랑을 이야기하고, 가난한 자와 억눌린 자의 벗인 예수의 제자가 되어야 한다고 강조해온 우리 교회가 먼저 이 화살을 받아야 합니다.[15]

그러나 결코 정부와 노총, 기업주들을 용서하자는 말이 아니다. 내 안에도 작동하는 그런 악 그리고 사태가 이 지경이 되도록 방관한 교회 자신이 먼저 그 죄를 고백해야 한다는 것이다. 이 설교의 결론에서 강 목사는 전태일의 죽음에 응답해서 인간다운 사회를 건설하자고 호소한다. 이것이 그리스도의 죽음에 보답하는 길이라고 한다.

내 죽음을 헛되이 하지 말라는 전 군의 호소에 응답해야 합니다. 전 군처럼 죽자는 것은 아닙니다. 오히려 제2의 전태일이 생기지 않도록 사회의 부조리를 제거하자는 말입니다. 인간이 정당한 대접을 받는 사회를 건설하는 데 힘을 합치자는 말입니다. 이것이 그의 죽음에 보답하는 것이며, 그리스도의 죽음에 보답하는 것이며, 깨어난 양심의 소리에 응답하는 삶입니다.[16]

---

15) 같은 책, 139쪽.

마지막으로 유신체제에서 특별조치 후에 이루어진 첫 설교를 보자. 1973년 1월 13일에 행한 「검」이라는 설교다. 그 본문은 칼이 등장하는 「누가복음」 22장 35~38절과 「마태복음」 26장 47~56절이다. 먼저 강 목사는 힘으로서의 검의 순기능을 설명한다. 「로마서」 13장에서 논의되고 있는 검을 예로 들면서 검은 악을 행하는 자에게 하나님의 공의를 집행하기 위한 것이라고 말한다. 이럴 때 검은 쓸데없거나 사악한 것이 아니다. 그러나 그 검이 이른 새벽에 아무 죄도 없는 예수님을 잡으러 오는 악한 통치자의 물리적 수단이 될 수 있다.

크리스천은 무정부주의자가 아닙니다. 그러나 예수를 잡으러 검을 들고 온 자에게 "강도를 잡기 위해 준 검으로 나, 하나님의 아들을 잡으러 왔느냐?"고 한 것은 하나님의 진노를 집행하기 위한 수단인 검을 하나님의 아들을 잡기 위한 수단으로 전락시킨 이 엄청난 전도를 꾸짖었던 것입니다. 즉 역사의 비극을 만들어내는 자들에게 경고한 것입니다.

그들은 왜 이 검을 예수에게 썼을까요? 빌라도도 예수의 무죄를 인정했으며 가야바도 증거를 잡을 수 없었습니다. 이런 힘을 가진 자의 엄청난 자기모순의 근거는 무엇입니까? 그들은 예수를 가야바에게 일러바쳐 하나님의 이름을 모독했습니다. 빌라도는 질서를 교란시킨 내란음모죄로 고발했습니다. 그러나 그것은 사실이 아니고 조작임을 백성들도 잘 알고 있습니다. 예수가 한 일은 진리를 증거하고 사랑을 실천한 것뿐입니다. 그것이 그들에게 불안과 공포를 주었습니다.

그 이유는 어디 있습니까? 잘못된 통치자에게 공통된 현상은 불안과 공포만이 아니라, 그들에게 하나님이 주신 도덕적 양심에 있

---

16) 같은 책, 140쪽.

습니다. 진리는 그들이 덮어주고 미화시킨 거짓을 드러나게 합니다. 양심을 속이지 못하는 빌라도의 부인이 잠을 못 자고 악몽에 시달렸다고 하는 것은 비단 빌라도의 부인뿐만이 아니었습니다.[17]

예수를 잡으러 온 검 이야기에 빗대서 강 목사는 부당한 폭력을 행사하는 집권자를 노골적으로 경고한다. 그러나 이 악한 검에 대항하기 위해 정의의 검을 사용하는 일 역시 예수님의 가르침을 들어 그 위험성을 경고한다.

그러면 예수님의 태도는 과연 무엇이었을까요? 그는 무력했기에 저항할 힘이 없어서였던가요? 아닙니다. "내가 아버지께 구하면 당장에 12군단을 풀어 저들을 격멸할 힘이 있다. 그러나 그것은 나의 길이 아니다"라고 그는 답했습니다. 그럼 그는 이 세상의 역사에는 무관심했으며 오직 저 세상만을 위해 일하신 것인가? 아닙니다. 만일 그랬다면 그들이 예수를 잡으러 올 이유도 십자가에 죽을 이유도 없습니다.

힘이 없어서도 무서워서도 아닙니다. 그의 기본적인 신념은 '검을 쓰는 사람은 모두 검으로 망한다'라는 것이었으니 힘과 힘의 대결은 패자와 승자가 함께 망한다는 말입니다. 정의가 불의를 이기는 것 같으나 결국은 악순환만을 되풀이할 뿐입니다. 예수님은 그런 한계 상황을 분명히 보았던 것입니다.[18]

그러면 이 검도 저 검도 다 써서는 안 되는 것인가? 강 목사는 폭력의 악순환을 끊는 제3의 검, 제3의 길을 성서적인 해결책으로 선포한다.

---

17) 같은 책, 194~195쪽.

예수님의 저항은 다른 사람이 상상할 수 없던 새로운 검으로 하는 저항입니다. 질적으로 다른 새로운 검이란 무저항이 아니라 참으로 이길 수 있는 저항이 필요한 것입니다. 「마태복음」 10장 34절에 "내가 세상에 평화를 주러 온 줄로 생각하지 말라. 평화가 아니라 검을 주러 왔다"고 했는데 그 검은 무엇입니까? 「마태복음」 26장에는 제자들에게 "옷을 팔아 검을 사라"고 했습니다. 옷을 팔아서라도 사라는 검은 무엇입니까? 성서에서는 두 가지로 이야기되고 있습니다. 첫째는 하나님의 말씀, 곧 창조적인 로고스의 진리요, 둘째는 떨어진 원수의 귀를 붙여주고, 자기를 못 박는 원수를 위해 그들의 사함을 위해 기도하고, 스승으로 제자의 발을 씻어주는 섬김을 받는 지배자가 아니라 섬기는 지배자가 되는 힘으로, 사랑에 의한 강력한 실천력입니다. 이것은 제3의 검, 새로운 힘입니다.

......

여러분! 우리 자신이 살기 위해, 나를 살리기 위해, 인류를 살리기 위해, 주님의 오시는 날을 대비하기 위해, 이 양극화로 망해가는 역사 속에 제3의 검이 새 역사를 창조하는 힘으로 나타나는 일에서 우리는 무엇을 할 수 있으며 당신은 무엇을 하고 있습니까?[19]

강원용 목사는 역사의 위기와 폭압적인 통치 아래서 뱀처럼 지혜롭고 비둘기처럼 순결하게 설교했다. 시대의 악과 그 원인을 고발했다. 비둘기다. 그러나 마치 계시록이 로마를 바벨론에 빗대어 표현했듯이 강원용 목사는 독재정권을 성서의 이야기로 풀어가서 알 수 있는 사람만 그 독재자와 그가 행한 악을 들을 수 있게 했다. 뱀이다.

이 위기 설교에서 강원용 목사의 사상과 삶이 고스란히 한 정형화

---

18) 같은 책, 197쪽.
19) 같은 책, 197~198쪽.

된 공식처럼 나타남을 알 수 있다. 그것은 '① 위기 사태에 대한 제1원인에 대한 고발과 심판 ② 그에 대항하는 세력의 위선과 극단으로 치닫는 위험과 자기 회개 ③ 그럼에도 제3의 안목으로 계속 전진하고 투쟁하기'라고 할 수 있다.

3 메마른 한국교회의 강단 개혁

경동교회는 일찍부터 일반적인 한국교회의 눈으로는 파격적이었다. 예배 예전이며, 교회력을 따르는 것이며, 교회 건물에 이르기까지 어쩌면 낯설지도 모르겠다. 경동교회는 교류와 일치의 차원에서 매년 한 차례씩 대한성공회와 맞바꾸어 주일예배를 드리는데, 서로 크게 낯설지가 않다. 이런 점에서 경동교회는 한국의 개신교보다는 성공회나 가톨릭과 비슷하다는 오해도 받아왔다. 더욱이 경동교회는 '통상축제력'에 따른 '주일성서일과' 세 본문을 가지고 설교가 이루어진다.

요즘은 한국교회에서도 교회력이 점차 일반화되어 가고 있지만, 이에 맞추어 성서일과를 가지고 설교하는 교회는 거의 없다. 그럼에도 경동교회의 예배나 설교는 점차 다른 교회들의 모범이 되어왔다. 바로 이 점 때문에 경동교회는 여전히 그 생명력을 더해가고 있다.

경동교회의 이런 모습과 강단은 일찍이 강원용 목사가 에큐메니컬 운동을 하며 세계교회를 섭렵했기 때문이다. 한국교회가 근본주의 선교사들이 전한 신앙과 삶에 갇혀 있는 동안, 강원용 목사는 세계교회와 호흡하며 그 개혁적이고 역동적인 신앙을 익힐 수 있었다. 이 에큐메니컬 운동의 참여는 강원용 목사의 예배와 설교에 어떤 안목을 주었는가?

세계교회 예배 갱신과 말씀 선포

1984년 주현절 둘째 주일(1984. 1. 4)을 기점으로 강원용 목사는 1986년 정년은퇴 이후까지도 본격 성서일과의 세 본문에 따라 설교를 하게 된다. 물론 훨씬 이전부터 교회력에 대한 말은 했지만 교회력에 따른 성서일과 설교는 이것이 처음이며, 이후로는 줄곧 성서일과에 따라 설교했다.

한국교회는 곽안련의 영향인지 한 본문을 택해서 하는 주제설교가 고작이었다. 그러나 최근 몇 년 사이에 교회력에 따른 성서일과에 따라 설교하는 목회자가 부쩍 늘었고, 성서일과에 따라 설교하지는 않더라도 아주 많은 교회에서 교회력의 흐름을 예배와 설교에 반영하고 있다.

성경봉독과 설교는 한 뭉치로서 전체 예배 안에서 구원의 선포로서 말씀의 예전으로 발전했다. 서방교회의 전통에 관한 해설을 들어보자.

서방교회들에서는 세 본문이 봉독된다. ……첫 번째로 하나님의 백성에게 행해진 놀라운 하나님의 구원행동에 관해 말하고 있는 원계약(구약)의 말씀이 봉독된다. ……다음으로 「시편」을(교독이나 노래로) 통해 두 말씀(구약 말씀과 서신서 말씀)의 성서적인 주제를 이으며, 서신서—주로 바울서신—의 말씀이 두 번째 하나님의 말씀으로 봉독된다. ……드디어, 주 예수 그리스도의 거룩한 복음의 말씀을 통해 하나님의 말씀이 선포된다. 이 말씀은 세 번째로 봉독되는 말씀 그 이상이다. 위의 두 말씀 봉독과는 다르게 읽힌다. 평신도는 읽을 수 없고, 목사가 받아서 봉독한다. 이 말씀은 알렐루야로 영접한다. ……옛 전통에 따라 회중은 일어서서 이 복음의 말씀을 받으며, 지금 자기 백성에게 그리스도께서 새롭게 말씀하시는 것을 듣는다. ……세 본문을 봉독한 다음, 하나님의 말씀이 오늘의 언어로 된 진술을 통해, 곧 설교로서 선포된다.[1]

이렇게 해서 선포된 말씀은 예배 안에서 중보기도로서 전체 그리스도 교회와 세상을 향해 뻗어간다. 이 말씀의 교역은 신자들이 드리는 중보기도를 기점으로 예배 안에서 또 다른 정점으로 넘어가는데 강대 또는 독서대로부터 성만찬의 식탁으로, 읽는 자리에서 먹는 자리로, 성서로부터 거룩한 음식으로 그 초점이 바뀌는 것이다.[2]

강원용 목사는 이 같은 예전적인 차원의 설교를 하게 되었다. 어떤 이는 강원용 목사가 개인적인 카리스마를 가지고 목회하는 것에 한계를 느껴서 이같이 예전적인 예배와 질서 있는 성서일과에 따른 설교를 시작한 것이라고도 말한다. 그러나 이런 견해는 세계교회의 물정을 잘 알지 못하기 때문에 나오는 것이다. 예전적인 예배의 개혁과 교회력과 성서일과의 재발견은 20세기의 에큐메니컬 운동의 결과로 생긴 것이다. 강 목사의 이런 예배 개혁의 의지를 바로 이해하기 위해서는 그 배경 설명이 필요하다.

1960년대 중반에 로마 가톨릭교회는 '제2차 바티칸 공의회'의 '거룩한 전례헌장'을 통해 전통적인 교회력과 성서일과의 혁신에 영향을 끼쳤고, 그 결과에 호응하며 개신교에서도 교회력과 성서일과의 가치를 재평가하게 되었다.[3] 여기서는 그 후로 에큐메니컬 예배운동에서 정리된 교회력과 성서일과에 대해 안내하려고 한다.

---

1) Philiph Pfatreicher, *Liturgical Spiritualty*(Valley Forgy, Pensylvania: Trinity Press International, 1997), pp. 191~192.
2) 같은 책, 194쪽.
3) 그 결과로 북미의 교회들은 새롭게 예배서를 내게 되었다. 미국장로교회는 1993년에, 미국감리교회는 1992년에, 스코틀랜드 장로교회는 1994년에, 캐나다 연합교회는 2000년에 새롭게 예배서를 출간했다.

그리스도교 교회력이 형성된 배경에는 유대교의 축제력과 로마의 세속력이 있다. 유대교는 안식일을 비롯해서 새해 속죄일, 장막절, 광명절, 유월절 등의 절기를 지켰으며 당시 로마제국은 여러 가지 이방 종교의 절기를 지키고 있었다. 이러한 문화적이고 종교적인 환경 속에서 그리스도교는 그 나름의 축제와 절기를 형성하기에 이른다.

초대시대에는 주님의 부활을 기념하는 부활절이 가장 중요한 절기였고 주일마다의 예배는 곧 작은 부활절이었다. 부활절 다음에 생긴 절기는 성령강림을 기념하는 오순절(Pentecost)이었고, 2세기 이후에 점차로 대림절, 주현절, 성탄절, 사순절, 승천일이 교회력에 포함되었다.

동방교회에서는 삼위일체 신앙이 강조되었으나 서방교회에서는 성자의 생애를 중심으로 한 교회의 절기를 중요시했다. 그래서 1년을 주님의 생애로 구분해서 '대림절·성탄절·주현일' '사순절·부활절·성령강림주일'까지를 축제 기간으로 그리고 주현절 기간과 성령강림절에서 그 이후 대림절까지를 비축제 기간으로 구분했다. 이 교회력의 전통에서는 예수 그리스도의 오심을 기다리고 준비하는 대림절로부터 시작된다.

그러나 성령강림 후의 비축제 절기가 너무 길어서 그 기간을 반분해서 '왕국절'(Kingdomtide)로 지키자는 미국 개신교의 시도도 있었고, 9월 이후 대림절까지를 '창조절'(Creationtide)로 지킬 것을 제안한 교회력의 개혁 안도 있었다. 이런 시도들은 성자 중심의 교회력을 삼위일체 중심으로 개편해서 그 신학적이고 신앙적인 균형을 회복하자는 시안이다. 이런 배경과 신학적 안목에 따라 두 개의 교회력과 그에 따른 주일성서일과가 정리되었다. 먼저 서방교회 전통의 성서일과이다.

서방교회의 '통상축제력에 따른 주일성서일과'는 그 나름의 오랜 전통과 함께 새로운 역사적인 가치를 지니고 있다. 그 출처는 물론 로마 가톨릭 교회의 예전을 위한 '미사일과'다. 1969년 이후 이에 대한 본격적인 개혁 작업을 시작했는데 이렇게 완성된 '미사일과'는 많은 개신교회도 이를 공동 유산으로 받아들이는 계기가 되었다.

특히 최근에는 영어를 예배 용어로 사용하는 모든 세계교회들이 이 것을 '공동성서일과'로 채택해서 공동 인준 단계에 이르렀는데, 실로 놀라운 일이 아닐 수 없다. 물론 큰 틀은 공유하면서도 각기 교회 전통에 따라 조율을 해서 쓰고 있다.[4]

또 다른 하나의 교회력과 성서일과가 있다. 이것은 1950년대 초반에 스코틀랜드 장로교회 신학자인 맥아더(A. A. McArther)가 성자의 생애 중심으로만 구성되어 있고, 축제와 비축제 기간으로 짜인 '통상축제력'을 '삼위일체력'으로 개혁한 것이다. 또 그에 따른 주일성서일과도 마련되었다.[5]

피셔(Lukas Vischer)는 '창조절'로부터 시작하는 이 교회력의 개편은 이미 고대교회부터 있었던 전통의 회복이며, 오늘날 동방교회와 서방교회가 대화하고, 또 생태위기를 적극적으로 대처할 수 있는 창조적인 개혁임을 역설했다.[6] 이 '삼위일체력'은 '통상축제력'과 대화하며, 그리스도교 교회력을 풍성히 만들고 있다.

그러나 이 삼위일체력의 성서일과가 미처 스코틀랜드 교회에서는 수용되지 않았다. 이 놀라운 개혁은 한때 진보적인 캐나다 연합교회가 받아서 수용했고, 한국기독교장로회는 캐나다 선교부와 깊은 관계를 맺고 있었기 때문에 이 삼위일체력과 그에 따른 주일성서일과를

---

4) Abingdon, *The Revised Common Lectionary*, Proposed by the Consultation on Common Text, Nashville: Abingdon Press, 1992, 박근원 옮김.

5) A. A. McArther, *The Evolution of Christian Year*, London: SCM Press, 1953; *The Christian Year and Lectionary Reform*, London: SCM Press, 1953.

6) 피셔, 「창조절로 시작하는 교회력의 개편」, 『은총의 해를 누리며』, 2000년도 교회력에 따른 예배와 설교자료, 대한기독교서회, 2000, 35~36쪽. 이 글은 루카스 피셔 박사의 기고문 "A Time of Creation"을 본인의 허락을 받고 이 자료집에 번역하여 수록한 것이다.

받아 한국교회 실정에 맞게 사용하고 있다.

강원용 목사는 창조절을 역설한 피셔와도 교분을 맺고 대화를 나누었다. 강원용 목사는 세계교회의 이 흐름의 중심에 있었기 때문에 한국 개신교에서는 맨 먼저 이런 결과들을 자신의 예배와 강단에 수용할 수 있었던 것이다.

경동의 강단 개혁

강원용 목사는 한국 개신교 최초로 성서일과의 세 본문으로 설교를 한다. 강원용 목사가 사용한 성서일과가 어떤 것인지를 밝히는 것은 쉽지만은 않다. 틀은 '구약·서신서·복음서' 세 본문을 갖추고 있지만, 필요에 따라 자유롭게 본문을 바꾸기 때문이다. 그러나 강원용 목사가 기초로 삼은 성서일과는 '통상축제력'에 따른 '주일성서일과'다. 예를 들어보자.

어느 성탄절 본문
강원용 본문: 「이사야」 52장 7~9절 / 「에베소서」 3장 6~7절 / 「요한복음」 1장 10~12절
통상 축제력: 「이사야」 52장 7~9절 / 「히브리서」 1장 1~12절 / 「요한복음」 1장 1~4절 ('가' '나' '다' 해 동일)

어느 주현절 둘째 주일 본문
강원용 본문: 「이사야」 60장 1~2절 / 「에베소서」 3장 6~7절 / 「마태복음」 2장 1~3절
통상 축제력: 「이사야」 60장 1~6절 / 「에베소서」 3장 1~12절 / 「마태복음」 2장 1~12절 (주현일 본문)

강원용 목사는 이렇게 통상축제력의 성서일과를 쓰면서도 기계적으로 사용하지 않는다. 성탄절 설교의 서신서 본문을 임의로 바꾸었다. 주현절 둘째 주일의 설교 본문은 통상축제력의 주현일 본문을 사용했다. 이것은 두 가지를 뜻한다. 강원용 목사는 성서일과를 융통성 있게 활용했다는 것이다. 또 하나는 경동교회의 특성상 강원용 목사가 매주 설교하지 않고, 한두 주 또는 몇 주씩 거르는 때가 있는데, 이런 경우 그 교회력을 대표하는 절기의 본문을 사용한다는 것이다.

그러나 문제점도 있다. 주일성서일과는 '가'해, '나'해, '다'해 3년 주기로 순환된다. 강원용 목사가 성서일과를 기계적으로 사용하지 않은 점은 좋다. 그러나 너무 임의로 사용하는 문제가 있다.

1985년 1월 6일 주현일은 「시편」과 복음서만 임의로 택한다. 1월 13일은 성서일과의 것을 '가, 나, 다'에 매이지 않고 세 군데서 고루 택한다. 2월 10일 주일은 '다'해 본문을 택하는가 하면 변모주일에는 '가'해 본문을 사용하고, 다음 주 사순절 첫 주는 '나'해 본문을 선택한다. 그리고 부활절 다섯째 주일에는 세 본문을 성서일과에 관계없이 다 바꾼다.[7]

강원용 목사 10주기를 기념해서 「돌들이 소리치리라」는 설교선집의 편집자는 1980년대의 강원용 목사의 설교들에다 '순례하는 강단'이라는 이름을 붙인다. 이 시기에 강원용 목사가 세계교회의 예배갱신 결과를 반영해서 예전적인 예배와 함께 교회력에 따른 성서일과의 세 본문으로 설교했기 때문이다. 이를 통해 강원용 목사는 개인 역량이 아니라, 보다 전통적이고 성서적인 바탕 위에 서려고 했다. 이 시기는 한두 개의 본문을 가지고 설교한 지난 시기와는 달리, 성서 전체의 통전적인 맥락에서 상황보다는 본문 중심의 설교로 그 강조점을 옮겨간다. 그러나 편집자는 중요한 하나를 덧붙인다. 그럼에도 어디

---

7) 「경동교회 주일 설교원고 목록」, KWY-10-A-28.

까지나 상황이 그의 설교의 출발이라는 지적이다.[8] 바로 이 상황에 맞추려는 편의 때문에 강원용 목사는 너무나 자유롭게 성서일과를 바꿈으로써, 교회력의 '신앙 순례 중심'과 '통전적인 전체 본문 중심'이라는 성서일과에 따른 설교의 의도를 살려내지는 못했다.

오늘날 세 본문으로 설교하는 목사들이 많이 있다. 그러나 여전히 세 본문으로 어떻게 설교해야 하는지에 대한 설교준비 방법은 제대로 안내된 것이 없다. 또 성서일과로 설교하는 이들이 예배 안에서 세 본문의 봉독과 설교와의 관계를 잘 이해하지 못한 채 세 본문을 사용하는 문제도 있다.

먼저 예배 안에서 세 본문을 사용하는 문제를 보자. 경동교회의 예배에서는 말씀의 예전 때 세 본문을 순서에 따라 봉독한다. 구약을 봉독하고 응답송을 부른 다음, 서신서를 봉독하고 응답송을 부른다. 그리고 다 같이 일어나서 복음서의 말씀을 듣고 응답송을 부른다. 이렇게 세 본문을 다 봉독하고 설교를 하는 것 전체가 선포다. 개혁교회 전통에 따르면 설교는 성서적 선포와 예언자적 선포로 이루어진다. 성서적 선포는 세 본문의 봉독을 통한 말씀선포이고, 예언자적 선포는 그것을 풀어서 회중에게 전하는 것이다.[9] 이런 점에서 경동의 강단은 하나의 모범이다.

많은 설교가가 세 본문으로 말씀을 선포하면서도 본문이 너무 길다는 이유나 회중이 지루해한다는 이유로 한 본문만 봉독한다. 이런 경우 성서적 선포는 약화되고 만다. 그리고 그 본문이 그 주일 설교의 대표 본문인 경우는 세 본문을 고루 살피는 설교가 아니라 두 본문이 단지 들러리 구실을 하는 설교가 될 수 있다. 비록 경동의 말씀 예전이 모범이기는 하지만 역시 같은 문제가 있다. 성서일과에 제시된 세

---

8) 『돌들이 소리치리라』, 227쪽.
9) 『구원의 축제』, 60~73쪽.

본문은 길다. 그런데 강원용 목사는 한두 구절이나 두세 구절만 봉독한다. 성서일과의 세 본문은 다 봉독하는 것이 원칙이다. 성서 본문을 듣는 것 자체가 중요하다는 취지다. 그런데도 긴 본문 중 일부씩만을 뽑아 봉독하는 것은 여전히 성서말씀 자체보다는 그것을 풀이하는 설교를 더 중요시하는 태도를 극복하지 못했기 때문이다.

세 본문을 가지고 어떻게 설교를 만들 수 있을까? 많은 경우 세 본문을 각각 세 개의 주제로 나누어 세 편과도 같은 설교를 하는 경우가 있다. 성서일과의 세 본문을 가지고 설교를 준비할 때 유념해야 하는 사항이 있다. 우선 설교가는 어느 하나의 본문에만 비중을 두지 말고 세 본문을 함께 통전적으로 묵상하면서 그 주일의 설교의 씨앗을 얻어야 한다. 이럴 때에만 성서 전체를 관통하는 통전적인 안목으로 말씀을 선포할 수 있게 되고, 신약만 중심으로 하는 설교의 문제도 극복할 수 있다. 또 성서일과에 따라 설교를 구상할 때 반드시 고려해야 하는 것은 교회력의 상황이다. 해당 교회력의 흐름 속에서 그 주일의 세 본문을 명상하는 것이다. 이럴 때 주일성서일과에 따른 선포는 교회력에 따른 신앙의 순례가 되는 것이다.[10]

오랫동안 삼위일체력에 따른 주일성서일과로 설교해온 한 목회자는 순례로서의 설교는 한 번에 끝나는 단막극일 수 없고, 매 주일의 설교는 그 자체로서 완성품인 동시에 지난 주일을 이어받아 다음 주일을 연결하는 연속극이어야 한다는 점을 제시한다. 이런 설교를 구상할 때 설교가는 미리 교회력의 한 절기를 큰 흐름으로 파악해서 이 절기 동안 연속성이 있는 주제와 제목으로 설교를 준비하는 안목이 필요하다. 그리고 이런 연속적인 설교 구상을 할 때 '교회력, 그 주일의 세 본문, 그 주일의 세계와 교회의 상황, 계절, 민속절기, 교회일치'(세계성만찬주일, 종교개혁주일 등)를 함께 고려하여 반영하는 감각을 터

---

10) 박근원, 『교회력과 목회기획』, 수정증보판, 쿰란출판사, 2012, 29~31쪽.

득해야 함을 역설한다.[11]

이런 관점에서 강원용 목사의 성서일과 설교는 세 본문을 통전해서 통합적 관점을 성서와 상황과 연결시켜 제시하는 창조적인 안목을 제시해준다.

강 목사는 먼저 같은 본문으로 다른 상황의 설교를 준비한다. (성서본문: 「예레미야」 31장 33~34절, 「히브리서」 5장 7~9절, 「요한복음」 12장 31~33절)

몇 년 전 교회력에 따라 오늘과 같은 본문으로 설교한 일이 있습니다. 그때는 '새로운 통치 질서'란 제목으로 설교했습니다. 오늘은 같은 본문으로 '쫓겨날 통치 질서'라는 제목으로 설교하려고 합니다. 또한 그때는 본문(text)에서 상황(context)으로 전개했지만, 오늘은 상황에서 본문으로 전개하려고 합니다.[12]

같은 본문을 제목과 내용을 뒤집고—이 또한 강원용의 설교의 수사학이다—그 출발을 바꾸어서 교회력과 그 주일의 세계 상황에 맞게 설교를 하고 있다.

강원용 목사는 세 본문을 통전적으로 묵상하고 설교했다. 먼저 '교회력과의 관계에서 본 본문들의 통합적 요점'을 찾고, 그 요점을 중심으로 설교를 전개하고 있다. 한 예를 들어보자. (제목: 하나님께 잡힌 사람. 성서본문: 「아모스」 7장 14~15절, 「에베소서」 1장 13~14절, 「마가복음」 6장 10~13절 / 1987. 7. 28)

오늘의 세 본문은 800년이라는 긴 역사 속에서, 전혀 다른 환경

---

11) 홍순원, 『문명의 전환과 그리스도교 신앙실천』, 예따람, 2013, 87~95쪽.
12) 『강원용 전집』 13, 58쪽.

속에서 쓰인 것입니다. 그런데도 이 세 본문은 몇 가지 공통점을 가지고 있습니다. 그것은 첫째로, 구약의 「아모스」「마가복음」의 예수님의 열두 제자 그리고 「에베소서」의 사도 바울은 모두 하나님의 택함을 받은 사람들이라는 것입니다. 아모스는 유다 땅에서 양을 치는 목동이면서 돌무화과(뽕나무)를 키우는 농부였습니다. 그 일을 하다가 "야훼께 잡힌 사람"이 되었다고 했습니다. 「마가복음」의 열두 제자도 목수, 어부, 세리와 같은 미천한 직업을 가진 사람이었는데, 하나님의 아들 예수님의 선택을 받아, 모든 것을 버리고 예수님을 통해 하나님께 잡힌 사람이 되었습니다. 여러분이 잘 아는 대로 사도 바울은 다메섹으로 가는 길에서 주님을 만났고, 그때부터 주님께 잡힌 사람으로 살았습니다.[13]

강원용 목사는 세 본문을 함께 놓고 묵상하는 가운데 '하나님의 택함을 받은 사람'이라는 통합적 관점을 갖게 된다. 그러면서 아모스의 '야훼께 잡힌 사람', 「마가복음」의 미천한 이들이 예수님의 선택을 통해 '하나님께 사로잡힌 사람', 서신서에서 다메섹으로 가던 중에 길에서 하나님을 만나 '주님께 사로잡힌 사람'을 오늘의 상황과 연결 지으며 설교를 전개해간다. 이런 통합적인 초점이 살아 있기 때문에 늘 그의 설교는 명쾌하고 그 마지막은 강한 호소력이 있다. 이 설교는 다음과 같이 맺어진다.

하나님은 그리스도 안에서 극히 평범한 인간인 우리, 목동이요, 농부요, 어부 같은 이들을 택하여 비범한 사명을 부여하셔서 전 우주적인 구원의 성취를 위해 그에게 잡힌 사람으로 살게 하십니다. 이 얼마나 영광스러운 일입니까? 여러분은 이것을 믿고 있습니까?

---

13) 『강원용 전집』 12, 119쪽.

믿는다면 어느 편에 서 있습니까? ······이 나라 안에서 보냄을 받은 사람, 하나님께 사로잡힌 사람으로서 어떻게 살고 있습니까? ······ 우리 모두 조용히, 그러나 확실하게 대답해봅시다.[14]

강원용 목사의 설교의 시작은 자유롭다. 상황에서 출발하기도 하고 본문에서 시작하기도 한다. 구약본문으로 시작하기도 하고, 복음서와 서신서를 먼저 말하기도 한다. 그러나 언제나 통합적 관점을 가지고 설교를 하기 때문에 그 설교에 일관된 논리가 있고, 그 일관된 논리 자체가 메시지를 강조하는 하나의 수사가 되고 있다. 강원용 목사는 이미 감각적으로 성서일과의 세 본문으로 설교하는 방법을 알고 있는 것이다.

강원용의 순례 설교 듣기

강원용 목사의 주일성서일과 세 본문 설교는 한국교회에서는 물론 세계교회 차원에서도 이른 시도였다. 주요 개신교 교단들이 1990년대 와서야 교회력과 성서일과를 반영한 예배서를 개정해서 냈다. 그리고 강원용 목사의 세 본문 설교는 '교회력의 흐름에 따라' '세 본문을 통 전하거나 관통하는 초점을 찾고', 그것을 '그 주일의 세계와 교회 상 황을 고려하며' 설교를 준비하고 선포했다. 이런 면에서도 강원용 목 사의 설교는 세계교회사적인 지평을 갖는다고 할 수 있다.

이 장에서는 강원용 목사의 교회력에 따른 설교의 내용을 직접 들 어보려고 한다. 이를 통해 그러나 설교 내용 그 자체보다도, "설교 안 에 그 교회력 절기의 신앙이 듬뿍 녹아있는가?" "1년을 신앙의 순례 를 하도록 2,000년 그리스도교 역사 속에서 절로 형성된 교회력의 의

---

14) 같은 책, 121쪽.

도가 살아 있는가?" 하는 것을 살펴보려고 한다.[15]

대림절

대림절(Advent): 예수 그리스도의 오심을 기쁨으로 기념하며, 그분의 다시 오심을 기다리는 계절이다. 대강절 혹은 강림절로 부르기도 하나 성령강림절과 혼동하기 쉬우므로 대림절이라고 하는 것이 바람직하다. 성탄절에 앞선 네 주일로서 11월 30일에 가까운 주일부터 시작된다. (절기의 빛깔: 보라색)

대림절의 신앙을 한마디로 드러낸다면 '기다리는 신앙'이다. 이 신앙의 핵심이 드러나 있는가? 강원용 목사는 「새 역사를 영접하라」는 제목으로 대림절 넷째 주일의 설교를 한다. (성서본문: 「미가」 5장 8절; 「히브리서」 10장 8~18절; 「누가복음」 1장 39~45절) 설교 제목 자체가 내일 모레 맞이할 성탄 사건을 구체적으로 지시해준다. 이 설교는 이렇게 시작된다.

크리스마스를 준비하는 대림절이 오늘로써 끝이 납니다. 오늘 이 대림절 마지막 주일에는, 우리가 그리스도를 맞이할 준비가 되었는지를 점검하면서, 그동안 들어온 말씀들을 잘 이해했는지도 같이 점검해보시기 바랍니다.[16]

강원용 목사는 먼저 「누가복음」의 말씀으로 이야기를 풀어가면서 「미가」와 연결 짓는다. 엘리사벳이 낳은 아기가 바로 세례요한이고, 마리아가 낳은 아기가 예수인데, 이미 이것은 예수가 태어나기 전에

---

15) 교회력 절기의 집약된 신앙의 의미와 내용은 다음 책에서 가져온 것이다. 『교회력과 목회기획』, 9~51쪽.

16) 『돌들이 소리치리라』, 330쪽.

미가가 예언한 내용인데 이것을 믿느냐고 합니다. 메시아가 오면 새 역사가 열린다고 했는데, 예수와 함께 새 역사가 열리기는커녕 그 예수 자체가 십자가에 달려 죽고, 마리아는 그것을 지켜보는 불행한 어머니가 되었다고 합니다. 강원용 목사는 그러나 예수님의 삶과 십자가를 「히브리서」 말씀과 연결 짓는다. 섬기러 오신 그분의 십자가로, 곧 예수께서 단 한 번 희생의 제물이 되심으로써, 죄와 죽음으로 운명 지워진 역사는 끝나 버리고, 사죄와 사랑과 생명과 평화로 이룩되는 새 역사가 시작되었다고 한다. 강원용 목사는 바로 이 새날을 성탄과 연결 지으며 대림절 마지막 주일의 신앙의 과제를 선포한다.

우리는, 지금 여기서, 삶과 죽음을 넘어서 그리스도께서 피 흘리신 사랑의 에너지에 의해 통치되는 새 역사를 영접한 신도들입니다. 이 때문에 이 새 역사가 열리는 예수님의 탄생을 큰 축제의 날로 준비하고 맞이하는 것입니다. 이제 내일모레면 성탄절입니다. 이 성탄 축제에 참가하는 우리는, 예수님이 고난으로 선물한 구원의 생명을 힘차게 누리면서, 그가 성취한 새로운 역사를 이 땅 위에 실현하기 위해서 함께 행동하는 공동체가 되기를 다시 한 번 다짐합시다.[17]

성탄절

성탄절(Christmas): 예수 그리스도의 탄생을 축하하고, 그의 성육신을 기념한다. 12월 25일이 '크리스마스'이다. 그 후 1월 5일까지의 12일간을 축제의 절기로 간주하기도 한다. 그사이에 한 주일 혹은 두 주일이 낀다. (절기의 빛깔: 흰색)

성탄절과 주현절은 서로 분리되지 않는다. 옛 그리스도교 전승에

---

17) 같은 책, 337쪽.

따르면 동방박사가 하늘에 나타난 별을 보고 따라와 베들레헴에 이르러, 거기서 탄생한 아기 예수를 경배했다. 이 별이 나타난 날이 1월 6일이라고 한다. 이날을 주님께서 나타나신 날이라 하여 '주현일'로 부르며 '참회 수요일'까지를 주현절로 지킨다. 그런데 서로 쓰는 달력의 셈법이 달라서 서방교회는 12월 25일을 성탄절로 지켜왔다. 이 두 교회의 전통을 통합해서 12월 25일을 성탄일로, 1월 6일을 주현일로 지키게 된 것이다. 이 계절의 신앙의 특징을 한마디로 드러내면 "생명의 빛"이다. 이 세상에 드러난 이 생명의 빛, 구원의 빛이 강원용 목사의 성탄절 설교에 별빛처럼 환히 드러나 있는가?

강원용 목사는「새 역사를 영접하라」는 대림절 넷째 주 설교를 이어받으며 성탄절에「해방의 축제」라는 제목으로 설교한다. 그 기다리던 날이 왔으니 해방의 축제를 즐기라는 설교다. 기쁜 소식과 이 기쁨을 맞이하는 감사와 온 누리에 환히 빛나는 구원의 은총을 강조하기 위해 강원용 목사는 통상축제력의 성탄절 본문(「이사야」 52장 7~10절,「히브리서」 1장 1~4절, 5~12절,「요한복음」 1장 1~14절)에서 구약의 본문과 서신서 본문을 바꾼다(「이사야」 61장 1~11절,「데살로니가전서」 5장 14~23절).

크리스마스가 어떤 날입니까? 지난 대림절 네 주일 동안에도 예수님의 탄생에 대한 말씀을 읽었는데, 구약의 예언과 복음서 그리고 사도서신을 읽었습니다. 이 본문들은 여러 가지로 내용이 조금씩 달랐지만, 공통된 것이 하나 있는데, 그것은 예수 그리스도는 해방자로 오신다는 것입니다. 그러므로 오늘 크리스마스는 곧 해방의 축젯날입니다.[18]

---

18) 같은 책, 339쪽.

강원용 목사는 이사야의 해방의 복음 선포를 구원의 빛으로 받아 "그 빛이 세상에 와서 모든 사람을 비추고 있다"는 현재 완료가 되었다고 하면서, 이런 구원의 해방을 안고 이 예배를 드리며 축제를 경험하고 있느냐고 질문한다. 그러면서 세상이 말하는 해방 이데올로기와 실천이 아니라 성경에서 증언하는 해방을 강조한다. 그리스도인은 근본에서 정치, 경제, 문화, 종교 등 모든 분야에서 인간을 비인간화시키는 모든 쇠사슬을 끊는 일에 적극적으로 참여해야 한다. 이것은 수평적인 차원의 해방이다. 그러나 성령의 임재로 이루어지는 악의 영으로부터의 해방인 수직적인 해방이 먼저 있을 때만이 수평적인 해방도 온다고 한다. 설교의 끝은 아니지만 이 수직적인 해방을 말하는 이 부분이 성탄절 설교의 절정이다.

즉 예수 그리스도 탄생은 빛의 탄생이요, 하나님의 사랑이 성육신 된 사건으로, 그의 탄생을 통한 해방은 어둠에서의 해방입니다. 증오심이나 적개심이나, 무제한의 욕심으로부터의 해방입니다. 즉 사랑이 탄생하는 때라야 비로소 죄로부터 해방되고, 죽음의 독침이 없어지고, 영원한 생명을 받아들이게 되는 것입니다. 이런 사랑이 가져오는 해방은, 슬픔과 실패와 고독과 굶주림과 고난이 있지만, 그런 것들의 깊은 곳에서, 슬픔이 기쁨으로, 절망이 희망으로, 패배가 승리로 바뀌는 해방입니다.[19]

주현절

주현절(Epiphany): 예수 그리스도를 통한 하나님의 뜻을 온 세상에 드러내는 계절이다. '주현일'(1월 6일)로부터 시작해서 '참회의 수요일'까지의 4~9주일이 이 계절에 해당된다. 외래어의 표기로서 '현현

---

19) 같은 책, 343쪽.

절'이라고도 하나 '주께서 나타나신 계절'이라는 뜻의 주현절이 적절한 표현이다. (절기의 빛깔: 주현일은 흰색, 그 이후는 초록색)

주현절의 신앙을 드러내는 상징은 동방박사의 별이다. 그 구원의 빛을 맞이하고 밝히는 절기가 주현절이다. 주현절 첫째 주는 주님의 세례를 기념한다. 그러므로 주현절 첫째 주의 설교에서는 구원의 밝은 빛과 그 빛을 향해 삶을 전향하는 세례신앙이 드러날 때 제대로 순례 신앙의 깊이를 선포하게 된다. 강원용 목사는 이것들을 새해 첫 주일의 신년 인사와 함께 멋지게 엮어내고 있다. 이를 위해 통상축제력의 주현절 첫째 주일의 본문들을 모두 바꾸고 있다.

오늘은 우리 교회력에 의하면 주현절입니다. 그래서 교회 전통에서는 동방박사가 예수님을 찾아온 그 본문을 가지고 말씀을 나누는 날입니다만, 오늘은 새해 첫 주일이기 때문에, 새해 인사를 나누며 축복의 말씀을 드리려고 합니다. ……새해를 맞아 축복의 인사를 나누며 하나님의 은총과 생명을 받아 우리 삶이 밝아지는 것, 이 또한 주현절에 우리가 키워야 할 신앙의 과제입니다.[20]

강원용은 새해에 있을 축복을, 팔복의 자비를 베푸는 사랑의 복과 연결 지으며 자비를 어떻게 입는지를 설명한다. 이 자비의 완성은 예수 그리스도의 고난과 십자가를 통해 완성되었기 때문에, 예수께서 계신 고난과 부활의 장소에 함께하는 것이 우리가 자비를 입는 길이고, 이런 생활이 신앙생활이라고 강조한다. 강 목사는 "이와 같은 사실을 깨닫고, 그것을 받아들이고 결단을 하는 교회에서 베푸는 예식이 세례입니다" 하면서 세례 신앙으로 축복을 받는 한 해가 되자는 결론으로 설교를 맺는다.

---

20) 같은 책, 252쪽.

사순절

사순절(Lent): '참회의 수요일'로부터 시작되어 부활절 전까지 계속된다. 주일을 제외한 부활주일 이전 40일이 포함되는 기간이다. 기쁨과 슬픔 가운데 예수 그리스도의 죽음을 선포하고 기념하며 그리스도인의 신앙적인 자세를 가다듬는 계절이다. (절기의 빛깔: 보라색)

사순절은 그리스도인에게 그리스도의 고난을 묵상하며 참회하고 기도하고 절제를 하는 훈련의 절기다. 그러나 그 본질은 그리스도의 부활을 고대하고 맞이하는 희망에 있기 때문에 사순절의 신앙을 상징적으로 드러내자면 "무지개를 바라보며"다. 강원용 목사의 설교에는 이 사순절의 훈련과 동시에 무지개의 희망이 들어 있다. 먼저 강원용 목사는 길게 사순절 절기 소개를 한다. 절기 설명 자체가 사순절 신앙을 전하는 좋은 방법이기 때문이다. 그러면서 교우들에게 사순절 동안의 훈련과 실천 과제를 제시한다.

이 사순절 기간 동안 신자들은 부활절에 새로운 삶을 체험하기 위한 준비를 했습니다. 옛 삶을 청산하기 위한 기도와 회개로 영적 준비를 하고, 신앙의 성숙을 기하며, 특히 이 기간을 전도하는 기간으로 삼았습니다. ……여기 계신 우리 교우님들은 이 사순절 동안, 옛사람을 청산하기 위해서 기도와 회개를 철저히 하고, 또한 전도에도 힘쓰도록 합시다.[21]

강원용 목사는 이 회개의 과제를 가지고 오늘날 교회와 세계를 바라본다. 그러고는 하나님께서 홍수로 세상을 멸하실 때의 온통 썩은 냄새로 진동하는 세상을 말한다. 그때의 그 멸망할 수밖에 없는 상황과 오늘의 상황이 무엇이 다르냐고 반문하면서, 강원용 목사는 그럼

---

21) 같은 책, 265쪽.

에도 하나님은 노아에게 방주를 마련해주시고, 무지개를 걸고 구원의 계약을 맺어주신 은총을 전한다. 이어서 다시 우리 삶 속속들이 숨어 있는 죄된 요소들을 찾아내어 회개하는 신앙을 강조하며 희망의 고대로 설교를 맺는다.

이렇게 사순절을 지키는 신도들에게 부활절은 새 삶을 체험하는 날이 될 것이며, 이런 신도들이 나가서 사는 이 사회는 멸망이 아닌 구원을 얻게 될 것입니다. 하나님은 무지개를 통해서 이것을 약속하신 것입니다.[22]

부활절

부활절(Easter): 예수 그리스도의 부활을 기념하는 부활주일을 기점으로, 흔히 주일을 포함해서 50일간을 한 단위로 생각하는 축제의 기간이다. (절기의 빛깔: 흰색)

부활절 신앙을 한마디로 드러내면 "불가능한 가능성의 확인"이다. 이것을 믿는 것 그리고 이루어 내는 것이 부활신앙이다. 강원용 목사는 부활절 마지막 주에 주님의 승천을 기념하는 설교를 한다(「사도행전」 15장 22~33절, 「요한계시록」 21장 16~2절, 「요한복음」 4장 20~28절). 이 설교에서 강원용 목사는 먼저 불가능한 것에 대한 것을 믿을 수 있느냐는 질문으로 설교를 시작한다.

오늘은 예수께서 부활하시고 40일이 지난 후 하늘로 올라가셔서 하나님 우편에 앉아 계시게 된 것을 기념하는 승천주일입니다. 예수께서는 유대 땅에, 팔레스타인에서 태어나서 그 땅을 맨발로 다니다가 하늘로 올라가셨습니다. 그래서 하나님 우편에 앉아서 온

---

22) 같은 책, 271쪽.

세상을 다스리고 계십니다. 어떻게 이런 일이 가능한 것입니까? 여러분은 이것을 믿을 수 있습니까?[23]

강원용 목사는 예수께서 죽음을 앞두고 불안해하는 제자들에게 남겨주신 평화의 약속과 성령의 약속을 들려준다. 이 약속이 어떻게 기적적으로 성취되었는지를 말한다. 그러나 이 기적은 어떤 신비한 현상이 아니라 하나님의 사랑과 하나님을 모시고 그 말씀 따라 사는 삶을 통해서만 가능하다. 우리는 사랑으로 완전하게 사는 일에 늘 실패하는 연약한 사람들이다. 이 때문에 강 목사는 저 열린 하나님의 도성, 승천하신 주님이 계신 곳으로 나아가기 위해 늘 성령의 도움을 구하고 최선을 다하자고 한다. 그것은 "우리에게는 불가능한 것도 하나님께는 가능한 것"임을 믿기 때문이다.

성령강림절

성령강림절(Pentecost): '부활절' 일곱째 주일부터 시작되어 '창조절' 직전까지 계속되는 계절이다. 하나님의 은사로서 온 세계에 내려주신 성령의 역사를 기념하고, 나아가 성령의 인도로 하나님의 백성이 어떻게 살아야 하는지를 반성하고 결단하는 계절이다. (절기의 빛깔: 빨간색)

성령강림절의 신앙을 한마디로 드러내면 "만물을 새롭게"다. 강원용 목사는 성령강림 후 첫째 주일인 삼위일체 주일의 설교에서 이 세계가 살아날 수 있는 길을 선포한다(「에스겔」 37장 11~12절, 「사도행전」 2장 1~4절, 「요한복음」 16장 11~13절). 이 설교는 마침 광주 민주화 운동을 기념하는 주일이기 때문에 강원용 목사는 5년 전의 그 비극적인 사건을 회상하며 5년이 지난 오늘 상황은 어떤가를 묻는다.

강원용 목사는 별로 다를 바 없는 오늘의 현실을 에스겔이 본 마른

---

23) 같은 책, 291쪽.

뼈 골짜기에 비유한다. 이런 현실에서 살아날 수 있는가? 강원용 목사는 뇌를 예로 들면서 이야기를 풀어간다. 우리 뇌는 대략 150억 개의 세포로 되어 있는데 그중 10퍼센트만 깨어 있어서 우리는 그 10퍼센트에 의해 생각하고, 세상을 보고, 판단한다는 것이다. 그런데 이 10퍼센트의 깨어 있는 세포가 악령에 붙들려서 불신, 증오, 탐욕에 빠질 때 그 나머지 90퍼센트도 다 물들어 전체 뇌를 악하게 만든다. 그러므로 이 10퍼센트의 뇌세포에 밝은 영이 침투해야 한다면서 다시 「에스겔」과 연결 짓는다. 밝은 영으로 깨인 에스겔은 그 해골 골짜기에서 돌아가 새 역사를 창조하라는 하나님의 음성을 들었고, 하나님의 영으로 큰 무리로 힘차게 소생하는 뼈들을 보았다. 이처럼 오늘 성령강림절에 한 곳에 모여 기도하던 제자들에게 세차게 성령이 내렸는데, 이 성령이 그리고 성령으로 밝게 되어 깨어 있는 사람들이, 새 역사의 바람을 일으킨다고 하면서 이렇게 설교를 맺는다.

오늘 성령강림절에 임한 그 성령이 바로 오늘 여기서 우리 안에 들어와 새 바람을 일으키고, 하나님의 말씀을 우리 입에 담아주십니다. 그 성령이 뼈들의 골짜기 같은 한국 역사의 현장으로 나가 무덤을 열고, 이 백성을 일으키게 하는 것을 믿읍시다.[24]

창조절

창조절(Creationtide): 하나님의 창조 섭리와 인간 구원의 역사를 신앙적으로 되새기는 계절이다. 해마다 9월 첫 주부터 그해의 대림절 전 주일까지 계속되는 기간이다. (절기의 빛깔: 초록색)

창조절의 신앙을 한마디로 요약하면 "감사와 생명의 찬양"이다. 강원용 목사는 서방교회의 교회력인 '통상축제력'을 따르기 때문에 창

---

24) 같은 책, 311쪽.

조절의 설교는 없다. 그러나 그가 창조절의 의미나 개념을 몰랐다고
는 할 수 없다. 누구보다도 이 창조계절에 대한 이해가 깊었을 것이
고, 이 때문에 그의 활동 속에는 자연, 생태, 우주에 대한 실천이 들어
있는 것이다. 이런 점을 참작해서인지 강원용 목사의 설교선집에는
창조절의 항목으로 창조절의 안내와 함께 설교를 수록해놓았다. 때마
침 이 설교는 한가위 주일을 앞두고 이루어진 것이라서 감사와 찬양
이 가득 담겨 있다.

강원용 목사는 잔치는 잔치인데 죽음을 가져오는 사막에서 금송아
지를 빚고 벌이는 광란의 잔치를 소개한다. 그런데 지금도 우리 삶에
서 이런 잔치가 열리는 것이다. 절로 탄식이 나오는 한복판에서 우리
가 산다. 이런 절망적인 우리 모습이지만 그럼에도 감사를 깨닫게 되
는데, 그것은 길 잃은 양과 같은 우리에게 은혜와 진리가 충만하신 목
자 그리스도가 찾아와 주셨기 때문이다.

강원용 목사는 이 감사의 깨달음을 다음 주 한가위 주일의 추수감
사절과 연결 짓는다. 광야의 백성 같은 광란의 잔치가 아니라 하나님
이 주시는 믿음과 사랑의 음식을 가지고 하나님 나라 잔치를 즐기자
고 한다. 이런 잔치는 종말론적인 잔치로 온 생명이 언젠가 다 같이
맛보게 된다. 강원용 목사는 하나님의 은혜를 깨닫고 감사하는 신앙
인들에게 그 감사에 응답하는 방법을 전하며 설교를 맺는다.

우리는 그 감사의 심정을 가지고 모세같이 애끓는 마음으로 중보
의 기도를 해야 합니다. 바울같이 슬픔과 번민을 안고 기도해야 합
니다. 그리하여 하나님의 말씀을 이 금송아지 같은 역사의 현장에
던져서, 금송아지를 불태워버리고, 광란의 축제를 끝내고, 다시 가
나안을 향해 전진할 수 있는 계기를 만들어야 하겠습니다.[25]

---

25) 같은 책, 328쪽.

제6부

한국교회와 사회의 빈들에서

1 교회 갱신과 에큐메니컬 운동

강원용 목사는 경동교회를 한국을 대표하는 교회로 이끌었다. 그러나 강원용 목사는 결코 교회주의를 지향하거나 대형 교회가 되려는 꿈을 갖지 않았다. 경동교회는 율법주의, 배타주의, 교회주의, 성장주의의 포로가 된 한국교회를 갱신하는 역할을 해왔다. 김재준 목사와 더불어 강원용 목사는 자주적이고 주체적인 신앙을 추구했고, 그런 신앙으로 모인 교회를 세우고 가꾸었다. 교회 갱신과 더불어 에큐메니컬 운동은 강원용 목사와 경동교회의 삶에서 빼놓을 수가 없다. 강원용 목사는 그 초기부터 세계교회 모임을 드나들었고, 이 WCC에서 큰 그리스도교 신앙의 세계에 눈떴다. 그리고 그 결과들을 경동교회의 예배 안에 그리고 자신의 신학과 실천 안에 담아냈다.

강원용 목사는 한국인 최초로 WCC 중앙위원이 되어 활발하게 활동했고, 국제적으로도 많은 교분관계를 갖게 되었다. 강원용 목사의 지도로 강원용 목사의 뒤를 이어, 기독학생운동을 해온 신인회 출신의 인물들이 역시 에큐메니컬 운동을 활발히 했고, 이들을 통해 한국교회의 통일운동이 전개될 수 있었다. 자주적인 신앙을 이루고 마침내 에큐메니컬 무대에서도 역량을 발휘한 강원용 목사의 여정을 나누어본다.

주체적인 신앙

화전민의 빈농이면서 완고한 유교 가정의 종손으로 태어나고 자란 강원용 목사가 그리스도인이 되는 일은 쉽지 않았다. 그리고 그가 어릴 때에 동네에는 교회도 없었다. 강원용 목사가 보통학교 6년을 졸업하던 해에 그가 살던 두메산골에 그리스도인인 동양척식회사 산림간부의 가족이 이사 왔고, 이 가족을 통해 초청받은 한 나이 많은 장로의 전도로 강원용 목사도 예수를 믿게 되었다. 철저한 유교 가정의 장손이 그리스도인 되었으니 집안에서 얼마나 난리가 났겠는가? 그만큼 어렵게 믿게 된 만큼, 그 신앙 또한 뜨겁고 열정적이었을 것이라는 짐작이 간다. 더욱이 1930년대 초에 강 목사가 살던 지역에는 공산당이 잘 조직이 되어서 교회를 박해하던 때여서, 강 목사의 신앙은 더욱 단단한 무장을 하게 되었다. 강 목사는 "이런 환경이기에 나의 신앙은 더 강해져서 거의 광신도에 가까울 정도로 소박한 신앙에 빠져 있었다"고 회고한다.[1]

1932년 11월, 세례를 받은 강원용 목사의 삶이 한순간에 변해서 술과 도박을 완전히 끊게 되었다. 삶이 변화된 것은 좋으나 그만 그 신앙은 광신이 되었다. 계율을 철저히 지키고 오직 신앙에만 몰두하게 된 것이다. 철저한 율법주의 신앙을 갖게 되었다. 그러나 이 율법적인 신앙은 고민과 두려움을 그 마음속에 일으켰다.

내가 배운 바로는 살아서 예수를 믿고 계명을 잘 지킨 사람은 죽은 후 천당에 들어가 행복하게 살 수 있지만 그렇지 않은 사람은 지옥으로 떨어져 수천 도의 뜨거운 유황불에서 영원히 고통을 당해야 한다는 것이었다. 그 후 나는 정남우 목사가 이끄는 부흥회에 간

---

1) 『강원용 전집』 11, 281쪽.

일이 있었는데, 그 사람은 설교 도중 웃옷을 벗어 던지고 책상 위에 올라서 두 손을 번쩍 들고는 "퍼-얼 펄, 퍼-얼 펄 끓는 지옥 불에 안 떨어지려면 지금 당장 회-개하라"고 소리를 질러댔다. 그런 얘기는 내게 엄청난 걱정과 두려움을 안겨줬다. 우리 부모와 할머니는 아직 살아계시니 어떻게든 예수를 믿게 하면 되겠지만 나를 그토록 사랑하다 돌아가신 증조부나 조부는 어떻게 하나, 이런 생각에 미치면 온몸이 와들와들 떨릴 지경이었다.[2]

이 율법주의 신앙은 강원용 목사 개인의 성향 때문만은 아니었다. 대체로 한국에 복음을 전하러 온 선교사들의 성향은 근본주의, 율법주의, 성서문자주의와 같은 태도의 신앙을 가지고 있었다. 장로교단의 경우 우리나라에는 네 개의 장로교가 들어와 선교구를 나누어 활동했다. 미국 남장로교, 북장로교 그리고 호주 장로교와 캐나다 장로교(후에 캐나다 연합교회가 됨)가 선교를 했다. 그러나 함경도와 북간도 지역을 담당한 캐나다 선교부를 제외하면 모두가 근본주의 성향의 선교사들이 활동했으며, 그중에서 호주 장로교가 가장 심했다. 이 근본주의적인 성향은 긴 설명이 필요 없다. 각 장로교단의 헌법 안에 실린 '12개 신조'가 그 단적인 증거이다. 미국 남·북 장로교와 호주와 캐나다 장로교는 하나의 한국 장로교를 결성하기로 하고 1910년에 12개 신조를 채택했다.

1. 신구약성경은 하나님의 말씀이니 신앙과 본분에 대하여 정확무오한 유일의 법칙입니다.
2. 하나님은 한 분뿐이시니 오직 그분만 경배할 것입니다. 하나님은 신이시니 자연히 계시고 아니 계신 곳이 없으시며, 다른 신 또는

---

2) 『역사의 언덕에서』 1, 63쪽.

물질과 구별되시며, 그 존재와 지혜와 권능과 거룩하심과 공의
와 인자하심과 진실하심과 사랑하심에 대하여 무한하시며 무궁
하시어 변치 아니하십니다.

3. 하나님의 본체에 삼위가 계시니 성부 성자 성신이신데 이 삼위
는 한 하나님이십니다. 본체는 하나이시오 권능과 영광이 동등
이십니다.

4. 하나님께서 모든 유형물과 무형물을 그 권능의 말씀으로 창조하
셔서 보존하시고 주장하십니다. 그러나 결코 죄를 내신 분은 아
니십니다. 그리고 모든 것을 자기 뜻의 계획대로 행하시며 만유
가 다 하나님의 선하시고 지혜롭고 거룩하신 목적을 성취하도록
역사하십니다.

5. 하나님께서 사람을 남녀로 지으시되 자기의 형상대로인 지식과
의와 거룩함으로 지으셔서 생물을 주관하게 하셨습니다. 그리고
세상 모든 사람이 한 근원에서 태어난즉 다 동포형제입니다.

6. 우리의 시조가 선악 간에 택할 자유능이 있었는데 시험을 받아
하나님께 범죄했습니다. 아담으로부터 보통 생육법에 의하여 출
생하는 모든 인간이 그의 안에서 그의 범죄에 동참되어 타락했
으니 사람이 그 원죄 및 부패한 성품 외에 범죄한 능이 있는 자
가 되어 일부러 짓는 죄도 있습니다. 그러므로 모든 사람이 금
세와 내세에 하나님의 공평한 진노와 형벌을 받는 것이 마땅합
니다.

7. 하나님께서 인생을 무한히 사랑하심으로 그 죄와 부패함과 죄의
형벌에서 구원하시고 영생을 주시고자 하여서 그의 영원하신 독
생자 주 예수 그리스도를 세상에 보내셨으니 그분으로만 하나님
께서 육신을 이루셨고 또 그분을 통해서만 사람이 구원을 얻을
수 있습니다. 그 영원하신 아들이 참사람이 되시어 그 후부터 한
위에 특수한 두 성품이 있으니 영원토록 참 하나님이시요 참사

람이십니다. 성신의 권능으로 잉태되어 동정녀 마리아에게 나셨으니 오직 죄는 없는 분이십니다. 죄인을 대신하여 하나님의 법을 완전히 복종하시고 몸을 드려 참되고 온전한 제물이 되시어 하나님의 공의를 만족하게 하시며 사람으로 하여금 하나님과 화목하게 하시려고 십자가에 죽으시고 장사된 지 사흘 만에 죽은 자 가운데서 부활하셔서 하나님 우편에 앉아 계시고 그 백성을 위해 기도하시다가 그리로서 죽은 자를 다시 살리시고 세상을 심판하시려고 재림하십니다.

8. 성부와 성자께로부터 오신 성신께서 인간으로 구원에 참여하게 하십니다. 그러므로 인간으로 하여금 죄와 비참을 깨닫게 하시며, 그 마음을 밝혀 그리스도를 알게 하시고, 그 의지를 새롭게 하시고 권하시며, 권능을 주셔서 복음에 값없이 주마고 하신 예수 그리스도를 받게 하시며, 또 그 안에서 역사하셔서 모든 의의 열매를 맺게 하십니다.

9. 하나님께서 세상을 창조하시기 전에 그리스도 안에서 자기 백성을 택하셔서 사랑하심으로 그 앞에 거룩하고 흠이 없게 하시고 기쁘신 뜻대로 저희를 미리 작정하셔서 예수 그리스도로 말미암아 자기의 아들을 삼으셨습니다. 그리하여 그 사랑하시는 아들 안에서 저희에게 후하게 주시는 은혜의 영광을 찬미하게 하려는 것입니다. 그리고 오직 세상 모든 사람에 대해서는 온전한 구원을 값없이 주시려고 하여 명하시기를 너희 죄를 회개하고 주 예수 그리스도를 자기의 구주로 믿고 의지하여 본받으며 하나님의 나타내신 뜻을 복종하여 겸손하고 거룩하게 행하라 하셨으니 그리스도를 믿고 복종하는 자는 구원을 얻습니다. 그리하여 저희가 받은바 특별한 유익은 의가 있게 하심과 양자가 되어 하나님의 아들의 수에 참여하게 하심과 성신의 감화로 거룩하게 하심과 영원한 영광이니 믿는 자는 이 세상에서도 구원 얻는 줄을 확

실히 알 수 있고 기뻐할 것입니다. 그리고 성신께서 은혜의 직분을 행하실 때에 은혜 베푸시는 방도는 특별히 성경 말씀과 성례와 기도입니다.

10. 그리스도께서 세우신 성례는 세례와 성찬입니다. 세례는 물을 가지고 성부와 성자와 성신의 이름으로 씻는 것이니 우리가 그리스도와 병합하는 표적과 인침이신데 성신으로 거듭남과 새롭게 하심과 주께 속한 것임을 약속하는 것입니다. 이 예는 그리스도 안에서 신앙을 고백하는 자와 그들의 자녀들에게 베푸는 것입니다. 그리고 주의 성찬은 그리스도의 죽으심을 기념하여 떡과 잔에 참예하는 것이니 이는 믿는 자가 그 죽으심으로 말미암아 나는 유익을 받는 것을 인쳐 증거하는 표인데, 이 예는 주께서 오실 때까지 주의 백성이 행할지니 주를 믿고 그 속죄제를 의지함과 거기서 좇아나는 유익 받음과 더욱 주를 섬기기로 언약 하모가 주와 여러 교우로 더불어 교통하는 표입니다. 성례의 유익은 성례 자체의 덕으로 말미암음도 아니요 성례를 베푸는 자의 덕으로 말미암음도 아니라 다만 그리스도의 복 주심과 믿음으로써 성례를 받는 자 가운데 계신 성령의 행하심으로 말미암은 것입니다.

11. 모든 신자의 본분은 입교하여 서로 교제하며 그리스도의 성례와 기타 법례를 지키며 주의 법을 복종하며 항상 기도하여 주일을 거룩하게 지키며 주를 경배하기 위해 함께 모여 주의 말씀으로 설교함을 자세히 들으며 하나님께서 저희로 하여금 풍성하게 하심을 좇아 헌금하며 그리스도의 마음과 같은 마음을 서로 표현하며 또한 일반 인류에게도 그와 같이할 것이요 그리스도의 나라가 온 세상에 확장되기 위해 힘쓰며 주께서 영광 가운데서 나타나심을 바라고 기다릴 것입니다.

12. 죽은 자가 끝 날에 부활함을 받고 그리스도의 심판하시는 보

좌 앞에서 이 세상에서 선악 간 행한 바를 따라 보응을 받을 것이니 그리스도를 믿고 복종한 자는 현저히 사함을 얻고 영광 중에 영접을 받을 것입니다. 그러나 오직 믿지 아니하고 악을 행하는 자는 정죄함을 입어 그 죄에 적당한 형벌을 받을 것입니다.

12개 신조 전문을 다 수록했다. 그 까닭은 이 12개 신조가 지금까지 한국장로교만이 아니라 한국교회 전체의 성격을 지배하고 있기 때문이다. 이 12개 신조는 '웨스트민스터 신조'를 구원의 기준으로 여기는 근본주의 선교사들이 만들어서 1904년에 인도 장로교에서 채택한 것이다. 이것을 한국교회에서 그대로 채택한 것은 아시아 모든 나라의 신앙을 단일화하기 위해서였다. 그 특징은 물론 근본주의 신앙이다.[3] 이로써 한국교회의 신앙은 율법주의, 타 종교와 문화의 배타, 성서문자주의가 그 기조를 이루게 되었다. 오늘날 웨스트민스터 신앙고백을 그대로 받아들이는 장로교는 세계 어느 곳에도 없다. 그런데도 가장 에큐메니컬한 전통을 가진 한국기독교장로회조차 그 헌법에 이 12개 신조를 신앙 기준의 원조로 승인하고 수록하고 있는 실정이다.

김재준 목사를 비롯한 한국기독교장로회의 출범 주역들은 이 근본주의 신앙을 깨고 주체적이고, 자주적인 신앙과 교회를 천명했다. 그 이전에도 주체적 신앙과 교회를 추구한 운동들이 있었다. 선교사들의 경우에도 게일(J. S. Gale)과 헐버트(H. B. Hulbert)는 한국 사람들조차 한국역사에 관심이 없던 그때에 한국의 문화와 역사를 연구해서 세계에 알리는 역할을 했다. 게일은 한국의 역사를 중국과 관련해서 깊이 연구하고는 "한국은 작은 중국이다"라고 평가했다. 반면에, 헐버트는 수천 년이 넘는 역사를 이어온 한국 문화의 고유성과 독특성을 강조

---

3) 이영헌,『한국기독교사』, 컨콜디아사, 1978, 129쪽.

했다. 특별히 헐버트는 우리나라를 사랑해서 영문 월간지 『한국소식』
(*Korean Repository*, 1986년 2월호)에 「한국의 소리 음악」이란 논문도 발표
했다. 여기에서 헐버트는 시조는 양반들이 부르고, 아리랑은 서민들
이 부르며, 중간층이 부르는 군밤타령이 있다고 했다. 그리고 "한국인
은 즉흥곡의 명수이므로 부르는 이들마다 노래가 된다"고 했고, '아리
랑'은 한국인에게 쌀과 같은 존재라고 정의했다.[4]

1920년대를 전후로 최태용, 김교신, 김인서 등은 각각 잡지를 발간
한다. 최태용은 '복음교회'의 토대가 된 인물이다. 그가 서울대학교 농
과대학의 전신인 수원농림학교에 다닐 때였다. 그는 새벽마다 산으로
새벽기도를 다녀오는 친구의 뒤를 밟다가 예수를 믿게 되었고, "복음
을 위해 네 몸을 바쳐라"는 음성을 듣고 전도자로 헌신하게 되었다.
그는 일본 유학 후 귀국해서 『천래지성』(天來之聲)을 창간했는데 그
핵심 메시지는 '신앙혁명!' '서양기독교로부터 독립한 조선 기독교'였
다. 뒤를 이어 김교신은 1927년 7월, 일본에서 만난 동료들인 정신훈,
함석헌, 양인성, 손두용, 류석동 등과 함께 『성서조선』을 간행한다. 최
태용도 일본의 무교회주의자 우치무라 간조(內村鑑三)의 영향을 받
았지만, 김교신도 『성서조선』을 통해 무교회의 입장을 대변했다. 그러
나 그 핵심은 '조선의 성서'라는 주체적 신앙이었다. 『성서조선』을 통
한 민족애의 표현으로 김교신은 1년 동안 옥고를 치르기도 했다. 김인
서는 1930년대 초에 평양신학교에 입학해서 1960년대 초까지 장로교
안에서 활동했다. 그는 1932년에 개인전도 잡지인 『신앙생활』을 발간
했다. 그가 주장하는 핵심은 '복음주의적 민족주의'다. 이 세 인물과
그들의 잡지 성격은 조금씩 다를지라도, '자주적이고 주체적인 신앙

---

4) 임희국 외, 『기독교 한국에 살다』, 한국기독교교회협의회 신앙과직제위원회,
   2013, 220~223쪽; 김동진, 『파란 눈의 한국 혼 헐버트』, 참좋은친구, 2010,
   132~140쪽.

의 구현'이라는 공통점을 가지고 있다.[5]

두 개의 주체적 신앙과 교회 운동도 소개한다. 하나는 '적극적 신앙단 사건'이고 다른 하나는 한참 뒤늦었지만 '신풍회' 운동이다.

적극적 신앙운동은 서북교회를 중심으로 굳어진 보수주의 신학에 대한 반발로 일어났다. 이것은 1926년 서울지역의 감리회 지도자들이 주축이 된 운동으로, 기독교의 민중화, 생활의 간소화, 산업기관 신설, 조선적 교회의 설립을 목표로 내걸었다. 홍종숙, 박희도, 박동환, 김활란, 유각경, 홍병덕 등 7인이 중앙위원으로 참석한 장로회와 감리교를 포괄하는 인사들이 이 운동에 참여했다. 그 내용이 공산주의와 비슷하다는 공격을 받은 적극적 신앙단의 5개조 신앙선언은 이런 것 등이었다.

자연과 역사와 예수의 경험 속에 계시되는 하나님을 믿는다.
남녀평등이 실시되어 완전히 자유를 얻어야 한다.
새로운 사회를 건설하기 위해 개인의 성취욕이 사회에 대한 공헌욕으로 변화되어야 함을 믿는다.
사회가 경제적·문화적·사회적으로 공평과 균형을 유지해야 한다.[6]

신풍회는 1970년 7월 20일, 12개 교단의 젊은 목회자들이 모여 '교회연합' '기독교문화창조' '통일 후 북한선교' '세계선교' 등을 위해 시작한 주체적인 신앙과 교회를 위한 개혁모임이었다. 그 후 2016년 6월에 그 정신을 이어받아 재창립이 이루어지고 신풍운동에 대한 책자가 출간되었다.[7] 이 운동과 그것을 보고하는 이 책은 강원용 목사

---

5) 『기독교 한국에 살다』, 303~309쪽.
6) 같은 책, 389쪽.
7) 신풍운동편집위원회, 『한국기독교의 신풍운동』, 대한기독교서회, 2016.

와도 관련이 있다. 함석헌 선생, 김수환 추기경, 강원용 목사, 이한빈 박사, 유동식 교수 등 이 시대의 저명한 강사들의 강연내용이 수록되어 있다. 그러나 이 책을 소개하는 기사는 신풍운동을 '한국교회 최초의 개혁운동'이라고 했는데, 이것은 스스로를 영웅화하는 오만한 말이라고 생각된다.[8] 그러나 자주적이고 주체적인 신앙의 맥을 이으려는 정신은 분명했다.

이제 강원용 목사와 관계된 그리고 그가 관여한 한국기독교장로회의 출발과 관련해서, 한국교회사에서 의미 있는 주체적이고 자주적인 신앙과 교회의 역사를 살펴보자.

프란시스 영성의 계보를 이야기하며 언급한대로 함경도와 북간도를 그 선교지역으로 한 캐나다 장로교는 매우 진보적이었다. 우리 겨레의 아픔에 동참하며 순수한 열정과 사랑으로 신앙을 전하고, 이 겨레의 독립운동을 지원했다.

이 캐나다 장로교의 배경에는 스코틀랜드 장로교가 있다. 우리나라 젊은이들이 만주에서 활동하던 스코틀랜드 선교사 로스(John Ross)와 존 매킨타이어(John McIntyre)를 찾아가 1876년에 세례를 받고, 그들의 도움으로 이듬해 최초의 신약성서를 번역했다(『예수성교전서』). 놀랍게도 교역자가 있기 전에 이 복음서들이 민중들을 통해 전해지며, 1884년 서상륜이 세운 소래의 첫 교회를 시작으로 해서, 자생적인 교회들이 생겨났다. 한국에 온 초기 캐나다 장로교의 선교사들 자체가 '노바스코샤' 출신으로, 그들의 선조들은 대부분 스코틀랜드인이다. 이들은 영미의 선교사들과는 달리 평등지향적이고 민주적이며 정의감이 높은 사람들이었다.[9] 기장의 출범 인물들의 출생과 성장무대가 바로 캐나

---

8) http://news.kmib.co.kr/article/view.asp?arcid=0923658337&code=23111111 &cp=nv

9) 박근원, 「한국-캐나다교회 공동 선교의 한세기: 선교론적 회고와 전망」, 『기장 총회와 임마누엘 신학강좌』, 총회자료, 1998.

다 장로교의 선교지였기 때문에 진보적이고 자주적이고 주체적인 신앙을 만나고 형성할 수 있었는데, 이것이야말로 이 겨레를 위한 하나님의 크신 선물이다. 그러므로 한국기독교장로회의 뿌리를 거슬러 올라가면, '기장-캐나다 연합교회-캐나다 장로교회-스코틀랜드장로교'이며, 낙스(John Knox)의 개혁으로 시작된 스코틀랜드 장로교의 발단인 요한 칼빈과 스위스 제네바의 종교개혁과 맥이 닿아 있다.

해방이 되었다. 북쪽은 소련의 군정을 받게 되어서, 북쪽과 남쪽에서 따로 교회를 재건하게 되었다. 남쪽 장로교에서는 1946년 4월에 남쪽의 각 노회가 새문안교회에 모여 남부총회를 정식으로 조직하고, 그해 6월에는 승동교회에서 '남부총회'를 열었다. 이 남부총회의 네 개 결의사항 중 세 번째는 "조선신학교를 남부총회의 신학교로 한다"는 것이었다.[10] 이때 캐나다 선교부가 제일 적극적이었고, 김재준 목사의 파문이 일었을 때 캐나다 선교사(서고도)가 김재준을 적극 지지하여 함께 제명되었다. 결국 1953년 '복음의 자유와 신앙 양심의 자유, 자립자조의 정신 함양, 세계교회정신'을 선언하며 대한기독교장로회가 출범하게 되었다. 이것은 분열이 아닌 본격적인 갱신이었다.[11]

한국기독교장로회가 출범하던 제38회 총회 「호헌사」는 다음과 같다.

① 우리는 온갖 형태의 바리새주의를 배격하고 오직 살아계신 그리스도를 믿음으로 구원을 얻는 복음의 자유를 확보한다.
② 우리는 전 세계 장로교회의 테두리 안에서 건전한 교리를 수립함과 동시에 신앙양심의 자유를 확보한다.
③ 우리는 노예적인 의존 사랑을 배격하고 자립자조의 정신을 함양

---

10) 김성준, 『한국기독교사』, 기독교문화사, 1993, 178쪽.
11) 민경배, 『한국기독교회사』, 대한기독교서회, 1973, 375쪽.

한다.

④ 그러나 우리는 편협한 고립주의를 경계하고 전 세계 성도들과
협력 병진하려는 세계교회 정신에 철저하려고 한다.[12]

이 「호헌사」에 나타난 것은 '주체적이고 자주적인 신앙과 신학'이
다. 이것을 풀어 설명하면 '한국·개혁교회·에큐메니컬' 신학이다.
'자주적이고 주체적인 우리의 문화와 역사 위에서(한국), 스위스 종교
개혁의 유산에 서서(개혁교회), 전 세계의 교회와 어울리며 대화하고
협력하는(에큐메니컬) 신학'이다. 이것은 그대로 강원용 목사의 신앙과
신학의 토대이다. 강원용 목사는 이 토대 위에서, 다양한 상황신학과
세계 문제의 주제들을 담아 수렴했다.

1947년 4월 18일 대구제일교회에서 제33회 조선예수교장로회 총
회가 열렸다. 여기서 김재준 목사는 자유주의 신신학자로 이단성이
있다는 진정서가 조선신학교 학생 51인의 연서날인으로 총회에 제출
되었다. 총회는 조사위원회를 구성해서 김 목사를 심문하고 신신학자
로 확정했다. 1948년 4월 20일 새문안교회에서 제34차 총회가 열렸
고, 김재준 목사를 강제로 1년간 미국에 유학 보낸다는 안건이 상정되
었다.

강원용 목사가 누구인가? 그는 은진중학교 시절부터 김재준 목사
와 각별한 관계를 맺어왔다. 강원용은 총회 자리에서 "김 교수의 이단
설에 대해 그에게 직접 배우고 있는 학생들의 대표에게 발언할 기회
를 달라"며 언권 신청을 했다. 그러나 그 신청은 단번에 무시되었고,
보수파로부터 "가만히 앉아 있으라"는 반박만 나왔다. 성격이 불같
은 강원용은 더 이상 참고 기다릴 수가 없었다. 앞으로 뛰어나가 총회
장 이자익 목사의 사회봉을 빼앗았고, 서기의 멱살을 잡고 왜 언권신

---

12) 한국기독교장로회, 제38회 총회 「호헌사」, 1953

청을 묵살했느냐고 따지며 서기록을 던져버렸다. 이 소란으로 강원용은 무기정학을 받고 우여곡절 끝에 1948년 10월 28일에 가까스로 졸업하게 된다.[13] 이 자주적이고 주체적인 신앙과 교회로 가는 길목에 강원용 목사가 있었고, 강 목사는 자신의 삶과 목회에서 이것을 실현했다.

에큐메니컬 운동

한국기독교장로회 제38회 총회 「호헌사」에서 밝힌 대로 김재준 목사와 강원용 목사는 선교사들이 이식한 근본주의 신앙에 갇히지 않고, 세계교회와 협력하고 함께 나아가는 신앙을 꿈꾸었다. 때문에 당연히 처음부터 이들은 세계교회 에큐메니컬 운동에 참여하며 세계 수준의 신학과 운동에 눈을 뜬다. 한국기독교장로회는 국내의 교회 연합과 일치를 위해서는 1957년에 '한국기독교연합회'(KNCC, 현 한국기독교교회협의회NCCK)에 가입했다. 국제적으로는 1959년 10월에 '동남아기독교대회'(EACC, 현 CCA) 그리고 1960년 8월에는 WCC에 가입했다. 그러면서 한국기독교장로회는 그 출발부터 에큐메니컬 운동과 호흡을 같이했다. 간단하게 여기서 WCC의 역사를 나누어본다.[14]

1910년 '세계선교대회'(WMC)가 영국 에든버러에서 열렸다. 선교지에서 각 교파가 무분별한 경쟁을 막고 협력을 꾀하기 위해서였다. 이것을 계기로 1921년 '국제선교협의회'(International Missionary Council)가 창설된다. 이어서 1925년에는 '생활과 봉사'(Life and Works)가, 1927년에는 '신앙과 직제'(Faith and Order)가 창설된다. 이 세 단

---

13) 『역사의 언덕에서』 1, 362~364쪽.
14) 한국기독교장로회, 『세계교회협의회: WCC 제10차 부산총회 가이드북』, 48~75쪽.

체가 각기 나름대로 모임을 열고 내려오다가 1937년에 에든버러에서 이 셋을 하나로 묶자는 제안을 한다. 그러나 그 후 세계대전 등으로 성립되지 못하다가 마침내 1948년 암스테르담에서 WCC의 창립총회를 하게 된다. 그 후 오늘까지 역대 WCC 총회의 주제는 다음과 같다.

제1차 암스테르담 총회(1948): 인간의 무질서와 하나님의 계획
제2차 에번스턴 총회(1954): 예수 그리스도 세상의 소망
제3차 뉴델리 총회(1961): 예수 그리스도 세상의 빛
제4차 웁살라 총회(1968): 보라 내가 만물을 새롭게 하리라
제5차 나이로비 총회(1975): 예수 그리스도는 자유하게 하시고 하나 되게 하신다
제6차 밴쿠버 총회(1983): 예수 그리스도 세상의 생명
제7차 캔버라 총회(1991): 오소서 성령이여, 만물을 새롭게 하소서
제8차 하라레 총회(1988): 하나님께 돌아가자, 소망 중에 기뻐하자
제9차 포르트 알레그레 총회(2006): 하나님, 당신의 은혜로 세상을 변화시키소서
제10차 부산총회(2013): 생명의 하나님, 정의와 평화로 우리를 이끄소서

강원용 목사 자신이 WCC 활동의 한가운데 있던 사람으로 「하나의 세계」라고 하는 글을 통해 자세하게 세계교회 공동체의 형성과 WCC 운동의 약사 그리고 세계교회와 한국교회의 관계에 대한 자세한 안내를 한다.[15]

강원용 목사는 20세기의 세계 상황을 고찰하며 세계 공동체 운동을 설명한다. 제1차 세계대전을 계기로 두 분야에서 세계 공동체가 탄생

---

15) 『강원용 전집』 10, 99~113쪽.

한다. 정치 분야에서는 유엔이 창설되었고, 종교분야에서는 그리스도 교계에서 WCC가 탄생했다. WCC의 탄생 배경은 이러하다. 18세기부터 활발해진 개신교의 선교운동이 19~20세기에 제국주의 식민지 선교 구실을 하는 탓에 선교가 벽에 부딪친 상황이 되었다. 20세기 들어와서는 정교회 본부가 공산화되고, 가톨릭 본부가 있는 이탈리아는 파시스트 국가가 되었다. 그리고 과학기술 혁명과 세속주의의 거센 물결로 소위 기독교 문명이 지배하는 시대는 끝나버렸다. 이런 혁명적 변화 속에서 모든 종파의 교회지도자들은 깊은 반성을 하지 않을 수 없었다. 그 결과 세계교회공동체가 탄생하게 되었다.

그리하여 좋든 싫든 간에 WCC는 전 세계 기독교를 대표한 세계교회공동체가 되었다. 가톨릭까지 합하면 10억 5,000만 회원의 공동체다. 이렇게 생각해보면 오늘의 세계는 함께 살기 위해서라도 세계인류공동체를 강하게 형성할 수밖에 없는데 이처럼 오늘 구체적으로 큰 역할을 하는 것은 정치적으로는 유엔이요, 종교적으로는 기독교회, 특히 에큐메니컬 운동이라고 해도 과언이 아니다.

그러나 유엔이나 WCC는 그 역사가 30년밖에 안 된다. 그러기에 아직도 많은 문제를 안고 있다. 이 많은 문제 중에는 우리로서는 받아들이기 어려운 점, 걱정되고 실망될 문제도 많다. 그러나 우리는 오늘의 세계를 생각할 때, 이 두 기구, 유엔과 WCC에 적극적으로 참여하며 이를 개선하고 육성 강화하는 적극적 자세를 취하지 않을 수 없다.[16]

역대 WCC 총회와 그 주제는 소개했다. 강원용 목사는 1948년 암스테르담 총회부터 1975년 나이로비 총회까지의 약사와 그 특징 그

---

16) 같은 책, 102쪽.

리고 그 이후의 전망을 잘 정리해서 들려준다. 교회일치라는 차원에서 두드러진 강 목사의 강조점만을 적어본다.

1948년 암스테르담 총회에는 로마 가톨릭이 참여하지 않고 냉담한 반응을 보였다. 이때 바르트는 로마 가톨릭 교회가 참가하지 않은 것을 섭섭히 생각할 필요가 없다고 했다. 교황은 우리의 주님을 본받아 그 높은 보좌에서 말구유로 내려와 만나자고 했다고 한다. 또 가장 오랜 전통의 동방정교회가 참여하지 않았는데, 공산정권에 속한 나라들은 WCC를 자본주의 · 제국주의국가들의 앞잡이로 생각했기 때문이다.

1961년의 제3차 뉴델리 총회는 일치 면에서 놀라운 사건이 일어났다. 동방정교회가 대거 정회원으로 참여했으며, 로마 가톨릭이 정식으로 방청회원으로 참가한 것이다. 이것으로 일치가 완성된 것은 아닐지라도 세계 4대 주류 교회—동방정교회, 서방교회인 로마 가톨릭과 프로테스탄트 그리고 성공회—가 자리를 함께한 중요한 사건이었다.

1968년의 제4차 스웨덴의 움살라 총회에서는 WCC의 큰 방향 전환이 일어났다. 신학적인 면에서는 동방정교회가 적극적으로 참여하고, 사회적으로는 제3세계가 무대의 전면에 나오게 되었다. 그리고 과학기술혁명, 사회혁명, 신학혁명이 동시에 일어나고 있는 상황과 기존의 동서 간의 냉전에서부터 남북 간의 긴장, 특히 빈부격차 등 이런 모든 문제를 가지고 모여 새 방향을 모색한 것이 움살라 총회다. 여기서 제시된 신학적인 문제는 수직선과 수평선의 문제다. 즉 하나님과 인간의 관계와 인간과 인간의 관계다. 이와 더불어 2000년간의 서구 중심의 지도체제가 제3세계로 옮겨오게 되었는데, 움살라 총회에서 중앙위원회 의장으로 인도 사람인 토머스(M. Thomas)가 당선되었고, 1972년 네덜란드에서 모인 중앙위원회에서는 웨스트 인디의 흑인 목사 포터(Philip Porter)가 총무로 선출되었다.

1972년 방콕에서 '오늘의 구원'이라는 주제로 모인 선교대회에서는 이른바 개인구원과 사회구원, 사회구조문제가 뜨거운 논쟁거리가 되었다. 이에 따라 가난하고 눌린 자들을 위한 의식화와 사회 구조를 변혁하는 도시산업선교(UIM) 등이 강화되었다. 그러나 이런 선교 개념은 동방정교회와 보수층교회의 거센 반발을 불러왔다. 이에 따라 1975년 제5차 나이로비 총회에서는 선교노선을 수정하고 보완하게 되었다. 선교와 동시에 전도 문제를 다루는 전도국을 신설하고, 영성 문제, 개별 교회 갱신문제, 삶의 길 문제 등을 크게 부각시켰다.[17]

이어서 강원용 목사는 한국교회의 세계교회 참여문제를 말한다. 한국교회는 세계교회운동이 태동하던 초창기부터 관계를 맺어왔다. 제 2차 세계대전 이전의 스톡홀름, 에든버러, 예루살렘 등의 회의에 정인과 목사나 윤치호 등이 참여했으나 교회 전체의 참여는 아니었다. 당시에는 교세도 미약했지만 일본 제국주의자들의 방해 때문이었다. 1930년대에는 거의 참석이 불가능했다. 해방 후에 교회가 자유로워지면서 1948년 WCC의 창립총회인 암스테르담 회의부터 소수의 교계 대표가 참여하게 되었다.

한국교회의 세계교회 참여는 많은 저해요인 때문에 매우 소극적이었다. 첫 번째 저해요인은 대내적인 것이다. 에큐메니컬 운동에 대한 국내 보수 세력의 오해 때문이다. 이 오해는 미국의 극단적인 전투주의적 보수주의자인 카를 매킨타이어(Carl McIntyre) 목사의 영향이다. 그는 WCC를 공산주의와 접촉하는 용공집단이라고 공격하며, WCC와 싸우기 위해 '국제기독교협의회'(ICCC)를 조직했다. 이 노선을 한국의 보수적인 교회가 철통같이 받아들이고 고수한 것이다.

둘째로는 대외적인 것으로 WCC 자체의 문제다. 중국 본토가 공산화되면서 중국교회가 WCC와의 관계를 끊게 되었다. 그러자 동북아시아 지역은 WCC 중심부에서 밀려나고, 인도, 인도네시아, 필리

---

17) 『강원용 전집』 10, 102~108쪽.

핀 등이 주도적 역할을 하게 되었다. 무엇보다 한국교회의 목소리는 WCC 안에 거의 반영될 수 없었다.

다음은 문화적인 것으로 언어의 문제이다. WCC가 회의에서 쓰는 언어는 미국과 유럽의 언어들이다. 이 때문에 그 많은 자료가 한국에서 번역하여 출판하고 배포하지 않으면 일반 교회에는 전혀 전달될 수 없었다.

이런 요인들로 한국교회의 참여는 저조할 수밖에 없었다. 이제 상황은 변하고, 한국교회도 변화하기 시작해서 예장통합 측도 WCC에 참여하기 시작했다. 1968년 이래 여러 문서도 번역되었고, 한국인 중앙위원과 각 부서의 위원의 수도 많이 늘어나게 되었다. 강원용 목사는 한국교회가 WCC를 통해 배울 것이 너무나 많다고 하면서 세계교회운동에 적극적으로 참여할 것을 독려한다.

> 오늘의 역사적인 위기에 직면하여 부름 받은 교회로서 인류의 구원을 위해 모든 세계교회의 슬기와 힘을 한데 집결시켜 가는 그 놀라운 일들을 우리의 교회들이 열심히 배우고 우리가 우리 입장에서 취사선택을 한다면 우리가 당면한 우리 교회의 올바른 체질 개선에 큰 힘을 얻으리라고 믿는다.[18]

WCC 중앙위원이 되다

WCC 제3차 뉴델리 총회(1961) 때 김활란을 중심으로 한국인 중앙위원을 만들려고 했으나 그 꿈은 무산되었다. 그러나 1975년 강원용 목사가 58세가 되던 해, 한국인으로서는 최초로 WCC 중앙위원과 실행위원으로 피선되어 케냐의 나이로비에서 열린 제5차 총회에 참석

---

18) 『강원용 전집』 10, 113쪽.

하게 된다. 1948년 WCC 제1차 암스테르담 총회 이후 2013년 제10차 부산 총회까지 65년 동안 WCC운동을 한국교회와 한국사회에 연결시키려고 노력한 사람들이 있다. 강원용, 김활란, 강신명, 이태영, 김관석, 강문규, 박상증, 오재식, 한배호, 김형태, 손명걸, 서광선, 박경서, 박형규, 김용복, 이삼열, 안재웅, 박종화, 박성원 등이 그들이다.[19] 그런데 강원용 목사가 유독 WCC와 CCA 그리고 그 기구 산하의 전문위원회에서 중앙위원이나 실행위원으로 크게 활동했다. 한국 대표 가운데서는 강원용 목사가 WCC 무대에서 거의 30년간을 가장 활발하게 활동해왔다. 그러나 이것은 우연이거나 이상한 일이 아니다. 그의 경력을 보면, 이미 젊은 시절 '한국기독교연합회' 청년학생부 간사와 한국기독학생총연맹 총무 그리고 '한국교회청년연합회' 총무를 맡으며 세계교회의 지도자가 될 역량과 경력을 쌓아가고 있었다. 정리된 그의 '연보'에 나타난 그의 행적이 이것을 잘 말해준다.[20]

① 1948년(31세): 한국기독교연합회 청년학생부 간사, 한국기독학생총연맹 총무, 한국교회청년연합회 총무
② 1958년(41세): NCCK 청년부 위원장, 한국기독학생총연맹 이사장
③ 1960년(43세): 국제선교협의회(홍콩) 참석
④ 1961년(44세): WCC 제3차 총회(뉴델리) 한국대표로 참석, 교회와 사회위원
⑤ 1962년(45세): WCC '교회와 사회위원회' 세계대회 준비모임에 참석(영국)

---

19) 「강원용 목사와 에큐메니컬 운동」, 228쪽. 한국기독교교회협의회와 관련한 에큐메니컬 운동의 제 분야와 문제, 전망 그리고 통일희년선언 과정까지의 운동은 다음의 책을 볼 것. 박상증, 『한국교회와 에큐메니칼 운동』, 대한기독교서회, 1992.
20) 『역사의 언덕에서』 5, 329~345쪽.

⑥ 1963년(46세): EACC 실행위원회(실론) 참석

⑦ 1964년(47세): EACC(방콕) 참석, 세계기독학생총연맹총회 참석

⑧ 1965년(48세): WCC 실행위원회(콜롬보), EACC 실행위원회

⑨ 1966년(49세): WCC '교회와 사회위원회' 세계대회(제네바) 참석

⑩ 1968년(51세): EACC 부회장 피선. WCC 중앙위원 피선, 제4차 총회 참석

⑪ 1973년(52세): CCA 회장에 피선, WCC 선교협의회 참석(방콕)

⑫ 1975년(58세): WCC 중앙위원 및 실행위원직 피선, WCC 총회 참석(케냐)

⑬ 1976년(59세): CCA 실행위원회(파키스탄), WCC 실행위원회(제네바) 참석

⑭ 1977년(60세): CCA 회장직 사임, WCC 중앙위원회 참석(제네바)

⑮ 1978년(61세): WCC 타 종교와 대화 회의 참석(트리니다드), WCC 중앙위원회(자메이카)

⑯ 1980년(63세): NCCK 회장직 맡다. WCC 중앙위원회 참석

⑰ 1982년(65세): 한국기독교 100주년 기념사업회 대표회장직 맡다.

⑱ 1983년(66세): WCC 제6차 총회(밴쿠버) 참석

⑲ 1986년(69세): 아시아종교인평화회의(ACRP) 회장 피선, 세계종교인 평화회의 참석(북경)

⑳ 2000년(84세): 사단법인 '평화포럼' 설립, '남북대화를 위한 NGO의 역할' 포럼 개최, '동아시아의 평화와 화해' 주제 국제회의 주관(2001. 서울 아카데미)

여기서 에큐메니컬 신학이나 그 운동의 역사를 말하기보다는 에큐메니컬 운동의 한복판에서 강원용 목사가 눈뜨기도 하고 기여하기도 한 내용과 에큐메니컬 운동의 한가운데 던진 강원용 목사의 비판 그리고 에큐메니컬 운동 중의 에피소드들을 나누어보려고 한다.

강원용 목사에게 에큐메니컬 운동은 무엇이었나? 김경재는 그 핵심을 잘 짚어주고 있다.

강원용 목사는 시대를 앞서간 에큐메니컬 운동의 선구자라고 할 수 있다. 그는 세계 현실과 기독교 복음과의 상호 관계를 진지하게 성찰하고 고뇌하며 모색했다. 또한 WCC의 에큐메니컬 무대에서 활발히 활동하면서 사회윤리와 목회실천, 종교사회학적 비전을 확립하고 심화시켰다.

물론 강원용 목사는 세계 에큐메니컬 무대에서 논의하고 토론된 주제들을 단순히 한국사회에 알려주는 번역가이거나 소개자로만 멈춰 있지 않았다. 1960~90년대 한국사회가 근대화, 산업화, 도시화, 정보화 사회로 변해가는 격동기에, 그는 세계 기독교 에큐메니컬 운동의 세계적인 지도자들의 지혜와 사상을 한국사회에 성육화하려 했던 부지런한 농부이자 선구자였다. 강원용은 성서신학자나 조직신학자가 아니었다. 그의 전공은 기독교 사회윤리였지만, 그는 서재의 학자로 머물지 않고 현장의 목회자로 활동했다. 그가 추구했던 기독교 신앙과 사상은 과거 지향적이지 않고 미래지향적이었으며, 그가 관심을 가졌던 종교 주제는 사후 세계의 문제가 아니라 '지금 여기'에서의 '오늘의 구원' 문제였다.[21]

강원용 목사는 에큐메니컬 운동을 통해 자신의 사회 윤리와 목회실천, 종교사회학적 전망을 확립·심화시켰다. 그뿐만 아니라 에큐메니컬 운동의 주제들을 가지고 씨름하며 격동기의 한국사회에 성육신시키려고 노력했다. 이것을 경동교회의 예배 개혁 같은 것에서, 또 아카데미 운동을 통해서도 확인할 수 있다. 그리스도교 신앙을 가지고

---

21) 「강원용 목사와 에큐메니컬 운동」, 222~223쪽.

사회를 개선하겠다는 그 꿈을 위한 신학과 방법론을 강원용 목사는 세계교회 무대에서 얻은 것이다.

1961년 강원용 목사는 가장 의미 있는 경험을 한다. WCC 제3차 뉴델리 총회에 한국기독교장로회가 정식 회원으로 받아들여져서 강 목사가 교단 대표로 정식 총대 자격으로 이 총회에 참여하게 된 것이다. 이것은 강원용 목사가 세계무대를 다니며 한국 대표로서 영향력을 발휘하는 활동의 출발이 되었다. 그러나 출국이 쉽지가 않았다. 용공시비가 붙었기 때문이다.

이때는 5·16쿠데타가 일어난 때였다. 강원용 목사는 7월경 인도로 떠나기 위해 외무부에 여권신청을 했다. 외무부 장관은 김홍일이었다. 그는 "박 의장과 얘기를 해봐야 한다"며, 박 의장의 보좌관들을 만나게 했다. 강 목사는 그들에게 WCC 총회 참가차 인도에 가야 한다고 설명했다. 그중 하나가 한 다발의 문서를 책상에 던지면서, "이것이 다 WCC가 용공단체라는 증거물입니다" 하는 것이었다. 용공시비는 1948년 발족 당시부터 국내에서 있었고, 이승만 정권도 WCC를 용공으로 내몰았다. 좀처럼 여권을 내줄 기미가 없었다. 강원용 목사는 그들에게 "용공이라는 문서들과는 정반대되는 내용의 문서를 한 트럭이라도 가져올 수 있는데, 그것을 다 읽겠습니까?" 했고, 읽을 수 없다면, "정부는 절대로 이 일에 개입하지 마십시오. 이런 일은 기독교인의 보수 세력과 진보 세력의 대립인데, 왜 정부가 끼어들어 귀찮은 일을 자초합니까? 당신들에게 전혀 득 될 일이 없으니 그냥 놔두는 게 좋을 겁니다" 하고 말했다. 결국 반신반의 끝에 출국명령이 떨어지고 강 목사는 총회에 참석할 수 있게 되었다. 강 목사는 이 참가를 "신바람이 날 수밖에 없었다"고 했고, 이왕 나간 김에 인도는 물론 유럽도 돌아보게 되었다.[22]

---

22) 『역사의 언덕에서』 3, 23~70쪽.

강원용 목사의 에큐메니컬 여정에서 큰 아픔도 있었다. 그것은 WCC 회장이 될 뻔하다 안 된 사건 때문이었다. 1983년 7월 캐나다 밴쿠버에서 WCC 제6차 총회가 열렸다. 강 목사에게 특별한 총회다. 이 총회의 준비위원으로 바삐 세계를 돌아다녔기 때문에 강 목사는 이 밴쿠버 총회에서 회장단의 하나로 선출되기로 내정되어 있었다. 강 목사가 회장단의 유력 후보로 거론된 때는 1975년 나이로비 총회 때부터였다. WCC 회장단은 6대주를 대표하는 6명의 회장으로 구성되는데, 아시아지역을 대표하는 회장으로 인도네시아의 시마투팡(Simatupang)과 함께 강원용의 이름이 거명되었다. 이 두 사람을 조정하는 가운데 시마투팡이 먼저 회장이 되고 강원용 목사가 이어받기로 합의가 이루어져서, 사실상 내정이 된 셈이었다. WCC에 관계된 한국인들도, 재야 운동권으로 분류된 사람들도 강원용 목사를 지지했다. 강 목사는 한국인으로서는 처음으로 회장이 된다는 뿌듯함과 전환기의 WCC를 위해 열심히 일하겠다는 의욕으로 불탔다.[23]

그러나 이 회장직은 무산되었다. 국내 인물들의 반대 때문인데, 많은 오해가 있는 아주 예민한 문제였다.

이제 강 목사 자신의 진술을 들어보자. 강 목사는 7월 24일 총회가 막을 올리고 일정에 따라 회장 선거에 들어갔는데, 이상한 공기를 느끼기 시작했다고 한다. 3월 초 제네바에서 만났을 때 그렇게 호의적이던 아시아 실무자들의 태도가 차갑게 변한 것이다. 강 목사는 이상해서 회장 선거 관계자를 만나 물어보았다. 그는 "한국 사람들 몇 명이 당신이 회장 되는 것을 반대하고 있어서, 한번 만나 대화를 해보겠다"는 것이다. 이미 강 목사는 이 총회에 모인 운동권 사람들이 자신이 회장 되는 것을 반대한다는 귀띔을 받은 터였다. 그러나 이런 것을 외국인의 입을 통해 들으니 화가 났고, 공천 당일에 강 목사 자신이

---

23) 『역사의 언덕에서』 4, 241~242쪽.

단독 후보로 나오게 되어 있었는데도, 인도 정교회 대주교 그레고리우스(Paulus Gregorius)가 또 다른 후보로 추천되어 충격을 받았다. 같은 한국인인데, 운동권 출신들이 강 목사를 반대한 것이다. 이 일로 강 목사는 큰 상처를 입었다고 술회한다. 그리고 이 일로 WCC와도 유쾌하지 못한 고별을 했다고 한다.[24]

이와는 조금 다른 의견도 있다. 강원용 목사는 당시 전두환 정권에서 '국정자문위원'을 맡았다. 이것은 본인의 의도는 아니었지만, 충분히 주변에 해명할 기회가 없었다. 이 때문에 국내의 젊은이들의 거센 반대로 회장자리가 무산된 줄로 알고 있지만, 강문규는 그것은 사실과는 다르다고 한다.

WCC 인사위원회 간사 가운데 '나이난 코시'라는 인도 출신의 사람으로 WCC '국제문제위원회' 국장도 지낸 사람이 있는데, 그의 말에 따르면, 한국 젊은이들이 자기에게 와서 강 목사가 안 된다고 말한 것은 사실이라고 한다. 그러나 그것 때문이 아니라 강 목사와 함께 회장에 출마한 인도인 대주교 그레고리우스도 탁월한 신학자이며, 달변가인 데다가 지도력이 뛰어나 회장이 되었다고 한다. 강문규는 "강 목사는 젊은이들의 모함 때문에 탈락되었다고 생각했지만 이는 오해다"라고 적고 있다.[25]

강원용 목사의 날카로운 에큐메니컬 안목을 보자. 1961년 본인이 처음으로 정식 대표로 참가한 제3차 WCC 뉴델리 총회의 귀국 보고서의 내용이다. 7년 전 에번스턴 총회가 부여한 과제를 연구한 보고서를 정리해서 한국교회에 알린 것이다.

1. 책임사회론을 중심 의제로 자각한 세계교회 지도자들은 WCC

---

24) 강문규, 『나의 에큐메니컬 운동 반세기』, 대한기독교서회, 2010, 362쪽.
25) 『역사의 언덕에서』 4, 241~249쪽.

제2차 총회에서 결정하기를, 제3차 총회가 열릴 때까지 '급변하는 사회 지역에 대한 크리스천의 공동책임'(Common Christian Responsibility toward Areas of Rapid Social Change)이라는 연구 과제를 7년간 진행하고 제3차 총회 때 보고하기로 결정했다.

2. 제2차 에번스턴 대회 때부터 WCC 기류가 매우 역동적이고 참신하게 변했다. 그에 따라 책임사회론이라는 근본 의제를 계속 추구하되, 자본주의와 대립되는 사회주의라 부르는 냉전 시대의 경직된 정치 이념의 대결적 사고방식을 극복 지향하여 세계 각국의 실제적 사회관계를 고려해야 한다는 점을 강조했다.

3. 종래의 유럽과 미국 중심으로 주도되던 WCC가 아프리카와 아시아, 중남미 국가 교회 대표들이 대거 참여하여 중요한 발언과 공헌을 하게 되었다. 그리고 소위 '저개발국가들', WCC 총회가 '급변하는 사회 지역'이라고 부르기로 정한 지구촌 지역의 현실적인 문제들, 즉 산업개발과 인구문제, 토지문제, 정치체제 등을 충분히 고려하면서 어떻게 그런 상황에서 그리스도의 복음이 세상의 '희망과 빛'이 될 수 있는지를 연구하고 토론했다.

4. 7년간 연구하는 과정에서 1958~59년에 두 개의 중요한 WCC 산하기구의 대회와 보고서가 나왔다. 1958년 덴마크에서 열린 '아프리카와 아시아에 관한 유럽의 책임'이라는 주제의 연구 대회가 그 하나다. 더 중요한 다른 하나는 1959년 데살로니가에서 열린 대회의 보고서로, 「딜레마와 좋은 기회: 급변하는 사회에서의 크리스천의 행동」이라는 것이었다. 그리고 아시아권에서도 1959년 쿠알라룸푸르에서 CCA 대회가 열리고 EACC가 조직되었으며, '교회와 사회문제부'를 EACC 기구 안에 두게 되었다.[26]

---

26) 강원용, 「에큐메니컬 운동과 사회문제」, 『벌판에 세운 십자가』, 현암사, 1967.

강 목사는 뉴델리 총회에 참여하며 그 감격과 포부대로 한국인으로서, 자기 목소리를 세계교회에 냈다. 자기 목소리를 낸 그 많은 예 중에 하나만 소개한다. 그는 1977년 'CCA 제6차 총회' 개회예배의 설교를 한다. 이 설교에서 그는 아시아의 고난의 아시아적 해결을 제시한다. 독재, 경제양극화, 유교적 지배질서로 아시아는 고난 가운데 있다. 이 상황은 남미와 제3세계의 상황과 유사하다. 그러나 이 아시아에서조차 이 고난의 상황 속에서 미국이나 남미와 같은 방식의 해결책을 모색하고 있다. 하나는 빌리 그래함식의 보수적이고 성공지향의 방식이고, 진보적 방식은 라틴아메리카나 유럽의 해방신학과 정치신학적인 방식이다. 강원용 목사는 이런 방식으로는 아시아의 문제를 해결할 수 없다고 역설한다. 아시아의 종교 문화를 존중하면서도, 그것이 가져온 이원론적 요소와 유교의 지배질서는 거부하는 그리스도교는 아시아의 희망이다. 이 그리스도교 신앙 안에서 "인간과 자연을 함께 존중하며, 인간과 자연이 상호보완적인 관계에서 평화롭게 공존할 수 있는 새로운 발전의 형태가 찾아져야 된다"는 것이다. 이 또한 강원용 목사의 아시아의 자주적이고 주체적인 신앙과 실천에 대한 신념을 표현하고 있는 것이다.[27]

---

27) 『강원용 전집』 10, 46~56쪽.

2 아카데미 운동

5·16쿠데타와 더불어 군사독재정권이 들어서고, 독재 권력을 바탕으로 급속한 산업화와 경제발전이 이루어진다. 그러나 이 개발 독재는 이 겨레에게 씻을 수 없는 고통과 상처를 주면서 이루어진다. 발전의 그늘 속에서 '비인간화'가 일어났다. 정권과 가진 자들이 야합한 물리적·정신적 폭력으로 노동자들은 저임금에 살인적인 중노동을 했고 인격무시와 권리탄압을 받게 되었다. 마침내는 전태일이라는 한 청년이 분신자살을 하는 참극이 일어나게 되었다.

강원용 목사는 이런 현실을 바라보며 아카데미를 통한 '인간화'를 그 목표로 정하고 다양한 운동을 펼쳐간다. 강원용 목사는 우리 사회의 비인간화의 가장 근원적인 원인은 '양극화'에 있다고 판단했다. 양극화란 가난한 자와 부자, 통치자와 피통치자, 노동자와 자본가, 도시와 농촌 등 극과 극으로 벌어진 단절을 의미한다. 이 계층 사이의 간극을 좁히는 과정이 양극화의 해소이며 인간화의 방법이었다. 그리고 강원용 목사는 이것은 자율적이고 주체적인 인간이 되는 과정이라고 했다. 이를 위해 강원용 목사는 아래로부터 자발적으로 형성되는 중간집단이 강력하게 필요하다는 것을 깨닫고 1970년대 이후 중간집단교육을 아카데미 운동으로 벌여간다. 이 인간화와 이를 위한 중간집단교육 역시 강원용 목사가 에큐메니컬 운동의 주제를 가지고 우리 사회에서 씨름한 결과다.

강원용 목사의 '인간화'는 무엇이며 인간화운동을 벌인 아카데미의 창설과 역사는 어떠하며, 강원용 목사는 이 아카데미를 통해서 한국교회와 사회에서 어떤 운동들을 펼쳐갔는가?

인간화를 향한 몸부림

강원용 목사는 1970년대 들어서면서 1960년대의 '근대화'에서 '인간화'로 방향을 바꾸어 아카데미 운동을 벌여간다. 그 이유를 그는 이렇게 설명한다.

1970년대에 접어들면서 나는 '이제 우리가 주목해야 할 것은 공업화나 도시화나 성숙도가 아니라 현재 우리 사회에서 인간이 과연 어떻게 되어가고 있느냐는 것'이라는 생각을 굳히고 있었다.

그 무렵 우리 사회는 물량적·가시적 성장 일변도여서 가장 근본적인 문제인 인간의 문제는 도외시되거나 뒷전에 처져 유예된 상태였다. 따라서 산업현장을 비롯한 곳곳에서 비인간화 현상이 비명처럼 터져 나오고, 인간 사이의 연대와 인간성 회복이 절실하게 요구된 때였다.[1]

강원용 목사의 목회와 사회활동, 특별히 아카데미 운동을 이해하려면, 그가 에큐메니컬 운동의 한가운데서 터져 나온 세계 문제들과 씨름하며 그것을 한국 실정에 맞게 적용해서 실천하려고 노력했다는 것을 기억해야 한다. 또한 단순히 정치운동이나 시민운동으로서의 사회운동이 아닌 목사와 신학자로서 '기독교적 신앙'을 통한 운동이었다는 것도 기억해두어야 한다.

강원용 목사는 세계교회의 주제를 한국사회에 응용하여 실천한 것을 다시 세계교회 차원에 제시하기도 했다. 1972년 4월 그리스의 크레타에서 WCC 주최로 사회개혁을 위해 일하는 전 세계 기독교 운동과 단체 대표들이 참가한 협의회가 열렸다. 이 협의회에는 각 대륙에

---

1) 『역사의 언덕에서』 3, 265~266쪽.

서 약 60명의 대표가 모였는데, 강원용 목사가 회장으로 추대되어 전체 회의를 주관하게 되었다.

회의의 목적은 소외당한 대중의 해방을 위해 전 세계 기독교 사회운동 기관들이 공동으로 추진해 나갈 수 있는 일을 토의하고 공동의 세계전략을 짜는 것이었다. 곧 '인간화' 프로젝트라고 할 수 있다. 이 협의회에서 주목할 만한 결과가 나왔다. 사흘 동안의 회의에서 최종적인 실천 전략으로 마련한 새로운 행동 모델들은 강원용이 시행하고 있는 중간 집단을 육성하고 강화하는 전략이었다.[2]

강원용의 사회운동의 도식을 볼 수 있다. '세계교회(에큐메니컬 운동)의 핵심 주제를 숙고→한국사회에 맞게 적응 실천→다시 세계교회 운동에 영향.' 이제 70년대 이후 아카데미 운동을 통해 벌인 '인간화' 주제를 이야기해보자. 이것은 1960년대 후반부터 70년대에 세계교회가 붙들고 씨름한 신앙의 주제다. '인간화', 이것은 70년대 지구촌의 '화두'였던 것이다.

WCC는 처음부터 세계에 대한 관심과 사회적 책임이라는 하나님 나라의 차원을 가지고 출발했다. 이미 1954년 제2차 에번스턴 총회를 기점으로 '하나님의 선교'(Missio Dei)가 신학개념으로 등장해서 발전하기 시작했다. 1961년 제3차 뉴델리 총회에서는 분명하게 '제3세계' 사람들의 고통과 비극을 깊이 성찰했다. 1968년 제4차 웁살라 총회는 그 주제를 "보라, 내가 만물을 새롭게 한다"로 정하고 지구촌의 모든 비인간적 삶의 상황에 맞서서 인간을 억압하는 모든 것과 인간 소외는 깊은 관련이 있음을 깨닫고, 그 모든 것을 새롭게 하는 것이 복음의 방향이라고 확신하게 되었다.

주의 성령이 내게 임하셨으니, 이는 가난한 자에게 복음을 전

---

2) 『사이·너머』, 248쪽.

하게 하시려고 내게 기름을 부으시고 나를 보내사 포로된 자에게 자유를, 눈먼 자에게 다시 보게 함을 전파하며, 눌린 자를 자유롭게 하고 주의 은혜의 해를 전파하게 하려 하심이라(「누가복음」 4장 18~19절).

위의 성서구절은 예수께서 당신의 사명을 분명히 하고 복음의 본질을 밝힌 것인데, 이 복음의 방향은 인간화이다. 이 인간화의 목표는 1973년 태국 방콕에서 모인 WCC 협의회에서 '오늘의 구원'(Salvation Today)이라는 의제로 집중적으로 다루어지게 된다.[3]

특히 '인간화'는 세계교회가 제3세계를 중심으로 일어나는 민중의 고통 받는 현실의 문제에 관심하면서 나타났다. 프레이리(Paulo Freire)는 억압을 자아내는 제도, 가치관 이 모든 것을 통틀어 '비인간화'라고 말했다.[4] 이것을 이어받아 문동환은 이와 같은 현대 문명과 비인간화를 우리는 심각히 겪고 있다고 하면서, 우리 사회의 비인간화를 분석한다. 한국사회는 산업사회를 향해 줄달음쳤다. 그러나 이 산업화의 일방적인 강조가 우리에게 준 피해는 막대하다. 첫째로 문제가 되는 것은 가치관의 전도다. 최고의 삶의 미덕은 많이 소유하는 것이라는 악령에 사로잡혔다. 그리고 이렇게 된 사회의 생활원칙은 수단과 방법을 가리지 않는 경쟁이다. 다음으로 이런 사회는 힘의 집중이라는 부조리가 발생한다. 끊임없는 경쟁은 점차 부와 권력을 일부 소수 무리의 수중에 집중하게 한다. 이렇게 해서 대중은 무력해지고 체념을 하며 그 힘을 숭상하게 된다.[5] 이것은 한국의 상황만이 아니라

3) 「강원용 목사와 에큐메니컬 운동」, 239~240쪽.
4) Paulo Freire, *Pedagogy of the Oppressed*, tr by Myra Bergman Ramos(Newyork: The Seabuary Press, 1970), p. 28.
5) 문동환, 「오늘의 선교와 교회의 교육적 사명」, 『기독교교육』, 제81호, 1973. 9, 11~13쪽.

제3세계와 지구촌 일반의 비인간화 과정이고 현상이다.

인간화가 전면 부상된 '오늘의 구원'을 보기로 한다. 오늘의 구원
은 전통적인 선교론의 철저한 변화 때문에 가능했다. 피체돔(George F.
Vicedom)은 선교라는 말을 다시 정의한다. 과거에는 선교가 교회의 일
가운데 하나였다. 그러나 더 이상 '교회의 선교'라는 말은 할 수가 없
다. 선교는 전적으로 하나님께 속한 것이고, 교회와 선교는 모두 하나
님의 도구와 기구에 지나지 않기 때문이다. 이러한 선교 개념의 변화
는 과거 경건주의의 폐쇄성을 부정한다. 경건주의는 하나님 나라 사
상을 개인주의적으로 해석해서 그 나라로 부름 받은 사람들만 얻으
려고 했다. 그러나 '하나님의 선교'에서는 구원의 보편성으로 확대되
었다. 생명의 선물들로 가득한 하나님 나라는 특별한 무리의 사람들
에게 속해 있는 것이 아니다. 하나님 나라는 모든 사람에게, 그러므로
이방인들에게도 주도록 되어 있다.[6]

이 같은 선교신학은 두 가지 면에서 새로운 이해를 주었다. 먼저 세
상에 대한 재발견이다. 콕스(Harvey Cox)는 "이 세계야말로 신이 관심
하시는 유일한 대상"이라고 말하면서 성서에서 네 개의 세상에 대한
주장을 이끌어낸다. 첫째, 이 세계는 신에 의하여 창조되고 유지되고
심판된다. 둘째, 이 세계는 신의 사랑과 관심의 대상이다. 셋째, 이 세
계는 신의 해방과 혁신적 행동의 영역이다. 마지막으로, 이 세계는 기
독교인들의 생활에 적당한 장소라는 것이다.[7]

두 번째로 구원에 대한 새로운 이해가 나타났다. 소비크(Arne Sovik)
는 역사를 통해 예수의 구원이 왜곡되었다고 한다. 예수의 구원은, 원
하는 사람에게는 누구에게나, 능력과 자유가 충만한 변화된 삶으로

---

6) 취체돔(Georg Vicedom), 박근원 옮김, 『하나님의 선교』(The Mission of God),
   대한기독교서회, 1980, 15~27, 53쪽.

7) 콕스, 마경일 옮김, 『신의 혁명과 인간의 책임』(God's Revolution and Man's
   Resposibility), 현대사상사, 1974, 22쪽.

갑자기 온다. 절름발이가 걷게 되고, 죄인이 회개하여 자신의 길을 떠나며, 완고한 자가 해방을 발견하고 절망에 빠진 사람이 미래를 발견한다. 이것이 구원이었다. 그러나 중세기에 이르러 구원은 일반적으로 현세에서 악과 죄에 대한 형벌로부터의 도피로 생각되었다. 이는 초기 기독교 신학자들이 헬라의 사고대로 영과 육을 분리시키고 신앙의 초점을 영혼의 구원에다 맞추었기 때문이다. 종교개혁 시기에 이르러 구원이 이 세상에서의 삶과 세상 질서 내에서 근거를 가지기 시작했지만, 유럽의 팽창주의와 더불어 선교사들이 식민지 선교를 하면서부터 구원을 거의 자신들의 서구문화 풍토와 동일시하게 되었다.[8] 그러나 하나님의 구원의 도구로서 우리 기독교인의 역할을 재고해야 할 가장 큰 이유가 있다. 우리 주위의 변화의 소용돌이 때문에 지금까지 당연한 것으로 받아들여졌던 모든 가정에 대해 의문을 가지게 되었기 때문이다. 오늘날 선교의 상황은 세계가 기술에 의해 통합은 되었지만 정치, 경제, 인종이라고 하는 요소들에 의해 절망적인 상태로 분열이 되어 있다.[9] 그래서 오늘날에 있어서 구원이란 말은 다음의 세 가지를 뜻하는데 그것은 '해방, 인간화, 자기됨'이다.[10]

그러나 인간화 주제는 세계교회의 주제만이 아니었다. 교회 밖, 사회주의 인본주의자들 사이에서도 이 인간화 논쟁과 실천이 서구를 중심으로 거세게 일었다. 그 대표인물이 프롬(Erich Fromm)과 마르쿠제(Herbert Marcuse)다. 이들은 물리학, 생물학, 심리학 등의 과학적 분석이 제공해주는 인간의 본성 구조를 깊이 통찰하며 이를 토대로 인간의 '자유와 해방'을 탐색했다.

프롬은 '산업 혁명'과 '인간 소외'의 측면에서 비인간화를 설명했

---

8) 소비크, 박근원 옮김, 『오늘의 구원』(*Salvation Today*), 대한기독교서회, 1980, 14~28쪽.
9) 같은 책, 39~40쪽.
10) 같은 책, 60쪽.

다. 프롬은 현대 인류의 상황은 과거와는 다르다고 한다. 이미 우리는 제1차 산업혁명의 단계를 거쳐 제2차 산업혁명기로 접어들었다. 제1차 산업혁명의 특징은 인간이 생물 에너지(동물이나 인간의 에너지) 대신 기계 에너지를 사용하게 된 것이다. 그리고 산업조직으로는 소유자가 경영자가 되어 경쟁하고 노동자를 착취하여 불평등이 심각하게 고조된 것이다. 그러나 제2차 산업혁명에 들어서서는 인간의 사고마저 기계화가 되어 조직 속의 인간이라는 획일적인 존재가 되었다.[11]

이와 같은 기술사회는 인간을 빙빙 도는 기계의 율동이나 요구에 지배되는 부속품으로 환원시키는 것과 같은 영향을 준다. 인간을 소비인, 즉 보다 많은 것을 가지며 소비하는 것을 유일의 목적으로 삼도록 만든다. 이 때문에 산업사회에서 인간은 피동적인 성격이 되어, '소외의 증후군'이 형성된다. 이들은 능동적으로 사람과의 관계를 맺으려 하지 않는다. 또한 점점 더 '두뇌적·지적' 기능과 '감정적·정서적' 체험과의 분열현상이 온다.[12]

프롬이 현대 사회와 인간의 성숙이라는 관점에서 비인간화 문제를 보았다면, 마르쿠제는 현대사회의 정치구조의 특징을 통해서 이 문제를 살펴보고 있다. 그는 『일차원적 인간』(One Dimensonal Man)이라는 저서에서 미국과 같은 자본주의 체제든 소련과 같은 사회주의 체제든 그 특징은 '일차원적 사회'라고 규정하고 있다. 이것이 산업사회의 특징이다. 고도로 발달한 산업사회는 인간의 의식, 언어, 예술 등 모든 것이 일차원적이다. 이 체제는 내면적 모순이 없는 체제다. 또한 철저하게 지배와 종속이라는 원리와 결합된 체제다. 다원적 체제는 허용이 되지 않으며, 이 체제는 정치, 기업, 매스미디어의 통제와 조작으로

---

11) 프롬, 이극찬 옮김, 『희망의 혁명』(Revolution of Hope), 현대사상사, 1977, 58~65쪽.
12) 같은 책, 80~84쪽.

조장된다. 이처럼 산업사회에서 일차원적 체제의 유지는 모든 체제의 반대 세력과 인간의 새로운 변화 가능성을 철저히 봉쇄한다. 기술 체제의 부정적 세력까지 완전히 통합되어서 체제변화란 불가능한 것이 된다.[13]

비인간적인 사회 속에서 나타나는 현상의 하나는 쾌락주의다. 이런 사회에서 볼 수 있는 인간관계는 행복의 관계가 아니다. 더구나 자본과 상품생산의 이익의 관심에서 통제되는 노동과정의 관계에서는 행복이 아니다. 그들의 전형적인 인간관계는 자유로운 노동계약인데 이같은 인간관계의 계약적인 성격은 모든 사회생활에까지 파급된다. 이들에게 관계란 오직 당사자들끼리의 물적 능력에 대한 계급적 분배를 통해 중개된 물상화(物象化)된 형태에서만 기능을 발휘하여 인간의 관계는 물화, 기능화된다.[14] 따라서 사회주의 휴머니스트들의 현대사회 비판에서는 인간화란 이제 단순히 한 인간의 변화만으로는 가능하지 않다. 그것은 인간이 변화하려면 그 인간을 만들어내는 그 사회가 변화하지 않으면 불가능하기 때문이다. 특히 마르쿠제는 인간화는 사회의 철저한 변화를 통해서만 가능하다고 한다. 후기 자본주의 사회는 인간의 실존에 평화와 자유의 커다란 가능성도 제시하고 있지만, 동시에 평화와 자유를 가장 효과적으로 억압하고 있으며, 이 억압 상태가 사회를 전반적으로 철저하게 지배하고 있기 때문에, 이 사회 구조를 단지 개혁이 아니라 혁명적으로 변화시킬 때만 이 억압상태를 해결할 수 있다는 것이다.[15]

이들의 영향으로 유럽과 미국에서 반전운동과 저항적인 히피문화가 물결친 바 있다. 이들의 인간화는 그리스도교의 인간화 원리와 공

---

13) 마르쿠제, 차인석 옮김, 『일차원적 인간』, 삼성출판사, 1977, 20~25쪽.
14) 마르쿠제, 차인석 옮김, 『부정』, 삼성출판사, 1977, 297쪽.
15) 마르쿠제·포퍼, 홍윤기 옮김, 『혁명이냐 개혁이냐: 마르쿠제·포퍼 논쟁』 (*Revolution oder Reform?*), 사계절, 1982, 17쪽.

통지반이 있다. 그것은 개인과 동시에 사회가 변화해야 한다는 것이다. 하나님 선교의 인간화도 또한 개인 구원과 동시에 사회 구원을 말하고 있다. 그러나 사회주의 휴머니스트들은 철저히 낙관적인 인간관에 토대하고 있다. 여기에 대해서 그리스도교는 인본주의 인간화와 대화하면서도 철저히 하나님 앞에서의 책임을 강조하고 있다. 인간과 세상을 긍정하는 신학적인 토대 위에서 인간화를 추구하는 것이다.

인간의 가치와 권리는 인간의 본성에 있는 것도, 또한 개인적이든 집단적이든 역사 안에서 인간이 만들어 낼 수 있는 것도 아니다. 인간성은 자신의 백성들에 대한 하나님의 신실하심과 교회와 세상을 향한 그분의 영광에 기인하는 것이다.

인간성뿐 아니라 세상의 정치, 경제, 사회제도도 하나님 안에서 비로소 긍정할 수 있다. 인간은 자신의 삶의 전체성과 그리고 경제적·사회적·정치적 그리고 인격적인 모든 생과의 관련 속에서 산다. 인간은 하나님 앞에서, 하나님의 말씀에 응답하며 살도록 되어 있고 하나님의 모습대로 지음 받은 세상에서 책임적으로 살도록 되어 있다. 인간은 하나님 앞에 있는 존재이며 하나님을 위해 행동할 수 있는, 또 그분께 책임을 질 수 있는 그러한 존재다. 그렇기 때문에 인간으로서의 인간의 권리와 의무는 소외될 수도 나뉠 수도 없는 것이다.[16]

이 지구촌과 세계교회의 인간화 논의에 강원용은 깊이 참여했고, 씨름했으며, 이것을 우리 현실로 가져온다.

1970년 10월 8일부터 11일까지 강원용 목사는 아카데미 하우스에 전 분야를 아우르는 61명의 학자와 전문가들을 초청하여 '인간화'를 주제로 대회를 열었다. 참가자들은 전문 분야별로 우리 사회의 비인

---

16) World Alliance of Reformed Church, "The Theological Basis of Human Rights", *The Reformed World* 34, 1976, p. 51; Jürgen Moltmann, "A Christian Declaration of Human Rights", *The Reformed World* 34, 1976, p. 62.

간화 현상을 분석 진단하고, 인간화를 위한 처방을 제시한 다음, 마지막 날 토론 내용을 정리한 종합보고서를 냈다. 이 보고서에 따르면 인간화를 당위개념으로 보고 그 의미를 '자율적이고 주체적 인간이 되는 과정'이라고 정의했다. 아카데미 운동으로 전개될 인간화를 살펴보기 위해 여기서 제시된 우리 사회의 비인간화의 원인과 그 대안을 살펴보자.[17]

이 보고서는 우리 사회의 비인간화의 가장 근원적인 원인은 '양극화'에 있다고 결론지었다. 양극화란 빈(貧)과 부(富), 통치자와 피통치자, 노동자와 자본가, 도시와 농촌 등으로 크게 벌어진 단절을 의미한다. 이런 양극화는 종교영역에서도 비인간화를 낳는 요인으로, 이분법적인 신앙양태와도 통하는 것이다. 또 다른 비인간화 요소는 주체성의 상실과 낮은 저항의식이다. 조직을 개선하기 위해 개인적으로 그리고 집합적으로 힘을 모아 행동하는 실천력이 부족한 것이다. 분야별로 이 비인간화에 대한 대책도 내놓았다. 비인간화 현상을 극복하기 위해서는 인간을 위한 새로운 가치관을 찾아야 한다. 그것은 우리 문화의 주체성을 살리면서 외래문화의 좋은 점을 수용하는 태도에서 찾을 수 있다. 또 하나는 건설적인 저항의식을 기르고, 이런 의식을 가진 일반 대중이 정책결정에 민주적으로 참여하는 것이다. 이 일을 가능하게 하기 위해 지식인과 대중 사이의 격차를 줄여야 한다.

세계교회의 '책임사회'와 '오늘의 구원' 그리고 같은 시기의 지구촌의 '자유와 해방' 운동으로 나타난 '인간화'를 강원용 목사는 한국 사회에 적용했다. 그것은 바로 '양극화'의 해소다. 이 양극화는 단지 경제적·사회적·정치적 불균등만을 뜻하지 않는다. 그것과 함께 '단절'을 뜻한다. 이 단절은 단순히 대화 없음이 아니다. 우리 사회에서 극단적인 대결을 초래한다. 남북 사이에, 노사 사이에, 도농 사이에 극한

---

17) 『역사의 언덕에서』 3, 266~268쪽.

대결이 창조성을 마비시키고 서로를 고통에 빠뜨린다. 이 때문에 강 목사는 그 모든 자신의 신학과 운동을 '대화'에 모은다. 그리고 이 '대화'를 위해 '중간집단교육'을 구상하게 된다. 중간집단교육은 '아카데미의 활동들'에서 자세히 나누려고 한다. 이홍구와의 대화에서 강 목사는 자신의 대화가 타협의 기술이 아니라 현실의 경험에서 얻은 효과적인 개혁전략임을 강조하며 대화와 중간집단교육을 하게 된 이유를 밝힌다. 강원용 목사의 '대화, 중간노선, 현실주의' 등을 알 수 있는 내용이기에 조금 길게 인용문을 소개한다.

유신체제와 연관 지어 얘기해보면, 유신체제가 성립되기 전까지는 나도 적어도 기독교 안에서는 정치참여, 사회참여를 가장 강하게 부르짖고 저항도 제1선에서 많이 했는데, 유신체제가 생기면서 모두 이제는 민주적인 방법으로 정권을 교체한다는 것은 불가능하다는 체념에 사로잡혀 있었어요. 그러면서 사회경제적으로는 경제개발로 인해 빈부격차가 심화되는 등 소위 산업화 과정으로 넘어가면서 사회변동이 급격히 초래되었습니다. 그러자 신학에서도 남미의 해방신학이 들어와서 처음에는 내가 선두에 섰었는데 차츰 나하고 마찰이 일어나기 시작했어요. 정권을 반대하느냐, 지지하느냐는 마찰이 아니라 이데올로기적인 차원에서의 마찰이었죠. 우리나라와 같이 남북이 분단된 상황에서 지나치게 과격한 저항이 초래될 결과에 대해 회의를 가져, 소위 급진적인 정치참여 이데올로기와 거리를 가지게 되었습니다. 그리하여 이 교수도 잘 아시는 것처럼 군부·재벌·일제강점기부터 쭉 내려오던 행정관료 등으로 형성된 세력과 민중을 등에 업고 나타난 과격한 세력과의 충돌에서 파생될 위험한 사태를 피하면서 현실성 있는 자유와 정의의 실현에 노력하기로 했습니다.

이런 생각이 아카데미의 각종 대화 모임과 중간집단교육 등을 하게 된 이유입니다. 물론 아카데미가 다 해낸 것은 아니지만 '인간화'라는 전제하에 쭉 중간집단강화라는 역할을 해온 것이지요. 그러다가 77년에 월간 『대화』가 폐간되고 79년 3월에 직원들 일부가 잡혀가는 고초를 겪었습니다. 말하자면 급진적인 세력과 보수적인 세력 양쪽에서 다 용납을 못 했던 것입니다. 이것이 우리가 70년대 후반을 걸어왔던 길인데 나는 지금도 우리가 가야 할 길은 역시 이것밖에 없다는 생각에는 변함이 없어요. 나는 정치가가 아니니까요.[18]

아카데미 하우스

오늘날까지 우리 사회를 변혁하며 모든 영역에서 가장 큰 영향을 미친 집이 있다면 그것은 아카데미 하우스이고, 운동이 있다면 그 집에서 일으킨 아카데미 운동이다. 이것은 그 누구도 부인할 수 없을 것이다. 강원용 목사가 아카데미 하우스를 설립한 과정을 보자. 이 또한 남의 것을 그대로 받는 것이 아닌 우리 실정에 맞게 적응시킨 강 목사의 신념의 산물이다.

강원용 목사는 1959년에 크리스챤아카데미의 전신인 '한국기독교 사회문제연구회'를 조직했다. 1962년에는 '한국 크리스챤아카데미'를 창설하고 원장으로 취임했다. 1962년 말부터 독일 크리스챤아카데미가 활동비의 대부분을 지원해주었는데, 1963년 10월에 독일 크리스챤아카데미의 책임자이며 평신도연합회 총회장이던 뮐러(Eberhard Müller) 박사가 아시아 아카데미 설립 책임자인 슈미트(Alfred Schmidt) 박사와 함께 내한했다. 그 목적은 한국에서 아카데미 운동을 하기 위해 필요한 사항들을 조사하기 위해서다. 이들은 '기독교사회문제연구

18) 『강원용과의 대화』, 34~35쪽.

회'의 성격과 활동 내용도 살펴보고, 여러 차례 모임을 가지면서 한국의 아카데미 운동에 독일이 도와줄 방법을 의논했다.

밀러 박사는 독일의 아카데미 기본정신을 한국에도 나누고 싶어 했다. 그것은 독일이 제2차 세계대전을 일으켜 폐허가 된 것은 무엇보다 대화를 통한 상호 의사소통이 불가능했기 때문이라고 판단해서, 그는 독일 국민 사이에 서로 대화를 할 수 있는 장을 마련하는 운동을 시작했다. 이를 위해 밀러 박사는 독일 곳곳에 아카데미 하우스를 세웠고, 여기서 사회 각 분야의 지도자와 평신도들이 자유로이 대화할 수 있게 했는데, 이것이 전후의 독일에 아주 큰 영향을 미쳤다.

밀러 박사가 자신이 주도한 운동의 이름에 아카데미라는 명칭을 붙인 것도 대화의 정신을 그만큼 소중히 여겼다는 것을 보여준다. 아카데미라는 이름은 고대 그리스 철학자들이 아테네 교외의 숲속에 함께 모여 숙식을 같이하며 대화를 통해 진리를 탐구했던 장소인 아카데모스에서 유래한다. 독일 아카데미 운동의 대화 모임은 독일어로는 타궁(Tagung)이라고 하는데 이 말은 우리의 '대화'라는 말과는 그 의미가 다르다. 일본 아카데미 운동 관계자들은 타궁을 '하나시아이'(はなしあい)라고 하는데 이것 또한 우리의 '대화'와 같은 의미는 아니다.

이런 이유 때문에 강 목사는 "한국은 독일이나 유럽, 일본과는 많이 다릅니다. 그러므로 다른 나라의 모델을 그대로 우리에게 적용하기는 어렵다고 봅니다. 또 한국 아카데미 운동은 당신이 원하는 대로 새로운 형태의 선교 사업으로 받아들이고 싶지 않습니다" 하고 말했고, 이 때문에 밀러 박사와 갈등을 빚기도 했다. 그러나 강 목사는 자기주장을 접지 않았다.[19]

밀러 박사 일행과의 마지막 월례 모임이 있고 난 뒤 다섯 달이 지난 1964년 4월 말에 미숙하기는 하지만 '한국 아카데미 운동의 방향'이

---

19) 『역사의 언덕에서』 3, 94~97쪽.

란 주제로 모임을 열었다. 여기서 사회학자 김경동 교수는 한국에서 아카데미 운동이 필요한 이유를 밝혔다. 이것이 독일과 유럽 또는 일본과는 다른 강원용 목사의 아카데미 운동의 정체성을 드러내준다.

한국사회는 복잡사회다. 먼저 인간관계에서 볼 때 일차 관계와 이차 관계가 게마인샤프트와 게젤샤프트 혼성 형식으로 되어 있으며, 생활양식에서는 민속사회와 도시사회, 신성사회와 세속사회가 혼합되어 있어서 이것도 저것도 아닌 애매한 상태에 있다. 이런 이중·삼중의 복합성과 한계를 가진 사회에서는 자연히 문화적 지연(遲延), 욕망과 현실의 갭이 단계적으로 형성되어 사회의 통일된 규범이 결여된 채 아노미 현상을 일으키고 있다. 이처럼 사회 통합이 이루어지지 않고 있는 상황이 바로 아카데미 운동이 자리 잡을 바탕이다.
통합이란 단순히 한데 모여 사는 것만으로 이루어지는 것이 결코 아니다. 거기에는 공통된 바탕을 찾으려는 노력이 있어야 하며 서로가 마음을 교환하는 깊은 커뮤니케이션이 있어야 한다.[20]

이처럼 '자주성'과 '토착화'는 아카데미 운동의 수용만이 아니라 강원용 목사의 모든 활동의 핵심이었다. 1965년 2월 19일, 드디어 '한국기독교학술원' 설립으로 아카데미 운동이 자라 그 첫 모습을 드러낸다.
조직을 보면 이사장에 홍현설(감리교신학대학장), 총무이사에 조민하(유네스코 한국위원회 사무총장), 재무이사에 최태섭(한국판유리공업 사장)이 추대되었고, 이사로는 강신명(새문안교회 담임목사), 김재준(기독교장로회 총회장), 길진영(NCCK 총무), 김옥길(이화여자대학교 총장), 오재경

---

20) 같은 책, 98쪽.

(전 공보부 장관), 이양구(동양그룹 사장), 전택보(전 상공부 장관), 정대위 (건국대 총장) 등이 참여했다. 감사에는 김병옥(조흥은행 전무)과 지갑섭 (제일은행 기획조사부장)이 기용되었다. 고문은 백낙준, 한경직, 김활란, 이환신, 독일인 슈미트로 5명이었다. 강 목사는 실질적인 일을 맡아 처리하는 사무국 원장직을 맡게 되었으며 이재형, 박경서, 한정자 등 이 간사로 함께 일하게 되었다.

학술원의 목적은 그 헌장 제3조에 있는 대로 "한국사회의 건전한 발전을 위한 모든 문제를 조사연구하고, 대화를 통한 합리적 해결에 이바지하기 위한 각종 협의회를 가지며, 모든 분야에서 봉사할 일꾼 을 훈련함"에 있었다. 또한 이런 목적을 달성하기 위해 'NCCK'를 비 롯하여 운동과 관련된 국내외 기구와 기능적 관련을 가지며, 여러 사 업을 재정적으로 지원하기 위해 아카데미 하우스를 경영하기로 했다.

무엇보다도 아카데미의 가장 기본적이고도 중요한 과제는 대화 프 로그램을 진행하는 일이었다. 이를 위해 전문 분야별 연구위원회를 두었다. 그것은 종교, 정치, 경제, 사회, 문화, 교육, 청년학생, 평신도 문제 위원회 등 8개 분야에 걸쳐 있어서 사실상 한국사회의 거의 모 든 문제를 다루게 되었다.[21] 이 때문에 오늘 우리 사회의 전 분야는 강원용 목사의 이 아카데미 운동을 통해 건강하게 성숙하여 오늘의 사회를 이루게 된 것이다.

1965년 본격 아카데미 운동을 시작하고는 강원용 목사는 대화의 장이 될 아카데미 하우스를 짓는 일에 전념한다. 건축비는 이미 1963 년에 뮐러 박사가 지원해주기로 약속했다. 그러나 강 목사는 땅 사는 것과 건축 설계는 우리가 맡겠다고 했다. 원조를 받는다고 해서 저들 의 뜻대로 움직이는 아카데미 운동을 하고 싶지는 않았기 때문이다.

땅을 구하는 일이 쉽지 않았다. 처음부터 서울 시내에 건물을 지을

---

21) 같은 책, 137~138쪽.

마음이 없는 그는 서울 교외의 땅을 부지런히 보러 다녔다. 마음에 드는 땅을 찾기 위해 지프차도 한 대 구해서 서울 변두리를 다녔다. 간혹 눈에 드는 땅이 있어서 임자를 알아보면 대개 전·현직 장관이거나 총리 같은 사람들의 땅이어서 살 수가 없었다.

1964년 겨울, 강원용 목사는 함박눈을 맞으며 좋은 예감을 가지고 우이동 산속으로 들어갔다. 눈발을 헤치고 산속 여기저기를 헤매던 중에 드디어 마음에 딱 드는 장소를 발견하게 되었다. 이곳이 현재는 한국기독교장로회 소유가 된 아카데미 하우스 자리다. 사방은 명산으로 둘러싸였고, 아래쪽은 벌판이어서 경치가 그렇게 좋을 수가 없었다. 더구나 주변에는 독립투사들과 민주지사들의 묘역이 있고 4·19 탑이 있어서 역사적으로도 의미가 있는 곳이었다.[22]

쇠뿔도 단김에 빼는 성격의 강 목사는 즉시 매수 작업에 들어간다. 일이 잘 풀리려고 그랬는지 땅임자는 당시 영락교회 장로인 김치복이란 사람인데, 강 목사가 땅을 구하려는 취지를 이야기하자 선뜻 땅을 팔았다. 전체 땅은 6,400평이었고, 땅값은 240만 원으로 합의했다. 그러나 당장 계약을 할 수는 없었다. 쉽게 이루어진 계약이 쉽지 않게 되었다. 강 목사는 독일 측에 땅을 구입했으니 약속한 원조금을 달라고 요청한다. 그러자 독일에서 건축기사를 한 명 파견해서 그 땅을 둘러보고 갔다. 그런데 소문이 어떻게 났는지, 그 땅에 엄청난 이권이 생기는 일이 있는 줄 알고 갑자기 팔겠다던 땅임자가 땅을 팔지 않겠다고 나왔다. 강 목사는 다시 땅값을 흥정하며 원래의 액수보다 두 배나 많은 480만 원을 주고 가까스로 땅을 사기로 계약을 했다.

계약은 했으나 매입자금을 마련하는 문제가 남았다. 강 목사는 배짱을 부리며 돈 있는 사람들을 찾았다. 당시 알고 지내던 한국유리의 최태섭 사장과 동양시멘트 이양구 사장을 만나서 점심을 먹으며, 돈

---

22) 같은 책, 146~148쪽.

이 필요한 처지와 그 취지를 설명하며 제의했다.

그 땅이 모두 6,400평인데 우리는 그 반만 있어도 충분합니다. 그러니 나머지 반은 두 분이 나누어 가지시는 조건으로 함께 땅값을 지불해주시면 어떻겠습니까? 아카데미 하우스가 들어서면 길도 뚫릴 것이고 전기와 수도도 들어올 것이니 두 분이 그곳에 별장을 지어도 좋을 것입니다.[23]

물론 그들은 즉석에서 각자 240만 원씩 내놓아 땅을 매입할 수 있게 되었다. 땅을 샀지만 또 다른 벽에 부딪쳤다. 실제 측량을 해보니 처음 본 땅과는 많이 달랐다. 땅이 절반이나 산등성이와 개울이어서 도저히 건물을 지을 수가 없는 기막힌 상황이 생겼다. 돈을 기부한 두 사람에게 미안한 상황이었다. 그럼에도 두 사람의 양해를 얻고 건축을 하기로 마음을 먹었다.

1965년 10월에 한국 교계의 초청으로 뮐러 박사를 비롯한 쟁쟁한 독일교회 지도자 7명이 한국에 온다. 한국교회와 독일교회 사이에 새로운 관계를 맺기 위해서다. 당시 NCCK 회장이었던 강 목사는 환영 만찬 자리에 정부 관계자들과 독일 대사를 초청하면서 일부러 이양구 사장과 최태섭 사장도 초대했다. 강 목사는 만찬이 끝날 무렵 불쑥 이 두 사람을 만찬장의 사람들에게 "이 두 분이 바로 아카데미 운동을 위해 건물을 지을 땅을 기꺼이 기증해준 분들입니다" 하고 소개했다. 장내에서 "정말 뜻깊은 일을 했다" "고맙다" 하는 치하와 격려의 말과 함께 우레와 같은 박수가 터져 나왔다. 이 일로 몹쓸 땅을 억지 부려 산 강 목사를 두 사람은 너그러이 양해해주었다.[24]

---

23) 같은 책, 150쪽.
24) 같은 책, 150~151쪽.

좀처럼 독일 측에서 건축자금 원조 결정이 내려지지 않고 있다. 건축자금을 지원받으려면 건물의 기초 설계를 해야 했기 때문이다. 강 목사는 이양구 사장에게 부탁하여 은퇴한 동양시멘트 회장이 쓰던 사무실을 빌리고는 본격으로 설계 작업에 들어간다. 설계 비용을 줄이기 위해 경동교회 교인이면서 한양대 건축과 학생이던 박병일을 데려다가 시인 허영자와 함께 짜장면으로 끼니를 때우며 설계에 매달렸다. 강 목사는 건축 설계를 잘 모르지만 강 목사가 아이디어를 주면 그것을 받아 박병일이 설계에 반영하는 그런 방식으로 일을 했다.

마침내 기초설계를 완성하고 건축 원조 신청서를 작성해서 독일 교회 대외원조처(EZE)에 원조를 신청했다. 그런데 또 하나의 복병이 기다리고 있었다. 한국에서 아카데미 운동을 하는 것에 대해 독일과 일본 내에서 적지 않은 반대 운동이 일어난 것이다. 특히 일본 기독교인들은 자신들이 아카데미 운동을 하고 있으면서도 WCC를 통해 반대 운동을 한 것이다. 그 이유 또한 어처구니가 없다. "한국은 인간관계가 종적관계, 즉 상하관계로 되어 있는데, 어떻게 대화가 가능하겠는가, 우리 일본에서도 해보니까 잘 안 되는데, 한국 같은 문화 풍토 속에서 아카데미 운동을 하는 것은 불가능하다"는 논리였다. 독일 내에서는 뮐러 박사를 견제하는 세력들이 "뮐러 박사가 아카데미 식민지를 만들고 있다"고 하면서 한국 아카데미 설립을 강하게 반대하고 있었다. 강 목사는 이 심각한 사태를 풀어야 했다.[25]

강 목사는 독일로 날아간다. 반대자들을 차례로 만나며 "한국 아카데미는 독일 원조금을 받기는 하지만, 독일 아카데미와는 어떤 실질적 관계도 갖지 않고 우리 실정에 맞게 완전히 독립적으로 운영하겠다. 우리가 원하는 것은 단지 건축을 위한 원조금뿐이다" 하는 말로 설득을 한다. 이 설득이 또 다른 반대를 불러왔다. "그러면 원조는 받

---

25) 같은 책, 151~153쪽.

되 간섭은 받지 않겠다는 얘기인데, 그런 조건의 원조는 할 수가 없다"는 것이다. 그 누구보다도 강 목사에게 좋지 않은 감정을 가지고 있던 몰토스트 박사는 '강 목사는 미국조차도 제국주의 국가라고 생각하고 있다는 얘기를 들었다'며, 강 목사를 공격하고 아카데미 계획을 반대하는 것이었다. 아무튼 이 몰토스트 박사가 결정권자이기 때문에 강 목사는 그를 계속 설득했고, 그도 결국에는 강 목사의 뜻을 이해해서, 마침내 1965년 겨울 어느 날 그토록 기다리던 원조결정이 내려졌다.[26)]

1966년 11월 16일 국내외의 이목이 집중된 가운데 아카데미 하우스의 준공식이 치러진다. 지상 4층, 총건평 1,300평에 객실 44개와 회의실 4개 그리고 팔각정 대화실을 갖춘 '딜럭스 관광호텔' 준공식이었다. 각계각층의 인물들이 참여해 초만원을 이루었다. 그중에는 가톨릭의 노기남 대주교와 불교의 능가스님도 있었다. 독일 측에서는 뮐러 박사와 주한 서독대사가 참석해서 감격스러운 눈으로 축하해주었고, 백낙준 박사 등의 저명한 교계인사와 정관계의 주요 인물들도 와서 아카데미의 앞날을 축하했다. 준공식 이후에 길을 내는 문제 등 여러 가지가 남아있었지만, 이렇게 해서 한국사회를 화해시키고 치유하면서 건설할 아카데미 하우스가 서게 되었다. 준공식날 강 목사는 기념사에서 이렇게 포부를 밝혔다. 이것은 바로 아카데미 하우스의 역할이기도 하다.

우리는 우리 의식 밑바탕에 광범위하게 깔린 비합리성을 고쳐 나가는 일에 노력하고자 합니다. 과학의 발달과 기술 혁명이 일어나는 오늘, 우리는 과학적인 분석 위에서 모든 문제를 처리할 수 있는 침착한 이성의 소리를 우리 민족이 해결해야 할 모든 문제에 들려

---

26) 같은 책, 154~155쪽.

주는 연구 사업에 힘쓸 것입니다. 그리고 이 나라 정당과 정당 간, 종교와 종교 간, 기업주와 노동자 간, 세대와 세대 간에 쳐진 장벽을 허물고 서로 진실한 이해와 협조의 길을 모색하는 대화의 장으로 이 집이 쓰일 것입니다. 우리는 이 집이 이 나라 정신 풍토를 개혁하는 데 혁명적인 역할을 다할 것을 다짐하는 바입니다. 조국 근대화의 제일선에서 개척자 노릇을 담당할 일꾼들을 이 집에서 길러낼 것이며 국제적인 유대 관계를 강화하는 터전으로 이 집이 쓰일 것입니다.[27)]

아카데미 하우스는 준공 이래 한국사회의 사회적 대화의 영향력 있는 공론장으로 자리 잡았다. 그러나 그 시대적 기능을 다한 것일까? 1980년대 말, 아카데미 하우스가 수익사업체로 전환하면서부터 크리스챤아카데미는 해외원조에서 벗어나 재정자립의 토대를 마련해가야 할 과제를 안게 되었다. 강원용 목사는 경영상의 어려움을 겪게 되었고, 그러던 중인 1997년에 IMF위기를 맞으며 아카데미 하우스는 더욱 극심한 경영난에 빠진다.

강 목사가 경영난 타개를 위해 모색하던 중 서울시로부터 영어체험마을로 조성하고 싶다는 제안을 받게 되었다. 재단이사회가 이 문제를 놓고 심도 있는 논의를 거치는 중에 기독교장로회 총회가 매입의사를 표시해왔다. 이에 따라 이사회는 2004년 12월 6일, 오랜 토론을 거쳐 아카데미 하우스를 기독교장로회에 매각하기로 결의했다.

아카데미 하우스의 설립자인 강 목사는 향후 재단을 이끌어갈 후임자들에게 재정부담을 안겨주고 싶지 않다는 일념에서, 이사회의 결정을 고통스럽게 받아들였다. 그는 40여 년 동안을 일구고 가꾸어온 정든 수유리 동산을 지키지 못하고 떠나야 하는 애끓는 결단을 내린

---

27) 같은 책, 179쪽.

후, 세상 떠나는 날까지 이 일로 괴로워했다고 한다.

아카데미의 활동들

수많은 사람의 도움과 격려와 기대 속에서 탄생한 아카데미는 어떤 일을 했나? 이것은 곧 강원용 목사가 한 일을 묻는 것이기도 하다. 김 경재는 크리스챤아카데미 운동의 철학은 WCC와 CCA가 지향하는 '책임사회'와 '오늘의 구원' 의제가 추구하려는 바를 강원용 목사가 한국 상황에서 실제로 실행에 옮긴 프로그램이었다고 하면서 그 핵심을 시대별로 이렇게 정리하고 있다.

1962~68년: '근대화'라는 주제로 근대화 과정에 물량적이고 가시적인 발전이 과연 바람직한가를 성찰하는 프로그램이 진행되었다.

1969~70년: '인간화와 양극화'에 초점을 맞추어 빈/부, 도시/농촌, 구세대/신세대 등으로 단절된 양극화 현상을 극복하려고 노력했다.

1971~73년: '정치화와 민주화'를 주제로, 민주적 균형이 깨진 상의 하달식 정치구조를 '민주화'를 통해 치유해야 한다고 진단했다.

1974~79년: '중간집단교육'이라는 주제로 중간집단 형성에 초점을 맞추어 양극화된 집단 사이를 조정하는 힘을 기르려고 했다.

1980년~현재: '민주문화 공동체 형성' 프로그램과 창조적이고 생명력 넘치는 대안문화 형성 프로그램의 개발에 집중했다.[28]

---

28) 「강원용 목사와 에큐메니컬 운동」, 240쪽.

몇 가지 아카데미가 벌인 중요한 활동만을 소개한다. 크리스챤아카데미는 1965년 10월 18일과 19일에 걸쳐서 '한국 제 종교의 과제'라는 주제로 한국 최초의 '종교인 대화 모임'을 갖는다. 개신교, 천주교, 불교, 유교, 천도교, 원불교 등 6대 종교 지도자들이 모여 다른 종교 간에 가진 이 대화 모임은 한국 역사상 처음 있는 일이었다. 이 때문에 교계만이 아니라 사회에서도 큰 관심을 끌었지만 비난도 적지 않았다. 이런 모임을 열었다고 해서 강 목사는 기독교를 이질화시켰다거나 종교 혼합주의자라는 등의 비난을 받게 되었다. 대다수 기독교인들은 "도대체 불교도 같은 우상숭배자들과 어떻게 대화를 나누느냐"고 했고, 강 목사와 뜻을 같이하던 당시 NCCK 회장인 박광재 목사는 "성령은 다른 종교 안에서도 역사하신다" 하고 말했다가 "당장 목사직에서 파면시켜야 한다"는 벌떼 같은 공격을 당했다. 이 대화 모임에 참석한 김활란 박사도 "강 목사나 나나 같은 전도에 힘쓰는 교역자들인데, 그 전도 방법에 차이가 있는 것뿐이다" 하고 두둔했다. 그러나 이 두둔이 또 오해를 불러와 타 종교 쪽에서 강 목사가 타 종교인들을 교묘하게 개종시키려는 것은 아닌가 하는 의구심을 가졌다. 이에 강 목사가 "나는 대화를 통해서 다른 종교의 신자들을 개종시킬 의도는 전혀 없습니다" 하고 단호하게 선언했는데, 이 말 때문에 장내 분위기는 더욱 들끓었다.[29]

아무튼 이 대화 모임으로 한국에서 지금까지 종교 간의 대화가 지속되어 서로 이해하고 협력하고 있다. 지난 2013년 WCC 총회가 한국 부산에서 개최된 중요한 이유 가운데 하나도 한국은 다종교 국가이지만 종교 간의 갈등이 없이 평화롭게 공존하고 있기 때문이라고 한다. 강원용 목사가 아카데미 하우스 준공식을 했을 때도 이 일로 개

---

29) 『역사의 언덕에서』 3, 140~142쪽.

신교 행사에 최초로 노남기 가톨릭 대주교와 불교의 능가 스님이 축하차 참석하는 일이 일어났다. 강원용 목사가 하는 일은 '최초로'라는 수식어를 달고 다니는데 그만큼 그가 개척자로 살았다는 반증이다. 강 목사가 첫 종교 간의 대화 모임을 열고 홍역을 치르며 느낀 것을 인용하면서, 크리스챤아카데미의 큰 활동 축의 하나인 종교 간 대화 운동을 마무리하려고 한다.

흔히 다른 종교, 특히 불교에 대한 기독교인들의 태도는 두 가지인 것 같다. 하나는 불교를 우상숭배라고 치부하면서 기독교와는 너무나 다르다며 아예 등을 돌리는 것이고, 또 하나는 모든 종교의 목표는 결국 하나이기 때문에 별로 다를 게 없다는 태도다.

그러나 불교나 다른 종교에 대한 나의 입장은 그 두 가지 중 어느 것에도 속하지 않는다. 불교도들의 자유롭고 개방적인 태도는 내 체질에 잘 맞긴 하지만, 불교와 기독교는 분명히 다르다는 것을 나는 인정하고 있다.

우선 불교에는 기독교의 기본이 되는 '원죄' 의식이 없다. 기독교에서는 이 원죄 의식이 없이 인간이 의로워지는 것은 불가능하다고 본다. 그러나 불교에서는 만물이 불성을 가지고 있으므로 그 본성을 잘 닦기만 하면 누구나 부처가 될 수 있다고 본다.

이렇게 불교와 기독교는 서로 근본적으로 다르지만, 다르다고 하여 꼭 등을 돌리고 싸워야만 할까. 기독교인은 기독교인으로 철저히 살아가고, 불교도는 불교도대로 열심히 살아간다면, 이 세상에서 함께 도울 일은 있어도 싸울 일은 없다는 것이 내 생각이다. 서로 다른 것을 인정하면서 대화하고 협력할 수 있다는 것이 타 종교에 대한 나의 입장이다. 이것 역시 제3의 길인지도 모르겠지만.[30]

---

30) 같은 책, 142쪽.

1970년대의 '중간집단교육'은 크리스챤아카데미의 아주 중요한 활동이었고, 이것은 교회와 사회 전반에 오늘에 이르기까지 큰 영향을 끼쳤다. 1970년대 들어서 아카데미가 '근대화'에서 '인간화'로 방향을 다시 설정한 배경은 이야기했다. '중간집단교육'은 바로 이 인간화를 위한 활동이었다.

1970년 10월 8일부터 11일에 걸쳐 '인간화'를 주제로 열린 대규모 대회에서 한국사회에서 비인간화의 주범을 '양극화' 때문이라고 결론지었다. 양극화는 단순히 상반되는 두 주체—노사, 도농 등—의 극단적인 간격과 단절만을 의미하지 않는다. 서로 대화와 이해를 통해서 간극을 좁히며 상생의 길을 모색하자는 뜻도 담겨있다. 이를 담당할 주체 세력인 '아래에서 자발적으로 형성되는 중간집단' 형성이 필요했다. 이 때문에 이 중간집단교육이 아카데미 운동으로 발전하게 되었다.[31]

남재희에 따르면 중간집단교육은 1968년 미국에서 나온 헨더슨(Gregory Henderson)의 『소용돌이의 한국정치』(Korea, the Politics of the Vortex)까지 거슬러 올라간다. 남재희는 마침 미국 유학 중이라 이 책이 정식출간되기 전에 읽을 수 있었다. 박 정권이 각 분야를 압박해나가서 강 목사가 아카데미의 진로를 놓고 번민할 때 남재희가 우연히 중간집단교육 이야기를 했다. 그랬더니 강 목사가 한완상 박사로 하여금 교육계획을 세우도록 해서 그것이 대대적으로 발전하게 되었다고 한다.[32]

고범서는 1973년부터 정원식, 한완상 그리고 고범서 자신이 중심이 되어 그 교육이념과 철학을 정립했고, 그것의 실현을 위한 중간집단

---

31) 같은 책, 265~268쪽.
32) 『한겨레』, 2014. 3. 6.

교육 프로그램 개발에 착수했다고 한다.

이 중간집단이란 용어는 양극화된 양측, 즉 억압하는 측과 억압받는 측 어느 편에도 속하지 않는 완충지대의 집단이나 중산층으로 된 집단으로 오해를 받았다. 그러나 크리스챤아카데미가 이 용어를 뜻하는 바는 세 가지다. 첫째, 중간집단은 엘리트와 민중이 연대하여 약하고 가지지 못한 자의 편에 서서 그 힘을 조직하고 역동화하여 강화함으로써 가진 자에게 압력을 가하여 해결과 화해를 추구한다. 둘째, 중간집단은 반드시 가지지 못한 자의 편에만 서는 것이 아니라, 가지지 못한 자의 조직화된 힘이 남용되고 불의하게 사용될 때는 가진 자의 편에 서서 해결과 화해를 추구할 수도 있다. 셋째, 중간집단은 사랑과 화해를 무시한 채 압력과 투쟁만을 일삼는 급진주의적 집단이 아니라 정의를 추구하되 동시에 화해를 추구하는 사랑을 함께 가지는 점진적 개혁주의의 입장을 견지한다. 고범서는 이 같은 중간집단의 이념과 철학은 앞서 거명한 세 사람의 학자가 중심이 되어서 정립한 것이기는 하지만 거기에는 사랑과 정의를 항상 동시에 생각하고 양자 간의 변증법적 통일을 모색하며, 압력과 화해의 조화를 추구하는 강 목사의 신학사상의 결정적 영향 아래서 도출된 것이라고 밝히고 있다.[33]

이 중간집단교육의 프로그램 간사로 일했던 신인령(전 이화여자대학교 총장)은 실제적인 교육 내용을 들려준다. 교육 목표는 "우리 사회를 민주적으로 변화시키고자 하는 열망을 가진 민간단체인 중간집단을 강화 또는 결성하기 위해 또 그 리더와 운동가를 양성하는 것이었다. 산업사회의 경우 미조직 현장에서는 신규노조를 결성하거나 노동자 소그룹을 조직하고, 이미 조직된 기존 노조의 경우에는 어용노조를 극복하고 민주적이고 자주적인 노조로 발전하는 것"이었다. 그 대

---

33) 『강원용의 삶과 사상』, 99~100쪽.

상은 교회 사회, 여성 사회, 학생 사회, 산업 사회, 농촌 사회로 나누어서 이 5개 분야의 중견 리더와 젊은 활동가 30명 내외를 매회 교육 참가자로 초청했다.

교육 내용은 한마디로 '의식화 프로그램'이었고 의식화의 바탕 위에서 분야별 활동에 필요한 전문지식을 더했다. 교육은 강의, 토론, 워크숍(과제작업), 생활과정의 의례 등으로 구성되었다. 이것은 주입식이 아니라 민주적 활동 양식에 대한 직접 체험과 참가자 간의 경험교류 그리고 정서적 감동 중심으로 구성하여 각자 자기 삶의 방향을 결단하게 하는 교육이었다. 비록 강의라 할지라도 그 강의의 제목이 무엇이든 간에, 삶의 이야기와 연결 짓고, 현실을 직시하고, 아름다운 세상을 만드는 데 이 지식이 어떻게 활용될까를 고민하는 가운데 각자 내용을 풀어갔다.[34]

한마디로 이 중간집단교육의 방법론의 골자는 '대화'와 '참여'다. 이것은 세계교회의 선교론적 교육방법인데, 에큐메니컬 운동을 하는 가운데 강 목사는 이런 교육과정을 체득했을 것이다. 한 예를 들어 하나님 선교 신학의 교육신학자인 러셀(Letty M. Russel)은 기독교교육을 "하나님과 또 이웃과의 화해를 통해서 참 인간성을 회복시키려는(인간화) 하나님의 선교과업에 참여하도록, 모든 사람에게 열려 있는 그리스도의 초청에, 우리 자신도 참여할 수 있기 위한 방법"이라고 정의한다. 그리고 그 방법을 '축하로서의 삶의 의례'와 '대화'와 '참여'의 교육을 그녀의 할렘가 선교경험을 통해 구체적으로 제시하고 있다.[35]

크리스챤아카데미를 움직이는 두 기둥이 있는데, 그 하나는 '대화'

---

34) 신인령, 「현실참여와 크리스챤아카데미 운동경험」, 『여해 강원용 그는 누구인가?』 한신대신학대학원 목요강좌 강연집, 대화문화아카데미, 2013, 183~190쪽.

35) 러셀, 정웅섭 옮김, 『기독교 교육의 새전망』(*Christian Education in Mission*), 대한기독교서회, 1981, 28쪽.

프로그램이고, 다른 하나는 '사회교육' 프로그램이다. 이 두 프로그램을 위해 연구 조사와 출판의 분야도 가지고 있다. 사실 대화와 사회교육은 분리될 수 없다. 그리고 아카데미는 이 깊은 대화를 『대화』지로 출간한다. 1994년 봄 계간지 제1호가 출간된다. 이를 위해 대화 모임을 열고 잡지로 출간한 것이다. 대화자는 '이어령, 이인호, 고범서, 김지하, 이홍구, 커밍스(Bruce Cumings), 노명식, 지명관, 소홍렬, 박한식, 박형규'로서, 실로 우리 사회의 모든 분야와 세계 석학이 나눈 대화를 잡지로 출간한 것이다. 그저 가벼운 대화가 아니라 깊은 학문적 연구와 통찰로서 시대를 진단하고 앞날의 전망을 정확하게 제시하는 대화이다.[36)]

그러나 그 이전에 뼈아픈 출간 사건이 있었다. 크리스챤아카데미가 설립된 1965년부터 강원용 목사는 회원들을 위한 소식지 형태로 『대화』지를 발행했다. 이것이 자연스레 크리스챤아카데미의 기관지 잡지로 발전해서 1976년 11월호에 『대화』는 사회, 문화 종합지로 선을 보이게 되었다. 여기에는 김수환 추기경과 강 목사의 기념 대담이 실리기도 했다. 그러나 12월호부터 당장에 문제가 생겼다. 정부당국이 신경을 곤두세우는 노동자, 농민, 빈민 등의 현장에 관심을 쏟자 당장에 광고도 중단되고 탄압이 들어왔다. 결국 1977년 10월호가 긴급조치에 걸리면서, 잡지는 폐간되고 관계자들은 정보부에 줄줄이 소환되었다.[37)]

'중간집단교육'도, 『대화』지도 정부의 탄압을 받는 결과를 초래한다. 이것은 다음 장에서 나누기로 하자. 폭압정치가 끝나고 난 1994년 봄에 복간된 『대화』지의 「창간사」를 통해서 『대화』지의 성격과 그동안 크리스챤아카데미가 추구해온 일들을 밝혀보고자 한다. 「창간사」

---

36) 계간 『대화』, 제1권 제1호, 1994.
37) 『역사의 언덕에서』 3, 60~69쪽.

는 먼저 "오늘 여기 깊은 뜻이 있어 계간 『대화』를 창간한다"고 하면서 베를린 장벽이 무너진 일과 동학혁명부터 오늘까지의 역사를 회고하며 "이데올로기도 붕괴되고 이념도 목표도 상실된 것 같이 보이는 이 시대를 종결하는 것이 『대화』지의 과제다"라고 밝힌다. 더욱이 조국 통일의 과제가 있고, 걸음마를 시작한 민주주의도 전 영역에서 발전시켜야 하고, 인류적인 정체성과 인간 본래 모습을 회복해야 하는 이런 과제를 앞두고, 다가오는 시대는 더욱 많은 대화가 필요하다고 역설하며 『대화』를 창간하는 취지와 격려의 요청을 적고 있다.

이러한 과제를 앞에 놓고 있지만 그리고 우리 주위에는 정보가 풍부하다고 하지만, 지금 우리는 모두 어쩐지 황량한 들판에 홀로 서 있는 느낌을 지울 수가 없다. 지난 수십 년 동안 우리 사회는 많은 발전을 거듭해왔지만 너무나 많은 것을 잃어버린 것도 사실이다. 그 잃어버린 것 중에서 가장 중요한 것은 우리의 일체감과 동질의식이다. 경제는 전진과 성장을 요구하지만, 문화는 멈춰서 되돌아보고, 이웃과 함께하며 모두를 균등하게 감싸려고 하는 것이다. 그러므로 경제만이 절대 우위를 차지할 때 그 사회는 황량해지기 마련이다. 이런 의미에서도 우리는 좁은 의미의 정치운동이 아니라 넓은 의미의 문화운동을 제창해야 하리라고 생각한 것이다.

1994년, 국민을 정치와 경제로만 내몰고 분열과 대결을 일삼던 오랜 세월을 초극하기 위한 새로운 노력이 이제는 도처에서 일어나야만 하겠다. 계간 『대화』는 이 대열에 참여하기를 결의하는 것이다. 매체가 없이는 새로운 운동이나 문화가 일어나기 어렵다는 생각에서 그 밑거름이 되고자 하는 것이다. 그리하여 깊이 있는 우리 문화, 품위를 갖춘 우리 사회가 세계사에 하나의 새로운 희망을 던져줄 수 있는 날이 올 것을 염려하면서 작은 한 걸음을 여기에 내딛으려 한다. 그러므로 우리는 모든 문화운동과 언제 어디서나 뜻과 움직임을 함께하기를 원한다. 이렇게 시작하는 계간『대화』와 독자들이 동지적인 느낌으로 대화를 나눌 수 있기를 기약하려고 한다.

우리의 힘을 모아 이 땅에 진정한 대화의 문화를 이룩하기 위해, 문화의 시대를 향해, 또 하나의 새로운 막을 올리기 위해 많은 분이 이 새로운 시도를 여러모로 성원해주시기를 바라마지 않는다.[38]

---

38) 「창간사」, 계간『대화』, 제1권 제1호, 1994.

3 민주화의 도상에서

강원용 목사의 민주화나 통일에 대한 행적의 평가는 시각에 따라 사뭇 다르다. 소위 재야의 시각으로 보면 강원용 목사는 역대 정권과 유착하여 여러 특혜를 누린 사람처럼 여겨지기도 한다. 실제로 기독교계 인물 중에서 강원용만큼 정치적인 성공의 기회를 가진 사람은 없었다. 강원용 목사는 해방 이후, 모든 정권의 대통령들을 만났으며, 그때마다 주요 직책을 맡아달라는 요청을 받았다. 일찍이 방송위원장을 맡기도 했고, 박정희 정권에서는 훈장을 받기도 했으며, 전두환 정권에서는 국정자문 위원이 되기도 했다. 노태우 대통령을 만나서는 방북을 타진하기도 했고, 김영삼 대통령과 김대중 대통령과는 더 친밀한 관계를 맺기도 했다. 그러나 강 목사는 늘 정치와 거리를 두거나 결별했다. 강 목사는 크리스챤아카데미의 활동과 시국 설교 때문에 중앙정보부에 끌려가 어려움을 당했다. 군사정권은 그를 회유하거나 협박하여 사회적으로 매장시키려고도 했다. 강원용 목사는 그 유명세와 뛰어난 역량 때문에 모든 정권에서 그를 필요로 했다. 강원용 목사는 극단을 싫어하는 동시에 현실주의자다. 아무리 악한 정권이라고 해도, 결코 찬동하는 것은 아니지만, 현실적으로 대화하며 모든 사태를 풀어가려고 했다. 도리어 그의 설교들은 악한 정권에 대한 심판의 설교였다.

강원용 목사는 지혜롭고도 현실주의적으로 민주주의 신념을 지켜갔다. 실제로 강원용 목사에게서 훈련받은 사람들이 건강한 민주주의를 일구고 통일운동을 벌여간 것이 그 증거다. 강원용 목사는 정치가 아니라 인간화와 하나님 나라 운동으로 민주화를 추구했고, 그것은 신앙혁명과 개혁의 표현이었다.

오해와 진실

강원용 목사 스스로 "씻을 수 없는 상처를 받았다"고 한 사건은 이미 이야기한 대로 1983년 제6차 WCC 밴쿠버 총회에서 내정되었던 회장직이 무산된 것이었다. 일단의 민주화운동을 하는 젊은 교계 목사들이 이 밴쿠버 총회에서 강 목사가 전두환 정권에 협력한다며 강 목사를 적극적으로 반대했기 때문이다. 강원용 목사는 운동권에서 종종 비난을 받곤 했다. 정권과 유착하거나 타협했다는 것이다.

오해의 소지가 없지는 않다. 해방 후 젊은 시절에 그는 정치에 뜻을 두고 유명한 정치 지도자들을 찾았다. 물론 이때도 정치 그 자체 때문이 아니라 정치를 통해서 기독교적 신앙으로 더 나은 사회를 만들고 싶었기 때문이다. 강원용 목사가 유명해진 뒤로는 늘 정권 쪽에서 강원용 목사를 적극적으로 찾았다. 단순히 기독교계를 장악하기 위해서가 아니라 강원용 목사 자체가 국제적인 인물이고, 이 사회의 각 분야에서 두루 뛰어난 역량을 가지고 있었기 때문이다. 강원용 목사가 늘 오해받은 역대 정권들과의 이야기들을 한 토막씩 들어보자.

강 목사는 한때 이승만을 존경해서 가까이 지내는 사이까지 되었으나 곧 그와 결별한 이야기는 이미 했다. 이 시기에 강 목사는 김구도 만났고, 여운형과는 노선은 달랐지만 각별히 존경하며 지냈다. 김규식은 강원용의 장로 취임식 때 와서 축사를 할 정도였다. 미국 유학을 마치고 돌아왔을 때는 조봉암이 강원용을 만나자고 했다. 물론 진보당의 정치에 책임을 맡아달라는 제의였고, 강 목사는 이를 단호히 거절했다.

강 동지도 알다시피 나는 지난 대통령 선거에서 실질적으로 압도적인 지지를 받았소. 내가 이끌고 있는 진보당은 창당된 지 얼마 안 되었고 탄압도 많이 받았지만 이미 전국적으로 완벽하게 조직이 끝난 상태요. 이승만 정권은 우리를 사상적으로 불그레하다고 몰고 있지만 사실상 우리 당에 그런 사람은 하나도 없소. 다만 진보적인 생각을 품은 여러 사람이 망라되어 있을 뿐이지. 하지만 이 대통령이 우리를 하도 눈엣가시로 여기고 있는 데다 지난번 강 동지의 말을 듣고 보니 나는 물러나야 할 것 같아서 강 동지를 만나자고 한 거요.[1]

1961년 2, 3월경 쿠데타 소문이 들려왔다. 이때 민주당 정권은 걷잡을 수 없는 혼란에 빠졌고, 4·19의거의 주역이었던 학생들도 승리감과 영웅심에 도취되어 점점 타락해가고 있었다. 한날 서울대학교를 졸업하고 청년운동을 하던 박대완이라는 청년이 강 목사를 찾아와서 밀담을 청했다. 이런 난장판 세상을 더 두고 볼 수 없어서 뜻 맞는 젊은이들이 모여 세상을 바로잡으려고 준비 중인데 협조해달라는 것이다. 그다음 어느 날은 김홍일 장군이 보자고 하더니 구국을 위해 누군가는 나서야 하는데, 목사님 같은 분이 나서야 한다고 말하는 것이었다. 그러고는 5·16쿠데타가 터졌다. 이 두 사람은 강 목사에게 쿠데타에 협조해달라는 요청을 한 것이고, 강 목사는 분명히 거절했다.[2]

쿠데타에 성공한 박정희 장군으로부터 만나자는 연락이 왔다. 평범한 기와집이었지만 군인들이 삼엄하게 경비를 선 신당동의 박정희 집으로 찾아갔다. 강 목사는 박정희에 대해서 아는 바도 거의 없었다. 과묵한 성격의 박정희는 나라가 망하는 꼴을 더는 두고 볼 수 없어서 일은 저질렀지만, 앞으로 잘 해나가야 하니, 목사님의 고견을 듣고 싶다고 했다. 강 목사는 "저도 박 장군께 드릴 말씀이 있습니다" 해놓고는 자기도 놀란 가슴으로 기탄없이 몇 가지를 직언했다. "강 목사 자

---

1) 『역사의 언덕에서』 2, 300쪽.
2) 같은 책, 369~375쪽.

신은 철저히 자유민주주의를 신봉하는 사람인데, 박 장군은 일제강점기 때 대구사범학교를 거쳐 만주군관학교를 나와서, 해방 후에는 육군사관학교를 마치고 내내 군인으로만 살아왔는데 솔직히 민주주의를 할 수 있는지 의문이 든다. 그렇다면 박 장군이 독재를 해야 하는데 그것도 성공하기 어렵다. 박 장군이 신화나 전설을 가진 인물도 아니고, 생긴 것이나 언변으로 보아 카리스마적인 인물도 아닌 것 같다. 그러나 장군은 가난하게 성장해서 지금까지의 다른 장성들과는 달리 부정부패는 저지르지 않은 분으로 알고 있다. 박 장군이 정말 나라를 바로잡고 싶다면, 고질화된 부정부패를 일소하고 가난한 농민들이 잘살게 되는 나라의 기반을 닦으면 좋겠다"고 하는 직언이었다.[3]

박정희는 긴 시간의 직언을 끊지 않고 듣더니, 강 목사를 똑바로 쳐다보며 무겁게 입을 열었다. 박정희는 혁명정부에서 강 목사가 국민운동의 책임을 맡아달라는 부탁을 했다. 그에 대해 강 목사는 서로 다른 길을 가고 있으며 추구하는 국민운동도 다르다고 못을 박았다.

"제가 혁명을 하고 난 후 각계 사람들과 많이 만나봤지만 이렇게 솔직하게 기탄없이 정곡을 찔러서 얘기해준 사람은 목사님이 처음입니다. 목사님께 드릴 부탁이 하나 있습니다. 어차피 국민운동이 한 번 일어나야 하겠는데, 목사님이 그 일을 맡아서 해주십시오."

"뜻은 알겠습니다만 발상에 문제가 있는 것 같습니다. 국민운동은 국민이 자발적으로 해야지 군사혁명을 한 사람이 어떻게 국민운동을 주도합니까? 일제강점기 때 국민정신총동원 조선연맹이라는 것이 있었지요. 총독부의 꼭두각시 단체 아니었습니까? 집권 세력이 주도하는 것은 본질적으로 국민운동이 될 수 없습니다. 국민운동을 위해 정권이 할 수 있는 유일한 일은 간섭이나 방해를 하지 않

---

3) 같은 책, 376~381쪽.

는 것뿐입니다. 저는 어차피 넓은 의미로 국민운동을 할 사람이지만 권력과는 관계하고 싶지 않습니다."[4]

이후로도 박정희 정권과는 여러 에피소드가 있다. 박정희가 암살당하고 비상계엄이 선포되면서 민주화의 봄이 온 것이 아니라 신군부가 들어섰다. 1980년 1월 1일 새해 첫날 강 목사는 세배하러 오는 손님을 맞느라 정신이 없었다. 그때 전화가 걸려왔다. 보안사령부에서 온 전화였다. 늘 정권과 사회에 비판의 목소리를 낸 탓에 강 목사는 긴장을 한다. 그런데 귀를 의심할 수밖에 없는 엉뚱한 이야기가 나왔다. 보안사령관인 전두환이 세배를 드리고 싶어 하는데 가서 봬도 되느냐는 것이었다. "세배를 오신다고요?" 놀란 강 목사는 세배야 누구든 오면 고맙지만 그분이 누군지도 잘 모르고, 지금 굉장히 중요한 일을 맡고 있어서 바쁠 텐데 어떻게 이곳까지 세배를 오느냐고 대답했다. 강 목사는 그가 12·12사태로 새롭게 떠오르는 군부 실세라는 것 외에는 그에 대해 아는 것이 전혀 없었다. 더구나 공수단원들이 입는 옷을 입고서 10·26사건의 수사 발표를 TV에서 하는 것을 보고는 '이제 저런 사람의 세상이 되는구나' 하며 한탄하던 터였다.

약속 시간인 오후 세 시가 되자 강 목사의 집은 상명대학교 입구부터 군인들이 죽 늘어서서 경호태세에 들어갔다. 동네 사람들과 세배 온 사람들은 강 목사가 잡혀가는 줄로 알고 난리가 났다. 전두환이 부하들과 함께 집에 들어왔다. 얼굴은 TV에서 본 대로이나 더 활달한 인상이었다고 한다. 강 목사가 바쁘실 텐데 이렇게 세배까지 와주시니 영광이라고 하자, 전두환이 자기는 이 나라의 지도자들을 두루 찾아뵙는 중에 목사님도 찾아뵈었다면서 잘 부탁한다고 인사를 했다. 전두환은 강 목사와 마주 앉아 무려 한 시간 20분이나 자기 얘기만

---

4) 같은 책, 301~302쪽.

주로 했다. 이야기의 골자는 자기는 정치할 맘이 없다는 것이다. 어릴 때부터 군인이 좋아서 전쟁놀이를 많이 했고, 참모총장이 되는 것이 최고 꿈일 뿐 정치 욕심이 없는데도 미국은 자신이 정치에 욕심을 내는 사람으로 알고 있다는 것이다. 특히 미국의 태도에 기분이 나쁘다는 것을 강조했다. 전두환이 세배를 다녀간 뒤에는 당연히 주변에서 온갖 추측이 난무했다. 전두환이 정치인 중에는 윤보선 대통령에게 세배 갔고, 종교계에서는 가톨릭의 김수환 추기경에게 세배 갔으니, 개신교 쪽으로는 강원용을 세배 대상으로 고른 것이라는 둥, 신군부가 정권을 잡으려면 국민적 저항이 클 테니까 누구를 내세워야 하는데 그래서 강 목사를 찾아왔다는 둥, 그런 추측들이었다.[5]

그 뒤로 얼마 지나지 않아 강 목사는 전두환을 다시 보게 된다. 1979년 11월 24일, 이른바 '명동 위장결혼 사건'으로 기독교계 다수 인사가 구속된 사건 때문이었다. 이 사건은 민주 인사들이 결혼식을 가장해 명동 YWCA에 모여서 '통일주체 국민회의에 의한 대통령 선출 저지 국민대회'를 개최하고 유신철폐와 계엄해제를 요구하며 가두시위를 벌인 사건이었다. 교계는 이 일로 구속된 사람들의 석방을 위해 애썼으나 잘 되지 않아서 강원용 목사에게 해결을 부탁한 것이다. 강 목사는 NCCK 김관석 총무와 함께 보안사령부를 찾아가 면회 신청을 하고 전두환을 만났다. 그러나 전두환이 직접 강 목사의 이야기를 들은 것은 아니고, 당시 대공처장인 이학봉을 소개해주었다. 이학봉의 태도는 비교적 호의적이었고 자기들도 경직된 반공은 피하고, WCC도 용공이라고 생각하지 않으며, 잘못된 반공정책은 수정하겠다고 했다. 김 총무와 강 목사의 요청도 수용하는 태도를 보였다. 얼마 후 실제로 붙잡혀간 사람 중 몇 명이 풀려났다. 그러나 강 목사의 의도와는 관계없이 이런 일을 계기로 신군부와의 관계가 조금씩 얽혀

---

5) 『역사의 언덕에서』 4, 136~139쪽.

가기 시작했다.[6] 강 목사는 전두환 정권에 국정자문위원을 맡게 된 것이다.

국민의 거센 저항에 결국 6·29선언이 나오고 정국은 일대 전환을 맞이한다. 이 6·29선언은 이미 전두환과 노태우 사이에 은밀히 짜인 각본에서 나온 것이었다. 어찌 되었든 그 결과로 10월 27일에 대통령 직선제 합의 개헌안이 국민투표에 부쳐져 통과되었다. 대통령 선출권이 이제 드디어 국민의 손에 달리게 되었다. 직선제 대통령 선거를 향한 주자들의 경쟁이 뜨거웠다. 그러나 강 목사는 희망이 없음을 직감한다. 대권주자들로는 민정당의 노태우, 민주당의 김영삼, 평민당의 김대중, 공화당의 김종필이었다. 1노 3김의 싸움이었다.

두 가지 점에서 희망이 없었다. 첫째, 국민은 군부통치 종식을 위해 김영삼과 김대중이 후보 단일화를 하기 원했으나 끝내 두 사람은 합의하지 못했다. 둘째, 누가 돼도 지역감정 문제가 더욱 깊어질 수밖에 없었다. 경상도와 전라도의 골 깊은 대립에 충청도까지 가세해서 나라가 세 쪽 네 쪽으로 갈라질 판이었다. 이런 때 강 목사는 1988년의 서울올림픽 문제 때문에 국제적으로 동분서주하느라 짬이 없었음에도 이 지역감정 해소 국민협의회 공동의장직을 맡았다.

12월 26일 실시된 대통령 선거에서 민정당의 노태우가 대통령으로 당선된다. 실제 득표율은 과반수에 훨씬 못 미치는 36.6퍼센트에 불과했다. 후보 단일화가 이루어지지 않은 상황에서 노태우가 대통령이 된 것이고 그 때문에 지지율이 미약한 대통령이 된 것이다. 그러나 강 목사는 노태우가 군사정권의 후계자라는 결함에도 불구하고 1971년 이후 국민이 직접 뽑은 첫 대통령이라는 점에서 그의 정통성을 인정한다.

노태우 당선자 측에서 취임식 바로 전에 강 목사에게 만나자는 연

---

6) 같은 책, 140~141쪽.

락이 왔다. 강 목사는 역대 대통령들과는 충분한 시간을 가지고 독대했기 때문에 노태우도 그러하려니 했는데 많은 면담자 때문인지 강 목사와의 대면 시간은 30분도 채 안 되게 정해졌다. 강 목사는 그렇게 짧은 시간에는 할 얘기가 없으니 서로 시간 낭비라면서 거절했다. 그러자 그쪽에서 충분한 시간을 낼 테니 다시 만나자는 연락이 왔다.

강 목사는 안기부 시설로 기억되는 어느 개인 집에서 노태우 당선자를 만났다. 여섯 시에 만나서 밤 열 시가 넘도록 긴 이야기를 나누면서, 강 목사는 해방 이후 격동기를 산 증인으로서 그에게 진심 어린 말을 털어놓는다. '민심은 천심'이란 말부터, 전두환 대통령이 귀를 달아 가져온 문제 등도 적나라하게 이야기하고는 노태우 후보가 대통령이 되어 해야 할 일 세 가지를 충언했다. 이것은 경제나 국방, 외교 같은 문제가 아니라 강 목사가 평소 문제의식을 가지고 중요하다고 판단한 문제였다.

첫째는 이념문제로, 공산주의를 포함한 모든 이념에 대해 정부가 개방적이고 당당한 태도를 취하라는 것이었다. 공산주의 관련 서적을 비롯해서 전 세계에서 나오는 사회과학 서적들과 자료들을 비치해 사람들이 이용할 수 있도록 정부가 지원해야 한다는 것이다. 둘째는 '국가안전기획부' 개편에 대한 것이었다. 강 목사는 그 전신인 중앙정보부의 피해를 본 사람이다. 무소불위의 권력을 가지고 정치공작이나 사찰 같은 일은 일체 못 하게 하고 이름 그대로 국가 안전을 위한 대공업무만 하게 하라는 요구였다. 마지막으로는 방송에 대한 것이었다. 이 방송은 강 목사의 가장 큰 관심분야 중 하나였다. 왜냐하면 방송이란 영향력이 큰 만큼 잘 활용하면 약이요, 잘못 활용하면 극약이 되어 그 폐해가 말도 못하기 때문이다. 강 목사는 제5공화국 시절처럼 방송이 정부 홍보매체가 되어서는 안 되고, 국민이 주인이라는 의식을 가지고, 국민의 여론이 제대로 반영되고 공정성과 공익성이 보장될 수 있도록 구조를 개편해야 한다고 권고했다.[7]

이 자리에서 노 당선자는 강 목사의 권고를 잘 이행하겠으니 자기가 중책을 맡을 5년 동안 계속 도와달라고 요청한다. 자기는 민주화를 실현시킨 대통령으로 평가받고 싶다는 것이다. 이 대답은 강원용 목사를 놀라게 했고, 국민의 손으로 선출된 만큼 그런 신념을 실현시킬 수도 있겠구나 생각했다. 그러나 아니나 다를까 그의 민주화 공약들은 지켜지지 않았다.[8]

이후 김영삼 대통령이 되었고 이어서 김대중이 대통령이 되었다. 강 목사의 생각에는 이 둘은 그래도 현대사에서 정의로운 민주투쟁에 이바지한 사람들이었다. 비록 김영삼 정부에는 80년대 강원용을 비판한 세력들이 대거 참여해서 소원한 점도 있었지만, 강 목사는 역사가 두 김 씨에게 넘어가서, 먼저 김영삼이 대통령이 된 것을 두고 '이제 나라도 독재와 무질서의 악순환에서 벗어나게 되었구나' 하고 안도감을 갖게 되었다. 그리고 직간접적으로 서로 교류를 하고 강 목사도 반공에서 전향하며 통일 시대의 정책 등을 나누게 되었다.[9]

강 목사는 목사가 아니라 유능한 정치적 안목을 가진 사람으로 평가되어 정부의 요직은 물론, 대통령 후보나 국회의원직에 대한 유혹을 받았다. 이 모든 것이 강 목사가 정치와 유착했다는 오해를 빚는 구실을 제공했다. 그러나 강 목사는 자리나 욕심을 위해 역대 정권을 찾아간 적이 없다. 또 유신독재나 군사정권 같은 곳에는 관계할 뜻도 없었다. 저들이 먼저 찾아왔을 뿐이고, 강 목사는 직언을 했다. 그리고 '명동 위장결혼 사건' 등의 해결 때문에 군사정권과 얽힌 것이 오해에 오해를 부른 것이다.

---

7) 같은 책, 317~320쪽.
8) 같은 책, 318~328쪽.
9) 같은 책, 406~420쪽.

민주화를 향한 몸부림

강원용 목사는 정권이 바뀔 때마다 자리요청을 받았다. 만일 강 목사가 정권에 호의를 보이고, 그 시책에 순응했다면 결코 수모나 수난은 겪지 않았을 것이다. 강 목사는 언제나 정권과 거리를 두었고, 정의와 진리의 편에 서서 비판했으며, 인간화와 민주화를 위한 중간집단양성과 대화 모임을 가졌다. 독재정권은 한편으로는 회유책을 통해서 또 한편으로는 스캔들을 만드는 공작으로 강 목사 죽이기를 시도했다. 즉 강 목사의 이미지를 흐려서 비판 세력의 적으로 만들거나 사회적으로 매장시키려는 것이다. 재미있고도 씁쓸한 예가 있다. 훈장 사건이다.

전태일이 분신하고 나서 강 목사가 규탄한 설교가 문제가 되어 강 목사는 중앙정보부에 끌려가서 협박을 받는다. 그런데 그 협박이 있고 나서 며칠 뒤에 문공부 관계자가 불쑥 찾아와서 터무니없는 소식을 전한다. 정부가 12월 5일 국민교육헌장 선포기념일에 강원용 목사에게 훈장을 수여하기로 결정했다는 것이다. 하도 기가 막혀서 강 목사는 무슨 저의로 그런 짓을 하는지 묻지도 않고 단호하게 거절하고 돌려보냈다. 며칠 후 그 관계자가 또 찾아왔는데 폭우를 맞으며 와서 몰골이 말이 아니었다. 그는 애걸복걸하며 꼭 훈장을 받아달라고 간청했다. 만일 강 목사님이 훈장을 받지 않으면 자기의 목이 날아가니 살려달라는 것이다. 그의 몰골과 딱한 처지에 한순간 마음이 약해진 강 목사는 마지못해 응낙했다. 그러나 문제는 강 목사가 기념식에 참가해서 공개적으로 훈장을 받아야 한다는 것이다. 난감하게 되었으나 어쩔 수 없게 되었다.

당일 날 시민회관에서 열린 기념식장에서 훈장을 받게 되었다. 강 목사는 여러 사람과 함께 사회교육에 공헌이 큰 사람에게 주는 '모란장'을 받는다. 강 목사는 다른 훈장 받을 사람들과 함께 단상에 서 있고, TV 카메라는 훈장이 수여될 때마다 한 사람씩 비춘다. 이 모습이 전 국민에게 방영된 것이다. 드디어 박 대통령이 강 목사 앞에 와서 가슴에 훈장을 달아준다. 그러자 다른 사람들 때와는 달리 장내에서는 우레와 같은 박수가 터져 나왔다. 그러자 박 대통령은 가시가 있는 한마디를 던졌다. "역시 목사님 인기가 대단하시구면."

이 훈장 사건은 어찌 된 일인가? 짐작대로 회유책 중 하나였다. 정부에서는 강 목사를 놓고 어떻게 하면 좋을까 여러 번 논의를 했다. 김계원 부장이 강 목사를 자꾸 억압하고 성가시게 하면 오히려 반발하고 부작용이 더 크니 정부가 좀 잘 대해주는 회유책을 쓰자고 제안해서 아닌 밤중에 홍두깨처럼 훈장을 하나 받게 된 것이다.[10] 이것은 강 목사에게 명예 사건이 아니라 자신이 매장을 당하는 사건이었다.

한편 앞서 소식지로 시작해서 우리 사회 각 분야의 문제를 비판적으로 분석한 잡지로 발전한 『대화』지가 정부의 눈에 거슬려서 폐간된 이야기를 했다. 그 이전에 이미 큰 사건이 있었다. 그것은 『내일을 위한 노래집』 사건이었다. 1975년에 대화출판사는 크리스챤아카데미가 오랫동안 공들여 외국 가요를 번안하거나 새롭게 곡을 만들어 모은 노래 129곡을 모아 『내일을 위한 노래집』을 출간했다. 정가는 400원이었는데, 빠른 속도로 보급되던 이 노래집이 1976년 초여름 어느 날 고발당하고, 이 일로 강 목사는 중부서에 출두해서 여러 차례 조사를 받는다. 이 노래집이 문제가 된 것은 여기에 실린 노래가 아카데미에서 교육받은 사람들을 중심으로 노동운동, 학생운동, 농촌운동 등 각종 운동과 시위현장에 데모 노래로 불리고 있고 엄청나게 퍼져나가고 있기 때문이었다. 킹(Martin Luther King) 목사의 「우리 승리하리라」를 비롯하여 「혼잣소리로는 할 수 없겠네」 「흔들리지 않게」 「많이 많이 좀 더 많이」 「오, 자유」 「정의파」 「자유로운 노동자」 「세상에 외치고 싶

---

10) 『역사의 언덕에서』 2, 275~277쪽.

어」 등의 노래가 특히 그러했다. 시인 신석정이 작사한 「동학의 노래」 가사에는 "죽창도 들었다"는 구절도 있어서 상당히 문제가 되었다. 이 노래집 사건은 검찰로 넘어가서 강 목사는 두 번이나 불려가 조사를 받았다. 다행히 한승헌 변호사의 노력으로 불기소 처분은 받았지만, 노래집은 전부 소각하고 쓰지 말라는 조치가 내려졌다. 1977년 이 노래집의 개정판을 냈을 때는 문제가 된 노래들은 모두 삭제해야 했고 또 비매품이라는 제약을 감수해야 했다. 그러나 『내일을 위한 노래집』은 이후로 수많은 새 노래와 노래책이 나오는 자극제가 되었다.[11]

농민운동, 노동운동, 여성운동은 인간화를 위한 몸부림이었다. 이 노래집에는 인간의 존엄성과 권리를 요구하는 뜨거운 의식과 정서가 담겨있고, 이 노래를 부르며 소외된 이들은 모두 하나가 될 수 있었다. 문제가 된 노래 하나를 소개한다.[12]

『내일을 위한 노래집』 사건에, 『대화』지 사건에, 크리스챤아카데미의 중간집단교육과 모든 활동은 유신체제하에서 불온의 온상으로 각인되었다. 1979년 3월 9일 오전, 경동교회 아카데미 사무실에서 아카데미 여성간사로 일하던 한명숙이 중앙정보부로 끌려간다. 강원용 목사는 영문도 모른 채 불길한 예감이 든다. 3일 후에는 수원 사회교육원에서 교육을 맡고 있던 농촌사회 담당 간사 이우재(전 민중당 당수), 황한식(당시 부산대학교 교수), 장상환(당시 경상대학교 교수)이 교육 도중 끌려간다. 산업사회 담당간사 신인령(당시 아카데미 간사)과 김세균(당시 서울대학교 교수)은 시내 사무실에서 연행된다. 이제 분명해졌다. 중앙정보부의 표적은 한명숙 개인이 아니라 아카데미였다. 3월 15일 연행된 6명의 간사가 반공법 위반 혐의로 수사를 받고 있다는 정식 통고가 왔다. 이 통고와 함께 한양대 교수 정창열, 건국대 교수 김병태

---

11) 『역사의 언덕에서』 4, 53~58쪽.
12) 『사이·너머』, 213쪽.

내일을 위한 노래

강원용   나인용

1. 하 나 님 모습대로— 창 조된 우 리
2. 사 랑 이 햇빛같이— 퍼 지게하 고
3. 인 간 울 얽어매는— 쇠 사슬끊 고
4. 참 소 망 새벽처럼— 동 트게하 고

누 구 나 사람답게— 살 도 록하 자
정 의 가 강물처럼— 흐 르 게하 자
자 유 의 종울리자— 메 아 리치 게
평 화 가 대지에서— 꽃 피 게하 자

억 압 과 폭력없는— 내 일을위 해
불 의 와 부정없는— 내 일을위 해
숙 박 과 체념없는— 내 일을위 해
좌 절 과 전쟁없는— 내 일을위 해

손에손을— 굳게잡고— 일 터—로가 자

등의 간사들과 친하게 지내던 사람들을 비롯해서 아카데미에서 교육을 받은 노동자, 농민, 여성 등 50여 명이 줄줄이 연행되어 조사를 받게 되었다. 아카데미보다 더 급진적인 입장을 가진 '도시산업선교회' 등의 탄압을 강화하면서 중앙정보부는 아카데미까지도 치밀하게 감시하고 있었다. 실제로 이 탄압이 시작되기 오래전부터 교육생 중에는 프락치가 있기도 했다.

3월 27일 중앙정보부는 드디어 사무실에 들이닥쳐 강 목사도 남산 중앙정보부 조사실로 연행한다. 중앙정보부는 연행해간 여섯 간사와 강 목사의 관계를 집요하게 물으며 아카데미 전체를 혁명조직체로 몰아가려고 했다. 강 목사는 고문에 가까운 심문을 받는다. 잡혀간 지 6

일째 되는 날, 조사관들의 태도가 누그러지더니 "아직 조사에 미진한 부분이 있지만, 당신 나이도 있고 또 몸도 좋지 않고 하니까 일단 귀가 조치하기로 했습니다" 하고는 그날 밤 풀어주었다. 이 사건은 국내외적으로 아카데미 탄압 사건으로 비쳤다. WCC, CCA, 세계아카데미운동연합회, 독일교회연합회, 미국기독교연합회 등이 깊은 우려를 표명하며 우리 정부에 항의하고 조사단도 파견했다. 이 사건은 전 세계에 보도되었다.

7월 9일 첫 공판이 열린다. 이 과정에서 "차라리 자살하고 싶었다"고 할 만큼 끔찍한 고문이 자행되었음이 밝혀졌다. 결국 이우재(5년), 한명숙(3년), 정상환(2년), 신인령(1년), 황한식(기소유예), 김세균(6개월) 모두에게 중형이 선고되었다. 훗날 이들은 모두 정계와 학계에서 지도자가 되었다.[13)]

강원용 목사와 크리스챤아카데미에 있어서 인간화는 민주화를 통해서 이루어진다. 인간화를 위한 아카데미의 교육, 출판, 대화 활동들은 그대로 민주화의 밀알이 된 활동들이었고, 그 누구 못지않게 당국의 탄압을 받았다. 민주화를 위해 걸어간 강원용 목사! 이것이 그에 대한 진실이다.

신앙혁명, 신앙개혁

우리 사회에 끊임없이 가난하고 소외되고 짓눌린 사회 계층이 발생하는데도 그것을 인간사회에서 어쩔 수 없이 나타나는 현상쯤으로만 생각하며 교회는 그저 뒤치다꺼리나 하는 것이 능사일까? 불의하고 잘못되고 병든 사회제도와 정치구조 속에서 피 흘리고 상처받고 신음하는 사람들이 계속해서 발생하고 있는데도 말이다. 나는

---

13)『역사의 언덕에서』4, 75~127쪽.

좌파적인 급진 사상 때문이 아니라 예수 그리스도의 복음 때문에 그렇게 실천할 수밖에 없었다.[14)

교회 개혁과 인간화와 민주화를 위한 강원용 목사의 모든 실천을 두고 강 목사에게 "혁명이냐? 개혁이냐?" 하고 묻는다면 어리석은 질문이 될 것이다. 강원용 목사는 그런 이념적인 논쟁과는 거리가 멀다. 그는 급진적인 사상이나 진보적인 이상 때문이 아니라 위의 인용문대로 "그리스도의 복음 때문에" 때로는 급진적이고 진보적인 행동도 하고 때로는 보수적인 행동을 하기도 했다. 강원용 목사는 어디까지나 급진적 혁명파는 아니다. 진보적인 실천가다. 이런 면에서 평가하자면 그는 개혁주의자다.

'혁명이냐 개혁이냐'의 문제는 우리 사회의 실천문제 이전에 세계적인 인간화 실천의 중요한 이념 논쟁이었다.[15) 이 논쟁은 WCC의 노선에서도 중요했고 우리 사회에서도 뜨거운 문제였다. 크리스챤아카데미의 중간집단이 가지고 있는 이념 문제에서도 가장 큰 문제가 되었던 것은 "그것이 점진적 개혁적 기능을 하는 집단이냐, 그렇지 않으면 급진적 투쟁을 하는 이른바 전위자(avant-garde)의 집단이냐"에 관한 것이었다. 이를 두고 내부에서도 의견이 달랐다. 심지어는 중간집단의 이념을 만들어간 세 사람(정원식, 한완상, 고범서)과 이문영, 강문규 사이에서도 달랐다. 그러나 아카데미의 중간집단교육은 강원용 목사의 '압력'과 '화해'의 신학에 기초를 두었기 때문에 현상을 유지하려는 측과 과격한 대결주의, 곧 혁명적 방법을 고수하려는 측과는 노선이 달랐다. 점진적 개혁을 추구하는 집단이고 교육이었다. 그러나 화해와 압력을 통해 양극화를 해소하려는 아카데미는 양 진영에서

---

14) 『사이 · 너머』, 281쪽.
15) 이 논쟁에 대해서는 다음을 볼 것. 『혁명이냐 개혁이냐: 마르쿠제 · 포퍼 논쟁』.

모두 공격을 받는다. 급진 진영에서는 회색분자로, 보수적인 정부로부터는 체제와 정권에 반대하는 세력을 키우는 집단으로 오해받는다. 중간집단교육만이 아니라 강원용 목사의 모든 실천은 오해와 진실의 문제를 동반한 노선이었다.[16]

이때 압력과 화해는 마치 동전의 앞뒷면과도 같은 관계다. 화해와 통합의 기능은 없이 압력의 역할만 하는 집단만이 존재하는 사회는 한 번 생긴 상처가 또 다른 상처를 부르는 악순환에 빠지기 쉽다. 반면 압력의 역할을 포기한 화해는 거짓 화해로서 결국 지배자의 편에 서게 되기 마련이다. 화해란 심판을 동반하지 않으면 진정한 화해가 될 수 없다. 그렇기 때문에 사회를 개혁해가는 데 있어 정의와 사랑은 양자택일이 아니라 동시에 추구되어야 하는 것이다.[17]

이 인용문에 강원용 목사의 실천노선뿐만 아니라 그의 신학사상도 드러나 있다. '압력과 함께 화해와 통합'이 같이 행해져야 한다. 그러나 이 화해는 타협을 통한 잠정적 문제해결이 아니다. 강원용 목사가 말하는 화해는 반드시 '회개와 심판'이 선행돼야 한다. 이것이 개혁의 논리다. "정의와 사랑은 양자택일이 아니라 동시에 추구되어야 하는 것이다" 했는데, 이것은 먼저 회개가 있고 나서, 그 바탕에서 '압력'(정의)과 동시에 '화해'(사랑)의 작업이 이루어져야 한다는 것이다.

강 목사는 WCC에서도 진보적인 자리를 견지하면서도 혁명노선을 추구하는 노선에 대해서는 분명한 경고를 한다. 1966년 7월 초 아카데미 하우스 건축공사로 한창 바쁠 때, 강 목사는 WCC '교회와 사회위원회' 세계대회에 참석하기 위해 제네바로 간다. 이 대회에는 백낙준 박

---

16) 『역사의 언덕에서』 4, 72쪽.
17) 『빈들에서』 3, 48쪽.

사와 김재준 박사가 함께 한국대표로 참가했다. 강 목사는 1961년 뉴델리 대회에서 '교회와 사회위원회' 실행위원이 된 후 매년 준비대회에 참여했기 때문에 이 대회는 뜻이 남달랐다. 그리고 이 대회는 WCC 핵심 사안이 미·소 대결의 체제와 이념대결(동서문제)에서부터 빈국과 부국 간의 격차문제(남북문제)로 바뀌는 중요한 대회였다. 당시 WCC는 혁명의 소용돌이 속에 있는 세계 상황에서 교회가 어떻게 대응해야 하는지를 다루었다. 그러면서 가난한 나라들에 대한 관심이 높아지며, WCC 안에서도 아시아, 아프리카, 남미의 대표자들의 발언이 강해졌다. 따라서 가난한 나라들의 대표는 미국을 비롯한 부자 국가들도 제국주의 국가라고 공격하며 자본주의 체제에 대한 비판의 목소리를 높였다.

제3세계에 속한 강 목사로서는 이런 변화가 반가웠지만, 전쟁의 위협이 늘 도사리고 있는 분단국가의 대표로서는 공산주의에 대한 비판이 없는 채 부유 국들을 제국주의로 공격하는 것은 문제가 있다고 생각했다. 강 목사는 그래서 자기의 생각을 밝힌다.

우리 앞에 위협적으로 다가오고 있는, 당신들이 제국주의라고 부르는 호랑이를 막아야 한다는 데는 나도 전적으로 동감합니다. 그러나 호랑이를 막아야 한다고 해서 뒤에서 덮치는 곰을 잊어서는 안 됩니다. 호랑이가 밉다고 해서 곰이 예쁜 것은 아니며 그 곰 역시 호랑이와 함께 막아야 하는 것입니다.[18]

이 견해는 무시되어, 보수반동이란 비난을 샀다. 국내에서도 강 목사는 이런 세계적인 급진 추세의 영향을 받은 도시산업선교나 빈민선교와는 갈등을 피할 수 없게 되었다.

---

18) 『역사의 언덕에서』 3, 169쪽.

강 목사는 개혁이냐 혁명이냐를 떠나서 극단과 급진을 달가워하지 않았다. 1989년 8월 6일 주일에 행한 「위기를 기회로 바꾸자」라는 설교에서 무덤에 묻힌 예수가 부활하는 주일을 기다리지 못하는 신앙인들을 꼬집으며 몇몇 인사들을 거론한다. "많은 문제 가운데 특히 기독교인들 가운데 큰 충격을 주고 있는 그들은 남북통일을 실현하기 위해, 또 신앙양심에 따라 정의를 구현하기 위해, 자기의 목숨을 바치는 신념으로 그런 행동을 했을 것이다. 그들은 그것이 하나님의 뜻이요, 그리스도의 정의를 실현하는 길이라고 믿었을 것이다. 그러나 그것이 하나님의 뜻이란 확신이 과연 옳은 것인가?"하고 묻는다. 그러면서 인간은 누구나 죄인이기에, 아무것도 할 수 없는 존재이기에 모든 것을 하나님께 맡긴다는 경건주의도 문제이지만, 반대로 자기의 신념을 하나님의 뜻으로 둔갑시키고 자기의 행동이 곧 그리스도가 하시는 일이라고 확신하는 이들의 교조주의적인 행동도 잘못된 것이라고 지적한다. 민중해방을 위한 혁명이라면서 나온 볼셰비키 혁명, 나치, 파시스트 혁명이 다 그런 것에서 나온 것이다. 강 목사는 '혁명이냐 개혁이냐'가 아니라 오직 '신앙의 혁명' '신앙의 개혁'을 말한다.

기독교는 오직 '사랑' 외에 다른 강령을 가지고 있지 않다. 믿음으로 사는 길은 "하나님의 길은 인간의 길과는 다른 것"(「이사야」 55장 6~9절)임을 깨닫고 우리와는 다른 하나님의 길을 알기 위해 조용히 기다리며, 겸손과 부단한 회개를 통해 늘 열린 자세로 사는 것이다. 이럴 때만 서로 폭넓은 대화를 하게 되고, 대화 속에서 서로를 받아들일 때 민주주의도 실현되고 통일의 길이 열리기 시작한다. 역사를 망치는 것은 인간의 약함 때문이 아니라 강함 때문이다. 강원용 목사는 인간의 혁명이 아니라 성령의 혁명으로 설교를 맺는다.

성령의 역사는 진공 지대에 바람이 불어오듯이 우리의 마음이 비어 있는 약한 곳에 불어온다. 확신을 품고 성급하게 혁명적으로 행

동할 때 창조하는 힘이 아니라 파괴하는 힘으로 나타나는 것을 기억해야 한다.[19)]

아마도 윤여준이 강원용 목사의 실천노선과 그 노선의 토대를 가장 정확히 전해주지 않나 생각된다. 그의 강 목사에 대한 이해는 이렇다. 강원용 목사는 한국사회의 변혁을 추구한 혁명가임에는 틀림이 없다. 그러나 그 추구한 방식은 비혁명적이었다. 변혁을 추구한 혁명가도 대단하지만, 그 변혁을 비혁명적인 방법으로 성취해갔다는 것이 더 위대하다. 혁명은 보통 폭력적인 방법으로 기존체제를 뒤엎는 것인데, 이런 면에서 강원용 목사는 철저한 개혁주의자다. 현실을 잘 연구해서 되도록 그 현실 규범에 가깝게 가도록 하는 것이 개혁의 핵심이라고 그는 생각했다. 특히 남북한의 분단 상황 때문에 과격하게 저항했을 경우, 그 저항이 도덕적으로는 옳을지라도 그것이 가져올 결과를 강 목사는 늘 걱정했다. 이 때문에 강 목사는 민중주의적인 방식이나 급진적인 방식은 한국의 현실에는 맞지 않는다고 했다. 한마디로 그는 아주 철저한 현실주의자다. 늘 이상을 갖고 추구하되, 항상 현실에 발을 딛고 그 이상을 바라보고 추구했다.[20)]

윤여준은 강원용 목사의 행동의 토대도 제대로 파악하여 들려준다. "개혁과 변화를 일으키는 예수 그리스도의 길을 따라" 이것이 강원용 목사의 모든 운동과 실천의 동기라는 것이다. 강 목사는 정치적 발언을 그 누구보다 많이 했고, 현실 정치에 개입했다. 그러나 권력으로부터는 철저히 자신을 분리했고, 이 자세를 평생 유지했다. 실제로 국무총리 제의도 여러 번 받았으나 다 거절했다. 정교분리라는 강 목사의 원칙도 있었지만 가장 큰 요인은 강 목사는 어디까지나 '기독교 사회

19) 『강원용 전집』 13, 113쪽.
20) 윤여준, 「여해 강원용 목사의 사회변혁」, 『여해 강원용 그는 누구인가?』, 151쪽.

윤리'라는 정신에 입각해서 정치를 해석하고, 비판하고, 대안을 제시하려고 했기 때문이다. "예수 그리스도는 결국 개혁과 변화를 일으키는 존재 아니냐?" 하면서 늘 예수 그리스도가 걸어간 길을 가는 것이 강원용 목사의 신념이었다.[21]

강원용 목사의 실천과 사상을 일반 사회적 눈으로 보면 제대로 알수 없다. 그리스도를 영접하고 평생을 주님을 위해 살겠다고 서약하고, 사회를 위해 봉사하는 것을 복음전도로 알고 살았던 목사였음을 이해할 때만 강원용의 그 모든 것을 알 수 있다. 그가 하려는 진짜 혁명은 신앙의 혁명이었다. 하나님 앞에 선 인간과 세상을 만드는 것이었다.

---

21) 같은 책, 154~154쪽.

제7부

겨레와 세계를 향하여

1 분단과 민족통일

강원용 목사는 북한정권에 대해 비판적인 입장에서 반공적 성향을 유지해왔다. 그러나 강 목사에게 반공은 신앙을 대신하는 신념도 아니었고, 친미 반공 같은 것도 결코 아니었다. 강원용 목사는 70년대 극심한 이 사회의 양극화와 도처에서 억압받는 삶의 현장을 보고 크리스찬아카데미를 통해서 '인간화' 운동을 벌였다. 이것은 곧 민주화운동이기도 했다. 마침내 공산권은 무너지고 우리나라도 형식적일지언정 민주 시대가 되었다. 강원용 목사는 이 민주 시대를 맞으며 겨레의 통일이 민주화를 완성하는 길이라고 생각한다. 이제 강원용 목사는 반공에서 통일로 향한다. 강원용 목사가 맹목적인 반공주의자는 아니었듯이 통일을 염원하고 통일에 기여할 때도 낭만적 통일론자나 통일지상주의자는 아니었다. 역시 현실주의자로서 냉철한 현실 속에서 대화를 통해 화해를 하는 평화통일을 지향한다.

강원용 목사는 NCCK를 통해서 '민족희년선언'을 직접 주도하거나 깊이 관여하지는 않았다. 그러나 한국교회의 희년통일운동을 주도한 인사들은 모두 강원용 목사에게 훈련받았고, 함께 에큐메니컬 운동에 한국을 대표하여 참여한 인물들이었다. 이런 면에서 한국교회의 희년통일운동은 강원용 목사와 무관하지 않다. 강원용 목사는 통일도 역시 기독교 신앙으로 접근한다. 이 때문에 강원용 목사는 누구보다 통일을 위한 교회의 사명과 역할을 강조했다.

민족희년과 통일운동

우연인지 섭리인지, 특이하게도 한국교회의 통일운동은 희년운동으로 전개되었다. 1988년 2월 29일, NCCK 총회는 만장일치로 '민족의 통일과 평화에 대한 한국기독교회 선언'(88선언)을 채택하고 발표한다. 여기서 1995년을 '평화통일을 위한 희년'으로 선포하기로 한다. 어떻게 이런 희년의 발상이 나왔을까? 단지 분단 50년째가 되어서 50이라는 숫자 때문일까?

1987년 11월, 인천 송도비치 호텔에서 '제4차 한반도 통일문제 협의회'를 가졌다. 이 회의는 '민족의 통일과 평화를 위한 한국기독교선언'을 마지막으로 다듬는 회의였다. 이 회의의 주역들인 당시 강문규(서울YMCA연맹 사무총장), 김소영(대한기독교서회 사장, 전 NCCK 총무), 김형태(대한예수교장로회 증경총회장), 민영진(대한성서공회 부총무), 서광선(이화여자대학교 교수, 세계 YMCA연맹 회장), 오재식(NCCK 사회교육원장)이 얼마 후 희년선언을 회상하며 박근원 박사의 사회로 대담을 나눈 적이 있다. 이 대담이 『기독교사상』에 실렸다.[1]

대담을 요약정리하면 이렇다. '제4차 한반도 통일문제협의회'의 분과위원회를 마치고 복도에서 몇 사람이 쉬는 자리에서 김형태 목사가 한국기독교의 통일운동에 대해 장·단기 계획을 세워 추진하는 것이 좋겠다고 제안했다. 옆에 있던 김용복 박사가 바로 1995년이 해방 후 50년째가 되는데 희년이라고 얘기했고, 그 옆에 있던 민영진 박사는 구약의 희년은 놓임을 받는 해방의 뜻이 있다고 이야기했다. 그 자리에서 뜻이 모여서 분과위원회에서 논의하자고 했고, 분과위원회에서 모두가 좋다고 해서 통과되어 통일선언에 그 '희년'의 발상을 넣게 되었다.

---

1) 『기독교사상』, 1995년 1월호, 71~95쪽.

이 희년운동으로서의 통일 이야기는 다시 잇기로 하고, 한국교회가 선언한 희년 이야기를 하자 놀랍게도 이 선언은 전 세계교회의 반향을 일으켰다. 1997년에 '세계개혁교회연맹'(WARC) 총회가 희년 신앙을 그 주제로 채택했다. 이듬해 1998년에는 아프리카 짐바브웨에서 모인 WCC 총회가 창립 50주년을 맞아 희년선언을 했다. 2000년에는 로마 가톨릭교회의 바티칸도 그런 의미에서 바오로 2세가 반포한 '교황교서'(1994)를 통해서 '대희년'을 선언하며 희년의 대열에 합류했다. 2017년은 종교개혁 500주년을 맞으며 희년은 또 다른 하나의 의미를 지니게 된다.

이제 한국교회의 통일운동을 살펴보자.[2] 한국 기독교의 통일운동은 국내에서 시작되지 못했다. 군사정권의 감시와 탄압 아래 있었기 때문이다. 따라서 상대적으로 자유로울 수 있었던 재외 한국기독교인들이 1978년부터 북한 기독교인들과 만남을 시도했다. 유럽과 북미에 체류 중인 기독교인들이 이런 시도를 했지만 불발되고 만다. 1980년, 재외 기독교인들은 '조국통일 해외기독자회'(기통회)를 조직하고 '조선그리스도교연맹'(조그련)과 재차 연락을 시도하여 호응을 얻었다. 1981년, 기통회는 가을에 서독에서 북한 기독교인들과 첫 만남을 계획했고, 독일교회가 적극적으로 지원하고 도와주기로 약속했다. WCC도 비공식적으로 협조했다. 그 결과로 1981년 11월에는 빈에서, 1982년 12월에는 헬싱키에서 '조국통일을 위한 북과 해외동포 기독자 간의 만남'이 개최되었다.

한편 NCCK도 세계교회와 협력하면서 통일운동을 준비하기 시작했다. NCCK와 독일연방교회(EKD)는 1981년 6월 아카데미 하우스

2) 도잔소 회의에서부터 1995년 3월 28~31일 일본 교토에서 열린 제4차 글리온 회의에서 남북대표가 8·15공동희년예배를 드리기로 결정한 공동합의문을 발표하기까지의 자세한 과정은 다음 글을 보라. 손달익, 「한국기독교 통일운동의 전개과정」, 『기독교사상』, 2015년 7월호, 38~49쪽.

에서 '분단국에서의 그리스도 고백'을 주제로 제4차 한국교회협의회를 개최했는데, 이 모임은 NCCK가 1982년 '통일문제연구와 운영위원회'를 조직하는 데 결정적인 역할을 했다.

이즈음에 미국교회도 한국교회의 통일운동에 동참한다. 1984년 제3차 '한북미교회협의회'에서 채택된 공동성명은 미국이 한국을 분단시킨 나라 중에 하나임을 명시하면서 미국교회가 한국교회와 함께 한반도의 통일을 위해 공동의 책임을 져야 한다고 주장했다.

1975년 이후 스위스 제네바에서 결성된 '한국민주화기독자동지회'(동지회)는 통일문제를 동북아시아 평화라고 하는 확장된 개념으로 만들어서 안전하게 공론화할 수 있도록 WCC가 이 문제를 제기하도록 요구했다. WCC가 이 제안을 받아들여 1984년 일본 도잔소(東山莊)에서 WCC '국제문제위원회'(CCIA)가 "동북아시아 평화와 정의위원회"를 개최한다. 마침내 한반도의 평화와 통일문제에 대한 세계교회의 공동노력이 본격으로 진행되었다.

1984년 10월 28일부터 11월 2일까지 '도잔소 회의'가 열렸다. WCC-CCIA는 이 회의에 NCCK와 조그련을 다 초청했다. 조그련은 이 협의회를 축하하며 협의회를 성공적으로 마무리하기를 바란다는 서신을 보내고는 끝내 참석하지는 못했다. 이 협의회에서 채택한 주요 내용은 다음과 같다.

첫째, 한반도에서의 긴장과 전쟁위협, 독재와 인권유린, 경제손실과 인간적 고통의 원인은 한반도 분단에 있으며 분단의 극복이 평화와 정의의 실현에 필수적 요건이다. 둘째, 주변 강대국과 해외 교회가 분단 극복을 위한 양국의 군비경쟁을 지양해야 하고, 교류와 만남에 영향력을 행사해야 한다. 셋째, 남북한 기독교인들이 적대 관계를 극복하고 신뢰를 형성할 수 있는 여건을 마련하기 위해 세계교회가 양국의 교회와 대화하며 가교역할을 해야 한다.[3)]

여기서 제시한 실천과제는 다음과 같다. 첫째, 이산가족의 접촉을 위해 국제기구를 적극적으로 활용하기, 둘째, 통일논의에 국민 전체의 주체적 참여권 확대하기, 셋째, 사회주의 국가 교회들이 체험한 바를 참고로 삼을 수 있는 방안 강구하기, 넷째, 강요된 적대관과 선동적 제국주의론 및 무기화된 반공주의 장애 극복하기, 다섯째, 청년층과 여성층의 통일논의 참여 고취하기, 여섯째, 군비경쟁에 제동 걸고 핵무기 폐기에 앞장서기다.

이 도잔소 회의 결과로 이후 WCC를 비롯한 세계교회 지도자들이 북한을 공식 방문할 수 있게 되었다. 1985년 11월 WCC 대표단이 북한을 공식 방문한 후에 3년 동안 일곱 차례나 방문하게 되었다. 또 하나는 남북한 교회지도자들이 직접 만나는 역사적인 계기를 마련했다. 오재식은 "도잔소 회의는 말조차 금기시할 정도로 암울한 군부독재 시대에 NCCK 통일위원회에서 기획하고 WCC의 협조를 얻어, 국제회의를 개최하여 통일운동의 물꼬를 텄다는 점에서 역사적 의의를 갖는다"고 평가한다.[4] 이 회의가 '도잔소 회의'인 것은 도쿄 외곽의 작은 도시인 고텐바시에 있는 YMCA 동맹 연수원 이름이 동산장인데, 그 일본식 발음이 도잔소이기 때문이다.

1986년 9월 2일부터 5일까지 스위스 글리온에서 '제1차 글리온 회의'가 열린다. WCC-CCIA 주최로 개최된 "평화에 대한 기독교적 관심의 성서적 기반" 세미나에서 가시적인 성과를 낸 것은 아니지만, 남북교회가 첫 만남을 이루고, 함께 예배드리고 성만찬을 나눈 것은 감격스러운 장면이었다.

드디어 1988년 2월 29일에 열린 NCCK 총회에서 만장일치로 '민족의 통일과 평화에 대한 한국기독교회선언'(88선언)을 채택하고 발표했다. 예상치도 못한 일이었다. 강력한 반공주의가 지배하던 때라

---

3) 같은 글, 41쪽.
4) 『나에게 꽃으로 다가오는 현장』, 265쪽.

면책특권을 보장받는 국회의원조차도 국가보안법으로 구속되던 때였다. 88선언문이 완성된 것은 1월인데, 어떻게 알았는지 문화부의 종교담당자가 '88선언'의 초고를 입수해서 오재식을 만났다. 그는 초고를 내밀면서 밑줄 친 12개를 빼지 않으면, 오재식은 물론 기초위원도 무사하지 못할 것이라고 위협을 했다. 그러나 오재식은 그것을 묵살했고 2월 29일 연동교회에서 열린 NCCK 총회 때, '88선언'은 만장일치로 가결되었다. 그때의 정경이다.

김형태 목사가 흘러내리는 눈물을 감추며 선언서를 읽었고, 선언서가 낭독되는 동안 여기저기서 탄식과 울음이 터져 나왔다. 낭독이 끝나자 일제히 기립박수로 맞이했다.[5]

이 88선언의 골자는 남북분단과 서로 미움을 가진 것에 대한 회개와 남북 양측에 7.4공동성명의 '자주·평화·민족대단결' 원칙에 입각해서 통일의 합리적 진행을 촉구하는 구체적인 제안을 한 것이다. 또하나는 희년의 선포이다. 희년선언문은 우리는 예수 그리스도가 '평화의 주'(「골로새서」 1장 20절)이심을 믿으며, 하나님의 인간구원과 선교사역은 이념과 체제가 다른 사회 속에서도 이루어진다는 것을 믿으며, 남북의 그리스도인들이 갖는 신앙고백의 형태와 교회 모습이 다르더라도 한 분 하나님, 한 분 그리스도께 매여 있는 한 몸을 이루는 지체들이라고 고백하고, 평화통일을 위한 희년을 선언한다.

이와 같은 고백에 입각하여 한국기독교교회협의회는 평화와 화해의 선교적 사명을 다하기 위해 그리고 민족 분단의 고통에 동참하고 통일로써 이를 극복해야 한다는 역사적 요청에 응답하기 위

---

5) 같은 책, 275~277쪽.

해, 회개하고 기도하는 마음으로 평화와 통일을 위한 희년선포운동을 다음과 같이 전개하고자 한다.

......

희년 선포는 하나님의 백성이 하나님의 역사적 주권을 철저히 신뢰하고, 그 계약을 지키는 행위다. 희년은 억압적이고 절대적인 내외 정치권력에 의하여 이루어진 모든 사회적 갈등을 극복하여 노예된 자를 해방하고, 빚진 자의 빚을 탕감하며, 팔린 땅을 본래의 경작자에게 되돌려주고, 빼앗긴 집을 본래 살던 자에게 돌려주어 하나님의 정의를 바탕으로 하는 샬롬을 이루어 통일된 평화의 계약 공동체를 회복하는 해다.[6]

1988년 4월 25일부터 29일까지 인천 송도에서 WCC '세계기독교 한반도 평화대회'가 열렸다. 여기서 '민족통일과 평화에 대한 한국기독교 회의선언'을 적극적으로 지지하며 세계교회가 동참하기로 결의했다. 1988년 11월 23일부터 25일까지 개최된 '제2차 글리온회의'(WCC-CCIA 주최)에서는 「한반도 평화와 통일을 위한 글리온 선언」을 발표했다. 조그런 대표 7명과 NCCK 대표 11명 등 총 40명이 모인 가운데 양측이 합의한 실천 과제는 다음과 같다.

1. 1995년을 '통일의 희년'으로 선포하고 매년 8·15 직전 주일을 공동기도일로 지킬 것.
2. '자주·평화·민족의 대단결'의 원칙을 재확인
3. 통일의 주체는 남·북의 민중 당사자임을 확인
4. 동북아시아의 평화를 구축하기 위해서는 한(조선)반도의 통일이 이룩되어야 함

---

6) 한국기독교교회협의회, 「민족의 통일과 평화에 대한 한국기독교회 선언」, 1988.

5. 양쪽으로 갈라진 민족 당사자 간 신뢰성 구축
6. 군비의 대폭 감축과 평화협정으로의 전환 및 불가침 선언의 채택
7. 이산가족의 재회와 남북 간의 각종 인도주의적 교류 추진
8. WCC, 조그런, NCCK의 긴밀한 협조[7)

이 선언도 WCC와 WARC의 공식지지를 받았으며 이후 남북교회의 만남과 세계교회와의 유대가 더욱 가속되었다. 이어서 12월 2일부터 4일까지 '제3차 글리온 회의'가 개최되었다. 이 회의는 지금까지 회의 중에서 가장 진전되었고 그 내용도 풍부하다. 무엇보다 양국대표는 이 자리에서 1995년에 예정된 '통일의 희년'을 위한 아주 구체적이고 실질적인 '희년 5개년 공동작업' 계획을 마련했다.

1. 세계기도주일 예배순서를 공동으로 채택한다.
2. 평화교육과 통일교육을 실시하여 통일의식을 심화시킨다.
3. 남북교회는 연대사업을 전개하며 교회 밖의 민중 및 각계각층의 통일운동 단체들과 연대사업을 한다.
4. 상호불가침선언, 군비축소, 긴장상태 해소를 위한 대규모 군사훈련 중지를 촉구한다.
5. 투옥 인사의 석방운동을 전개한다.
6. 민간접촉과 상봉에 장애가 되는 법률과 제도를 폐지하는 운동을 전개하며 대화와 만남을 평양과 서울에서 개최할 수 있도록 노력한다.
7. 이산가족 상봉과 고향방문이 실현되도록 노력한다.
8. 세계 에큐메니컬 공동체들이 지지하고 연대하는 사업을 추진한다.

---

7) 「한국기독교 통일운동의 전개과정」, 44쪽.

9. 희년 5개년 공동사업을 위해 실무기구를 설치할 수 있다.[8]

이후로 한반도 평화통일을 위한 한국교회와 세계교회의 노력은 2013년 제10차 WCC 부산총회까지 계속된다. 군부독재의 한복판에서 통일을 논의하고, 통일 희년을 선포하고, 세계교회와 함께 남북의 교회가 만나 통일희년을 꿈꾸고 구체적 실천방안을 내놓았다. 이것은 그 후 남북교류와 대화의 장을 여는 촉매제가 되었다. 중요한 것은 NCCK를 중심으로 한 한국교회의 통일운동의 성격이다.

'88선언'에 나타난 한국기독교의 첫 번째 통일운동의 성격은 '분단과 증오에 대한 죄책 고백'이라는 점이다. 우리 겨레의 분단은 세계 초강대국들의 동·서냉전 대립이 빚은 구조적 죄악의 결과이고, 이로 인한 분단은 남북한 사회 내부의 구조악의 원인이 되어왔다. 이런 것을 인식하지 못하고 그동안 분단을 당연시하고, 서로 간 증오를 키워왔다. 남북 양측의 이념과 체제 우상화는 하나님께 대한 반역이며, 상호증오는 이웃사랑 계명을 어기는 죄다. 그러므로 한국교회의 통일운동은 분단과 증오에 대한 죄의 고백에서 출발하고 또 죄를 고백하는 과정이 되어야 한다.

'88선언'에 나타난 한국기독교의 두 번째 통일운동의 특징은 '평화'이다. 통일은 민족의 삶과 세계 평화를 위협하는 분단을 극복함으로써 대결에서 공존으로 나아가는 것이며, 마침내 하나의 평화로운 민족공동체를 이루는 것이다. 이를 위해서는 남북한 정부당국이 정보를 독점하거나 정치적으로 통일에 접근해서는 안 된다. 남북한 국민이 통일논의와 정책수립 과정에 주체적으로 자유롭게 참여할 수 있도록 언론의 자유를 보장해주고, 통일문제를 민간기구가 자유롭게 연구하고 논의하도록 실질적으로 보장해주어야 한다.

---

8) 같은 글, 45쪽.

'88선언'에 나타난 세 번째 한국교회 통일운동의 특징은, 이것이 가장 중요한데, 바로 '희년으로서의 평화통일'이다. 발상은 한국기독교가 했지만, 조그런도 세계교회도 함께 해방 50년째인 1995년을 '평화통일의 희년'으로 선포하고, 통일만이 아니라 총체적 해방으로서 희년통일운동을 벌여갔다는 점이다.[9]

희년으로서의 통일은 우리 겨레에게 남다르다. 앞으로도 이것은 남북을 아우르는 공동의 화두가 될 것이다. 왜냐하면 북한의 김일성이 이 희년을 수용했기 때문이다. 1988년 11월 제2차 글리온 회의에서 남북이 1995년을 통일원년으로 하자는 합의를 했다. 1년 후 문익환 목사가 방북하여 김일성 주석과 단독 대담을 한다. 그날 대담에서 문 목사가 먼저 말문을 열었다고 한다. 남의 나라가 멋대로 그어놓은 38선이 뭐라고 신주 모시듯이 끼고 있는가, 수치스러우니 걷어치우고 1995년을 통일 원년으로 하자는 제안이었다. 이에 이어서 김 주석은 연방제에 대한 제안을 한 듯하다. 아무튼 문 목사는 통일원년을 말하며 희년에 대한 설명을 김 주석에게 했고, 김 주석은 희년의 성서적인 배경과 취지를 듣고 그 희년 구상을 받아들였다고 한다. 그리고 김 주석은 자기는 민족주의하려고 공산주의자가 됐다고 말했다고 한다. 이것은 문익환 목사와 함께 방북해서 수행한 정경모의 증언이다.[10] 한국교회와 김 주석이 함께 공감한 희년으로서의 통일은 북쪽에서도 김일성의 뒤를 잇는 통일논의의 고리가 될 것이다.

죄책고백, 평화의 원칙, 희년으로서 통일, 남북 간의 상호대화와 이해, 자유로운 논의…… 이런 통일운동을 결코 강원용 목사는 반대하지 않았다. 더구나 이 희년통일운동의 주역들은 바로 강원용 목사의

---

9) 한국기독교통일운동의 성격은 오재식이 해설하며 수록한 '88선언'을 요약했다.『나에게 꽃으로 다가오는 현장』, 451~472쪽.
10) 정경모,『시대의 불침번』, 한겨레출판사, 2010, 391~394쪽.

정신과 실천을 이어받은 사람들이었다.

지나간 반공시대

공산주의와 강원용, 어쩌면 숙명과도 같은 것이기도 했고 아무것도 아닌 것이기도 했다. 강원용 목사는 공산주의를 싫어했다. 소년 시절의 경험이 그 시작이 되었다. 여러 차례 중요해서 언급한 대로 그가 그리스도인이 되고서는 기독교는 공산주의와 전혀 맞지 않는다고 생각했다. 그리고 동네의 공산주의자들이 교회에 와서 예배 중에 행패를 부리는 것을 보고는 공산주의를 미워했다. 일찍부터 강원용 목사가 벌인 운동은 공산주의 배격이었다. 은진중학교 시절에도 그는 공산주의 학생들과 신봉자들에 과감히 맞서서 학교를 지켜냈다.

강원용 목사는 해방 후 북쪽에 공산주의가 들어서자 월남했다. 공산치하에서는 살 수가 없었기 때문이다. 강원용 목사만이 아니다. 경동교회의 주 구성이었던 선린회의 공통점은 그들이 모두 공산주의가 싫어서 남쪽으로 왔다는 것이다. 이미 살펴본 대로 함경도와 북간도 출신의 그리스도인들과 서북 출신의 그리스도인들은 남쪽 사회에서 다른 색깔의 신앙양태를 보인다. 그럼에도 공통점은 모두가 다 반공주의자라는 것이다. 그러나 이 반공주의는 꼭 이념의 문제만은 아니었다. 김경재는 이처럼 공산주의 정권의 탄압을 피해서 월남한 기독교인들의 반공의식을 "체험적 공산주의"[11]라고 했다. 폭력과 횡포와 종교탄압을 목격하고 체험했기 때문에 절로 공산주의를 싫어하게 된 것이다. 강원용 목사는 남쪽으로 내려오고 나서 목숨을 걸고 반공강연을 하러 다니기도 했다.[12]

---

11) 김경재, 『아레오바고 법정에서 들여오는 저 소리』, 도서출판삼인, 2005, 426쪽.
12) 『역사의 언덕에서』, 219~227쪽.

공산체제하에서 살지 못해서 남으로 내려온 기독교 인사들을 중심으로 반공주의가 형성된다. 이것이 독재, 군사정권과 맞물리며 맹목적 반공이 되고, 이 사회만이 아니라 한국교회의 일반적인 정서가 되고 만다.

강원용 목사의 경우도 그 누구 못지않게 공산주의를 싫어했다. 그러나 강 목사는 맹목적 반공주의는 아니었다. 4·19의거는 민주화의 불씨도 댕겼지만 민간영역의 통일논의도 활성화시키는 계기가 되었다. 당시 이승만 정부는 북측의 정부를 인정하지 않고 북에서만 유엔 감시하에 총선거를 하는 통일방안을 주장했다. 그러나 4·19의거를 계기로 다양한 통일 방안이 민간차원에서 논의되면서 장면 정부는 남북총선거 통일방안으로 방향을 바꾸었고, 남북이 서로의 정부를 어느 정도 인정하면서 최고민족회의를 조직하여 남북의 여러 분야와 발전 문제를 독립적으로 조절하는 연방제를 제의한다. 이때 강원용 목사는 이런 입장을 내놓는다. 이것은 반공주의자의 입장이 아니라 열린 자세로 통일을 논의하는 그 당시의 평화통일운동과 맥을 같이하는 것이다.

남북과 좌우를 막론하고 남북통일은 전 민족적인 염원이었으나 그동안 독재정권의 잠꼬대 같은 북진통일의 구호를 제쳐놓고 남북통일을 부르짖는 것은 사형대에 올라앉을 각오를 해야 했기에 잠잠할 수밖에 없었으나, 이제는 독재정권의 붕괴와 함께 열린 국민의 입을 틀어막을 수도 없고 또 그렇게 하려는 의도 자체가 가장 반민주적인 의도인 것이다.[13]

강원용 목사가 반공주의자로 일방적으로 매도된 것은 과격한 운동

---

13) 강원용, 「남북통일과 우리의 과제」, 『기독교사상』, 1961년 2월호, 40쪽.

권과의 갈등에서 온 것이다. 그 결정적 계기가 있다. 1972년 12월 29일부터 이듬해 1월 12일까지 '오늘의 구원'이라는 주제로 방콕에서 선교대회가 열렸다. 이 선교대회의 내용은 개인구원보다는 사회구조의 구원이 우선으로, 잘못된 사회구조부터 고치자는 것이었다. 선교방식도 대상 지역의 구체적인 삶의 자리에 맞게 이루어져야 한다는 상황선교론이 등장했다.

대회가 열리고 있는 어느 날, 강 목사가 평소 알던 두 후배가 찾아와서 이야기를 꺼낸다. 내용인즉 평화적인 방법으로는 아무 일도 해낼 수 없는 극단적인 박정희 정권의 탄압이 심해지니 목사님 같은 분이 선봉에 나서서 투쟁해 달라는 것이었다. 강 목사가 그 방법을 묻자, 저들은 강 목사님처럼 국제적인 인물이 박 정권을 정면공격하고 감옥에 들어가는 방법이 좋다고 했다. 그러면 파장을 일으킬 것이고, 그것을 계기로 자신들이 국내외 협력을 얻어 박 정권 타도운동에 앞장서겠다는 것이다. 이 방법에 대해 서로 의견이 오간 다음, 강 목사가 그들에게 물었다. 박 정권을 타도한 다음의 생각은 어떤 것이냐고 묻자, 그들은 이 미묘한 질문에는 대답하지 않았다.

강원용 목사는 그들에게 자기의 정치와 사회 문제에 대한 입장을 설명한다. 기존 체제를 지켜나가는 현상유지입장, 기존 체제를 완전히 무너뜨리고 새 질서를 세우는 급진적인 혁명입장이 있으나, 자신은 두 입장을 반대하며 점진적 개혁노선을 취한다고 했다. 그 이유는 건조한 운동권은 결코 알 수 없는 인간의 종교적 실존을 강 목사는 알고 있었기 때문이다. 이 세상에는 천국도 지옥도, 절대 선이나 절대 악도 존재하지 않는다. 둘 중 어디에 가까운가 하는 차이는 있을망정 모든 것은 그 사이에 있기 때문에 '환상도 절망도 갖지 않고' 현실에서 가능한 개혁을 추구하는 것이 자신의 입장이라고 밝혔다. 그러면서 그들의 노선이 틀린 것은 아니지만 따를 수는 없다고 했다. 그러나 저들은 강 목사의 입장을 극악한 상황을 피하는 자기 합리화나 말장난 같다고 했다. 과격한 운동권을 대표하는 두 사람의 협박과 회유로 이루어진 대화 아닌 논쟁은 새벽 동이 트도록 이어졌고 접점 없이 끝이 났다. 이것이 도화선이 되었다. 이 논쟁을 계기로 강원용 목사는 사람들에게 보수주의자로 몰렸다. 기독교 안에서 친한 친구들이나 선후배들과도 멀어지는 불행한 사태를 맞았다. 그뿐 아니라, 11년 뒤에 WCC 밴쿠버 총회에서 회장단 선거 후보로 나와 당선이 유력해졌을 때 그것을 방해할 만큼 적대세력으로 강 목사를 규정하고 반대했다.[14] 운동권에서 강 목사를 보수주의자, 한국의 매카시(Joseph McCarthy)로 몰아붙인 것이 오해를 불러일으킨 것이다.

그러나 나는 그들에게 따돌림을 당하고 백안시를 당하면서도 그들을 미워할 수만은 없었다. 그들에 대한 나의 감정은 한마디로 애증이라고 할 수 있었다. 유신체제에서는 사실 그들이 택한 방법 외에 달리 저항할 수 있는 길이 없는 게 현실이었고, 또 그들이 정의감으로 택한 그 길은 고난과 박해를 감수해야 하는 가시밭길이었으므로 나는 그들을 충분히 이해하고 용기 있는 사람으로 인정하고 있었다.

하지만 어느 쪽에도 가담하지 않고 중간에 서서 자유로운 비판자로 남으려는 나의 입장 역시 양쪽에서 가해지는 협공을 감수해야 하는 쉽지 않은 길이었다. 운동권에서는 나를 보수주의자, 한국의 매카시, 친박정희파라고 비난을 해댔고, 박 정권은 나를 감시하며 언제든지 꼬투리를 잡을 준비를 하고 있었다. 나는 내 식으로 무언가를 해나갈 뿐이었지만, 내가 하는 일 그 자체보다도 양쪽에서 욕을 먹고 계속해서 오해와 비난을 받아야 하는 사실이 나를 더 힘들게 할 때가 많았다. 시대가 힘들고 상황이 어려워지면 서로 힘을

14) 『역사의 언덕에서』 3, 348~356쪽.

합쳐 각자 자기 그릇대로 할 일을 해나가면 좋으련만, 묘하게도 사람들은 힘들면 서로 더욱 비난과 원망과 불신을 쌓아간다. 어려운 시절과 무서운 체제가 사람들을 거칠고 황폐하게 만들어가고 있었다.[15]

이 진술에서 강 목사가 보수주의자, 반공주의자, 정권야합자라는 오해의 이유도 알 수 있다. 또한 이런 오해를 운동권과 보수권 양측에서 비난받으면서도 제3의 길을 걸은 강 목사의 현실주의 노선과 제3의 길의 진실도 찾아보게 된다.

강원용 목사는 이념적이거나 맹목적 반공주의자가 결코 아니었다. 북의 공산주의의 정체를 더 비판적으로 정확히 알도록 열린 자세를 요구했고, 반공이 남한사회의 모든 것을 가로막는 구실이 되기를 원치 않았다. 북의 공산주의의 실상을 제대로 알면 도리어 든든한 반공이 된다고 여겼다.

1980년 11월 25일 오전, 강 목사는 청와대에 들어가 신군부 세력으로서 광주학살을 저지른 전두환에게 국정자문위원 위촉장을 받고 둘만의 대화시간을 갖는다. 강 목사가 국정자문위원을 맡게 된 이야기는 나중에 하기로 하자. 이 자리에서 강 목사는 전두환에게 박 대통령의 말로를 교훈을 삼을 것을 요구하며 그동안의 국시였던 반공정책이 잘못되어 도리어 양공(養共)을 했다면서 제대로 반공을 하기 위해 두 가지를 제안했다. 하나는 빈부격차가 심화되면 공산주의라는 세균이 번식할 수밖에 없으니 그 문제를 잘 생각해야 한다는 것과 또 하나는 대학도서관 같은 데서 북한의 신문이나 방송을 자유롭게 듣게 해야 든든한 반공이 될 수 있다는 것이다. 이런 반공정책을 해야 대학생들이 지하 서클에서 편협된 공산주의 책자를 은밀히 읽고 흔들리는 사

---

15) 같은 책, 357쪽.

태를 막을 수 있다고 직언했다.[16]

전두환 이후 강 목사는 노태우가 대통령 후보 시절에 요청하여 만났다. 이 자리에서도 강 목사는 노태우에게 제일 먼저 해야 할 일로 공산주의를 포함한 이념문제에 대해서 개방적이고 당당한 태도를 취해 달라고 주문했다. '정신문화연구원'을 일종의 '사회과학연구원' 같은 기관으로 바꾸어서, 공산주의 서적을 비롯한 전 세계의 사회과학 서적과 자료들을 비치해서 이용할 수 있도록 정부가 지원해야 하며, 이 개방이 일반인들에게는 아직 시기상조라면, 우선 대학원 이상의 지식층에게 허용해야 한다고 요구했다.[17]

노태우는 공산권 붕괴라는 대변혁을 배경으로 적극적으로 북방외교를 펼치기 시작한다. 남북유엔 동시가입 이야기도 나오고, 우리 기업인이 북한을 방문하는 등 급속도로 사태가 변한다. 급기야 1990년 12월에는 노 대통령이 한국 대통령으로는 처음으로 소련을 방문한다. 귀국 후에 노 대통령은 강 목사를 포함한 몇 사람을 초대해서 방문보고를 만족스럽게 했다. 그러나 강 목사는 그것이 조급한 성과주의라고 판단하고, 고르바초프(Mikhail Gorbachev)의 개혁이 쉽지 않으니 신중하라는 충고를 한다.[18]

그 후 '남북합의서'를 위한 총리회담이 열렸을 때의 일이다. 반공이 되었든 통일이 되었든 강 목사는 남북문제에 큰 관심이 있었기 때문에, 남북합의서가 남북 사이의 최대 관심사로 떠오른 1992년 1월 20일에 '남북 화해와 민의'라는 모임을 개최하고 관계자 70여 명을 모은다. 이 모임에서 김점곤 교수가 합의서에 대한 주제강연을 했고, 그 당시 총리로서 이 문제 때문에 노심초사하는 정원식과 민자당의 김영삼 대

---

16) 『역사의 언덕에서』 4, 174쪽.

17) 같은 책, 319쪽.

18) 같은 책, 389쪽.

표, 민주당의 김대중 공동대표 등이 논평자로 참가해서 진지한 토론을 벌였다.[19] 이제 강원용 목사는 남북 화해의 조정자 역할을 하기 시작한 것이다.

이후에 강원용 목사는 중국을 다녀오고 나서 노태우 대통령에게 면담을 요청한다. 북경에 갔을 때 중국 정부의 원로인 오학문 장군을 만났는데, 그는 강 목사에게 평양에 가서 김일성 주석을 만나보라고 했다. 깜짝 놀라는 것 외에는 달리 표현할 길이 없는 이야기였다. 강 목사는 평소 김 주석을 싫어해서 비판만 했을 뿐 아니라 "그는 무신론 공산주의자요, 나는 기독교 목사이고, 정치적 직함도 없는 사람인데 그것이 말이 되는가" 하고 되물었다. 그러나 오학문은 그런 정도는 김 주석도 다 알고 있고, 김 주석이 이제 고령이라 남쪽 지도자와 만나 민족문제를 허심탄회하게 이야기하고 싶어 한다는 것이다. 그런데 현재 남쪽 지도자들은 다 자기 아들뻘이고, 나이 든 사람들은 대부분 일제강점기 때 친일을 하거나 해방 후 미군정이나 역대 정부와 깊이 관계된 사람들이라서 친일도 안 하고, 모든 정권과도 거리를 유지하고 살아온 강 목사를 만나고 싶어 한다는 것이다. 이런 일 때문에 강원용 목사는 노 대통령을 만나 김 주석을 만나러 가겠다는 이야기를 한다. 노태우는 놀라기는 했지만 승인을 하겠다고 했다. 그러나 그 뒤로 아무 연락이 없어서 이 일은 흐지부지되고 말았다.[20]

그의 성격으로 보아, 겨레 사랑의 열정은 대단한 것이었고, 대화와 현실 절충은 그의 신념이었기 때문이다. 이런 점으로 미루어보아 이것은 사실일 것이다. 여기서 확인하게 된다. 강원용 목사는 더 이상 반공주의를 주장하지 않는다. 남북 대화와 화해가 이제 그의 최대 관심이 되었다. 또 하나는 김일성 주석도 강원용 목사는 친일파도 아니

---

19) 같은 책, 390쪽.
20) 같은 책, 369~392쪽.

요, 미군정의 협조자도 아니요, 역대 정권과도 유착한 사람도 아님을 인정했다는 점이다.

제3의 통일실천

겨레의 통일을 염원한 강원용 목사는 어떤 실천을 했을까? 그러나 그가 반공을 고수할 때도 맹목적 반공주의자가 아니었듯이, 통일에 관심할 때도 통일지상주의자나 낭만적인 통일론자는 아니었다.

남태욱은 니버의 사상을 토대로 통일을 기독교현실주의의 시각으로 접근하면서 몇 가지 전제를 제시한다. 첫째, 한반도 통일은 군사력의 균형과 무력 사용과 같은 거짓 평화가 아닌, 이를 철저히 배제한 '진정한 평화'와 '정의로운 평화'여야 한다. 둘째, 한반도 통일은 독일의 경우처럼 어느 한쪽의 붕괴를 통한 흡수통일이어서는 안 된다. 셋째, 한반도 통일은 남북의 자주적인 노력에 의한 통일이어야 한다. 넷째, 한반도 통일은 현실주의에 기초하여 점진적으로 성취되어야 한다. 남태욱은 이런 전제 위에서 니버의 현실주의에 기초해 다음과 같은 통일관을 제시한다.

우리 민족에게 통일은 부정할 수 없는 절체절명의 선인 동시에 국제 사회의 냉혹한 현실 속에서 풀어야 할 신중한 과제다. 그러므로 통일을 성취하는 방법은 절대로 이상주의 또는 낙관주의에 근거해서는 안 된다. 이상주의는 현실에 대한 이해를 결여하거나 간과함으로써 때로는 너무나 순진하고 무리한 방법으로 서둘러 추진하여 일을 그르치는 경우가 종종 있기 때문이다. 그리고 어디까지나 이상은 이상이기 때문에 환상으로 종결되어 복잡하고 모호한 국제적 환경 속에서 좌절할 수밖에 없다. 반면에, 비관주의 또는 패배주의적인 접근 방식 역시 배제해야 한다. 비관주의는 지나친 현실주의에 빠질 수 있어서 불편부당한 현실을 당연시거나 고착시켜 현실을 개선하거나 변혁할 수 있는 의지 또는 가능성을 전적으로 부정하기 때문에 분단을 영구히 할 수 있으며, 때로는 전쟁과 폭력을 용인하는 결과를 너무 쉽게 수용하는 경향이 지배적이기 때문이다. 따라서 한반도 분단을 극복하기 위해서는 양극단을 배제하고 현실주의적 접근 방식을 고려해야 한다.[21]

남태욱의 이런 전략은 그대로 강원용 목사의 통일에 대한 입장이며 실천전략이었다.

2000년 6월 15일 김대중 대통령이 평양을 방문하여 김정일 국방위원장과 정상회담을 연다. 박정희도 평양에 특사를 보냈고, 노태우 대통령도 정상회담을 하려고 노력했고, 김영삼 대통령은 정상회담 날짜와 장소까지 받아 놓았지만 갑작스러운 김일성 주석의 죽음으로 만남이 이루어지지 못했다. 강 목사는 김대중 대통령이 김정일 국방위원장을 만난 것을 '쾌거'라면서 환영한다. 이 정상회담에서 네 가지 원칙을 밝힌 문서를 발표했다. 첫째, 통일 문제의 자주적 해결, 둘째, '한국가 2체제'의 통일방안, 셋째, 이산가족 문제의 조속한 해결, 넷째, 경제협력 등을 비롯한 남북한 교류의 활성화다.[22] 이 만남을 쾌거라고 한 것으로 보아 강 목사는 김대중 대통령과 김정일 사이에 합의한 내용을 기꺼이 수용했으며, 적극적으로 통일을 지향하는 사고를 하고 있음을 알 수 있다.

이 남북정상회담을 보면서 강 목사는 객관적으로 자신의 삶과 우리의 역사를 돌아본다. 부모님이 세상을 떠나는 것도 알지 못하고 성묘도 한번 해보지 못한 삶이었다. 이산가족의 설움을 가진 사람이 바로

---

21) 남태욱, 『한반도 통일과 기독교현실주의』, 나눔사, 2012, 40~41쪽.
22) 『역사의 언덕에서』 5, 166~167쪽.

강 목사 자신이었다. 국토분단과 남북 간의 피 흘리는 대결이 얼마나 잘못되고 비극적인 것인지 수십 년간 체험해왔다. 강 목사는 모든 공직에서 물러났지만, 다시 열정이 솟는다. 그동안에도 굶고 추위에 떠는 이북동포들을 돕는 일을 나름대로 해왔지만, 평화를 정착시키기 위해서는 그런 일들을 좀더 체계적인 운동으로 전개하겠다는 열정이다.[23]

통일에 대해서 현실주의적인 접근을 하는 강 목사는 통일지상의 환상과 위선을 경계한다. 1988년 6월 12일 주일에 행한 설교다. 강 목사는 6월 6일 현충일의 의미를 되새긴다. 38년 전 6·25전쟁으로 많은 이가 피를 흘렸고 아직도 그 상처는 아물지 않았다. 그런데 최근 젊은 이들이 투신자살을 한다. 환상에 사로잡히기 쉽고 현실보다 이상에 불타는 젊은이들이 민족통일이라는 환상에 사로잡힌 것이다. 남쪽에서조차도 민족끼리 단합을 못 하고 극한 대결을 만들어놓았는데, 어떻게 남북통일을 할 수 있는가? 더구나 종교인마저 자기들은 죽지도 않으면서 젊은이들의 자살을 예찬하며 민주열사로 떠받드는 행위는 받아들일 수 없다는 것이다.[24]

강원용 목사는 통일지상주의도 경계하지만 그만큼이나 분단을 인정하고 수용하는 사고도 거부한다. 1994년 9월 23일 자 『경향신문』에 강 목사는 「분단 수용의 사고를 경계하자」는 글을 싣는다. 여기서 강 목사는 분단은 우리의 바람이나 의지가 아님을 밝힌다. 그 골자는 이러하다. 이미 세계대전 중에 미·소는 얄타 비밀협정에서 한반도를 분할 점령하기로 했다. 그런데 그때와 같은 흉계가 분단된 지 50년이 지난 지금에 또 진행되고 있다. 한반도를 무력으로 통일시켜서 대륙국가(소련, 중국)에 끌어넣으려는 음모가 해양국가(미국, 일본)의 저지

---

23) 같은 책, 169~170쪽.
24) 『강원용 전집』 13, 82쪽.

로 불가능하게 되자 저들은 분단을 고정시켜 북쪽만이라도 자기들 편에 서게 만들었다. 그런데 지금에 와서는 미국과 일본도 남쪽을 따돌리고 슬며시 북쪽에 접근하고 있다. 한반도의 주인이면서도 강요당한 분단의 역사를 살아왔건만, 이북은 한국이 유엔에 가입한 이후 계속 체제 유지를 위해 분단을 고수하려고 한다. 더 기가 막힌 것은 남쪽이다. 통일을 위해 노력은 해야 하지만 독일식의 흡수통일은 비용이 너무 들어서 통일을 안 하겠다고 한다. 강 목사는 이런저런 이유를 들어 주장하는 교묘한 분단 사고는 파헤치고 물리쳐야 한다고 역설한다. 그리고 이 중대한 시기에 주변 강대국들이 계속 우리나라를 분단시키려는 사고에 단호히 그리고 자주적으로 저항해야 하며, 우리 내부의 무사 안일한 사고로 통일을 위한 고통을 피해가려는 잘못된 지도노선을 국민의 힘으로 바로잡아가자고 한다.[25]

여기서 강 목사는 미·일·중·소의 역학 관계를 현실적으로 파악하면서 반공이 아니라 분단을 정당화하면서 통일을 피하는 사고와 정책들을 경계한다. 곧 현실주의 통일론자의 입장이 된 것이다.

강원용 목사의 또 하나의 통일 전략은 인도주의다. 김영삼 정부 출범 이후 강 목사의 관심은 남북의 화해와 교류문제에 모였다. 특히 1994년은 북한의 기아문제가 아주 심각해서 정부가 쌀을 보내는 문제로 고민하고 있었다. 이때 강 목사는 우선 동포들이 먹고살아야 한다는 것을 전제로 북한에 쌀 보내기 운동을 생각했고, 다행히 북쪽에서는 쌀을 보내면 받겠다고 했다. 1995년 10월 18일부터 20일까지 종교 간 대화 운동 30주년 기념으로 크리스찬아카데미가 '문명전환과 종교의 새로운 비전'이라는 주제로 국내외 인사들을 초청해서 대화 모임을 열었다. 이 모임이 끝나는 날 강 목사는 한국 종교인 평화회의를 중심으로 6대 종단에서 이북 동포에게 사는 쌀 보내기 운동을 함

---

25) 같은 책, 314~316쪽.

께하기로 결정하고, 그 발단식에 적십자 총재를 비롯해서 여러 관계자를 모이게 한다. 그런데 안타깝게도 정부 당국과 극보수 진영에서 "원수들에게 식량을 주어서는 안 된다"고 반발했다. 쌀을 주면 그것이 군량미로 쓰인다는 것이다.

강 목사는 "굶주리는 북한 사람들이 공산당이니 도우면 안 된다"는 보수 세력을 겨냥해서 다음과 같이 반문한다. "80세가 넘은 누님과 동생, 조카들이 그곳에 살고 있습니다. 그런데 비인도적인 이데올로기 때문에 그들을 공산당으로 매도하고 그대로 굶어 죽게 내버려 두라고 말할 수 있습니까?" 강 목사는 북한 동포를 도와야 할 확실한 세 가지 이유를 들었다. 첫째, 인간으로서의 당연한 도리다. 동포가 아니더라도 지구상 어느 곳에, 공산주의 국가건 이슬람 국가건 굶는 아이가 있으면 먹을 주는 것이 인간이 할 일이다. 둘째, 같은 민족이라는 사실이다. 다른 민족도 아니고 같은 핏줄을 가진 동포가 아닌가! 셋째, 종교인의 사명 때문이다. 기독교인으로서 굶어가는 사람을 외면하는 것은 있을 수 없는 일이다.[26]

2000년 8월 18일 강 목사는 '평화포럼'을 창립하고 각계 대표 40여 명을 초청하여 평화포럼의 역할에 대한 대화를 나눈다. 두 가지로 평화포럼의 역할이 제시되었다. 첫째, 새로운 시기를 열어가는 이때 남쪽의 의견이 분열되어 있으니 통일된 공론을 만들어야 한다는 것, 둘째, 남북협력을 위해 주변국과의 이해관계를 조정해서 한반도의 평화정착으로 그 물줄기를 트는 일이다.[27]

이렇게 발기인 모임으로 준비를 마치고 2000년 10월 3일 세종문화회관에서 첫 이사회를 열고, 11월 10일 올림피아 호텔에서 '남북평화를 향한 초당적인 협력방안'과 '남북협력에서 시민·사회단체의 역할'

---

26) 『역사의 언덕에서』 4, 410~411쪽.
27) 『역사의 언덕에서』 5, 172~177쪽.

이란 주제로 심도 있는 토의를 한다. 이어서 2001년 1월에는 공식출범하는 평화포럼을 기념해서 「남북 평화체제 수립을 위한 우리의 제언」이라는 문서를 만들어 배포한다. 이 평화포럼 출범에 즈음하여 발표한 선언문은 6·15남북공동선언의 뜻을 공고히 하는 것이었다. 네가지를 선언문에서 밝히고 있다. 첫째, 남북관계는 범국민적 지지와 초당적 협력 기반 위에서 추진되어야 하며, 둘째, 남북 경제협력과 대북지원은 민족공동체 정신에 입각해 지속되어야 하고, 셋째, 평화체제 수립을 위해서는 남과 북은 서로의 체제를 존중해야 한다. 그리고 마지막으로 한반도 평화정착은 한민족이 주체가 되어야 한다.

2001년은 부시가 미국 대통령이 되면서 미국의 한반도 정책이 급속도로 경직되고 따라서 남북관계도 다시 얼음장이 되었다. 강 목사를 비롯한 평화포럼은 젊은 학자 그룹을 중심으로 「부시 대통령에게 드리는 글」을 작성하고, 저명인사 120명의 서명을 받아 기자회견을 열고 그날 5월 3일에 미국대사관을 방문한다. 이 서한을 미국 대리 대사와 참사관에게 전달한다. 일부 우익의 거센 반발도 있었으나, 재야도 국내여론도 대체로 긍정적인 반응을 보였다. 부시 대통령도 이 편지를 읽고 조건 없이 대화하자는 뜻을 보였다.[28] 그가 겨레의 평화통일을 위해 느지막이 남긴 노력인 부시 대통령에게 보낸 서한을 소개한다. 강원용은 목사로서 이 일로 겨레목회를 한 셈이다.

부시 정부에 대한 우리의 제안

우리는 귀하가 이끄는 미국 정부가 미국과 한반도, 이웃 국가들의 공동의 이익을 발견하고 재고하기 위해 '조용한 가운데 북한의 과거와 현재를 관찰하고, 객관적 정보를 모으고, 동맹국들의 의견을 경청하며, 그 후에 올바른 노선을 선택할 수 있도록' 다음과 같

---

28) 같은 책, 172~188쪽.

이 건의합니다.

1. 우리는 미국이 남한의 대북 화해 협력 정책과 남북 정상회담을
   계속 지지할 것을 권고합니다. 그렇게 함으로써 미국은 한반도
   의 냉전 체제를 해체하는 과정을 촉진할 수 있을 것입니다. 한반
   도의 평화와 안정은 미국의 가장 가까운 동맹국이기도 한 한국
   을 시장 민주주의가 번영할 수 있는 곳으로 만들기 때문입니다.
2. 북한이 현재 남한뿐 아니라 미국의 이익을 위협할 수 있다는 가
   능성을 부정하지는 않으나 우리는 미국이 그러한 문제를 해결하
   는 효과적이고 효율적인 수단으로 대북 대화와 협상의 중요성을
   이해하길 바랍니다.
2-1. 구체적으로, 1994년의 북미기본합의서는 북한의 핵 관련 시
   설을 동결시켜왔고, 아울러 북한을 좀더 안정적이고 개방적인
   국가로 인도하기 위한 이정표를 제공했습니다. 따라서 우리는
   미국과 북한이 북미기본합의서를 완전하고 엄격하게 준수하는
   것이 모두의 이익이라고 믿습니다. 북미기본합의서의 성사와 이
   행은 북한과의 대화 및 협상이 건설적인 결과를 낳을 수 있다는
   사실을 보여주었습니다.
2-2. 나아가, 우리는 북미 기본 합의서를 기초로 미국이 대북 미사
   일 협상을 가능한 한 신속히 재개할 것을 권고합니다. 미사일 문
   제와 관련하여 북한이 보여주고 있는 전례 없는 유연한 태도를
   고려할 때, 협상은 상당한 상호 이익을 산출하게 될 것입니다. 또
   한 미사일 협상과 NMD(국제 미사일 방위체제) 개발을 양자 모두
   완료하려면 상당한 시간이 소요될 것입니다. 따라서 우리는 미
   국이 비록 NMD를 포함한 어떤 대안도 배제하지 않는 복귀전략
   을 추진한다 하더라도, 북한과 미사일 협상을 추진하기를 권고
   합니다. 미사일 협상 타결은 미국의 안보우려를 크게 덜어주게

될 것입니다.

3. 우리는 북한이 국제사회에 참여할 수 있도록 미국이 좀더 적극적으로 방법을 모색할 것을 촉구합니다. 고립은 불안감의 원천이고, 그것은 공격성을 조장할 수도 있습니다. 귀하가 필요하다고 판단하면, 미국은 북한에서든 미국에서든 북미 정상회담 개최를 제안할 수 있을 것입니다.

우리는 한반도 냉전 체제 해소 및 동북아 평화 질서 구축을 위해 미국이 국제 사회에서 지도적 역할을 계속해줄 것을 다시 한번 호소합니다. 닉슨 전 대통령은 당시로서는 상상하기 어려웠던 미·중 수교를 이루어냈습니다. 그에 따른 안보 환경의 개선은 중국이 폐쇄적인 노선을 버리고 개혁 개방과 국제적 안정 추구라는 실용주의를 선택하도록 하는 데 핵심적인 기여를 했습니다.[29]

---

29) 같은 책, 188~190쪽.

2 문명의 충돌과 종교

강원용 목사의 사고와 실천은 늘 '새 시대'와 '전환'이라는 토대 위에서 이루어진다. 강원용 목사는 변화하는 사회와 시대에 대한 예민한 감각이 있었다. 이런 감각이 있기에 강원용 목사는 그 시대에 적합한 사회적 실천을 효과적으로 할 수 있었다. 예를 들어 70년대 들어서는 '근대화'에서 '인간화'로 방향을 잡고 이 사회 곳곳에서 양극화로 일어난 비인간화된 상태를 개선한다. 사회주의 국가가 무너지고 민주정권이 들어서자 강원용 목사는 세계의 변화를 알아차리고 반공에서 통일로 전향하며 남북의 대화와 교류 그리고 국제관계에서 한반도의 평화를 정착시키기 위해 노력한다.

강원용 목사가 오늘날 시대의 변화를 깊이 종교적으로 성찰하고 화해와 평화를 실천한 계기는 '문명의 충돌'을 통해서다. 동·서 냉전은 무너졌지만 지구촌은 더 여러 개로 쪼개져서 분쟁이 잦아진 것이다. 그리고 그 분쟁들의 배후에는 종교가 있는 것이다. 이럴 때 종교는 무엇인가? 종교는 과연 어떤 역할을 할 수 있나? 인간화와 민주화와 통일을 위한 노력과 함께 강원용 목사는 종교 간의 대화와 협력운동을 줄기차게 벌인다. 문명과 삶의 핵이 되는 각 종교가 서로를 이해하며 협력하면 평화의 현실을 가져온다고 믿기 때문이다. 강원용 목사는 어떤 종교 간의 대화와 협력 모임을 조직하고 실천해갔는가?

문명의 충돌과 대전환

2005년 5월 7일, 강 목사는 크리스챤아카데미 35주년을 맞이하여, 41년 동안 심혈을 기울여 봉사했던 아카데미에서 물러난다. 21세기를 맞으며 새 시대 새 인물에게 자리를 넘겨주고 싶었기 때문이다. 그러나 허전하고 쓸쓸한 마음이 드는 것은 어쩔 수 없었다. 바로 이런 때 감격스러운 일이 생긴다. 강 목사는 5월 12일 동경에서 니와노 평화상을 받게 되었기 때문이다. 이 니와노 평화상은 세계평화 실현에 크게 이바지한 인물이나 기관에 수여된다. 세계 135개국 1,000명의 종교인 및 종교단체의 후보자를 대상으로 불교, 기독교, 이슬람교 기타 종교 지도자들로 심사위원을 구성해서 엄정한 심사과정을 거쳐 해마다 단 한 명 또는 한 단체만 선정하여 수여한다. 강 목사에게는 실로 큰 영광이 아닐 수 없다. 강 목사는 이 상은 자신에게 영예만 안겨준 것이 아니라 앞으로 자신의 생을 어디에다 헌신해야 하는지를 제시하는 길이기도 했다고 회상한다.[1]

강원용 목사는 이 수상의 자리에서 종교가 평화를 위해 무엇인가를 할 때라는 요지의 강연을 한다. 과거 이슬람과 유대교, 기독교 사이에 수많은 전쟁이 있었다. 21세기를 맞는 이 시점에도 세계 곳곳에서 종교분쟁으로 생명을 위협하고 문명을 억누르고 있다. 앞으로도 종교 간 충돌은 계속될 전망이다. 강 목사는 지금은 분쟁과 전쟁의 역사를 평화적 공존의 미래로 전환하기 위해서 무엇을 해야 할지를 물어야 할 때인데, 평화를 위한 방향전환은 '닫힌 종교'에서 '열린 종교'로 나아가는 것이 그 출발이라고 한다. 그러면서 변화하는 국제정세 속에서 한반도의 평화를 위해 협조해 달라는 당부를 한다. 21세기에 중국은 강대국이 되어서 중국을 중심으로 하는 대륙권과 미국, 일본을 중

---

1) 『역사의 언덕에서』 5, 155~156쪽.

심으로 한 해양권이 형성될 텐데, 이때 두 진영 사이에 위치한 한반도는 평화 균형을 유지하는 데 중요한 역할을 하게 될 것이라고 역설한다. 한반도는 대립을 불러일으키는 촉매가 될 수도 있고, 평화를 위한 다리가 될 수도 있다. 강 목사는 한반도가 평화의 다리가 되기 위해서는 동북아 종교들의 만남과 대화가 중요한 역할을 할 것이라고 내다본다.[2]

수상식 다음 날인 5월 13일에는 교토에서 니와노 평화상 시상을 기념하는 특별 심포지엄이 열렸다. 이 자리에서 강 목사는 '종교 협력의 과거와 미래'라는 기조 강연을 한다. 강연의 요지는 다음과 같다.

헌팅턴(Sammel Huntington) 교수는 21세기를 '문명의 충돌'이란 말로 표현했다. 그는 이 충돌의 원인을 종교와 연관 짓고 있고, 종교 간 충돌이 지구촌 곳곳에서 더 잦은 전쟁을 일으키고 있으며 이런 형태의 충돌은 21세기에 더욱 빈번할 것이라고 했다. 반면 독일의 뮐러(Harald Müller) 박사는 헌팅턴이 문명의 가치 체계에 종교가 결정적 영향을 끼친다는 단순논리를 비판하며 '문명 공존론'을 제시했다. 지난 500년 동안 일어난 전쟁 가운데 종교가 유일한 원인이었던 적은 한 번도 없었고, 단지 영토분쟁, 인종갈등, 정치적 야욕 등의 여러 이유로 종교를 이용했다는 것이다.

그러나 뮐러 박사의 논리대로 종교가 정치적으로 이용당했을 뿐이라 하더라도 지구상에서 자행된 수많은 전쟁에 종교가 결코 책임이 없지 않다. 따라서 종교 간의 협력이 중요한데, 이 협력은 문화의 다양성을 긍정하는 데서 출발한다. 서로 다양성을 긍정하자는 것은 제국의 종교나 혼합종교를 만들자는 것이 아니라 서로의 다른 점을 인정하면서 공동의 선을 위해 협력의 길을 찾자는 것이다.[3]

2) 같은 책, 159~160쪽.

시상식 당일 날과 다음 날의 기념식에서 행한 강 목사의 두 강연에서 두 가지가 눈에 들어온다. 세계의 평화 공존에 기여하는 종교가 되기 위해서는 '종교들이 닫힌 종교에서 열린 종교로 전환해야 한다'는 것과 '문명의 충돌'에 관한 것이다. 먼저 문명의 충돌을 살펴보고, 열린 종교로 모형변화를 하고 있는 오늘날 그리스도교의 전환을 살펴보자.

이 '문명의 충돌'은 새뮤얼 헌팅턴의 저서 이름이며, 그 책의 중심 내용이다.[4] 『문명의 충돌』(Clash of Civilizations and the Remaking of World Order)의 주요 논지는 다음과 같다.

세계대전 이후에 세계는 냉전이 형성되며 미국을 중심으로 하는 자유진영과 소련을 중심으로 하는 공산진영으로 양분된다. 곧이어 이두 진영으로부터 거리를 두는 비동맹 진영이 형성된다. 이런 판도로 미·소 사이에 대결이 벌어지고 제3세계는 정치적 불안정을 겪는다. 1980년 말부터 공산진영이 무너지며 동·서 대립은 막을 내린 대신 (지금은 다시 미·중 사이에 냉전이 형성되었다), 이념이나 체제가 아니라 인종이나 종교 같은 문화적인 요소가 분쟁의 원인으로 작용하여 문화 또는 문명별로 지구촌의 갈등 구조가 재편되고 있다.

헌팅턴은 서구, 남미, 이슬람, 중화, 힌두, 일본(해양문화) 문명권으로 세계가 분할되었으며, 이 문명권에는 그 문명의 핵을 형성하는 종교가 있다고 설명한다. 사실 이 문명권의 분류는 토인비의 『역사의 연구』에서 분류된 것이고, 토인비는 문명의 중심에는 그 문명을 형성하는 종교가 번데기 역할을 하고 있다고 주장했다. 이 각각의 문명권은 공동의 언어, 문화, 생활양식, 전통, 종교 등을 가지고서 결속하여 그네들의 이익을 확보하고 동시에 자기 문명의 우월을 과시한다. 무엇

---

3) 같은 책, 160~162쪽.
4) 헌팅턴, 이희재 옮김, 『문명의 충돌』, 김영사, 1997.

보다 한 문명권의 결속을 강력하게 하는 것은 종교이다. 21세기는 이 문명 사이에 충돌이 잦아진다. 그런데 문명의 충돌은 바로 종교 간의 분쟁이요 충돌이다.

헌팅턴의 종교의 충돌로서 문명의 충돌을 우리는 9·11테러 사건 이후에 미국과 아프리카와 중동, 곧 그리스도교권과 이슬람권의 극한 대립에서 확인할 수 있다. 헌팅턴은 문명들이 공존하기 위해서는 서로 다른 문명들이 서로를 이해하는 것이 중요하다고 역설한다. 모든 문명 안에 공통으로 있는 가치, 제도 등을 공유하고 넓혀가는 실천을 꾸준하게 해야 한다는 것이다.

강원용 목사는 이 '문명의 충돌'을 종교 간의 대화와 협력을 통해 해결하려고 노력했다. 이것은 헌팅턴이 그의 책 마지막 장에서 충고한 것이다. 강원용 목사는 1981년 12월 28일부터 이듬해 1월 4일까지 인도네시아 발리 섬에서 열린 WCC '종교 간 대화위원회' 모임에 참석한다. 이 모임은 지난 12년간 WCC가 추진해온 종교 간의 대화를 종합평가하고, 장차 80년대에 전개할 대화의 구체적인 방안을 만들어 83년 총회에 상정하기 위한 모임이었다.

이 모임은 변화된 종교지형을 분석하며 종교 간 대화의 의미를 전해준다. 세계 역사 중에서 유럽과 중동지역의 역사는 수천 년 동안 대부분 종교 간의 알력과 전쟁으로 엮여왔다. 따라서 종교 사이의 대화는 하나의 혁명적 사건이다. 이 종교 간 대화가 필요하기도 하고 가능한 배경이 있다. 하나는 제2차 세계대전 후 과학기술의 발전으로 특정 종교 문명시대가 끝나고 세속화 물결이 유럽을 휩쓸어서 후기 종교시대(post-religious era)가 된 것이다. 또 하나는 여러 정치 문화적 이유로 자유로운 이동과 함께 기독교 전통의 서구권에 동양의 종교들이 퍼져간 것이다. 이로 인해 불교권 국가에도 그리스도교가 들어가서 모든 곳이 다종교 문화가 되었다. 오늘의 상황은 종교별, 인종별로 나뉘어 살던 공동체가 끊어지고, 모든 종교와 부족이 서로 이웃이 되는 공동체로 바뀌면서 다원화사회가 되었다. 따라서 가정, 마을, 직장, 학원, 군대, 정부 및 모든 사회 공동체 안에서 여러 다른 종교의 신자가 함께 일하고 생활하게 되었다. 이런 새로운 문제를 건설적으로 해결할 수 있는 유일한 길은 종교 간에 성실한 대화를 모색하여 이웃과의 관계를 정립하는 것이다.[5] 강 목사는 이 모임에 대한 보고를 마무리하며 자신은 이런 신념으로 20년 전부터 크리스챤아카데미를 통해서 대화운동을 벌여왔으며, 이런 대화를 바탕으로 얼어붙은 남북관계도 녹이기를 바란다는 소감을 남긴다.

강원용 목사는 종교들이 평화에 기여하기 위해서는 '닫힌 종교'에서 '열린 종교'로 전환해야 한다고 강조했다. 이를 위해 세계 그리스도교는 현재 어떤 변화가 진행 중에 있다.

1983년 5월 23일부터 26일까지 독일의 튀빙겐에서 그리스도교의 석학들이 모여, '국제 에큐메니컬 심포지엄'을 열고 '신학의 모형'을 주제로 큰 논의를 해다. 이 심포지엄은 그야말로 '초교파적'이고, '국제적'이고, '학문 분과들의 벽을 넘어서' 시대를 바르게 진단하고, 그에 따라 신학을 바르게 이해하기 위한 것이었다. 다원주의의 도전, 세계 종교들의 도전, 세속주의의 도전 앞에서 과학의 모형 변화처럼 신학도 그런 모형 변화가 있는지 그리고 이런 도전들 앞에서 그리스도교의 새로운 모형은 무엇인지에 대한 합의들을 마련하기 위한 심포지엄이었다.[6] 여기서 큉(Hans Küng)은 모형들이 바뀐 교회사와 신학사를 다음과 같이 구분할 수 있다고 했다.

· 그리스 정교회 또는 러시아 정교회는 고대교회적 · 헬레니즘적 유

5) 『강원용 전집』 11, 90~92쪽.
6) 큉 · 트레이시(David Tracy), 박재순 옮김, 『현대신학은 어디로 가고 있는가』 (*Theologie, wohin?*), 한국신학연구소, 1989.

형의 변호자가 되었다. 핵심어는 전승(paradoisis), 전통(tratio) 그리고 신부들.

· 가톨릭은 중세적(또는 반종교개혁적) 로마 가톨릭 체제와 덴징거 신학의 신스콜라주의의 옹호자가 되었다. 핵심어는 교회, 교황, 교권.

· 프로테스탄트는 성서적 루터파 또는 칼빈파 정통주의, 프로테스탄트 근본주의의 대변자가 되었다. 핵심어는 하나님의 말씀과 배타성.

· 오늘날에는 계몽주의 이후, 근대주의 시대로 전환되었음을 모르는 자유주의적 전통주의도 있다. 핵심어는 이성과 역사.[7]

이같이 큰 모형을 구분하며 큉은 그 안에 한 모형의 특징을 유지하는 다양한 갈래들이 있음을 밝혀주고 있다. 이 분류가 뜻하는 바는 이 모형들은 원래는 낡은 모형을 혁신하여―단절과 연속 속에서―낡은 이해 유형을 보전하면서도 그것을 새롭게 장식하기 위해 나타났는데, 그것이 도로 전통주의로 굳어버렸다는 것이다. 그러므로 신학은 언제나 새 모형의 혁신이 필요하다. 나아가 이것은 오늘의 신학은 이성과 역사를 토대로 하고 있는 근대적인 신학 모형으로부터 계몽주의 이후, 근대 이후로 전환된 시대에 맞는 새 신학 모형이 필요하다는 것을 뜻한다.

큉의 이런 견해를 이어받아 몰트만(Jürgen Moltmann)은 신학의 이행을 분석한다.[8] 오늘날 신학은 '교파적 신학에서 에큐메니컬 신학'으로 이행하고 있고, 유럽 중심의 시대에서 전 인류시대로 이행하고 있다. 그동안 가톨릭 신학은 로마에, 프로테스탄트 신학은 서방교회적 유럽

---

7) 같은 책, 21~29쪽.
8) 같은 책, 29~33쪽.

의 종교개혁과 근대 유럽의 계몽주의에 고정되어 있었으나, 이제 그 중심이 아프리카, 라틴아메리카 그리고 아시아로 이동하고 있다. 그리고 기계를 통한 세계 지배 시대로부터 생태적 세계 공동체 시대로 신학의 흐름이 향하고 있다. 곧 계몽주의, 세속화 그리고 근대적 세계의 시대라고 찬양했던 기계를 통한 세계 지배와 기술적 자연 수탈의 시대와는 정반대의 세계로 신학이 전환해야 한다는 것이다. 몰트만은 신학이 이렇게 이동할 때, 현대신학은 지금까지의 세속화가 아닌 세상의 성화(聖化)가 요구되며, 현대신학에서 무시된 오랜 신비주의 전통에서 나온 우주적인 공동체감의 정신을 이끌어내야 하고, 그러면서 신학은 시대의 신학으로서, 그 시대에 맞게 모형 변화를 하면서 전통과의 관계 속에서 자기의 정체성을 찾아가야 한다고 주장한다.

몰트만의 시대에 따른 신학의 모형 변화와 함께 큉은 관계성을 통한 신학의 정체성을 말한다. 그리스도교 신학은 자연과학이나, 역사과학과는 달리, '현재와 미래'에만 관련이 있는 것이 아니고, '전통'에만 관련되어 있는 것도 아니고, '특수한 기원'(Ursprung)과 관련되어 있는데, 그것은 이스라엘 역사와 예수 그리스도 안에서 일어난 근원적 사건이요 증언인 성서다.[9]

'현대' '전통' '특수한 기원'이라고 하는 독특한 성격을 가지고 큉은 오늘날 변화하고 있는 새로운 신학의 모형을 네 가지로 정리하고 있다.[10] ① (획일주의적, 기회주의적 신학이 아니라) 참된 신학: 그리스도 진리를 참되게 추구하고 말하는 일. ② (권위주의적 신학이 아니라) 자유로운 신학: 양심에 따라 확고한 신념을 말하고 공표할 수 있는 신학. ③ (전통주의적 신학이 아니라) 비판적 신학: 자유롭고 참되면서도 과학적 진리추구 자세와 학문적 방법론을 충분히 견지하고 자신의 문제

---

9) 같은 책, 70쪽.
10) 같은 책, 76~78쪽.

들, 방법들, 결과들에 대해 비판적 검토 작업을 충실히 수행하는 신학. ④ (교파주의 신학이 아니라) 에큐메니컬 신학: 내부적으로는 교회들의 합의를, 외부적으로는 다양한 지역, 종교, 이데올로기, 과학, 곧 그리스도교 밖의 세계에서 합의를 추구하는 신학.

이와 같은 그리스도교의 변화는 곧 강원용 목사가 말한 '닫힌 종교'에서부터 '열린 종교'를 향한 이행이다. 바로 이 같은 전환을 통해서만 종교 간의 대화는 가능하며 종교는 세계 평화에 이바지할 수 있다.

강원용 목사의 관심은 언제나 내일에 있었지만, 말년에는 더더욱 미래사회와 종교에 대한 관심을 크게 둔다. 무엇보다도 과학기술 혁명으로 다가오게 될 미래사회의 문제가 있다. 물리학과 천문학의 발달로 인류의 사고는 지구 중심에서 우주 중심으로 변할 것인데, 그러면 모든 분야 중에서 특히 종교 분야가 엄청난 변화를 겪게 될 것이다. 이런 우주에 대한 탐구와는 반대로 나노(Nano)공학, 유전공학, 정보통신, 로봇들의 분야도 놀랍게 발전하고 있다. 이런 기술들을 동원해서 질병도 예방하고 노화도 방지할 수 있다. 성적인 결합 없이 아기도 만들 수 있는 세상이 다가오고 있다. 그런 미래사회에서 인간성과 영성, 신에 대한 믿음과 종교는 어떤 모습으로 정리될지 물으면서 강목사는 기대도 하고 걱정도 한다.[11] 강원용 목사의 삶의 중요한 한 축은 이처럼 종교를 통한 평화, 종교를 통한 미래사회의 건설이었다.

지구 윤리와 종교

1993년 9월 4일 강원용 목사는 시카고에서 열린 '100주년 세계 종교인 회의'에서 뜻깊은 전환의 계기를 맞는다. 이 회의에서 '지구윤리 선언'을 했는데, 이 선언은 강 목사의 '인간화'를 '생태·생명'이라는

---

11) 『역사의 언덕에서』 5, 267~269쪽.

틀로 전환해서 모든 것을 보게 하는 전기가 된 듯하다. 300년 전 서구에서 시작된 근대화, 공업화는 신체의 암처럼 환경을 급속도로 파괴하기 시작했다. 20세기 들어와서 선진국인 유럽 나라들과 일본에서 스모그가 발생하고, 여러 환경오염으로 인한 질병이 나타났다. 이 현상이 확대되자 1972년 유엔은 '하나뿐인 지구'를 주제로 스톡홀름에서 환경회의를 여는 등, 생태문제가 전면에 부상한다. 그럼에도 점점 악화되는 환경문제 때문에 1992년 리우에서 183개국 정상들이 참가하는 '유엔환경개발회의'(UNCEN)가 열리고 '리우선언'이 나왔다. 이에 전 세계 종교지도자들도 이듬해 모여, '지구윤리선언'을 하게 된 것이다.[12]

이 시카고에서 열린 '세계 종교인 대회'의 분과토의에서 지금까지 종교가 해온 역할에 대한 논의가 이루어졌는데, 여기서 강 목사는 종교의 역기능이 더 많았다는 측의 주제를 맡았다. 종교의 순기능을 주장하는 미국인 강사는 킹 목사를 그 예로 들었다. 그러나 강 목사는 킹 목사의 역할은 훌륭하나 킹 목사가 목숨을 걸고 싸운 인종차별의 원인이 무엇인가를 물었다.

청교도의 후예인 미국인들이 아프리카에서 흑인들을 짐승 사냥하듯 잡아 노예로 삼을 때 기독교는 무엇을 했냐는 것이다. 그러면서 강 목사는 지난 2,000년 동안 일어난 참혹한 전쟁 중 종교전쟁이 얼마나 많았는지를 상기시키며 종교의 역기능이나 허물에 대해 부인하지 말고 솔직히 인정하고 반성하는 것이 종교의 생명이라는 이야기를 했다.[13]

같은 해 11월에 대한성공회는 시카고 대회의 지구 윤리를 주제로 100주년 학술대회를 개최했다. 이 대회에서 강 목사는 '21세기를 향한 한국 종교의 비전과 과제'라는 강연을 한다. 그 강연의 핵심은 "향

---

12) 같은 책, 27~28쪽.
13) 같은 책, 35~36쪽.

후 우리 앞에 전개될 지구촌 시대의 특징은 종교와 문화의 다변화이며, 이런 시대에는 상호 협력하여 공동의 광장을 만드는 일이 모든 종교의 최우선 과제여야 한다"는 것이었다.[14]

강원용 목사는 종교의 역기능을 잘 알고 있었다. 그 전에도 이 종교 간의 대화와 협력을 통해 평화를 구축해야 한다고 믿었기 때문에 아카데미 출범 때부터 이 일에 심혈을 기울였다. 현대 세계에서 종교는 과연 의미가 있는가. 그리스도교는 어떤 위치에 있는가.

토인비 박사의 논문과 강연을 모은 책인 『현대문명비판』(*Civilization on Trial*) 가운데 「기독교와 문명」이란 글이 있다.[15] 그리스 로마 문명과 그리스도교의 관계를 다룬 논문이지만 토인비의 문명관과 종교관, 나아가 그리스도교의 미래 운명이 담겨있는 날카롭고도 예언적인 글이다. 토인비는 영국의 역사학자 기번(Edward Gibbon, 1737~94)의 주장에서부터 글을 시작한다. 기번과 더불어 많은 사람이 "그리스도교가 들어오고 나서부터 로마가 망했다. 그리스 로마 문명이 무너졌다"고 주장한다. 그리스도교가, 넓게는 종교가, 한 위대한 문명을 살해하는 역할을 한다는 것이다.

이런 주장에 대해서 토인비는 반론을 제기한다. 큰 결론부터 말하자면, "로마는 그리스도교 때문에 멸망한 것이 아니다. 그리스도교가 들어오기 이전부터 스스로 망한 것이다. 도리어 그리스도교는 그리스 로마 문명이 망했기 때문에 나타난 새로운 창조적 생명현상이다. 또 문명과 종교의 관계를 따지면 종교는 문명의 방해자이거나 부산물이 아니다. 거꾸로 문명이 종교를 위한 것이다" 하는 주장이다.

그리스 로마 문명과 그리스도교의 관계에 대한 토인비의 분석은 이러하다. 그리스 로마 문명은 그리스도교가 들어오고 나서 멸망한 것

---

14) 같은 책, 36~37쪽.

15) 토인비, 지명관 옮김, 『현대문명비판』, 을유문화사, 1964, 456~474쪽.

이 아니다. 그 이전부터 자체의 결함 때문에 망한 것이다. 오히려 그리스도교가 그리스 로마 문명세계에 나타난 후부터 그리스도교는 그 세력이 점차 약해졌다. 그리스도교 이후 오늘날에 이른 서양의 세속 문명은 그리스도교 이전의 그리스 로마 문명과 같은 것이다. 비잔틴에서는 9세기부터, 서구 유럽에서는 13세기부터 그리스 로마 문명이 다시 부활했다. 그리스 로마 문명과 그 자식뻘인 오늘날 서구 유럽 문명 사이에는 그리스도교가 있었다. 그래서 토인비는 그리스도교 혹은 고등종교를 처음에는 번데기 같은 것으로 이해해왔다. 그리스도교를 문명의 파괴자가 아니라, 쇠퇴한 이전 문명이 다시 일어나도록 보전하고 지탱하는 역할을 한 고치로 이해한 것이다. 따라서 그리스도교나 그 외의 고등종교를 문명을 위한 것, 문명에 종속된 것으로 보았다.

그러나 문명과 종교를 다시 검토한 결과 토인비는 다른 주장을 하기에 이르렀다. 한 문명과 그 자식뻘 문명 사이에서 고등종교가 번데기 역할을 하는 것은 보편적 현상이 아니다. 그리스 로마 문명의 어버이뻘 되는 미노아 문명(제1세대)과 그 자식뻘인 그리스 로마 문명 사이에는 그리스도교에 해당하는 고등종교가 없었다. 고등종교는 제2세대 문명(그리스 로마)과 제3세대 문명(서구 유럽문명) 사이에서만 나타난다.

이것을 발견하고는 토인비는 종교와 문명의 관계에 대해서 다시 조사한 결과 새로운 주장을 하게 되었다. 문명의 붕괴는 종교의 탄생을 위한 것이다. 종교에서 고난의 요소(그리스도교에서는 그리스도의 수난)는 문명과 종교의 관계에도 적용된다. 그리스 로마 문명의 모순과 붕괴 결과로 생긴 정신적인 고뇌로부터 그리스도교가 발생한 것이다. 이전 문명의 모순과 고뇌에서부터 종교가 생긴 증거를 더 보자. 그리스도교의 선조뻘인 유대교와 조로아스터교는 그리스 로마 문명과 자매뻘 문명인 시리아 문명의 쇠퇴로 인한 고뇌에서 탄생했다. 유대교의 기초가 된 모세는 이집트 문명의 쇠퇴와 고뇌에서 생겼고, 모세의 선구자인 아브라함은 주전 18세기경의 수메르, 아카드 문명의 쇠퇴와 고뇌에서 탄생했다.

즉 문명은 탄생하고 죽는 순환을 하면서 더 차원 높은 종교를 위해 길을 열어주는 것이다. 그러므로 종교가 문명의 시녀가 아니고 문명이 종교의 시녀다. 문명은 종교를 위한 것이요, 고등 종교를 출현시키면 그 문명은 자기 기능과 수명을 다하는 것이다.[16]

문명사가인 토인비는 종교를 제대로 이해하고 가르쳐준 사람이다. 이런 토인비의 분석은 곧 종교의 미래와 그리스도교의 운명에 대한 예언이기도 하다. 종교는 결코 사라지지 않는다. 도리어 현대 문명이 지금 붕괴하고 있는데, 그 이유는 더 차원 높은 종교를 위해서다. 토인비는 우주만물이 하나님과 사람과 온 생명이 하나로 얽히는 한얼 생명으로 끝내 진화한다는 샤르댕(Teilhard de Chardin)의 진화론을 인간의 구체적인 역사와 문명 안에서 확인한 셈이다.[17]

사실 현대에 들어와서, 서구 유럽에서는 이름으로만 그리스도교가 있을 뿐, 그리스도교를 없앴다고 볼 수 있다. 그렇다면 그리스도교를 없애서 하나님이 없어졌으니 현대사회에 자유가 왔을까? 토인비 박사에 따르면 인간은 종교 없이는 살 수 없는 존재이기 때문에, 서구 세계에서 그리스도교라는 보편 신앙이 후퇴하자, 정치이념 형태로 국가주의, 개인주의, 공산주의라고 하는 대용 종교가 나타나서 현대를 지배하게 되었다고 한다. 이 정치이념은 하나님 대신 들어선 우상이다. 십자가의 사랑이라는 교리 대신 국가주의는 국가를, 공산주의는 망치와 낫을, 개인주의는 상업을 신봉하게 되었다. 이 현대의 국가주의, 개인주의, 공산주의의 본질은 인간의 힘을 숭상하는 인간 숭배요,

---

16) 같은 책, 456~474쪽.
17) 샤르댕, 양명수 옮김, 『인간현상』(ph'enom'ene humain), 한길사, 2004.

인간 숭배는 고등종교가 나타나기 이전의 종교현상이라는 것이다. 즉 그리스도교 신앙의 후퇴는 자유가 아니라 더 낮은 정신의 단계를 가져왔다는 것이다.[18]

그러기 때문에 그리스도교는 없어지지 않고 다시 등장한다. 다만 지금과 같은 독선적이고 세속적인 형태는 아니고, 세 가지의 변화가 있어야 한다. 첫째, 종교 간의 대화와 평화를 이룰 수 있는 그리스도교가 되어야 한다. 둘째, 그 시대의 중대한 문제에 관심을 품는 그리스도교가 되어야 한다. 셋째, 종교의 본질은 살리고 껍데기 요소들을 제거하는 그리스도교가 되어야 한다.[19]

토인비는 그리스 로마 문명이 그리스도교의 등장을 위해 세계로 뻗은 잘 정비된 도로망과 헬라의 철학을 준비하고 죽었다고 한다. 마찬가지로 현대 서구 문명은 새로운 그리스도교를 위해서 그 환경을 마련해주었다. 세계화된 삶과 통신망(로마의 도로망에 해당) 그리고 그동안 잊히고 무시해온 동양을 다시 발견했다는 것이다. 토인비는 그리스도교가 특별히 동양의 정신과 대화할 것을 적극적으로 충고하고 있다.

토인비의 이런 견해를 통해서 문명의 충돌로서의 부정적인 종교가 아닌 문명을 승화시키는 종교의 숭고성을 보게 된다. 또한 종교가 존재해야 하는 이유와 종교 간의 대화를 위해서 지금과 같은 독선적이고 세속적인 그리스도교(닫힌 종교에서)가 바뀌어야 하는 방향(열린 종교로)도 제시되어 있다.

1993년 시카고에서 열린 '100주년 세계 종교인 회의'의 '지구윤리 선언'은 종교인만이 아니라 전 세계인에게 이렇게 간절히 호소한다.

---

18) 토인비, 강기철 옮김, 『변화와 관습』(*Change and Habit*), 현대사상사, 1981, 247~257쪽.
19) 같은 책, 258~261쪽.

우리의 지구는 개개인의 의식이 바뀌지 않는 한 더 나아질 수 없습니다. 우리는 명상, 기도, 적극적인 사고로 우리의 마음을 훈련하고 우리의 지각을 넓혀갈 것을 맹세합니다. 모험과 희생이 없이는 근본적인 변화를 가져올 수 없습니다. 그러므로 우리는 지구 윤리에 맞는 삶에 헌신할 것이며, 서로를 이해하고 평화를 앞당기며 친자연적인 삶을 위해 헌신할 것입니다. 종교인이든 아니든, 이와 같은 일에 모든 사람을 초대합니다.[20]

이 지구윤리선언은 퀑의 주도로 작성된 것이다. 퀑은 "세계 윤리 없이는 생존이 불가능하다. 종교의 평화 없이는 세계의 평화도 없다. 또 종교의 대화 없이는 종교의 평화도 있을 수 없다"는 관점과 "종교가 없이는 윤리도 가능하지 않다"는 논지로, 오늘 지구촌의 모든 문제를 분석하면서, 이 세계를 구원할 세계 윤리를 위한 종교의 역할과 종교 간의 대화 방법을 안내했다.[21]

이 세계 윤리 구상이 전하는 종교의 역할, 환경문제 등은 강원용 목사의 마지막 사고와 실천의 전환에 큰 영감을 주었다. 강원용 목사에게 종교는 그 어떤 정치나 이념보다 세계 평화를 위해 소중한 것이었다.

종교를 넘어서는 종교

크리스챤아카데미가 설립된 때부터 시작된 중요한 대화 모임이 종교 간의 대화 모임이다. 이 대화 모임을 시작으로 1965년 12월에는 6대 종단이 참가하는 '종교인협의회'가 탄생한다. 이 종교인협의회의

---

20) 『역사의 언덕에서』 5, 28쪽.
21) 퀑, 안명옥 옮김, 『세계윤리구상』(*Projekt Weltethos*), 분도출판사, 1992.

공적인 활동 외에도 강원용 목사는 한국 가톨릭과 개신교에서 처음으로 김수환 추기경과 서로 강단을 교류하는 일이 있었다.

1968년 1월 강 목사는 명동성당에서 설교를 하게 되었다. 파격적인 사건이었다. 이 일은 한국 가톨릭이 진보적이어서 생긴 일이 아니었다. 당시 교황청으로부터 "매년 1월 중 한 주일을 평화를 위해 비가톨릭 성직자에게 설교할 기회를 주라"는 지시가 내려왔기 때문이다. 이 역사적 설교를 위해 강 목사는 일부러 목에 로만 칼라를 하는 등 세심한 준비를 하고 갔다. 이 설교는 화제가 되어 명동성당에는 경동교회 신자들만이 아니라 다른 개신교회 신자들도 꽤 많이 참석했다. 성체 성사 시간이 되었다. 강 목사는 자신에게도 성체를 주면 받을 참이었다. 아니나 다를까 제도상 가톨릭에서 세례를 받지 않았다 해서 성체를 주지 않았다. 미사가 끝나고 강 목사가 설교할 차례가 왔다. 미사를 마친 신부는 제단의 불을 끄고 신자들에게 "오늘 개신교 측에서 강원용 목사님이 오셔서 강론을 하니 가급적이면 많이 앉아서 들으십시오" 하고 알렸다. 안내 말이 끝나자마자 미사보를 쓰고 있던 여자들부터 우르르 일어나 자리를 떠나고 결국에는 개신교 신자들만 남는 우스꽝스러운 장면이 벌어졌다. 강 목사는 그때만 해도 개신교 신자들과 가톨릭 사이가 꽁꽁 얼어붙어 있어서 그 사이를 녹이는 일이 그처럼 어려웠다고 감회를 전한다.[22]

명동성당에서 행한 설교의 제목은 「에베소서」 2장 14절에서 택한 '막힌 담을 헐자'는 것이었다. 그 내용의 핵심은 그리스도교 교파 사이의 일치의 근거와 방법에 대한 것이었지만, 강 목사의 종교 간의 대화와 협력의 원칙이 이 설교 안에 고스란히 담겨 있다. 강원용 목사가 요약하여 전하는 설교의 내용을 소개한다.

---

22) 『역사의 언덕에서』 3, 240~207쪽.

오늘은 내 생애에서 잊을 수 없는 역사적인 영광의 날입니다. 오늘 내가 이 장소에 서게 된 것은 '이상한 일'이 아니라 '자연스러운 일'입니다. 「에베소서」 4장 3절부터 6절까지 보면 사도 바울은 다음과 같이 말하고 있습니다.

"여러분을 함께 묶어두는 평화로 성령이 하나가 되게 하신 것을 힘써 지키시오. 몸도 하나요, 영도 하나입니다. 그와 같이 부르심을 받은 여러분의 그 부르심에 따르는 희망도 하나입니다. 주도 하나요, 믿음도 하나요, 세례도 하나입니다. 만민의 아버지이신 하나님도 한 분이십니다."

......

세상을 떠나신 교황 요한 23세는 우리에게 길이 잊을 수 없는 교훈을 남겼습니다.

"본질적인 문제에서는 일치를, 의심스러운 점에 대해서는 자유를, 모든 일에서는 사랑을."

개신교 목사인 나는 이 말을 아무 이의 없이 전적으로 받아들입니다. 그런데 본질적인 문제에서의 일치는 이미 해결되었으나 '의심스러운 점에 대한 자유'의 문제는 아직도 해결되지 않은 채로 남아 있습니다. 교회의 권위 문제, 세례와 성만찬 문제 등 해결하기 어려운 견해 차이가 큽니다.

신조나 제도 그리고 전통은 매우 중요한 것이지만 그것은 우리가 믿는 예수 그리스도의 권위를 넘어설 수 없습니다. 명심해야 할 점은 견해 차이가 생기는 것은 우리 때문이지 그에게서 비롯하는 것이 아니라는 것입니다.

......

우리가 교회의 일치를 말하는 것은 기계적인 교회의 통일을 의미하는 것이 아닙니다. 다양성을 가진 일치를 말합니다. 우리는 서로 차이가 있으면서도 '그리스도 안에서' 그리고 '봉사와 친교'의 현장에서 그 일치점을 찾아볼 수 있습니다. 우리는 신조나 교리가 다른 점을 이야기하되 그것이 사랑, 즉 친교를 깨뜨리게 해서는 안 됩니다. 또 한국 땅에 있는 모든 교회는 구체적으로 오늘 현재 한국 땅에 살고 있는 모든 백성에게 봉사하기 위해 있음을 알아야 합니다. 이 사실을 깨닫는다면 교회는 두꺼운 벽 안에 처박혀 교리·신조·전통 등의 담을 쌓고 지낼 수 없습니다.

「에베소서」 2장 14절에 보면 그리스도는 누구인가 하는 문제에 대한 답이 있습니다. 그리스도는 갈라진 둘을 하나로 만드시는 분, 즉 막힌 담을 헐어버리는 분이라고 합니다. 예수가 구주라는 말은 하나님과 인간, 즉 영원과 순간, 의로운 자와 죄인 사이에 막힌 담을 허신 분이라는 말입니다. 그리스도의 몸인 교회가 서는 장소에는 유대인과 이방인, 주인과 종, 남자와 여자, 율법을 지키는 자와 안 지키는 자 사이에 막힌 담들이 무너지고 하나가 되는 사건이 일어났습니다.

우리가 막힌 담을 그대로 두고 교회 안에서 하나님을 믿는다는 것은 실상 그리스도 밖에서 사는 것이고 실질적인 이단이며 우상숭배인 것입니다.

　……

그러므로 우리는 무엇보다 먼저 우리 자신 안에 막혀 있는 담부터 헐어버리고 일치를 이루는 일을 해야 합니다. 그리고 이것을 이루어가면서 우리가 사는 역사의 현실 속에 뚫고 들어가서 막혀 있는 담들을 무너뜨려야 합니다. 우리 역사를 병들게 하는 모든 종류의 유물주의 사조와 전체주의 그리고 부정부패와 독재를 몰아내고 참된 자유와 정의를 실현하는 일에 앞장서야 할 것입니다.[23]

---

23) 같은 책, 207~210쪽.

강원용 목사가 명동성당에서 설교를 한 다음 주일에는 가톨릭의 황민성 주교가 경동교회의 초청을 받아 설교하게 되었다. 물론 이때는 경동의 모든 교인이 황 주교의 설교가 끝날 때까지 자리를 지켜주었다.

강 목사가 종교 간의 대화를 주도하고, 이 대화와 협력이 이 사회의 개선을 이루고 평화를 이루는 데 꼭 필요하다고 생각했을지라도, 그는 종교 간 대화의 한계도 잘 알고 있었다. 이미 언급한 발리 섬에서 열린 WCC '종교 간 대화위원회' 모임에서 종교 간에 대화할 때 다음과 같은 위험한 요소가 있음을 논의하고 보고했다. 자칫하면 상대방의 비위를 건드리는 것을 피하기 위한 선의가 각 종교가 갖고 있는 특수성을 덮어두거나 혹은 타협할 우려가 있고, 심지어는 비빔밥식 혼합주의에 빠뜨릴 위험도 있다. 그러므로 이런 종교 간의 대화에서 확실히 해야 할 전제 조건은 그 종교의 확고한 신념을 가림 없이 정직하게 드러내야 한다. 그러나 이것을 강조하다 보면, 대화 아닌 대결로 빠져버리기가 쉽다. 오직 정직하게 소신을 말하면서도, 주의 깊게 상대방의 주장을 경청하는 태도가 없이는 대화는 불가능하다.[24]

이 같은 위험을 경계하면서 강원용 목사는 종교 간의 대화는 단지 만남이 아니라 더 심층적인 문제를 다루어야 하며, 종교가 사회적인 문제에 어떤 역할을 해야 한다고 말한다. '종교 간의 심층적 이해'와 '종교의 사회적 역할'은 강원용 목사가 이끈 종교 대화의 두 뼈대다. 법정 스님과 나눈 종교에 대한 대담에서 강 목사는 자신이 1965년, 종교 간의 대화를 시도했을 때는 만났다는 것 자체가 중요했다고 한다. 그러나 20여 년 시간이 지난 때는 서로 심층적인 문제를 다루어야 하는데, 예를 들어 생명에 대한 이야기를 할 때는 서로의 학문적인 입장보다는 경전들을 함께 들여다보는 방법으로 나아가야 한다는 것이다.

---

24)『강원용 전집』11, 92쪽.

이에 대해서 법정은 "그렇게 되면 서서히 실마리가 풀리고 피상적인 얘기가 아니라 훨씬 깊은 얘기가 나올 겁니다" 했고, 강 목사는 새로운 시각도 이런 때 나온다고 화답했다.[25]

　다음으로 강 목사는 한국사회의 정치경제적 현실과 양극화된 대립의 상황에서 종교의 역할 이야기를 한다. 이 사회 속에서 우리가 함께 살고 있다. 대부분의 사람이 경제적인 불평등을 점차 해소해나가면서, 사람답게 사는 것을 원하고 나아가서 남북 간의 공존 및 통일을 원하는 공통의 마음은 가지고 있다. 그러나 강 목사는 이러한 절대다수 국민의 마음을 하나의 역사를 만드는 힘으로 전환시킬 수 있는 바탕이 없다고 한다. 가톨릭을 포함해서 기독교와 불교 신자들을 합치면 2,500만이다. 좀더 차원 높은 곳에서 평화를 위해 노력할 수 있고, 그런 역할을 할 수 있는 잠재력을 가진 것이 종교인데 현실은 그렇지 못한 문제가 있다. 강 목사의 이런 말에 법정도 그것은 종교계가 어떤 종교적인 이념보다도 자기 집단의 이해관계에 얽매여서 그런 것이며, 종교가 쉽게 사회로 뛰쳐나가서도 안 되지만 사회적인 문제를 종교적인 차원에서 해결하려는 노력을 해야 한다고 응답한다.

　강 목사는 이렇게 종교가 건강한 사회적 역할을 하기 위해서는 '종교들이 변화할 것'을 강조한다. 무엇보다 이것은 현대 문명의 대 전환과 관계된 것이다.

　이제 시간이 많이 지났으니까 마지막으로 한 가지만 얘기하고 싶은 게 있습니다. 과학기술의 힘이었든 어쨌든 지구 중심, 보다 편협된 민족 중심, 종교 중심으로 생각하던 시대는 넘어가지 않았습니까? 일종의 코페르니쿠스적 전환이라고 할 수 있죠. 오늘의 세계는 우주시대라고 할 수 있는데 로켓을 타고 달에 갔다 온 우주인들

---

25) 『강원용과의 대화』, 111쪽.

이 좌담회를 한 기사를 읽어보니깐 참 재미나는 게 있었어요. "지구 밖에 나가서 지구를 보니까 굉장히 아름답더라. 이 아름다운 지구를 보면서 정말 종교라는 것, 신앙이라는 것이 없어서는 안 되겠다는 생각을 절실히 느꼈다. 그러나 현재 지구 위에 있는 종교들이 변화하지 않으면 그 책임을 감당할 수 없을 것이다"는 얘기가 공통된 의견이었어요. 좀 비약된 얘긴지는 몰라도 이제 우리 종교도 시각을 넓혀야 하지 않겠느냐는 것입니다. 과거에는 문화적인 틀 속에서 들여다봤지만 우주시대를 맞이한 오늘날에 와서는 종교도 우주적인 시각을 지녀야 한다는 것이죠.[26]

강원용 목사는 국내에서는 6대 종단 간의 대화 모임을 이끌었고, 국제적으로는 1986년 '아시아종교인평화회의'의 회장이 되었다. 1989년에는 '세계종교인평화회의'(WCRP)에 참석한 것이 계기가 되어, 1994년에는 회장이 되었다. 이처럼 그는 국내외적으로 활발한 종교 대화와 협력을 이끌었다. 그러나 강 목사에게는 분명한 원칙이 있었고, 이 원칙 때문에 이 일들이 가능했다. 하나는 다른 종교와 협력을 추구하고 깊은 대화를 하지만 기독교의 정체성을 굳건히 유지하는 것이다. 그러면서도 기독교만의 테두리를 넘어 타 종교와의 대화를 시도하는 것이다. 이로써 기독교의 배타성과 독선에 빠지지도 않고, 종교혼합주의의 위험을 피하면서 종교 간의 창조적인 대화를 할 수 있었다. 이 종교 간 대화는 "각 종교가 주체성을 확실히 하면서 연대성을 모색하고 함께 해결해야 할 인류의 문제들에 대해서 논의하며 협력할 것을 찾는 것, 그런 가운데 겸손한 자세로 다른 종교에서 배움으로써 우리의 영성을 더욱 풍성히 하자는 것이었다."[27]

---

26) 같은 책, 117쪽.
27) 『빈들에서』 3, 306쪽.

여기에다 또 하나의 원칙이 있다. 종교 간 대화라고 해서 어떤 종교나 다 해당되는 것은 아니다. 강 목사는 어떤 종교든 원리주의나 근본주의는 배격한다. 또한 샤머니즘과 같은 물질 종교와 기복 종교 같은 것은 배격한다. 이런 종교들은 역기능을 하는 종교이기 때문에 대화의 대상으로 삼지 않는다. 역기능을 하는 종교는 비인간화를 조장하는 종교이다. 이 기준에 따라 한국에서는 수백 개의 종교 중에서 6대 종교 곧, 불교, 천도교, 유교, 원불교, 가톨릭, 개신교만이 그리고 아시아종교인평화회의의 경우는 18대 종교만이 대화의 대상이다.[28]

1981년 뉴델리에서 열린 아시아종교인평화회의에서 한국대표로 참가한 김수환 추기경, 이병주 회장(유교), 박길진 원광대학교 총장 등은 1986년에 열리는 다음 총회는 한국에서 개최하자고 제안했다. 이 제안을 받아들이며 아시아종교인평화회의는 강원용 목사에게 그 준비 책임을 맡긴다. 강 목사는 1965년 용당산에서 처음 모였던 6대 종교를 '한국종교인평화회의'(KCRP)로 새롭게 구성하고, 여기서 서울 회의의 주제를 '평화의 가교'로 정한다. 제3회 아시아종교인평화회의가 중동과 소아시아를 포함해서 아시아 22개국 18개 종교 대표들이 모인 가운데 총회가 열렸다. 이 총회는 1986년 6월 15일부터 21일까지 앰배서더 호텔에서 계속되었다.

이 총회 때의 에피소드 가운데 하나이다. 총회 준비 때 제일 어려운 점은 식사문제였다. 종교마다 다르기 때문에 미리 채식, 육식을 다 준비했는데도, 인도의 자인교 교주는 자기 요리사를 따로 데려온다는 것이다. 자신들은 흙에서 나온 감자나 무 같은 음식은 먹지 않는다고 한다. 그 이유는 그것들을 땅에서 뽑을 때 버러지들이 많이 죽기 때문이라는 것이다. 강 목사가 그에게 물었다. "그러면 사과나 배 같은 것은 농약을 칠 때 버러지들이 죽지 않습니까?" 강 목사의 질문에 그는

---

28) 『강원용의 삶과 사상』, 260쪽.

"자인교가 처음 생겨날 때는 농약이 없었다"고 대답했다. 이를 듣고 강 목사가 어떤 생각을 했는지는 알 수 없다.[29]

이 총회에서 참가자들은 '서울선언'을 발표했다. 이 선언서는 모인 종교인들의 과제, 비전, 기도, 관심과 제안 등의 항목으로 이루어졌다. 한국과 같은 분단국가와 아시아 각 지역에 있는 대립과 갈등의 상황에서 종교인들은 중립이 아니라 고통당하는 이들과 함께하면서 갈등과 대립, 차별이 있는 모든 곳에 평화의 다리를 놓자는 내용이다. 이 총회에서 두 가지 결의안이 만장일치로 채택되었다. 첫째는 남아시아 연방의 억압된 민중들과 연대의식을 갖고 이들에게 깊은 관심을 표명하며 비인간적인 인종 차별 정책과 제도를 즉시 철폐할 것과 둘째는 서울에 평화교육센터를 설치하자는 것이었다.[30]

강원용 목사는 종교 간 대화를 통해 자기 나라 평화는 물론 세계 평화에 기여한 공로로 일본에서 '니와노 상'을 받았다. 강 목사의 업적을 기리는 또 하나의 상이 주어진다. '만해상'을 받은 것이다. 만해상은 한평생 나라와 겨레를 위해 몸과 마음을 바치고 순국한 한용운 선생의 사상과 정신을 오늘에 되살리기 위해 평화상, 예술상, 시문학상, 실천상, 포교상 등으로 나누어 매년 수상하는 제도다. 2002년도 제6회 만해상에는 학술 부분에 강만길 총장, 시문학상에 신경림 시인, 예술상 부분에 조각가 박찬수 관장 그리고 평화상에 강원용 목사의 이름이 오른 것이다. 시인 고은과 전 국무총리인 이수성 등이 심사위원이었는데, 강 목사를 평화상 부분 수상자로 결정한 이유를 이렇게 밝히고 있다. 강 목사는 크리스챤아카데미를 설립하여 이 땅에 복음과 사랑의 실천을 위해 전력했고, 독재정권의 안보독재논리에 맞서 민주, 민권 운동으로 평화운동과 생명운동에 헌신해왔기 때문이다. 그리고

---

29) 『역사의 언덕에서』 5, 32쪽.

30) 같은 책, 33쪽.

그동안 강 목사의 활동이 우리 민족의 평화공존과 인류평등 및 상생의 문화를 일구어 나감으로써 이 시대에 올곧고 바람직한 지표를 마련하는 데 크게 이바지했다는 평가의 말을 덧붙였다.[31]

만해상을 받는 강원용 목사에 대해서 이만열은 "만해는 불교를 뛰어넘어 민족문제를 두고 천도교, 기독교를 포용했고, 민족주의 운동을 했음에도 그 한계를 넘어 자유와 평화의 보편적 이상을 추구하는 단계로 나아갔다. 여해는 기독교에서 출발했으나 기독교를 초월하고 있다. 목사의 한계를 초월하여 사회지도자로서 종교 간의 대화와 공존을 추구하고 있다"고 평가했다. 이만열은 만해와 여해 두 분 다 자기 영역의 한계를 넘어섰기에 자기 영역 밖에서 존경을 받았고, 두 분 다 우리 사회의 민족적, 사회적 과제를 풀기 위해 종교와 이념의 갈등을 대화로 조정했고, 또 그렇게 함으로써 자기 종교가 갖는 한계를 직시하고 그것을 초월한 공통점이 있다고 평가한다.[32]

강원용 목사는 '종교를 넘어서는 종교'를 추구해온 것이다. 2002년 백담사에서 거행된 수상식에서 그는 이렇게 수상 소감을 말한다.

불교 지도자일 뿐 아니라 민족의 지도자이면서 학자, 시인이었던 만해 한용운 선생을 기리는 이 상을 제가 수상하게 되어 참으로 영광입니다. 얼마 전 불교 학교인 원광대학교로부터 명예박사를 받았고 니와노 평화상을 수상한 경험이 있는 나로서는 이번 만해상 수상이 기독교 목사로서 아주 큰 영광이라고 생각하고 있습니다. 반면에 기독교 기관에서 제정한 상에 불교 지도자들이 수상한 일이 없음을 너무 부끄럽게 생각합니다.[33]

---

31) 같은 책, 231~232쪽.
32) 같은 책, 235쪽.
33) 같은 책, 236쪽.

3 생명 세계를 향하여

해방 이후부터 1950년대까지 강원용 목사는 주로 정치운동과 기독학생
운동에 관심했다. 1960년대는 근대화에 관심을 두었고 크리스챤아카데
미를 통해 종교 간의 대화를 비롯한 다양한 대화 문화를 열어갔다. 1970
년대에 들어서며 강원용 목사는 인간화를 향해 간다. 크리스챤아카데미
를 통해서 이 사회의 모든 양극화를 극복하고, 인간의 권리와 존엄을 찾
는 일을 매개할 중간집단교육을 실시한다. 이 인간화를 위한 노력은 민
주화와 궤를 같이하는 것이었다. 1980년대에 강원용 목사는 겨레의 평
화와 통일에 큰 관심을 기울인다. 통일이 없이는 우리 사회에서는 인간
화도 불가능하기 때문이다.

1990년대 이후 강원용 목사는 생명문화에 관심한다. '인간화'에서 '생
명화'로 그 사상과 실천의 지평을 넓힌 것이다. 이 시기는 종교, 자연, 생
명, 생태의 관점으로 이 사회의 모든 문제를 바라보며 '하나님·인간·자
연' 사이의 화해를 모색한다. 이것은 어쩌면 종교가 추구하는 최종 지점
일 것이다. 강원용 목사의 신학사상이요 실천인 '사랑과 정의의 변증법'
이 인간, 역사, 자연 모두를 통전하며 생명과 평화로 이어진 것이다.

이 시기의 강원용 목사의 지향점은 '하나님 나라'이며, 그의 인생도 절
정에 이른다. 강원용 목사가 추구한 '생명화'는 무엇인가? 강원용 목사
의 대화운동, 평화운동은 크게 '생명운동'으로 말할 수 있다. 이 생명운
동의 실천 방법은 무엇인가?

종교와 생명

1984년 '한국기독교 100주년 기념사업회'가 마련한 신학협의회 세미나에 참석하기 위해 내한한 몰트만 박사와 강원용 목사가 대담을 나눈다. 대담의 중간쯤에 강 목사의 질문은 환경과 생태의 문제로 넘어간다. 함께 대담하는 몰트만 박사는 이 문제에 대해서 특정한 상황을 개별이나 고립적으로 보지 않고 긴밀한 상호 연관 속에서 파악해야 한다고 이어받는다. 그는 강 목사에게 상황신학의 보편적 문제를 설명한다. 서로 처한 투쟁의 전선은 다르다. 그 전선은 평화와 핵전쟁이 있는 곳일 수도, 세계적 규모의 경제체제에서 사회적 · 경제적 불평등이 있는 곳일 수도 있다. 생명창조와 생태계의 죽음이 직면한 곳일 수도 있다. 누구나 다르지만 이런 전선에서 싸우고 있다. 그러나 결코 다른 싸움이 아니다. 결국은 같은 전선에서 싸우는 것이다. 예를 들어 서울의 대기오염문제는 프랑크푸르트의 오염문제와 같다. 대기가 오염되면 자연이 죽고, 자연이 죽으면 인간도 죽는다. 만일에 핵전쟁이 났다고 하자. 모두가 죽는다. 이렇게 어떤 전선의 문제든 다 연관이 있다. 모두에게 공유된 문제다. 공유하고 있는 문제라는 것이 상황신학의 보편성이다.

이 설명에 이어서 강 목사는 보편적인 문제로서 환경문제를 묻는다. "환경문제, 생태계의 문제는 이제 정말 보편적인 문제라고 할 수 있고, 우리나라는 이 문제가 독일보다 훨씬 심각하다고 할 수 있습니다. 그럼에도 불구하고 이런 문제에 대해 아직 신학적인 작업은 이루어지지 않고 있습니다. 박사께서는 신학적인 관점에서 이 문제에 깊은 관심을 기울이고 있는 것으로 알고 있는데, 어떻습니까?"[1]

몰트만의 설명과 강 목사의 질문에서 두 가지를 확인하게 된다. 몰

---

1) 『강원용 전집』 2, 296쪽.

트만이 서로 연관된 것으로서 문제를 보는 시각은 강원용 목사가 생명운동을 실천할 때 문제를 보고 풀어가는 방식에서 잘 드러난다. 생태계 문제는 아직 신학적인 작업이 이루어지지 않고 있다고 했는데, 강 목사 역시 사회·정치·경제 등의 양극화에 주로 관심이 있었지, 아직 생태나 환경문제를 가지고 깊이 씨름하지는 않았다. 강 목사의 글들을 연대순으로 살펴보면 1990년 이후부터 이 생태와 생명 문제가 주요 관심사로 등장한다.

1990년대는 연로한 강 목사가 치열하게 투쟁할 일은 사라진 시기다. 민주화가 이루어지고, 통일을 지향하는 시대가 되었다. 이제 정치·경제·인권·분단 그 너머의 것을 강 목사는 깊이 생각했고, 이에 따라 더욱 깊이 종교문제를 붙들고 생명문제와 씨름한다.

지금까지 나는 사랑을 하나님과 인간의 수직적 관계 그리고 인간과 인간의 수평적 관계에서 보고, 사랑의 에너지를 받는 반사체로서 이웃 사랑의 실천에 나서라는 얘기를 했다. 그런데 여기에서 중요한 인간과 자연의 관계가 빠져 있다. 인간이 자연과 독립되어 있는 것이 아니라 동식물이나 공기·물·햇빛 등과 상호 관련되어 있다는 엄연한 현실을 생각하면 사랑의 문제, 생명의 문제는 인간 세계에만 국한될 수 없지 않겠는가. 이런 생각은 당연히 인간 중심 사고에서 생명 중심 사고로의 전환을 유도하게 된다. 이런 측면에서 요즘 나는 오랫동안 불교와의 대화에서 문제가 되었던 생명의 문제, 인격과 비인격의 문제 등에 큰 관심을 쏟고 있다.[2]

이런 강 목사의 관심에 대해 고범서는 강 박사의 신학적 관심은 인간에 대한 관심을 넘어서 자연에까지 확대되었는데, 이 단계에서도

---

2) 『빈들에서』 3, 310쪽.

윤리적인 색채가 매우 짙어서 생명의 창조적 보전을 위한 '환경윤리' '지구윤리' '살아남기 위한 윤리' 그리고 이런 윤리 기반으로서의 '생명 중심주의'에 치중했다고 한다.[3]

강원용 목사가 인간 중심적 사고에서 생명 중심적 사고로 전환하는 데는 에큐메니컬 운동의 배경이 있다. 그 하나는 WCC의 논의들의 흐름이다. 1970년대 중반까지 WCC 에큐메니컬 운동의 중심 의제들은 '책임사회' '다양성 안에서의 일치' '오늘의 구원' '인간화' 등으로 주로 하나님과 인간의 관계에 대한 것이었다. 1970년대 중반부터 WCC의 의제로 한 가지가 중요하게 더해진다. '자연환경과 생태계 파괴 및 기후변화'에 관련된 문제이다. 종교계가 관심하기 전에 이미 1970년에 발간된 『성장의 한계: 로마클럽보고서』를 통해 세계의 석학들이 이 문제를 가지고 진지하게 성찰한 결과를 내놓았다. 이 보고서는 경제산업활동, 인구증가, 자원 개발, 생산소비구조, 환경오염과 파괴 등 5가지 변수를 유기적 관계 안에서 파악하고는 '무한성장'의 신화에 경종을 울렸다.[4]

이 석학들의 경종에 WCC가 즉각 응답한다. WCC 제5차 나이로비 총회는 새로운 의제로 '지속가능한 사회'를 다루면서 생태문제를 신학적 관심으로 씨름하는 결정적 계기를 만든다. 이 의제는 1976년 중앙위원회를 거치며 '정의롭고 참여적이며 지속가능한 사회'(Just, Participatory and Sustainable Society, JPSS)라는 의제로 나타났고, 1990년 서울에서 개최된 WCC 선교대회에서는 '정의, 평화, 창조 질서의 보존'(Justice, Peace, Integrity of Creation, JPIC)이 되었다. 이것이 WCC 제10차 부산총회로 이어지며 '생명, 정의, 평화'라는 신학적 핵심 어휘

---

3) 『강원용의 삶과 사상』, 262쪽.

4) 도넬라 메도즈(Donella H. Meadows) · 데니스 메도즈(Dennis L. Meadows) · 랜더스(Jorgen Randers), 김병순 옮김, 『성장의 한계』(*Limits to Growth*), 갈라파고스, 2012.

로 표현되었다.[5]

또 하나의 중요한 배경은 1993년 시카고에서 열린 '100주년 세계종교인 평화회의'다. 이 회의는 "지구를 살리자"는 것이 그 주된 목적이었는데, 이때 채택한 '지구윤리선언'은 강 목사에게 생명에 대한 관심을 깊이 품게 했다. 한 예를 들어보자. 1994년 11월에 이탈리아에서 '세계종교인평화회의 제6차 총회'가 열렸다. 바티칸의 바오로 2세 (Johan Paul II) 교황이 참석한 가운데 개회식이 열렸고, 전 세계 63개국 22개 종교에서 860명이 정식으로 참가했다. 이 총회에서 강 목사는 공동의장으로 피선되어 실행위원 및 차기 총회 준비위원장을 맡는다. 바로 이 총회에서 강원용 목사는 '환경은 생명이다'라는 연설을 했다.[6]

강원용 목사의 '생명화'를 향한 사고의 전환은 인간화 운동의 과정 속에서 나온 결과이기도 하다. 강 목사는 박 정권과 여러 문제로 대립했다. 무엇보다 박 정권이 권력과 경제를 상위와 목적에 두고 인간을 수단으로 취급했기 때문이다. 그래서 강 목사는 1970년대의 가치 기준을 '인간화'에 두고 양극화 해소와 인간다움을 보장받는 사회를 위해 온 힘을 기울였다. 그러던 중에 강 목사는 80년대 말부터 자신의 생각에 변화가 일어났다고 한다. 인간화에 대한 믿음을 포기한 것은 아니지만, 진정한 인간화의 길은 인간 중심이 아닌, 생명 중심으로 패러다임을 바꾸어야 한다고 생각하게 된 것이다.[7]

강 목사가 본격으로 붙들기 시작한 환경문제는 '제6차 세계종교인 평화회의 총회'에서 연설한 '환경은 생명이다'에 잘 나타나 있다. 그 요지는 다음과 같다.

5) 『강원용 목사와 에큐메니컬 운동』, 214~242쪽.
6) 『역사의 언덕에서』 5, 35~38쪽.
7) 같은 책, 23~24쪽.

약 35억 년 전에 첫 생명이 나타나 세포가 생기고 분열하기 시작했다. 이때는 하나의 생명만이 있었는데 이 생명은 지구생명(global life)이다. 그리고 인간을 포함한 지구 위의 많은 생명은 지구생명의 한 부분인 보생명(co-life)이다. 우리 생명은 글로벌 라이프를 형성하는 모든 생명뿐 아니라 무생물까지 포함해서 서로 유기적으로 상호의존하고 있고, 내적인 관계를 맺고 있으며, 목적의 내재성을 가지고 있다. 그런데 뒤늦게 지구에 출연한 정신적이고, 창조를 할 수 있는 존재가 그 특권과 능력을 남용해왔다. 특히 근대화와 공업화는 급속도로 지구를 황폐화시켰다. 이제는 동양·서양 할 것 없이 전 세계의 모든 종교와 문화 속에 있는 환경을 생명으로 이해하는 전통을 토대로 인간 중심주의에서 생명 중심주의로 패러다임을 바꾸어야 한다.[8]

이 연설에서 강원용 목사는 중요한 점을 지적했다. 이것은 강원용 목사가 생태문제를 바라보고 실천하는 시각은 '환경의 관점'이 아니라 '생명적 관점'이라고 할 수 있다.

나는 생태계문제를 환경이라는 말로 인식하는 한 환경위기는 해결할 길이 없다고 생각한다. 환경이란 말은 모든 것을 인간 중심으로 하고 자연계는 인간의 들러리로 인식하게 한다. 1988년 서울올림픽의 주제는 '천(天)·지(地)·인(人)'이었다. 즉 하늘과 땅과 인간의 조화가 우리의 전통적인 사고다. 동물계도 인간과 마찬가지로 생명이며, 물과 흙과 공기와 햇빛도 역시 생명이다.[9]

---

8) 같은 책, 26~30쪽.
9) 같은 책, 28~29쪽.

참고로 88올림픽의 총연출자는 강 목사 자신이었다.

강원용 목사는 이 지구의 생태문제를 신학적인 사고의 영역으로만 생각하지 않았다. 구체적인 정책으로 제시되기를 바랐다. 「생명을 위한 정책전환」이란 글에서 이 바람이 나타나 있다. 이 글에서 강 목사는 '제6차 세계종교인평화회의 총회'에서 행한 "환경은 생명이다"라는 연설문을 토대로 우리나라 실정을 분석한다.

지구생명체는 암에 걸려 그 통증을 나타내고 있다. 오존층의 파괴, 지구기온의 상승, 열대림 감소, 생물의 멸종, 탄소배출의 증가, 유해폐기물, 토양오염 등 이것은 암 환자의 신음소리와도 같다. 그런데 공업화의 역사가 가장 짧은 나라의 하나인 우리나라가 이 암 증세로 신음하는 가장 심각한 나라가 되었다. 통계상으로(1992년 당시) 대기오염은 중국 심양이 1위, 그다음은 이란의 테헤란, 3위가 한국이다. 서울의 아황산가스는 로스앤젤레스의 69배이다. 정부는 수돗물이 안전하다고 하지만 우리나라 상수도 가운데 간단하게 소독해서 마실 수 있는 물은 없고, 대부분이 3급수이며, 89년 환경처 조사에 따르면 생활쓰레기는 우리나라가 세계 제1위이다.

이 심각한 사태를 어떻게 대처할 것인가? 지금이라도 정부, 기업, 국민이 협동하여 대전환을 이루어야 한다. 이 시기를 놓치면 힘들어진다. 70년대의 경제 제일주의에서 이제 80년대부터의 경제성장은 환경을 함께 보전하는 쪽으로 대전환이 일어나야 한다. 이제 국가정책은 '환경보전'을 최우선정책으로 하고 환경, 즉 생명에 손상을 주지 않는 한도 내에서 경제성장을 하는 정책을 마련해야 한다. 국민도 적극적으로 참여하여 환경보전이 국민 전체의 생활양식이 되어야 한다. 또한 종교, 교육, 문화, 매스컴 종사자들은 지금까지 농업경제시대에 적용되던 윤리, 도덕, 가치관을 생명 보호를 위한 새로운 윤리로 전환해야 한다.[10] 이것은 1992년의 글이다. 그러나 오늘 2017년의 우리 상황에도 똑같이 적용되는 내용이다.

고범서의 말대로 강원용 목사는 이 생명문제를 윤리적인 관점에서 바라보고 실천한다. 강원용 목사는 「생명 제일의 윤리운동」이란 글에서 이 생태문제 해결을 위해서는 '생명을 위한 윤리'가 제일 중요하다고 역설한다. 그리고 300년 전부터 시작된 공업화, 산업화 그리고 20세기에 들어서 가속화된 총체적 환경파괴의 과정을 설명한다. 강 목사는 몇 가지 세계에서 유례가 없는 환경문제의 현실을 예로 든다. 이 문제를 해결하려면 정권을 담당하는 행정부와 입법부는 생명 제일의 윤리로 사고를 전환해야 하고, 이윤만을 추구하는 대기업은 그것이 살인을 해서 돈을 버는 강력범에 해당한다는 인식의 전환이 있어야 한다.

국민 전체도 생명 존중의 윤리의식을 가지고 생명보호를 위해 적극적인 행동에 나서야 한다. 강 목사는 생명 윤리 실천에 대한 글을 다음과 같이 끝맺는다.

생명을 위한 윤리 실천은 좁은 의미에서의 환경보호만이 아니라 우리나라에서 발생하는 교통사고문제, 부정식품, 금연운동, 약품문제에 대해서도 생명을 보호하기 위한 각종 운동이 일어날 때 가능하다. 그리고 무엇보다 생명 윤리의 계몽·의식화운동이 함께 일어나야 한다.[11]

생명운동 실천론

강원용 목사의 말년은 '생명운동'으로 수렴된다. 그가 정치에 관심을 가졌던 때든, 인간화를 위해 몸부림치던 때든, 평화와 통일을 위해

---

10) 『강원용 전집』 13, 221~223쪽.
11) 같은 책, 295~297쪽.

일할 때든, 그 모든 때의 일은 다 '생명'을 향한 것이었다. 그러므로 강원용 목사의 생애에 걸친 모든 실천은 생명운동 실천이라고 불러도 좋을 것이다. 강원용 목사의 실천들을 분석해보면 세 가지의 실천 방법을 찾아볼 수 있다. 첫째로 확인해볼 수 있는 것은 '대화와 소통'의 방법이다. 둘째는 '협의성'의 방법이다. 셋째는 강원용 목사의 '통전적이고 과학적인 해방의 전략'이다.

'대화와 소통'은 아마도 제일 먼저 꼽을 수 있는 강 목사의 생명실천 방법일 것이다. 아무튼 이것은 불같은 그의 성격과는 정반대이지만, 강 목사의 대화실천은 현실이라는 토대 위에서 많은 생명의 결과들을 내었다.

강원용 목사의 대화 실천은 성서에 근거한다. 성서에서 말은 매우 신비한 힘을 가지고 있다. 「요한복음」은 태초에 말씀이 있었고 그 말씀으로 만물이 창조되었다고 한다. 하나님의 창조는 이 말씀으로 시작되었고, 이 창조는 계속 진행 중이다. 이 계속적인 창조를 위탁하기 위해 하나님은 인간을 말하는 존재로 창조하셨다. 말하는 존재인 인간은 독백자가 아니라 대화하는 존재다. 그런데 말은 창조의 기능도 하지만 파괴의 기능을 하기도 한다. 창조의 능력을 갖춘 말은 사랑의 언어다. 사랑의 언어로 이루어지는 대화가 창조를 만든다. 사랑이 사라지면 대화가 단절되고 대화가 단절되면 일방적인 선입견과 편견을 조장하여 대화를 파괴하는 역할을 하고 만다.[12]

강원용 목사는 「진정 우리는 터놓고 만날 수 없는가?」 하는 글에서 위에서 말한 대화의 성서적인 기원을 다시 진술하며 현실에서 이루어지는 대화의 원리를 안내한다. 「마가복음」 7장에 벙어리와 귀머거리가 고침 받은 이야기가 나온다. 이것은 단순한 치유이야기가 아니라 메시아가 나타난 구원의 역사, 즉 대화의 회복이 이루어지고 있음을

---

12) 『역사의 언덕에서』 1, 202~203쪽.

나타내는 이야기다. 따라서 대화의 단절은 귀머거리와 벙어리가 될 때 생기고, 대화를 회복하는 일은 귀머거리와 벙어리를 고쳐주는 일이다. 정치에서 보면 통치자가 국민의 말을 듣지 않는 것은 귀머거리요, 국민이 할 말을 못 하는 것은 벙어리다. 교회도 마찬가지로 목사가 일방적으로 선포하고 신도는 듣기만 하면 귀머거리와 벙어리의 관계와 같다. 남녀 사이, 교사와 학생 사이 모두가 같다. 이 때문에 모든 문제는 귀머거리로 하여금 듣게 하고, 벙어리로 하여금 말하게 하는 '대화의 회복'이 있을 때 해결된다. 대화를 회복하기 위해서는 모든 인간이 다 불완전하다는 인식이 있어야 한다. 사람들이 서로 다른 것은 당연하다. 서로 다른 것의 존재를 인정하는 자세가 중요하다. '서로 다름'이 '대립과 대결'로 가지 않고 서로 보완 관계가 될 때 '창조'가 나오는 것이다.[13]

'대화를 통한 창조'가 뜻하는 바는 바로 '사이, 그 너머'와 '제3의 길'이다. '사이, 그 너머'라는 말 속에는 대립되는 양극이 있고, 그것을 해소하고 너머서는 창조적인 길이 있음을 의미한다. 강 목사가 가장 경계한 것은 그 무엇이 되었든 극단으로 흐르는 것이다. 이것은 좌·우나 진보·보수 모두에게 해당한다. 그 어느 경우든 자기의 입장이나 생각을 극단으로 몰고 가면 흑백논리에 빠지기 때문이다.

흑백논리는 이분법적 논리를 만들어낸다. 삶의 현실이란 '예'와 '아니오'로 분명히 나뉠 수 없는 일이 많은데도 하나만 고집하는 것이다. 상대방의 정당한 측면에 대해서는 '예'를 하고 나서, 부정적인 측면에 대해서는 '아니오'를 한다든지, 그 반대로 '아니오' 할 것은 '아니오' 하고 나서 '예' 할 것은 인정해야지 그렇지 않은 흑백논리 상황에서는 민주적 발전이란 기대할 수 없다.[14]

---

13) 『강원용 전집』 11, 287~289쪽.
14) 같은 책, 33~34쪽.

1983년에 아주 충격적인 비극이 발생한다. 미얀마 양곤 폭파 사건과 KAL기 폭파 사건이 일어난 것이다. 이것은 북한이 저지른 소행이다. 강 목사는 이 사건의 본질을 냉철하게 분석한다. "이런 엄청난 일을 하게 된 그 정치체제의 본질"을 공산주의라는 철학적 이념에서 생긴 것이라고 말하지 않았다. 그 이념을 정치적으로 실현해가는 과정에서 프롤레타리아 독재체제를 밀고 나가기 위해 일체의 비판이나 반대를 허용하지 않고 경직화되어 버린 데서 생겨났고, 이런 경직화는 목적의 전도를 초래하며 공산주의뿐만 아니라 모든 종교와 정치 이념에 다 있다고 한다. 나름대로 정의를 위한 행동도 마찬가지다. 대구에서 일어난 미문화원 폭파사건도 같은 맥락이다. 이런 양극단의 현실에서는 '대화'만이 살길이다. 대화만이 분열이 되는 편견과 선입관, 독선의 해독제 역할을 한다. 나의 정당성 속에 있는 오류를 찾아내고 상대방의 부정당성 속에서 정당성을 찾아내게 하여 서로의 거리를 좁히고 공동의 광장을 찾게 한다.[15]

'대화를 통한 공동의 광장'이 '제3의 길' 또는 '제3의 방법'이다. 이 '제3의 길'은 기든스(Anthony Giddens)가 좌우 이념의 대립을 넘어서서 새로운 민주주의를 창출하는 구체적 방안을 제시한 것인데, 이것은 양극을 넘어서 새 현실을 창조하는 강 목사의 실천 목표와 방법과 통하는 것이다. 기든스는 '제3의 길'의 프로그램으로서 '급진적 중도, (적이 없는) 새로운 민주국가, 활발한 시민사회, 민주적 가족, 신혼합 경제, 통합으로서의 평등, 적극적 복지, 사회투자국가, 세계주의적 민족, 세계적 민주주의'를 그 목표로 하고 구체적 실천 방안을 제시하고 있다.[16] 기든스와 같이 논리적으로 실천적으로 다듬어지지는 않았을지라도 강원용 목사는 기든스가 제3의 길을 제기한 1980년대 이전부

---

15) 같은 책, 198~199쪽.
16) 기든스, 한상진·박찬욱 옮김, 『제3의 길』(*The Third Way*), 생각의나무, 1998.

터 이미 제3의 길을 추구했다.

강 목사의 모든 사고와 실천은 '중간' '제3'이라는 이름으로 부른다. 이 '제3의 길' 또는 '제3지대'의 사상이 『제3지대의 증언』에 모여 있다. 이 책의 제3장은 수필식으로 쓰인 강 목사의 제3의 신학이 모여 있다.[17] '제3지대의 신학' '제3의 자유' '제3의 삶' '제3의 힘' '제3의 인간'이 그것이다. 이 사상을 요약하면 다음과 같다. '제1지대'는 기존적인 곳, 체제적인 곳, 관습적이고 전통적인 곳으로 살기에는 안전하고 편하지만 자유도 창조성도 메마르게 된다. '제2지대'는 이와는 반대로 정치적·경제적 측면에서도 반체제 혁명의 길이고, 종교적으로는 무신론, 도덕적으로는 냉소주의나 자유분방으로 치닫는 길이다. 이 두 길은 어느 쪽에도 생명이 없다. '제3지대'가 있다. 이것은 '중간지대'이거나 '중립지대'이거나 '혼합의 길'이 아니다. 이 둘을 넘어서 존재하는 '새로운 삶의 지대요, 방식'이다.

우리 사회는 그동안 흑백논리가 지배해왔다. 이 때문에 강 목사가 추구한 제3의 길은 수많은 오해와 비판도 가져왔다. 강 목사는 이 책에서 평행선이 아니면 양극으로 치닫는 상황에서 '제3지대'의 폭은 매우 좁고 험하다고 고백한다.

두 번째 강원용 목사의 사고와 실천 방법은 '협의성'이다. 이 협의성은 대화와 소통과도 통하는 과정이다. 이것은 1970년대 강 목사가 '인간화'를 목표로 중간집단교육을 하면서 프레이리의 '의식화'와 함께 실천한 방법으로, 역시 에큐메니컬 운동 속에서 나온 방법이다. 에큐메니컬 운동은 한마디로 '오이쿠메네 실천'이라고 할 수 있다. 오이쿠메네 신학은 에큐메니컬 신학이면서도 좀 다르다. '오이쿠메네'라는 말은 '집'을 의미하는 그리스어 '오이코스'(*oikos*)에서 온 말로 '사람이 사는 모든 땅'을 뜻한다. 이 개념을 확대하면 '주님께 속한 온 세

---

17) 강원용, 『제3지대의 증언』, 문맥, 1978.

계'(「시편」 24장 10절)를 뜻하며, 여기서부터 오이쿠메네는 교회와 인류와 창조세계의 일치를 뜻하는 표현으로 쓰이기 시작했다.[18]

오이쿠메네 실천을 한마디로 정리하면 공교회적인 '협의성'이란 말로 표현할 수 있다. 영어로 'council'이라는 말이 있지만, 'conciliarity'라는 말은 에큐메니컬 운동에서 나온 새로운 용어다. 사적인 것이 아니라 '대화와 참여'를 통해, 곧 공교회적인 협의를 통해 모든 것을 실천해나간다는 뜻이다.

이 '협의성'이라는 말은 역사적인 갈등을 해소하기 위한 방편인데, 여기에는 성직자뿐만 아니라 평신도도 참여해야 한다는 것이다. 이점에서는 동방교회, 서방교회, 종교개혁교회 모두가 인류의 미래의 갈등을 해결하는 방법으로서 공감을 하고 있다. 비슷한 방법론을 가지고 바티칸 공의회에서도 정식으로 협의했고, 에큐메니컬 가능성으로서 1968년 웁살라 총회에서도 협의를 했다. 그 뒤로 루뱅에서 열린 '신앙과 직제위원회 회의'에서도 역시 'conciliarity'를 오이쿠메네를 실천하는 가능성 있는 방법이라고 하면서 공감했다. 바티칸과 WCC 그리고 웁살라 총회와 그 뒤 신앙과 직제 운동에서 이 방법론에 공감하며 정리함으로써, 이 'conciliartiy'가 바람직한 오이쿠메네 실천의 방법임을 인정한 것이다.

결국 중요한 것은 협의과정이며, 협의과정 자체가 실천방법론이다. 독단이나 사사로운 세속욕망이 아니라, 철저하게 본질로부터 모든 것을 연구해가면서, 느리지만 협의를 통해서 그 실천방법론을 강구하고 실행하는 것이 오이쿠메네 신학의 방법이다. 교회교육도, 교회의 모든 계획과 실천도 누구 혼자서가 아니라 교회 전체가 공교회적인 협의성을 발휘할 수 있도록 훈련해서 하는 것이 교회 현장에서 'conciliarity'라는 진리가 뜻하는 내용이다. 이런 협의과정을 통해서

---

18) 『오이쿠메네 신학실천』, 229~231쪽.

어떤 문제나 사태를 해결하기 위해서 필요한 것은 지금과 같은 분과 신학이 아니다. 분과신학들을 통섭하는 통전적인 신학이다. 협의과정에서 모든 신학의 전체적인 조명이 필요하다. 그러므로 오이쿠메네 신학과 실천은 전체 신학을 동원한 응용신학이라고 할 수 있다.

오이쿠메네 실천의 지향성은 글로벌(global)과 로컬(local)을 겸비하는 글로컬(glocal)한 것이다. 여기에는 말의 모순이 있지만, '필사적'으로 성서와 전통만을 붙들고 매달려서는 안 된다. 문화적으로 제약받는 인간 경험도 함께 붙들고 연대하는 신학을 조성해가야 하는 것이다. 성서와 자기의 전통을 토대로 하면서도, 현실 문화 상황 안에 있는 인간의 경험과 대화하는 것이 에큐메니컬 운동의 오이쿠메네 실천 방법이다.[19] 이 같은 에큐메니컬 운동의 실천을 강 목사는 우리 상황에 맞게 적용한 것이다.

세 번째의 특징적인 강 목사의 생명운동 실천방법은 '통전적이고 과학적인 해방의 전략'이란 점이다. 여기 그 대표적인 예가 있다. 강 목사는 여성운동에도 큰 관심이 있었다. 「미래 사회의 전망과 여성운동」이란 글에서 그의 실천론의 핵심을 볼 수 있다.

강 목사의 해방실천은 먼저 '목표'를 명확히 한다.

여성운동은 여성지위향상운동과는 구별되어야 한다. 시몬 드 보부아르는 "여성의 지위는 개선되었다. 그러나 여성의 지위는 변화하지는 않았다"라고 말했다.

......

여성은 태어나기를 남자에 비해 열성(劣性)으로 태어난다는 사고는 진실이 아닌 거짓이요, 하나님의 뜻이 아닌 악마의 계략이다. 프로이트가 말한 '남성 성기 흠모증'은 진실이 아니라 문화인류학자

19) 같은 책, 229~231쪽.

들이 말하는 남성의 원시공포증에서 비롯된 것이다. 이런 악의 뿌리를 잘라내고 여성을 인간으로 해방시키는 운동은 하늘에서 떨어지는 것도 남성의 각성이나 자비심에서 되는 것이 아닌 여성의 힘으로 쟁취해야 하는 혁명이다.[20]

다음으로는 '투쟁 대상'을 명확히 한다.

여권운동의 투쟁 대상은 과연 남성인가. 그러한 생각은 파국에서 인류를 건지는 운동이 아니라 파국을 더욱 파국으로 조장하는 운동이 될 뿐이다. 오히려 여권운동에 가장 큰 공헌을 한 사람 중에는 여성보다 남성이 더 많다(존 밀, 버트런드 러셀 등). 투쟁의 대상은 인간 종속의 사상, 물리적인 힘이 강한 자에게 억압의 권리를 부여케 하는 제도, 가부장적인 문화의 제도 등이다. 여성 운동의 저해 세력은 이런 비인간적인 억압의 원리를 고수하려는 남성인 동시에 여성의 열등성을 정당화하고 거기 안주하려는 여성도 된다. 무엇보다 시급한 것은 여성을 이런 열등의식에서 해방시키는 일이다.[21]

세 번째 해방 실천 단계는 이 실천의 '위험성을 점검'하는 것이다.

여권운동은 오늘의 남성과 동등한 권리를 가지려는 운동이어서는 안 된다. 즉 남성이 지금까지 해온 역할을 여성도 해보자는 것이라면 그것은 남성본위로 쌓아온 역사와 문화에 한몫 끼어들자는 것이고 거기에 적응하자는 것이며 따라서 그것은 오늘 인류를 파국으로 몰아넣는 남성적 문화의 강화에 불과한 것이다. 그것은 수렵·착

---

20) 『강원용 전집』 8, 127쪽.
21) 같은 책, 127쪽.

취·폭력·전쟁 문명에의 근본적인 도전이요, 상호의존 관계에서 살아가는 새 인간문화 창조의 기수가 되어야 한다. 즉 자유와 평등의 실현을 위한 인간화 문명의 창조운동이어야 한다는 말이다. 여성 인간화 운동은 정치적·법률적·경제적 차별 폐지에만 국한되어서는 안 된다. 이런 제도의 개혁과 동시에 밑바닥의 뿌리 깊은 의식구조가 개혁되어야 한다.[22]

마지막으로는 문제의 '내적 본질'과 그 해결을 위한 여러 '외적 요소'를 유기적으로, 통전적으로 고려하여 실천하는 것이다.

또 여성을 비인간화시키고 그것을 정당화시킨 의식구조를 만들어낸 신화와 전설에서부터, 여성의 수절을 강조하는 것을 성적 쾌락의 수단으로 삼은 윤리의식, 여성의 '원초적 과제'를 아기 낳아 기르는 데 둔 사고와 남성에의 종속화를 정당화시켜온 형이상학·신학·언어·문화·심리적 요인의 청산 없이는 불가능하다.

여성해방운동은 전체 인간해방운동에서 고립되어서는 안 된다. 그것은 인간사회에 뿌리 깊게 존재한 상전과 머슴의 관계, 권력을 가진 자와 가지지 못한 자의 양극화, 경제적인 착취제도, 인종차별, 자연계의 착취 등 이 모든 비인간화의 원리 위에 세워진 제도와 사상에 대한 전면적인 도전의 한 부분이 되어야 한다.[23]

이 같은 강원용 목사의 생명운동 실천은 '과학적'이라고 할 수 있다. 강원용 목사는 그 사고와 삶 자체가 우리 사회의 전 영역과 관련되어 있다. 그것은 바로 그 어느 문제든 통전적 관계에서만 파악되고

---

22) 같은 책, 128쪽.
23) 같은 책, 128~129쪽.

해결되기 때문이다.

해방의 축제

다시 이번 장의 앞부분에서 언급한 몰트만과의 대담으로 돌아가보
자. 강 목사는 자연의 문제에 대한 틸리히의 견해를 어떻게 생각하느
냐고 몰트만에게 묻는다. 틸리히는 자연과의 성만찬 친교까지 그의
신학을 밀고 나갔다. 이에 대해 몰트만은 그것은 낭만적인 언어이고,
자연과 인간과의 문제는 그런 낭만주의적인 것이 아니라 인간과 자연
의 생존이라는 아주 단순 명료한 문제라고 대답한다. 이어서 신학세
미나를 마치고 차를 마시는 자리에서 몰트만은 자연과의 '화해'를 말
했다. 사람들이 다 동의는 했지만, 용어에 대해서는 '화해'보다는 '관
계성 회복'이라는 표현이 낫지 않겠느냐는 의견이 나왔는데 어떻게
생각하느냐고 강 목사가 질문했다. 이것은 자신의 신념을 이끌어내기
위한 질문이었는지도 모른다. 강 목사의 의중에 꼭 맞게 몰트만이 대
답한다. "화해는 적대감의 극복을 의미하기 때문에 필요한 용어입니
다. 인간과 자연, 동양문화와 서양문화, 산업화된 문화와 비산업화된
문화 사이에는 적대감이 존재합니다. 그래서 화해가 필요한 것입니
다"했고 이 대답에 강 목사는 "예, 맞아요. 하늘과 땅의 모든 생명체
가 화해하고자 합니다" 하고 응수했다.[24]

『강원용 전집』에는 이 대담의 제목을 "신·인간·자연 그리고 화해"
라고 달아놓았다. 신과 인간과 자연이 화해한 그 멋진 정경은 무엇일
까? 이것이 강 목사가 말년에 추구한 생명운동의 화두인데, 그것은 바
로 '해방의 축제'다. 그가 경동교회를 개혁한 내용도 '축제예배, 축제
공동체 교회'였다. 그리고 그리스도교의 생의 핵심인 예배도 에큐메

---

24) 『강원용 전집』 11, 298쪽.

니컬 운동 속에서 '빠스카 축제'(가톨릭), '구원의 잔치'(개혁교회)로서 해방의 축제를 회복한 것이다.

강원용 목사의 삶은 자기의 이상을 위해서 앞뒤 없이 달려간 건조한 것은 아니었다. 강 목사의 자서전에는 사이사이에 양념처럼, 강 목사에게 외도와 같은 것이 주문되고, 강 목사는 그것 때문에 몹시 즐거워한다. 그 양념 같은 것들이란 강 목사의 인생에서 축제 같은 즐거운 것으로, 예술제의 심사위원이라든지 중요한 문화 축제의 대회장을 위촉받아 실행한 일이었다.

1965년 5월 초 강 목사는 아카데미 하우스 공사로 정신이 없었다. 그런데 엉뚱하게도 서울에서 열리는 아시아영화제 '심사위원장'직을 맡게 되었다. 강 목사는 이것은 억지로 맡았고, 관행들을 깨뜨리느라 힘들었으며, 그 뒤로도 영화관계에 연관되었다가 엉터리 같은 심사 때문에 사표를 냈다고 소상히 적고 있다.[25] 1997년 8월 31일에는 서울에서 '세계연극제'가 열렸다. 강원용 목사는 이 대회의 대회장을 맡았다. 이 연극제가 서구문화권을 벗어나 제3세계로 옮겨와서 더구나 한반도에서 열린 것을 강 목사는 뿌듯하게 생각했다. 또 연극제 동안에 생긴 크고 작은 문제들도 즐거운 경험으로 남기고 있다.[26]

1999년에는 예술의 전당에서 열리는 여성 미술제 추진위원장도 맡는다. 강 목사는 "나는 순 여성들로 구성된 예술제에서 왜 여성도 아닌 남자인 내게, 더구나 미술에 대해서는 아무 지식도 없는 내게" 했지만, 이 역시 즐거운 일이었다.[27]

목사로서 신학자로서 강원용에게 제일 특이하지만 어쩌면 제일 적합한 사건은 88올림픽 개막을 위해서 '문화예술축전'과 '국제학술회

25) 『강원용 전집』 3, 161~167쪽.
26) 같은 책, 108~112쪽.
27) 같은 책, 120~121쪽.

의'를 맡은 일이다. 올림픽 조직위원회는 '제24회 서울 올림픽은 몸 (스포츠 행사)과 가슴(문화예술축전) 그리고 머리(학술회의)가 조직된 올림픽'이라는 구상 아래 세 가지 행사를 주관했는데, 강 목사가 스포츠 분야를 제외한 두 행사를 책임지게 된 것이다. 강 목사는 "사실 내가 올림픽 일을 맡으리라고는 나 자신도 상상하지 못했다"고 한다. 그러나 말로는 자신은 문화예술과는 관련이 없다고 하면서도 위원장직을 수락한다. 그리고 성공적으로 문화예술축제와 세계석학을 모으는 학술제도 치루어낸다. 심지어는 학술제에 공산권의 학자들도 모셔온다. 강 목사는 이 올림픽이 겨레를 새롭게 하는 기회가 되기를 바랐지만 올림픽 이후, 모든 것은 도루묵이 되었다. 그럼에도 이것은 강 목사에게는 인생의 축제와 같은 경험이었고, 연극과 예술을 좋아하는 자신의 끼를 마음껏 펼쳐 보인 무대였다.[28]

드디어 강원용 목사는 자신이 누리고 싶었던 이 겨레의 축제를 목격한다. 그것은 2002년 월드컵이다. 모든 것이 침울한 상황에서 열린 2002년 월드컵은 탄산가스로 숨이 막힐 때 산소가 섞인 시원한 바람이 불어온 느낌이었다. 강 목사는 대한민국이 4강까지 올라가서 놀랐고, 이것보다도 더욱 놀라운 것은 붉은 악마를 주축으로 한 온 국민의 응원이었다고 한다. 붉은색은 무엇이나 공산당으로 보는 분위기 속에서 젊은이들은 일제히 붉은 옷을 입고 "대~한 민국"을 외쳤다. 국민은 너 나 할 것 없이 다 길거리에 나와서 똑같은 구호로 응원했다. 또 놀라운 것은 마지막 경기 때 700만 명이 넘는 군중이 몰려온 것이다. 이것은 세계를 놀라게 했고, 그 뜨거운 응원 뒤에는 자기 자리의 쓰레기까지 남기지 않고 다 치우는 질서의식을 보여서 공동 개최국인 일본과 비교가 되기도 했다. 강 목사는 평생 처음 보는 이 겨레의 축제를 보면서 우리 겨레의 문화를 생각한다.

---

28) 같은 책, 329~344쪽.

나는 이 같은 흐뭇한 광경을 보면서 붉은 악마들이 보여주는 저런 열광적이면서도 질서정연한 응원은 이 지구상의 어느 나라 어느 민족도 흉내 낼 수 없으리라고 생각했다. 그것은 우리 민족만이 가지고 있는 기층문화에서 나오는 것이기 때문이다. 우리의 샤머니즘을 살펴보면 가무강신(歌舞降神)의 과정이 나온다. 즉 노래와 춤으로 신바람을 일으켜 신이 들리면 허약해 보이던 무녀가 무거운 나무를 올린 채 춤을 추거나 칼날 위에 맨발로 서서 춤을 춘다. 바로 이 '신바람' '신들림'의 문화가 세계에서 우리 민족에게 제일 강하고 깊게 깔려 있는 것이다.[29]

이 신바람의 기층문화의 핵은 '흔' '멋' '삶'의 삼태극(三太極)이다. '흔'은 하나님이요, 생명력이요, 하나요, 포용이다. 우리 민족이 추구하는 삶은 떡이 아니라 '멋', 바로 멋진 삶이다. '삶'은 외세로, 또 외세를 등에 업은 앞잡이들의 수탈로 고통당하면서 오뚝이처럼 일어나고, 단일 언어와 전통을 지켜왔다. 가부장문화, 억압문화가 지배자와 피지배자와 같은 투쟁을 만들어냈고, 해방 후에는 자본주의와 공산주의가 들어와서 우리 민중의 기층 심성과 영성을 눌러놓았다. 이 자연친화적이며 모성 중심의 기층문화를 제대로 풀어내지 못한 민중은 억눌린 한을 비합리적으로 표현하고, 종교적으로는 광신에 매달리게 된다. 그런데 강 목사는 이 월드컵 축제에서 창조적으로 분출된 우리의 기층문화를 본 것이다.[30]

강원용 목사가 꿈꾸고 누리려는 것은 '해방의 축제'다. 강원용 목사는 그날이 오고 있음을 보고 있다. 아니 그날을 위해 투쟁하고 있다.

---

29) 같은 책, 238쪽.
30) 같은 책, 238~242쪽.

그리스도 안에서 근원적으로 해방 받는 신도들은 정치, 경제, 문화, 교육, 종교 등 모든 분야에서 비인간화시키는 모든 쇠사슬을 끊어버리는 일에 적극적으로 참여해야 합니다. 그러나 우리는 이런 노력이 늘 좌절을 겪는 것을 경험합니다. 그럼에도 불구하고 성령의 임재로 밝아진 눈을 가진 사람들은 부활하시고, 승천하시어, 하나님의 우편에 계신 그리스도께서, 전 우주 안에 있는 악의 영으로부터 영원히 그리고 완전히, 우리와 이 세계를 해방시켜주는 날이 오는 것을 보게 됩니다.[31]

대화, 소통, 제3의 길, 인간화…… 이 모든 강원용 목사의 실천과 목표는 종국에는 하나님 안에서 온 생명의 대 화해, 곧 만물의 해방축제를 향하고 있다. 그는 말년에 인간사회를 넘어서 생명을 중심으로 하는 해방에 눈을 깊이 돌리고 있다. 「전환기의 신앙과 선교」라고 하는 설교에서 강 목사는 자신이 참석한 '전세계종교인대회'에서 큉 박사가 발표한 '세계윤리선언'을 소개한다. 이 지구 위에 인간은 물론, 모든 생물이 다 사멸되고 말 것이 분명한데, 이런 때에 지구를 살리는 일이 모든 종교의 우선적인 공동윤리과제가 되어야 한다고 강조한다.[32]

이제 강 목사의 개혁은 차원을 달리한다. 「개혁의 재개혁」이란 설교에서는 항상 계속되어야 하는 개혁이 개신교의 사명임을 밝히며, '제3의 종교개혁'이 일어나야 한다고 말한다. 제2차 세계대전 후에 일어난 에큐메니컬 운동이 제2의 종교개혁 운동이라면 제3의 종교개혁은 성서의 말씀대로(「요한복음」 1장 1절, 「골로새서」 1장 20절, 「로마서」 8장 19절 이하) 파괴되어가고, 분열되어가고, 죽이고 죽는 모든 피조물과

---

31) 『돌들이 소리치리라』, 345쪽.
32) 같은 책, 368쪽.

하나님 사이에 화해를 일으키는 것이다. 강 목사는 제3의 종교개혁의 요지를 샤르댕을 예로 들어 설명한다.

그에 의하면, 예수님이 십자가에서 피 흘리시고 죽으시고 부활하심으로써, 성령이 오게 되어서, 파괴되는 우주 안에 사랑의 인력권이 생겨났습니다. 이 사랑의 인력권 안에 모인 공동체가 교회입니다. 파괴되는 우주 속에서, 사랑의 인력권인 공동체가 전방을 향하여, 위를 향하여 부단히 전진하여 나가서, 결국에는 '오메가 포인트'에 도달한다고 합니다. 이렇게 우주는 종말을 향해, 새 하늘과 새 땅을 향해, 오메가 포인트를 향해 부단히 가고 있는 것입니다.[33]

연상되는 것이 있다. 김재준 목사의 '범우주적 사랑의 공동체'다. 김재준 목사는 온갖 생명이 살아갈 땅과 하늘, 바다와 같이 만들어진 '총체'를 '큰 집'이라고 불렀다. 이 큰 집인 자연의 주인은 인간이 아니다. 집은 자연과 인간을 포함한 모든 생명체가 함께 살아가는 공동 거주지다. 이런 뜻에서 이 큰 집은 '범우주적 사랑의 공동체'다.[34]

강원용 목사는 자신의 자서전 『역사의 언덕에서』의 맨 끝을 '새 하늘과 새 땅'으로 맺는다. 이곳은 그의 모든 삶, 모든 실천이 궁극으로 향하는 곳이다.

테야르 드 샤르댕이 말한 "예수를 중심으로 형성된 사랑의 인력권은 계속 전방(前方), 상방으로 전진하며 종극점(omega point)을 향하여 가고 있다"는 그 말에 나는 동의한다. 나뿐 아니라 모든 사람이, 아니 사람뿐이 아니라 만물이 지금은 미움과 탐욕과 대결이라

---

33) 같은 책, 381쪽.
34) 『김재준 전집』 15, 112~113쪽.

는 흙탕물 속에 살고 있다. 그러나 이 사랑을 아는 사람은 흙탕물 속 깊은 곳에 작은 샘터가 이미 들어 있다는 것을 본다. 그 샘터가 곧 사랑의 인력권이다. 그것은 또한 아황산가스가 가득 찬 공기 속에 눈에 보이지 않는 적은 양의 산소가 내 호흡기 속에 들어와 나의 생명을 유지시켜 주는 것과 같다. 샘물이 모든 흙탕물을 삼켜 맑은 물로 화하고, 아황산가스가 산소의 힘에 의해 쫓겨나는 삶을 나는 종극점이라고 생각한다.

이것은 「요한계시록」 21장 1절에서 4절까지의 말씀과 같다. 새 하늘의 새 땅을 향해가고 있다는 말씀. 나의 호흡이 끝나는 시점까지 태양 빛 같은 사랑을 받아들이고 그 사랑에 반사해가며 살 뿐이다. 나의 삶이 허물투성이라는 것을 알고 있지만, 이런 부끄러운 나를 감싸주는 큰 사랑, 태양 빛에 비할 그 사랑이 나의 허물을 덮어주고 감싸준다는 것을 믿기에 나의 몸이 정지하는 그 순간까지 쉼 없는 전진을 하며 살아갈 것이다.[35]

---

35) 『역사의 언덕에서』 5, 301~302쪽.

제8부

비범한 지도자

1 기독교 현실주의 실천가

강원용 목사는 윤리에 관심이 많았던 신학자다. 그러나 그가 그 분야에 대한 어떤 체계적인 학술논문을 쓰거나 연구서를 낸 적은 없다. 그가 유니언 신학교에서 석사학위를 마치고 박사과정에 들어갈 때 그의 말대로 신학을 더 이상 "하나님에 관한 이론"이 아니라 "역사 속에서 하나님은 무엇을 하고 계시는가?"로 이해했기 때문이다. 그는 철저히 '응용 신학자'다. 성서적 신학을 삶과 역사를 변혁하는 실천에 적용하는 데 관심이 있었다. 그러나 그의 사고와 실천은 아주 든든한 신학사상을 배경으로 한다. 바로 니버와 틸리히의 신학사상이다. 강원용 목사는 철저히 현실주의 노선의 사고를 하고 실천을 했다. 그것은 니버의 '그리스도교 현실주의'를 '자기화' 또는 '주체화'했기 때문이다.

강 목사는 청년 시절부터 사회적 실천에 관심을 가졌기 때문에 니버를 좋아했는지도 모른다. 강원용 목사는 니버에게 어떤 감화나 신학적인 영감을 받았으며, 그것을 자기의 삶에서 어떻게 풀어갔는가? 그리고 어떤 현실주의 지도력을 발휘했는가? 강원용 목사는 조직적인 윤리 사상가는 아니다. 그러나 그는 늘 신학적 사고 속에서 자신의 실천을 찾았다. 여기서는 강원용 목사의 현실주의적 신학사고와 그것을 주체화한 그만의 사상을 찾아보려고 한다.

니버에게 배우다

강원용 목사가 신인회 청년들에게 강좌를 열고 토론한 책 중에는 니버의 책도 있었다. 이미 이때부터 강 목사는 니버에 빠져 있었다. 부산 피란 시절이 끝나가고 강원용 목사는 캐나다 매니토바 대학으로 유학을 가서 논문을 마친다. 그는 마땅히 고국으로, 가족에게로 돌아와야 하지만 더 배우고 싶다는 열망에 불탄다. 그는 미국의 유니언 신학교를 택한다. 거기에는 니버가 있었고, 또 캐나다에서 공부하던 중에 새로이 알게 된 틸리히 교수가 함께 있었기 때문이다.

강원용 목사에게 영향을 준 신학자가 여럿 있지만, 강 목사는 세 사람에게 결정적인 영향을 받는다. 김재준과 니버와 틸리히다. 용정에서 김재준 목사를 만난 강 목사는 그를 통해 율법주의와 근본주의 신앙을 벗어나 '신정통주의 신학'의 토대를 갖게 되었다. 그 후 일본 유학 시절에는 니버를, 캐나다 유학 때는 틸리히를 알게 된다. 강 목사는 "니버는 기독교 사회윤리 면에서 내게 새로운 눈을 뜨게 해주었고, 틸리히 교수를 알게 되면서부터는 인간 실존에 대해 기존의 해석과는 완전히 다른 깊이와 넓이를 가진 자유로운 시각을 갖게 되었다. 그만큼 그는 죄의 문제, 자유의 문제, 사랑의 문제 등에서 나를 완전히 흔들어놓았다"[1]고 한다.

강원용 목사의 신학 사상은 신정통주의(개혁교회)의 자리에서 니버의 사회정치적인 현실주의와 틸리히의 세계와 인간의 실존에 대한 깊은 이해가 결합되었다고 할 수 있다. 이 때문에 강원용 목사는 건조한 사회행동 이념에 빠지지 않고, 자유, 죄, 인간의 이중성 등의 깊은 문

---

[1] 『역사의 언덕에서』 2, 205쪽. 그러나 강원용은 신정통주의와 함께 바르트, 브루너(Emil Brunner), 틸리히는 물론 다른 신학자들의 사상도 이미 김재준 목사를 통해 들었다. 고지수, 『김재준과 개신교 민주화운동의 기원』, 도서출판선인, 2016, 153~156쪽.

제를 가지고 통전적으로 씨름할 수 있었다. 어느 정도 도식적이기는 하지만, 강 목사의 글들을 보면 여기저기서 니버에게는 '정의'를, 틸리히에게서는 '사랑'을 그 핵심 사상으로 인용하고 있다.

조금 흥미 있는 부분이 있다. 틸리히와 니버와의 만남과 그들에게 배운 것이 『역사의 언덕에서』제2권에 자세히 적혀 있다(247~268쪽). 반면에 그 이전의 『빈들에서』제2권에서는 틸리히에 대한 인상과 자기가 선물을 준 이야기만 나왔을 뿐인데(69~70쪽), 『역사의 언덕에서』제2권에서는 니버보다 틸리히에 대한 이야기 분량이 상대적으로 훨씬 많다. 『빈들에서』제2권은 지면이 적어서라고 하지만, 충분한 지면을 가지고 확대한 자서전인 『역사의 언덕에서』제2권에서도 틸리히를 훨씬 많이 언급한 것은 무슨 뜻일까? 강원용 목사의 사회적 행동은 니버의 영향을 받았지만 전체 삶과 사고와 인격 속에는 틸리히의 영향이 더 크지 않았나 짐작해본다. 그러나 강 목사는 「라인홀드 니버의 인간과 사상」이라는 제법 긴 글을 통해서 니버에 대한 그의 관심을 표명하고 있다.[2] 강원용 목사의 사상과 실천 속에는 니버와 틸리히가 50 대 50의 비율로 범벅되어 있다고 여겨진다.

우리 한국에서도 니버에 대한 책들과 논문들, 그에 대한 방대한 연구서적들이 있다.[3] 그러나 여기서는 강원용 목사가 직접 만나 배우고 대화하면서 영감을 받고 영향을 받은 니버 사상의 핵심을 살펴보려고 한다. 그것도 강원용 목사 자신의 설명으로 나누려고 한다.

강 목사가 니버에 본격적으로 관심을 가진 것은 1948년 한국기독청년대표로 일본에 갔을 때였다. 이때 강 목사는 일본 YWCA 학생부

---

2) 『강원용 전집』 6, 137~146쪽.
3) 니버의 전 저서를 소개하고 그 신학사상을 안내한 연구서로는 다음을 보라. 고범서, 『라인홀드 니버의 생애와 사상』, 대화아카데미출판사, 2007. 고범서는 니버의 영향 속에서 삶을 펼쳐온 강원용 목사의 삶과 사상을 조명하는 책을 썼다.

간사였던 다케다 여사를 만난다. 그녀는 뉴욕 유니언 신학교에서 니버의 제자로 공부했고, 일본에 돌아와서 글과 강연을 통해 니버를 소개했다. 그녀는 니버가 제2차 세계대전을 배경으로 쓴 『빛의 자녀들과 어둠의 자녀들』(*The Children of Light and the Children of Darkness*)을 일본어로 번역했는데, 자기가 번역한 이 책과 다른 여러 니버의 책을 강목사에게 선물로 주었다.

니버는 1930년대에 『도덕적 인간과 비도덕적 사회』(*Moral Man and Immoral Society*)라는 책을 써서 전 세계 신학계에 별로 떠오른 사람이다. 그전까지 강 목사는 그에 대해 알 길도 없었다. 강 목사가 해방 후 서울에 내려와 기독청년운동을 벌이면서, 자연스레 온정주의적 신앙 활동의 한계를 느끼면서, 사회의 구조악에 눈을 떠갈 때 만난 사람이 바로 니버였다. 다케다 여사가 준 니버의 책을 읽고 강 목사는 타는 목마름으로 물을 들이켜듯 그의 사상을 들이마신다.

니버를 만나면서 나는 카를 마르크스에도 관심을 두게 되었으나, 반면에 톨스토이나 가가와 도요히코 같은 인물로부터는 멀어지게 되었다. 그리고 그때부터 나는 이웃사랑의 실천으로서 사회구조의 개혁에 일차적인 관심을 두기 시작했다. 정의의 실현이 빠진 신앙은 거짓이라는 생각이었다.[4]

니버의 할아버지는 독일 개신교 목사였고, 태어나기는 아버지 구스타보와 어머니 리디아 사이에서 미국에서 태어났다. 열 살 때 그는 목사가 되고 싶어 했고 그런 그에게 아버지가 그리스어를 가르쳐주었다. 니버는 예일 대학교에서 공부하고 디트로이트 시에서 13년간 목회를 한다. 교인들은 대부분 포드 자동차 회사의 직공들이었는데, 니

---

4) 『빈들에서』 3, 302쪽.

버는 이들의 비참한 삶을 목격하고는 자본주의의 위선을 공격하며 노동조합 조직운동에 가담한다.

이때 포드(Henry Ford)는 "하루에 5달러씩 임금을 주어서 자동차를 싸게 생산해낸다"고 칭찬을 받고 있었다. 그러나 니버는 포드를 어셈블리 라인에서 일하는 노동자를 박탈하고 생산 증가에 박차를 가하며, 기계를 교체할 때는 직공을 일시 해고하고, 중년이 되면 대량 해고한다고 비난했다. 니버는 "나는 포드와 싸우면서 어른이 되었다"고 말한다. 니버는 설교와 글을 통해 자본가들의 비인간적인 태도를 공박했고, 자본주의의 몰락을 예고했다. 1930년에 니버는 틸리히도 회원이 된 '사회주의자 크리스천 모임'을 창설했다. 그는 1933년에 "자본주의는 망하고 있다. 그리고 그것은 망하여야 한다"고 말했다.

그러나 니버는 마르크스주의자가 아니었다. 계급투쟁 혁명을 주장하는 공산주의자가 아니었다. 그는 소련의 경제제도를 잔인하다고 비판했으며, 사회주의와 끝내 결별한다. 인간이 지상에다 하나님 나라를 계획하고 건설할 수 있다고 여기는 것은 우상숭배라고 생각하게 되었기 때문이다.[5] 강원용 목사는 "어떻게 행동할 것인가"를 스승 니버에게 배웠다고 하면서 니버의 가르침을 소개한다.

니버는 낙관론을 거부한다. 니버는 전통 신학의 원죄론을 수용하고 있어서 인간의 도덕적이고 윤리적 가능성에 대한 낙관적 견해를 배격한다. 당연히 니버는 그 당시 유행하던 적극적 사고의 신학이나 그 후 슐러(Robert Schuller)의 가능성의 신학을 거부한다. 이런 류의 신학은 하나님만 믿으면 불가능은 없다는 것이다. 이런 낙관론에 대해서 니버는 '불가능의 가능성'을 말한다. 인간의 불가능성에도 불구하고 그 안에서 가능성이 열린다는 것이다. 이 가능성은 인간이 자신의 유한함을 받아들이고, 하나님의 은총 안에서 이 세상 속으로 들어가 그 은

---

5) 『강원용 전집』 6, 139~140쪽.

총에 응답할 때 열린다. 이웃에게 봉사하고 병든 사람과 죄인을 돌보는 복음은 모두 자신 안에 들어온 하나님의 은총을 이 세상에서 행하는 것이다. 이 세상을 위해 일하기 위해서는 '겸손'이 중요하다. 겸손은 나는 불가능하지만, 하나님의 빛의 힘으로 이런 일들을 할 수 있다는 것을 분명히 알 때만 가능하다. 강 목사는 "니버의 이 같은 사상은 힘든 개척기의 한국교회에서 자라온 나의 세계에 강한 영향을 주었다"고 한다.[6)]

다음으로 강원용 목사는 『도덕적 인간과 비도덕적 사회』 그리고 또 다른 니버의 저서 『미국 역사의 아이러니』(*The Irony of American History*)를 언급한다. 30년대에 발표한 『도덕적 인간과 비도덕적 사회』에 대해서 강 목사는 "미국과 영국 같은 기독교 전통을 가진 서구 사회에 대한 비판이자 참으로 예언자적 증언이다" 하고 평했다. 『미국 역사의 아이러니』에서 니버는 유럽 기독교에 비해 미국은 식민지를 가진 일이 없다고 자랑하는 미국인들에게 '코카콜라 제국주의'라고 불렀다. 또한 길에 떨어진 남의 지갑은 가져가지 않는 신사의 나라 영국이 무력으로 다른 나라를 식민지로 만든 모순 역시 기독교, 특히 청교도의 이중적인 도덕관념의 영향이라고 비판했다. 강 목사는 이런 니버의 글을 읽으며 "이런 서구 국가의 선교사를 통해 기독교를 받아들인 우리나라 기독교 역시 그러한 모순된 증상을 보이지는 않는지 뜨끔해지면서, 이 세상 안에서 제대로 된 기독교인으로 살아간다는 것이 얼마나 어렵고도 중요한지를 깨닫게 되었다"는 교훈을 얻는다.[7)]

그러나 니버의 이 두 책은 단순히 교훈만을 주려는 책은 아니었다. 강원용 목사는 이 두 책에서 얻은 교훈을 말했지만, 사회적 실천전략도 크게 배웠을 것이다.

---

6) 『역사의 언덕에서』 2, 251쪽.
7) 같은 책, 252쪽.

고범서는 『도덕적 인간과 비도덕적 사회』를 해설하며 "오른뺨을 치거든 왼뺨도 돌려대라"는 예수님의 가르침은 지극히 영웅주의적이지만 사회적 투쟁에는 무능한 것이라고 한다. 사회 속에서는 사랑이 아니라 정의가 그리스도인의 행동 목표다. 사랑이 아니라 혁명이 그리스도인의 최종적 호소라는 것이다. 니버는 이 책에서 폭력의 필요성만이 아니라 정당성도 이론으로 제시했다. 폭력은 본질적으로 비도덕적인 것이 아니다. 폭력적 강제성과 비폭력적 강제성 사이에는 절대적 구별이 존재하지 않는다. 이 둘은 환경에 의해서 결정된다. 외과의사의 수술이 환부의 치유를 가져오듯이 혁명이 사회악을 치유할 수 있다면 그것은 윤리적일 수 있다는 것이 이 책의 핵심내용이다.[8]

강원용 목사가 니버의 이런 입장에 동의했는지는 알 수가 없다. 강원용 목사는 폭력, 혁명 등에는 알레르기 같은 반응을 보였다고 할 수 있다. 강원용 목사의 사고나 실천은 『미국 역사의 아이러니』의 결론에 더 가깝다고 할 수 있다. 고범서는 이 책의 결론 부분을 이렇게 요약해주고 있다.

1. 공산주의자와 자유세계의 싸움을 신을 두려워하는 문명과 신 없는 문명 사이의 싸움으로 보지 말아야 한다. 왜냐하면 공산주의는 신이 없기 때문이 아니라, 신을 가지고 있기 때문에 위험하다. 그 신은 공산주의가 삶의 궁극적 목적들로 보는 그들의 열망과 힘이다.

2. 모든 시대의 모든 신을 두려워하는 사람들은 그들이 원하는 것을 신이 원하는 것으로 보려는 유혹을 받는다. 가장 기독교적인 문명과 가장 경건한 교회도 참된 신은 신의 목적과 인간의 목적 사이의 모순에 대한 어떤 인식을 가질 때 비로소 알 수 있다는

---

8) 고범서, 『라인홀드 니버의 생애와 사상』, 대화아카데미, 2007, 129쪽.

것을 명심해야 한다.

3. 거의 공통성이 없는 적과의 싸움에서도 당장 싸우고 있는 우리와 적이 함께 그 속에 있는 역사적 드라마의 거대함에 대한 경외감을 가지고 공존해야 할 가능성과 필요성이 있다.

4. 공산주의보다 더 무서운 것은 거인 국가의 힘이 싸움의 모든 어려움을 보지 못하는 눈에 의해서 움직이게 된다는 위험성이다. 언제든 맹목은 자연과 역사의 어떤 우발적인 것 때문이 아니라 증오와 허영 때문에 생긴다.[9]

강원용 목사는 자신이 니버에게서 받은 가장 큰 영향은 사회정의와 사랑을 연결한 사상이라고 한다. 기독교인이 사랑의 계명을 가지고 사랑을 주장하면서 정의에 무관심하면 그것은 감상주의일 뿐이다. 사회정의를 위해 노력하는 사람이 사랑을 갖지 않으면 그 정의는 부정의가 되고 만다. 이것은 강 목사에게 삶의 이정표를 제시해주었다. 사랑 없이 정의를 강조하는 사회참여파나 정의 없는 사랑을 말하는 보수파 사이에서 길을 선택할 때 늘 강 목사는 "사랑은 정의를 통해 실현되고, 정의는 사랑이 밑받침되어야 한다"는 니버의 생각을 되새기곤 했다.

강원용 목사의 점진적 개혁의 사고와 실천은 니버에게서 배운 '근사적 접근'(approximate norm)이다. 이것은 도달해야 할 목표를 분명히 하되 현실과 목표 사이의 거리를 단계적으로 차츰차츰 접근시켜가는 방법이다. 이 방법만이 사람의 희생을 줄이면서도 확실하게 역사를 전진시킨다. 이런 접근법은 이상주의적이고 낭만적인 낙관성도, 냉소적이거나 절망적인 허무적 태도도 배격하며 새로운 길을 선택한다. 강 목사는 니버가 말한 "환상도 절망도 갖지 않고"라는 말을 되새기

---

9) 같은 책, 592~593쪽.

며 격동기를 살아냈다.[10]

이 같은 니버의 사상에서부터 강원용 목사는 자기만의 '존재의 윤리학'과 '제3의 길'의 사고와 노선을 형성하게 되고 실천하게 된다.

현실주의 정의를 논하다

강원용 목사의 신학체계를 도식화할 수 있다. 강 목사는 다른 이론 신학자처럼 체계적인 윤리 신학을 전개하지는 않았다. 그러나 상황윤리 신학자와 실천가로서 강원용 목사가 사상을 전개하는 독특한 방식이 있는데, 그것이 바로 그의 신학사상체계이기도 하다. 강원용 목사는 니버나 틸리히 그리고 다른 신학자들의 사상을 언급할 때도 그것을 자신의 상황과 삶의 실천 속에서 적용의 근거로 이용한다. 강원용 목사는 철저히 ① 성서적 주제나 성서적 요청을 출발로 한다. 다음으로 ② 니버나 틸리히의 사상과 연결 지어 반추한다. 마지막으로 ③ 그것을 (성서적 요청+신학자의 사상) 자기의 사고로 만들거나 실천윤리로 삼는다. 이런 면에서 강원용 목사의 신학은 한마디로 '성서적 신학'이라고 할 수 있다.

1998년에 『믿는 나 믿음 없는 나』라는 강 목사의 신앙집이 출간되었고, 2005년에는 『내가 믿는 그리스도』라는 신앙고백집이 출간되었다. 이 두 책은 교회에서 강연했던 것들을 가벼운 문체로 엮어낸 것이다. 일반인들도 쉽게 읽을 수 있는 글들이지만 강 목사의 그 어떤 책들보다도 강 목사의 신학사상이 녹아 있다. 바로 '성서적 명제→니버나 틸리히 신학사상→자기의 사고' 형태로 강 목사의 사상이 전개된다. 이 3단계로 구성된 전형적인 예를 들어본다.

먼저 강 목사는 그 모든 사고와 실천을 성서적 명제 또는 성서적 요

---

10) 『역사의 언덕에서』 2, 253~254쪽.

청에서 출발한다.

그리스도는 우리에게 오직 하나의 계명을 주셨습니다. 예수님은
「요한복음」13장 34절, 15장 12절에서 "새 계명을 너희에게 주노
니 서로 사랑하라. 내가 너희를 사랑한 것 같이 너희도 서로 사랑하
라"고 하셨습니다. 기독교인들이 믿는 삼위일체 하나님의 성부 하
나님, 성자 그리스도, 성령도 결국 한마디로 사랑입니다. 하나님의
무조건적인 사랑을 아무 대가 없이 받아들인 인간은 인격적 자유인
으로서 그 사랑에 응답하는 행위를 나타내는 것이 너무나 당연합니
다. 여기에서 말하는 사랑은 결코 감상적인 것이 아닙니다.[11]

다음으로는 이 성서적 명제를 조명하기 위해서 니버의 신학사상으
로 반추한다. 이 반추도 딱딱한 신학적인 이론으로서가 아니라 니버
의 신학이 주는 교훈이나 통찰을 통해서 하고 있다.

저의 스승인 기독교 윤리학자 라인홀드 니버는 '사랑과 정의에
관계'에 대하여 자주 깊은 통찰을 했습니다. 그는, 사랑은 '정의를
통해' 나타나야 한다고 말합니다. 말하자면 오늘날의 사회 구조 안
에서 많은 사람에게 고난을 주며 죄를 만드는 악한 영들의 정체를
바르게 보고, 그런 것을 정의를 통해 추방해야 한다는 것이지요. 그
러므로 니버는 말하기를, 사회 속에서 사랑은 정의라는 도관(導管)
을 통해야지만 가능하다고 말합니다. 만일 그렇지 않으면 이 사랑
은 하나의 낭만주의, 감상주의가 되어버리고 말 것입니다. 그러나
동시에 사랑이 밑받침되지 않는 정의 역시 정의가 되지 못하고 '정
의의 부정'이 되고 말 것입니다.[12]

---

11) 강원용, 『내가 믿는 그리스도』, 대한기독교서회, 2005, 291쪽.

세 번째 단계로 성서적 명제와 이 명제에 대한 신학적 반추가 이루어지고 나면 강원용 목사는 그것을 자기 사고로 소화하여 문제의 본질을 정리한다.

우리는 정의를 위해 과감히 투쟁하고 희생한 사람들을 봅니다. 그들은 매우 존경받을 만한 사람들이지요. 그러나 이런 부정에 대한 정의의 투쟁이라는 것이 사랑이 밑받침되고 사랑에 이어지지 않는다면 그것은 그 정의의 부정이 되고 맙니다. 공산주의 혁명가, 국수적 민족주의자, 극단적 좌우파 노동운동가, 혁명을 통해 집권한 군사정권, 중동의 테러집단, 심지어 학생운동마저 그런 경우를 우리는 현대사 속에서 많이 보아왔습니다. 만일 정의를 실현하기 위해서 증오와 폭력을 쓴다면, 상대방도 똑같은 폭력으로 대응할 것이기 때문에 증폭된 부정과 폭력의 악순환을 초래하고 말 것입니다. 그렇기 때문에 사랑과 정의를 어떻게 조화시킬 것이냐 하는 문제는 근본적인 문제입니다. 정의가 내재되지 않은 사랑은 허구가 되기 쉽고, 사랑이 뒷받침되지 않는 정의는 불의가 되어버리기 때문입니다.[13]

하나만 더 '성서적 명제→신학자의 생각을 통한 반추→자기의 사고와 실천으로 결론 맺기'의 예를 들어보자. 「사랑, 자유, 정의」라고 하는 글에서 강 목사는 죄, 원죄의 문제를 묵상한다. 먼저 강 목사는 "선하신 선생님" 하고 묻는 이에게 예수께서 "네가 왜 나보고 선하다고 하느냐. 선한 분은 아버지 하나님밖에 없다" 하신 말씀과 "의인은 없나니, 하나도 없다"(「로마서」 8장 10절)는 말씀을 통해서 인간은 예외

---

12) 같은 책, 291쪽.
13) 같은 책, 292쪽.

없이 다 죄인이라는 이 원죄를 알고 사는 존재여야 한다고 문제의식을 던진다.

이 문제를 강 목사는 바르트의 교훈으로 조명한다. 바르트가 이런 이야기를 했다고 한다. "천당에 가니, 별별 사람들이 다 왔다. 흑인, 백인, 황인 등 이 세상 사람들이 다 왔는데 공통점이 한 가지 있다. 그것은 '저는 죄인이올시다'하는 말을 하지 않는 사람이 하나도 없다는 것이다. 그것이 천당이다."

바르트는 예수님의 말씀 가운데 남녀문제, 이혼문제, 도덕적 교훈 같은 것들이 있는데, 그것은 성경에서 케리그마(말씀)에 속한 것이 아니라 디다케, 즉 교육에 속한 것이라고 하면서 기독교 윤리학자들에 큰 경고를 했다. 하나님만이 선이 무엇인지를 아는 분인데, 기독교윤리학자들이 "이것은 선이요, 악이요"하며 판단한다면 그것은 바로 그가 하나님 자리에 올라가게 된다는 경고다. 바르트에 의하면 하나님은 살아계신 하나님이시고, 그 하나님은 살아 있는 구체적인 사람에게 말씀을 하신다. 그런데 그 말씀을 듣는 사람은 시공간의 제약을 받는다. 따라서 바르트는 사람은 시간에 따라서 또는 장소에 따라서 윤리적 과제가 다르며, 아무리 같은 시간과 같은 장소에 사는 사람이라도 사는 상황이 서로 다르기 때문에, 하나님의 말씀을 다른 시간과 장소의 사람들에게 어떻게 적용하는가 하는 문제가 생긴다고 했다.[14]

바르트의 견해로 성서적 명제를 반추하고서 강원용 목사는 자기의 결론을 맺는다.

성경이 윤리 교과서가 아니라는 이야기는 성경은 복음을 선포하는 책이지 율법 교과서가 아니라는 말이다. 그러면 성경은 윤리와 아무 관계도 없다는 말인가 하는 의문이 생길 수 있다. 그 물음에는

---

14) 강원용, 『믿는 나 믿음 없는 나』, 웅진출판, 1998, 158~160쪽.

'그렇지 않다' '그렇다'라는 두 가지 대답이 나올 수 있는데, 나는 '그렇다. 관계없다'라고 일단은 밝혀 두고 싶다. 복음 자체에는 인간의 노력이 하나도 첨가되지 않는다. 그것은 전적으로 그리스도 안에 나타난 하나님의 무조건적인 사랑으로 움직이는 것이지, 인간의 노력으로 움직이는 것이 아니다. 이것을 밝혀놓고 '그렇다'고, 즉 윤리와 관계있다고 대답할 수 있다.[15]

이처럼 강원용 목사는 성서의 명제를 바르트의 견해로 조명하고는 자기의 사고로 소화시킨다. 성경은 일단은 "관계가 없다"고 하면서 바르트의 견해를 수용한다. 그러나 윤리적인 선은 인간의 노력이 아니라 전적으로 그리스도 안에 나타난 하나님의 무조건적 사랑으로 움직이는 것임을 알게 되면 성경은 윤리와 "관계가 있다"는 것이다.

강원용 목사에게 결정적 영향을 준 신학자는 물론 니버와 틸리히이다. 그러나 강 목사는 세계의 신학자들과 신학의 조류들을 섭렵했다. 한 예로 강원용 목사는 제3세계의 신학 조류와 중요한 신학자들 그리고 그 사상의 핵심을 소개한다.

1961년을 기점으로 제3세계라고 불리는 지역에 대한 관심이 높아지기 시작했다. 이에 따라 기독교 이외의 종교들에 관심이 집중되면서 제3세계 목소리가 교회 안에서도 높아졌다. 이런 상황 속에서 기독교인의 윤리적 사고도 바뀌게 되었다. 강 목사는 이 변화된 신학과 윤리적 사고를 주도한 신학자들로 가톨릭에서는 파니카(Raimundo Panikkar), 라너(Karl Rahner), 큉을 꼽으며, 이들이 전통적인 가톨릭의 사고를 바꾸어놓기 시작했다고 한다. 혁명의 신학, 해방의 신학이 등장했으며, 제3세계의 새로운 신학이 태동한다. 강원용 목사는 해방의 신학의 배경과 의미를 소개하며 그 문제도 밝힌다. 제3세계 신학자로

---

15) 같은 책, 160~161쪽.

는 인도의 토머스(M. M. Thomas)를 비롯해서, 일본 사람 야기 세이치(八木誠日), 대만의 송천성(C. S. Song), 케냐의 음비티(John S. Mbiti), 탄자니아의 무오레카(Christopher Mwoleka)를 거론하며 그들의 배경과 신학의 핵심을 소개한다.[16) 이 글을 읽게 되면 강원용 목사의 신학적 지평과 신학적 이해의 깊이가 얼마나 넓고 깊은 것인지를 알 수 있게 된다.

니버와 관련된 강 목사의 신학윤리에 대한 사고를 하나만 더 보기로 한다. 기독교적인 믿음과 사상으로 사회적 실천을 하려는 강원용 목사의 주된 관심은 윤리적 결정이나 판단의 문제였다. 강 목사는 「상황과 윤리」라는 글에서 이 윤리적 결정 문제를 깊이 성찰한다. 1966년에 미국의 플레처(Joseph Fletcher)가 『상황윤리』(Situation Ethics)를 출간했다. 이 책에서 그가 주장하는 핵심은 인간의 윤리적 판단은 어떤 율법적인 접근방법이나, 또는 도덕적인 방법은 폐기해야 하며, 상황적인 접근을 해야 한다고 주장했다. 이 상황적 접근의 실천의 예가 본회퍼 목사이다. 본회퍼는 히틀러 한 사람 때문에 수많은 사람이 목숨을 빼앗기는 현실을 보고 히틀러를 없애는 것이 옳다고 생각하고, 실행에 옮기다가 사형을 당했다. 플레처는 이 본회퍼의 행동을 악이라고 말할 수 없다고 한다. 어떤 상황에서 사랑의 결과를 가져오는 행동이 윤리적 결정의 기준이다.[17)

이 같은 윤리적 판단이나 결정에 대해서 강원용 목사는 제2차 세계대전 이후의 신학의 거장들인 니버와 브루너의 논쟁의 핵심 논점들을 소개한다. 짤막하지만 논쟁의 초점이 드러나 있다. 브루너는 우리가 옳다고 내리는 결정은 절대로 결정이 아니라고 했다. 우리가 내리는 모든 결정은 유죄결정이다. 인간은 여러 결정 가운데서 하나를 선

---

16) 같은 책, 180~212쪽.
17) 같은 책, 180~182쪽.

택하는데, 그 결정은 늘 죄책을 동반하며, 절대로 깨끗한 결정은 없다고 한다. 이에 대해서 니버는 하나가 선이고 하나가 악일 때, 악을 버리고 선을 택하는 결정을 내리는 경우는 드물며, 모두가 악일 때는 모두가 악이라고 버리면 더 큰 악을 불러올 수 있으므로 덜 악한 것을 택할 수밖에 없다는 현실주의 윤리를 내세운다.[18] 이 논쟁에서 강원용 목사는 자신의 입장을 세운다.

우리는 많은 악 중에서 어떤 것이 작은 악인지를 판단해야 하는 경우가 많고, 이것도 선이고 저것도 선일 경우에도 보다 큰 선을 선택해야 하는 경우가 있다. 이처럼 선악은 상대적이며 이에 대한 인간의 판단력은 별로 완벽하지 못하다는 것이다. 비록 마음에서 우러나와서 나를 희생하는 때에도 자신도 모르는 사이에 자기중심적인 욕망이 들어간다. 이것이 인간존재다. 이런 인간의 속성을 전제로 상황을 판단하고 윤리적 결정을 내려야 한다는 것이다.[19] 이것을 볼 때 강 목사는 규범윤리자가 아니라 상황윤리자이며, 상황윤리를 자신의 입장으로 삼은 것은 불완전한 인간의 실존을 깊이 통찰했기 때문이다.

강원용 목사가 니버의 생애와 사상을 자세히 설명하고 맺는 말이다. 강 목사는 니버의 사상을 자신과 우리 사회에 적용한다.

하나님과 인간과 역사에 대한 기독교적 계시에 대한 라인홀드 니버의 광범위한 해석은 오늘의 상황에서 우리가 서 있어야 할 마당을 제공해주는 것 같이 생각된다. 니버의 사상은 하나님의 나라를 세상의 나라에 매우 밀접하게 관계시키려고 하는 사람들에게 비판적인 안내자로서 필요하다. 혁명의 새로운 이데올로기를 혁명적인 유토피아주의에 대한 경고를 이해하지 못하고 받아들이려고 하는

---

18) 같은 책, 180~188쪽.
19) 같은 책, 188쪽.

사람들의 경우에도 마찬가지다.

특별히 그의 사상은 극도의 양극화가 심화되고 있고 패배주의와 낙관주의·현실도피주의 등이 공존하고 있는 한국적 현실에 대해서 많은 시사점을 주고 있다는 점을 우리는 주목해야 할 것이다.

더구나 하나님의 계시를 오늘의 상황 속에서 올바로 해석하여 고난받는 이 민족에게 참된 생명의 양식으로 존재해야 될 당위적 요청을 받고 있는 한국교회에게 니버의 사상은 깊은 의미를 주고 있다고 하겠다.

마지막으로 필자는 1954년에서 56년까지 그의 강의를 계속 듣고 사사롭게 많은 개인지도를 받은 사람으로 그의 매혹적인 인간성과 많은 유머와 에피소드를 글로 소개해 낼 수 없다는 것을 유감스럽게 생각한다.[20]

현실주의 지도자

강원용 목사만의 독특성과 위대성이 있다. 그것은 자기화시킨 신학사상을 행동으로 구현한다는 점이다. 이런 면에서 그는 기독교 윤리학자이지만 '응용신학자'요, 딱히 우리말로 번역하기 어려운 'Doing Theologian'이라고 할 수 있다. 강원용의 신학사상은 그의 신학이론이 아니라 그의 실천에서 찾는 것이 중요하다. 강원용 목사의 행동 속에 니버나 틸리히의 신학사상이 육화(肉化)되었고, 그 육화된 실천은 그의 지도력으로 나타나 격동기의 우리 현대사에서 화해와 평화 그리고 생명의 열매들을 맺었다. 강원용 목사는 양극을 넘나든 지도자였다. 정권이 악하다고 해서 거리를 두고 방관하거나 무조건 반대하지 않았다. 반면에 악에 저항한다고 해서 그 저항 세력에 무조건 동조하지도

---

20) 『강원용 전집』 6, 145~146쪽.

않았다. 강 목사는 악을 분명히 직시하고 그에 저항하는 삶의 정당성을 인정한다. 그러나 양극의 극단적 대립은 사태의 해결이 아니라 더 큰 희생만 불어오기 때문에 강 목사는 부당한 정권과도 대화하면서 정당한 정의를 점진적으로, 부드럽게 성취해간다. 이것이 강 목사의 현실주의 사고이고 노선이다. 강원용 목사가 이룬 업적들은 이미 이야기했다. 여기서는 현실주의를 가지고 풀려고 했던 일화들을 소개하고자 한다.

강 목사는 전두환 정권이 출범하고 나서 '국정자문위원'을 맡게 된다. 이것은 두고두고 강원용 목사가 비난을 받고, 심지어는 WCC 회장선거에서 떨어지는 빌미가 되었다. 그러나 강 목사가 자의로 수락하거나 압력 때문에 두려워서 수락한 것은 아니다. 1980년은 무력으로 광주민주화운동을 진압한 전두환이 무자비한 폭력으로 정권을 탈취한 때였다. 그리고 기독교계에도 국정자문위원이 할당되었다. 강 목사는 최규하 대통령 때에도 그 제안을 거절했고, 마침 NCCK 회장이던 김해득 구세군 사령관을 추천해서 그가 국정자문위원이 되었다. 그러나 그가 질병으로 그해 11월에 죽고 말았다. 이 때문에 공석이 된 기독교계의 국정자문위원을 당시 NCCK 회장이었던 강 목사가 채워야 할 처지가 되고 말았다.

어쩔 수 없는 상황에 처했지만 강 목사는 거부하는 태도를 보였는데 결정적으로 마음이 흔들리는 사건이 있었다. 그것은 김대중 구명운동과 관계된 사건이다. 5·17계엄 확대 조치와 함께 계엄 당국에 연행된 김대중은 광주민주화운동의 배후 조종자로서 내란음모죄로 기소되었고 계엄 보통 군법회의에서 사형선고를 받았다. 그리고 곧 사형이 집행되리라는 구체적인 정보도 듣게 되었다. 강 목사는 이런 비극적이고 끔찍한 일이 있어서는 안 되겠기에 NCCK 회장 자격으로 전두환 대통령에게 김대중을 사형시키지 말아 달라는 호소문을 보낸다. 물론 청와대에서는 아무 반응이 없었다. 도리어 이 호소문 때문에 어느 날 NCCK 인권위원회 사무국장이던 이경배가 보안사령부에 불려가 조사를 받고 나왔다. 김수환 추기경도 나름대로 구명운동을 벌였으나 신통한 반응을 얻지 못했다. 그 무렵 중병으로 누워 있는 정일형 박사를 문병하러 갔을 때 정 박사는 강 목사의 손목을 꼭 잡고 "대중이를 살려줘, 대중이를 살려줘" 하며 눈물을 흘렸다.

얼마 후 포게슨이란 사람이 강 목사를 만나러 온다. 그는 미국도 김대중을 살리기 위해서 애쓸 테니, 강 목사가 나서서 구명운동을 해 달라고 당부한다. 정보에 따르면 강 목사가 국정자문위원 자리를 거절해서 전 대통령이 서운해하니, 그 자리를 수락하면서 조건부로 개인 면담을 신청하고 전 대통령을 설득해보라는 것이다. 강 목사는 1980년 8월 스위스 제네바에서 열린 WCC 중앙위원회에 참석해서, 거기서 광주참상을 필름으로 보았다. 이런 끔찍한 일을 자행한 군부정권에 협력한다는 생각 자체도 싫었다. 더구나 이것을 수락하면 국내외적으로 명예가 실추되는 것은 물론, 지금껏 돈과 권력 앞에서 깨끗이 살아온 자신의 자존심도 무너지는 것이었다. 그럼에도 김대중을 살릴 수 있다는 한 가닥 가능성을 두고서 마음이 흔들린다.

또 하나 강 목사의 마음을 흔든 사건이 같이 생겼다. 기독교방송이 당국의 언론통제정책으로 11월 말부터 보도도 금지되고 광고도 못 하게 되어서 문을 닫게 되는 형편이 되었고 이 사태로 교계도 전전긍긍하게 되었다. 이 일로도 강 목사는 NCCK 회장으로서 전 대통령을 직접 만나기는 만나서 해결을 보아야 한다는 생각을 하게 되었다.

김대중 구명과 기독교방송국 살리기 이 두 가지 때문에 강원용 목사는 어쩔 수 없이 국정자문위원직을 수락하고 만다. 우여곡절 끝에 1980년 11월 25일 오전, 강 목사는 청와대에 들어가 전두환 대통령으로부터 위촉장을 받는다. 그리고 전 대통령과 한 시간 10분 동안 독대시간을 갖는다. 전 대통령이 먼저 자기가 대통령이 된 변을 늘어놓고 부족하니 도와달라고 강 목사에게 말한다. 강 목사는 부드럽지만 특유의 직설로서 충고한다. 지금처럼 늘 자신의 부족함을 생각하며 정치할 것과 올바른 역사의식을 가질 것을 주문한다. 폭정과 선정의 예를 들면서, 박정희 대통령의 과오를 지적한다. 그릇된 반공정책, 극심한 빈부격차, 비전문적인 문화재 관리 등이다. 그러고 나서 강 목사는 기독교방송국 이야기를 꺼내고, 다음에는 조심스레 김대중 이야기를 꺼낸다. 그 순간 전두환의 얼굴이 굳어져 버렸다고 한다.

강 목사는 김대중은 절대로 공산주의자가 아니라고 말했고, 그 말에 전 대통령은 "내가 언제 김대중을 공산주의자라고 했습니까? 하지만 그 사람은 용공주의자고 선동정치가예요"라고 말하며 벌컥 화를 냈다. 이에 강 목사는 자신도 선동정치를 싫어하고 용공주의자도 싫어하지만, 대한민국 헌법 어디에도 선동주의자나 용공주의자를 사형하라는 조문은 없으며, 새 정부의 출발을 사형으로 시작하면 어떻게 하느냐고 응수했다. 강 목사는 한참 김대중을 살려서 얻는 실리를 가지고 전 대통령을 설득했다. 이야기를 다 듣고는 태도가 다소 누그러진 전두환은 "목사님이 말씀하신 취지는 잘 알겠습니다. 목사님 말씀 고려해서 내가 잘 알아서 할 테니 너무 걱정은 마십시오. 이제 그 얘기는 그만하고 화제를 딴 데로 돌리지요" 했다. 걱정하지 말라는 그의 말과 분위기로 보아 강 목사는 '성공이구나' 하는 생각이 들었다고 한다.[21]

강원용 목사가 갑작스럽게 김대중 구명을 하게 된 것만은 아니다. 이미 유신 때부터 강 목사는 김대중을 구출하는 데 큰 역할을 했다. 1972년 10월 17일에 계엄령과 동시에 유신이 선포되자 김대중은 미국으로 망명을 택한다. 김대중은 미국과 일본을 오가며 유신체제를 비판하고 '한국 민주화회복 통일촉진 국민회의'(한민통)을 조직한다. 그러던 중 1973년 8월 8일 도쿄의 히비야 공원에서 열릴 박정희 반

21) 『역사의 언덕에서』 4, 161~177쪽.

대집회를 앞두고 납치되는 사건이 일어난다. 나중에 김대중 씨는 구출되어 외국으로 보내져 자연인 비슷하게 되었으나 납치 사건에 대한 진상규명은 이루어지지 않았다. 일본과 한국의 정치타협으로 일본에서 시도된 민간차원의 조사도 중단되었다. 그러자 김대중은 한국에 민주정부가 들어서기 전까지는 해결이 어려우니 시민들이 캠페인을 벌였으면 좋겠다고 제안했고, 그래서 '김대중 선생 납치 사건에 대한 진상규명을 요구하는 시민의 모임'이 결성되었다. 이 모임의 고문으로 강원용 원장(크리스챤아카데미), 김관석 총무(NCCK), 김지길 감독(감리교), 박세경 변호사, 서영훈, 장기천 감독이 위촉되었다. 공동위원장은 한승헌, 윤순녀(수녀)가 맡고, 실행위원으로는 강문규, 김상근, 류시춘(작가), 이문영, 이해동 목사, 함세웅 신부 등이 참여했다.[22]

강원용 목사는 김대중 납치 사건 진상규명의 모임에 고문을 맡았고, 국정자문위원을 맡으며 김대중 구명을 한 일의 파장을 이렇게 회고한다.

내가 김대중 구명에 실제로 얼마만큼 영향을 끼쳤는지는 잘 알수 없지만, 전 대통령은 1981년 1월 23일 대법원에서 사형이 확정된 김대중을 무기징역으로 감형하는 조치를 취했다. 나는 그 소식을 듣고 조봉암의 사형에 이어 우리 정치사에 큰 오점으로 남을 뻔했던 비극적인 일이 미연에 방지됐다는 생각에 한숨을 내쉬지 않을수 없었다. 국정자문위원직을 수락하면서 나는 전 대통령을 만나건의하고 싶은 말을 하면서 나름대로 의미도 느낄 수 있었지만, 그로 인한 내 이미지 실추는 엄청난 것이었다.
　……
"강 목사가 광주 학살을 자행한 군사 독재자의 자문위원이 되었

---

22) 강문규,『나의 에큐메니컬 운동 반세기』, 대한기독교서회, 2010, 274쪽.

다니 그럴 수 있느냐."

WCC뿐만이 아니라 독일, 미국, 캐나다 등지에서도 나를 비난하는 소리가 끊이지 않았다. 그 때문에 나는 국제 활동에 많은 제약을 받아야 했으며, 아카데미 등 내가 관련된 활동에서도 외국의 원조를 받는 데 난관을 겪어야 했다.

국내에서 쏟아지는 비난은 말도 못했다. 한마디로 어떻게 그럴 수 있느냐는 것이었다. 내가 국정자문위원으로 있는 동안 세간에는 "이 시대의 변절자, 윤·천·지·강"이라는 말이 돌았다. 윤·천·지·강이란 윤보선, 천관우, 지학순, 강원용을 지칭하는 것이었다.[23)]

실제로 강원용 목사 때문에 김대중이 구명되었는지는 확인할 길이 없다. 다만 이 사건에서 현실주의 지도자로서의 강원용 목사를 만나게 된다. 강 목사는 결코 불의하고 악한 세력과는 함께하지 않는다. 과격과 극단은 경계할망정 정의로운 세력과 뜻을 같이한다. 그러나 정의를 관철하기 위해서는 무조건 날을 세워 투쟁만 하지는 않는다. 악의 실체가 존재하는 엄연한 현실을 인정하고, 그 현실과 부단히 부딪치면서 정의로운 뜻을 세워나간다. 늘 혁명이 감도는 격동기와 좌·우, 보수·진보가 한 치도 양보 없이 대립각을 세우며 극단으로만 치닫는 이때, 강원용 목사의 이 현실주의 지도력은 우리의 현대사를 굴러가게 하는 제3의 길을 연 것이다.

---

23) 『역사의 언덕에서』 4, 178~179쪽.

2 사랑의 실천가

강원용 목사는 이념주의적인 행동가의 길을 가지 않는다. 정의만을 고집하며 강렬한 투쟁노선으로 향하지 않는다. 그것은 강 목사가 정의와 사랑의 변증법을 체득했기 때문이다. 정의가 먼저인가, 사랑이 먼저인가는 중요하지 않다. 이 둘은 언제나 함께 있을 때만 둘 다 진실한 것이 된다. 사랑 없는 정의는 언제나 부정의로 떨어지고 정의 없는 사랑은 단지 감상주의 사랑이다. 종종 정의를 위해 투쟁하는 급진주의나 사랑을 부르짖으며 봉사하는 온정주의는 정의와 사랑의 변증법을 알지 못하기 때문에 부정의나 감상주의로 추락하고 만다. 도식적이기는 하지만 강 목사는 니버에게서는 정의를, 틸리히에게서는 사랑을 배운다. 물론 니버의 정의도 사랑을 동반한 것이고, 틸리히의 사랑도 정의를 전제로 한 것이다. 니버를 통해서 사회정치적인 영역에서 사고하고 행동하는 현실주의를 배웠다면, 강원용 목사는 틸리히를 통해서 내면 실존의 깊이와 신비와 복합성과 초월성 같은 차원을 배웠다. 이런 이유로 강 목사는 행동가이면서도 인간의 설명할 수 없는 모순과 원죄성과 위선 그리고 그럼에도 동시에 존재하는 선한 의지와 아름다움 같은 역설을 이해한 종교인일 수 있었다.

니버와 틸리히의 사상이 정의와 사랑의 변증법으로 강원용 목사 안에서 통합된 것이다. 강원용 목사가 틸리히의 인격과 신학에서 배운 것 그리고 그것을 자기화한 생각과 실천을 찾아본다.

틸리히에게서 배우다

「여해 강원용 목사와 한국 사회 속의 교회」라는 글에서, 김경재는 그처럼 큰 활동을 하게 한 강원용 목사의 사상적 배경의 그 첫째로 유니언 신학교 유학 시절에 틸리히 교수를 만난 것을 꼽는다. 틸리히의 신학 방법론은 '상관의 방법'이다. 인간의 상황이라는 질문과 여기에 위에서부터 대답을 주는 복음의 메시지가 불꽃을 일으키는 곳이 인간 현실이고 신학인데, 강원용 목사의 이 세계와 인간의 실존적 상황에 대한 깊은 통찰은 틸리히에게 배운 것이라고 한다. 또한 강원용 목사는 틸리히의 은총의 신학과 사랑의 신학에서도 큰 영향을 받았다고 한다. 김경재는 강 목사의 설교를 들을 때마다 강 목사가 틸리히에게 큰 영향을 받았음을 알 수 있었다고 한다. 강원용 목사는 복음의 핵심을 그리스도 안에서 새로운 존재로 거듭나는 것이라고 보았다. 또 새로운 피조물이 되는 인간 혁명 사건의 핵심을 '사랑의 힘'으로 보았다고 요약해준다.[1]

김경재의 이 글에서 눈여겨볼 사항이 있다. 강원용 목사는 틸리히보다 이전에 니버의 사상에 매료되었다. 그런데 김경재는 강 목사에게 영향을 준 사상적 배경에 틸리히를 먼저 언급하고 "두 번째로 그의 사상적 배경에는 니버가 있습니다" 하면서 니버 이야기를 한다.[2] 이것은 강원용 목사의 사상을 이해하는 데 큰 문제는 아닐 수 있지만, 강원용 목사의 사고와 실천의 변화를 알게 해준다. 고범서에 따르면 니버의 기독교 사회윤리는 강원용 목사의 활동의 전성기인 1960년대에서 80년대 중반까지, 즉 미국 유학에서 귀국하여 경동교회 담임목사를 은퇴하기까지의 시기에 결정적인 영향을 미쳤다. 그러나 그 이

---

1) 『여해 강원용 그는 누구인가?』, 26~28쪽.
2) 같은 책, 28~29쪽.

후부터는 그의 신앙과 신학이 틸리히의 존재론적 신학과 맥을 같이하는 경향이 짙다고 한다. 고범서는 그럼에도 이것은 강 목사가 니버를 떠났다는 뜻은 아니며, 둘의 통합을 이루면서 그의 신학이 새로운 단계로 발전적 변화를 한 것을 뜻한다고 설명한다. 강원용 목사의 이 같은 새로운 신학적 단계를 고범서는 '윤리적 신앙의 신학' 단계로 부르고 있다. 이 '윤리적 신앙'이란 "제도화되고 종교화된 기독교 테두리, 다시 말해서 교회와 그 교회의 테두리를 넘어서 신앙을 윤리적으로 이해하는 경향"을 말한다.[3]

강 목사에게 니버가 먼저냐 틸리히가 먼저냐 할 때, 80년대 이전에는 '니버와 틸리히의 종합'이었다면, 그 이후는 '틸리히와 니버의 종합'이라고 할 수 있다. 그리고 그 실천의 강조점도 바뀌어 가는 것을 확인할 수 있다. 니버 중심의 사고에서는 사회정치적 실천이 중요했다면, 틸리히 중심의 사고에서는 평화와 나눔 등이 중요한 실천으로 떠올랐다. 이것은 마침 민주시대가 열리는 시기와 일치한다.

강원용 목사의 사고와 실천은 아주 말년에 다시 한 번 변화한다. 그것은 인간 중심의 사고에서 생명 중심의 사고로 전환한 것이다. 그러면서 강원용 목사는 샤르댕과 같은 신학자의 사상을 깊이 있게 숙고한다. 그럼에도 강 목사는 윤리신학자답게 윤리적 관점에서 생명신학으로 전환한다.

강 박사의 신학적 관심은 인간에 대한 관심을 넘어서 자연에까지 확대되었는데, 이 단계에서도 역시 윤리적 색채가 매우 짙다. 다시 말해서 그의 관심은 생태계 보존 또는 보다 심층적으로 생명의 창조력 보존을 위한 환경윤리, 지구윤리, 살아남기 위한 윤리 그리고

---

3) 『강원용의 삶과 사상』, 223~224쪽.

그러한 윤리의 기반으로서의 생명 중심주의에 치중되고 있다.[4)]

내가 틸리히를 알게 된 것은 그의 설교집 『흔들리는 터전』을 통해서였다. 그 책은 그야말로 그동안 내가 딛고 있던 신앙의 터전을 완전히 흔들어버리고 말았다. 그와의 만남은 니버와의 만남 못지않게 나에게 큰 충격으로 다가왔다.

모든 신자(信者)가 그렇겠지만 나 역시 기독교에 입문한 뒤 내 신앙에 전환기를 맞게 되는 순간이 몇 차례 있었다. 맨 처음 계기는 용정에서 김재준 목사를 만났을 때였다. 김 목사를 만나면서 나는 신학적으로 보수·정통 신학에서 벗어난 이른바 신정통주의 신학을 접하고 충격을 받았었다.

그 후 니버는 기독교 사회 윤리 면에서 내게 새로운 눈을 뜨게 해줬고, 틸리히 교수를 알게 되면서부터는 인간 실존에 대해 기존의 해석과는 완전히 다른 깊이와 넓이를 가진 자유로운 시각을 갖게 되었다. 그만큼 그는 죄의 문제, 자유의 문제, 사랑의 문제 등에서 나를 완전히 흔들어놓았다.[5)]

드디어 강원용 목사는 유니언에서 '흔들리는 터전'처럼 자신을 완전히 흔들어놓은 틸리히를 만난다. 물론 니버와 틸리히를 똑같이 흠모한 강 목사는 나란히 두 사람의 차이와 첫인상을 소개한다. 이 두 사람 사이는 학문적 차이가 있다. 한마디로 말하면 틸리히는 죄의 문제, 구원의 문제 등 근원적인 인간 실존의 문제에 관심을 기울이는 반면, 니버는 정치사회적 현실에 학문의 초점을 맞추었다. 그들은 복도를 사이에 두고 강의하면서 서로 비판도 서슴지 않았지만

---

4) 같은 책, 262쪽.
5) 『역사의 언덕에서』 2, 204~205쪽.

언제나 다정한 친구였다고 한다.

두 사람의 강의 방식과 학생들을 대하는 태도도 차이가 있었다. 니버는 학기의 마지막 강의가 끝나고 학생들이 고맙다는 인사와 함께 박수를 보내면 여유 있게 받아들였다. 반면 틸리히는 독일인 기질 때문인지 학생들의 인사도 받지 않고 마지막 강의를 하고는 도 망치듯 강의실을 빠져나가곤 했다는 것이다. 이렇게 틸리히는 고지식하고 재미없는 교수였지만 때로는 학생들의 질문에 기발한 대답을 하기도 했다. 예를 들어 틸리히는 강의 중에 '무'(nothing)라는 말을 자주 사용했는데, 한 날 어느 학생이 손을 들고 "선생님, 우리는 어떤 무엇(something)을 배우러 여기 왔는데, 자꾸 '무'만 얘기하시면 어떻게 합니까?" 하고 질문했다. 틸리히는 잠시 생각하더니, 특유의 느려터지면서도 무거운 어조로 "'무'도 '어떤 무엇'이네"(Nothing is something)라고 말해서 강의실이 웃음바다가 되었다고 한다.[6]

강원용 목사는 『역사의 언덕에서』 제2권에서 꽤 많은 분량을 틸리히에 관해 소개하고 있다(255~268쪽). 이 소개는 「예수님은 누구인가: 스승 틸리히의 가르침」이라는 제목으로 시작한다. 그러나 틸리히의 신학사상에 대한 소개는 아니다. 그로부터 배운 것들을 소개한다. 그것도 강원용의 삶을 태풍처럼 송두리째 뒤집어놓고 변화시킨 세 편의 설교를 통한 배움이다. 강원용 목사 자신이 번역한 『새로운 존재』에 있는 「거룩한 낭비」와 김천배가 번역한 『흔들리는 터전』 중에 있는 「종교의 멍에」와 「너는 받아들여졌다」는 설교다.

강 목사는 이 세 편의 설교를 단지 인용만 하고, 거기서 받은 영감이나 교훈은 이야기해주지 않는다. 다만 세 편의 설교 인용문에서 강 목사가 하고 싶은 말은 짐작해볼 수 있다. 「거룩한 낭비」(「마가복음」 14장

---

6) 같은 책, 247~248쪽.

3~9절)는 예수님과 제자들, 죄 많은 여인에 대한 설교다. 식사자리에서 한 여인이 옥합을 깨뜨려 예수님의 머리에 붓자 제자들은 낭비한다고 여인을 비난하고, 예수님은 그 여인을 두둔하는 이야기다. "이 여인의 막대한 낭비를 두고 제자들이 비난한 것처럼 가난한 이들을 돕는 사람들도 같은 태도를 보일 것이다. 예수와 초대교회 지도자들은 달랐다. 합리성의 울타리 안에 갇혀 있고 계산적인 사랑을 하는 종교는 생명이 없다. 풍부한 마음, 넘쳐흐르는 심정으로 자기 자신과 여러 물질을 낭비하는 데서 위대한 일이 일어날 수 있다."[7] 아마도 '정의'(합리성의 울타리, 계산적인 사랑)가 아니라 '사랑'(풍부한 마음, 넘쳐흐르는 심정)을 말했다고 보인다.

「종교의 멍에」라는 제목의 설교는 "수고하고 무거운 짐 진 자들아, 다 내게로 오라. 내가 너희를 쉬게 하리라. 나는 마음이 온유하고 겸손하니 나의 멍에를 메고 내게 배우라. 그러면 너희 마음이 쉼을 얻으리니, 이는 내 멍에는 쉽고 내 짐은 가볍기 때문이니라"(「마태복음」 11장 25~30절)를 본문으로 한 설교다. 길게 인용한 틸리히 설교의 핵심은 다음과 같다. "예수께서 우리에게서 떼어주려고 한 무거운 멍에는 다름 아니라 종교라는 짐이다. 예수님 당시 종교 교사들이 백성들에게 씌우는 종교적 율법의 멍에다. 예수께서 주시는 멍에는 종교를 뛰어넘는 새로운 존재다. 예수는 우리에게 새로운 신학이나 새로운 종교적 율법을 부과하지 않는다. 예수가 요구하는 것은 새로운 존재이고, 새로운 존재는 보편, 편재하는 것이기에 누구나 참여할 수 있다. 예수는 종교의 멍에를 지우는 기독교의 창시자가 아니라 멍에를 지우는 모든 종교의 승리자다."[8] 강 목사는 "예수가 우리에게서 떼어버리려고 하는 무거운 짐이란 바로 종교라는 짐입니다"라고 하는 구절에서

---

7) 같은 책, 259~260쪽.
8) 같은 책, 261~263쪽.

엄청난 충격을 받았다고 한다. 이 설교에서 아마도 강 목사는 신학체계나 고정된 행동의 원칙 등도 짐이요, 죽은 생명이 된다는 것을 배웠을 것이다. 다만 새로운 인간, 새로운 사회라는 실존에 참여하는 실천이야말로 그리스도교 신앙의 본질임을 배웠을 것이다.

「너는 받아들여졌다」는 제목의 설교는 "율법이 더해지면 범죄는 더욱 늘어납니다. 그러나 죄가 많은 곳에 은혜가 더욱 넘치게 되고"(「로마서」 5장 20절)라는 본문으로 설교한 것이다. 강 목사가 이 설교에서 인용한 긴 문장의 내용은 이런 것이다. 죄란 '분리'(separation)다. 분리는 세 가지가 있다. 첫째, 개개 생명의 분리, 둘째, 자기로부터의 분리, 셋째, 존재의 근원으로부터 인간 전체의 분리. 죄는 곧 분리이고, 은혜는 곧 '재결합'(reunion)이라는 말은 새로운 의미를 준다. 사도 바울은 자기 안에서 일어나는 분열을 자각했다. 선을 행하기 원하는데 도리어 악을 행하는 것이다. 이 분열로써 바울은 자기 자신에서 이탈했고, 이 이탈을 죄라고 불렀다. "그러나 죄가 많은 곳에는 은혜가 더욱 넘치게 되었습니다" 하는 것은 타인과 분리되거나 또는 저 자신과 분리되는 가장 큰 분리(죄)의 순간에 나타난 그리스도의 모습 안에서, 버림받으면서도 오히려 받아들여진 자기 자신을 발견한 것이다. 이렇게 받아들여졌을 때 그 사람은 있는 그대로의 자신을 용납할 수 있게 되고, 남과도 화해할 수 있다. 은혜는 (분리라는) 죄를 극복하고, 화해는 이탈의 심연에 다리를 놓는다. 재결합(은혜)의 경험을 해야 한다. 비록 다른 생명이 적의를 가지고 해를 끼치려고 할지라도 그것을 용납할 수 있을 때 은혜를 경험한다. 이성 간에, 세대 간에, 국가 간에, 민족 간에, 나아가 인간과 자연 간에 어쩔 수 없이 있는 분리까지도 이겨낼 수 있는 은혜를 경험하자![9]

'아마도'가 아니라 '틀림없이'다. 강원용 목사는 양극의 상황을 분

---

9) 같은 책, 264~268쪽.

리요 죄로 생각하고 '인간화' 실천을 '양극화 극복'에 두었다. 그리고 끊임없이 이 분리된 사이를 대화로서 중재하는 삶을 살았는데, 이것은 바로 이 설교의 영향이었다.

강원용 목사는 틸리히로부터 서명을 한두 권의 책을 선물 받았다. 『흔들리는 터전』과 『새로운 존재』다. 이 책들을 주면서 틸리히는 강 목사에게 이 책들을 번역할 권리를 줄 테니 한국에 돌아가서 번역을 해도 좋다고 했다. 강 목사는 이 격려에 힘입어 번역할 마음을 먹었다. 그러나 한국에 돌아오니 『흔들리는 터전』은 이미 번역이 되어 있어서 『새로운 존재』만 번역하여 출간하게 되었다.

이 번역이 쉽지 않았다. 틸리히가 사용한 단어들이 독특하기 때문이다. 예를 들어 'estrangement'(소원疏遠)이나 'predicament'(고경苦境) 같은 단어들은 그 뜻을 살려 우리말로 적절하게 옮길 수가 없었다. 또 틸리히의 책을 번역하는 데 따른 어려움은 그의 체취를 담아내는 것이었다. 틸리히가 설교할 때는 그 만의 독특한 점이 있다고 한다. 큼직한 몸짓에다 근엄한 표정과 침통한 어조로 원고를 독일식 억양을 섞어 조용조용한 어조로 이야기할 때 그의 태도만으로도 사람들을 압도했다는 것이다. 강 목사는 이런 체취를 제대로 담아내지 못해서 아쉽다고 했다.[10]

강원용 목사에게 진하게 남아 있는 틸리히에 대한 독특한 인상이다.

그의 신학은 여러 가지 독특한 면이 있으나 라틴어를 깊이 알고 있어서인지 그동안 통상적으로 사용해오던 신학적 용어에 대해 언어적으로 깊이 파고들어 그 근본 의미를 파헤치는 작업을 했다. 그렇게 함으로써 서구 신학에서 써오던 용어들을 많이 바꾸어버렸는데 예를 들면 죄(sin)라는 말을 분리(separation)라는 말로, 은혜(grace)

---

10) 같은 책, 276쪽.

라는 말을 재연합(reunion)이라는 말로 대치했다. 그의 설교나 강의를 듣다 보면 마치 불가의 선승이 노선사의 가르침을 받을 때처럼 충격적인 깨달음으로 와 닿는 간략한 단어들을 만날 때가 있다. 이런 신앙적인 깨달음을 준 틸리히에 대해 나는 늘 감사하게 생각한다.[11]

사랑과 실존을 논하다

강원용 목사의 많은 독특한 점 가운데 하나는 강 목사는 자신의 신학과 사상을 설교에서 풀어낸다는 것이다. 강원용 목사가 틸리히의 설교들에서 그 신학의 맛을 보고 깊은 실존의 깨달음을 얻었듯이, 강원용 목사도 자신의 설교에서 자신의 신학적 사고를 담아내고, 그 특유의 수사로 사람들에게 감동을 주었다. 그의 설교가 곧 그의 신학이라는 면에서 그의 설교는 성서적 설교인 동시에 신학적 설교다. 이것은 개혁교회 전통의 설교이기도 하다.

여기서는 사랑에 대한 강 목사의 사고가 담긴 설교의 예를 보기로 하자. 「사랑의 계명과 새 사회」라고 하는 설교가 있다. 다분히 틸리히의 영향이 스며 있는 제목이다. 틸리히는 새로운 실존의 핵심을 사랑이라고 했다. 강원용 목사는 먼저 성서의 명제인 사랑에 대한 문제를 꺼낸다. "예수께서 첫째가는 계명이 무엇이냐고 묻는 율법학자에게 하나님 사랑과 이웃사랑, 이 두 계명보다 더 큰 계명은 없다고 하셨으므로, 기독교는 '사랑하라'는 계명 외에는 어떤 최종적인 율법도 가지고 있지 않습니다" 하면서, 이 성경의 사랑의 계명에 비추어서 새 사회를 형성하는 바른 철학과 가치를 나누어보기 위해 성경의 사랑을 제대로 알아보자고 한다.

---

11) 같은 책, 278~279쪽.

강원용 목사는 먼저 거짓 사랑을 정의한다. 첫째, 성경의 사랑은 '관용의 차원'이 아니다. 사랑과 관용은 구별해야 한다. 관용이라는 것은 정의와 관계없는 사랑을 말하기 쉽기 때문이다.

예를 들면, 지금도 미국에서 가장 골치 아픈 문제 중 하나는 흑인 문제입니다. 흑인을 차별 대우해서는 안 된다는 것은 다 알고 있지만, 그럼에도 여전히 차별은 존재합니다. 그런데 만일 목사들이, 사랑의 윤리를 가지고 흑인들에게 이렇게 권고한다고 해봅시다. "백인의 천대도 그리스도의 사랑으로 용서하고, 잘 순종하며 관용을 베푸시오." 이것은 문제해결이 아니죠? 이것은 정의를 떠나서, 하나의 감상으로 해결하려는 태도입니다. 도리어 문제를 더욱 나쁘게 만들고 맙니다. 역사적인 위기에서, 어느 편에도 가담하지 않고, 이쪽도 저쪽도 다 관용하자는 태도로 임하는 것은 사랑이 아닙니다.[12]

둘째, 성경의 사랑은 온정주의가 아니다. 초대교회시대의 사랑은 거지나 고아를 구제하는 것으로 족했을지 모르나 오늘날같이 고도로 복잡하고 집단화된 사회에서는 온정주의 사랑으로는 문제를 해결할 수 없다.

오늘의 우리는 봉건시대와 같은 단순한 사회 속에서 살고 있지 않습니다. 가령, 내가 목사로서 기독교의 사랑을 역설하며, 그 사랑은 구체적으로 배고픈 자에게 내 소유를 나누어줌으로써 실천해야 한다고 설교했다고 합시다. 설교가 끝나자마자 우리 집에는 거지들이 몰려올 것이고, 그들에게 모든 소유를 나누어주고 나면, 우리 집

---

12) 『돌들이 소리치리라』, 33쪽.

도 하루 만에 거지 신세가 될 것입니다. 결국 새로운 거지가 만들어 지는 셈이지요. 오늘 우리 사회 안에서 거지 문제나 수많은 실업자 문제 등은 결코 이런 온정주의로는 해결할 수가 없습니다.[13)]

셋째, 강 목사가 언급하는 그릇된 사랑은 '기독교의 사랑을 개인주 의적인 도덕 안에서 실행하는 것'이다. 오늘처럼 도덕이 붕괴되어가 는 사회 속에서 양심적으로 살아가며 기독교의 사명을 수행하는 사람 들이 있다. 그러나 이 현실에서, 악의 순환으로 돌아가는 집단 사회에 서 한 양심적인 개인은 무능할뿐더러 자신의 생존권조차도 유지할 수 없다. 예를 들어 밤거리의 창기들이 늘어난 것은 여성들이 도덕적으 로 타락해서가 아니다. 창기로 전락할 수밖에 없는 모순 많은 사회구 조 때문이다. 도덕적인 훈계나 설교가 아니라 이 사회구조를 개선해 야만 창기들의 문제도 해결된다. 강원용 목사는 이 문제를 더욱 깊이 설명한다.

여기 한 젊은 전쟁미망인이 있다고 합시다. 그녀는 전쟁 때문에 남편을 잃었습니다. 이 때문에 어린아이들을 데리고 살아갈 길을 찾다가 못해, 결국에는 창기의 길에 들어섰다고 합시다. 이 여자가 창기로 전락한 것은 이 여자에게 정당한 직업을 주지 못하는 우리 나라의 정치경제의 문제 때문입니다. 또 양대 진영으로 대립된 국 제적인 모순이, 이 작은 땅 한국에 와 부딪쳐서, 이 여자의 남편을 죽게 한 것이 원인입니다. 그러므로 예수님이 부자의 죄를 규탄한 그 말씀의 대상은 오늘날에 있어서는, 한 개인보다는 집단인 것입 니다. 따라서 '지금' '여기에서' 구체적으로 현실화해가야 할 사랑 은 반드시 이런 사회문제와 대결해야만 합니다. 곧 사랑은 정의와

13) 같은 책, 34~35쪽.

함께할 때만이 사랑입니다.[14]

강원용 목사가 특별히 날을 세워 비판하는 사랑은 절대적 평화를 주장하는 사람들의 사랑이다. 이들도 근본에서는 정의 없는 사랑이라고 하는 모순에 빠지고 만다.

오늘도 기독교 안에는 전쟁을 무조건 반대하며, 사람을 죽이는 일에는 절대 참여할 수 없다고 하면서, 절대 평화를 주장하는 사람들이 있습니다. 그들은 심지어 집총 거부로 감옥행을 선택합니다. 그러나 그들은 전쟁에 참가하지 않기 때문에 오는 결과에 대해서는 아무런 합리적인 검토도 하지 않습니다. 따지고 보면 무책임한 윤리를 가진 사람들입니다. 만일 히틀러의 광란을 관용으로 대해서 무기로 대항하여 종식시키지 않았다면 어떻게 되었겠어요? 수도 없이 많은 사람이 더 죽었을 거예요. 극단적인 평화주의자들은 후방에서 군수 노무자로 일하는 것까지 거부합니다. 그러나 군수 노무자로 일하는 대신 농사를 지으면 그것은 결국 군량으로 보급됩니다. 또 그들이 세금을 내면 그 세금은 결국 전쟁에 쓰입니다. 그러면 전쟁에 참여한 것과 근본적으로 무엇이 다릅니까?[15]

이제 강 목사는 참사랑을 말한다. 이 참사랑을 세우기 위해서는 정의를 말해야 하는데, 이 사회정의를 위한 싸움에서 제일 먼저 대결할 사상은 허무주의다.

허무주의자들은 사람이 사회나 문명을 위해서 일하는 것을 희랍

---

14) 같은 책, 35~36쪽.
15) 같은 책, 34쪽.

의 '시시포스 신화' 같은 것으로 생각합니다. 계속 굴러내리는 바위를 무의미하게 산꼭대기로 밀고 올라가는 것과 같은 것으로 생각합니다. 불과 반세기 동안에 큰 전쟁을 두 번이나 목격한 젊은이들이 이런 사상에 붙잡히는 것은 오히려 당연한 일인지도 모르지요. 그러나 일단 이 사상에 붙잡혀 버리면 모든 사회문제에 대해서 무관심해질 수밖에 없습니다. 이런 때 오늘의 기독교는 자기 안과 밖의 세상을 향해, 저 승천하는 예수님만을 바라보고 사는 무리에게, "너희는 땅끝까지 이르러 내 증인이 되라"고 하신 주님의 말씀을 새로이 선포해야 합니다. 그래서 무책임하게 피안으로 도피하는 삶을 극복하는 동시에 허무주의의 유혹을 물리쳐야 할 것입니다.[16]

강원용 목사는 한 걸음 더 나아간다. 도피와 허무를 극복하고 새 사회, 아름다운 사회를 이루고자 할 때 사랑과 정의와 떨어질 수 없는 것이 '책임'이다. 이것은 1948년 암스테르담에서 열린 WCC 이래 줄곧 강력히 부르짖어온 기독교윤리로서 '책임사회 윤리'이다. 이것은 모든 사회 집단이 하나님에 대해, 자신의 시민사회에 대해 철저하게 책임을 지는 사회를 형성하자는 것이다. 이 원칙에다 기성사회를 비판하는 규준과 새 사회를 형성하는 표준을 두자는 것이다. 강원용 목사는 이런 기준을 가지고 현대의 전체주의 국가와 자본주의 국가 둘 다를 비판한다. 전체주의는 집권자나 집권당 자체를 우상화해서 하나님에 대한 책임을 거부하고, 시민에게는 절대적인 복종을 강요하여 그 자유를 말살하고 인권을 박탈하기 때문이다. 그는 자본주의도 크게 다르지 않다고 말한다. 자본주의는 하나님이 당신의 자녀인 인류를 위해 주신 모든 자원과 소유를 독점해버림으로써, 하나님에 대한 책임을 회피하기 때문이다. 또한 다수의 시민을 노동력 착취로부터

---

16) 같은 책, 36~37쪽.

보호해야 할 책임과 실업자에게 일자리를 마련해주어야 할 책임을 감당하지 못해서, 역시 계급 분열을 조장하고, 시민공동체를 형성하지 못하기 때문이다.[17]

강원용 목사는 '책임사회' 형성을 위해 세계교회가 제시한 기초적인 권리를 소개하고는 이렇게 설교를 맺는다. 설교의 결론인 동시에 강원용 목사의 사랑과 정의의 변증법적 사고를 통한 기독교윤리의 결론이기도 하다.

오늘 우리 예수님은 가장 큰 계명인 사랑의 계명을 내려주셨습니다. 성경이 전하고 주님이 실천하라고 명하신 이 사랑은 정의를 동반한 사랑입니다. 하나님과 이웃과 세상에 책임을 다하는 사랑입니다. 우리는 이 성경의 사랑으로 도피주의와 허무주의가 만연하는 이 시대 풍조를 극복하고 참된 민주주의 사회를 건설해야 하겠습니다. 이것이 우리 기독교인의 새 사회 형성과제요, 원리입니다.[18]

강원용 목사는 사회적 실천을 강조하고 실제로 행한 사람이다. 인간화와 민주화와 같은 실천은 정의로운 행동이다. 그러나 그 행동을 하는 강원용 목사의 내면을 지배한 것은 '성경의 사랑'이다. 강원용 목사는 이 사랑을 신학적 개념으로 접근해간다. 『믿는 나 믿음 없는 나』에는 설교가 되었든 강연이 되었든 강원용 목사의 신학 얼개가 들어 있다. 3단계 구성으로 이루어져 있다. 먼저 성서적 명제를 성서본문에서 이끌어내서 문제로 제시한다. 다음으로는 니버, 틸리히, 바르트, 샤르댕 등의 신학자들의 신학사상으로 성서적 명제를 조명한다. 마지막 단계로 그것을 자기화된 사고로 표현하거나 실천원리로 삼는

---

17) 같은 책, 37~38쪽.
18) 같은 책, 40쪽.

것이다. 다시 한 번 이것을 밝혀보자. 이를 위해 『믿는 나 믿음 없는 나』속의 한 글을 요약해본다.[19]

문제제기: 성서적 명제

성경에서 말하는 사랑이란 무엇인가? 신약성경은 그리스어로 씌어졌는데, 그리스어로 사랑이라는 말은 네 가지 표현이 있다. 필리아(*philia*, 우정)와 스토르게(*storge*, 부모의 사랑) 그리고 에로스(*eros*)와 아가페(*agape*)다. 플라톤의 『향연』(*Symposion*) 편에 나오는 '에로스'는 이데아를 추구하는 정열적인 사랑이요, 사랑의 대상이 내뿜는 가치와 질에 이끌려, 그것을 자기 속에 가득 채우려는 파토스(*pathos*)를 가지고 있다. 반면 '아가페'는 신약성서에서 쓰이는 사랑으로, 예수 그리스도 안에 나타난 하나님의 사랑을 말하는데, 특히 「요한일서」에 많이 나온다. 이 성서의 사랑은 무엇인가?

신학적 조명: 니그렌과 틸리히의 신학사상으로

니그렌(Anders Nygren)은 『아가페와 에로스』(*Agape and Eros*)라는 두 권짜리 두꺼운 책을 썼다. 그 책에 따르면 에로스와 아가페의 특성은 정반대다. 에로스는 상승적이요, 자기충족적이요, 자기중심적이요, 아낌없이 빼앗는 사랑이요, 조건적이다. 이와 반대로 아가페는 하강적이요, 타자충족적이요, 타자중심적이요, 아낌없이 주는 사랑이요, 무조건적이다. 이해를 돕기 위해 에로스는 '~이기 때문에'(because of)로 설명하고자 한다. 즉 그 어머니가 내 어머니이기 때문에, 그 사람은 나에게 이런 사람이기 때문에 사랑한다는 것이다. 이에 비해 아가페는 '그럼에도 불구하고'(in spite of)로 설명할 수 있다. 이 이론은 대체로 옳지만 그렇다고 완전히 옳지는 않다. 인간의 사랑은 아가페가 아

---

19) 『믿는 나 믿음 없는 나』, 165~167쪽.

니다. 부부 사이거나 부모와 자녀 사이거나, 친구 사이거나, 교인 사이거나, 스승과 제자 사이거나, 동포 사이의 사랑은 아가페가 아니다. 하지만 그것이 자기중심적이고 자기충족적이고 아낌없이 빼앗는 에로스이기만 한 것은 아니다. 예를 들면 부모와 자녀 사이의 사랑은 에로스도 아니지만 아가페도 아니다.

틸리히는 이것을 세 가지 법칙으로 구분해서 재미있게 분석했다. 첫 번째가 타율(heteronomy)이고, 두 번째가 자율(autonomy) 그리고 세 번째는 신율(theonomy)이다. 그는 복음에 의해 하나님의 사랑이 우리 가운데 와서 작용하는 것은 타율이 아니라고 한다. 즉 너는 이러면 안 된다, 너는 이래야 한다는 식으로 바깥에서 강제로 주어지는 것이 아니다. 그렇다고 자율, 즉 자기가 노력해서 되는 것도 아니다. 에로스를 가지고 있는 우리에게 에로스를 버리고 아가페를 가지고 살라고 한다고 해서 그렇게 되는 것은 아니다. 그렇다고 우리가 신도 아닌데 에로스를 가지고 마음대로 살라고 하는 것도 옳지 않다. 틸리히는 이 둘은 분명히 정반대의 성질을 가지고 있지만 아가페의 본성은 파괴적이지 않다고 말한다. 아가페는 깨뜨리려고 하지 않기 때문에 이 둘은 정반대의 성질에도 불구하고 대립하지 않는다. 아가페가 정복을 하려고 한다면 이는 아가페의 성질을 잃은 것이다. 그래서 틸리히는 신율이라는 말을 사용한다. 즉 밑으로부터 들어와서 상대방을 구원해주는 것, 불완전한 것을 완전하게 해주는 것, 바꾸어주는 것, 이러한 역할을 하나님이 하신다는 것이다. 아가페와 에로스의 문제도 이런 차원에서 보아야 한다.

니그렌은 틸리히의 의견에 찬성하지는 않았다. 틸리히는 하나님의 사랑이 들어오면 내 안에 있는 죄 때문에 생긴 마이너스가 플러스로 바뀐다고 했다.

강원용의 자기화

이 말은 나의 경우에 비추어 볼 때 그런 것 같지는 않다. 우리는 이기적이고 자기중심적이고 불완전한 사랑을 가지고 있다. 그런데 여기에 타자지향적이고 내주기만 하는 위로부터 내려온 그 사랑을 받아들인다고 해서 마이너스가 플러스가 되는 것은 아니다. 그 사랑이 들어왔다가 나가는 과정 속에서 서서히 변화가 온다는 뜻이다. 그것이 성령의 역사이다. 그 변화는 우리가 미처 깨닫지 못할 수도 있다.

강원용 목사의 삶과 사상에 대해 가장 체계적으로 서술한 책은 고범서의 『강원용의 삶과 사상』이다. 이 책을 읽고 난 강원용 목사의 소감에서 강원용 목사 자신이 자신에 대해서 신학평가를 간단히 하고 있다.

고범서 박사는 강 목사 자신의 성장, 자라면서 영향받은 것을 잘 서술했다. 강원용 목사는 스스로 김재준, 니버, 본회퍼, 샤르댕 등의 사상적 영향을 받았고, 부버(Martin Buber)나 하이데거(Martin Heidegger) 등에게서는 사상적 영향을 받은 것이 없다고 생각하는데, 자신의 사고 속에서 부버와 하이데거와도 연관된 것을 고 박사가 밝혀주었다고 한다. 이 고마움과 함께 이 책의 아쉬움도 지적한다. 이 아쉬움은 강원용 목사가 더 자신의 실천에 응용하기 위해 추구하고 싶었던 신학사상이기도 하다. 즉 강원용 목사의 '미완성 교향곡'인 셈이다.

우선 나의 삶과 사상 속에 계속 부딪쳐온 사회구조적 윤리문제는 자연히 이데올로기 문제와 연결되면서 농민의 자식으로 태어나서 톨스토이와 가가와 도요히코의 영향을 받으며 자라는 과정에서 자본주의체제는 본능적으로 받아들여지지 않았고, 사회주의, 특히 공산주의는 유물론인 데다가 경직된 독재체제이기 때문에 받아들일 수 없었다. 그래서 제3의 길, 즉 이 둘의 중간, 아니 둘의 사이를 넘어서(Between and Beyond) 바른길을 찾는데 큰 갈등과 고통을 겪어온 역정과 둘째로 내가 1954년부터 84년까지 30년 동안 WCC, CCA 등을 위시하여 여러 국제기관, 특히 에큐메니컬 운동에서 활동해오며 한국대표로서 국내와 국외에서 겪었던 그 수많은 갈등과 오해, 승산 없는 투쟁을 해온 내용이 거의 생략되었고, 70년대부터 기독교의 비서구화, 문화수용의 문제 등에 대해서는 경동교회에서의 토착화, 축제 예배 등으로 지적했으나 충분한 언급은 없었다고 생각된다. 또한 요즈음 나의 주된 관심사인 탈 인간중심적 사고와 생명윤리에 대한 관심 등에 대해서 충분히 언급되지 않은 것은 아쉬움으로 남는다.[20]

사랑의 지도자

강원용 목사가 살면서 교회와 이 사회 그리고 세계교회 무대에서 해온 모든 실천은 복음의 실천이었다. 이것은 그가 용정에서 동지들을 모아 함께 맹세하고 서원한 것이었다. 그리고 그의 모든 실천은 사랑의 실천이었다. 인간화, 민주화, 평화와 통일, 생명화의 길에서 그가 보인 지도력과 이룬 일들은 그가 인간과 이 겨레와 세계, 무엇보다 하나님을 사랑했다고 하는 사랑의 증거물이다. 여기서는 사랑의 신학을 펼쳐간 변두리 이야기들을 소개한다.

사랑의 원리는 대화다. 대화란 소통을 위한 것이고, 소통을 하려면 먼저 상대를 이해하고 배려해야 한다. 이런 사랑의 원리를 강원용 목사는 정부의 남북정책에 적용하며 문제를 지적한다. 「사랑 안에서 성숙해가는 몸」이라는 설교에서 오순절 성령강림 사건을 설명하며, 하나님의 영이 우리 안에 들어온 징조는 우리가 말을 알아듣고 또 말을 할 줄 알게 되는 소통이라고 한다. 강 목사는 이것을 남북대화에 대입

---

20) 『강원용의 삶과 사상』, 292쪽.

한다. 남쪽이나 북쪽이나 대화가 깨지기를 바라는 사람은 없는데도 또 남북대화가 중단되었다. 그 원인이 무엇인가? 가장 근본적인 이유는 북쪽 사람들도 남쪽 사람 말을 알아듣지 못하고, 남쪽 사람들도 북쪽 사람 말을 알아듣지 못하기 때문이다. 우리 대표가 '이산가족'이라는 말을 하면, 이북 사람들은 그 말을 조국을 배반한 반동분자로밖에는 이해하지 못한다. 이북 사람들이 '햇볕정책'이라는 말을 들으면 자신들의 외투를 벗기겠다는 것으로, 햇볕처럼 구석구석 침투해서 자신들을 무너뜨리겠다는 이야기로 들린다. 이렇게 통하지 않는 말을 쓰기 때문에 남북대화가 될 리 없다는 것이다.[21]

이런 소통의 문제 때문에 강 목사 자신은 평생 대화를 이야기하고 대화 운동을 벌였다고 하면서 이제 생각을 고치자고 설교한다. 강원용 목사는 스님들과도 30, 40년 동안 늘 만나 이야기를 나누었다. 그러나 전도는 해본 일이 없다. "불교도가 기독교인이 되어야 나와 같아진다. 불교도와 기독교인은 함께 살 수 없다" 하는 이런 생각은 하나님의 뜻에 어긋난다. 불교도의 말 속에서 좋은 것을 배우고, 대화를 통해서 내 진심을 상대가 알아주고 하면서 생태계 문제라든지 우리나라의 민주화 문제 등에 서로 손을 잡고 나가는 것이 대화와 사랑의 길이다.[22]

스님 이야기가 나온 기회에 법륜 스님의 증언을 들어본다.[23] 법륜 스님은 개혁적이고 진보적인 성향을 가졌다. 게다가 기독교와 늘 대화를 했기 때문에 오랫동안 불교계에서 배척을 받아왔다. 그러나 법륜 스님은 평화실천가이자 제3세계를 지원하는 활동가다. 그 일로 2000년에는 만해상 '포교상'을, 2002년에는 아시아의 노벨상이라 불

21) 『돌들이 소리치리라』, 448쪽.
22) 같은 책, 448~449쪽.
23) 『여해 강원용 그는 누구인가?』, 96~116쪽.

리는 막사이사이상을, 2007년에는 민족화해상을, 2011년에는 포스코 정암상과 통일문화대상을 받았다. 불교계의 강원용 같은 스님이다.

법륜 스님을 불교의 깨달음에 눈뜨게 인도한 두 큰 스승이 있다. 불심도문 스님은 법륜을 불교로 인도해주었고, 또 한 분은 평생을 스승으로 모시고 살아온 대한불교 조계종 종정을 역임한 서암 큰스님이다. 법륜은 서암 큰스님이 강원용 목사와 종교 간의 대화를 시작했다는 이야기와 두 사람이 나란히 방송에도 나갔다는 이야기를 들었다. 그리고 법정 스님에게서도 들었다고 한다. 법륜은 자신을 신앙적으로 눈뜨게 해준 분이 두 분 큰스님이라면, 사회에 대해서 처음으로 눈뜨게 해주었을 뿐 아니라 돌아가실 때까지 스승으로 모셨던 분이 강원용 목사라고 고백한다.

법륜은 한참 수행하던 중, 1975년인가 76년경에 크리스챤아카데미 수원교육원의 '내일을 위한 집' 농민 교육생으로 참여해서 처음으로 강원용 목사를 만났다. 이때는 법륜이 20대로 수행 중이라서 신앙적으로는 만족했지만 사회 참여 문제에 대한 욕구는 전혀 채워지지 않았다. 이런 때 농민 교육생으로 참가하게 된 것이다. 법륜은 강원용 목사와 "삼천만 잠들었을 때……"하는 농민가도 불렀고, 모임이 끝날 때는 촌극도 했는데, 꽤 열정적으로 했는지 강 목사가 칭찬을 했다고 한다.

법륜은 강원용 목사는 만날 때 종교적인 의식도 최소화하고, 주로 내용적인 측면으로 접근했다고 한다. 이 때문에, 자신도 기독교에 호의적인 생각을 하게 되었고, 강원용 목사 때문에 성경도 관심을 품게 되었다고 한다. 법륜은 자기 스승 강원용 목사를 이렇게 회고한다.

목사님이 꼭 이렇게 하라고 말씀해주신 것은 아니지만, 몸소 하시는 것을 옆에서 지켜보면서 배웠다고 할 수 있습니다. 교회라는 형식이나 교리 강좌가 아니라 환경문제나 평화문제, 구호문제를 해결하기 위해 목사님을 비롯해 여러 사람과 함께 일하다 보니까 저절로 존경스럽다는 마음이 들더라고요. 그러면서 이분들은 어떤 믿음을 가졌기에 저렇게 할 수 있을까 하고 생각해보니, 그 바탕에 기독교 사상이 깔려 있는 거예요. 그래서 성경을 다시 읽어보게 되고, 또 글자를 넘어서서 이해하게 되었지요. 강 목사님의 설교를 들으면 글자를 넘어서서 그 뜻을 이해할 수 있는 것 같아요. 그런 면에서 목사님과의 만남은 제 인생에서 큰 행운이고 축복이었습니다.[24]

강원용 목사는 대통령까지는 아니어도 역대 정권들에서 마음만 먹거나 수락만 하면 국무총리는 했을 것이다. 그러나 강 목사는 현실의 정권과 대화하며 사태를 진전시키는 것 말고는 권력에 대한 욕심은 없었다. 강 목사가 현실 정치와 관계를 맺고 때로 정치적 행동을 한 것은 사랑의 실현을 위한 방편일 뿐이었다. 노태우 대통령 임기 중에 청와대 정무비서관으로 일하던 전 환경부장관 윤여준의 증언이다.

노태우 대통령이 개각을 해야겠는데, 국무총리로 강원용 목사를 모셨으면 좋겠으니 검토해서 보고하라는 지시가 내려왔다. 윤여준은 국무총리 인사 문제이기 때문에 비밀리에 혼자 보고서를 만들어 올린다. 그런데 반대 의견을 올린다. 윤여준은 강원용 목사를 잘 알고 있었을 뿐 아니라, 강원용 목사의 한국사 속에서의 역할도 통찰하고 있었다. 윤여준은 강원용 목사를 총리로 임명하면 안 되는 이유를 두 가지로 들었다. 첫째는 강 목사를 임명하면 정교분리의 원칙에서 벗어난다는 것이고, 둘째는 강 목사 같은 분은 정부 밖에 계시도록 해야 그분이 한국사회를 위해서 그 영향력을 발휘하지, 만약 국무총리로 들어오면 그 영향력이 끝날 염려가 있어서 현명한 일이 아니라는 것이었다. 이렇게 반대를 했음에도 노태우는 강 목사가 국무총리를 맡

24) 같은 책, 102쪽.

으면 사회의 혼란도 정돈되고, 정부의 신뢰도 회복된다고 생각했다. 또 노태우 대통령은 강원용을 성직자라기보다는 사회지도자로 생각해서 강행을 했지만, 강원용 목사가 거절했다고 한다.[25]

강원용 목사는 이 겨레를 뜨겁게 사랑했다. 이 조국 사랑 때문에 그는 마음의 상처를 수없이 받는다. 그중 한 예가 광주민주화운동에 대한 것이다. 강원용 목사는 광주 사건이 일어나지 않기를 바랐다. 그래서 극한투쟁을 피하자고 호소했다. 그 주장이 그릇되어서가 아니라 엄청난 피해를 가져올 것이 뻔하기 때문이다. 그럼에도 비극의 광주민주화운동이 터졌다. 아니나 다를까 계엄군의 잔인한 유혈 진압으로 말할 수 없는 참극이 벌어진다. 강 목사는 당시 NCCK 회장으로 이 사태를 보고만 있을 수 없어서 경동교회에서 2,000만 원을 거두어 몇몇 목사들과 광주를 방문한다. 그리고 그 참상과 고통을 눈으로 보고 귀로 듣는다.

광주를 둘러보고 나서 서울로 올라오는 길은 내려갈 때보다 몇 배나 더 무거운 심정이었다. 그 주의 주일날 나는 광주에 다녀온 일을 소재로 설교했는데, 도중에 감정이 북받쳐 그만 나도 모르게 울음이 터지고 말았다.[26]

1980년 그해 8월에 강 목사는 제네바에서 열린 WCC 중앙위원회에 참가한다. 여기서 그는 말할 수 없는 상처를 받는다. 이 회의에서 광주민주화운동이 아주 크게 다루어졌다. 회의장에 설치된 영사기로 광주의 참상이 방영되었다. 국내의 보도 통제로 방영되지 못한 적나라한 광주의 참상을 보게 되었다. 예닐곱 살짜리 어린아이를 개처럼

---

25) 같은 책, 154~155쪽.
26) 『역사의 언덕에서』 4, 156쪽.

끌고 가는 장면, 어린 처녀의 젖가슴에 총구를 들이미는 장면, 이런 장면들을 보면서 강 목사는 소름이 돋았고, 다른 나라 사람들 보기가 창피스러웠다.

WCC 중앙위원회는 광주문제를 거론하며 인권유린을 자행하고 시민을 학살하는 한국정부와 군부에 대해 강경한 결의문을 채택하자는 등 온통 비난 일색이었다. 강 목사는 그 비난을 이해하지만 국제적으로 조국의 이미지만 실추시키고, 실효도 없는 그런 감정적인 대응은 찬동할 수 없었다. 강 목사는 저들에게 강경한 결의문 채택보다는 WCC 방문단을 구성해 한국에 보내 광주 사람들을 위로하고 갇혀 있는 사람들의 석방을 위해 한국교회와 협력하는 것이 실제적인 도움이 된다고 제안했다. 그 제안이 받아들여져, WCC 방문단이 광주를 방문하게 되었다.[27]

성정이 불같고 다혈질이지만 강원용 목사는 사랑이 많은 사람이었다. 그 인간적인 따뜻한 사랑을 박경서의 회고로 들어본다. 2006년 8월 5일 저녁이었다. 강 목사가 주님께로 가기 10일 전이다. 한명숙 전 총리, 신인령 전 이화여자대학교 총장 그리고 박경서 등이 강 목사를 모시고 식사를 했다. 이것이 고별 만찬이었는데 이 자리에서 강 목사가 건넨 말이 있다. 사랑이 가득한 말이었다.

명숙아, 총리 자리에 안주하지 말고, 국민이 왜 나를 지금 이 자리에 앉혔는지를 생각해라. 그리고 평화와 정의에 위배되는 일, 부정 그리고 거짓을 도저히 고치기 어렵겠다고 느껴지면 박차고 나오는 용기를 가져라.

인령이는 지난 4년간 이화여자대학교 총장 하면서 고생이 많았다. 개혁을 하기가 쉽지 않았지? 그래도 그만큼 성공했으니 참 큰일

---

27) 같은 책, 162쪽.

했다. 몸을 늘 추스르고 건강해야지. 1년 안식년이면 가평에 와서 쉬어라.

경서, 남북문제가 고착되어가고 있다. 굶어 죽는 사람들에게 자유권은 무슨…… 우선 북녘 사람들의 생존권을 해결해놓고 나서 자유권을 논해야 하지 않나? 아무런 효과 없는 미사일 발사는·이제 약효가 없는데 네가 김정일을 만날 수 있게 주선해봐라.[28]

---

28) 『여해 강원용 그는 누구인가?』, 70쪽.

3 비범한 지도자

강원용 목사를 사회적 실천가나 사회사상가로 접근하면 그 진실을 알 수 없게 된다. 강원용 목사는 신학사상가가 맞다. 그러나 그의 신학사상은 이론체계가 아니라 실천체계로 구성되어 있다. 이런 이유로 강원용 목사의 신학사상은 그가 행한 실천과 그 실천을 통해 이루어 낸 결과들, 곧 그의 지도력에 나타나 있다. 한국교회, 우리 사회 그리고 세계교회에 그는 큰 흔적을 남겼는데, 그 흔적이 바로 그의 지도력인 동시에 신학사상이었다. 그러므로 지도자로서 강원용 목사를 평가하는 것은 신학사상가로서의 강원용 목사를 평가하는 것과 같다. 그리고 그는 모든 자신의 실천을 복음의 증언으로 여겼기 때문에 그 실천들을 강원용의 설교라고 해도 틀린 말이 아닐 것이다. 강원용 목사 스스로가 진술한 자서전 『역사의 언덕에서』가 다 진실인지는 알 수 없다. 자기 자찬과 미화가 있을 수 있다. 그러나 이 자서전에서 강 목사는 자신의 과오도 솔직히 전해주고, 모든 사건에서 실명을 거론한다. 이로써 진실하게 자기 삶을 객관적으로 전하려는 의도를 알 수 있다.

그럼에도 여기서는 강원용 목사 자신의 자기 평가가 아니라 강원용 목사와 함께했던 사람들의 증언을 통해 강원용 목사가 누구인지를 나누어보려고 한다. 그리고 그가 남긴 각 영역의 업적과 여전히 많은 사람이 강원용 목사를 잊지 못하는 이유를 찾아보려고 한다.

강원용을 말하다

아무래도 이 마지막 장은 인용문들로 가득 채워야 할 것 같다. 한 날 예수께서 제자들에게 "사람들이 나를 누구라고 하느냐?" 하고 물었을 때(「마가복음」 8장 27절), 제자들을 통해서 자신에 대한 여러 이야기를 들을 수 있었다. 마찬가지로 "강원용 목사는 누구냐?"를 물을 때, 우리는 그를 만나고 함께 일하고 지켜본 사람들의 말을 통해서 그를 알 수 있다.

강원용 목사가 2005년 5월 12일 동경에서, 니와노 평화상을 받고 나서 귀국하자 세종홀에서 수상을 축하하는 모임이 열렸다. 평소 강 목사를 아끼는 사람들로 이 자리는 초만원을 이루었다. 서울대학교의 김문환 교수가 작사하고 이건용 교수가 곡을 붙인 「바다 같고 싶어라」를 경동교회 합창단이 불러주었다. 「바다 같고 싶어라」는 강 목사의 호인 여해(如海)를 가지고 만든 노래이다. 이 자리에서 세계 각국 인사들의 축하인사도 화면으로 방영되었다. 무엇보다 그날 자리에서 기억에 남는 축사를 김수환 추기경과 이화여자대학교의 장상 총장이 해주었다. 이 축사들에는 짧지만 강원용 목사의 평생의 업적과 그에 대한 존경과 애정의 마음이 담겨 있다. 다음은 김수환 추기경의 축사다.

경동교회와 크리스챤아카데미를 세우신 강원용 목사님은 아카데미를 통해 정치, 경제, 언론, 교육, 종교, 사회, 이데올로기 등 현실의 모든 문제를 해결하기 위해 전문가들과 관심 있는 분들을 한자리에 모아, 서로 진지하게 대화하고 이를 통해 함께 문제의 답을 찾고 해결을 얻도록 하는 데 참으로 지대한 공헌을 했다고 생각합니다.

이리하여 강원용 목사님은 당신 스스로의 말씀과 가르침을 통해, 아울러 교회와 아카데미 운동을 통해 교회 일치를 비롯하여 우리나라의 참된 발전, 민주화와 인간화에 헌신하셨습니다.

강원용 목사님은 한마디로 평화 자체이신 그리스도를 믿고 따르시는 분으로서 그리스도께서 참된 평화를 위해 당신을 희생의 제물로 바치셨듯이 그렇게 당신을 바치며 살아오신 분이십니다. 특히 분단된 조국의 통일 문제 해결은 절대로 평화적이어야 한다는 소신으로, 평화 정착을 위해서는 당신 자신을 희생으로 바치시는 정신으로 살고 계십니다.

그 때문에 사실 강원용 목사님은 니와노 평화상보다도 더 큰 평화상을 받으셔야 마땅한 분이라고 생각합니다.[1]

장상 총장은 재미있게 축사를 하면서도 강 목사의 면모를 잘 드러내준다. 강 목사를 불가사의한 사람으로 꼽고 있다. 첫 번째 강 목사의 불가사의는 강 목사의 경력이 목사로 끝나는 것인가이다. 어느 날은 정치를 할 것 같고, 어느 날은 사회 운동을 하다가, 또 어느 날은 방송계에 가 있다. 이 때문에 강 목사가 목사가 된 것은 하나님의 섭리가 잘못된 것이 아닐까 생각한다는 것이다. 강원용 목사의 두 번째 불가사의는 사람을 좋아하고 아끼는 강 목사의 면모라고 한다. 강 목사의 말에는 박식한 정보와 통찰력이 번뜩이는 이야기가 많으며, 강 목사는 선지자적인 면모가 강해서 대화운동의 선구자가 되어 35년이나 혼신을 다해 이끌어 오셨는데, 그 헌신에 모두 감동을 느낀다는 것이다. 세 번째 불가사의에는 장상 총장의 개인적인 애정이 듬뿍 담겨있다.

세 번째 불가사의는 목사님이 과연 어느 날 노인이 되실까 하는 것입니다. 그 어느 젊은이보다 더 젊고 더 정열적이고 더 진취적이

---

1) 『역사의 언덕에서』 5, 164쪽.

기 때문에 목사님은 정말 가는 세월을 삼켜버려서 영원한 청춘으로 남는 것이 아닌가 생각될 때가 있습니다. 세월이 흘러 허리가 약간 굽으신 것 외에는 아직도 너무나 젊고 정열적이고 목소리도 커서 목사님 곁에 서면 젊은이 못지않은 힘과 활력을 지금도 느낄 수 있습니다.[2]

『역사의 언덕에서』 제5권 마지막에 「강원용의 삶과 정신을 말한다」 가 있다. 여기에는 국경을 넘어 친구인 리하르트 폰 바이츠제커와 강 목사의 지도와 감화를 받은 고범서 그리고 신인령의 회고가 수록되어 있다. 바이츠제커의 평을 통해 강원용은 누구인지를 들어본다.

바이츠제커는 대단한 명문가 출신으로 조부는 주지사, 아버지는 외무차관, 형 카를프리드리히 폰 바이츠제커는 노벨물리학상을 받은 세계적인 석학이다. 리하르트 폰 바이츠제커 역시 옥스퍼드 대학교와 괴팅겐 대학교를 졸업하고 '독일기독교민주동맹'에 입당하여 정치활동을 하다가 1984년 7월 독일 대통령에 선출되었다. 1989년 5월에는 재선이 되면서 당시 콜 총리와 함께 1990년 10월 3일의 역사적인 독일통일을 이끌어내었다. 강 목사는 1969년 WCC 웁살라 총회에서 처음 바이츠제커를 만났고, 그 이후로 줄곧 교분을 맺어왔다. 강원용 목사의 소개로 바이츠제커는 김대중도 만났고, 김대중이 정치적 탄압을 받고 있을 때 석방을 위해 노력하기도 했다. 바이츠제커는 크리스챤아카데미 원장인 강 목사의 초청과 한국 정부의 국빈으로 여섯 차례 한국을 방문했다. 강 목사는 1999년 4월 19일부터 21일까지 열린 '동북아시아 평화와 협력을 위한 새로운 대안'을 모색하는 크리스챤아카데미에 오랜 친구인 바이츠제커 부부를 초청하고 주제 강연을 맡긴다. 1999년은 바이츠제커의 나이와 강 목사의 나이를 고려해볼 때 마

---

2) 같은 책, 165쪽.

지막 만남이 아니겠나 싶어 초청한 것이다. 강 목사는 바이츠제커를 단순히 훌륭한 정치가만이 아니라 한 민족지도자로서, 21세기를 맞는 한국의 정치인들과 국민도 알았으면 좋겠다는 생각으로 지면을 할애하며 그를 소개하고 있다. 무엇보다 자기의 자서전에 그를 소개하는 것은 "아직도 통일을 이루지 못한 우리나라 정치지도자들이 그에게서 배울 점이 있다고 여기기 때문이다"하면서 바이츠제커에게서 통일에 도움이 되는 무엇을 배울 수 있을 것이라 믿었다.[3]

바이츠제커는 1985년 5월 8일 독일 패전 40주년을 맞아 국회에서 「광야 40년」이라는 제목의 기념연설을 했다. "오늘은 독일의 패전이라는 점에서 우리에게 슬픈 날이지만, 우리 독일이 히틀러로부터 해방된 날이다"로 시작하는 이 연설은 20여 개국의 언어로 번역될 만큼 유명한데, 강 목사는 이 연설 중 이 대목에서 큰 감명을 받는다.

우리는 과거 역사를 오늘의 시점에서 되돌아보고 그런 슬픈 역사는 되도록 빨리 잊어버리려고 합니다. 그러나 과거 역사를 덮어두게 되면 우리는 오늘의 역사를 보지 못하는 장님이 되고 맙니다. 그러므로 마음이 아프더라도 과거의 쓰라린 역사를 마음속으로 끝없이 되새겨서 그것이 확실하게 기억되도록 합시다. 그러면 거기서 화해라는 것이 나옵니다. 과거 청산 없는 화해란 있을 수 없습니다. 과거 독일과 적대 관계를 맺었던 나라들이 있는데, 이들 앞에서 우리는 잘못된 우리의 과거를 마음이 아프더라도 되새기고 청산하도록 노력해야 합니다. 그렇게 하지 않는다면 그 나라와 화해할 수 없을 것입니다. 과거의 뼈아픔은 절대로 피해서는 안 되는 것입니다.[4]

---

3) 같은 책, 113~115쪽.
4) 같은 책, 115~116쪽.

바이츠제커는 정치가(stateman)와 정략가(politician)를 구분했다. 정치가는 민족과 다음 세대에 미칠 영향을 먼저 생각하지만 정략가는 자신의 정치적 이해와 소속 정당의 이해부터 챙긴다. 강 목사가 바이츠제커를 좋아하는 것은 그가 진정한 정치가였기 때문이다. 한 예로 바이츠제커는 자신이 속한 야당의 한결같은 반대에도 반대당인 브란트(Willy Brandt)가 수상이 되어 동방정책을 국회에 내놓았을 때 지지했다. 이 일로 협박도 받고 회유도 받았지만 끝까지 브란트를 지지했고, 결국 이 동방정책은 독일이 통일되는 데 결정적 역할을 했다.[5] 아마도 강 목사는 바이츠제커에게서 자신의 모습을 보는 것 같다. 카를프리드리히 폰 바이츠제커의 평화와 생태에 대한 관심과 활동에 대한 생각을 담은 『시간이 촉박하다』(*Die Zeit Draengt*)는 책자는 우리말로도 번역되어 있다.[6]

강원용 목사가 1968년 WCC 웁살라 총회 때 중앙위원이 되면서 리하르트 폰 바이츠제커와의 우정도 시작되었고 세계교회에도 알려지게 되었다. 1975년에는 강원용의 책 『호랑이와 뱀 사이에서』가 독일어로 번역되어 출간되는 영광을 얻기도 한다. 이 책에 바이츠제커는 강 목사를 평가하는 이런 내용의 발문을 써주었다.

강원용 박사는 그의 나라를 넘어서 세계적으로 알려진 인물이다. 많은 사람이 아시아기독교협의회 회장과 세계교회협의회 중앙위원인 그를 만나왔으며 그의 청렴 강직한 성품과 진리에 있어서만큼은 비타협적인 그의 열정을 보아왔다. 그러나 이같이 국제 관계에서 그를 안다는 것은 제한적인 의미를 지니고 있을 뿐이다. 강 박사

---

5) 같은 책, 117쪽.
6) 카를프리드리히 폰 바이츠제커, 이정배 옮김, 『시간이 촉박하다』, 대한기독교서회, 1987.

는 크리스챤아카데미를 한국에서 유일한, 각계각층의 사람들과 집단들의 대화 장소로 만들었다. 나는 수차례 방문으로 감명 깊은 실례들을 함께 체험했다. 강 박사는 노동조합과 기업의 대화가 절박하게 요청되는 상황에서 그 실마리를 푸는 시도를 수행했다. 그리고 국가는 민주주의 관계를 기본으로 해야 한다는 정신을 바탕으로 정부와 야당 지도자들을 화해시키고자 노력했다. 이렇게 볼 때 강 박사는 분열을 피하고자, 동반관계로 대립을 없애고자 그리고 자조(自助)를 가능케 하고자 힘써왔다고 할 수 있다. 이 때문에 그는 양자택일론의 오류에 빠지지 않는다. 강 박사는 사회의 모든 계층에 조건 없이 대화의 장소를 제공해 한국 국민의 복지에 도움을 주고 있다. 강원용 박사는 갈등에서 완전히 벗어난 사람은 아니지만, 모두가 그를 이해하지 못한다 하더라도 자신의 위치를 명확하게 지킬 인물이며, 자신의 가치기준과 힘의 원천을 믿음 속에서 가진 사람이다. 그렇기에 그는 곤궁한 처지에 있는 자신의 동료와 동포를 누구보다도 많이 돕는 것이다.[7)]

「강원용 박사님께 존경을 드리며」라는 바이츠제커의 추모 글에서 그는 강 목사와의 인연을 간략히 소개하고는 한국에 방문했을 때 서울에 있는 아카데미의 활동에 깊은 감명을 받았다고 한다. 바이츠제커는 아카데미가 당시 산업화, 도시화로 급격히 팽창하는 서울과 수도권에 올라와서, 어려운 생활을 하고 있는 이주민들에게 사회적 도움을 주는 것을 목격했다. 그리고 아카데미의 대화 모임에서 노조간부와 기업체의 경영자들이 만나고, 여야 정당의 지도자들이 함께 토론하며, 다양한 사회 분야의 책임 있는 인사들이 반대자들의 의견과

---

7) Won Yong Kang, *Zwischen Tiger und Schlange: Beiträge aus Korea zu Christentum, Entwicklung und Politik*, Mission Erlangen, 1975, VII~XXIII.

입장을 듣고 상호 이해를 통해 평화로운 사회 분위기를 만들어내는 모습을 눈으로 보았기 때문이다.

바이츠제커는 베를린 시장을 거치고 1984년부터 94년까지 서독의 대통령이 되면서 동서독의 화해는 물론 국제긴장완화에도 큰 역할을 했다. 그는 제2차 세계대전 당시 독일은 침략자였기 때문에 1989년 독일이 통일되면서 전쟁 중에 고통을 당한 이웃나라들을 어떤 마음을 가지고 대해야 하는지에 크게 관심을 가졌다. 일본도 침략국이었기 때문에 이 문제로 바이츠제커는 일본에도 여러 번 방문하여 이전의 적대국들과 관계를 회복하는 문제를 진지하게 나누었다. 그런 과정에서 바이츠제커는 강원용 목사가 한반도 평화와 동북아시아 평화, 세계 평화에 얼마나 큰 공헌을 했는지를 회고한다. 강원용 목사는 국내에서 생각하는 것보다 훨씬 세계적인 인물로서 자기 겨레의 평화 문제를 풀어가며 세계 평화에 이바지한 것이다.

물론 제가 이런 문제에 대한 일본인들의 토론에 개입할 자격은 없었습니다. 그저 일본인들의 초청에 응해서 독일의 경험과 생각들을 그대로 전하는 일만 했습니다. 그러나 이것은 제가 한일관계의 발전에 특히 오랜 관심을 가졌기 때문이기도 했습니다. 강 박사님의 덕으로 제가 김대중 전 대통령과도 밀접한 관계를 갖게 되었기 때문에, 두 이웃나라 사이의 발전과 어려움에 대하여 가능한 한 가까이에서 증언하려고 노력했습니다.

그런데 한반도는 아직 그 지속적 위험에서 벗어나지 못하고 있고, 어떤 의미에서는 오히려 세계인들의 가슴에 가장 위험한 곳으로 부각되어 있습니다. 이러한 시기에 강 박사님이 한반도 문제의 평화적 해결과 동북아시아의 능동적 협력과 세계 평화를 위해 힘써오신 일들이 얼마나 많은 변화와 발전을 가져왔는가 회상하게 됩니다. 그는 종교 간의 대화와 시민사회의 발전과 협력, 사회 정의를 위해 끊임없이 노력을 경주해오셨습니다.

저는 특히 강 박사님이 젊은 청년들을 교육하여 사회발전과 시민정치에 참여하게 한 중대한 업적을 높이 평가하고 싶습니다. 저는 강 박사님께서 하신 일이 한반도와 동북아시아의 다음 세대들에게 대단히 유익한 열매를 맺어 주리라고 확신합니다.[8]

앞에서도 이미 언급했다. 『주간동아』는 「광복 70년 특별기획: 대한민국 설계자들 16」에서 현대사를 건설한 인물로 강원용 목사를 소개했다. 이 특집 기사에서도 "일반적으로 강원용이라 하면 흔히 따라붙는 수식어가 '한국이 낳은 세계적인 기독교 지도자' '기독교 사회운동의 선구자' 등이다. 사실 강원용은 한국보다 세계에 더 많이 알려진 기독교 지도자다"라고 소개한다. 그러면서 강 목사의 삶과 실천을 소개하고는 다음과 같이 기사를 맺는다.

분열을 통합하고 대화의 중재자가 되고자 했던 강원용은 오늘날 일반 대중이 잘 알지는 못하더라도 지금의 대한민국 사회에 지대한 영향을 끼친 인물이다. 그는 말 그대로 '한국 현대사의 거물이었다.'[9]

강원용 목사가 남긴 것

강원용 목사는 실로 우리 사회의 모든 영역, 모든 문제를 가지고 대화하고 씨름하고 대안을 마련했다. 그렇기 때문에 그가 남긴 것을 몇

---

8) 『역사의 언덕에서』 5, 308쪽.
9) 「통합의 중재자 지향한 강원용 목사」, 『주간동아』, 제1018호, 2015. 12. 23, 64~67쪽.

쪽 분량으로 정리하는 것은 불가능하다. 그리고 그가 해온 실천들은 이미 이 평전에서 대체로 다 언급은 했다. 여기서는 우리 현대사의 거물로서 강원용 목사가 관심하고 풀어갔던 일들을 간략히 그 항목만이라도 들추어보려고 한다.

『강원용과의 대화』는 두 부분으로 나누어 각 분야의 전문가와 강 목사가 대화한 것을 편집해 수록했다. 제1부는 한국사회에 대한 대담이고, 제2부는 한국교회에 대한 대화다. 여기서는 목사요 신학자인 강원용이 이 겨레의 현대사에 남긴 것만 살펴보려고 한다.

'정치영역'에서는 이홍구와 대화를 나눈다. 이홍구는 1988년부터 90년까지 통일원 장관을, 1990년부터 91년까지는 대통령 특별 보좌역을, 1991년부터 93년까지는 주 영국대사를 지낸 정치계의 거물이요, 예일대학교에서 정치학 박사학위를 받은 학자다. 이홍구는 청년 시절부터 시작된 강원용 목사의 정치적 활동과 근대사의 정치적 상황과 문제를 나눈다. 그는 "지난 40년에 걸쳐(대화시점에서) 어떻게 보면 강 목사님께서 종교인 가운데 가장 정치에 많이 연관되어 있는 분이라고 생각해왔습니다. 주마간산식으로 그동안 겪으셨던 한국정치에 대한 말씀을 해주시고, 또한 한국정치가 당면한 오늘의 문제점에 대해서 좋은 말씀을 해주셨습니다"하고 말한다. 그러고는 우리 사회에서 경제, 사회, 문화 등의 분야는 상당히 발전하는데 여기에 비해 정치 분야는 제자리걸음을 하고 있다는 강 목사의 말에 이홍구는 세 가지로 자신의 견해를 말한다. 그러나 이홍구의 이 세 가지는 바로 종교인으로서 강 목사가 문제로 파악하고 해결해온 정치적 실천이었다.

첫 번째 이유는 우리의 역사적 유산에 바탕을 둔 한국정치의 구조적 문제에서 찾을 수 있다. 36년 동안 일본 사람들의 지배를 받았기 때문에 공공제도나 공공영역에서의 집단적인 경험에 공백기가 형성되었다. 그것이 대의정치의 정상적인 발전을 어렵게 만들었다는 것이다. 정치라는 것은 바로 공공활동이라고 볼 수 있는데 그런 경험의 부족과 더불어 이른바 지도자 간의 횡적인 연대가 형성될 수 없다는 것이 정치의 정상적 운영을 어렵게 만든 것이다.

두 번째 이유는 특히 5·16쿠데타 이후 경제발전, 근대화를 국가 목표의 제1가치로 정하고 모든 국력을 여기에 쏟다 보니까 극심한 관료화 현상이 나타났다는 것이다. 문제는 관료집단이라는 것은 권력을 배경으로 해서 일을 수행하는 데는 성공하지만, 국민의 지지를 바탕으로 해서 권력을 만들어내는 데는 전혀 역할을 하지 못하는, '권력의 적자 운영현상'을 초래한다는 것이다.

마지막으로 이홍구가 지적하는 것은 바로 '중간'의 부재다. 중간집단이라고 하면 경제적 측면만 생각하여 중산층을 지칭하는 것으로 인식되기 쉬운데, 문제는 거기에만 있는 것이 아니다. 정치이념, 정치규범, 정치가치라는 축을 중심으로 볼 때 우리나라에는 좌·우 양 끝에 거부집단이 존재한다. 이들의 입장은 다른 사람들이 뭐라고 하건 이것이 안 되면 타협 안 하겠다는 식이다. 군에서는 이런 이런 사람들이 정치를 한다면 우리는 묵과 못 한다고 하는 거부집단이 있고, 또 재야 세력에서도 타협이고 뭐고 간에 이런 사람들이 권력에 있으면 난 정치협상에 응할 수 없다는 거부집단이 있다. 이렇게 양 끝에 절대로 타협할 수 없는 거부집단이 존재하고 있는 것이 우리의 현실이어서 정치가 늘 답보상태에 있다고 한다.[10]

다음으로는 '경제, 노사'의 영역이다. 이 대화는 조승혁과 이루어진다. 조승혁은 감리교 목사로 도시산업선교에서 노동자들을 위한 선교를 해왔고 제3기 '노사정위원회' 공익위원으로 일했다. 이 대화 내용 중에 조승혁이 강 목사에게 질문한 이 대목이 바로 강원용 목사가 이 영역에서 남긴 업적이다.

---

10) 『강원용과의 대화』, 41~42쪽.

강 박사님께서는 지금 산업사회 속에서의 노동문제의 중요성을 강조하시면서, 우리나라 노동문제의 근본적인 잘못을 안타까워한 나머지 직접 노동문제에 관심을 가져왔다는 말씀을 해주셨습니다. 저는 주로 아카데미 운동을 통해서 강 박사님께서 노동문제를 해결해보려고 노력해오셨다고 보는데, 1960년대 하반기까지는 그래도 대화를 통해서 노동문제를 해결할 수 있는 사회적 분위기와 자유가 있었습니다. 저도 대화 모임에 참여한 적이 있지만 강 박사님의 별로 성과를 못 거두었다는 말씀은 강 박사님의 노력과는 무관한 정치적인 요인과 관계 있는 것 같습니다. 유신헌법이 나오면서 대화 모임 자체가 억압을 받았으니까요.

우리나라의 노동문제를 노동문제로 놔두지 않고 그것을 정권 차원, 경제성장의 차원과 결부시키면서 많은 어려움을 갖게 되었다고 할 수 있겠습니다. 즉 노동문제가 경제성장의 종속적인 위치에 놓이면서 경제성장의 저해요인으로 인식되어왔고, 또한 정권 안보론의 차원에서 사회불안 요인으로까지 인식되어왔다는 것이에요. 그래서 강 박사님께서 이런 문제점을 해결하기 위해 노사 간의 균형적인 발전을 도모하려는 운동을 하시다가 이것이 여러 요인으로 인해 잘 되지 않았기 때문에, 그래도 가능한 것이 무엇이냐 하는 생각에서 노동교육을 해오신 거로 생각하는데요, 이 점에 대해 얘기 좀 해주세요.[11]

'여성 영역'은 이인호와 대화를 나눈다. 이인호는 하버드 대학교에서 박사학위를 받은 한국인 최초의 여성이다. 한국 슬라브학회 초대회장(1984), 서울대 러시아연구소 초대소장(1989), 한국방송공사 이사(1988), 교육개혁위원회 위원(1994)을 맡아 일했고, 1995년에는 핀란

---

11) 같은 책, 51쪽.

드 대사직을 맡아 첫 여성대사가 되기도 했다.

이인호는 강 목사가 여성문제에 관심을 가지고 많은 일을 해왔는데, 그 특별한 동기를 묻는다. 강원용 목사는 어린 시절 자신의 어머니와 누님이 가부장문화 속에서 겪은 엄청난 고통을 떠올리며, 그것이 계기가 되었다고 한다. 여성운동의 촉매가 되었던 것은 크리스챤아카데미였다. 강원용 목사는 아주 명확하게 여성운동의 목표와 방향을 제시하고 추진했다.

우리나라에서 여성운동이라고 하면 주로 사회봉사운동의 성격을 띠었고, 조금 사회성을 띤다면 여성지위 향상운동의 성격을 띠어왔다고 볼 수 있겠죠. 이 과정에서 60년대 후반으로 들어오면서, 크리스챤아카데미가 지향해야 할 목표가 무엇인가를 자문하면서 그것은 인간화라는 결론에 이르렀습니다. 인간화라는 전제하에 우리가 몇 가지 해야 할 일이 있는데 그중 하나가 여성의 자유화라는 자각과 함께 여성문제를 본격적으로 다루기 시작했던 것입니다. 이와 같은 관심의 증대와 더불어 70년대에 와서 우리나라 여성운동은 굉장히 활발하게 전개되었던 것입니다.[12)]

'종교 영역'은 법정 스님과 대화가 진행된다. 강 목사는 크리스챤아카데미를 설립하자마자 종교 간 대화 모임을 시작했다. 이 종교 대화 모임을 통해 6대 종단이 서로를 이해하는 것은 물론 평화의 가교 역할을 했다. 이 대화의 한 대목이다.

강원용 내가 김수환 추기경과도 만나서 얘기를 했지만 이런 상황 속에서 종교의 역할은 매우 중요하다고 봅니다. 실제로 신도수가

12) 같은 책, 77쪽.

몇인지는 모르지만 자칭 기독교, 불교를 합해 2,500만 아닙니까? 좀 차원 높은 곳에서 평화를 위해 노력할 수 있고, 그런 역할을 할 수 있는 힘을 잠재적으로 가진 곳이 종교계인데 현실은 그렇지 못하다는 데 문제가 있지요.

법정 종교계가 자기 몫의 일을 못 하고 있는 거죠.

강원용 그렇습니다. 종교계는 지금까지 정치하고는 관계없다는 무관심파, 어느 한쪽에 붙어버리는 파 그리고 또 다른 한쪽에 붙어버리는 파 등 크게 세 부류로 나눌 수 있는데 결국 평화창조자로서의 역할을 못 해온 게 현실이죠.

법정 제가 보기에는 종교계에서는 어떤 종교적인 이념보다도 순전히 자기집단의 이해관계에 얽매여 그랬던 것 같아요. 앞으로는 자기 위치를 되돌아보고, 쉽게 사회로 뛰어나가서는 안 되겠지만 사회적인 문제를 종교적인 차원에서 해결해보려는 노력이 있어야 할 겁니다. 여태까지는 그런 의식 없이 지내왔지만, 불교계에서도 불교 자체를 위해서라도 이 점은 받아들여야 해요. 그 전에는 저 하나 때문에 총무원에서 성명서를 발표하는 등 그럴 정도였습니다.[13]

양호민은 '언론 영역'에 대해 강원용 목사와 대화를 나눈다. 양호민은 전 한림대학교 석좌교수로 1965년 9월 한일협정 비준반대성명을 발표한 교수단에 참여해서 대학에서 쫓겨나기도 했다. 오랫동안 『조선일보』의 논설위원을 지냈다. 아주 진보적인 인물이지만 공산주의와는 분명한 선을 그었다. 강원용 목사는 언론, 방송과도 인연이 깊다. 한국방송윤리위원회 초대위원장도 했고, 역대 문공부장관 방송고문도 오래 했으며 방송위원장직을 맡기도 했다. 그것은 강원용 목사가 방송이 미치는 막대한 영향 때문에 방송을 개혁하기 위해서였다. 강

---

13) 같은 책, 116쪽.

목사는 당시 '언론 기본법'과 그 시행령에다 신문과 방송을 같이 집어넣은 것의 문제를 지적하며 방송의 중요성과 위기를 이야기한다.

신문과 방송이 언론임에는 틀림없지만 둘의 성격은 아주 다릅니다. 양 선생도 아시다시피 신문이라는 것은 활자로 된 매체, 즉 구텐베르크 문화란 말이에요. 사람들이 눈으로 읽고 생각하고 이해하게 만들어주는 지적 성격을 신문이 가지고 있는 데 반해 방송이라는 것은 전파매체로서 지적 측면보다 보고, 듣고, 느끼게 하는 정서적 성격을 지니고 있어요. 따라서 방송정책을 담당하는 사람들이 신문과 방송이 미치는 영향력의 성격이 근본적으로 다르다는 것을 알아야 합니다. 우리나라의 어떤 신문도 독자의 수는 전체 국민의 몇 퍼센트에 불과합니다. 그러나 방송의 프로그램은 대부분 천만 명의 시청자가 시청한다는 것입니다. 이렇게 볼 때 우리나라 국민의 마음에 호소하는 것은 대통령도 아니고, 대학총장도 아니고, 신문도 아니며, 바로 방송매체예요. 이런 측면에서 나는 5년 전 우리나라에서 공영방송제를 채택한 것을 지지했어요. 뭐 방송국을 빼앗았다는 얘기도 나오고 했지만 나는 다소의 희생이 생기더라도 방송은 공영화되어야 한다는 생각에서 그렇게 한 것입니다. 그때도 물론 영국의 BBC라든지 일본의 NHK 같은 그런 공영방송이 당장 되리라고는 생각하지 않았습니다. 다만 권력이나 부로부터 자율성을 지키는 방향으로 나아가는 공영방송을 기대한 겁니다. 그런데 5년이 지나고 보니까 말이죠, 이런 방향으로 나아가는 것이 아니라 거꾸로 가고 있어요. 공영방송이란 이름으로 더욱더 상업화되고 정치화되고 있단 말입니다.[14)]

---

14) 같은 책, 134쪽.

강원용 목사는 정원식과 '교육 영역'의 대화를 나눈다. 정원식은 서울대학교 사범대학 교수로 강원용 목사가 크리스챤아카데미에서 중간집단교육을 구상할 때 그 이념적 토대를 만든 사람 중에 하나다. 1988년에는 문교부장관에, 1991년에는 국무총리에 임명되었다. 남북 고위급회담 한국 측 수석대표로 평양을 방문해서 김일성 주석을 만나기도 했다. 강원용 목사는 대학 강단에서 교수 생활을 하지는 않았지만 넓은 의미에서는 평생 가르치는 일을 해왔으며, 목사도 어떤 의미에서는 가르치는 일을 하는 사람이라고 말한다. 정원식은 지금까지 강 목사는 아카데미를 통해서 개화운동에 힘써왔고, 이 아카데미를 통해 교육에 대해서도 많은 노력을 기울여왔는데, 아카데미와 교육의 관계에 대한 강 목사의 평소 생각은 무엇이냐고 질문한다. 이 질문에 강 목사는 은진중학교 시절부터 해온 자기의 교육활동과 기독학생운동 그리고 '인간화'를 목표로 두고 벌인 아카데미의 활동 등을 간략히 들려준다. 정원식은 강 목사는 사회교육을 해왔으며 이것은 이 사회에 깊은 의미가 있었다고 평한다.

말씀하신 대로 지금까지 목사님의 생애는 넓은 의미의 사회교육과 대단히 깊은 의미를 지니고 있고, 또 근래의 아카데미 교육을 통해 진정한 의미의 사회교육에 이바지해왔다고 봅니다. 나아가 우리 사회의 민주화를 이룩하는 데 근본이 되는 문화적인 공동체 형성에도 크게 기여하셨다고 봅니다. 그리고 앞으로도 기본적인 방향에는 변함이 없을 것이라는 생각이 듭니다.[15]

이어령과 강원용 목사는 '문화 · 예술' 영역의 대화를 나눈다. 이어령은 그 해박함과 선진성으로 문화를 주도해간 인물이다. 이런 이유

---

15) 같은 책, 144쪽.

로 문화부 장관도 하게 되었다. 특히 첨단 디지털 장비를 자신의 작업에 이용하는 것은 물론 디지털 시대의 삶의 가치도 '디지로그'로 제시하고 있다. 무신론자였던 그가 조용히 세례를 받고 그리스도인이 된 것은 이 사회에서 큰 화제가 되었다. 강원용 목사는 어릴 때부터 연극을 좋아했다. 목사가 안 됐으면 아마도 배우가 되었을 것이라고 말할 정도다. 그뿐 아니라 문학도 몹시 좋아해서 고전문학에서부터 현대문학까지 섭렵했다. 그 예술적 감각을 어떻게 알았는지 강 목사는 예술제 심사위원장이 되기도 했고 88올림픽 행사를 주관하기도 했다. 실제로 강 목사의 영향 속에서 배출된 예술인들이 오늘 우리 문화계를 이끌어가고 있다. 강원용 목사 자신의 예술에 대한 관심과 이어령의 강 목사에 대한 인상을 한 단락씩만 들어본다.

이어령 제가 강 박사님을 뵙고 『고도를 기다리며』에 대한 얘기를 들었을 때 한 목사로서의 성격보다는 목사로서 추구하는 문화적 연계성, 확산성이라는 관점에서 신선한 인상을 받았다는 것이에요. 따라서 오늘의 얘기를 문화와 신학, 문화와 문학이라는 측면에서 신학과 문학의 접합점을 찾아보면 재미있지 않나 생각합니다.

강원용 브로드웨이에서 그 연극을 봤는데 지금도 장면 장면이 생생히 기억납니다. 위대한 작품이었어요. 나는 열여섯 살 때부터 광신적인 기독교인이었어요. 그러나 마음속으로는 사회적으로 농촌운동도 하고 싶었고 문화적으로 연극이나 영화도 해보고 싶었어요. 개인적인 입장에서 문화·예술 활동에 관심이 많았지만 기독교인의 입장으로서도 목사가 되어 설교를 하고 성례 집행하는 것보다 문화나 예술을 통해서 더욱더 자기의 신앙을 잘 표현하고, 전달할 수 있다고 생각했어요. 그러나 생각만 있었지 실제로는 그러질 못했습니다. 체계적인 공부는 하지 못했지만 그래도 문화·예술에 관심은 늘 가지며 살아왔어요. 그런데 이 선생의 경우는 서울대학교 다니실 때부터 마치 그것을 위해 태어난 사람처럼 평생을 살아왔으니까 문화·예술에 있어서 그야말로 인사이더(insider)이고 나는 아웃사이더(outsider)에 불과하죠.[16)]

'농촌 영역'의 대화는 김병태와 진행되었다. 김병태는 농업경제학을 전공한 건국대학교 교수다. 그는 일찌감치 강원용 목사가 '기독교사회문제연구회'를 만들었을 때부터 참여해서, 아카데미 운동을 시작하면서 본격적으로 교육활동에 가담하게 되었다. 이 대화는 강원용 목사의 가난한 어린 시절의 이야기로 시작된다. 가난한 화전민의 고달픈 삶을 겪던 강 목사는 농촌운동을 꿈꾸었다. 물론 농촌운동가가 되지는 않았지만, 그의 아카데미에서는 늘 농촌운동이 중심이었다. 김병태는 아카데미에서 벌인 농촌운동을 바탕으로 『한국농업의 발전이론』이라는 책을 썼는데, 그 책에 대한 강 목사의 질문과 대답이 전체 대화의 주제다.

강원용 농촌문제에 대해서 대부분의 사람은 비관적으로 얘기하는데 김 선생께서는 달리 '비관 안 한다, 한국 농촌의 앞날은 밝다'라고 말씀하시는군요. 한두 마디로 요약할 수는 없겠지만 그래도 그 책에 쓰신 것을 간추려서 얘기해주십시오.

김병태 독립된 논문으로 쓰지는 않았지만 '농촌 민주화'라는 것이 책 전반에 깔려 있는 하나의 사상적 전제입니다. 그다음 농민도 이 나라의 국민이고 농업도 이 나라에서 꼭 필요한 산업이라면 농업에 종사한다고 하는 이유만으로 가난하게 살아야 할 이유가 없다, 즉 무슨 직업에 종사하든 간에 국민으로서 기본적인 권한은 다 누릴 수 있어야 한다는 전제가 깔려 있습니다. 따라서 나라의 정책이

---

16) 같은 책, 163~165쪽.

라고 하는 것은 농업을 희생하여 무얼 해보겠다는 생각에서 벗어나 모든 산업의 균형적 발전을 추구해야 된다는 것이죠. 이렇게 하기 위해서는 가격정책, 토지정책 및 농촌조직, 단체정책도 수반되어야 겠지만 기본적인 방침만 세우면 나머지 것들은 지엽적인 문제들이 라는 것이 요지입니다.[17]

여전히 그가 있다

2006년 8월 17일 강원용 목사는 주님 곁으로 갔다. 그러나 그는 여전히 여기에 있다. 세 가지 면에서 그렇다. 첫째, 아직도 그를 기억하는 사람들이 있기 때문이다. 둘째, 그가 뿌린 씨앗이 새로운 형태로 여전히 열매 맺으며 계속되고 있기 때문이다. 셋째, 지금 우리 사회의 현실이 강원용 목사와 같은 지도력을 필요로 하기 때문이다.

먼저 강원용 목사가 떠나는 날 그를 사랑했던 사람들의 그리움과 기억들을 몇 개만 들어보자.[18]

목사님, 그곳 하늘나라에서는 목사님이 평생토록 마음을 다하고 힘을 다하여 사랑하신 하나님을 얼굴과 얼굴을 마주하듯 뵈옵고 계시겠지요. 그 하나님께서 우리를 위해 빌어주십시오. ……그토록 세상을 사랑하신 그 그리스도께, 이 땅, 이 겨레를 위해 기도해주십시오.

· 김수환 추기경

여해 강원용 가시다. 아직도 우리는 햇볕이 뜨거운 대낮과 춥고 어

---

17) 같은 책, 187쪽.
18) 『사이·너머』, 489~500쪽 사이에 한마디씩의 기억들이 모아져 있다.

두운 한밤이 지배하는 극단의 사막을 건너고 있는 중이다. 이제 어디에서 그 서늘한 구름기둥과 방향을 밝히는 불기둥을 볼 것인가. 하지만 너무 걱정하지 말자. 대화의 힘은 산 자와 죽은 자의 벽도 넘는다.

· 이어령

목사님
당신은 그런 분이셨습니다.
사람 없는 대지에 홀로 우뚝 서 잃어버린
민족의 북두를 가리키신 분입니다.
그것은 삭풍의 땅, 북간도의 밤길을 홀로
뚜벅뚜벅 걸어오신 혼돈적 질서요,
혼돈 그 나름의 길이었습니다.
그것이 또한 다름 아닌 바람과 물의
길이었습니다.

목사님
하늘이 흐립니다.
하늘만큼 땅도 흐리고 사람은 더욱 흐립니다.
서러움이 아닌 한줄기 그리움입니다.

· 김지하

"죽음은 그 자체가 슬픈 것이 아니고, 그 사람을 다시 만나지 못하는 것 자체가 슬픔이다"라고 하신 말씀과 아홉 살 어린 나이에 목사님과 이별했던 어린 대영이가 유난히 보고 싶다고 하셨던 목사님. 저희는 이 세상 어디에서도 만날 수 없는 어버이 같은 목사님을 모실 수 있어 행복했습니다. 떠나셨음에도 항상 우리 곁에 계실 것을 굳게 믿습니다.

· 경동교회 박대희 · 이은표 집사

목사님이 돌아가시기 전날 아주 깊은 밤, 아카데미의 전 현직 스태프인 이은희, 남궁명, 강영숙 세 사람이 목사님을 뵈었다. 남궁명이 목사님께 말했다. 목사님 빨리 일어나세요. 목사님이 좋아하시는 은희와 영숙이가 왔어요. 목사님이 큰 목소리로 꾸짖는 것 같았다. 밤중에 왜 왔니? 이은희는 목사님의 손을 잡았고 남궁명은 목사님의 눈가를 닦았다. 그리고 강영숙은 목사님의 발을 잡았다. 목사님이 위독하다는 소식을 들은 모든 분이 목사님의 몸 어딘가를 꼭 잡아드리고 싶었을 것이다. 꿈과 같은 일이었다. ……목사님이 가시고 선선한 저녁 숲에서 귀뚜라미가 울고 있다. 더위가 조금만 덜했다면, 조금만 기운을 내셨다면 금세 이렇게 선선해지는 가을을 맞이하셨을 것이다. 목사님이 평소 아끼던 어느 선생님의 말씀처럼 '목사님을 위한 마지막 프로그램'은 이제 끝이 났다. 어떤 평계도 소용이 없다. 목사님은 실천하라고 말씀하신다. 그 모든 것이 더없이 우리의 몫이다.

· 소설가 강영숙

강원용 목사의 10주기를 맞아서 그를 기리는 여러 행사 중에 그의 설교선집 『돌들이 소리치리라』가 출간되었다. 이 설교선집의 발간사에서 채수일 경동교회 담임목사는 강원용 목사의 설교는 한국교회와 우리 근대사 속에서 '빈들의 소리'였다고 한다. 그의 설교는 듣는 이들의 마음에 깊은 감명을 주고, 삶을 움직이는 동력을 주었다. 이것은 강 목사의 웅변가로서의 자질 때문이 아니라 그 설교 안에 담겨 있는 복음과 시대를 꿰뚫는 예언자의 날카로운 통찰이 담겨 있기 때문이다. 채수일 목사는 지금도 경동교회 교인들만이 아니라 우리 사회 곳곳에서 강원용 목사의 그 생생한 선포를 듣고 싶어 한다면서 설교집 출간의 기쁨을 표현했다.[19] 그를 기억하는 사람이 있는 한 여전히 그는 있는 것이다.

다음으로 그가 뿌린 씨가 지금도 새로이 열매 속에 자라고 있는 것이다. 이명박 정권과 미국 부시 정부의 대북강경 정책 그리고 천안함 사건으로 남북관계는 다시 꽁꽁 얼어붙었다. 이런 때 한 기사가 조용히 실렸다. 천주교, 개신교, 천도교, 불교, 원불교 등 5대 종단이 참여한 '민족의 화해와 평화를 위한 종교인 모임'이 북한의 밀가루 300톤을 전달하기 위해서 방북했다는 기사다. 이것은 천안함 침몰로 방북과 물자 지원을 금지한 5·24조치 이후 두 번째 인도적 지원이라고 한다.

방북일인 2010년 8월 27일, 이 모임에 관계된 종교인들도 오전 파주 임진각에서 '밥은 생명이고 사랑입니다' 하는 이름을 내걸고 기념 행사를 열었다. 이 종교인 모임은 국민에게 드리는 말씀에서 "한반도의 비핵화도 중요하지만 한반도에 살고 있는 남북한 주민들의 삶이 보장되는 것이 우선"이라며 "남북관계에 화해와 평화의 물꼬를 트고자 진보와 보수를 넘어 종교인들이 나섰다"라고 밝혔다.[20]

이 모임은 바로 강원용 목사에게서 시작되었다. 여전히 국제정세와 정치는 더 남북의 벽을 쌓아가고 있지만, 이 종교인 모임은 조용히 그러나 신념을 가지고 인도적 차원에서 남북의 평화를 위해 힘을 모으고 일하고 있다.

강원용 목사가 조직한 선린회가 경동교회의 울타리를 넘어 세계선린회로 발전하여 활발히 현재 봉사활동을 하고 있다는 이야기도 이미 했다. 하나만 더 예를 들어본다. '한국여성의전화'라는 곳이 있다. 이

---

19) 『돌들이 소리치리라』, 4~5쪽.
20) 「5대 종단 종교인 모임……. 밀가루 300t 지원」, 『연합뉴스』, 2010. 8. 27.

에 대한 소개가 있다. 1983년 크리스챤아카데미를 수료한 여성운동가들이 당시 가부장적인 한국사회에서 최초로 '매 맞는 아내' '아내 구타' 문제를 제기했다. 그리고 남편으로부터 폭력행위를 당한 여성들을 위해 처음으로 상담활동을 시작했다. 대한민국 최초의 가정폭력, 성폭력 전문 상담기관이다. 2009년 '여성의전화'에서 '한국여성의전화'로 개편했고, 전국에 25개 지부를 두었다. '한국여성의전화'는 여성폭력추방운동, 평등평화마을 만들기, 지역여성 미디어운동, 결혼이주여성운동, 이혼여성운동, 여성의 경제적 권리 확보운동, 교육사업, 국제연대 등의 활동을 하고 있다.[21]

이 '한국여성의전화'는 "크리스챤아카데미를 수료한 여성운동가들"로부터 시작되었다고 한다. 이들은 바로 크리스챤아카데미에서 '인간화'를 기치로 내걸고 중간집단교육을 받은 여성들이다.

강원용 목사가 '인간화'를 목표로 두고 관심을 가지고 펼쳐온 영역이 이 여성운동이다. 한국여성운동사에 미친 강원용 목사의 공헌은 결정적인 것이었고, 앞으로도 그 정신은 지속될 것이다.[22]

마지막이다. 오늘 우리 사회의 현실이 강원용 목사와 같은 사고와 지도력이 절실히 필요하기 때문에 여전히 그는 여기에 있다.

한국교회의 에큐메니컬 운동도 지지부진해졌고, 도리어 WCC의 정신에 역행하는 현실이 되었다. 지난 2013년 'WCC 제10차 부산총회'를 위해서 그해 1월에 김영주 NCCK 총무, 김삼환 WCC 총회 한국준비위원회 상임위원장 등등 관계자가 모여 공동선언문을 발표했다. 첫째는 종교다원주의를 배격하고, 둘째는 공산주의와 인본주의, 동성연애 등 복음에 반하는 모든 사상을 반대하고, 셋째는 개종 전도 금

---

21) 위키백과.

22) 크리스챤아카데미의 중간집단교육과 거기에 참여한 여성들, 또 그들이 여성운동을 주도하여 오늘에 이른 내용은 다음을 보라. 한국여성의전화, 『한국여성인권운동사』, 한울, 1999. 특히 108~109쪽을 볼 것.

지를 반대하며, 넷째는 성경 66권이 절대무오라는 선언이다. 이 시대에 뒤떨어진 합의문은 에큐메니컬 진영으로부터 강한 반발과 빈축을 샀다. 이런 사태를 보면서 박경서는 "만약 강 목사님이 살아 계셨다면 결코 일어나지 않았을 일이고, 또 이런 일이 일어났다고 해도 어떤 형태로든 해결되는 방향으로 나아가지 않았을까 생각합니다" 하면서 강 목사의 지도력이 필요함을 토로하고 있다.[23]

윤여준은 요즘처럼 강원용 목사가 그리울 때는 없다고 한다. 그는 6·15정상회담 이후 찾아온 남북화해 협력관계가 급속도로 악화되고, 이에 따라 극렬하게 갈린 남남 갈등의 현실을 개탄하면서, 지금 이 시기도 혼돈기적 혁명 상황과 같다고 한다. 그러나 이 혁명 세력의 주체도 분명치 않을뿐더러 그 목적지도 분명치 않아 염려스럽다고 진단한다. 이런 때 점진적 개혁을 주도하고 양극 사이에 대화를 통해 거리를 좁혀간 강원용 목사의 지도력이 절실히 필요하다는 것이다.

목사님 같은 분이 딱 중심에 서시고, 그 주변에 뜻이 비슷한 사람들이 서서, 우리 사회가 이렇게 가면 안 된다고 말할 수 있었으면 해요. 국민이 목사님 말씀에 귀를 기울이고 그것을 신뢰한다면 우리 사회가 발전하는 데 보탬이 되지 않을까 싶거든요. 또 우리 사회의 혼란스러움을 조금이라도 수그러들게 하는 일을 해볼 수 있지 않을까 합니다. 저는 요즘처럼 강원용 목사님이 그리울 때가 없습니다.[24]

한국사회와 세계교회 무대에서 강원용 목사는 '평화와 화해의 중재자'라고 불린다. 이것이 그의 삶의 목표였고 실천이었다. 그리고 이것

---

23) 『여해 강원용 그는 누구인가?』, 92~93쪽.
24) 같은 책, 178쪽.

은 바로 정치가나 사회개혁가가 아닌 종교인이요, 목사이기에 가능했다. '평화와 화해의 중재자!' 하면 떠오르는 이미지는 성경의 비둘기 같다. 그러나 강원용 목사도 인간이다. '너 자신을 알라'는 델포이 신전의 문구처럼 강 목사는 스스로의 결점을 잘 알고 있었다. 고범서가 자신에 대해서 쓴 『강원용의 삶과 사상』을 읽고 나서 밝힌 강 목사의 소감이다. 여기에 진솔하게 자신의 결점을 밝히고 있다.

그러나 솔직히 이 책도 나에게 전체가 긍정적으로 읽힌 것은 아니다. 위에서 말한 대로 이 글은 전적으로 고 박사의 견해를 성실하게 꾸밈없이 쓴 것이라는 것을 믿지만, 무엇보다 이 책 전체를 통해서 나 자신을 과대평가했다는 느낌이 들어 약간 당황하기도 했다. 나는 평소에 이 세상의 어떤 인간도 밝은 면과 함께 어두운 면이 있다는 생각을 하고 있다. 그러기에 내가 『빈들에서』를 쓸 때 가장 고통스러웠던 일은 나의 존경하는 분의 어두운 면을 쓰지 않을 수 없었을 때였다. 내가 보는 나 자신은 고범서 박사가 본 것처럼 욕심이 없고 인간관계도 잘하고 결단력이 있는 그런 인간이 아니라는 사실이다. 성격적으로도 비겁하니까 한국 땅에서 이 나이까지 살아남았을 것이고, 대인관계에 있어서도 신경질적이고 과격하여 가까운 사람들에게 상처를 많이 주며 살아온 것이 사실이다. 그리고 고 박사는 계속해 나를 '신학자'라고 불렀으나 나는 나를 신학자라고 생각하지 않고 '사상가'라고 불러주면 과분하나마 양해할 수 있는 정도다.[25]

마지막 이야기다. 인간 강원용이면서 목사 강원용 이야기다. 강원용을 평생 존경하고 함께하고, 때론 치열하게 논쟁도 했던 오재식이

---

25) 『강원용의 삶과 사상』, 291쪽.

전하는 강 목사의 인간적인 매력에 대한 것이다.

나는 평생 강원용 목사를 믿고 따랐지만, 강 목사의 행동이나 결정이 아니다 싶으면 대들곤 했다. 나처럼 강 목사에게 대놓고 바른 소리를 하는 후배는 아마 없을 것이다. 강 목사가 후배들에게 버럭 하는 편이라, 모두들 강 목사를 편안하게 대하지 못했다. 그래도 내가 강 목사를 좋아하는 건 내가 흥분하며 반항할 때는 "알았다, 알았어." 하시며 딱 잘라버렸다가, 나중엔 따로 불러내어 솔직한 속내를 내보이시기 때문이었다. "생각해보니 네 말이 맞는 것 같아. 그렇게 자주 해. 내가 심했지?"라고 말씀하시면서 보여준 그 카리스마는 나를 강 목사 곁에서 떠나지 못하게 하는 매력이었다.[26]

26) 『나에게 꽃으로 다가오는 현장』, 80쪽.

참고문헌

강원용 목사의 저서

『강원용 전집』(전 10권), 서문당, 1979.

『강원용 전집』(전 16권), 경동교회/삼성출판사, 1995.

『강원용과의 대화』, 평민사, 1987.

『그래도 지구는 돈다』, 육민사, 1972.

『나의 인생관 '나날이 새롭게'』, 휘문출판사, 1971.

『내가 믿는 그리스도』, 대한기독교서회, 2005.

『돌들이 소리치리라』, 강원용 목사 10주기 추모 설교선집, 대한기독교서회, 2016.

『믿는 나와 믿음 없는 나』, 웅진출판사, 1998.

『벌판에 세운 십자가』, 현암사, 1967.

『빈들에서』(전 3권), 열린문화, 1993; 대화출판사, 1998.

『새 시대의 건설자』, 서울조선기독교서회, 1949.

『새로운 존재』, 폴 틸리히 번역서, 대한기독교서회, 1960.

『새벽을 기다리는 사람들』, 현암사, 1967.

『십자가의 증언』, 범우사, 1979.

『역사의 언덕에서』(전 5권), 한길사, 2003.

『역사의 한가운데서』, 종로서적, 1985.

『5분간의 사색』, 육민사, 1965.

『인생과 종교』, 교학사, 1973.

『자유케 하는 진리』, 서문당, 1985.

『저 문이 닫히기 전에』, 현암사, 1967.

『제3지대의 증언』, 문맥출판사, 1978.

『제3차원의 세계』, 보진제, 1963.

『크리스천의 정치적 책임』, 존 베네트 번역서, 대한기독교서회, 1968.

『폐허에의 호소』, 해군본부군종감실, 1959.

『하나의 진실을 갖는 아픔』, 중앙출판사, 1971.

Zwischen Tiger und Schlange: Beiträge aus Korea zu Christentum, Entwicklung und Politik, Mission Erlangen, 1975.

* 그 밖의 주요 칼럼과 관련 기사 목록은 『역사의 언덕에서』 5, 348~361쪽 참고.

강원용 목사와 관련된 문헌

강만길, 『일제시대 빈민 생활사 연구』, 창비, 1984.

강문규, 『나의 에큐메니컬 운동 반세기』, 대한기독교서회, 2010.

강주화, 『박상증과 에큐메니컬 운동』, 도서출판삼인, 2010.

강형용, 『유랑 강형용 고희문집』, 강형용내과, 1991.

경동교회 40주년 기념사업회, 『경동교회 40년과 한국교회 100년』, 1985.

경동교회, 『경동교회 30년사』, 1975.

_____, 『경동교회 40년사』, 1985.

_____, 『신앙의 어머니』, 2015.

고범서, 『강원용과의 대화』, 평민사, 1987.

_____, 『강원용의 삶과 사상』, 종로서적, 1995.

_____, 『라인홀드 니버의 생애와 사상』, 대화아카데미출판사, 2007.

고지수, 『김재준과 개신교 민주화운동의 기원』, 도서출판선인, 2016.

김경재, 『아레오바고 법정에서 들려오는 저 소리』, 도서출판삼인, 2005.

김명주, 『엄마의 편지, 사랑하는 나의 아이들에게』.

김수진, 『아름다운 빈손 한경직』, 홍성사, 2000.

바이츠제커, 카를프리드리히 폰, 이정배 옮김, 『시간이 촉박하다』, 대한기독교서회, 1987.

박봉랑 교수님을 추모하는 모임, 『목회자의 마지막 증언』, 대한기독교서회, 2016.

박상증,『한국교회와 에큐메니칼 운동』, 대한기독교서회, 1992.

박효생,『서울성남교회 50년사』, 서울성남교회, 1998.

신풍운동편집위원회,『한국기독교의 신풍운동』, 대한기독교서회, 2016.

연규홍,『해방공간에서 하나님 나라를 꿈꾼 5인 5색』, 생명의씨앗, 2007.

오재식,『나에게 꽃으로 다가오는 현장』, 대한기독교서회, 2012.

이문숙,『이우정 평전』, 도서출판삼인, 2012.

이상철,『열린 세계를 가진 나그네』, 한국기독교장로회출판사, 2010.

전학석 목사님을 회고하는 사람들,『그곳에는 언제나 그림자처럼』, 현존사, 1998.

조향록,『팔십자술』, 신지성사, 2000.

주성화 외,『독립운동의 성지 간도를 가다』, 산과글, 2014.

김경재,「강원용 목사와 에큐메니컬 운동」,『기독교사상』, 2013년 11월호.

_____,「경동 70주년, 그 뿌리와 내일의 비전」,『경동교회 회보』, 제100호, 2015. 2.

박은국,『경동교회 50년사』(자료), 1995.

박종화,「한국교회와 에큐메니컬 운동: 그 과제와 전망」,『신학사상』, 1998년 봄호.

신인령,「현실참여와 크리스챤아카데미 운동경험」,『여해 강원용 그는 누구인
    가?』, 한신대신학대학원 목요강좌강연집, 대화문화아카데미, 2013.

윤여준,「여해 강원용 목사의 사회변혁」,『여해 강원용 그는 누구인가?』, 한신대신
    학대학원 목요강좌강연집, 대화문화아카데미, 2013.

한국기독교교회협의회,「민족의 통일과 평화에 대한 한국기독교회 선언」, 1988.

한국기독교장로회, 제38회 총회「호헌사」, 1953.

홍순원,「전학석, 김재준, 프란시스: 하나님 나라가 임하소서」,『천호동교회 창립
    59주년 문집』, 2013.

계간『대화』, 제1권 1호, 1994.

「노명식 박사와의 대담」, 1975. 12. 21.

『세계선린회 소식지』, 2015년 11월호.

신우회 좌담회가 내놓은「보고서」, 1969. 7. 13.

「5대 종단 종교인 모임」,『연합뉴스』, 2010. 8. 27.

『중앙일보』, 1998. 5. 14.

「통합의 중재자 지향한 강원용 목사」,『주간동아』, 제1018호, 2015. 12. 23.

그 밖의 참고자료

강등학, 「형성기의 대중가요의 전개와 아리랑의 존재양상」, 『근대의 노래와 아리랑』, 소명출판사, 2009

기든스, 앤서니, 한상진·박찬욱 옮김, 『제3의 길』, 생각의나무, 1998.

김남일, 『안병무 평전』, 사계절, 2007.

김동진, 『파란 눈의 한국 혼 헐버트』, 참좋은친구, 2010,

김명용, 『칼 바르트의 신학』, 이레서원, 2007.

김성준, 『한국기독교사』, 기독교문화사, 1993.

김시업, 「근대 아리랑의 성격 형성」, 『근대 노래와 아리랑』, 소명출판사, 2009.

김용옥, 『불교란 무엇인가』, 통나무, 1989.

김은수 편, 『예배 이후의 예배』, 전주대학교출판부, 2006.

김재준목사기념사업회, 『김재준 전집』(전 18권), 한신대학교출판부, 1991.

김태준·김연갑·김한순, 『한국의 아리랑 문화』, 도서출판박이정, 2011.

남태욱, 『한반도 통일과 기독교현실주의』, 나눔사, 2012.

뉴비긴, 레슬리, 최성일 옮김, 『선교신학개요』, 한국신학연구소, 1995.

러셀, 레티, 정웅섭 옮김, 『기독교교육의 새전망』, 대한기독교서회, 1981.

리스, 샘, 정미나 옮김, 『레토릭』, 청어람미디어, 2014.

마르쿠제, 헤어베르트, 차인석 옮김, 『일차원적 인간』, 삼성출판사, 1977.

———, 『부정』, 삼성출판사, 1977.

맥레이, 헬렌, 연규홍 옮김, 『팔룡산 호랑이』, 한신대학교출판부, 2010.

메도즈, 도넬라·메도즈, 데니스·랜더스, 요르겐, 김병순 옮김, 『성장의 한계』, 갈라파고스, 2012.

문동환, 『문동환 자서전』, 도서출판삼인, 2009.

민경배, 『한국기독교회사』, 대한기독교서회, 1973.

바르트, 카를, 박근원 옮김, 『설교학 원강』, 전망사, 1981.

———, 박순경 외 공역, 『교회교의학』(전 13권), 대한기독교서회, 2005~16.

박근원, 『교회력과 목회기획』, 수정증보판, 쿰란출판사, 2012.

———, 『오늘의 목사론』, 대한기독교서회, 1978(초판); 1993(증보판).

———, 『오이쿠메네 신학실천』, 대한기독교서회, 2014.

마르쿠제, 헤르베르트·포퍼, 카를, 홍윤기 옮김, 『혁명이냐 개혁이냐: 마르쿠제·포퍼 논쟁』, 사계절, 1982.

보렌, 루돌프, 박근원 옮김, 『설교학 실천론』, 대한기독교출판사, 1980.

_____, 박근원 옮김, 『설교학 원론』, 대한기독교출판사, 1979.

보렌, 루돌프 편, 김정준 외 옮김, 『신학연구총론』, 한국신학연구소, 1981.

부처, 마르틴, 신현복 옮김, 『영혼을 돌보는 참된 목회자』, 아침영성지도연구원, 2013.

샤르댕, 테야르, 양명수 옮김, 『인간현상』, 한길사, 2004.

소비크, 아르네, 박근원 옮김, 『오늘의 구원』, 대한기독교서회, 1980.

손규태 편, 『혁명적 신앙인들』, 한국신학연구소, 1981.

신현복, 『칼 바르트의 신학과 실천』, 아침영성지도연구원, 2011.

알멘, 폰, 박근원 옮김, 『구원의 축제』, 진흥, 1993.

_____, 정용섭 옮김, 『예배학원론』, 대학기독교서회, 1979.

앤더슨, 레이, 강성모 옮김, 『새 천 년을 위한 영성 사역』, 나눔사, 1999.

엄두섭, 『맨발의 성자』, 은성출판사, 1986.

와이즈, 캐럴, 이기춘 옮김, 『목회학개론』, 대한기독교서회, 1984.

웨일즈, 님·김산, 송영인 옮김, 『아리랑』, 동녘, 2005.

윌슨, 폴, 김윤규 옮김, 『그리스도교 설교의 역사』, 대한기독교서회, 2015.

윤정란, 『한국전쟁과 기독교』, 한울, 2015.

이덕주, 『광주선교와 남도 영성이야기』, 진흥, 2008.

이신건, 『칼 바르트의 교회론』, 한들출판사, 2000.

이영헌, 『한국기독교사』, 컨콜디아사, 1978.

이홍기, 『미사전례』, 분도출판사, 1997.

임희국 외, 『기독교 한국에 살다』, 한국기독교교회협의회 신앙과직제위원회, 2013.

장준하, 『돌베개』, 돌베개, 2015.

정경모, 『시대의 불침번』, 한겨레출판사, 2010

정용섭, 『설교란 무엇인가』, 대한기독교서회, 2011.

_____, 『설교와 선동 사이에서』, 대한기독교서회, 2007.

_____, 『설교의 절망과 희망』, 대한기독교서회, 2008.

_____, 『속빈 설교 꽉찬 설교』, 대한기독교서회, 2006.

콕스, 하비, 마경일 옮김, 『신의 혁명과 인간의 책임』, 현대사상사, 1974.

큉, 한스, 안명옥 옮김, 『세계윤리구상』, 분도출판사, 1992.

퀑, 한스·트레이시, 데이비드, 박재순 옮김,『현대신학은 어디로 가고 있는가』, 한국신학연구소, 1989.

클라인벨, 하워드,『목회상담신론』, 대한예수교장로회출판국, 1987.

토인비, 아널드, 강기철 옮김,『변화와 관습』, 현대사상사, 1981.

_____, 지명관 옮김,『현대문명비판』, 을유문화사, 1964.

트루나이젠, 에두아르트, 박근원 옮김,『목회학실천론』, 한국신학연구소, 1978.

_____, 박근원 옮김,『목회학원론』, 한국신학연구소, 1975.

틸리케, 헬무트, 심일섭 옮김,『현대교회의 고민과 설교』, 대한기독교서회, 1982.

_____, 이계준 옮김,『기다리는 아버지』, 컨콜디아사, 1991.

프롬, 에리히, 이극찬 옮김,『희망의 혁명』, 현대사상사, 1977.

한국기독교장로회,『세계교회협의회: WCC 제10차 부산총회 가이드북』, 2013.

_____,『목회예식서』, 2013.

_____,『예식서』, 1964.

_____,『희년예배서』, 한국장로교 100주년 기념, 2015.

한국디아코니아자매회,『역사와 섬김의 삶』, 한국신학연구소, 2005.

한국문서선교회 편,『한국의 명설교』上, 명문출판사, 1981.

한국여성의전화,『한국여성인권운동사』, 한울, 1999.

헌팅턴, 새뮤얼, 이희재 옮김,『문명의 충돌』, 김영사, 1997.

홍순원,『문명의 전환과 그리스도교 신앙실천』, 예따람, 2013.

휘체돔, 게오르크, 박근원 옮김,『하나님의 선교』, 대한기독교서회, 1980.

히폴리투스, 이현우 옮김,『사도전승』, 분도출판사, 1992.

문동환,「오늘의 선교와 교회의 교육적 사명」,『기독교교육』, 제81호, 1973. 9.

박근원,「동아시아의 근대화와 종교의례」,『말씀과 교회』, 제40호, 2006.

박근원,「한국-캐나다교회 공동 선교의 한세기: 선교론적 회고와 전망」,『기장총회와 임마누엘 신학강좌』, 총회자료, 1998.

서정민,「지역 분열의 선구자 한국 장로교회: 장로교 분열과 지역성의 상관성 회고」,『기독교사상』, 2012년 6월호.

_____,「한국장로교와 계층 정체성: 민중의 역사와 관련 문제」,『기독교사상』, 2013년 11월호.

손달익,「한국기독교 통일운동의 전개과정」,『기독교사상』, 2015년 7월호.

슐라이어마허, 프리드리히, 「실천신학개요」, 『신학연구』, 제17집, 한신대학교 한신
신학연구소, 1976.

제2차 바티칸 공의회, 「거룩한 전례에 관한 헌장」, 『공의회 문헌, 헌장, 교령선언
문』, 한국천주교중앙협의회, 1969.

피셔, 루카스, 「창조절로 시작하는 교회력의 개편」, 『은총의 해를 누리며』, 2000년
도 교회력에 따른 예배와 설교자료, 대한기독교서회, 2000.

홍순원, 「영성으로 본 기장의 출발과 현재 그리고 과제」, 기장영성수련원 영성학
교 심포지엄, 2015. 6. 29.

A. A. McArther, *The Christian Year and Lectionary Reform*, London: SCM Press,
1953.

_____, *The Evolution of Christian Year*, London: SCM Press, 1953.

Jürgen Moltmann, "A Christian Declaration of Human Rights", *The Reformed
World* 34, 1976.

Paulo Freire, *Pedagogy of the Oppressed*, tr. by Myra Bergman Ramos, Newyork: The
Seabuary Press, 1970.

Philiph Pfatreicher, *Liturgical Spiritualty*, Valley Forgy, Pensylvania: Trinity Press
International, 1997.

The Consultation on Common Text, *The Revised Common Lectionary*, Nashville:
Abingdon Press. 1992.

World Alliance of Reformed Church, "The Theological Basis of Human Rights",
The Reformed world 34, 1976.

강원용 목사 연보

1917년 7월 3일(음력 5월 15일) 함경남도 이원군 남송면 원평리 141번지에서 부 강호연(姜浩然), 모 염효성(廉曉星) 사이의 장남으로 유교가정에서 태어나다. 그 후 동생 형용(亨龍), 이룡(利龍), 여동생 춘자(春子)와 함께 한 집에 거주하다.

1921년(4세)	증조부로부터 한문을 배우다.
1923년(6세)	서당에 다니며 한문공부를 계속하다.
1925~31년(8~14세)	염분보통학교, 차호공립보통학교에 다니다.
1932년(15세)	기독교에 입교, 세례를 받다.
1932~35년(15~18세)	농업에 종사하며 부녀자 야학에서 가르치다.
1935년(18세)	간도 용정 은진중학교에 입학하여 1938년 중학교 재학 중 학생회장을 지내고 농촌계몽에 힘쓰다.
	용강동을 비롯한 5개 농촌에 야학교와 교회를 건립하다.
	이 기간 가세가 기울어 가족과 함께 만주국 영고탑으로 이사하다.
1938년	은진중학교 졸업하다.
1939년(22세)	일본으로 건너가서 1941년까지 동경도 명치학원 영문학부에 다니다가 다시 용정으로 돌아가다.

1940년(23세)	12월 27일	김명주(金明珠) 씨와 결혼하다.
1941년(24세)	10월 19일	장녀 혜자(惠子) 태어나다.
1942년(25세)		함북 회령의 함북보육원에서 시무하다.
1944년(27세)	12월 13일	차녀 혜원(惠苑) 태어나다.
1945년(28세)	8월 9일	러일전쟁 개전으로 산중에 도피해 있다가 8월 18일 해방 소식을 접하다.
	9월 초	도피하여 다시 단신으로 9월 20일 월남, 서울에 도착하다.
	10월	선린형제단을 조직하여 피란민대학생 구호사업을 하면서 기독청년연합회 정치부장 일을 보다.
	12월 2일	서울 장충동에 교회(현 경동교회)를 설립하다.
1946년(29세)	2월 1일	임시정부 주최 비상국민회의에 대의원으로 참석하다.
1947년(30세)		한국기독학생총연맹 조직을 주도하다.
	9월 13일	장남 대인(大仁) 태어나다.
		기독학생 신인회 조직하다.
		경동교회 장로로 장립하다.
1948년(31세)		한국기독교연합회 청년학생부 간사, 한국기독학생총연맹 총무.
1949년(32세)	11월	목사 안수받다.
1950년(33세)		6·25전쟁으로 도농리로 피란, 9·28수복 후 서울에 돌아오다.
	10월	공보실 위촉으로 종군하여 국군을 따라 월북하다.
1951년(34세)	1월	1·4후퇴 시 부산으로 피란을 가다.
		부산에서 한국기독교연합회 간사, 한국기독학생총연맹 총무로 활동하다.
1953년(36세)	5월 12일	차남 대영(大榮) 태어나다.
	8월 3일	캐나다 매니토바 대학교 SCM 초청으로 유학차 출국하다.

		9월부터 시작하여 1954년 5월 매니토바 대학교 신학부 대학원 졸업하다(B.D. 학위 받다).
1954년(37세)	8월	미국 애번스턴에서 모인 제2회 WCC 총회와 세계기독학생총연맹 이사회에 참석하다.
	9월	뉴욕 유니언 신학교에 입학하다.
1955년(38세)		1955년부터 57년 여름까지 워싱턴 소재 한인교회에서 목사로 시무하다.
1956년(39세)	5월	뉴욕 유니언 신학교 대학원에서 사회윤리 전공하다(S.T.M. 학위 받다).
	10월	뉴욕 사회문제연구대학원 대학교 대학원에서 사회학 박사과정 수학하다.
1957년(40세)	10월	귀국하다.
1958년(41세)		1958년 4월부터 경동교회 당회장으로 시무하다. NCCK 청년부 위원장, 한국기독학생총연맹 이사장직을 맡아 활동하다.
	11월 7일	화재로 교회건물·사택 전소되다. 가재·서류 등 전부 소실되다.
1959년(42세)		한국기독교사회문제연구회 조직하다.
1960년(43세)	11월 4일	차남 대영(大榮) 사망하다.
1961년(44세)		뉴델리에서 모인 WCC 제3차 총회에 대표로 참석, 교회와 사회위원이 되다.
1962년(45세)	5월	캐나다 매니토바 대학교에서 명예신학박사학위(D.D.)를 받다.
		한국 크리스찬아카데미 원장직에 취임하다.
1963년(46세)	10월	홍콩에서 열린 WCC 상호교회협조 준비위원회에 참석하다.
1964년(47세)	2월	방콕에서 열린 EACC 총회에 참석하다.
1966년(49세)		한국종교인협의회 회장직을 맡다.
		한국기독교장로회 총회장직에 취임하다.

1967년(50세)	10, 11월	종교개혁 450주년 기념행사에 참석하다.
1968년(51세)		WCC 중앙위원직을 맡다.
	6월	WCC 제4차 총회에 참석하다.
1969년(52세)	1월	WCC 실행위원회에 참석하다.
1970년(53세)	7월	WCC 실행위원회에 참석하다.
1971년(54세)	7, 8월	에티오피아에서 열린 WCC 중앙위원회에 참석하다.
1972년(55세)	4월	그리스 크레타 섬에서 열린 세계기독교사회운동 집단협의회 의장에 피선되다.
	11월	싱가포르, 홍콩에서 열린 EACC 실행위원회에 참석하다.
1973년(56세)		CCA 회장에 당선되다.
	1월	방콕에서 열린 WCC 선교협의회에 참석하다.
	7~9월	WCC 중앙위원회에 참석하다.
1974년(57세)		민주회복국민회의 대표위원직을 맡다.
1975년(58세)		WCC 중앙위원, 실행위원직을 맡다.
1976년(59세)	2월	파키스탄에서 열린 CCA 실행위원회에 참석하다.
1977년(60세)		CCA 회장직을 사임하다.
	11월	월간 『대화』 폐간처분을 받다.
1978년(61세)	5월	트리니다드에서 열린 WCC 타 종교와의 대화에 참석하다.
1979년(62세)	3월	크리스챤아카데미 직원 6명이 반공법 위반혐의로 구속되다.
1980년(63세)		NCCK 회장직을 맡다.
		국정자문위원직을 맡다.
1981년(64세)	1월	스위스에서 열린 WCC 실행위원회에 참석하다.
1982년(65세)		한국기독교 100주년 기념사업회 대표회장직에 취임하다.
	5월	스위스, 독일, 미국 등에서 열린 WCC 총회준비위원회에 참석하다.

1983년(66세)	7월	캐나다, 미국 등에서 열린 WCC 제6차 총회에 참석하다.
1984년(67세)	6월	미국에서 열린 한국기독교 100주년 기념사업회에 강사로 참석하다.
1986년(69세)		경동교회 담임목사를 은퇴하고 명예목사가 되다. 아시아종교인평화회의 회장직을 맡다.
1987년(70세)		서울올림픽 문화예술행사 추진위원회 의장직을 맡다.
1988년(71세)		서울올림픽 문화예술행사를 추진하고 국제학술회의 위원장을 역임하다. 한국방송위원회 위원장에 취임하다.
1989년(72세)		호주, 독일, 프랑스, 스위스 등에서 열린 세계종교인평화회의에 참석하다.
1990년(73세)	6월	일본에서 열린 아시아종교인평화회의에 참석하다.
	11월	네팔에서 열린 아시아종교인평화회의의 총회에서 회장 및 의장으로 재선되다.
1991년(74세)	3월	방송위원장을 사임하다.
1992년(75세)	3월	미국에서 열린 세계종교인평화회의 실행위원회에 참석하다.
	4월	태국, 방콕에서 열린 세계종교인평화회의 정책위원회에 참석하다.
	7월 말	일본에서 열린 아시아종교평화회의에 참석하다.
	8월	중국(베이징, 연길, 용정)을 방문하다.
1993년(76세)	5월	스웨덴 등에서 열린 세계종교인평화회의 준비모임에 참석하다.
	6월	필리핀에서 열린 '93 아시아종교인평화회의' 실행위원회 모임에 참석하다.
1994년(77세)		원광대학교에서 명예 철학박사 학위를 받다.
1995년(78세)	8월	이화여자대학교에서 명예 문학박사 학위를 받다.

| 10월 8일 | '바람과 물 연구소'를 열다. |

1996년(79세) 아시아종교인평화회의 총회를 끝으로 회장직을 사임하고 명예회장에 추대되다.

1997년(80세) 4월 17일 한신상을 받다.

8월 19일 '북한돕기 100만 명 서명운동'을 하다.

11월 11일 '북한에 사랑의 옷 보내기 운동'을 벌이다.

1998년(81세) 새정부 통일고문회의에서 의장으로 선출되다.

'실업극복국민운동'에서 공동의원장으로 피선되다.

12월 14일 방송법개혁위원회 위원장을 맡다.

1999년(82세) 세계종교인평화회의 제7차 총회에 참석하다. 공동 의장직에서 은퇴하고 명예회장에 추대되다.

2000년(83세) 5월 7일 크리스챤아카데미 이사장직에서 은퇴하고 명예이 사장으로 추대되다.

5월 12일 일본 동경에서 제17회 니와노 평화상 받다.

10월 3일 사단법인 평화포럼 구성.

2001년(84세) 11월 30일 '남북평화를 향한 초당적 협력에 관한 포럼'을 구 올림피아호텔에서 개최하다.

2002년(85세) 6월 5일 제6회 만해 평화상을 받다.

2003년(86세) '정전체제에서 평화 체제로: 평화를 만들기 위한 세계 종교의 역할'이라는 주제로 열린 평화를 위한 제1차 국제종교평화회의 주관하다.

2004년(87세) '한반도의 평화'를 주제로 열린 제2차 국제종교평 화회의를 주관하다.

2005년(88세) '동아시아의 공생을 위한 비전과 책임'이란 주제 로 열린 제3차 국제종교평화회의를 주관하다.

2006년(89세) 8월 17일 주님의 부르심을 받다.

평전을 마무리하며

· 맺는말

오늘 우리가 사는 공화국은 강원용 공화국이라고 해도 지나친 말은 아니다. 선린회와 신인회 출신의 인물들이 우리 사회 각 영역에서 인간화와 민주화를 주도했고, 강원용 목사의 에큐메니컬 운동을 계승하면서 겨레의 평화 물꼬를 튼 교계지도자들이 '민족희년선언'을 했다. 그리고 그들의 후학들과 그들과 함께 일한 젊은 세대들이 부상하며 현재 이 사회를 이끌고 있다. 강원용 목사는 우리의 현대사에서 그 누구보다도 가장 큰 영향을 미친 지도자라고 평가해도 무리는 아닐 것이다.

강원용 목사는 "당신은 정치가요?" 하고 묻는 말에 "아니요"라고 단언했다. 그러나 맞다. 강원용 목사는 정치가였다. 역대 모든 정권에 좋든 싫든 참여하여 중요한 역할을 했다. 그럼에도 권력과 부귀를 탐하지는 않았다. 그는 정치활동을 깊이 했지만 정치꾼도 아니었고, 정치 그 자체가 목적도 아니었다. 다만 '사람이 사람답게 사는 세상'을 만들고 싶었다.

강원용 목사는 "당신은 사회운동가요?" 하고 묻는 말에 "아니요"라고 잘라 말했다. 그러나 맞다. 강원용 목사는 사회운동가다. 그는 이 사회를 개혁하기 위해서 예수를 믿고 나서는 소년 시절 때에도 야학과 계몽활동을 했고 평생 이 사회의 전반에 걸쳐 대화와 교육을 통한 개혁운동을 벌였다. 그러나 그는 이 사회 개혁을 위한 실천들을 복음을 전하는 전도라고 생각했다. 강원용 목사의 전도는 이 땅에 하나님 나라를 건설하는 운동과 나눌 수 없는 것이었다.

만일 사람들이 "당신은 목사요?" 하고 묻는다면, 강원용 목사는 무엇이라고 대답했을까? 아마도 머뭇머뭇했을 것으로 생각한다. 그러나 그는 목사가 맞다. 자의 반 타의 반으로 신학교에 가고, 장로가 되고, 목사가 되고, 경동교회를 담임했다. 그러나 그는 일찍이 자기 자신의 삶을 오직 주님을 위해 바치기로 서원했고, 복음전도를 유일한 삶의 사명으로 생각했다. 그리고 목사로서 복음으로 예언자적 통찰력 그리고 해박한 지식과 더불어 화려한 수사로 선포한 그의 설교는 경동교회 교인들만이 아니라 이 시대의 지성들의 마음과 삶을 움직이는 감동을 주었다.

강원용 목사가 "당신은 신학자요?" 하고 물으면 뭐라고 대답했을까? 아마도 멈칫거렸을 것이다. 그러나 그는 신학자가 맞다. 그는 실존적인 종교의 문제보다는 복음으로 이 사회를 개조하는 것에 관심이 많았기 때문에 그리스도교 윤리를 공부했다. 그는 그리스도교 윤리에 대해 체계적인 사상을 전개하지는 않았지만, 개혁교회의 신앙 위에서 '정의와 사랑의 변증법'을 가지고 실천에 운용한 응용신학자였다. 그는 자신의 그리스도교 윤리사상을 구체적인 생활에서 실천하도록 적용했다. 이것은 그의 스승 김재준 목사의 '생활신앙'과 맥을 같이하는 것으로 판단된다.

강원용 목사 자신은 정치가도 사회개혁가도 아니고 "나는 빈들의 소리요"라고 말했다. 양극단의 사이에서, 또 혼란한 격동기의 한복판에서 오해를 받으며, 때로는 고난을 받으며 예언자적인 목소리를 낸 자신을 스스로 그렇게 평가하고 있는 것이다. 자기를 세례자 요한과 같다고 밝히고 있는 것이다. 그러나 아니다! 먼저 그가 외친 곳은 빈들이 아니었다. 들을 귀 있는 사람들이 많아서, 그의 외침을 듣고 강원용 목사의 길에 합류했기에 그는 비범한 지도자가 될 수 있었다. 이런 점에서 강원용 목사는 빈들이 아니라 옥토의 소리였다.

2017년은 강원용 목사가 탄생한 지 100주년이 된다. 그리고 루터의 종교개혁 500주년을 맞는다. 여기에는 큰 의미가 있다. 강원용 목사가 그리스도교 신앙에 입문하던 당시의 상황은 율법주의, 성서문자주의, 배타주의 신앙이 주로 지배했다. 강원용 목사의 신앙도 처음에는 그랬다. 한국교회는 선교사에게 전적으로 의존해 있었다. 강원용 목사는 신앙과 교회의 자주화와 주체화를 위해 싸웠다. 에큐메니컬 운동을 하면서 이 사회의 모든 비인간화된 구조와 싸웠다. 이런 신앙과 인간화를 강원용 목사는 자연과 생태영역까지 윤리 실천의 영역으로 확대했다. 해방된 사회와 자연 생명의 회복……, 이것은 성서의 '희년'이 선포한 내용이다. 강원용 목사가 한국교회에서 시작한 에큐메니컬 운동이 결국 2013년 'WCC 제10차 부산총회'라는 결실로 나타난다. 이 총회의 주제는 바로 '생명, 정의, 평화'로 강원용 목사가 평생 추구하고 실천해온 희년이다.

강원용 목사의 탄신 100주년도, 종교개혁 500주년도 다 이 희년으로 향한다. 강원용 목사가 평생 실천해온 희년과 한국교회가 선언해서 세계적인 물결을 일으킨 희년은 세계교회사적으로도 그 깊은 뜻이 있다. 이번 종교개혁 500주년을 기념하면서 독일의 프로테스탄트를 중심으로 여러 교단의 신학자들이 모여 '94개조' 논제를 발표했다.[1] 이 94개조는 "오늘의 세계 속에서 십자가에 대한 증언과 착취당한 피조세계의 신음 그리고 초자본주의가 내몰고 있는 무질서한 세상 때문에 희생된 사람들의 절규를 들으라"고 호소한다. 이 호소에 회개와 화해로 응답할 때만이 오늘의 종교개혁의 축제는 '해방의 희년'으로 전

---

1) 「종교개혁의 칼날을 다시 세우라!: 성서와 오늘의 위기가 촉발한 94개 논제」, 김수남 옮김, 『기독교사상』, 2016년 10월호, 57~93쪽.

환될 수 있다는 것이다.

이 94개조 서문은 강원용 목사가 평생 씨름한 문제를 화두로 제시한다.

돈과 탐욕, 시장과 개발 착취의 전체주의적 독재가 지배하는 세상에서 인간의 파괴적인 현실과 비인간적인 삶은 종교개혁을 살린 성서 말씀을 근본적으로 다시 읽을 것을 요구한다.[2]

강원용 목사는 비인간화된 반 생명의 현실을 오직 성서 말씀에 비추어서 근본적으로 해결하려고 했다. 이 94개조에는 강원용 목사가 해온 사고와 실천이 표현되어 있다. 몇 가지만 예로 들고 마치겠다.

이 세계의 울부짖음 속에는 종교개혁의 후예들에게 희생당한 농부들만이 아니라 재세례파, 유대인, 이슬람교도들의 신음도 들어 있다. 이들의 소리에도 귀를 기울여야 한다(제47조). 강원용 목사는 종교 간의 대화와 협력을 주도했다. 종교 사이의 이해와 관용 없이 세계 평화란 없기 때문이다. 평화를 실현하는 것은 폭력 없이 살아가고 말하는 것을 의미한다. 정의를 행하고, 들어주고, 용서하고, 나누고, 치유하고, 자비를 베푸는 것인데, 이런 평화가 폭력에 저항하는 행위이고, 예배를 드리는 의미다(제55조). 강원용 목사는 폭력 없는 평화를 실천했다. 평생 평화를 위해 사회적 봉사를 실천했다.

제85조의 '공동체적인 목표' '상호 간의 관계' '설교' '교육' '축제' '돌봄' '공동체형성' '조직을 통한 교회의 저항과 개혁'은 강원용 목사가 줄곧 주장하고 해온 것이었으며, 제86조의 성령의 활동을 통한 '새로운 피조물'은 강원용 목사의 모든 실천의 목표였다. 강원용 목사의 탄생 100주년 그리고 종교개혁 500주년 기념은 이렇게 그 최종 목적

---

2) 같은 자료, 66쪽.

지인 희년을 향한 행진인 셈이다. 그리고 이 행진은 언젠가는 반드시 이 민족의 평화통일로 열매를 맺게 될 것이다.

필자는 강원용 목사를 친근하게 늘 모셨던 사람으로서 평전을 써나가면서 주관적인 서술을 하게 되는 유혹과 미화하려는 유혹을 받을 때가 있었다. 그럼에도 불구하고 그것을 극복하고 이만큼이나 객관적인 서술을 할 수 있게 된 것은 그동안 자료를 찾고 정리하며 함께 수고해온 홍순원 목사의 공헌이 있었음을 밝히며 그에 대한 고마움을 새겨두고 싶다.

2017년 6월
박근원

박근원 朴根遠

한신대학교 명예교수다. 평생을 신학교육에 이바지해왔다.
'실천신학'이라는 분과신학을 너머서 모든 신학을 통섭하여 교회를 일구고
하나님 나라를 섬기는 '신학실천'의 방법을 모색해왔다. 에큐메니컬 운동의
한복판에서 '오이쿠메네 신학실천'이라는 새로운 신학교육의 미래지평을
개척했다. 이로써 서구신학을 극복하고 우리 문화와 역사 속에서
신학의 주체화를 시도했다.

여해 강원용 목사 평전

지은이 박근원
펴낸이 김언호

펴낸곳 (주)도서출판 한길사
등록 1976년 12월 24일 제74호
주소 10881 경기도 파주시 광인사길 37
홈페이지 www.hangilsa.co.kr
전자우편 hangilsa@hangilsa.co.kr
전화 031-955-2000~3 **팩스** 031-955-2005

부사장 박관순 **총괄이사** 김서영 **관리이사** 곽명호
영업이사 이경호 **경영담당이사** 김관영
편집 김광연 백은숙 노유연 민현주 이경진
마케팅 양아람 **관리** 이중환 문주상 이희문 김선희 원선아
표지디자인 창포 031-955-9933 **출력 및 인쇄** 예림인쇄 **제본** 경일제책사

제1판 제1쇄 2017년 6월 9일
제1판 제2쇄 2017년 10월 20일

값 28,000원
ISBN 978-89-356-7035-2 04080
ISBN 978-89-356-7032-1 (세트)